普通高等教育"十一五"国家级规划教材
全国高职高专药学类专业规划教材

# 化学原理与化学分析

(第二版)

主　编　汤启昭
副主编　蔡自由　张　威
编　委　(按姓氏汉语拼音排序)
　　　　蔡自由(广东食品药品职业学院)
　　　　陈宗治(安庆医学高等专科学校)
　　　　邓红英(四川中医药高等专科学校)
　　　　卢庆祥(枣庄科技职业学院)
　　　　毛金银(中国药科大学高等职业技术学院)
　　　　乔　洁(山西医科大学)
　　　　孙荣梅(中国药科大学高等职业技术学院)
　　　　汤启昭(中国药科大学高等职业技术学院)
　　　　汪　兵(巢湖职业技术学院)
　　　　谢庆娟(重庆医药高等专科学校)
　　　　张　威(江苏建康职业学院)

科学出版社
北　京

·版权所有　侵权必究·

举报电话:010-64030229;010-64034315;13501151303(打假办)

## 内 容 简 介

　　本教材是药学高职高专制药、药剂、中药和药品营销等专业的化学基础课教材,荣获教育部"普通高等教育'十一五'国家级规划教材"殊荣。

　　本教材突破原无机化学、分析化学、物理化学3门课程的界限,将药学各专业"必须、够用"的化学基础与分析实践有机结合起来,由浅入深、深入浅出地讨论。与原来分3门课开设相比,避免了不必要的重复,节省了学时。全书包括6个模块:准备知识;溶液中的化学平衡原理与四类化学滴定方法;物质结构与性质及光谱产生原理;离子的化学性质与化学鉴定、检出;多相平衡原理与分离分析方法、表面吸附与胶体溶液;反应热、反应方向与反应速率。全书配有212幅插图和73处"链接",以图代文,图文并茂,有利于提高学生兴趣和拓展视野。教材体现"以学生为中心"的编写理念,另设有"学习目标"、"案例"、"小结"、"目标检测",并配套PPT课件,使大学教材的面貌焕然一新。

　　本书可供医药类各专业高职高专院校使用,还可以作为医药业务岗位培训和医药职工自学参考教材。

---

**图书在版编目(CIP)数据**

化学原理与化学分析/汤启昭主编. —2版. —北京:科学出版社,2010
　普通高等教育"十一五"国家级规划教材·全国高职高专药学类专业规划教材
　ISBN 978-7-03-026310-0

　Ⅰ.化… Ⅱ.汤… Ⅲ.①化学-理论-高等学校:技术学校-教材②化学分析-高等学校:技术学校-教材 Ⅳ.O6

中国版本图书馆CIP数据核字(2009)第242848号

策划编辑:张　茵／责任编辑:张　茵／责任校对:李奕萱
责任印制:徐晓晨／封面设计:黄　超

版权所有,违者必究。未经本社许可,数字图书馆不得使用

**科 学 出 版 社** 出版
北京东黄城根北街16号
邮政编码:100717
http://www.sciencep.com

**北京东华虎彩印刷有限公司** 印刷
科学出版社发行　各地新华书店经销

＊

2004年 8月第 一 版　　开本:787×1092 1/16
2009年12月第 二 版　　印张:27 1/2 插页:1
2017年 8月第六次印刷　　字数:660 000

**定价:59.00元**
(如有印装质量问题,我社负责调换)

# 第二版编写说明

本书第一版出版5年来,得到了广大师生的欢迎和肯定,并获得教育部"普通高等教育'十一五'国家级规划教材"的殊荣。为适应我国高职、高专教育发展的趋势,进一步体现"以就业为导向,以能力为本位,以发展技能为核心"的职业教育培养理念,真正体现"以学生为中心"的教材编写原则,我们在保持第一版教材特色和优势的基础上进行了全面修订。第二版特色体现在以下几个方面:

1. 绪论和有关章节充实了21世纪化学的机遇与挑战内容,使绿色化学理念在化学教学中继续得到强化。例如,增加"绿色化学"、"常温固相反应"、"超分子化学"、"反渗透法"和"超临界流体萃取"等新概念。

2. 为提供学生自主学习、探究和创新的空间,设有"学习目标"、"案例"、"链接""小结"、"目标检测"等栏目,在书后附目标检测选择题参考答案和教学基本要求,并配有全部教学内容的PPT课件。

3. 全书配有插图208幅,以图代文,图文并茂。插入"链接"73处,以增强学生学习兴趣、拓展视野和增加信息量。

4. 全书根据"实用性"原则对各章的理论部分进行梳理,突出实用性,对复杂公式采用由实验数据归纳的方法引出,避免烦琐的理论推导。例如,蒸气压下降关系式的导出、温度与平衡常数定量关系式的导出、Nernst方程的导出、Gibbs-Helmholtz方程的导出等。

5. 在原教材冲破无机、分析、物化课程界限的基础上,适当增加化学中计算机作图软件和建立数学模型的运用。例如,滴定曲线的绘制、药物稳定性的实验数据处理等,提供学生综合运用已学知识的平台。

6. 为适应不同专业要求,全书采用模块方式编写,供不同专业选择使用,加"*"部分是供参考的内容。

7. 全书配套有PPT课件,以方便教师教学与学生复习。课件下载请登陆科学出版社网站www.sciencep.com,免费注册后进入右下方下载区——课件——医学,即可查找所需课件并下载。

第二版教材的编写得到中国药科大学高等职业技术学院、广东食品药品职业学院、江苏建康职业学院、安庆医药高等专科学校、巢湖职业技术学院、山西医科大学、四川中医药高等专科学校、枣庄科技职业学院、重庆医药高等专科学校的大力支持,在此一并表示感谢。

由于编者水平和编写时间有限,不妥之处敬请各位同行继续批评指正。

编 者
2009年8月

# 第一版编写说明

《化学原理与化学分析》是高等职业技术学院"药学、药剂学、中药学、制药工程、制剂工程和药品营销"等专业开设的前期化学基础课,根据高职教育课程改革需要,本课程突破原无机化学、分析化学、物理化学三门课程的界限,按照药学高级实用型人才的培养目标,本着"必须"、"够用"的原则,对内容进行整体优化组合。新课程体系的构架是"以化学原理为基础,化学分析方法为手段,讨论物质的质量控制及理化参数的应用为目的"。要求减少低水平同层次的重复,加强近年来化学领域的新内容,加强与其他课程间的联系和渗透。新教材体系具有以下特点:

1. 精减内容,授课时数控制在 110 学时,书中打 * 的内容可根据不同专业的需要选择使用。
2. 内容安排上采取:

(1) 将四类化学平衡原理与四类化学滴定方法结合、将"电化学分析法"与"氧化还原平衡与氧化还原滴定"这两章紧连、将"分子结构与可见光谱分析"合成一章,使理论与应用结合得更紧。

(2) 将元素化学融入"化学鉴定与检出"一章中讨论,以便在中学化学基础上加强对物质反应的认识和化学性质在药物鉴定与检出中的应用。

(3) 将"化学热力学基础"和"化学反应速率"这两章放在书的后半部分,主要考虑与学生的数理、化基础相适应,有利于教学的实施。

(4) 将"原子结构"、"分子结构"这两章安排在前半部分讨论,主要考虑与"有机化学"课程衔接,同时也可分散本课程难点。

(5) 增加"混合物的分离与提纯"这一章,把多组分、多相体系的平衡原理与化学分析中的沉淀、结晶、萃取、色层分离、离子交换等方法结合起来,使分离、分析过程系统化,有利于本课程和专业课程的应用。

3. 教材编写时,注意文字叙述的易读性,注意采用从实验数据归纳获得方程式的方法,以便于初学者自学。为加强自学指导,各章开始增加引言(包含每章学习要求、学习方法或预习思考题),每章结束增加小结,另配有习题集和学习指导书。

4. 为使课堂教学与实验课教学紧密配合,另编有与本教材配套的实验教材和模拟实验光盘。教材与实验内容同步进行,注意进度匹配,尽量做到使学生在理解原理的基础上进行实验,在做实验的基础上加深对教材内容的理解。

本教材是在近五年高职教学实验基础上编写的,由汤启昭主编。其中第1、13 章由陈文编写,第2、3 章由孙荣梅编写,第4、10、14 章由李桂凤编写,第5、6 章由毛金银编写,第7、8、9 章由翟松涛编写,第11、12 章由汤启昭编写。在实践过程中,一直得到兄弟学院许多老师、领导的支持和协助,使教材得以及时完成,对此深表谢意。教材中有些内容吸取了其他优秀教材的精华,这些内容都是经过很多教师修订过的。因此,对所有同行表示谢意。

高等职业技术教育在我国是新生事物,教学改革又是一项长期而复杂的系统工程,必须积极而慎重地进行。我们根据高职的特点做了一些变革的尝试,肯定有不成熟之处,还有待于在实践中进一步完善,欢迎各位同行批评指正。

中国药科大学 汤启昭<br>
2004 年 7 月

# 目 录

绪论 …………………………………………… (1)
  第1节 化学的今天与明天 ………………… (1)
  第2节 化学在医药科学中的作用 ………… (3)
  第3节 基础化学的学习内容 ……………… (6)

第1章 溶液 …………………………………… (7)
  第1节 溶液的基本概念 …………………… (7)
  第2节 溶液的浓度 ………………………… (10)
  第3节 浓度的有关计算和应用 …………… (12)
  第4节 电解质在水溶液中的存在状态 …… (13)
  第5节 稀溶液的依数性 …………………… (16)

第2章 化学平衡 ……………………………… (30)
  第1节 化学反应的限度 …………………… (30)
  第2节 化学反应的平衡常数 ……………… (31)
  第3节 化学平衡的影响因素 ……………… (38)

第3章 滴定分析概论 ………………………… (48)
  第1节 滴定分析简介 ……………………… (48)
  第2节 滴定液的配制与标定 ……………… (51)
  第3节 滴定分析的计算 …………………… (53)
  第4节 误差的基本知识 …………………… (58)

第4章 酸碱质子平衡与酸碱滴定 …………… (70)
  第1节 酸碱质子理论 ……………………… (70)
  第2节 水溶液中的质子转移平衡 ………… (72)
  第3节 缓冲溶液 …………………………… (80)
  第4节 酸碱指示剂 ………………………… (85)
  第5节 酸碱滴定曲线和指示剂的选择 …… (89)
  *第6节 非水溶液的酸碱滴定 ……………… (99)

第5章 原子结构与原子光谱知识 …………… (113)
  第1节 原子核外电子运动状态 …………… (113)
  第2节 原子核外电子排布规律 …………… (123)
  第3节 原子的电子层结构与周期律 ……… (127)
  第4节 焰色试验和原子光谱法简介 ……… (137)

第6章 分子结构与分光光度法 ……………… (148)
  第1节 共价键理论 ………………………… (148)
  第2节 分子间作用力和氢键 ……………… (162)
  第3节 离子极化 …………………………… (169)
  第4节 分光光度法 ………………………… (172)

第7章 沉淀平衡与沉淀滴定 ………………… (187)
  第1节 沉淀溶解平衡 ……………………… (187)
  第2节 沉淀滴定法 ………………………… (199)

第8章 配位平衡与配位滴定 ………………… (208)
  第1节 配位化合物的基本概念 …………… (208)
  第2节 水溶液中的配位平衡 ……………… (216)
  第3节 配位化合物的应用 ………………… (222)
  第4节 配位滴定法 ………………………… (225)

第9章 氧化还原平衡与氧化还原滴定 ……… (240)
  第1节 基本概念 …………………………… (240)
  第2节 电极电势 …………………………… (243)
  第3节 电极电势的影响因素 ……………… (248)
  第4节 电极电势的应用 …………………… (252)
  第5节 氧化还原滴定法 …………………… (255)

第10章 电位分析法 ………………………… (269)
  第1节 电位分析法的基本原理 …………… (269)
  第2节 直接电位法 ………………………… (272)
  第3节 电位滴定法 ………………………… (276)

第11章 表面现象与胶体 …………………… (282)
  第1节 表面现象 …………………………… (282)
  第2节 分散系 ……………………………… (295)
  第3节 胶体 ………………………………… (296)
  第4节 大分子溶液 ………………………… (302)

第12章 混合物的分离与提纯 ……………… (306)
  第1节 蒸馏与分馏 ………………………… (306)
  第2节 萃取 ………………………………… (314)
  第3节 层析分离 …………………………… (318)

第13章 离子的化学鉴定与检出 …………… (331)
  第1节 概述 ………………………………… (331)
  第2节 常见阳离子的一般性质 …………… (335)

第3节 常见阴离子的一般特性 …（339）
第4节 阳离子的一般化学检出 …（340）
第5节 阴离子的一般化学检出 …（347）
第6节 药典中常见离子的鉴定 …（353）

**第14章 化学反应速率** …（358）
第1节 反应速率与反应机制的概念 …（358）
第2节 浓度对反应速率的影响 …（361）
第3节 简单级数反应的速率方程 …（363）
第4节 温度对反应速率的影响 …（368）
第5节 催化剂对反应速率的影响 …（371）

**第15章 反应热与反应方向** …（377）
第1节 热力学中的基本术语 …（377）
第2节 热力学第一定律 …（381）
第3节 焓 …（385）
第4节 化学反应的热效应 …（387）
第5节 化学反应的方向和限度 …（392）

**主要参考文献** …（401）
**附表** …（402）
**英汉名词对照表** …（424）
**化学原理与化学分析教学基本要求** …（428）
**目标检测选择题参考答案** …（433）
**元素周期表**

# 绪 论

## 第1节 化学的今天与明天

### 一、化学创造了现代物质文明

20世纪是化学蓬勃发展的世纪,人们最切身感受到的、对社会和经济影响最大的是化学合成和分离、分析技术的进步。化学科学对人类生活的改善有三大突破性进展:

(1)药物、抗生素的合成,将人类平均寿命从1900年的47岁提高到1990年的75岁。

(2)化肥、杀虫剂、除锈剂的使用,保证粮食、蔬菜等农产品大幅稳定增长,让世界65亿人口吃饱、吃好。

(3)集成线路、硅芯片等无机材料,奠定了信息时代的基础;高分子化合物已经渗入到衣食住行的每一个角落,从一针一线到宇宙飞船所用的材料都是化学产品。

现在化学家合成的新材料以每年5%的速度增长。据统计,1900年化合物为55万种,而到2000年已达2650万种,100年来通过化学合成与提取、分离,几乎又创造了一个新的自然界。

分子光谱、磁共振、X射线衍射、质谱等物理技术应用于化学实验研究,特别是电子技术、计算机技术的发展,使化学检测水平犹如插上翅膀,发展速度大大地超过以往任何一个时期(图1)。

图1 现代仪器分析技术

目前,像结晶牛胰岛素等一些很复杂的化合物已被合成出来(图2)。人类借助扫描隧道显微镜已能观察到物质表面原子的排列状态。当吸毒者体内含有 $0.1 \sim 0.2 \mathrm{mg} \cdot \mathrm{kg}^{-1}$ 的四氢大麻醇(一种毒品),经过一星期后,血浆中含量降到 $10^{-11} \mathrm{g} \cdot \mathrm{mL}^{-1}$ 时,仍能被仪器分析检测出来。

图2 人工合成牛胰岛素

在化学理论上,化学热力学、量子化学和化学键理论、反应动力学和催化理论在许多方面取得了新的突破,它们的成功直接推动化学合成的发展。纵观化学史,可以说"没有化学发展,就没有现代物质文明"。

## 二、化学已成为一门中心学科

化学是在原子、分子水平上研究物质的组成、结构、性质及其应用的基础学科,特征是创造分子和识别分子。化学在与物理学、生物学、天文学等学科的相互渗透中,也推动了其他学科和技术的发展。例如,核酸化学的研究成果使今天的生物学从细胞水平提高到分子水平,建立了分子生物学;对星球的化学成分分析,为天体演化和现代宇宙学提供了实验数据,还丰富了自然辩证法的内容。从20世纪70年代末到现在,以计算机应用为主要标志的信息时代的来临,尤其是生命科学、材料科学和环境科学的发展,促使化学研究的对象和任务不断扩大和深入:从宏观到微观、从静态到动态、从体外到体内。现代化学已经突破了纯化学领域,化学学科在原来的无机化学、分析化学、有机化学、物理化学四大分支之外又衍生了许多交叉学科,如生物无机化学、配位化学、固体化学、结构化学、计算化学、仪器分析、生命化学、地球化学、环境化学、药物化学、免疫化学、植物化学、食品化学、海洋化学、放射化学等。所以,化学研究的内容和范围已渗透到各相关专业和学科之中。可以这样比喻:现代科学领域里,物理学是领头学科,化学是中心学科,生物学是朝阳学科(图3)。

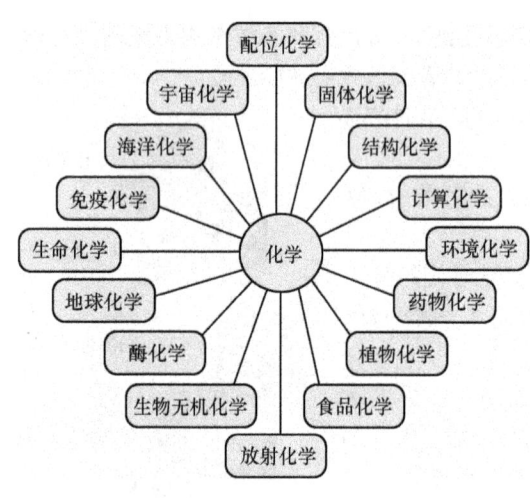

图3 化学是中心学科示意图

## 三、"绿色化学"的理念

20世纪化学取得了辉煌的成就,化学为人类作出了巨大贡献,极大地丰富了人类的生活,提高了人类的生活质量。然而传统的化工生产和废弃物排放等给环境造成了十分严重的污染(图4)。现在,人们已充分认识到:最佳的环境保护方法应从源头上防止污染的产生,而不是产生污染后再去进行治理。

1991年,国际上兴起了"绿色化学"(green chemistry)的概念。绿色化学又叫清洁化学(clean chemistry),它的核心内涵是在化学反应与生产工艺设计过程中,尽可能减少和彻底消除使用和产生有害物质。绿色化学不但关心原料选择,而且关心原料是否得到了充分利用,即设法使原料分子中的原子都结合到产物分子中去,从而不产生废弃物。21世纪化学的发展理念是:"不但要创造物质,而且要保护环境。"

图4 水泥厂排出废气

**绿色化学的12条原则**

1. 防止废物的生成比其生成后再处理更好。
2. 设计合成方法时应使原料最大限度地进入目标产品之中。
3. 设计合成方法时，选用的原料和生成的化学品尽可能无毒、无害或毒性极小。
4. 设计化学产品时，必须尽可能使其高效、无毒或低毒。
5. 应尽量避免使用溶剂或助剂，如不可避免，也要选用无毒、无害的助剂。
6. 合成方法必须考虑降低能耗与对环境的影响，最好采用常温、常压反应。
7. 在技术可行和经济合理的前提下，采用可再生资源代替消耗性资源。
8. 合成方法应尽量避免采取不必要的衍生物(derivatization)步骤，采用限制性基团、保护/去保护作用等。
9. 合成方法中，采用高选择性的催化剂比使用化学计量(stoichiometric)助剂更优越。
10. 化工产品要设计成在其使用后能分解成可降解的无害物质。
11. 分析方法应实现在线监测，对有害物质在生成前加以控制。
12. 化学生产过程中应用的各种物质，应选择化学意外事故(包括渗透、爆炸、火灾等)隐患最小的。

1995年3月16日，美国宣布设立"总统绿色化学挑战奖"，并于1996年在华盛顿国家科学院颁发了第一届奖项。2000年在英国，一项绿色化学奖也开始颁发。2005年诺贝尔化学奖颁给了美国的罗伯特·格拉布(Robert H. Grubbs)、理查德·施罗克(Richard R. Schrock)和法国的伊夫·肖万(Yves Chauvin)。原因就是他们找到了非常有效的烯烃复分解反应催化剂，并弄清了该类催化剂的作用机制。该成果一方面可提高化工生产的产量和效率，同时其副产品主要是乙烯，可以再利用。诺贝尔奖评委会评价说："几位科学家的获奖成果是朝着'绿色化学'方向前进的一大步"。

上述各国政府对绿色化学奖励的导向和已取得的获奖成果是绿色化学运动发展的一个缩影，它发出这样的信息：绿色化学是有效的，也是有益的。21世纪绿色化学的进步将证明我们有能力为我们生存的地球负责。绿色化学是对人类健康和我们的生存环境所作的正义事业。

## 第2节 化学在医药科学中的作用

药物是作用于人体用以预防、治疗、诊断疾病或调节人体功能和保持身体健康的一种化学物质。在一种新药诞生之前，一般要从几个层次进行研究：从分子层次研究药物通过哪些化学反应发挥治疗作用、哪些结构特征决定某药物的生物效应；从细胞层次研究药物分子作用于什么部位、什么生物分子以及细胞作出哪些反应；从整体实验动物层次研究这种化学物质的疗效和毒性等。

化学是从分子层次合成和研究药物的重要手段，在医药科学中有许多方面的应用。例如：

(1) 利用各种化学反应的理论和方法合成有特定生物效应的化合物，研究其结构-性质-生物效应的关系，从中筛选出高效低毒的药物来。许多新药就是这样被创造出来的。

(2) 用化学分离和提取的方法从动物、植物以及人体组织、体液中分离、提取出有生物活性的物质或有疗效的成分，用分析方法确定其分子结构，进一步研究它们在体内的代谢过程，了解其性质与活性的关系，有的还需利用化学反应作出进一步结构改造，这称为半合成。

(3) 用化学分析或仪器分析的方法鉴定药物的组成和结构，或分析某种植物药材中的有效成分。按药典规定的方法对已知药物进行定性、定量测定,对药物生产过程进行严格的质量控制,全面加强药品质量监督管理,保障人民的用药安全。

(4) 用化学热力学、化学动力学的方法研究上述各种反应发生的机制、条件以及在体内的调节和控制,最终结合化学的理论、知识和概念解释药物作用和药物代谢过程。

下面再举数例以具体说明化学在医药科学中的应用:

(1) 柠檬酸铋(商业名"得乐")是很重要的治疗胃溃疡的药物,患者经常因胃蠕动和胃酸刺激溃疡表面而疼痛,测定发现溃疡面的 pH 稍高于正常胃黏膜的 pH。在体外对胃液中铋离子-柠檬酸-氯离子体系的实验研究发现,pH 在 2.5~3.5 范围内 $Bi^{3+}$ 水解形成氯化氧铋沉淀最显著。这样柠檬酸铋可以在 pH 较高的溃疡表面水解生成沉淀覆盖溃疡表面,起保护作用,而在 pH 较低的正常胃壁上不产生沉淀,因此不影响食欲。这一特性就是"得乐"型抗酸药的作用原理。为了提高该药稳定性和疗效,利用配位化学原理制成 pH 为 10 的柠檬酸铋胶体颗粒制剂。

(2) 为什么补铁药物常采用葡萄糖酸铁(Ⅱ)、乳酸铁(Ⅱ)、柠檬酸铁(Ⅱ)等?

铁是人体必需的元素,一般正常的人体内含 4.2~6.1g 铁。结构分析证明,Fe 在体内主要是与血红蛋白和肌红蛋白相结合。Fe(Ⅱ)的配位数是 6,即可与 6 个其他原子形成化学键,其中 5 个配位位置被蛋白质分子中的 N 占有,剩下 1 个位置可以可逆地结合 $O_2$。因蛋白质排列在铁原子周围,造成一种特殊的化学环境,允许 $O_2$ 与 Fe(Ⅱ)结合但不氧化 Fe(Ⅱ)。就这样,随着血液的流动,血红蛋白载着 $O_2$ 从肺部输送到全身组织中去,在那里,因氧的分压下降,氧合血红蛋白又释放 $O_2$,恢复成无氧血红蛋白。当口服二价铁盐药物治疗缺铁性贫血症时,药物要经过口腔(pH = 7.4)、胃(pH = 1.6),最后部分地在十二指肠(pH = 6~6.5)与空肠(pH = 6.5~7)中被吸收。在这样的生理条件下,铁离子的水解、聚合、沉淀是不可避免的(图 5)。为了防止铁盐的水解、聚合与沉淀,含铁药物常以稳定的金属配合物形式给药,同时为了提高铁的吸收,配合物的稳定性要适中(配合物稳定常数为 $10^3 \sim 10^5$),而且所选用的配体能与铁在小肠酸度下生成电中性

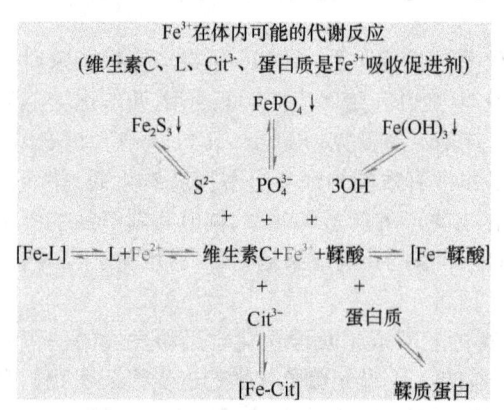

图 5 Fe 在体内可能的代谢反应

配合物为好,这样有利于透过肠壁被吸收。另外,考虑药物的溶解性和代谢产物的无毒性等因素,所以常采用葡萄糖酸亚铁、乳酸亚铁、柠檬酸亚铁等作为补铁药物。

(3) 为什么顺式二氯二氨合铂(Ⅱ)有抗癌作用,而反式则没有?

偶极矩测定及其他化学实验证明配合物二氯二氨合铂具有两种顺反异构体。

$$\begin{array}{cc} \text{顺铂} & \text{反铂} \end{array}$$

当这种不带电荷的顺二氯二氨合铂(简称顺铂)穿过细胞膜,进入细胞后,由于胞浆中 $Cl^-$ 浓度较低,故顺铂发生水取代配体 Cl 的反应,并进一步解离生成羟基配合物:

$$[PtCl_2(NH_3)_2] + 2H_2O \rightleftharpoons [Pt(NH_3)_2(H_2O)_2]^{2+} + 2Cl^-$$

$$[Pt(NH_3)_2(H_2O)_2]^{2+} \rightleftharpoons [Pt(NH_3)_2(OH)_2] + 2H^+$$

进入细胞的顺铂及其水取代物进攻蛋白质和核内的 DNA。Pt(Ⅱ)较易与癌细胞蛋白质分

子上的巯基配位结合,这样它结合在膜蛋白上和骨架蛋白上,改变了它们的结构与功能。在核内进入 DNA 时,Pt(Ⅱ)与 DNA 上的碱基相结合(图6),这种结合抑制了 DNA 的复制。由于顺铂有两个顺位的 $Cl^-$ 被水分子取代,这两个部位都能与 DNA 上的碱基结合,所以它实际上起了交联剂的作用,将 DNA 双螺旋结构的两链间或一个链内交联,造成 DNA 的重要损伤,抑制癌细胞的繁殖。而反式由于两个 $Cl^-$ 在反位,距离较远,不能起上述交联作用,故无抗癌活性。

进一步研究表明,凡具有顺式结构[Pt(Ⅱ)$A_2X_2$](A 为胺类,X 为酸根)的中性配合物均具有抗癌活性。寻找水溶解性大、对肾脏无毒性的第二代顺铂抗癌新药[如"1,2-环己二胺铂配合物"(图7)等]仍在继续进行中。

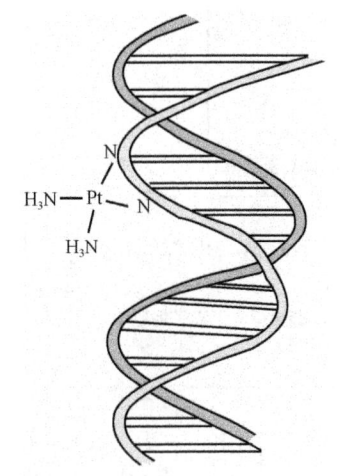

图6　顺铂与 DNA 上碱基结合示意图　　图7　1,2-环己二胺铂配合物

(4) 药物是怎样生产出来的?
药物生产过程见图8。

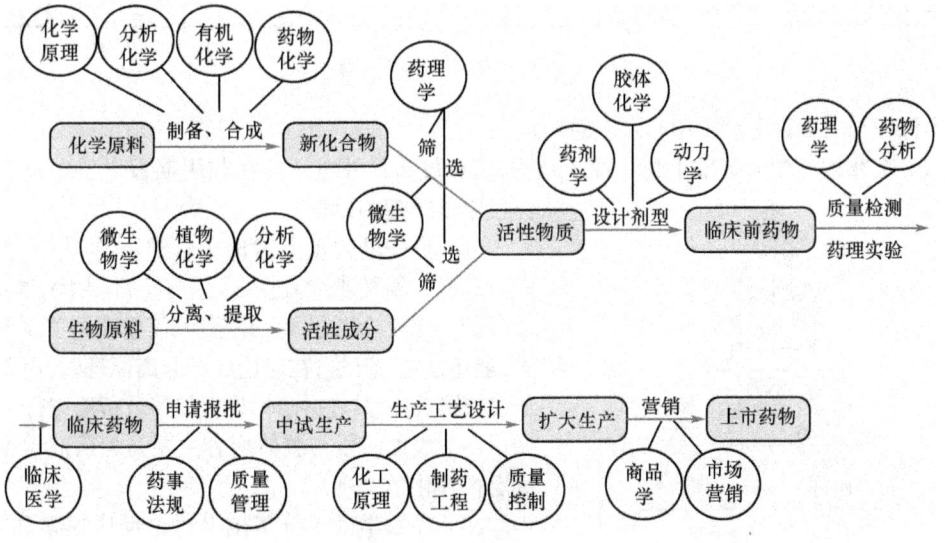

图8　药物生产过程和所需相应知识示意图

## 第3节 基础化学的学习内容

化学的内容丰富多彩,但化学原理是共通的,本书将化学原理与联系密切的化学分析法结合起来讨论,有利于理论联系实际,有利于学生理解和操作,也符合高职教育课程改革需要。作为医药学各类专业的基础化学课程,本书讨论的内容具体涉及以下六个模块(图9):①准备知识;②四大化学平衡与四大化学滴定法;③离子性质与离子的鉴定、检出;④混合物的分离原理与分离方法;⑤物质结构与光谱产生原理;⑥化学反应速率与反应热、反应方向与程度的定量判断。

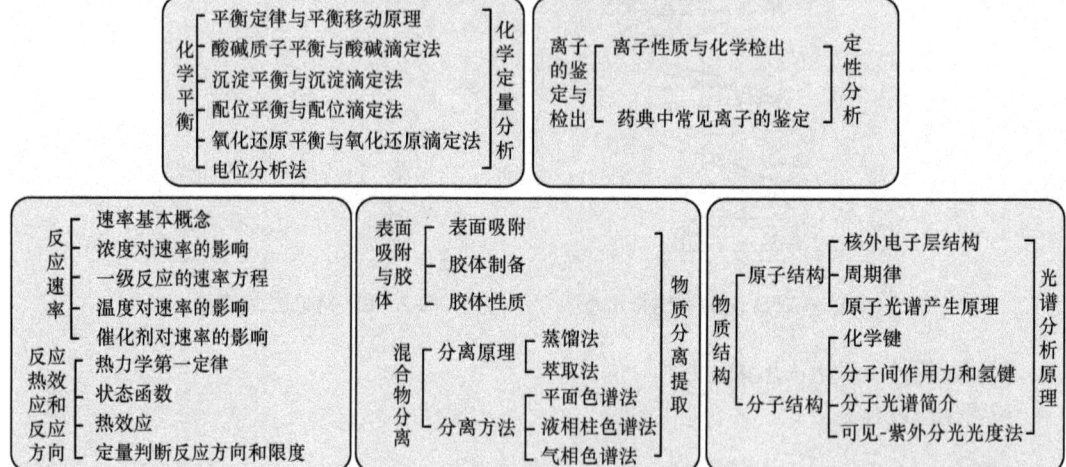

图9 本教材内容的网络示意图

本课程与有关课程(图10)内容衔接如下:

(1) 在物理光学的基础上讨论原子结构,重点放在核外电子排布与周期表本质。核的结构仍在原子物理中讨论。

(2) 分子结构重点讨论化学键本质、分子立体构型以及配合物性质,为进一步学习有机化学作准备。

(3) 在讨论光谱产生原理时,简单介绍了原子光谱法、紫外分光光度法;在讨论层析分离原理时,简单介绍了气相层析法,其进一步讨论在仪器分析课进行。

(4) 表面吸附与胶体内容主要是为药剂学等课程奠定物理化学基础。

(5) 在数学微积分基础上讨论反应速率和方向,为学习药剂学提供基础。

(6) 非水滴定的进一步应用在药物分析课讨论。

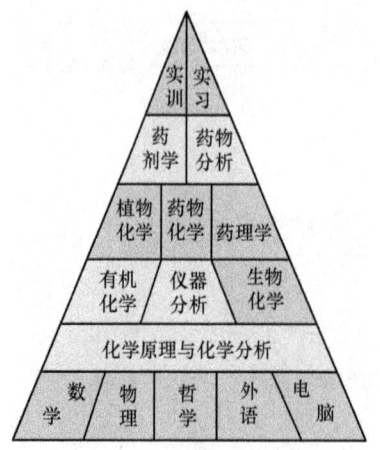

图10 本课程与其他课程的安排示意图

(汤启昭)

# 第1章 溶 液

1. 理解溶液浓度的表示方法;掌握物质的量浓度、质量分数、质量摩尔浓度、摩尔分数的计算和相互换算。掌握溶液的稀释原则
2. 理解溶液蒸气压下降的原因;掌握溶液沸点升高、溶液凝固点下降、溶液渗透压概念
3. 掌握溶液的渗透压及在医药上的应用
4. 理解弱电解质与强电解质在水溶液中不同的行为特征

## 第1节 溶液的基本概念

### 一、溶液的形成

溶液是由两种或两种以上的物质所形成的混合物(mixture),这些物质在分子层次上是均匀的,即分散程度达到分子水平。溶液是各部分的化学组成和物理性质皆相同的一个均相系统。

按状态来分,溶液有气态溶液、液态溶液(通常简称为溶液,solution)和固态溶液(又称固溶体,solidsolution)。溶液一词习惯上是指液态溶液而言的。

液态溶液形成的方式有气体溶于液体、固体溶于液体和液体溶于液体。在溶液中常把液体组分称为溶剂(solvent),把溶解在液体中的气体或固体称为溶质(solute)。当液体溶于液体时,通常把含量较多的一种称为溶剂、含量较少的一种称为溶质,当两个液体组分的含量差不多时,溶剂和溶质就没有明显的区别。

### 二、溶 解 度

#### (一)溶解过程

当把固体物质放在水中或其他溶剂中时,固体表面一部分分子或离子,由于本身的振动及溶剂分子的冲击和吸引,就逐渐脱离固体表现而扩散进入溶剂中去,这个过程叫做溶解。

在固体溶解的同时,还存在着另一相反的过程,即随着溶解的进行,溶液中溶质的分子或离子数目逐渐增加,它们在溶液中不停地运动着,当它们与未溶的固体表面相碰撞时,也可重新回到固体表面上,这种过程叫做结晶。当溶解开始时,溶解速度很大,结晶速度很小;随着溶质的不断溶解,溶液的浓度增大,已溶解的微粒与固体碰撞接触的概率增加,从而结晶速度增大。最后可达到这样一种状态,即在同一时间内进入溶液中的溶质质点数与从溶液中回到固体表面的质点数相等。

$$\text{未溶解的溶质} \underset{\text{结晶}}{\overset{\text{溶解}}{\rightleftharpoons}} \text{溶液中的溶质（分子或离子）}$$

这时溶液中多余的溶质就好像不再溶解，溶液的浓度也不再改变了。这种与未溶解的溶质互成平衡状态的溶液称为饱和溶液。这种平衡是一种物理的动态平衡。

固体在水中溶解时，往往有热效应产生，也就是说常有放热或吸热的现象。这表示物质的溶解过程不同于单纯的机械混合。多数固体在溶解时吸热，如 $NH_4NO_3$、$KNO_3$ 等的溶解就是吸热的，这类物质溶解时溶液的温度显著降低；也有的物质溶解时是放热的，如 NaOH、无水 $CuSO_4$ 等，溶解时溶液温度显著升高。

为什么同是溶解，有的吸热、有的放热呢？这是因为，固体溶解时，其表面上的分子或离子必须克服其内部分子对它们的吸引力，这个物理过程要消耗能量，是吸热过程。而溶质溶解了的分子或离子与水（溶剂）形成水合物，溶剂化的过程是放热的，可视为化学过程。溶解的热效应取决于这两个过程热效应的大小：若溶解时的化学过程大于物理过程的热效应，则溶液形成时表现为放热，溶液温度升高；反之，溶解时的物理过程大于化学过程的热效应，则溶液形成时表现为吸热，溶液温度降低。

综上所述，溶液的溶解过程，从溶解和水化过程来看，既不是单纯溶质与溶剂的机械混合，也不是定量的化合，而是一个物理和化学的综合过程。

## （二）溶解度

饱和溶液中所含溶质的量，就是溶质在该温度下的溶解度（solubility）。

溶解度一般以一定温度下每 100g 溶剂中所能溶解溶质的最大克数来表示。例如，在 293K，NaCl 溶解度是 36g，即在 100g 水中最多能溶解 NaCl 36g。

在一定温度下，如果某溶液的浓度小于在该温度下饱和溶液的浓度，这种溶液叫做不饱和溶液；反之，如果溶液浓度超过了饱和溶液浓度时，这种溶液叫做过饱和溶液。但过饱和溶液是一种不稳定的体系，加入溶质的小晶体（作为晶种）或用玻棒摩擦容器的器壁，都可使过饱和溶液析出过量的溶质，变成该温度下的饱和溶液。

固体物质在水中都能或多或少地溶解，绝对不溶的物质是没有的。在室温下，100g 水中能溶解 10g 以上的物质叫作易溶物质；溶解度在 1～10g 的叫做可溶物质；溶解度不到 0.01g 的叫作难溶物质。各种物质在水中的溶解度相差很大，所以不能把饱和溶液和浓溶液混为一谈。易溶物质的溶液，虽然浓度很大，但不一定是饱和溶液，而难溶物质的饱和溶液，其浓度却是非常小的。

## 三、溶解度与温度的关系

除了溶质和溶剂的本性以外，温度是很重要的影响溶解度大小的外界因素。溶解度与温度的关系常用溶解度曲线（以横坐标代表温度、纵坐标代表溶解度所画的曲线）表示，某些物质的溶解度曲线见图 1-1。由图 1-1 可见，温度对溶解度的影响，大致有三种比较典型的情况。以硝酸钾为代表的第一种情况，溶解度随温度上升而迅速增大，这种物质的溶解度曲线很"陡"。第二种情况以氯化钠为代表，这类物质的溶解度虽也随温度升高而增大，但影响很小，因此溶解度曲线很"平坦"。第三种情况以无水硫酸钠为代表，这类物质的溶解度随温度上升而减小。实际上硫酸钠的溶解度曲线是两种物质溶解度曲线的连线，其前半部(温度在305.4K以下)为十水合硫酸钠($Na_2SO_4 \cdot 10H_2O$)的溶解度曲线(属第一种情况),而后半部(温度在305.4K以上)则为无水硫酸钠的溶解度曲线(属第三种情况)。曲线中的最高点(相当于温度305.4K)是十水合硫酸钠与无水硫酸钠的转变点(两者处于平衡状态)。温度低于305.4K时,硫酸钠以十水合物的形式存在,高于此温度十水合硫酸钠分解,以无水物状态存在。

大多数固体和液体物质的溶解度随温度升高而增大,但气体物质则不同。由于气体在溶解时总是放热的,因此,气体的溶解度随温度升高而减小(表1-1)。

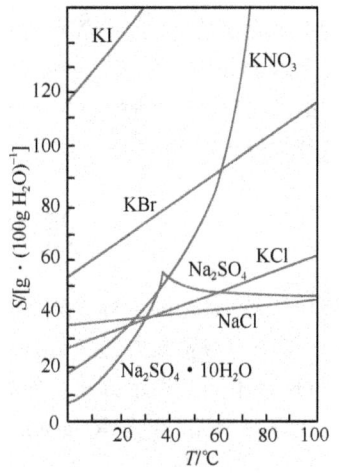

图1-1 某些物质的溶解度曲线

表1-1 某些气体在不同温度下的溶解度

| 温度/K | 溶解度/($mL \cdot mL^{-1}$) | | | | | |
|---|---|---|---|---|---|---|
| | $H_2$ | $N_2$ | $O_2$ | $CO_2$ | HCl | $NH_3$ |
| 273 | 0.0215 | 0.0235 | 0.0489 | 1.713 | 507 | 1176 |
| 293 | 0.0182 | 0.0155 | 0.0310 | 0.878 | 442 | 702 |
| 298 | 0.0175 | 0.0143 | 0.0283 | 0.759 | — | 586(301K) |

## 四、重结晶与分步结晶

物质在溶解度上的差异常被用于提纯和分离物质。譬如,物质中若含有少量可溶性杂质,通常可用重结晶法除去。将待纯化的物质先用适量水溶解,然后再蒸发浓缩溶液(浓缩的程度视杂质的含量和溶解度而定),最后将浓缩后的溶液冷却,使该物质重新结晶出来。而杂质由于含量少,未必达到饱和状态,故全部(或大部分)留在溶液中。重结晶的关键是蒸发浓缩这一步要控制得当,务必使浓缩后溶液中留下的水分能够溶解全部杂质,而主要成分则能在溶液冷却时大部分析出。一次重结晶如果在纯度上还不能满足需要,则可反复进行多次。

利用溶解度的差异还可分离混合物中的各种成分。采用的方法称为分步结晶法。所谓分步结晶,就是将混合物在合适的条件下(各成分溶解度差别最大),反复地进行溶解和结晶的操作,而在每一次溶解和结晶以后,溶解度小的成分富集于晶体中,溶解度大的成分则富集于母液中,这样经过多次反复操作以后,就可达到分离的目的。

现以氯化钠和硝酸钾的混合物的分离为例,说明分步结晶的原理。首先应该考察这两种物质在不同温度下的溶解度(表1-2)。

表1-2 氯化钠和硝酸钾的溶解度

| 物质 | 溶解度/[$g \cdot (100g\ H_2O)^{-1}$] | | | | | |
|---|---|---|---|---|---|---|
| | 273K | 293K | 313K | 333K | 353K | 373K |
| $KNO_3$ | 13.3 | 31.6 | 63.9 | 110.0 | 169 | 246 |
| NaCl | 35.7 | 36.0 | 36.6 | 37.3 | 38.4 | 39.8 |

从表1-2数据可见,两者的溶解度以373K时差别为最大,故第一步以373K的水处理混合物,使部分氯化钠首先分离出来。在这一步中关键是控制加水量。最适宜的水量应该是刚刚能

使硝酸钾溶解而无多余,这个数量可通过溶解度进行粗略的计算。经过这一步处理,大部分氯化钠晶体留在固相中。将氯化钠分离后,硝酸钾就富集于母液中,第二步是将母液冷却,使硝酸钾从溶液中结晶出来。但此时母液中仍然存在氯化钠和硝酸钾,再蒸发冷却,反复数次,可使硝酸钾和氯化钠基本分离。

## 第2节 溶液的浓度

溶液的浓度(concentration)是指一定量溶液(或溶剂)中所包含的溶质的量。工作性质不同的人,为了工作的需要或方便,对溶液的浓度规定了不同的标准。因此,同是一种溶液,因不同的需要,可选择不同的表示方法。例如,溶质的数量可用千克(kg)、摩(mol)等不同单位表示,溶液的数量也可用千克(kg)、摩(mol)、升(L)等单位表示,因此,溶液浓度的表示方法是多种多样的。

### 溶液浓度的表示方法

同是一种溶液,根据不同的需要,可选择不同的浓度表示方法。溶液浓度的表示方法大体可分为两大类:一类是用溶质和溶剂的相对量表示,其单位可用克(g)或摩(mol),如质量分数 $\omega$(mass fraction)、摩尔分数 $x_B$(mole fraction)、质量摩尔浓度 $m_B$(molality)等;另一类是用一定体积溶液中所含溶质的量表示,如体积分数 $\phi_B$(volume fraction)、物质的量浓度 $c_B$(molarity)等。现将几种常用的浓度表示方法作简单介绍。

#### (一) 质量分数 $\omega$ 和体积分数 $\phi_B$

以往使用的质量百分比浓度、体积百分比浓度,按国标已改为质量分数、体积分数。

1. **质量分数** 溶质的质量与溶液的质量之比称为该溶质的质量分数,用符号 $\omega$ 表示,即

$$\omega = \frac{m_{溶质}}{m_{溶液}}$$

质量分数常用的表示方法有:

(1) 溶质的质量(g)占全部溶液质量(g)的百分比,即

$$\omega = \frac{溶质的质量(g)}{溶液的质量(g)} \times 100\%$$

例如,100g 硫酸溶液中含有 98g $H_2SO_4$,其浓度可表示为 $\omega_{H_2SO_4} = 98\%$ 或 $\omega_{H_2SO_4} = 0.98$。

(2) 溶质的质量占全部溶液质量的百万分比($10^{-6}$),即

$$\omega = \frac{溶质的质量(g)}{溶液的质量(g)} \times 10^{-6}$$

例如,1g 溶液中含有 2.5μg $Fe^{3+}$,其浓度可表示为 $\omega_{Fe^{3+}} = 2.5 \times 10^{-6}$

2. **体积分数** 在相同温度和压强的条件下,混合气体中组分 B 单独占有的体积($V_B$)与混合气体总体积($V_总$)之比,称为组分 B 的体积分数,用符号 $\phi_B$ 表示,即

$$\phi_B = \frac{V_B}{V_总}$$

两种液体相互混溶时,倘若不考虑体积变化,某一组分的浓度亦可用体积分数表示。例如,3 体积乙醇溶解在 1 体积水中,乙醇在此溶液中的浓度约为

$$\phi_B = 3/(3+1) = 0.75 \quad (75\%)$$

用质量分数和体积分数表示浓度,配制方法简单,使用方便,是一种常用的方法。

## (二) 比例浓度

将固体溶质 1g 或液体溶质 1cm³ 配成 xcm³ 溶液,这种浓度表示方法称为比例浓度。用符号 1∶x 表示。

例如,1∶1000 的高锰酸钾溶液是指将 1g 高锰酸钾加水溶解成 1000cm³ 的溶液。

这种表示方法极为简单,这样的溶液也最容易配制,因此是药物调剂中常用的一种浓度表示法。

## (三) 摩尔分数

混合物中物质 B 的物质的量与混合物的总物质的量之比,称为该物质 B 的摩尔分数。以符号 $x_B$ 表示,即

$$x_B = \frac{n_B}{n_A + n_B}$$

例如,$n_B$ 为物质 B 的物质的量,$n_总$ 为混合物中各物质的物质的量之和。混合物中各物质的摩尔分数之和等于 1,即

$$\sum x = 1$$

例如,市售浓硫酸的浓度为 98%,其中 $H_2SO_4$ 和 $H_2O$ 的摩尔分数分别为

$$n_{H_2SO_4} = 98g/(98g \cdot mol^{-1})$$

$$n_{H_2O} = 2g/(18g \cdot mol^{-1})$$

$$x_{H_2SO_4} = \frac{98g/(98g \cdot mol^{-1})}{98g/(98g \cdot mol^{-1}) + 2g/(18g \cdot mol^{-1})} = 0.9$$

$$x_{H_2O} = \frac{2g/(18g \cdot mol^{-1})}{98g/(98g \cdot mol^{-1}) + 2g/(18g \cdot mol^{-1})} = 0.1$$

由于用物质的量比表示有关物质之间量的关系比较简便,所以用摩尔分数来表示溶液的浓度可以和化学反应直接联系起来。同时这种浓度表示方法也常用到稀溶液性质的研究上。

## (四) 物质的量浓度

物质的量浓度简称浓度,其定义为:溶液中溶质 B 的物质的量(mol)除以溶液的体积(m³ 或 dm³),称为溶质 B 的"物质的量"浓度,用符号 $c_B$ 表示,即

$c_B = n_B/V =$ 溶质 B 的物质的量(mol)/溶液的体积(dm³)

"物质的量"浓度的 SI 单位为 $mol \cdot dm^{-3}$ 或 $mol \cdot m^{-3}$,但最常用的是 $mol \cdot dm^{-3}$(或 $mol \cdot L^{-1}$)。

这种浓度表示方法是实验室中最常用的,只要量取一定体积的溶液,很容易计算出其中所含溶质的量(mol 或 g)。例如,500cm³(mL)0.50 $mol \cdot L^{-1}$ 的氢氧化钠溶液中含 NaOH 的量为

$$n_{NaOH} = 0.50 mol \cdot L^{-1} \times [500mL/(1000mL \cdot L^{-1})] = 0.25 mol$$

或

$$0.25 mol \times 40g \cdot mol^{-1} = 10g$$

此法的缺点是溶液密度与温度变化有关,浓度数值随温度略有变化。所以在实际工作中,有时需采用另一种浓度表示方法。

## （五）质量摩尔浓度

溶液中溶质 B 的物质的量(mol)除以溶剂的质量(kg)，称为溶质 B 的质量摩尔浓度，用符号 $m_B$ 表示，即

$$m_B = n_B/m_A = 溶质 B 的物质的量(mol)/溶剂的质量(kg)$$

质量摩尔浓度的 SI 单位为 $mol \cdot kg^{-1}$。

例如，将 18g 葡萄糖(摩尔质量是 $180g \cdot mol^{-1}$)溶于 1000g 水中，所得溶液的浓度为 $0.1mol \cdot kg^{-1}$。又如，10% 氯化钠溶液的质量摩尔浓度为

$$m_{NaCl} = [10g/(58.5 \cdot mol^{-1})]/0.090kg = 1.9mol \cdot kg^{-1}$$

此法的优点是浓度数值不受温度影响，所以在讨论某些理论问题时，常用这种浓度表示方法。对于很稀的溶液，$m_B \approx c_B$。

# 第 3 节　浓度的有关计算和应用

实际工作中，常遇到不同浓度表示方法之间的相互换算，如一种浓溶液加溶剂稀释为一种稀溶液，以及两种不同浓度的溶液相互混合为一种所需浓度溶液等问题。现举例加以说明。

---

10% 氯化钠溶液的密度 $\rho = 1.07g \cdot mL^{-1}$ (283K)，该溶液的物质的量浓度是多少？

$c_{NaCl}$ = 溶质 B 的物质的量(mol)/溶液的体积(mL)
　　= $\{[10g/(58.5g \cdot mol^{-1})]/[100g/(1.07g \cdot cm^{-3})]\} \times 1000mL \cdot L^{-1}$
　　= $1.83mol \cdot L^{-1}$

所以，283K 时，10% 氯化钠溶液的物质的量浓度为 $1.83mol \cdot L^{-1}$。

**案例 1-1**

---

欲配制 $1.0mol \cdot L^{-1}$ 的硫酸溶液 0.50L，需取用 $\rho = 1.84g \cdot mL^{-1}$、98% 的浓硫酸多少毫升？

解：设需取用浓硫酸 $x$ mL。因为稀释前后溶液中溶质含量不变，故有

$$0.50L \times 1.0mol \cdot L^{-1} \times 98g \cdot mol^{-1} = x \times 1.84g \cdot mL^{-1} \times 98\%$$

解得

$$x = 55mL$$

**案例 1-2**

---

配制某药剂需用 $0.300mol \cdot L^{-1}$ 硫酸溶液，欲想将 2000mL $0.100mol \cdot L^{-1}$ 硫酸溶液利用起来，问需取 $3.00mol \cdot L^{-1}$ 硫酸溶液多少毫升与其混合，才能配成 $0.300mol \cdot L^{-1}$ 硫酸溶液？

解：设需取 $3.00mol \cdot L^{-1}$ 硫酸溶液 $x$ mL。混合后溶质的量应等于混合前两溶液中溶质的量之和，故有

$$(0.100mol \cdot L^{-1} \times 2000mL) + (3.00mol \cdot L^{-1} \times x) = 0.300mol \cdot L^{-1} \times (2000mL + x)$$

解得

$$x = 148mL$$

所以取 $3.00mol \cdot L^{-1}$ 硫酸溶液 148mL 即可。

**案例 1-3**

## 0.1mol·L$^{-1}$ AgNO$_3$ 滴定溶液的配制

1. 用量计算  如配制 500mL 0.1mol·L$^{-1}$ AgNO$_3$ 滴定液，根据质量摩尔浓度定义，AgNO$_3$ 的摩尔质量为 169.87g·mol$^{-1}$，则 AgNO$_3$ 取量为

$$0.1mol·L^{-1} \times 169.87g \times 0.5L^{-1} = 8.4935g$$

2. 配制方法（图1-2）

（1）用分析天平精确称取干燥的 AgNO$_3$（分析纯）固体 8.4935g [图1-2 (a)]。

（2）将固体全部置于 100mL 小烧杯中 [图1-2 (b)]。

（3）加入约 50mL 纯水，充分搅拌使固体完全溶解 [图1-2 (c)]。

（4）将溶液全部转移至 500mL 容量瓶中，并用少量纯水漂洗烧杯内壁 3 次，漂洗液也全部转移至容量瓶中 [图1-2 (d)]。

（5）随后往容量瓶中补加纯水至液面最低点达瓶颈部刻度线相齐为止 [图1-2 (e)]。

（6）盖紧瓶塞，将容量瓶上下翻转摇动，使瓶内溶液浓度均匀为止 [图1-2 (f)]。

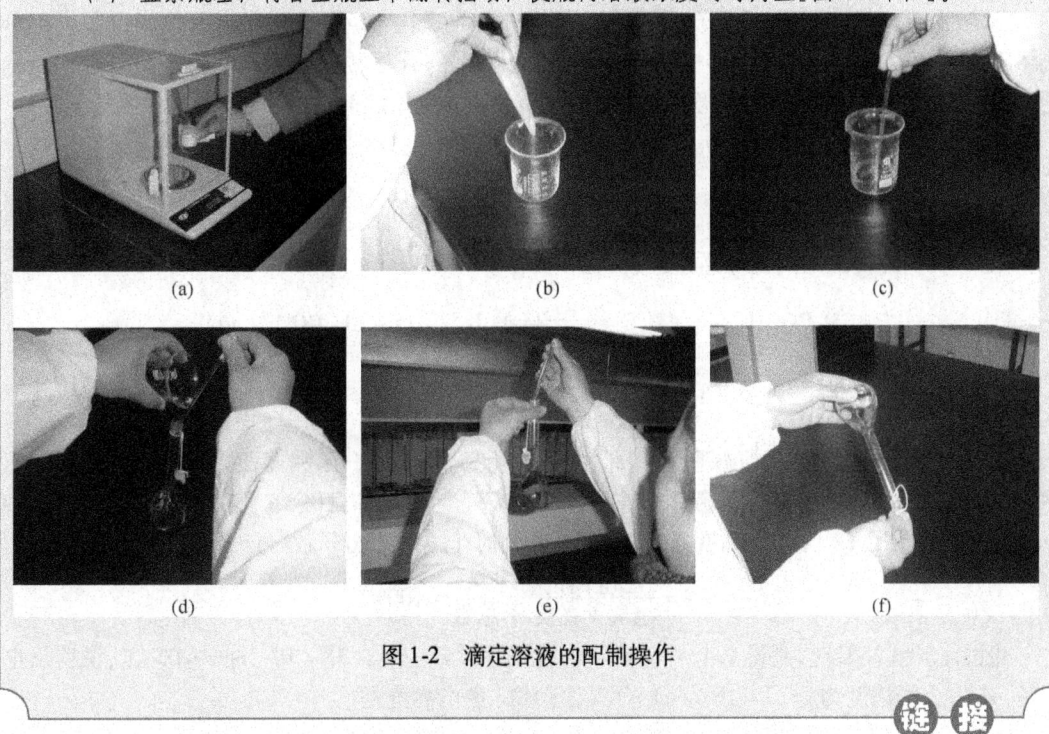

图1-2  滴定溶液的配制操作

# 第4节  电解质在水溶液中的存在状态

## 一、电解质与非电解质

溶质溶解时，溶质分子分散在溶剂分子之间并与溶剂分子相互作用。有些溶质分子会全部或部分形成带电的离子微粒，这些溶质称为电解质（electrolyte）。另一些溶质在溶液中仍完全保持分子形式，被称作非电解质（nonelectrolyte）。

溶质与溶剂分子间相互作用不仅引起电解质的电离，而且使溶液分子或离子与不定数目的溶剂分子结合在一起，这种作用叫溶剂合作用。例如，NaCl 晶体溶于 H$_2$O 时，由于水分子对 Na$^+$ 和 Cl$^-$ 的吸引力大于晶体中离子间的引力，因而溶解同时电离并形成水合离子。

$$\text{NaCl(晶体)} \xrightleftharpoons[]{\text{溶解、电离}} \text{Na}^+(\text{aq}) + \text{Cl}^-(\text{aq})$$

离子晶体大多是电解质。有些化合物虽然是原子间共价结合,但只要极性强,能与水结合释放足够的能量,在水中溶解时也能在水分子作用下电离,形成水合离子。例如,HCl 在水中的电离(aq 表示水化)。

$$\text{HCl} \xrightleftharpoons[]{\text{电离}} \text{H}^+(\text{aq}) + \text{Cl}^-(\text{aq})$$

电解质在溶液中电离的程度相差很大,有的几乎完全电离,有的只有极少部分电离。习惯上把在水中能完全电离的电解质称为强电解质(strong electrolyte);把在水中部分电离的电解质称为弱电解质(week electrolyte)。事实上两者没有截然的界限。

强电解质全部电离,在水溶液中全部以水合离子状态存在,所以它们的电离是不可逆的,不存在电离平衡。弱电解质的电离则是可逆过程,存在电离平衡,有平衡常数并服从化学平衡定律。在溶液中未电离的分子和电离生成的离子共存,分子与离子的浓度比大小要看该弱电解质电离的程度,也与溶液浓度与温度等外界条件有关。

从结构上来看,强电解质不仅包括有典型离子键的化合物,如强碱(NaOH、KOH)和大部分盐($\text{NaCl、CaCl}_2$ 等),还包括那些极性强的化合物,如大部分强酸($\text{HCl、HNO}_3$ 等)。弱电解质则包括那些极性较弱的化合物,如弱酸(乙酸 $\text{CH}_3\text{COOH}$ 和氢氰酸 HCN 等)和弱碱(氨水等)。

## 二、电 离 度

由于弱电解质的电离是可逆过程,例如

$$\text{CH}_3\text{COOH}(\text{aq}) + \text{H}_2\text{O} \xrightleftharpoons[\text{分子化}]{\text{电离}} \text{H}_3\text{O}^+(\text{aq}) + \text{CH}_3\text{COO}^-(\text{aq})$$

简写为

$$\text{HAc} \rightleftharpoons \text{H}^+ + \text{Ac}^-$$

当分子和离子之间建立动态平衡时,即在一定温度下,体系中分子和离子的浓度不再改变时,这种平衡状态称平衡。在电离达平衡时,弱电解质的电离程度可用电离百分率表示,称电离度(degree of ionization),通常用 $\alpha$ 表示。电离度是指在电离达平衡时,已电离的分子数与分子总数之比,即

$$\alpha = \frac{\text{已电离的分子数}}{\text{电离前的分子总数}} \times 100\%$$

例如,室温 25℃时,测得 $0.1\text{mol} \cdot \text{L}^{-1}$ HAc 溶液的 $[\text{H}^+] = 1.33 \times 10^{-3} \text{mol} \cdot \text{L}^{-1}$,这说明已电离的 HAc 分子浓度是 $1.33 \times 10^{-3} \text{mol} \cdot \text{L}^{-1}$,则 HAc 的电离度是

$$\alpha = (1.33 \times 10^{-3}/0.1) \times 100\% = 1.33\%$$

这表明 25℃时,$0.1\text{mol} \cdot \text{L}^{-1}$ HAc 水溶液中,每 1 万个 HAc 分子中有 133 个分子解离为 $\text{H}^+$ 和 $\text{Ac}^-$。

在相同浓度下,不同电解质的电离度大小反映出电解质的相对强弱。电解质愈弱,电离度就愈小(表 1-3)。

表 1-3 几种弱电解质溶液的电离度($291\text{K}, 0.1\text{mol} \cdot \text{L}^{-1}$)

| 电解质 | 化学式 | $\alpha/\%$ | 电解质 | 化学式 | $\alpha/\%$ |
| --- | --- | --- | --- | --- | --- |
| 乙二酸 | $\text{H}_2\text{C}_2\text{O}_4$ | 31 | 碳酸 | $\text{H}_2\text{CO}_3$ | 0.17 |
| 磷酸 | $\text{H}_3\text{PO}_4$ | 26 | 氢硫酸 | $\text{H}_2\text{S}$ | 0.07 |
| 亚硫酸 | $\text{H}_2\text{SO}_3$ | 20 | 溴酸 | $\text{HbrO}_3$ | 0.01 |
| 氢氟酸 | HF | 15 | 氢氰酸 | HCN | 0.007 |
| 乙酸 | Hac | 1.33 | 氨水 | $\text{NH}_3 \cdot \text{H}_2\text{O}$ | 1.33 |

电离度的大小,除取决于电解质的结构外,还与外界因素有关,如溶剂性质、温度、溶液的浓度等。同一电解质溶液,浓度越小,电离度越大,所有弱电解质的电离度都随溶液浓度的降低而增大(表1-4)。

表1-4　不同浓度乙酸的电离度(298K)

| 溶液浓度/(mol·L$^{-1}$) | H$^+$浓度/(mol·L$^{-1}$) | 电离度 $\alpha$/% |
| --- | --- | --- |
| 0.00 | 0.0042 | 0.42 |
| 0.10 | 0.0133 | 1.33 |
| 0.01 | 0.000 42 | 4.2 |

总之,弱电解质的电离平衡随着溶液的稀释而向电离方向移动。所以,比较电离度大小时,必须指出该溶液的浓度。

## *三、强电解质溶液

### (一) 离子相互作用理论

强电解质在水溶液中是全部电离的,在溶液中不存在分子,它的电离是不可逆的。但是,根据溶液导电性实验所测得的强电质在溶液中的电离度都小于100%(表1-5)。

表1-5　几种强电解质的表观电离度(298K,0.1mol·L$^{-1}$)

| 电解质 | KCl | ZnSO$_4$ | HCl | HNO$_3$ | H$_2$SO$_4$ | NaOH | Ba(OH)$_2$ |
| --- | --- | --- | --- | --- | --- | --- | --- |
| 表观电离度/% | 86 | 40 | 92 | 92 | 61 | 91 | 81 |

原因是在强电解质溶液中,离子浓度较大,不同电荷的离子之间,由于静电引力,在每一个离子周围聚集了较多的带相反电荷的离子。Debye 和 Hückle 从微观上建立了一个能反映溶液中离子行为的模型——离子氛(ion atmosphere)模型。所谓离子氛,是指在溶液中每一个离子都被带相反电荷且分布不均匀的离子所包围,形成一个球形对称的离子氛。每一个阳离子周围形成了带负电荷的离子氛,每一个阴离子周围形成了带正电荷的离子氛(图1-3)。每一个中心离子同时又是组成另一个异性离子氛的一员。所以,应把溶液中离子的分布看成是很多离子氛交错在一起的复杂系统,而不是一个一个相互独立的离子或离子氛。由于离子氛的存在,强电质溶液中的离子并不是完全独立的自由离子,离子的热运动也不那么自由,在有外电场作用时决定导电的离子运动速率相应地减小,由导电测得的电离度也相应地降低,仅仅是一种表现电离度。可以想象,强电解质水溶液中的离子只有在无限稀释时才能完全自由。

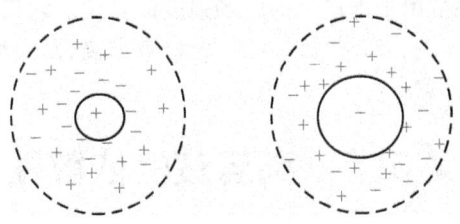

图1-3　离子氛示意图

Debye-Hückle 理论应用于 1-1 价型电解质(如 NaCl)的极稀溶液时比较成功。随着溶液理论的发展,现在已知在强电解质较浓的溶液中,还有离子缔合的现象,即阳离子和阴离子会部分缔合成离子对作为独立单位而运动。离子对的存在使自由离子浓度降低,导致溶液的导电能力下降。

### *(二) 离子的活度和活度系数

由于离子氛和离子对的存在,表观电离度小于理论电离度,因此,离子的有效浓度(即表观浓度)总比理论浓度小些。离子的有效浓度是指电解质溶液中实际上可起作用的离子的浓度,我们称之为活度,通常用 $a$ 表示,它没有单位。离子活度与离子理论浓度 $c$ 有如下关系:

$$a = \gamma_i c \tag{1-1}$$

式中,$\gamma_i$ 称为溶质 $i$ 的活度系数。一般讲,由于 $a<c$,故 $\gamma_i<1$。显然,溶液愈稀,离子间的距离愈大,离子间的牵制作用愈弱,离子氛和离子对出现的概率愈小,活度与浓度间的差别就愈小。当溶液中离子浓度很小,且离子所带的电荷数较少时,这时活度系数接近于 1。可见,活度系数反映了溶液中离子之间相互牵制作用的大小。

对于弱电解质溶液,因其离子浓度很小,一般可以把弱电解质的活度系数也视为 1。因此,弱电解质溶液的活度基本上等于浓度。

表 1-6 列出 25℃时一些强电介质的离子平均活度系数。

表 1-6　25℃时一些强电解质的离子平均活度系数 $\gamma_\pm$

| 电解质 | $\gamma_\pm$ | | | | | | |
|---|---|---|---|---|---|---|---|
| | 0.001mol·L$^{-1}$ | 0.005mol·L$^{-1}$ | 0.01mol·L$^{-1}$ | 0.05mol·L$^{-1}$ | 0.1mol·L$^{-1}$ | 0.5mol·L$^{-1}$ | 1.0mol·L$^{-1}$ |
| HCl | 0.966 | 0.923 | 0.904 | 0.803 | 0.796 | 0.758 | 0.809 |
| KOH | 0.96 | 0.93 | 0.90 | 0.82 | 0.80 | 0.73 | 0.76 |
| KCl | 0.965 | 0.927 | 0.901 | 0.815 | 0.769 | 0.651 | 0.606 |
| H$_2$SO$_4$ | 0.830 | 0.637 | 0.544 | 0.340 | 0.265 | 0.154 | 0.130 |
| Ca(NO$_3$)$_2$ | 0.88 | 0.77 | 0.71 | 0.54 | 0.48 | 0.38 | 0.35 |
| CuSO$_4$ | 0.74 | 0.53 | 0.41 | 0.21 | 0.16 | 0.068 | 0.074 |

离子的活度系数,不仅取决于该离子本身的浓度和电荷数,还受溶液中其他离子的浓度和电荷数的影响。为了说明这些影响,化学上引入了离子强度(ionic strength)的概念。离子强度的表示式为

$$I = \frac{1}{2}(c_1 Z_1^2 + c_2 Z_2^2 + c_3 Z_3^2 + \cdots) = \frac{1}{2}\sum_i c_i Z_i^2 \tag{1-2}$$

式中,$I$ 代表离子强度;$c_i$ 及 $Z_i$ 分别代表溶液中离子的浓度及电荷数。

离子强度是溶液中存在的离子即产生的电场强度的量度。它仅与溶液中离子的浓度及电荷数有关,而与离子的种类无关。离子的浓度愈大,价数愈高,则溶液的离子强度愈大,离子间的牵制作用愈强,活度系数就愈小。

## 第5节　稀溶液的依数性

人们都知道,在 101.3kPa 下,纯水的沸点为 373K,凝固点为 273K。而海水却在高于 373K 时沸腾,低于 273K 时才结冰。这一现象与溶液的性质密切相关。

溶解过程是物理-化学过程。当溶质溶解于溶剂中形成溶液后,溶液的性质已不同于原来的

溶质和溶剂。溶液的一些性质与溶质的本性有关,如颜色、导电性等。而溶液的另一些性质如蒸气压、沸点、凝固点和渗透压等与溶质的本性无关,而仅仅取决于溶液的浓度,即一定量溶液或溶剂中所含溶质粒子数的多少。由于这类性质的变化依赖于溶质的粒子数且又只适用于稀溶液,Ostwald 将这类性质称为稀溶液的"依数性"(colligative property)。

# 一、溶液的蒸气压下降

## (一) 溶剂的蒸气压

将一杯纯水放在密闭容器中。由于分子的热运动,一部分动能较高的分子自水面逸出,扩散到空间形成水蒸气,水蒸气分子也在不停地运动着,其中一些蒸汽分子又可能碰到水面重新变成液态水,这一过程称为凝聚。在一定温度下,水的蒸发速度是恒定的。开始时凝聚速度小于蒸发速度,随着蒸发过程的进行,水面上空蒸汽分子浓度逐渐增加,水蒸气分子凝聚成液态水的速度亦逐渐增大。当凝聚速度与蒸发速度相等时,蒸汽分子浓度不再发生变化。此时水面上的蒸气压称为该温度下的饱和水蒸气压,简称水的蒸气压(vapor pressure)。温度升高,水的蒸发速度增大,当蒸发与凝聚重新达到平衡状态时,水蒸气的密度必然增加。因而水的蒸气压也相应增大(表1-7)。

同液体一样,固体也有蒸气压,但在一般情况下数值很小,如冰的蒸气压(273K 时为 610.5Pa)。

各种液体和固体的蒸气压随温度的升高而增大,而在一定温度时,它们的蒸气压均是恒定的。

### 水的蒸气压测定

水的蒸气压测定见图 1-4,将蒸馏水装入三颈烧瓶至 1/2 满,检查系统密闭不漏气,打开抽气活塞和抽气泵,使系统减压到约 2.3kPa,关闭抽气活塞,开启电炉,控制升温到使水稳定沸腾,此时立即记录水的沸点和系统的压力。根据沸点的定义:当液体的蒸气压与外界大气压相等时,液体沸腾,此时液体的温度称沸点。故上述纪录的系统压力即该沸点温度时水的蒸气压。小心控制放气活塞使产生一缝隙,让少量空气漏入体系,体系压力稍有升高,水的沸腾停止;当继续加热升温,使水再次稳定沸腾,并立即记录第二次沸点温度和系统的压力。如此反复操作直至系统压力增加至外界大气压力时,测得水的正常沸点为止。实验数据见表1-7。

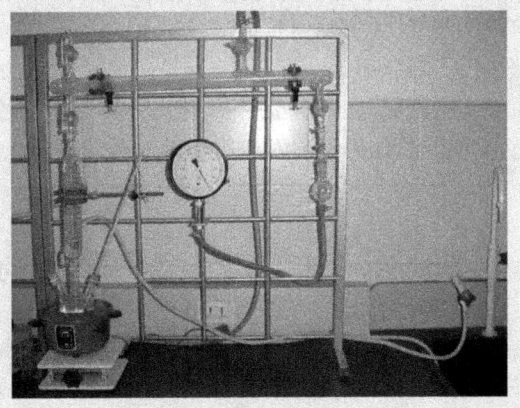

图 1-4 蒸气压测定装置图

表 1-7 不同温度下水的蒸气压

| 温度/K | 293 | 303 | 313 | 323 | 333 | 343 | 373 |
|---|---|---|---|---|---|---|---|
| 蒸气压/Pa | 2337.8 | 4242.8 | 7375.9 | 12 334 | 19 916 | 31 160 | 101 000 |

如以横坐标表示温度、纵坐标表示蒸气压，将实验数据用小圆点画入坐标系，再将各点连成光滑曲线，即得水的蒸气压曲线（图1-5）。

冰的蒸气压可用吸附剂完全吸收一定体积的被冰所饱和的蒸气，然后称量吸附剂增加的质量，求出冰的蒸气分压。

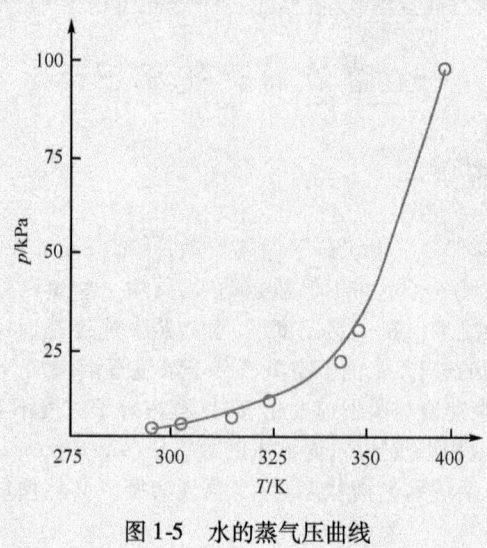

图1-5　水的蒸气压曲线

## （二）溶液的蒸气压下降

在一定温度下，水的蒸气压是一个定值，如果在水中加入一种难挥发的非电解质溶质，每个溶质分子将与若干个水分子结合形成水合分子。溶质的加入一方面束缚了一部分高能的水分子，另一方面又占据一部分水的表面，减少了单位面积上水的分子数。因此，在单位时间内从溶液表面逸出的水分子数，就比在相同条件下从纯水表面逸出的分子数少，所以达到平衡状态时，溶液的蒸气压（实际上是指溶液中水的蒸气压）必然比纯水的蒸气压低。这种现象称为溶液的蒸气压下降（vapor pressure lowing）。显然，溶液的浓度越大，其蒸气压下降越多。

实验证明，在一定温度下，难挥发非电解质稀溶液蒸气压下降 $\Delta p$ 与溶液的质量摩尔浓度 $m$ 近似成正比，比例常数 $K$ 取决于纯溶剂的蒸气压和摩尔质量

$$\Delta p \approx K \cdot m \tag{1-3}$$

## 二、溶液的沸点升高

液体的蒸气压随温度升高而增加，当蒸气压等于外界压力时，液体就沸腾，这个温度就是液体的沸点（boiling point）。

当难挥发的非电解质溶于溶剂后，根据实验结果，在相同温度下溶液的蒸气压总是低于纯溶剂的蒸气压。当纯溶剂达到沸点温度时，其蒸气压等于外界压力。而该温度下溶液的蒸气压必定小于外界压力，要使溶液的蒸气压等于外界压力，必须升高温度，这就势必导致溶液的沸点比纯溶剂的要高。下面我们以水和水溶液为例来说明这个道理。

从图1-6可以看出，水溶液的饱和蒸气压曲线总是在纯溶剂水的饱和蒸气压曲线的下方。在373K时，水的蒸气压和外界大气压101kPa（$10^5$Pa）相等，所以水的沸点就是373K。但在此温度下，溶液的蒸气压尚小于外界压力，没有达到沸点温度。要使溶液的蒸气压等于外界大气压，

必须升高温度到 $T_{b1}$（或 $T_{b2}$）。由此可见，溶液的沸点总是比纯溶剂的沸点高，这一现象称为溶液的沸点升高（boiling point elevation）。

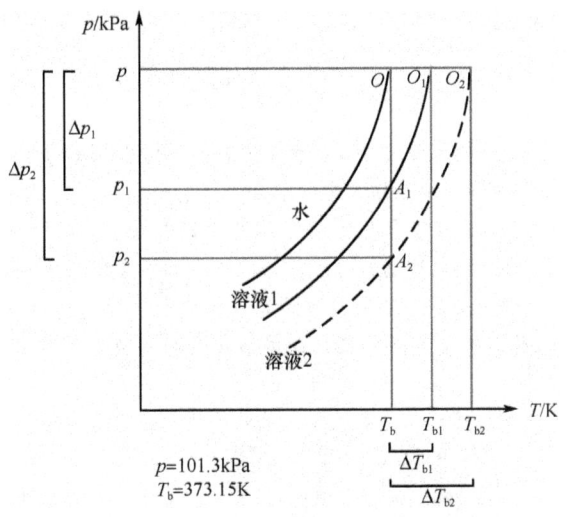

图1-6 溶液沸点升高示意图

产生溶液沸点升高的根本原因在于溶液蒸气压的下降，而蒸气压下降的程度仅与溶液的浓度有关。因此，溶液沸点升高的程度（$\Delta T_b$）也只取决于溶液的浓度，溶液越浓，其蒸气压下降越多，则沸点升高越多。由此可知，稀溶液的沸点升高与蒸气压下降成正比，故

$$\Delta T_b \approx K' \cdot \Delta p$$

式中，$\Delta T_b$ 为溶液沸点升高值；$K'$ 为比例常数。将式（1-3）代入上式，且合并常数项得

$$\Delta T_b \approx K_b \cdot m \tag{1-4}$$

式中，$m$ 为质量摩尔浓度；$K_b$ 为溶剂的沸点升高常数，它在数值上相当于 1mol 溶质溶于 1kg 溶剂中所引起的沸点升高的度数。表1-8 列出了一些常用溶剂的沸点及其 $K_b$。

**表1-8 几种常用溶剂的沸点升高常数**

| 溶 剂 | 沸点/K | $K_b$ |
|---|---|---|
| 水 | 373.0 | 0.52 |
| 苯 | 353.2 | 2.53 |
| 三氯甲烷 | 333.2 | 3.63 |
| 萘 | 491.0 | 5.80 |
| 乙醚 | 307.4 | 2.16 |

## 三、溶液的凝固点降低

### （一）溶剂的凝固点

液态物质的凝固点（freezing pont）是该物质的液相与固相具相同蒸气压而能平衡共存时的温度。若两相蒸气压不相等，则蒸气压大的一个相将向蒸气压小的一个相转化。在 273K、101.3kPa 下：

$$\text{水} \rightleftharpoons \text{冰}$$
$$610.5\text{Pa} \quad 610.5\text{Pa}$$

当外界大气压强为 101.3kPa 时,273K 即为水的凝固点(冰点),因为在此温度下,水(液相)与冰(固相)的蒸气压相等(均为 610.5Pa)。若温度低于或高于 273K 时,由于水和冰的蒸气压不再相等,将会导致一个相向另一个相转化(水结冰或冰融化)的过程发生。

---

### 水的凝固点测定

取 20mL 纯水加入凝固点测定管的内管,套上夹套外管[图 1-7(a)],然后将整个测定管放入装有冰-盐混合物的保温瓶中,将一精密电子温度计的探头棒插入待测液面下,管口用塞子保温[图 1-7(b)]。用金属丝不断上下搅动溶液和摩擦管内壁,破坏过冷现象,同时观察、记录显示器的温度变化。从温度-时间曲线[图 1-7(c)(1)]可以看出温度至 273K 以下时溶剂仍不凝固,当温度经过一个低点后开始回升(因此时溶剂大量析出结晶放热所致),当温度回升至 273K 时开始稳定(此时水与冰达平衡,结晶放热与环境冷却达平衡),但稳定一段时间后体系温度继续下降。

有些溶剂冷却时不产生过冷现象,其冷却曲线如图 1-7(c)(2)所示。

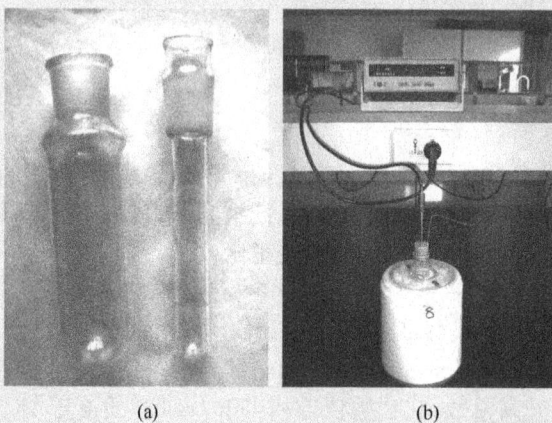
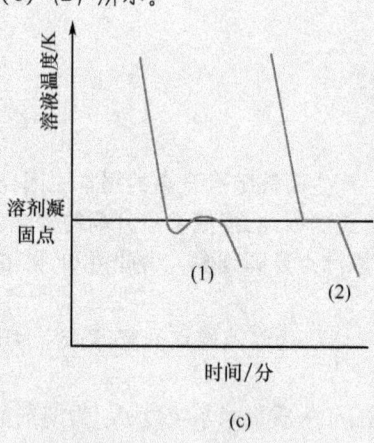

图 1-7 溶液的凝固点测定
(a)凝固点测定管;(b)凝固点测定仪;(c)溶剂的冷却曲线

---

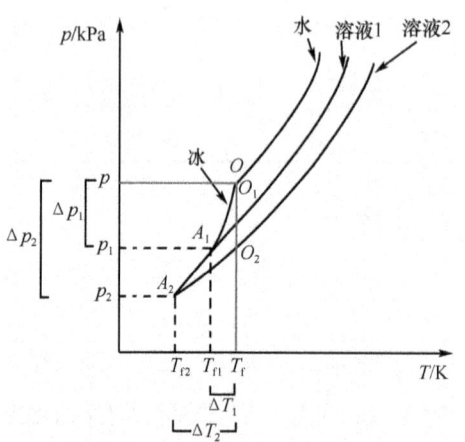

图 1-8 溶液凝固点下降示意图
$p = 610.5\text{Pa}, T_f = 273.15\text{K}$

## (二) 溶液的凝固点降低

溶液的凝固点是溶液与其固态溶剂(如冰)具有相同的蒸气压而能平衡共存时的温度。如果在于 273K 冰水两相共存(图 1-8 中 $O$ 点)的情况下加入非电解质溶质,势必引起溶液的蒸气压下降。由于溶质全部溶解在水中,因此,加入溶质只影响溶液中水的蒸气压,而对冰的蒸气压是无影响。这样在 273K 时,水溶液的蒸气压必然要低于冰的蒸气压,这时溶液和冰不能共存。由于冰的蒸气压高于溶液的蒸气压,冰将会融化为水。换句话说,在此温度下溶液中的水不会结冰。如果要使溶液和冰蒸气压相等而平衡共存(图 1-8 中 $A$ 点)则必须继续降低温度。

由图1-8可以看出,冰的蒸气压曲线比溶液的蒸气压曲线陡直,即冰的蒸气压随温度下降而降低的幅度比溶液的蒸气压降低幅度大。这样,在273K以下某一温度$T_{f1}$(或$T_{f2}$)时,溶液的蒸气压和冰蒸气压可再次相等,此时,溶液和冰处于平衡状态。这个温度$T_{f1}$(或$T_{f2}$)就是该溶液的凝固点。显然,溶液的凝固点比纯溶剂(如水)的低,我们把这种现象叫做溶液的凝固点降低(freezing point lowing)。溶液浓度越大,凝固点就越低。纯溶剂的凝固点是恒定的,但溶液的凝固点却在不断变化。原因是当溶液达到凝固点时,固体溶剂不断从溶液中析出,致使溶液浓度逐渐增大,溶液的凝固点也因此而不断降低,直至达到饱和溶液时,凝固点才维持恒定。因此,溶液的凝固点是指刚有固态溶剂析出时的温度。

溶液的凝固点降低也是溶液蒸气压下降的结果。因此,溶液的凝固点下降程度只与溶液浓度有关,而与溶质本性无关,也就是非电解质稀溶液的凝固点降低近似地与溶液的质量摩尔浓度成正比。其数学表示式为

$$\Delta T_f \approx K_f \cdot m \tag{1-5}$$

式中,$\Delta T_f$为凝固点降低度数;$m$为质量摩尔浓度;$K_f$为凝固点降低常数。

根据溶液的凝固点降低与质量摩尔浓度之间的定量关系,可以测定溶质的摩尔质量。由于溶剂的凝固点降低常数值毫无例外地都比同一溶剂的沸点升高常数值大,因此用凝固点降低法测定物质的摩尔质量,其实验误差相对较小。而且在达到凝固点时,溶液中有晶体物质析出,现象明显,易于观察,因此利用凝固点降低来测定物质的摩尔质量的方法比较常用(表1-9)。

表1-9 几种常用溶剂的凝固点降低常数

| 溶 剂 | 凝固点/K | $K_f$ |
|---|---|---|
| 水 | 273.0 | 1.86 |
| 苯 | 278.5 | 4.90 |
| 乙酸 | 289.6 | 3.90 |
| 樟脑 | 452.8 | 39.7 |
| 萘 | 353.0 | 6.90 |
| 溴乙烯 | 283.0 | 12.5 |

> 溶液0.115g奎宁于1.36g樟脑中,测得其凝固点为442.6K,试计算奎宁的摩尔质量。
> 解:设奎宁的摩尔质量为$M$,樟脑的凝固点为452.8K,$K_f$=39.70,有
> $$\Delta T_f = 452.8 - 442.6 = 10.2(K)$$
> 在1000g樟脑中溶解奎宁的质量为
> $$\frac{0.115}{1.36} \times 1000 = 84.56(g)$$
> 该溶液的质量摩尔浓度为
> $$m = \frac{84.56}{M}$$
> 根据$\Delta T_f = K_f \cdot m$,得$M=329 g \cdot mol^{-1}$,所以奎宁的摩尔质量为$329 g \cdot mol^{-1}$。

案例1-4

溶液的凝固点降低原理除了可用来测定溶质的摩尔质量外,还有许多实际应用。例如,利用冰点降低法对药液进行等渗压调节,利用体液凝固点下降值来比较和衡量体液的渗透压。此

外,植物的耐寒性,具有很大实用价值的低熔点合金的制备,食盐和冰的混合物可用作冷冻剂,冬天里汽车水箱中加入甘油或乙二醇可防止水结冰等,也是基于溶液的凝固点降低的原理。

### 溶液凝固点下降的探究

1. 选题
   (1) 探究海水在冬天不易结冰的原因。
   (2) 探究盐溶液浓度与凝固点的关系。
2. 设计思路　因海水中含盐,用测定不同浓度 NaCl 溶液的凝固点,来找其变化规律。
3. 实验方法
   (1) 在5个凝固点测定管中[图1-7(a)]分别加入 50mL 净水。
   (2) 分别往各管中加入 0g、0.25g、0.5g、0.75g、1.00g NaCl,使之溶解。
   (3) 分别将凝固点测定管放入盛冰+盐的保温瓶(-5℃)中,管内插入电子显示温度计[图1-7(b)],不断搅拌,观察纪录管内溶液温度变化[图1-7(c)],找出各管溶液的凝固点。
4. 实验记录　见表1-10。

表1-10　不同浓度盐水的凝固点

| 序号 | 盐浓度/% | $m$ | 凝固点/℃ | $\Delta T_f/m$ |
|---|---|---|---|---|
| (1) | 0 | 0.0 | 0.00 | 0 |
| (2) | 0.25 | 0.0854 | -0.16 | 1.87 |
| (3) | 0.50 | 0.171 | -0.32 | 1.87 |
| (4) | 0.75 | 0.256 | -0.48 | 1.88 |
| (5) | 1.0 | 0.342 | -0.64 | 1.87 |

5. 实验数据分析
   (1) 从表1-10数据可见凝固点下降值与水中含盐量成正比。
   (2) 海水中含盐量>3.5%,故海水在0℃不结冰。
   (3) 从凝固点下降值与物质的量浓度的比值中找到 $\Delta T_f/m \approx$ 常数 $\approx 1.87$。

## 四、溶液的渗透压

### (一) 渗透和渗透压

假若在很浓的蔗糖溶液的液面上小心加一层清水,在避免任何机械振动的情况下静置一段时间,整个体系就会变成均匀的蔗糖溶液。这是分子热运动的结果,蔗糖分子从下层进入清水,同时水分子从上层进入蔗糖溶液,直到均匀混合、浓度一致为止。这个过程称为扩散。在任何纯溶剂和溶液之间,或两种不同浓度的溶液之间,都有扩散现象发生。如果用一种半透膜(semipermeable membrane)将蔗糖溶液和纯水隔开,情况就不同了[图1-9(a)]。半透膜是一种只允许某些物质透过而不允许另一些物质透过的多孔性薄膜。动物的细胞膜、人体内的膀胱膜、毛细血管壁以及人工制造的火棉胶膜、羊皮纸等都是半透膜。假若采用将蔗糖溶液和水隔开的半透膜只允许水分子通过,而不允许蔗糖分子通过,数小时后将会看到玻璃管内蔗糖溶液的液面升高了。当液面上升到一定高度后,玻璃管内的液面高度维持恒定[图1-9(b)]。原因何在呢?

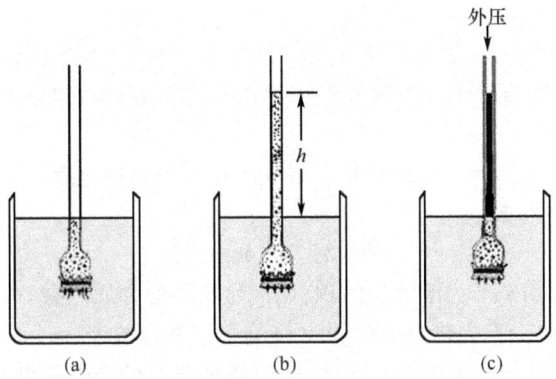

图1-9　溶液渗透压产生与测定示意图

我们知道,水分子可同时向两个相反方向通过半透膜,但因膜外纯水中水分子的数目比膜内同体积蔗糖溶液中的多,因此单位时间内从纯水透过半透膜进入蔗糖溶液的水分子数必然多于从蔗糖溶液透过半透膜进入纯水的水分子数。其净结果是水透过半透膜进入蔗糖溶液,于是玻璃管内的液面升高。这种溶剂(水)分子透过半透膜进入溶液的自发过程称为渗透(osmosis)。

两种不同浓度的溶液用半透膜隔开,亦会产生渗透现象。但渗透不是无止境的,随着玻璃管内液面的升高,由液柱产生的静液压也随之增加。这样单位时间内,水分子从溶液进入纯水的数目也相应增多。当玻璃管内外液面差达到一定高度时,水分子向两个方向渗透的速度趋于相等,渗透作用达到动态平衡,玻璃管内的液面停止上升。此时玻璃管内液面高度 $h$ 所产生的压力,称为该溶液的渗透压(osmotic pressure)。可以设想,假若一开始就给玻璃管内蔗糖溶液液面施加这么大的压力,渗透现象根本就不会发生。因此,渗透压也可以定义为:将溶液和纯溶剂用半透膜隔开,为阻止渗透现象发生而必须施加于溶液液面上的最小压力[图1-9(c)]。渗透压的大小可由管内外液面高度差($h$)来测定[图1-9(b)]。

应当指出,渗透压是溶液的一种性质。不论渗透压的大小如何,它只有在半透膜存在时才表现出来。就渗透方向而言,总是浓度小的溶液通过半透膜向浓度大的溶液一方渗透。

## 半透膜模型

半透膜是一种只允许离子和小分子自由通过、生物大分子不能自由通过的膜结构(图1-10),其原因是因为半透膜的孔隙大小比离子和小分子大但比生物大分子如蛋白质和淀粉小。

细胞膜、膀胱膜、羊皮纸以及人工制的胶棉薄膜等都是半透膜。现代半透膜还用多孔性壁(如无釉陶瓷)并使适当的化合物(如铁氰化铜)沉淀于其孔隙中制成。不同半透膜的半透性不同,而且同一半透膜在不同条件下半透性也可以不同。所以,膜的作用机制只能有限地与筛分类比,电荷的存在及化学性质也常能起一定的作用。

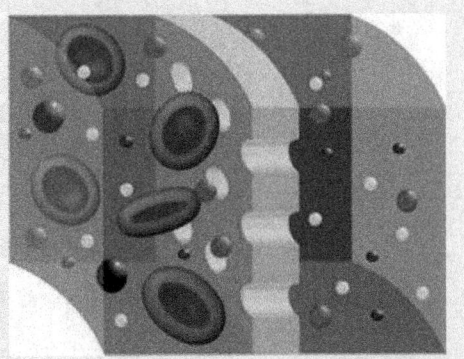

图1-10　一种膜结构筛分模型

## （二）渗透压与浓度、温度的关系

溶液的渗透压与溶液的浓度和温度有关。1877年，Pfeffer通过蔗糖溶液的渗透压实验发现：①在同一温度下，溶液的渗透压与溶液的浓度成正比；②溶液浓度一定时，溶液的渗透压与热力学温度成正比。

1886年，荷兰物理学家van't Hoff根据上述实验结果得出非电解质稀溶液的渗透压与浓度、温度的关系，可用下列方程式表示

$$\pi V = nRT \text{ 或 } \pi = cRT \tag{1-6}$$

式中，$\pi$ 为溶液的渗透压，Pa；$V$ 为溶液的体积，L；$n$ 为溶质的物质的量，mol；$R$ 为摩尔气体常量，8.314 kPa·L·mol$^{-1}$·K$^{-1}$；$T$ 为热力学温度，K；$c$ 为物质的量浓度，mol·L$^{-1}$。

从式(1-6)可以看出，在一定温度下，非电解质稀溶液的渗透压只取决于单位体积溶液中所含溶质的"物质的量"（或微粒数），而与溶质的本性无关。

对于电解质溶液，在计算渗透压时应考虑电解质的电离。为此，在渗透压公式中引进一个校正系数 $i$，即

$$\pi = icRT$$

对于强电解质稀溶液来说，$i$ 值可近似地看作1mol电解质能够电离出离子的物质的量，例如，NaCl，$i \approx 2$；CaCl$_2$，$i \approx 3$。

对于很稀的溶液，$c \approx m$，此时式(1-10)可写成 $\pi = mRT$。

渗透压计算在医药工作中有其实际意义。

---

**案例1-5**

人的血浆在272.44K结冰，求在体温310K时的渗透压。

解：因水的冰点为273K，故血浆的冰点下降为

$$\Delta T_\mathrm{f} = 273 - 272.44 = 0.56 \text{(K)}$$

因为

$$\Delta T_\mathrm{f} = K_\mathrm{f} \cdot m$$

所以

$$m = \Delta T_\mathrm{f}/K_\mathrm{f} = 0.56/1.86$$

又

$$\pi = mRT$$

所以

$$\pi = \Delta T_\mathrm{f}/K_\mathrm{f} \cdot RT = 0.56/1.86 \times 8.31 \times 310 = 776 \text{(kPa)}$$

故血浆在310K时的渗透压为776kPa。

---

**大型输液的渗透压测定**

1. 实验操作　吸取0.9%生理盐水输液25mL，置凝固点测定管中，装好保温夹套和电子显示温度计，将测定管插入装有冰盐混合物（约-5℃）的保温瓶中，管口用木塞塞紧，不断搅拌管内溶液和摩擦管壁，以防过度过冷现象发生，观察并记录温度变化，画出冷却曲线，从过冷温度回升至最高点温度，此温度值即溶液的凝固点。

另吸取25mL纯净水置同一洗净的凝固点测定管中，同上操作，测得水的凝固点。

2. 数据记录　见表1-11。

表 1-11　输液的凝固点测定数据

| 项　目 | 纯净水 | 生理盐水 | $\Delta T$/℃ |
|---|---|---|---|
| 第 1 次测定凝固点/℃ | 0.02 | -0.54 | 0.56 |
| 第 2 次测定凝固点/℃ | -0.01 | -0.57 | 0.58 |
| 第 3 次测定凝固点/℃ | -0.02 | -0.56 | 0.54 |
| 平均凝固点/℃ | -0.003 | -0.56 | 0.56 |

根据

$$\Delta T_f = K_f \cdot m$$

又

$$\pi = mRT \qquad (人体正常体温 T 为 310K)$$

所以

$$\pi = \Delta T_f / K_f \cdot RT = 0.56/1.86 \times 8.31 \times 310 = 776 \ (kPa)$$

3. 结论　0.9% 生理盐水输液在 310K 时的渗透压约为 776kPa，与人体血浆等渗。

## （三）毫渗量·升$^{-1}$

医学上在讨论溶液渗透压问题时，常采用毫渗摩尔浓度，简称毫渗量·升$^{-1}$。所谓毫渗量·升$^{-1}$是指溶液中能产生渗透效应的各种物质质点（分子或离子）的总浓度以毫摩·升$^{-1}$来计算的渗透压单位，常用符号 mmol·L$^{-1}$表示。

凡溶液都有渗透压。渗透压相等的两种溶液，称为等渗溶液。对于渗透压不等的两种溶液，相对地说，渗透压高的称为高渗溶液；渗透压低的称为低渗溶液。在临床实践中，所谓溶液的等渗、低渗或高渗是以血浆总渗透压作为判断标准的。由于正常人血浆总渗透压的正常范围相当于 280～320mmol·L$^{-1}$，因此临床上规定：凡渗透压在 280～320mmol·L$^{-1}$内的溶液称为生理等渗液；高于 320mmol·L$^{-1}$者称为高渗液；低于 280mmol·L$^{-1}$者称为低渗液。

## （四）渗透作用的意义

渗透现象广泛存在于自然界中，与动植物生命过程有着十分密切的联系。动植物体内的细胞膜是一种很容易透水，而几乎不能透过溶解于细胞液中的物质的薄膜。正常人体内的血液、组织液等体液都具有一定的渗透压，如果人们食物过咸或运动时排汗过多，就会有口渴感，这是由于体液浓度增大而引起渗透压升高的缘故。通过饮水，可降低体液中可溶物的浓度而使渗透压恢复到正常状态。另外，植物利用根部从土壤中吸收水分和营养也是通过渗透作用来实现的。

渗透作用在医、药学上的应用是多方面的。比如，临床上对大量失水的严重病人，往往需要静脉滴注大量的 5% 葡萄糖和 0.9% 氯化钠等渗液。为什么大量输液需要与血浆等渗？因为红细胞膜具有半透膜性质，正常情况下，膜内细胞液与膜外血浆是等渗的。若大量滴注高渗液，使血浆中可溶物浓度增大，膜内细胞液的渗透压必然低于膜外血浆的渗透压，红细胞内的细胞液将向血浆渗透，结果使红细胞萎缩。若大量滴注低渗液，结果使血浆稀释，血浆中的水分将向红细胞内渗透，使红细胞膨胀，严重时可使红细胞破裂，这种现象叫做溶血。在补液过程中，只有等渗液才能使红细胞保持正常的生理功能。正常人体中，体液能够维持恒定的渗透压，这对水、盐代谢过程是极为重要的。血浆中有许多盐类离子和各种蛋白质，因此，血浆具有相当大的渗透压（约为 $7.8 \times 10^5$Pa）。其中由各种盐类离子和小分子晶体物质产生的渗透压叫晶体渗透压，占血浆总渗透压的绝大部分。由各种蛋白质所产生的渗透压叫胶体渗透压，仅占血浆总渗透压的极小部分。但胶体渗透压对维持人体正常生理功能起着十分重要的作用。

临床上，除了大型补液需要等渗外，配制眼用制剂也要考虑等渗。眼组织对渗透压变化比较敏感，为防止刺激或损伤眼组织，眼用制剂必须进行等渗压调节。关于药液等渗压调节，药剂上有许多方法，这里将简要介绍一种与稀溶液性质有关的方法——冰降法。血液或泪液的凝固点272.44K，若所配制的药液的冰点也调至272.44K，即与血液或泪液的渗透压相等。这就是进行等渗压调节的理论依据。

> 配制1.0%尿素溶液500cm³，测得该尿素溶液的冰点为272.69K，需加入多少克葡萄糖才能等渗？
>
> 解：已知水的$K_f$=1.86，1.0%尿素溶液的$\Delta T_f$ = 273 − 272.69 = 0.31K，生理等渗液的$\Delta T_f$ = 0.56K。设需加入葡萄糖$W$g。则1.0%尿素溶液与生理等渗液的冰点下降值差为
>
> $$0.56 - 0.31 = 0.25(K)$$
>
> 根据
>
> $$\Delta T_f = K_f \cdot m$$
>
> 得
>
> $$m = \Delta T_f / K_f$$
>
> 对于稀溶液
>
> $$m \approx c$$
>
> 即
>
> $$C_{C_6H_{12}O_6} = 0.13 \text{mol} \cdot \text{L}^{-1}$$
>
> 500L溶液中含葡萄糖为
>
> $$W = 0.50 \text{dm}^3 \times 0.13 \text{mol} \cdot \text{dm}^{-3} \times 180 \text{g} \cdot \text{mol}^{-1} \approx 12 \text{g}$$
>
> 故1.0%尿素溶液500L中加入12g葡萄糖才能调节为生理等渗液。

案例1-6

## 反渗透法制备净水

渗透作用也可利用来分离溶液中的杂质。近年来，反渗透法新技术已引起很大重视。

反渗透法是利用高分子材料经过特殊工艺制成的半透膜，它只允许水分子透过，而不允许溶质通过。用高压泵使处于半透膜一侧的原水压力超过渗透压时，原水中的水分子就能够透过半透膜进入另一侧，从而获得纯净水。而原水中的溶解与非溶解的无机盐、重金属离子、有机物、菌体、胶体等物质无法通过半透膜，只能留在浓缩水中被放掉（图1-11、图1-12）。反渗透法广泛应用于医药、饮料、电子、电力等行业制备净水。

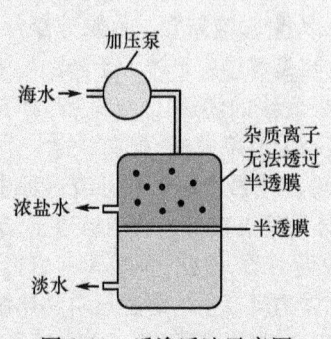

图1-11 反渗透法示意图

图1-12 反渗透法制备净水的设备

稀溶液的以上各项性质(蒸气压下降、沸点升高、凝固点降低和渗透压)都是由于溶质分子溶于溶剂后,引起溶剂浓度减小,导致溶液蒸气压下降的结果。这些性质都取决于一定量溶剂(或溶液)中所含溶质粒子数的多少,而与溶质的种类无关。人们将上述规律称为稀溶液定律,也叫依数定律。

稀溶液定律适用于非电解质组成的稀溶液,溶液越稀,精度越高。而对于电解质溶液、浓溶液以及溶质会发生缔合的溶液会发生较大偏差。因为非电解质浓溶液中,溶质的分子数多,它们之间的相互影响以及溶质与溶剂质点间的相互影响增强,破坏了溶液依数性的定量关系。对于电解质溶液,由于溶质发生了离解,溶液的依数性发生较大偏差。同浓度的电解质溶液总是比同浓度的非电解质溶液有较大的蒸气压下降、沸点升高、凝固点降低和渗透压。对于这种偏差现象,必须在有关公式中引入校正系数 $i$ 予以校正,这样计算结果才与实验结果相符合。$i$ 值实质上表示电解质在溶液中比相同质量摩尔浓度的非电解质溶液微粒数增大的倍数。

溶质如发生缔合,使溶液中溶质微粒的数目减少,溶液的依数性值也随之下降。

---

**小结**

1. 溶液浓度表示法分两大类。一类是用溶质与溶剂的相对量表示,如质量分数 $\omega$、摩尔分数 $x_B$、质量摩尔浓度 $m_B$,其单位可以用克(g),也可以用物质的量(mol);另一类是用一定体积溶液中所含溶质的量表示,如物质的量浓度 $c_B$。这两大类浓度之间借助溶液的密度可以互相转换。

2. 稀溶液依数性的起因是溶液(指溶剂)的蒸气压下降(为什么?)。难挥发非电解质稀溶液的蒸气压下降($\Delta p_v$)、沸点升高($\Delta T_b$)、凝固点下降($\Delta T_f$) 和渗透压($\pi$)与一定量溶剂中溶质粒子的物质的量成正比,与溶质的本性无关,故称"依数性"。其规律为

$$\Delta p_v = K \cdot m$$
$$\Delta T_b = K_b \cdot m$$
$$\Delta T_f = K_f \cdot m$$
$$\pi = cRT$$

以上规律常被用来测定药液的化学渗透压、计算生理等渗液的辅剂添加量(根据生理等渗液的 $m = 0.31 \text{mol} \cdot \text{kg}^{-1}$、$\pi = 775 \text{kPa}$ 或 $\Delta T_f = 0.57 \text{K}$ 来计算)、测纯物质的相对分子质量等。

3. 在应用时,遇以下情况可作近似处理

(1) 对稀溶液,$m \approx c$。

(2) 求 $\Delta T_f$ 时,因溶质是不凝固的,故与溶质是否挥发无关。

(3) 如溶质是强电解质,因是稀溶液,可看作完全电离,则溶质粒子的物质的量根据电解质类型添加校正系数 $i$,如 NaCl 溶液的 $i \approx 2$、$CaCl_2$ 的 $i \approx 3$ 等。

---

## 目 标 检 测

一、名词解释

稀溶液依数性　蒸气压　渗透压　等渗溶液　沸点　凝固点　溶解度　电离度　凝固点下降常数 $K_f$　沸点升高常数 $K_b$

## 二、选择题

### (一) 最佳选择题

1. 稀溶液的依数性起因是 ( )
   A. 冰点降低　　　　　　　　B. 沸点升高
   C. 蒸气压降低　　　　　　　D. 渗透压

2. 在稀溶液的凝固点降低公式 $\Delta T_f \approx K_f \cdot m$ 中 $m$ 所代表的是溶液的 ( )
   A. 溶质的质量摩尔浓度　　　B. 溶质的摩尔分数
   C. 溶剂的摩尔分数　　　　　D. 溶质的体积摩尔浓度

3. 有四种水溶液：(甲) $0.2\text{mol} \cdot \text{L}^{-1}$ KOH；(乙) $0.1\text{mol} \cdot \text{L}^{-1}$ $C_{12}H_{22}O_{11}$；(丙) $0.2\text{mol} \cdot \text{L}^{-1}$ 氨水；(丁) $0.04\text{mol} \cdot \text{L}^{-1}$ $BaCl_2$。它们的凝固点降低值由小到大顺序是 ( )
   A. 甲，乙，丙，丁　　　　　B. 甲，丙，乙，丁
   C. 丁，甲，丙，乙　　　　　D. 乙，丁，丙，甲

4. 人的血浆可视为稀溶液，其凝固点为 $-0.56℃$；已知水的摩尔凝固点降低常数 $K_f$ 为 1.86，则 37℃ 时血浆渗透压为 ( )
   A. 0.913atm[①]　　　　　　B. 92.6atm
   C. 7.65atm　　　　　　　　D. 776atm

5. 在 298K 时，液体 A 的蒸气压为 400Pa，液体 B 的蒸气压为 600Pa，等物质的量的液体 A 和液体 B 混合成一理想溶液，溶液的总蒸气压为 ( )
   A. 500Pa　　　　　　　　　B. 1000Pa
   C. 600Pa　　　　　　　　　D. 700Pa

### (二) 多项选择题

6. 有 6 种物质，请指出哪个是电解质 ( )
   A. $AgNO_3$　　　　　　　　B. $BaSO_4$
   C. $NaC_2H_3O_2$　　　　　D. $CO(NH_2)_2$(尿素)
   E. $C_6H_{12}O_6$　　　　　F. $CH_3COOH$

7. 在讨论稀溶液蒸气压降低的规律时，溶质必须是 ( )
   A. 液体物质　　　　　　　　B. 气体物质
   C. 电解质　　　　　　　　　D. 非电解质
   E. 难挥发物质

8. 在质量分数 $\omega$、体积分数 $\phi_B$、物质的量浓度 $c_B$、质量摩尔浓度 $m$、摩尔分数 $x$ 几种浓度表示法中，浓度与温度无关的有 ( )
   A. $\omega$、$\phi_B$　　　　B. $\omega$、$c_B$
   C. $\omega$、$m$　　　　　　D. $\phi_B$、$c_B$
   E. $m$、$x$

9. 1.0% 的 NaCl(摩尔质量为 $58.5\text{g} \cdot \text{mol}^{-1}$)溶液产生的渗透压接近于 ( )
   A. 2.0% 的蔗糖溶液　　　　B. 1.0% 的蔗糖溶液
   C. $0.171\text{mol} \cdot \text{kg}^{-1}$ 的蔗糖溶液　　D. $0.342\text{mol} \cdot \text{kg}^{-1}$ 的蔗糖溶液
   E. $0.171\text{mol} \cdot \text{kg}^{-1}$ NaCl 溶液

10. 在 298K 时，$0.01\text{mol} \cdot \text{L}^{-1}$ 葡萄糖水的渗透压为 $\pi_1$，$0.01\text{mol} \cdot \text{L}^{-1}$ 食盐水的渗透压为 $\pi_2$，则 ( )
    A. 无法比较　　　　　　　　B. $\pi_1 < \pi_2$
    C. $\pi_1 = \pi_2$　　　　　D. $\pi_1 > \pi_2$

---

[①] 1atm = $1.01325 \times 10^5$Pa，下同。

E. $2\pi_1 \approx \pi_2$

### 三、简答题

1. 溶液浓度的各种表示方法可以归纳为几大类？说出依据。

2. 配制 1L 0.100mol·$L^{-1}$ $Na_2CO_3$ 标准溶液,需称取无水 $Na_2CO_3$·$10H_2O$ 多少克？选用什么仪器？如何配制？

3. 用容量瓶配制溶液时,如果不慎加水超过了刻度线,能否倒出一些溶液,再重新加水到刻度线？这样做会引起什么误差？

4. 为什么在讨论稀溶液蒸气压降低的规律时,强调溶质必须是难挥发的非电解质？

5. 把相同质量的葡萄糖和甘油分别溶于 1kg 水中,所得溶液的沸点、凝固点、蒸气压和渗透压是否相同？为什么？如果把相同物质的量的葡萄糖和甘油溶于 1kg 水中,结果又怎样？说明原因。

### 四、计算题

1. 注射一瓶 500mL 0.9% 生理盐水,问有多少克 NaCl 输入体内？该盐水的物质的量浓度是多少摩·升$^{-1}$？（提示:设 0.9% 盐水的密度为 1g·$mL^{-1}$）

2. 实验测得 5% 葡萄糖溶液的凝固点下降值为 0.53℃,计算该溶液在 310K 时的渗透压(kPa)。

3. 人的体温是 37℃,血液的渗透压约为 780kPa,设血液内的溶质全是非电解质,计血液的总浓度。(0.30mol·$L^{-1}$)

4. 配制 500mol 1.0% 尿素药液,测得凝固点为 272.69K,计算需添加多少克葡萄糖才能成为与血液等渗？($M_{尿素}=60$；$M_{葡萄糖}=180$)

5. 5% 盐酸硫必利注射液,测得其冰点下降值为 0.562K,计算 310K 时其渗透压。(778.7kPa)

（汤启昭）

# 第 2 章　化学平衡

1. 理解化学平衡的特征
2. 掌握平衡常数 K 的意义、书写规则及有关平衡常数的利用和计算
3. 掌握经验平衡常数与标准平衡常数的相互换算方法
4. 理解多重平衡的意义
5. 掌握浓度、温度、压力对平衡移动的影响规律

　　常见物质以固、气、液三种状态存在,如以发生反应物质的起始状态划分,有六种反应,即气-气、气-液、气-固、液-液、液-固和固-固相反应。从本质上看,除固-固相反应外,其他化学反应都是可逆的。大量实验事实证明,一个可逆反应在一定条件下经过一定的时间后,总会达到化学平衡。化学平衡又可分为均相平衡(液-液、气-气)和多相平衡(液-固、气-液)。本章主要定量讨论溶液中的化学平衡、平衡常数 K 的意义和应用、影响平衡移动的因素。目的是为后面专题讨论溶液中四大平衡体系——酸碱平衡、沉淀溶解平衡、配位平衡和氧化还原平衡打好必要的理论基础。

---

**固-固相反应无化学平衡**

　　我国忻新泉教授的实验室和德国 G. Kaupp 教授的小组分别以大量的低热无机固-固合成和低热有机固-固合成的实验证明了低热固相反应一旦发生即可进行完成,不存在化学平衡。1994 年忻新泉教授的实验室从热力学观点证明了固-固相化学反应没有化学平衡的结论,从而解释了室温/低温固-固合成的高得率问题。这一点正是固相化学反应与气、液相反应的重要差别,也把化学家从熟悉的化学平衡体系带进了一个无化学平衡概念的固相反应体系。目前,室温/低温固-固相反应已成为一门发展中的新分支学科。

---

## 第 1 节　化学反应的限度

　　在一定条件下,有些反应一旦发生,就能不断进行,直到反应物几乎完全变成生成物。我们把这些只能向一个方向进行的单向反应称为不可逆反应。例如,氯酸钾在二氧化锰的催化下制备氧气的反应为

$$2KClO_3 \xrightarrow[\triangle]{MnO_2} 2KCl + 3O_2 \uparrow$$

　　大多数化学反应在同一反应条件下,既可以向正反应方向进行,也可以向逆反应方向进行,称为可逆反应(reversible reaction)。尽管从严格意义上讲,所有的化学反应都是可逆的,但在某些情况下,正反应方向或逆反应方向的反应程度是非常之小,以至于可以略去不计,这类反应通

常称为不可逆反应,也称单向反应。例如,常温下,将 2mol 氢气与 1mol 氧气混合,用电火花引爆就可转化为水。这时若用一般的实验方法去检查剩余的氢和氧的数量是检不出来的。但是若温度高达 1500℃时,却可以检出还存在相当程度氢气和氧气。这一事实表明,在通常条件下,氢和氧的反应其逆反应进行的程度是很小的,而在高温条件下,逆反应进行的程度则相当明显。

在一定条件下,大多反应正向进行和逆向进行均有一定的程度。例如,在一密闭容器中盛有氢气和碘蒸气的混合物,即使加热到 450℃,氢和碘亦不能全部转化为碘化氢气体,这一事实说明氢和碘能生成碘化氢,在同样的条件下碘化氢亦可分解为氢和碘,此种反应的可逆性可表示为

$$H_2(g) + I_2(g) \rightleftharpoons 2HI(g)$$

因为反应刚开始时,容器中只有反应物,此时氢气和碘蒸气的浓度最大,正反应速率最快,而此时因为还没有碘化氢气体生成,逆反应速率为 0。随着反应的进行,氢气和碘蒸气的浓度逐渐减小,正反应速率逐渐减小,碘化氢气体浓度逐渐增大,逆反应速率逐渐加快。当反应进行到一定程度时,正、逆反应速率相同,体系中反应物和生成物的浓度将不再随时间变化而变化。可以认为,在此条件下,该反应已达到了最大限度(图 2-1)。

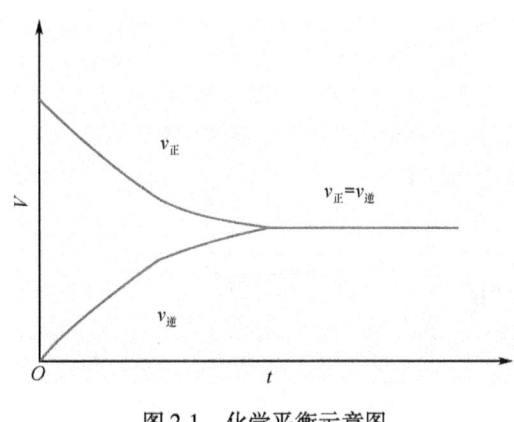

图 2-1 化学平衡示意图

化学上把可逆反应的正、逆反应速率相等时体系所处的状态称化学平衡状态,简称化学平衡。

化学平衡(chemical equilibrium)具有以下的一些特征:

(1)化学平衡的前提:只有在封闭体系中,且在一定条件下的可逆反应才可能建立化学平衡。

(2)化学平衡主要特征:$v_正 = v_逆$。

(3)化学平衡的标志:可逆反应达到平衡时,在外界条件不变的情况下,体系内各物质浓度不再发生变化。

(4)化学平衡特点:是动态的平衡。当体系达到平衡时,表面上看反应已停止,但实际上正、逆反应始终都还在进行,只是由于正、逆反应的速率都相等,两个反应的结果互相抵消,使整个体系处于动态平衡。

(5)化学平衡是有条件的:当外界条件改变时,原有的平衡将被破坏,平衡发生移动,直至建立新的平衡。

化学平衡是有条件的、相对的、暂时的平衡,随着条件的改变,化学平衡会被破坏而发生移动,反应的限度也随之发生改变。

## 第 2 节　化学反应的平衡常数

我们知道可逆反应达到平衡时,平衡体系内各物质的浓度不再发生变化。为了定量地研究化学平衡,必须知道平衡时,反应体系内各物质量之间的关系,化学平衡常数就是体现这种关系的一种标志。这个常数可以通过实验测定平衡时体系中各混合物组成求得,故称实验平衡常数,一般简称平衡常数(equilibrium constant),用 $K$ 表示;也可通过热力学公式推导求算,因推导

过程与参加反应各物质的标准状态密切相关,故称为标准平衡常数,以 $K^0$ 表示。下面分别进行讨论。

# 一、实验平衡常数

## (一) 浓度平衡常数 $K_c$

当一个可逆反应处于平衡状态时,体系中各物质的浓度维持不变。那么是否能找到各物质浓度在平衡状态时的定量关系呢？现以 HI 的合成和分解反应为例来说明。

$$H_2(g) + I_2(g) \rightleftharpoons 2HI(g)$$

这是一个可逆反应。实验证明,尽管氢气和碘蒸气的原始浓度不同,但一定温度条件下,当反应达到平衡时,各物质浓度之间有一固定关系。例如,在 718K,待反应达到平衡状态时,实验数据参见表 2-1。

表 2-1　HI 合成和分解反应平衡体系的实验数据

| 实验序号 | 起始浓度/(mol·L$^{-1}$) | | | 平衡浓度/(mol·L$^{-1}$) | | | $\dfrac{[I_2][H_2]}{[HI]^2}$ |
| --- | --- | --- | --- | --- | --- | --- | --- |
| | $H_2$ | $I_2$ | HI | $H_2$ | $I_2$ | HI | |
| 1 | 0.0000 | 0.0000 | 4.4888 | 0.4789 | 0.4789 | 3.5310 | 0.01840 |
| 2 | 0.0000 | 0.0000 | 10.6918 | 1.1409 | 1.1409 | 8.4108 | 0.01840 |
| 3 | 0.0000 | 0.0000 | 4.6456 | 0.4903 | 0.4903 | 3.6195 | 0.01835 |
| 4 | 11.3367 | 7.5098 | 0.0000 | 4.5647 | 0.7378 | 13.5438 | 0.01836 |
| 5 | 10.6773 | 10.1670 | 0.0000 | 2.2523 | 2.3360 | 16.8505 | 0.01853 |
| 6 | 11.6663 | 11.9642 | 0.0000 | 1.8313 | 3.1290 | 17.6711 | 0.01835 |

由表 11-2 可以看出,当反应体系达到平衡状态时,$\dfrac{[I_2][H_2]}{[HI]^2} \approx 0.018 =$ 常数。

大量实验事实证明这种关系对所有的可逆反应都是适用的。

如可逆反应

$$aA + bB \rightleftharpoons dD + eE$$

在一定温度下达到平衡状态时,反应物和生成物的浓度之间都存在着如下关系:

$$K_c = \frac{[D]^d[E]^e}{[A]^a[B]^b} \tag{2-1}$$

式(2-1)表示,在一定温度条件下,封闭体系的可逆反应达到平衡状态时,生成物平衡浓度幂的乘积与反应物平衡浓度幂的乘积之比为常数。此常数称为化学平衡常数,又称浓度平衡常数,用符号 $K_c$ 表示,式(2-1)为平衡常数的表达式。式中[A]代表物质 A 平衡时的浓度,其余类推。

## (二) 压力平衡常数 $K_p$

对于有气相参与的反应,在等温等压条件下,气体的分压与浓度成正比。因此,在平衡常数表达式中,也可采用平衡时各气体物质的分压来代替平衡浓度求平衡常数。

如气相反应

$$aA(g) + bB(g) \rightleftharpoons dD(g) + eE(g)$$

若用 $p_A$、$p_B$、$p_D$、$p_E$ 分别表示各气体平衡时的分压，则有

$$K_p = \frac{p_D^d \cdot p_E^e}{p_A^a \cdot p_B^b} \tag{2-2}$$

这时的平衡常数又称压力平衡常数，常用 $K_p$ 表示。

## （三）浓度平衡常数和压力平衡常数之间的关系

根据理想气体状态方程式 $p_iV = n_iRT$，得到

$$p_i = \frac{n_iRT}{V} = c_iRT$$

同理

$$p_A = [A]RT, \quad p_B = [B]RT$$
$$p_D = [D]RT, \quad p_E = [E]RT$$

$$\begin{aligned}K_p &= \frac{p_D^d \cdot p_E^e}{p_A^a \cdot p_B^b} \\ &= \frac{([D]RT)^d ([E]RT)^e}{([A]RT)^a ([B]RT)^b} \\ &= \frac{[D]^d[E]^e}{[A]^a[B]^b}(RT)^{d+e-a-b}\end{aligned}$$

则有

$$K_p = K_c(RT)^{\Delta n} \tag{2-3}$$

式中

$$\Delta n = (d+e) - (a+b)$$

一般反应的 $\Delta n \neq 0$，则 $K_p \neq K_c$，只有当 $\Delta n = 0$ 时，才有 $K_p = K_c$。

从以上平衡常数表达式可以看出，平衡常数 $K$ 一般是有单位的，其单位取决于 $\Delta n$，只有当 $\Delta n = 0$ 时才没有单位。但习惯上我们一般都不写单位，注意不要误解。

## 二、标准平衡常数 $K^0$

由热力学推导而得的化学平衡常数称热力学平衡常数，也称标准平衡常数，用符号 $K^0$ 表示。标准平衡常数和实验平衡常数之间的不同在于，标准平衡常数表达式中的每一浓度（或压力）项均除以标准浓度 $c^0$ 或标准压力 $p^0$。国际单位制和国标规定 $c^0$ 取 $1\text{mol} \cdot \text{L}^{-1}$，$p^0$ 为 101.325kPa。故对于气体反应，在 $K^0$ 表达式中各组分的平衡分压是平衡时的相对分压。例如，下列可逆反应达到平衡时

$$aA(g) + bB(g) \rightleftharpoons dD(g) + eE(g)$$

$$K^0 = \frac{\left(\dfrac{p_D}{p^0}\right)^d \left(\dfrac{p_E}{p^0}\right)^e}{\left(\dfrac{p_A}{p^0}\right)^a \left(\dfrac{p_B}{p^0}\right)^b} \tag{2-4}$$

式中，$\dfrac{p_D}{p^0}$、$\dfrac{p_E}{p^0}$、$\dfrac{p_A}{p^0}$、$\dfrac{p_B}{p^0}$、分别表示平衡状态时 D、E、A、B 各组分的相对分压。$\dfrac{p_i}{p^0}$ 叫做某一组分的相对分压，它是量纲为 1 的，因此，标准平衡常数 $K^0$ 亦是量纲为 1 的。

> 由实验测知,在773K 时,合成氨反应达平衡后,各组分气体的平衡分压分别为:$p_{NH_3} = 3.57 \times 10^6 Pa$, $p_{N_2} = 4.17 \times 10^6 Pa$, $p_{H_2} = 12.56 \times 10^6 Pa$,试计算773K 时该反应的标准平衡常数 $K^0$。
>
> 解:平衡方程式为
>
> $$N_2(g) + 3H_2(g) \rightleftharpoons 2NH_3(g)$$
>
> 由式(2-4)得
>
> $$K^0 = \frac{\left(\dfrac{p_{NH_3}}{p^0}\right)^2}{\left(\dfrac{p_{N_2}}{p^0}\right)\left(\dfrac{p_{H_2}}{p^0}\right)^3}$$
>
> $$K^0 = \frac{\left(\dfrac{3.57 \times 10^6 Pa}{101\,325 Pa}\right)^2}{\left(\dfrac{4.17 \times 10^6 Pa}{101\,325 Pa}\right)\left(\dfrac{12.56 \times 10^6 Pa}{101\,325 Pa}\right)^3} = 1.58 \times 10^{-5}$$
>
> 案例2-1

比较式(2-2)和式(2-4)可见,$K_p$ 与 $K^0$ 的关系可表示为

$$K^0 = K_p(p^0)^{-\Delta n}$$

显然,若 $\Delta n \neq 0$,$K_p$ 就有量纲,其单位为 $(Pa)^{\Delta n}$,$K^0$、$K_p$ 仅是温度的函数,与体系的压力和各物质的浓度无关。

对于在溶液中进行的反应,$K^0$ 表达式中各组分平衡浓度应除以标准浓度 $c^0$,因规定 $c^0 = 1\,mol \cdot L^{-1}$,故 $K^0$ 值与 $K_c$ 的数值相等,但 $K^0$ 是量纲为1的。

## 三、平衡常数表达式的书写规则

(1) 平衡常数表达式要注明温度。例如

$$N_2O_4(g) \rightleftharpoons 2NO_2(g) \qquad K_1 = \frac{[NO_2]^2}{[N_2O_4]} = 0.36 \qquad (373K)$$

$$N_2O_4(g) \rightleftharpoons 2NO_2(g) \qquad K_1 = \frac{[NO_2]^2}{[N_2O_4]} = 3.6 \qquad (423K)$$

(2) 平衡常数表达式要与化学反应方程式相对应。例如

$$N_2O_4(g) \rightleftharpoons 2NO_2(g) \qquad K_1 = \frac{[NO_2]^2}{[N_2O_4]} = 0.36 \qquad (373K)$$

$$\tfrac{1}{2}N_2O_4(g) \rightleftharpoons NO_2(g) \qquad K_2 = \frac{[NO_2]}{[N_2O_4]^{\frac{1}{2}}} = 0.600 \qquad (373K)$$

$$\tfrac{1}{3}N_2O_4(g) \rightleftharpoons \tfrac{2}{3}NO_2(g) \qquad K_3 = \frac{[NO_2]^{\frac{2}{3}}}{[N_2O_4]^{\frac{1}{3}}} = 0.712 \qquad (373K)$$

显然,化学方程式书写方法不同,其平衡常数表达式也不同,即 $K_1$、$K_2$、$K_3$ 的数值也不一样。但由于表示的是在相同条件下的同一个反应,所以它们之间存在着如下的关系:

$$K_1 = (K_2)^2 = (K_3)^3$$

故在使用平衡常数时,必须注意该平衡常数必须与反应方程式匹配。

(3) 当反应中有固体或纯液体参加时,可将固体或纯液体的浓度看作常数,不写入平衡常数表达式中。

$$CaCO_3(s) \rightleftharpoons CaO(s) + CO_2(g)$$
$$K_c = [CO_2]$$

(4) 在稀溶液中,当溶剂也参与反应时,溶剂的浓度亦不写入平衡常数表达式中。如在稀的水溶液中水参与反应,水的浓度可近似看作常数,不代入表达式中。

$$Cr_2O_7^{2-} + H_2O \rightleftharpoons 2CrO_4^{2-} + 2H^+$$
$$K_c = \frac{[Cr_2O_7^{2-}]^2[H^+]^2}{[CrO_4^{2-}]}$$

但在非水溶液中的反应,如有水参加或有水生成,此时水的浓度不可视为常数,必须表示在平衡常数表达式中。例如

$$C_2H_5OH + CH_3COOH \rightleftharpoons CH_3COOC_2H_5 + H_2O$$
$$K_c = \frac{[CH_3COOC_2H_5][H_2O]}{[C_2H_5OH][CH_3COOH]}$$

## 四、多重平衡

如果在某一体系中,同时有几个平衡存在,那么体系中各物质的浓度(或分压)必须同时满足这几个平衡反应。例如,某一体系存在着下列三个平衡:

$$SO_2(g) + NO_2(g) \rightleftharpoons SO_3(g) + NO(g) \tag{1}$$

$$NO(g) + \frac{1}{2}O_2(g) \rightleftharpoons NO_2(g) \tag{2}$$

$$SO_2(g) + \frac{1}{2}O_2(g) \rightleftharpoons SO_3(g) \tag{3}$$

当此体系达到平衡时,每种物质只有一个总浓度(或分压),$[NO_2]$既满足平衡(1),又满足平衡(2);$[O_2]$既满足平衡(2),也满足平衡(3);$[SO_2]$既满足平衡(3),也满足平衡(1)。上述三个反应的平衡常数表达式分别为

$$K_1 = \frac{[SO_3][NO]}{[SO_2][NO_2]}$$

$$K_2 = \frac{[NO_2]}{[O_2]^{\frac{1}{2}}[NO]}$$

$$K_3 = \frac{[SO_3]}{[SO_2][O_2]^{\frac{1}{2}}}$$

因为

$$SO_2(g) + NO_2(g) \rightleftharpoons SO_3(g) + NO(g) \tag{1}$$
$$+)\quad NO(g) + \frac{1}{2}O_2 \rightleftharpoons NO_2(g) \tag{2}$$
$$\overline{\qquad\qquad\qquad\qquad\qquad\qquad} \tag{3}$$
$$SO_2(g) + \frac{1}{2}O_2 \rightleftharpoons SO_3(g)$$

从反应式看,(1)+(2)=(3),从平衡常数看,$K_1 \times K_2 = K_3$。由此可得出结论:在一个多重平衡的体系中,如果一个反应是由另外两个或多个反应相加(或相减)而来,则该反应的平衡常数等于这两个或多个反应的平衡常数的乘积(或相除)。这个规律叫"多重平衡规则"。注意如果一个反应是由另外两个或多个反应乘系数后相加(或相减)而来,则该反应的平衡常数等于这

两个或多个反应的平衡常数的系数次幂的乘积。

在823K时,下列反应都达平衡,求$K_3=?$
(1) $CO_2(g) + H_2(g) \rightleftharpoons CO(g) + H_2O(g)$     $K_1 = 0.14$
(2) $CO(s) + H_2(g) \rightleftharpoons C(s) + H_2O(g)$     $K_2 = 67$
(3) $CO(s) + CO(g) \rightleftharpoons C(s) + CO_2(g)$     $K_3 = ?$

解:从反应式可看出

$$(2) - (1) = (3)$$

根据多重平衡规则

$$K_3 = \frac{K_2}{K_1} = \frac{67}{0.14} = 4.8 \times 10^2 \quad (823K)$$

从$K_3$和$K_2$的数值大小可以看出,反应(3)比(2)更完全。

案例2-2

已知下列反应的平衡常数:
(1) $CaCO_3(s) \rightleftharpoons Ca^{2+} + CO_3^{2-}$     $K_{sp}$
(2) $HAc \rightleftharpoons H^+ + Ac^-$     $K_{HAc}$
(3) $H_2CO_3 \rightleftharpoons 2H^+ + CO_3^{2-}$     $K_{a_1,H_2CO_3} \times K_{a_2,H_2CO_3}$

求反应(4) $CaCO_3(s) + 2HAc \rightleftharpoons Ca^{2+} + 2Ac^- + H_2CO_3$ 的平衡常数$K$。

解:从反应式可看出

$$(1) + 2 \times (2) - (3) = (4)$$

根据多重平衡规则

$$K = \frac{K_{sp} \times K_{HAc}^2}{K_{a_1,H_2CO_3} \times K_{a_2,H_2CO_3}}$$

案例2-3

# 五、平衡常数的意义和应用

## (一)平衡常数的意义

平衡常数是化学反应的特征常数,是一个随温度变化的常数。它取决于反应的本性,不随物质的浓度和分压的变化而变化。

平衡常数是衡量反应进行程度的一个常数。$K$越大,表示可逆反应达平衡时,体系中生成物的浓度越高,反应进行得越完全;反之,$K$越小,表示可逆反应达平衡时,体系中生成物的浓度越低,反应进行得越不完全。$K$值很大或很小的反应,都是可逆性很小的反应。

平衡常数可用来判断体系是否平衡,以及判断未平衡体系反应进行的方向。

把可逆反应在任意状态下各生成物浓度幂的乘积与各反应物浓度幂的乘积之比称为浓度商,用符号$J_c$表示。其形式与化学平衡常数表达式相似。对于可逆反应

$$aA + bB \rightleftharpoons dD + eE$$

设$c_A'$、$c_B'$、$c_E'$、$c_D'$分别表示任意状态下,可逆反应中各物质的浓度,则

$$J_c = \frac{c_D'^d c_E'^e}{c_A'^a c_B'^b}$$

$J_c$ 与 $K_c$ 虽然表达式形式相似,但两者的含义是完全不同的。$J_c$ 表达式中各物质的浓度是任意状态下的浓度,其值是不一定的;而 $K_c$ 表达式中各物质的浓度是反应处于平衡状态时的浓度,其值在一定温度下为一定值。

根据 $J_c$ 与 $K_c$ 的相对大小,可以判断可逆反应是否已进行到最大限度(平衡状态),同时还可以预言非平衡状态时可逆反应进行的方向。具体判断规则如下:

(1) $J_c = K_c$ 或 $\dfrac{J_c}{K_c} = 1$ 时,表示体系处于平衡状态,反应已达最大限度。

(2) $J_c < K_c$ 或 $\dfrac{J_c}{K_c} < 1$,表示体系处于非平衡状态,反应将向正反应方向进行,随着反应的进行,反应物浓度降低,生成物浓度增加,$J_c$ 值增大,直到 $J_c = K_c$,反应达到新的平衡。

(3) $J_c > K_c$ 或 $\dfrac{J_c}{K_c} > 1$,表示体系处于非平衡状态,反应将向逆反应方向进行。随着反应的进行,生成物浓度降低,反应物浓度增加,$J_c$ 值减小,直到 $J_c = K_c$,反应达到新的平衡。

对于气相反应,可求任意状态下的压力商 $J_p$ 为

$$J_p = \dfrac{p'^d_D p'^e_E}{p'^a_A p'^b_B}$$

$p'_A$、$p'_B$、$p'_D$、$p'_E$ 分别表示任意状态下,体系中各气体的分压。

比较 $J_p$ 和 $K_p$ 的相对大小,可判断可逆反应反应进行方向和限度,具体情况与 $J_c$ 和 $K_c$ 的一致。

## (二) 平衡常数的应用

利用平衡常数判断一个可逆反应进行的方向及限度。

利用平衡体系中各物质浓度(或分压)求平衡常数。

利用平衡常数计算平衡体系中各物质的浓度(或分压)以及反应物的转化率等。

> 取 1.25mol $CaCO_3$ 在 5L 密闭容器中,于 1273K 下加热,发生下列反应 $CaCO_3(s) \rightleftharpoons CaO(g) + CO_2(g)$,达到平衡后有 4.0% 的石灰石分解,问容器中 $CO_2$ 的浓度多大?浓度平衡常数 $K_c$ 和压力平衡常数 $K_p$ 各为多少?
> 
> 解:达平衡后,石灰石的分解量为
> $$1.25\text{mol} \times 4.0\% = 0.050\text{mol}$$
> 按反应式计量关系,0.050mol 石灰石分解得 0.050mol $CO_2$,即
> $$[CO_2] = 0.05\text{mol}/5\text{L} = 0.010\text{mol} \cdot \text{L}^{-1}$$
> $$K_c = [CO_2] = 1 \times 10^{-2}\text{mol} \cdot \text{L}^{-1}$$
> 该容器内 $CO_2$ 的分压按理想气体计算为
> $$p_{CO_2} = \dfrac{0.050\text{mol} \times 8314\text{Pa} \cdot \text{L} \cdot \text{mol}^{-1} \cdot \text{K}^{-1} \times 1273\text{K}}{5\text{L}} = 1.06 \times 10^5 \text{Pa}$$
> $$K_p = p_{CO_2} = 1.06 \times 10^5 \text{Pa}$$

案例2-4

> 反应 $CO(g) + H_2O(g) \rightleftharpoons CO_2(g) + H_2(g)$ 在 749K 达平衡,$K_c = 2.60$。求:(1) 当 CO、$H_2O$ 的起始浓度都为 $2.0 mol \cdot L^{-1}$,达平衡后,CO 的转化率。(2) 当 CO 的起始浓度为 $2.0 mol \cdot L^{-1}$,$H_2O$ 的起始浓度为 $6.0 mol \cdot L^{-1}$ 时,CO 的转化率。
>
> 解:(1) 设 CO 的转化率为 α,则
>
> | | $CO(g)$ | + | $H_2O(g)$ | $\rightleftharpoons$ | $CO_2(g)$ | + | $H_2(g)$ |
> |---|---|---|---|---|---|---|---|
> | 起始浓度/($mol \cdot L^{-1}$) | 2.0 | | 2.0 | | 0 | | 0 |
> | 反应浓度/($mol \cdot L^{-1}$) | 2.0α | | 2.0α | | 2.0α | | 2.0α |
> | 平衡浓度/($mol \cdot L^{-1}$) | 2.0 − 2.0α | | 2.0 − 2.0α | | 2.0α | | 2.0α |
>
> $$K_c = \frac{[CO_2][H_2]}{[CO][H_2O]} = \frac{(2.0\alpha)(2.0\alpha)}{2.0(1-\alpha) \times 2.0(1-\alpha)} = \frac{\alpha^2}{(1-\alpha)^2} = 2.6$$
>
> 所以
> $$\alpha = 62\%$$
>
> (2) 设 CO 的转化率为 α′,则
>
> | | $CO(g)$ | + | $H_2O(g)$ | $\rightleftharpoons$ | $CO_2(g)$ | + | $H_2(g)$ |
> |---|---|---|---|---|---|---|---|
> | 起始浓度/($mol \cdot L^{-1}$) | 2.0 | | 6.0 | | 0 | | 0 |
> | 反应浓度/($mol \cdot L^{-1}$) | 2.0α′ | | 2.0α′ | | 2.0α′ | | 2.0α′ |
> | 平衡浓度/($mol \cdot L^{-1}$) | 2.0 − 2.0α′ | | 6.0 − 2.0α′ | | 2.0α′ | | 2.0α′ |
>
> $$K_c = \frac{[CO_2][H_2]}{[CO][H_2O]} = \frac{(2.0\alpha')(2.0\alpha')}{2.0(1-\alpha') \times 2.0(3.0-\alpha')} = \frac{4\alpha'^2}{4(1-\alpha')(3.0-\alpha')} = 2.6$$
>
> 所以
> $$\alpha' = 86.6\%$$
>
> 案例2-5

案例 2-5 计算结果说明,增大水蒸气的浓度后,使 CO 的转化率由 62% 增大到 86%,即增大反应物的浓度,平衡向着增大生成物浓度的正反应方向移动。在生产实践中,常常利用这个原理,增大某些廉价原料浓度,达到充分利用贵重原料,提高贵重原料转化率的目的。

## 第3节 化学平衡的影响因素

化学平衡是有条件的,当外界条件发生变化时,旧的平衡被破坏,体系中各混合物的浓度(或分压)发生变化,经过一段时间之后,体系重新达到新的平衡。这种由于反应条件的改变,可逆反应从一种平衡状态向另一种平衡状态转变的过程称为化学平衡的移动。

如果移动是向着生成物浓度增大的方向进行,称平衡向正反应方向移动(或向右移动);如果移动向着反应物浓度增大的方向移动,称平衡向逆反应方向移动(或向左移动)。

分析和掌握对化学平衡的影响因素,在临床和生产实践中可以创造条件使化学平衡向着有利的方向移动,使可逆反应进行到最大限度或缩短平衡到达的时间,都具有十分重要的意义。下面分别讨论浓度、压力、温度对化学平衡的影响。

### 一、浓度对化学平衡的影响

如果改变平衡体系中某种物质的浓度,必将引起体系内的浓度商 $J_c$ 不等于 $K_c$,从而破坏了原有的平衡状态,这样就使得化学平衡发生移动。

如氯化铁与硫氰酸钾反应,生成硫氰化铁和氯化钾,溶液呈红色,反应方程式如下:

$$FeCl_3 + 6KSCN \rightleftharpoons K_3[Fe(SCN)_6] + 3KCl$$
$$\text{（血红色）}$$

如果再加入 $FeCl_3$ 或 KSCN，溶液的红色均加深，表明 $K_3[Fe(SCN)_6]$ 浓度增大了，化学平衡向正反应方向（向右）发生了移动。如果再加入 KCl 后，溶液的红色变浅，表明 $K_3[Fe(SCN)_6]$ 浓度减小了，化学平衡向逆反应方向（向左）发生了移动。

根据大量的实验事实，浓度对化学平衡的影响可以总结为：在其他条件不变时，增大反应物浓度或减小生成物的浓度，平衡向正反应方向移动；如果增大平衡体系的生成物浓度或减小平衡体系的反应物浓度，平衡向逆反应方向移动。总之，在平衡体系中，增大或减小某物质的浓度，平衡就向减小或增大该物质浓度的方向移动，即向削弱改变的方向移动。

浓度对化学平衡的影响，还可以通过有关计算加以说明。

---

反应　　$CO(g) + H_2O(g) \rightleftharpoons CO_2(g) + H_2(g)$，$K_c = 1.0(1073K)$

现将 0.20mol $CO_2(g)$、0.20mol $H_2(g)$、0.60mol $H_2O(g)$ 和 0.60mol $CO(g)$ 装入 2L 密闭容器中，使之在该温度下反应，并达到平衡。在达到平衡后，保持其他条件不变，再通入水蒸气使其量增大到 0.60mol。试问达两次平衡时各物质的浓度以及 CO 的总转化率。

解：(1) 第一次平衡时，因为容器的体积为 2L，故各物质的起始浓度为

$$c'_{CO} = c'_{H_2O} = 0.30 \text{mol} \cdot L^{-1}, \quad c'_{CO_2} = c'_{H_2} = 0.10 \text{mol} \cdot L^{-1}$$

则

$$J_c = \frac{c'^d_D c'^e_E}{c'^a_A c'^b_B} = \frac{0.10 \times 0.10}{0.30 \times 0.30} = 0.11$$

因 $K_c = 1.0$，则 $J_c < K_c$，平衡向正反应方向移动。

设 CO 的反应浓度为 $x$ mol·$L^{-1}$

| | $CO(g)$ | + | $H_2O(g)$ | $\rightleftharpoons$ | $CO_2(g)$ | + | $H_2(g)$ |
|---|---|---|---|---|---|---|---|
| 起始浓度/(mol·$L^{-1}$) | 0.30 | | 0.30 | | 0.10 | | 0.10 |
| 反应浓度/(mol·$L^{-1}$) | $x$ | | $x$ | | $x$ | | $x$ |
| 平衡浓度/(mol·$L^{-1}$) | $0.30-x$ | | $0.30-x$ | | $0.10+x$ | | $0.10+x$ |

$$K_c = \frac{[CO_2][H_2]}{[CO][H_2O]} = \frac{(0.10+x)^2}{(0.30-x)^2} = 1.0$$

$$x = 0.10 \text{mol} \cdot L^{-1}$$

平衡时

$$[CO] = [H_2O] = 0.30 - 0.10 = 0.20(\text{mol} \cdot L^{-1})$$
$$[CO_2] = [H_2] = 0.10 + 0.10 = 0.20(\text{mol} \cdot L^{-1})$$

CO 的转化率为

$$\frac{0.10}{0.30} \times 100\% = 33.3\%$$

(2) 第二次平衡时，$H_2O$ 的起始浓度仍变成 0.30mol·$L^{-1}$。

设 CO 在平衡移动时的反应浓度为 $y$ mol·$L^{-1}$

| | $CO(g)$ | + | $H_2O(g)$ | $\rightleftharpoons$ | $CO_2(g)$ | + | $H_2(g)$ |
|---|---|---|---|---|---|---|---|
| 起始浓度/(mol·$L^{-1}$) | 0.20 | | 0.30 | | 0.20 | | 0.20 |
| 反应浓度/(mol·$L^{-1}$) | $y$ | | $y$ | | $y$ | | $y$ |
| 平衡浓度/(mol·$L^{-1}$) | $0.20-y$ | | $0.30-y$ | | $0.20+y$ | | $0.20+y$ |

$$K_c = \frac{[CO_2][H_2]}{[CO][H_2O]} = \frac{(0.20+y)^2}{(0.20-y)(0.30-y)} = 1.0$$

$$y = 0.022 (mol \cdot L^{-1})$$

平衡时

$$[CO_2] = [H_2] = 0.20 + 0.022 = 0.22 (mol \cdot L^{-1})$$

$$[CO] = 0.20 - 0.022 = 0.18 (mol \cdot L^{-1})$$

$$[H_2O] = 0.30 - 0.022 = 0.28 (mol \cdot L^{-1})$$

CO 的总转化率为

$$\frac{0.022 + 0.10}{0.30} \times 100\% = 41\%$$

由案例 2-6 的计算结果可知,对于一个平衡体系,增大某一反应物浓度,能使生成物的浓度增加,并使另一反应物的转化率提高。

### 人体内输氧过程中的化学平衡

如果没有氧气,人类就无法生存。人体血液中的血红蛋白(Hb)具有输送氧气的特有功能,人体依靠血红蛋白携带着氧气在全身运转,维持着生命过程。血红蛋白输送氧气的功能是基于下列可逆反应,在人体内完成氧气的吸收与释放过程。

$$Hb + O_2 \rightleftharpoons [Hb\text{-}O_2]$$
氧合血红蛋白

利用上述化学平衡移动的原理,临床上通过输氧来抢救病人。由于 $O_2$ 的输入,肺部氧气浓度增大,平衡向着生成氧合血红蛋白 $[Hb\text{-}O_2]$ 的正反应方向移动,血红蛋白吸收氧气;当氧合血红蛋白 $[Hb\text{-}O_2]$ 随血液循环流经体内组织时,由于氧气被利用而消耗,导致氧气浓度降低,使平衡向着氧合血红蛋白 $[Hb\text{-}O_2]$ 分解的逆反应方向移动,释放出氧气,以维持组织对氧的需要。在整个过程中,上述平衡周而复始地移动着。

CO 使人体中毒的机制,也是基于上述平衡的移动。因为 CO 和 $O_2$ 竞争血液中的载氧体血红蛋白(Hb),从而降低了血液运输氧气的能力。据测定,CO 与 Hb 的结合力是 $O_2$ 与 Hb 结合力的 240 倍,CO 还能从 $[Hb\text{-}O_2]$ 中直接取代已结合的 $O_2$,随血液进入循环。

$$[Hb\text{-}O_2] \rightleftharpoons [Hb\text{-}CO] + O_2$$

如果 CO 中毒的病人发现及时,救治方法很简单,只需要吸入新鲜空气,最好是氧气。实验表明,如果用新鲜空气救治,4 个小时可使血液中 CO 含量下降一半;如果用纯氧救助,1 个小时就能使血液中 CO 的含量下降一半。其依据就是浓度对化学平衡移动的影响。加大氧气的浓度,使上述平衡向逆反应方向移动,可把 CO 从与血红蛋白的结合物中转换出来,从而恢复血红蛋白的载氧功能。

## 二、压力对化学平衡的影响

由于压力变化对固体和液体体积的影响极小,所以改变压力对固相和液相反应的平衡体系影响也很小。但对有气体参与的可逆反应,在恒温条件下,改变平衡体系的压力可使平衡发生移动。

改变平衡体系的压力一般有两种情况:一是改变平衡体系中某气体的分压;二是改变平衡体系总压。

由于在一定条件下,气体的分压与浓度成正比,所以改变平衡体系中某气体物质的分压与改变平衡体系中某物质浓度而使化学平衡发生移动的情况相似。若增大某气体反应物的分压或减小某气体生成物的分压,压力商减小,平衡向正反应方向移动;反之,若减小某气体反应物的分压或增大某气体生成物的分压,压力商增大,平衡向逆反应方向移动。总之,平衡移动的结果是使改变的影响减弱。

在平衡体系中改变体系的总压力会造成什么结果?

现以下列理想气体反应加以说明

$$aA(g) + bB(g) \rightleftharpoons dD(g) + eE(g)$$

达平衡后

$$K_p = J_p = \frac{{p'}_D^d {p'}_E^e}{{p'}_A^a {p'}_B^b}$$

保持其他条件不变,增加平衡体系的总压至原总压的 $m$ 倍,则各气体的分压也都将变成原来分压的 $m$ 倍。这时

$$\begin{aligned} J_p &= \frac{(mp_D)^d (mp_E)^e}{(mp_A)^a (mp_B)^b} \\ &= \frac{p_D^d \cdot p_E^e}{p_A^a \cdot p_B^b} m^{(d+e)-(a+b)} \\ &= K_p m^{\Delta n} \end{aligned} \quad (2\text{-}5)$$

$m > 1$ 时,为增大体系的总压;$m < 1$ 时,为减小体系的总压。由式(2-5)可知:

当 $\Delta n = 0$ 时,则 $K_p = J_p$,也就是说反应前后的气体分子总数相等,无论体系总压如何改变,其化学平衡不发生移动。

当 $\Delta n < 0$ 时,即为气体分子数目减少的反应。对于这类反应,当 $m > 1$ 时,$J_p < K_p$,平衡将向正反应方向,即向气体分子数目减少的方向移动;当 $m < 1$ 时,$J_p > K_p$,平衡将向逆反应方向,即向气体分子数目增多的方向移动。

当 $\Delta n > 0$ 时,即为气体分子数目增多的反应。对于这类反应,当 $m > 1$ 时,$J_p > K_p$,平衡将向逆反应方向,即向气体分子数目减少的方向移动;当 $m < 1$ 时,$J_p < K_p$,平衡将向正反应方向,即向气体分子数目增多的方向移动。

总之,改变平衡体系的总压时,只对那些反应前后气体分子数目不相等的可逆反应有影响。如增加体系的总压,平衡向气体分子数目减少的方向移动;减小体系的总压,平衡向气体分子数目增多的方向移动。而对于反应前后气体分子数目相等的可逆反应,增加平衡体系的总压平衡不移动。即平衡移动的方向取决于反应前后气态物质分子总数的变化情况。

> 已知在一定温度下,101 325Pa 时,反应 $PCl_5(g) \rightleftharpoons PCl_3(g) + Cl_2(g)$ 达到平衡后,其中有 44% 的 $PCl_5$ 分解,若不改变体系的温度,将总压降为 20 265Pa 时 $PCl_5$ 的分解百分数。
>
> 解:设开始时 $PCl_5$ 的物质的量为 1mol,$\alpha$ 为 $PCl_5$ 的分解百分数,平衡时,体系的总物质的量 $n = (1-\alpha) + (\alpha+\alpha) = 1+\alpha$,设总压为 $p$,则
>
> | | $PCl_5(g)$ | $\rightleftharpoons$ | $PCl_3(g)$ | $+$ | $Cl_2(g)$ |
> |---|---|---|---|---|---|
> | 起始物质的量 | 1 | | 0 | | 0 |
> | 反应物质的量 | $\alpha$ | | $\alpha$ | | $\alpha$ |
> | 平衡物质的量 | $1-\alpha$ | | $\alpha$ | | $\alpha$ |
> | 平衡分压 | $\frac{1-\alpha}{1+\alpha}p$ | | $\frac{\alpha}{1+\alpha}p$ | | $\frac{\alpha}{1+\alpha}p$ |

> 压力平衡常数为
>
> $$K_p = \frac{p_{PCl_3} \cdot p_{Cl_2}}{p_{PCl_5}} = \frac{\left(\dfrac{\alpha}{1+\alpha}p\right)^2}{\dfrac{1-\alpha}{1+\alpha}p} = \frac{\alpha^2}{1-\alpha^2}p$$
>
> 将101 325Pa时,分解44%的$PCl_5$即$\alpha = 44\%$代入上式得
>
> $$K_p = \frac{\alpha^2}{1-\alpha^2}p = \frac{0.44^2}{1-0.44^2} \times 101\ 325\text{Pa} = 24\ 326$$
>
> 当总压为20 265Pa时
>
> $$24\ 326 = \frac{\alpha^2}{1-\alpha^2} \cdot 20\ 265$$
>
> $$\alpha = 74\%$$
>
> 本反应为气体分子数目增多的反应,所以降低总压,平衡向正反应方向移动,使反应物的分解百分数增大。

案例2-7

## 三、温度对化学平衡的影响

前面我们讨论的浓度、压力对化学平衡的影响,都是在温度不变的条件下讨论的,即它们只改变平衡时各物质的浓度,平衡常数并不发生变化。但实际的化学反应可能在各种温度条件下进行。温度改变了,平衡常数往往也要随着发生变化。那么怎样用实验来探索温度与平衡常数之间的定量关系呢?

下面以1atm下,合成氨反应为例加以说明。表2-2为实验测得不同温度下此反应的平衡常数,$\Delta H^0$为反应的热效应(负值为放热、正值为吸热)。

$$\frac{1}{2}N_2(g) + \frac{3}{2}H_2(g) \rightleftharpoons NH_3(g) \qquad \Delta H^0 = -46.1\text{kJ} \cdot \text{mol}^{-1}$$

表2-2　$T$与$K_p$的关系

| $T$/℃ | 325 | 350 | 400 | 450 | 500 |
|---|---|---|---|---|---|
| $K_p$/atm | 0.0401 | 0.0266 | 0.0129 | 0.006 64 | 0.003 82 |

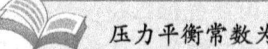

图 2-2　$\ln K^0$对$1/T$作图

如何从有限的实验数据归纳出数学方程式呢?一般采用作图法,从图形推测方程。试以$K_p$对$T$、$K_p$对$1/T$作图,或以其他数据形式作图,结果发现以$\ln K^0$与$1/T$作图可得到一条直线(表2-3、图2-2)。

表2-3　$1/T$与$\ln K^0$的关系

| $1/T/10^{-3}\text{K}^{-1}$ | 1.67 | 1.61 | 1.49 | 1.38 | 1.29 |
|---|---|---|---|---|---|
| $\ln K^0 \times 10^8$ | 19.8 | 19.4 | 18.7 | 18.0 | 17.5 |

直线的方程为

$$\ln K^0 = m(1/T) + c$$

式中,$m$为此直线的斜率,$c$为直线的截距。$m$的数值恰等于$-\Delta H^0/R$,其中$R = 8.314\text{J} \cdot \text{K}^{-1} \cdot \text{mol}^{-1}$,故从实验得出平衡常数随温度变化的方程式为

$$\ln K^0 = -\frac{\Delta H^0}{RT} + c \tag{2-6}$$

利用式(2-6),可以通过测定两个不同温度下的平衡常数求得反应的热效应,也可以通过已知反应的热效应和已知某一温度下的平衡常数求得另一温度下的平衡常数。

**案例2-8**

反应 $CO(g) + H_2O(g) \rightleftharpoons CO_2(g) + H_2(g)$

已知在298K时,$\Delta H^0 = -41.17 \text{kJ} \cdot \text{mol}^{-1}$,500K时$K_p = 126$,求800K时的$K_p$。

解:设在此温度范围内$\Delta H^0$近似看作常数,根据式(2-6)得

$$\ln K^0(T_2) = -\frac{\Delta H^0}{RT_2} + c \tag{1}$$

$$\ln K^0(T_1) = -\frac{\Delta H^0}{RT_1} + c \tag{2}$$

(1)-(2)得

$$\ln \frac{K^0(T_2)}{K^0(T_1)} = \frac{\Delta H^0}{R}\left(\frac{1}{T_1} - \frac{1}{T_2}\right) \tag{2-7}$$

因该反应的$\Delta n = 0$,故$K^0 = K_p$

$$\ln K_p(T_2) = \ln 126 + \frac{-41.17 \times 10^3}{8.314}\left(\frac{800 - 500}{800 \times 500}\right)$$

800K时

$$K_p = 3.07$$

**案例2-9**

反应 $N_2(g) + 3H_2(g) \rightleftharpoons 2NH_3(g)$

已知$K_p = 5.8 \times 10^{-5} \text{Pa}^{-2}$,298K时$\Delta H^0 = -92.2 \text{kJ} \cdot \text{mol}^{-1}$,求$K_p = 1.3 \times 10^{-13} \text{Pa}^{-2}$时的温度。

解:根据式(2-7)

$$\ln \frac{K^0(T_2)}{K^0(T_1)} = \frac{\Delta H^0}{R}\left(\frac{1}{T_1} - \frac{1}{T_2}\right)$$

$$\left(\frac{1}{T_1} - \frac{1}{T_2}\right) = \ln \frac{K^0(T_2)}{K^0(T_1)} \times \frac{R}{\Delta H^0}$$

$$\frac{1}{T_1} - \ln \frac{K^0(T_2)}{K^0(T_1)} \times \frac{R}{\Delta H^0} = \frac{1}{T_2}$$

又因$\Delta n = 2 - 4 = -2$,则

$$K^0 = K_p(p^0)^{\Delta n} = K_p(p^0)^2$$

所以

$$\frac{K^0(T_2)}{K^0(T_1)} = \frac{K_p(T_2)}{K_p(T_1)}$$

将各项数值代入上式,得

$$\frac{1}{298} - \ln \frac{1.3 \times 10^{-13}}{5.8 \times 10^{-5}} \times \frac{8.314}{(-92\,200)} = \frac{1}{T_2}$$

得

$$T_2 = 641 \text{K}$$

根据热力学方法推导,也导出了式(2-7)的方程,证明实验与理论是一致的。

由式(2-7)可以看出:若反应是放热反应,即 $\Delta H^0$ 为负值,升高温度,$K^0$ 减小,平衡向逆反应方向移动;若降低温度,$K^0$ 变大,平衡向正反应方向移动。

若反应是吸热反应,即 $\Delta H^0$ 为正值,升高温度,$K^0$ 增大,平衡向正反应方向移动;若降低温度,$K^0$ 变小,平衡向逆反应方向移动。也就是说,升高温度,有利于吸热反应,平衡向吸热方向移动;降低温度,有利于放热反应,平衡向放热方向移动。

所以,浓度和压力对化学平衡的影响是通过改变平衡体系的 $J_c$ 和 $J_p$,使之偏离 $K_c$ 和 $K_p$ 来实现的,因为 $K_c$ 和 $K_p$ 仅是温度的函数,不受浓度和压力的影响。那么,温度对化学平衡的影响,关键在于反应的热效应。

关于以上各因素对化学平衡的影响情况,早在 1888 年法国化学家 H. L. Le Chatelier 已在实验基础上概括出一条定性的规律:如果改变影响平衡的任一条件(如浓度、压强或温度),平衡就向着减弱这种改变的方向移动。这个规律称为勒夏特列原理(Le Chatelier's principle),又称平衡移动原理。后热力学方法计算为此原理提供了定量的依据,值得注意的是,平衡移动原理只适用于已达平衡的体系,而不适用于非平衡体系。

## 浓度、温度对化学平衡的影响

1. 浓度对化学平衡的影响

实验操作:

(1) 往 A 试管中加入 2mL 重铬酸钾($K_2Cr_2O_7$)试液,溶液显橙红色;向 A 试管中加入几滴 $2mol \cdot L^{-1}$ NaOH 试液,观察溶液变成黄色;继续向试管中加入几滴 $2mol \cdot L^{-1}$ $HNO_3$,观察溶液逐渐变成橙红色。

(2) 往 B 试管中加入 2mL 铬酸钾($KCrO_4$)试液,溶液显黄色;向 B 试管中加入几滴 $2mol \cdot L^{-1}$ $HNO_3$ 试液,观察溶液变成橙红色;继续向试管中加入几滴 $2mol \cdot L^{-1}$ NaOH 观察溶液逐渐变成黄色。

实验原理:$Cr_2O_7^{2-}$ 与 $CrO_4^{2-}$ 在水溶液中存在以下化学平衡

$$Cr_2O_7^{2-} + H_2O \rightleftharpoons 2CrO_4^{2-} + 2H^+$$
(橙红色) (黄色)

当溶液中 $OH^-$ 浓度增大时,平衡向生成 $CrO_4^{2-}$ 的方向移动,溶液呈黄色。 当 $H^+$ 浓度增大时,平衡向生成 $Cr_2O_7^{2-}$ 的方向移动,溶液呈橙红色。

2. 温度对化学平衡的影响

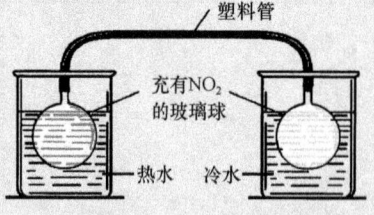

图 2-3 温度对化学平衡的影响

实验操作:用一段较粗的塑料管将两个装有 $NO_2$ 气体的玻璃球连接起来(图2-3)。

$NO_2$ 双分子结合成 $N_2O_4$,有以下平衡存在:

$2NO_2 \rightleftharpoons N_2O_4$  $\Delta H = -56.9 kJ \cdot mol^{-1}$

红棕色  无色

同时将一个玻璃球放入热水浴中,将另一玻璃球放入冷水浴中(图2-3),5分钟后,热水浴中的玻璃球内,混合气体的红棕色变深,而冷水浴中的玻璃球内,混合气体的红棕色变浅。 你能分析其中的原因吗?

> **小结**
>
> 1. 化学平衡定律是在大量实验事实基础上总结出来的,可表达为:在一定温度下,可逆反应达到平衡时,各生成物浓度(或分压)幂的乘积与各反应物浓度(或分压)*幂的乘积之比为一常数,叫平衡常数(幂值为反应方程式中化学计量数)。
> 2. 经验平衡常数 $K$ 可由实验获得,也可由标准平衡常数换算得来,而标准平衡常数 $K^0$ 可由热力学方法求得(将在第15章中讨论)。
> 3. 化学平衡是一种动态平衡,平衡是相对的,如果平衡体系的条件(浓度、压力、温度)改变,平衡就要发生移动,平衡移动服从平衡移动原理(即勒夏特列原理)。
> 4. 浓度改变,只能使平衡发生移动,不能改变平衡常数值。但温度改变,平衡常数改变。对吸热反应,$T$ 升高,$K$ 变大;对放热反应,$T$ 升高,$K$ 变小。反之亦然。
> 5. 催化剂只能改变建立平衡的时间,不能移动平衡和改变平衡常数。

## 目标检测

一、名词解释

可逆反应　化学平衡　浓度平衡常数　标准平衡常数　浓度商　化学平衡移动原理

二、选择题

(一) 最佳选择题

1. 在任意给定条件下,可逆反应达平衡时,则　　　　(　)
   A. 各反应物和生成物浓度相等
   B. 体系中各物质的浓度随时间而改变
   C. 各反应物和生成物的浓度保持不变
   D. 各反应物浓度系数次方乘积小于各生成物浓度系数次方乘积

2. 在一定温度下,某化学反应的平衡常数值　　　　(　)
   A. 随平衡体积而定　　　　　　B. 与反应式写法相对应
   C. 随平衡浓度而变　　　　　　D. 随平衡压力而变

3. $2CO(g) + O_2(g) \rightleftharpoons 2CO_2(g)$,反应的 $K_c$ 表达式为　　　　(　)
   A. $K_c = \dfrac{[CO_2]^2}{[CO][O_2]}$　　　　B. $K_c = \dfrac{[CO_2]^2}{[CO]^2[O_2]}$
   C. $K_c = \dfrac{[CO]^2[O_2]}{[CO_2]}$　　　　D. $K_c = \dfrac{[CO][O_2]}{[CO_2]}$

4. 在400℃和101.325kPa下,反应(1) $\dfrac{3}{2}H_2(g) + \dfrac{1}{2}N_2(g) \rightleftharpoons NH_3(g)$ 的 $K_p = 0.0129$,则在相同温度和压力下,反应(2) $3H_2(g) + N_2(g) \rightleftharpoons 2NH_3(g)$ 的 $K_p$ 为　　　　(　)
   A. $1.66 \times 10^{-4}$　　　　B. 0.0129
   C. 0.1136　　　　　　　　　　D. $1.66 \times 10^4$

5. 670K时,$H_2(g) + D_2(g) \rightleftharpoons 2HD(g)$ 的平衡常数 $K_c = 3.78$,同温下反应 $HD \rightleftharpoons \dfrac{1}{2}H_2 + \dfrac{1}{2}D_2$ 的 $K_c$ 为　　　　(　)
   A. 0.514　　　　　　　　　　B. 0.265
   C. 1.94　　　　　　　　　　　D. 0.133

6. 反应 $3A(g) + B(g) \rightleftharpoons 2C(g)$ 的 $K_c = 2.25$。达平衡时 $c$ 的浓度是 $3.00 \text{mol} \cdot L^{-1}$；A 的浓度是 2.00，则 B 的浓度为 ( )

A. $0.500 \text{mol} \cdot L^{-1}$　　　　　　　　B. $0.667 \text{mol} \cdot L^{-1}$

C. $1.50 \text{mol} \cdot L^{-1}$　　　　　　　　D. $2.00 \text{mol} \cdot L^{-1}$

7. 一定温度下，$1\text{mol } SO_2$、$0.35 \text{mol } O_2$ 置于 1L 密闭容器中反应：

$$2SO_2(g) + O_2(g) \rightleftharpoons 2SO_3(g)$$

达平衡时，$[SO_2] = 0.6 \text{mol} \cdot L^{-1}$，则该可逆反应平衡常数 $K_c$ 为 ( )

A. 2.8　　　　　　　　B. 2.2

C. 1.35　　　　　　　　D. 2.96

8. 根据下列数据，推断用哪种试剂除去水蒸气效果最佳 ( )

A. $Cu(S) + H_2O(g) \rightleftharpoons CuO(S) + H_2(g) \quad K_c = 2 \times 10^{-18}$

B. $CO(g) + H_2O(g) \rightleftharpoons CO_2(g) + H_2(g) \quad K_c = 1 \times 10^2$

C. $CO(g) + H_2(g) \rightleftharpoons C(S) + H_2O(g) \quad K_c = 1 \times 10^{17}$

D. $2H^+(aq) + SO_4^{2-}(aq) \rightleftharpoons SO_3(g) + H_2O(g) \quad K_c = 1 \times 10^{-18}$

9. 已知下列反应的平衡常数：

$$CaCO_3(s) \rightleftharpoons Ca^{2+} + CO_3^{2-} \quad K_{sp}$$

$$HAc \rightleftharpoons H^+ + Ac^- \quad K_{HAc}$$

$$H_2CO_3 \rightleftharpoons 2H^+ + CO_3^{2-} \quad K_{a_1,H_2CO_3} \times K_{a_2,H_2CO_3}$$

则反应 $CaCO_3(s) + 2HAc \rightleftharpoons Ca^{2+} + 2Ac^- + H_2CO_3$ 的 $K$ 为 ( )

A. $K = \dfrac{K_{sp} \times K_{HAc}^2}{K_{a_1} \times K_{a_2}}$　　　　　B. $K = \dfrac{K_{a_1} \times K_{a_2}}{K_{sp} \times K_{HAc}^2}$

C. $K = \dfrac{K_{sp} \times K_{HAc}}{K_{a_1} \times K_{a_2}}$　　　　　D. $K = \dfrac{K_{sp} \times K_{a_1,H_2CO_3}}{K_{HAc}}$

10. 在一定温度下，反应 $2CO(g) + O_2(g) \rightleftharpoons 2CO_2(g)$ 的 $K_p$ 与 $K_c$ 关系式为 ( )

A. $K_p RT = K_c$　　　　　　　　B. $K_p = K_c RT$

C. $K_p = K_c / RT$　　　　　　　　D. $K_p = K_c$

11. 存在下列平衡：$A(g) + 2B(g) \rightleftharpoons 2C(g)$。假如在反应容器中加入相同物质的量的 A 和 B，在平衡时总是正确的是 ( )

A. $[B] = [C]$　　　　　　　　B. $[A] = [B]$

C. $[B] < [A]$　　　　　　　　D. $[A] < [B]$

12. 反应 $CH_3COOH(l) + C_2H_5OH(l) \rightleftharpoons CH_3COOC_2H_5(l) + H_2O(l)$ 在 25℃ 时其平衡常数 $K_c = 4.0$。今以 $CH_3COOH$ 及 $C_2H_5OH$ 各 1mol 混合进行反应，则达平衡时，酯的最大产率为 ( )

A. 0.334%　　　　　　　　B. 33.4%

C. 50%　　　　　　　　D. 66.7%

13. 下列叙述正确的是 ( )

A. 反应的转化率与起始浓度无关　　B. 一种反应物的转化率受另一反应物的起始浓度影响

C. 平衡常数随起始浓度不同而变化　　D. 产物转化率改变将影响平衡常数

14. 反应 $2SO_2(g) + O_2(g) = 2SO_3(g)$ 的 $\Delta H^0 = -196.6 \text{kJ} \cdot \text{mol}^{-1}$，从平衡移动原理，要使 $SO_2$ 达到最大转化率，反应条件应该是 ( )

A. 低温低压　　　　　　　　B. 高温高压

C. 低温高压　　　　　　　　D. 高温低压

15. 500℃ 时，$CO(g) + H_2O(g) \rightleftharpoons CO_2(g) + H_2(g)$，$K^0 = 5.5$，在密闭容器中反应达平衡，若加入惰性气体会有何影响？ ( )

A. 平衡向右移动，氢量增加　　　　B. 平衡向左移动，氢量减少

C. 平衡状态不变　　　　　　　　　　　D. 无法判断
16. 下列哪一种情况改变能使可逆反应平衡时产物的量增加　　　　　　　　（　）
A. 增加反应物起始浓度　　　　　　　　B. 升高温度
C. 增加体系压力　　　　　　　　　　　D. 加入合适的催化剂

（二）多项选择题

17. 在 $mA(g) + nB(g) \rightleftharpoons pC(g) + qD(g) - Q$ 的反应中,当 $m+n>p+q$,在平衡时,改变条件能使平衡向右移动的是　　　　　　　　　　　　　　　　　　　　　　　　　　　　（　）
A. 加压、升温　　　　　　　　　　　　B. 减压、降温
C. 升温、减压　　　　　　　　　　　　D. 加压、增加反应物的浓度
E. 升温、减少生成物的浓度

18. $N_2(g) + 3H_2(g) \rightleftharpoons 2NH_3(g)$ 达到平衡状态的标志是　　　　　　　（　）
A. $J_c = K_c$　　　　　　　　　　　　　B. $[N_2] = [H_2] = [NH_3]$
C. $[N_2] > [NH_3]$　　　　　　　　　　D. $[N_2]$、$[H_2]$、$[NH_3]$ 都保持不变
E. $[N_2]:[H_2]:[NH_3] = 1:3:2$

19. 降低压强和升高温度,可使平衡向正方向移动的是　　　　　　　　　　（　）
A. $C(g) + H_2O(g) \rightleftharpoons CO(g) + H_2(g) - Q$　　B. $N_2(g) + O_2(g) \rightleftharpoons 2NO(g) - Q$
C. $N_2(g) + 3H_2(g) \rightleftharpoons 2NH_3(g) + Q$　　　　D. $CaCO_3(s) \rightleftharpoons CaO(s) + CO_2(g) - Q$
E. $2H_2O(g) \rightleftharpoons 2H_2(g) + O_2(g) - Q$

20. 对反应 $N_2(g) + 3H_2(g) \rightleftharpoons 2NH_3(g) + Q$,提高氢气转化率的方法是　　（　）
A. 升温　　　　　　　　　　　　　　　B. 降温度
C. 增加压力　　　　　　　　　　　　　D. 增加 $N_2(g)$ 的量
E. 增加 $H_2(g)$ 的量

三、计算题

1. 求出下列反应的平衡常数 $K_c$ 和 $K_p$ 的表达式。
   （1）$NO(g) + 1/2O_2(g) \rightleftharpoons NO_2(g)$
   （2）$NH_4Cl(s) \rightleftharpoons NH_3(g) + HCl(g)$
   （3）$MgCO_3(s) \rightleftharpoons MgO(s) + CO_2(g)$
   （4）$3Fe(s) + H_2O(g) \rightleftharpoons Fe_3O_4(s) + 4H_2(g)$

2. 773K 时,反应 $N_2(g) + 3H_2(g) \rightleftharpoons 2NH_3(g)$ 的 $K_c = 6.0 \times 10^{-2}$。若在平衡体系中,含 $[H_2] = 0.250\ mol \cdot L^{-1}$,$[NH_3] = 0.050\ mol \cdot L^{-1}$,问在平衡时 $N_2$ 的浓度为多少?平衡体系的总压力多大?($2.67\ mol \cdot L^{-1}$;$1.91 \times 10^7\ Pa$)

3. 反应 $SO_2(g) + NO_2(g) \rightleftharpoons SO_3(g) + NO(g)$ 在 973K 时,体系的 $K_c = 9.0$。当 $NO_2$ 和 $SO_2$ 的起始浓度均为 $3 \times 10^{-3}\ mol \cdot L^{-1}$ 时,达平衡后各物质的浓度为多大?($2.3 \times 10^{-3}$;$7 \times 10^{-4}$)

4. 反应 $H_2(g) + CO_2(g) \rightleftharpoons CO(g) + H_2O(g)$ 在 1259K 达平衡后,$[H_2] = [CO_2] = 0.44\ mol \cdot L^{-1}$;$[H_2O] = [CO] = 0.56\ mol \cdot L^{-1}$。求该温度下的平衡常数 $K_c$、$K_p$ 和 $K^0$ 以及起始时 $H_2$ 和 $CO_2$ 的浓度。($1.62$;$1.00\ mol \cdot L^{-1}$)

5. 反应 $SO_2(g) + NO_2(g) \rightleftharpoons SO_3(g) + NO(g)$ 在 700K 时的 $K_c$ 为 9.0,若开始时各物质的浓度都是 $3.0 \times 10^{-3}\ mol \cdot L^{-1}$ 则:(1) 判断反应进行的方向;(2) 计算平衡时各物质的浓度;(3) 求 $SO_2$ 的平衡转化率。(右;$1.5 \times 10^{-3}\ mol \cdot L^{-1}$,$4.5 \times 10^{-3}\ mol \cdot L^{-1}$;50%)

6. 已知反应 $1/2N_2(g) + 3/2H_2(g) \rightleftharpoons NH_3(g)$ 在 673K 时 $K_p = 1.3 \times 10^{-2}$,773K 时 $K_p = 3.8 \times 10^{-3}$,若起始分压为 $p_{N_2} = 405.2\ kPa$、$p_{H_2} = 101.3\ kPa$、$p_{NH_3} = 2.026\ kPa$,试分别判断在 673K 和 773K 时反应移动的方向。(右;右)

（邓红英）

# 第3章 滴定分析概论

1. 了解滴定分析的特点及分类;理解滴定液、化学计量点、滴定终点、滴定误差和基准物质的概念;掌握滴定液的配制和标定方法、滴定分析计算依据和计算公式的应用

2. 了解系统误差和偶然误差的引入原因、性质;理解准确度与误差,精密度与偏差的关系;掌握误差、偏差的计算和减小误差提高准确度的方法

3. 理解有效数字的意义;掌握有效数字的表示、修约和运算方法

## 第1节 滴定分析简介

### 一、滴定分析的基本概念

滴定分析法(titrimetric analysis)又称容量分析法,是化学分析法中重要的分析方法之一。按反应的类型可分为酸碱滴定、沉淀滴定、配位滴定和氧化还原滴定四大类。它是将一种已知准确浓度的试剂溶液,滴加到被测物质的溶液中,直到所加的试剂溶液与被测物质按化学计量关系定量反应完全,根据试剂溶液的浓度和消耗的体积,计算被测物质含量的方法。

---

**应用广泛的滴定分析法**

在仪器档次不断升级的今天,天平与滴定管仍然以"设备简单"和"测量精确"(用于相对含量在1%以上的常量测定时,一般相对误差为0.1%~0.2%)等特点成为化学实验室的必备仪器,并且常常是校正高档仪器的基本工具。而滴定分析法本身也在不断发展完善,据不完全统计,中国药典上有50%的药物含量测定是采用滴定分析法。

---

**用HCl滴定液滴定NaOH待测液**

操作步骤:
(1) 在250mL锥形瓶中加入NaOH溶液20.00mL,加入甲基橙2滴,溶液呈黄色。
(2) 把0.1000mol·$L^{-1}$HCl溶液加入滴定管中,将液面调至零刻度。
(3) 转动酸式滴定管活塞(图3-1、图3-2),按每秒钟5~6滴的速度将HCl滴定溶液滴加到NaOH溶液中,直到溶液从黄色刚变橙色,停止滴定,准确读出消耗HCl溶液的体积。

(4) 根据 NaOH + HCl =====NaCl + H₂O 的计量关系,以及 NaOH 溶液的体积和消耗 HCl 溶液的体积及浓度,计算 NaOH 溶液的浓度 $(c_{酸} \cdot V_{酸} = c_{碱} \cdot V_{碱})$。

图 3-1 滴定操作

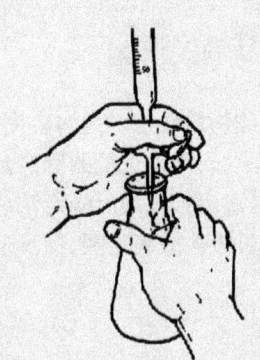

图 3-2 酸滴定管操作示意

在滴定分析中,将已知准确浓度的试剂溶液称为滴定液(titrating solution)或标准溶液;滴定液滴加到被测溶液中的操作过程,称为滴定(titrate);当滴加的滴定液与被测物质的物质的量之间正好符合化学反应式所表示的计量关系时,称反应到达化学计量点(stoichiometric point,简称计量点,以 sp 表示);在被测溶液中加入一种辅助试剂,利用它的颜色变化指示化学计量点的到达,这种辅助试剂称为指示剂(indicator)。指示剂恰好发生颜色变化的转变点,称作滴定终点(end point of titration,以 ep 表示)。滴定终点是实验测量值,而化学计量点是理论值,两者往往不一致,它们之间存在很小的差别,由此造成的误差称为终点误差(end point error,或称滴定误差)。

滴定分析法主要用于常量分析,其特点是快速、准确、操作简便,在药物含量测定中应用广泛。

## 二、滴定分析法的基本要求

滴定分析法是基于化学反应为基础的一种定量分析方法,因此,滴定分析要求化学反应必须符合下列条件:

(1) 反应必须按化学反应式定量完成,完成程度要求达到 99.9% 以上,不能有副反应发生。

(2) 反应速率要快,反应要求在瞬间完成,对于速率较慢的反应必须有适当的方法加快反应速率,如加热或加催化剂等措施来增大反应速率。

(3) 必须有适宜的指示剂或简便可靠的方法确定滴定终点。

# 三、滴定方式

## （一）直接滴定法

直接滴定法（direct titration）是指滴定液直接滴加到被测物质溶液中的一种滴定方法。只要符合上述滴定分析法基本要求的化学反应，都可应用直接滴定法进行滴定。

例如，用 HCl 滴定液滴定 NaOH 溶液，或用 $AgNO_3$ 滴定液滴定 NaCl 等均属于直接滴定法。

$$NaOH + HCl = NaCl + H_2O$$
$$NaCl + AgNO_3 = AgCl\downarrow + NaNO_3$$

## （二）反滴定法

如果被测物质在水中的溶解度较小，或被测物质与滴定液反应速率较慢，反应不能瞬间完成，则可以先加入准确过量的滴定液至被测物质中，待反应完全后，用另一种滴定液滴定剩余的滴定液，这种滴定方式为反滴定法或剩余滴定法（back titration）。如固体碳酸钙的测定，可先加入准确量的过量盐酸滴定液，待反应完全后，再用氢氧化钠滴定液滴定剩余的盐酸滴定液。反应如下：

$$CaCO_3 + 2HCl = CaCl_2 + CO_2\uparrow + H_2O$$
（准确过量）
$$HCl + NaOH = NaCl + H_2O$$
（剩余）

## （三）置换滴定法

如果被测物质与滴定液的化学反应没有确定的计量关系，或伴有副反应的发生，则可先用适当试剂与被测物质发生反应，使定量置换出的物质被滴定液滴定，这种滴定方式为置换滴定法（replacement titration）。

> **置换滴定法**
>
> $K_2Cr_2O_7$ 在酸性条件下氧化 KI 定量置换出 $I_2$，再用 $Na_2S_2O_3$ 滴定液滴定置换出的 $I_2$，即可根据消耗的 $Na_2S_2O_3$ 的量，计算置换出的 $I_2$ 的量，从而计算 $K_2Cr_2O_7$ 的量。其反应如下：
>
> $$Cr_2O_7^{2-} + 6I^- + 14H^+ = 2Cr^{3+} + 3I_2 + 7H_2O$$
> $$I_2 + 2S_2O_3^{2-} = 2I^- + S_4O_6^{2-}$$

## （四）间接滴定法

如被测物质不能与滴定液直接反应，则可以先加入某种试剂与被测物质发生化学反应，再用适当的滴定液滴定其中的一种生成物，间接测定出被测物质的含量，这种滴定方式为间接滴定法（indirect titration）。

> **间接滴定法**
>
> 用 $KMnO_4$ 滴定液测定 $CaCl_2$ 的含量时,由于钙盐不能直接与 $KMnO_4$ 滴定液反应,可先加过量 $(NH_4)_2C_2O_4$,使 $Ca^{2+}$ 定量沉淀为 $CaC_2O_4$,再将其过滤洗涤后用 $H_2SO_4$ 溶解,生成具有还原性的 $H_2C_2O_4$,再用 $KMnO_4$ 滴定液滴定 $H_2C_2O_4$,间接算出 $CaCl_2$ 的含量。其主要反应式如下:
>
> $$Ca^{2+} + C_2O_4^{2-} \rightleftharpoons CaC_2O_4 \downarrow$$
> $$CaC_2O_4 + 2H^+ \rightleftharpoons H_2C_2O_4 + Ca^{2+}$$
> $$2MnO_4^- + 5H_2C_2O_4 + 6H^+ \rightleftharpoons 2Mn^{2+} + 10CO_2 \uparrow + 8H_2O$$

## 第2节 滴定液的配制与标定

### (一)滴定液浓度的表示方法

《中国药典》规定滴定液的浓度用物质的量浓度(amount-of-substance concentration)和滴定度(titre)两种浓度表示。物质的量浓度用符号 $c_B$ 表示,单位用 $mol \cdot L^{-1}$,其定义在第1章已讨论。用滴定度表示滴定液的浓度在药物分析中应用较广泛。滴定度是指每毫升滴定液相当于被测物质的质量,符号用 $T_{T/B}$ 表示,其中右下角标中的 T 表示滴定液的分子式,B 表示被测物质的分子式。滴定度与被测物质质量的关系式为

$$m_B = T_{T/B} \cdot V_T \tag{3-1}$$

式中,$m_B$ 为被测物质 B 的质量,g;$V_T$ 为滴定液 T 的体积,mL;$T_{T/B}$ 即为每毫升 T 滴定液相当于被测物质 B 的质量,$g \cdot mL^{-1}$。在分析工作中用滴定度表示滴定液的浓度既简便又直观。

已知 $T_{HCl/NaOH} = 0.004\,000\,g \cdot mL^{-1}$,用该浓度的盐酸滴定液测定 NaOH 溶液的质量,滴定终点时消耗 HCl 滴定液为 20.00mL,计算被测溶液中 NaOH 的质量。

解:根据式(3-1)
$$m_{NaOH} = T_{HCl/NaOH} \cdot V_{HCl} = 0.004\,000 \times 20.00 = 0.080\,00(g)$$

所以被测溶液中 NaOH 的质量为 0.080 00g。

### (二)滴定液的配制与标定方法

1. 滴定液的配制

(1)直接配制法:能用于直接配制滴定液的物质一般为基准物质(primary standard substance)。基准物质必须符合下列条件:

1)物质的组成要与化学式完全符合,若含结晶水,其数目也应与化学式符合,如硼砂为 $Na_2B_4O_7 \cdot 10H_2O$ 等。

2)物质的纯度要高,质量分数不低于0.999。

3）物质的性质要稳定，应不分解、不潮解、不风化、不吸收空气中的二氧化碳和水、不被空气中的氧氧化等。

4）物质的摩尔质量要尽可能大，以减小称量误差。

直接配制法是准确称取一定量的基准物质，用适当的溶剂溶解后，定量转移置容量瓶中，稀释至刻线，根据基准物质的质量和溶液的体积，即可计算出滴定液的准确浓度。

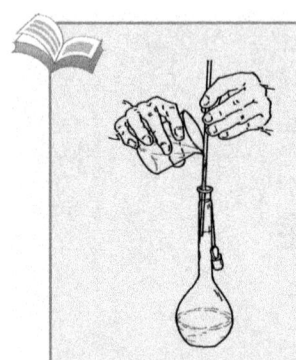

图3-3 定量转移操作

**直接法配制硝酸银滴定液 100mL**

操作步骤：

（1）在分析天平上准确称取 1.6987g 基准硝酸银置于干净的小烧杯中，用纯化水溶解。

（2）将溶液定量转移至 100mL 容量瓶（图 3-3）中，稀释至刻线，摇匀即得。

（3）根据基准硝酸银的质量和溶液的体积，按下式计算出滴定液的准确浓度：

$$c_{AgNO_3} = \frac{1.6987}{169.87 \times 0.1} = 0.1000 (mol \cdot L^{-1})$$

案例3-2

（2）间接配制法：如果所配制的物质不符合基准物质的条件，那么只能采用间接配制法配制。

间接配制方法是先将物质配成所需浓度的近似浓度溶液，再用基准物质或另一种滴定液来确定该溶液的准确浓度。

*Do you know?*

下列物质可采用哪种方法配制滴定液，为什么？
①HCl；②NaOH；③EDTA。

2. 滴定液的标定　利用基准物质或已知准确浓度的溶液来确定另一种滴定液浓度的过程称为标定。常用的标定方法有下面两种。

（1）基准物质标定法：包括两种方法。

**多次称量法**：精密称取若干份同样的基准物质，分别溶于适量的水中，然后用待标定的溶液滴定，根据基准物质的质量和待标定溶液所消耗的体积，即可计算出该溶液的准确浓度，最后取平均值作为滴定液的浓度。

**移液管法**：精密称取一份基准物质置于小烧杯中，溶解后，定量转移到容量瓶中，稀释至刻度，摇匀。用移液管准确吸取3～4份该溶液转移置锥形瓶中，分别用待标定的滴定液滴定，根据基准物质溶液浓度和待标定溶液所消耗的体积，即可计算出该溶液的准确浓度，最后取其平均值。

（2）比较法标定：准确吸取一定体积的待标定溶液，用已知准确浓度的某滴定液滴定，或准确吸取一定体积的某滴定液，用待标定的溶液进行滴定，根据两种溶液消耗的体积及滴定液的浓度，可计算出待标定溶液的准确浓度。这种用滴定液来测定待测溶液准确浓度的操作过程称为比较法标定。此方法虽然不如基准物质标定法精确,但简便易行。

以上各类标定,一般要求平行测定3~5次,标定好的标准溶液要盖紧瓶盖,贴好标签,妥善保存,备用。

> *Do you know*?
> 用"比较法标定"不如"基准物质标定法"精确,其原因何在?

# 第3节 滴定分析的计算

## 一、滴定分析计算的依据及常用的计算公式

在滴定分析中,设B为被测物质、T为滴定液,其滴定反应可用下式表示:

$$bB + tT = cC + dD$$
（被测物）（滴定液）（生成物）

当滴定达到化学计量点时,$t$ mol T物质恰好与$b$ mol B物质完全反应,即被测物质(B)与滴定液(T)的物质的量之比等于各物质的系数之比:

$$\frac{n_T}{n_B} = \frac{t}{b}$$

即

$$n_B = \frac{b}{t} n_T \tag{3-2}$$

若被测物质溶液的体积为$V_B$、浓度为$c_B$,到达化学计量点时,用去滴定液浓度为$c_T$、体积为$V_T$,由式(3-2)可得到

$$c_B V_B = \frac{b}{t} \times c_T V_T \tag{3-3}$$

若被测物质为固体物质(质量为$m_B$),到达化学计量点时与滴定液浓度$c_T$和体积$V_T$之间的关系,由式(3-2)可得

$$\frac{m_B}{M_B} = \frac{b}{t} c_T V_T \tag{3-4}$$

同理,若基准物质质量为$m_T$,到达化学计量点时与被测液浓度$c_B$和体积$V_B$之间的关系,由式(3-2)又可得

$$\frac{m_T}{M_T} = \frac{t}{b} c_B V_B \tag{3-4'}$$

## 二、滴定分析计算基本公式的应用

### (一)标定滴定液浓度

用基准物质标定滴定液的计算公式用式(3-4')。
用比较法标定滴定液的计算公式用式(3-3)。

> 精密称取基准物质无水碳酸钠0.1306g置250mL锥形瓶中,加纯化水适量,溶解完全后,用待标定的盐酸溶液滴定,消耗盐酸溶液24.21mL,试求该盐酸溶液的物质的量浓度。
>
> 解： $Na_2CO_3 + 2HCl == 2NaCl + CO_2\uparrow + H_2O$
>
> 已知碳酸钠摩尔质量为105.99 g·mol$^{-1}$,根据式(3-4′),则
>
> $$c_{HCl} = \frac{b}{t}\frac{m_{Na_2CO_3}}{M_{Na_2CO_3}V_{HCl}}$$
>
> $$c_{HCl} = \frac{2}{1} \times \frac{0.1306}{105.99 \times 24.21 \times 10^{-3}} = 0.1017\ (mol\cdot L^{-1})$$
>
> 该盐酸溶液的物质的量浓度是0.1017 mol·L$^{-1}$。

案例3-3

> 精密量取待标定的盐酸溶液20.00mL置250mL锥形瓶中,用NaOH滴定液(0.1016 mol·L$^{-1}$)滴定至终点,消耗NaOH滴定液20.48mL,试求该盐酸溶液的物质的量浓度。
>
> 解： $NaOH + HCl == NaCl + H_2O$
>
> 根据式(3-3),即
>
> $$c_{HCl}V_{HCl} = c_{NaOH}V_{NaOH}$$
>
> $$c_{HCl} = \frac{c_{NaOH}V_{NaOH}}{V_{HCl}}$$
>
> $$= \frac{0.1016 \times 20.48 \times 10^{-3}}{20.00 \times 10^{-3}} = 0.1040 (mol \cdot L^{-1})$$
>
> 该盐酸溶液的物质的量浓度是0.1040 mol·L$^{-1}$。

案例3-4

## （二）滴定度与物质的量浓度的换算

由式(3-4)得, $\frac{m_B}{M_B} = \frac{b}{t}c_TV_T$ ,当其消耗滴定液的体积($V_T$)为1mL时,所计算得到的被测物的质量($m_B$),即为滴定液的滴定度($T_{T/B}$),表示为

$$T_{T/B} = \frac{b}{t}c_TM_B \times 10^{-3} \tag{3-5}$$

根据式(3-5)可以进行滴定度与物质的量浓度之间的相互换算。

> 用0.1 mol·L$^{-1}$盐酸滴定液测定氧化钙含量,计算每1mL 0.1000 mol·L$^{-1}$盐酸滴定液相当于被测物质氧化钙的质量($T_{HCl/CaO}$)。
>
> 解： $CaO + 2HCl == CaCl_2 + H_2O$
>
> 氧化钙(CaO)的摩尔质量是56.08 g·mol$^{-1}$,根据式(3-5)
>
> $$T_{HCl/CaO} = \frac{1}{2}c_{HCl}M_{CaO} \times 10^{-3} = \frac{1}{2} \times 0.1 \times 56.08 \times 10^{-3} = 0.002\ 804 (g \cdot mL^{-1})$$
>
> 每1mL 0.1000 mol·L$^{-1}$盐酸滴定液相当于2.804mg的CaO。

案例3-5

已知某 HCl 溶液对 CaO 的滴定度为 $0.005\,608\text{g} \cdot \text{mL}^{-1}$,试计算该 HCl 溶液的物质的量浓度。

解: $$CaO + 2HCl = CaCl_2 + H_2O$$

根据式(3-5)

$$T_{T/B} = \frac{b}{t}c_T M_B \times 10^{-3}$$

得

$$c_{HCl} = 2 \times \frac{T_{HCl/CaO} \times 1000}{M_{CaO}} = 2 \times \frac{0.005\,608 \times 1000}{56.08} = 0.2000(\text{mol} \cdot \text{L}^{-1})$$

该 HCl 溶液的物质的量浓度为 $0.2000\,\text{mol} \cdot \text{L}^{-1}$。

案例3-6

## (三) 估算称取基准物质质量或消耗滴定液体积

### 1. 估算称取基准物质的质量

在标定盐酸溶液的实验中,为使消耗 $0.10\,\text{mol} \cdot \text{L}^{-1}$ 盐酸溶液的体积为 $20\sim25\text{mL}$,问称取基准物质无水 $Na_2CO_3$ 多少克。

解: $$2HCl + Na_2CO_3 = 2NaCl + CO_2\uparrow + H_2O$$

根据式(3-4′)

$$\frac{m_T}{M_T} = \frac{t}{b}c_B V_B$$

得

$$m_T = \frac{t}{b}c_B V_B M_T \times 10^{-3}$$

$$m_{Na_2CO_3} = \frac{1}{2}c_{HCl}V_{HCl}M_{Na_2CO_3} \times 10^{-3} = \frac{1}{2} \times 0.1000 \times 20 \times 10^{-3} \times 106 = 0.11(\text{g})$$

$$m_{Na_2CO_3} = \frac{1}{2} \times 0.1000 \times 25 \times 10^{-3} \times 106 = 0.13(\text{g})$$

应称取基准物质无水 $Na_2CO_3\ 0.11\sim0.13\text{g}$。

案例3-7

### 2. 估算滴定液消耗的体积

精密称取 $0.1500\text{g}$ 乙二酸($H_2C_2O_4 \cdot 2H_2O$)溶于适量的水中,用 $0.1000\,\text{mol} \cdot \text{L}^{-1}$ NaOH 滴定液滴定至终点,问大约消耗多少毫升 NaOH 滴定液。

解: $$H_2C_2O_4 + 2NaOH = Na_2C_2O_4 + 2H_2O$$

根据式(3-4),则

$$V_{NaOH} = \frac{2}{1} \cdot \frac{m_{Na_2C_2O_4}}{M_{Na_2C_2O_4}c_{NaOH}}$$

$$V_{NaOH} = \frac{2}{1} \times \frac{0.1500}{126.06 \times 0.1000} \times 10^3 = 24(\text{mL})$$

大约消耗 $24\text{mL}$ NaOH 滴定液。

案例3-8

## （四）被测物质含量计算

被测物质的含量用质量分数表示。质量分数是指供试品中所含纯物质的质量，用 $\omega_B$ 表示

$$\omega_B = \frac{m_B}{m_S} \tag{3-6}$$

**1. 利用被测物质的摩尔质量计算被测物质的质量分数** 由式(3-6)和式(3-4)得

$$\omega_B = \frac{b}{t} \frac{c_T V_T M_B}{m_S} \times 10^{-3} \tag{3-7}$$

质量分数也可以用含量百分数表示（如中国药典对原料药物的含量是用含量百分数表示），则

$$\omega_B = \frac{b}{t} \frac{c_T V_T M_B}{m_S} \times 10^{-3} \times 100\%$$

**2. 利用滴定度计算被测物质的质量分数**

$$\omega_B = \frac{m_B}{m_S} = \frac{T_{T/B} V_T}{m_S} \tag{3-8}$$

中国药典标明的滴定度均是指滴定液的量浓度在规定值的前提下对某药品的滴定度，即称为规定浓度，而在工作中配制滴定液得到的实际浓度往往与规定浓度不完全相同，所以必须用校正因子 $F$ 进行校正。

$$F = \frac{实际浓度}{规定浓度} = \frac{c_{实际}}{c_{规定}}$$

则式(3-8)又可表示为

$$\omega_B = \frac{m_B}{m_S} = \frac{T_{T/B} V_T F}{m_S} \tag{3-9}$$

或

$$\omega_B = \frac{m_B}{m_S} = \frac{T_{T/B} V_T F}{m_S} \times 100\%$$

在药物分析中常用式(3-9)进行药物含量的计算。

**3. 计算被测溶液的质量浓度** 被测物质为液体时，其含量常用质量浓度（$\rho_B$）表示，单位为 $g \cdot L^{-1}$。由式(3-7)得

$$\rho_B = \frac{b}{t} \frac{c_T V_T M_B}{V_S} \tag{3-10}$$

由式(3-9)得

$$\rho_B = \frac{T_{T/B} V_T F}{V_S} \tag{3-11}$$

---

**案例3-9**

用沉淀滴定法测定氯化钠样品含量，其操作如下：

精密称取供试品氯化钠 0.1925g，加水溶解，并加指示剂适量，用 $AgNO_3$ 滴定液（0.1000 $mol \cdot L^{-1}$）滴定至终点，消耗 $AgNO_3$ 溶液 24.00mL，计算供试品中氯化钠的质量分数。

解： $NaCl + AgNO_3 \Longrightarrow AgCl\downarrow + NaNO_3$

已知 $M_{NaCl} = 58.44$，根据式(3-7)

$$\omega_{NaCl} = \frac{c_{AgNO_3} V_{AgNO_3} M_{NaCl}}{m_S} = \frac{0.1000 \times 24.00 \times 10^{-3} \times 58.44}{0.1925} = 0.7286$$

供试品中氯化钠的质量分数为 0.7286。

用酸碱滴定法测定草酸含量,其操作如下:

精密称取乙二酸($H_2C_2O_4$)0.1233g,加水溶解,并加指示剂适量,用NaOH滴定液(0.1022mol·$L^{-1}$)滴定至终点,消耗NaOH溶液23.34mL。试计算:

(1) 每1mL 0.1000mol·$L^{-1}$ NaOH滴定液相当于乙二酸($H_2C_2O_4$)多少毫克($T_{NaOH/H_2C_2O_4}$)?

(2) 计算供试品乙二酸的质量分数。

(3) 用含量百分数表示供试品中乙二酸的含量。

解: $$H_2C_2O_4 + 2NaOH =\!=\!= Na_2C_2O_4 + 2H_2O$$

已知 $M_{H_2C_2O_4} = 90.44 \text{g·mol}^{-1}$:

(1) 由式(3-5)得

$$T_{NaOH/H_2C_2O_4} = \frac{1}{2} \times c_{NaOH} M_{H_2C_2O_4} \times 10^{-3} = \frac{1}{2} \times 0.1000 \times 90.44 \times 10^{-3} = 0.004\,522(\text{g·mL}^{-1})$$

(2) 由式(3-9)得

$$\omega_{H_2C_2O_4} = \frac{T_{NaOH/H_2C_2O_4} V_{NaOH} F}{m_S} = \frac{0.004\,522 \times 23.34 \times \frac{0.1022}{0.1}}{0.1233} = 0.8748$$

(3) 由 $\omega_B = \frac{m_B}{m_S} = \frac{T_{T/B} V_T F}{m_S} \times 100\%$

得 $$\omega_{H_2C_2O_4} = \frac{T_{NaOH/H_2C_2O_4} V_{NaOH} F}{m_S} \times 100\% = \frac{0.004\,522 \times 23.34 \times \frac{0.1022}{0.1}}{0.1233} \times 100\%$$
$$= 87.48\%$$

每1mL 0.1mol·$L^{-1}$NaOH滴定液相当于乙二酸($H_2C_2O_4$)4.522mg,供试品中乙二酸的质量分数为0.8748,供试品中乙二酸的含量百分数为87.48%。

*案例3-10*

量取浓度约为30%的$H_2O_2$供试品1.00mL,置于250mL容量瓶中,加水稀释至刻度,充分摇匀后移取25.00mL,置250mL锥形瓶中,加3mol·$L^{-1}$ $H_2SO_4$ 5mL及1mol·$L^{-1}$ $MnSO_4$溶液2~3滴,用0.02mol·$L^{-1}$ $KMnO_4$滴定液滴定至溶液显持续的淡红色30s不褪为终点。已知:消耗$KMnO_4$滴定液的体积为18.08mL,$KMnO_4$滴定液浓度为0.020 15mol·$L^{-1}$,已知1mL 0.02mol·$L^{-1}$ $KMnO_4$滴定液相当于1.701mg的$H_2O_2$。试计算供试品中乙二酸的质量浓度。

解: $$5H_2O_2 + 2MnO_4^- + 6H^+ =\!=\!= 2Mn^{2+} + 5O_2\uparrow + 8H_2O$$

根据式(3-11)

$$\rho_{H_2O_2} = \frac{T_{KMnO_4/H_2O_2} V_{MnO_4^-} F}{v_S} = \frac{1.701 \times 10^{-3} \times 18.08 \times \frac{0.020\,15}{0.02}}{25.00} \times 250 \times 10^3 = 309.8(\text{g·L}^{-1})$$

$H_2O_2$的质量浓度为309.8g·$L^{-1}$。

*案例3-11*

## 第4节 误差的基本知识

### 一、误差及其表示方法

定量分析的目的是准确测定组分在试样中的含量,因此,要求分析结果具有一定的准确度。实践表明,由于受分析工作者的主、客观条件和操作熟练程度的限制,测得的结果不可能绝对准确,总存在一定的误差。即使使用最精密的仪器,由技术很熟练的分析工作者采用同样的分析方法对同一试样进行多次测定,所得到的分析结果也不可能完全一致,这说明在分析过程中误差是客观存在的。为了得到符合要求的分析结果,有必要了解产生误差的原因和分析数据的简单处理方法。

#### (一) 误差分类及产生原因

测量值与真实值之间的差值叫误差(error)。根据误差的性质和产生的原因,误差可分为系统误差(systematic error)和偶然误差(accidental error)两大类。

1. **系统误差** 是由分析中某种特定原因引入的,具有确定性、重复性、定向性及可测性等特点,所以可加以校正或消除。按其产生的主要原因可分为以下几种。

(1) 方法误差:由于分析方法本身造成的误差。例如,在滴定分析中滴定终点与化学计量点不相符所存在的误差即终点误差、重量分析中制备的沉淀发生一定程度的溶解等,均属于方法误差。

(2) 仪器或试剂误差:由使用的仪器本身不准确或试剂纯度不高等引起的误差。例如,分析天平称量用的砝码不够准确、滴定分析中容量器皿未经校准、试剂不纯引入的杂质等,前两者为仪器误差,后者为试剂误差。

(3) 操作误差:正常操作情况下,由于分析工作者的主观原因所产生的误差。例如,读数习惯性地偏高或偏低、滴定终点时由于人眼对颜色辨认的灵敏程度存在一定差异等。

2. **偶然误差** 又称随机误差。它是由某些难以控制或无法避免的因素引起的。例如,测量条件(温度、湿度和气压等)微小的变化、分析仪器微小的震动以及分析人员操作的微小差异等,都会引起偶然误差。偶然误差具有原因、大小、方向等不定的特点,因此在分析操作中难以避免。

虽然偶然误差在少量次测定中无法确定,但对多次测定观察发现其服从统计规律,当对某试样进行多次平行测定时其遵循如下规律:

(1) 绝对值相同的正负误差出现概率相等;小的误差出现概率大,大的误差出现的概率小。特别大的误差出现的概率极小。

(2) 大小相等的正、负误差出现的概率相等,测量的次数越多,测量的平均值越接近真实值。

除上述两类误差之外,如果是由于分析工作者粗心大意或违反操作规程所产生的错误,如加错试剂、看错刻度、溶液溅失等,应称为"过失",过失是一种错误操作,一经发现,必须将本次测量结果弃去重做。

#### (二) 误差的表示方法

1. **误差和偏差** 误差是指测量值 $x_i$ 与真实值 $\mu$ 之间的差值。误差有绝对误差 $E_i$ 和相对误差 RE 两种表示方法。绝对误差是指测量值与真实值之差,即

$$E_i = x_i - \mu \tag{3-12}$$

相对误差 RE 是指绝对误差与真实值之比值的百分数。如果不知道真实值,可以用测量值代替。

$$RE = \frac{E}{\mu} \times 100\% \quad 或 \quad RE = \frac{E}{x} \times 100\% \tag{3-13}$$

误差 $E$ 的数值愈大,说明测量值 $x_i$ 偏离真实值愈远。若测量值大于真实值,说明测量值存在正误差,反之存在负误差。

### 约定真值与相对真值

约定真值:由国际计量大会规定的值,如相对原子质量、相对分子质量及一些常数等作为约定真值。

相对真值:即采用可靠的分析方法,在权威机构认可的实验室里,由不同有经验的分析工作者,对同一试样进行反复多次实验,所得大量数据经数理统计方法处理后的平均值作为相对真值。

实际工作中往往是不知道真值,因此需要引入偏差的概念。偏差是指测量值 $x_i$ 与平均值 $\bar{x}$ 之间的差值。

偏差有绝对偏差 $d_i$ 和相对偏差 $Rd$ 两种表示方法。绝对偏差是指测定值与平均值之差,即

$$d_i = x_i - \bar{x} \tag{3-14}$$

相对偏差 $Rd$ 是绝对误差与真实值之比值的百分数,即

$$Rd = \frac{d_i}{\bar{x}} \times 100\% \tag{3-15}$$

在实际的工作中对于一组测量数据常采用平均偏差 $\bar{d}$,相对平均偏差 $R\bar{d}$ 表示,即

平均偏差

$$\bar{d} = \frac{(|d_1|+|d_2|+|d_3|+\cdots+|d_i|)}{n} \tag{3-16}$$

相对平均偏差

$$R\bar{d} = \frac{\bar{d}}{\bar{x}} \times 100\% \tag{3-17}$$

当测量次数较少时,可用平均值 $\bar{x}$、平均偏差 $\bar{d}$ 和相对平均偏差 $R\bar{d}$ 表示一般计算结果。在滴定分析中,分析结果的相对平均偏差一般要求小于 0.2%。但使用平均偏差和相对平均偏差不能较好地反映一组数据的波动情况,即分散程度。因此,对要求较高的分析结果常采用标准差 $s$ 和相对标准差 $RSD$ 来表示分散程度。

标准差

$$s = \sqrt{\frac{d_1^2 + d_2^2 + d_3^2 + \cdots + d_i^2}{n-1}} \tag{3-18}$$

相对标准差

$$RSD = \frac{s}{\bar{x}} \times 100\% \tag{3-19}$$

由上述讨论可知,误差和偏差具有不同的含义,前者是以真实值为标准,后者是以多次测量值的平均值为标准。

### *Do you know*?

请你通过相对平均偏差和相对标准差的定义,分析为什么在对精密度要求较高的分析中应采用"相对标准差"表示分析结果的精密度。

2. 准确度和精密度 准确度(accuracy)是指测量值与真实值接近的程度,它说明测定的可靠性。测量值与真实值之间差别越小,则测量的准确度越高,误差越小。

为了获得相对可靠的测量数据,在实际工作中人们总是在相同条件下对同一试样作几次平

行测量,计算各次测量值,然后取平均值表示测定结果。

如果几次测定的数据比较接近,则表示分析结果的精密度高。所谓精密度(precision)是指一组平行测量值相互接近的程度。准确度和精密度的关系如图3-4所示。

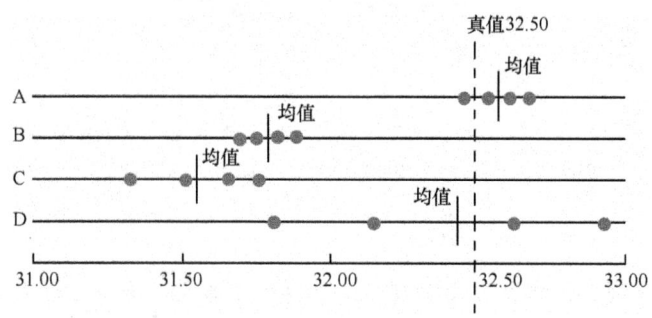

图 3-4  测定结果的准确度与精密度的关系

图3-4表示A、B、C、D四个同学对同一试样所做的分析结果各不相同,A同学每次测量的结果接近且与平均值相差不大,说明A同学测定结果的精密度高,并且测定结果的平均值与真实值之间相差很小,说明准确度也高,其结果可靠。B同学测定结果的精密度也高,但平均值偏离真值较大,其准确度低。C同学测定结果的精密度与准确度都低。D同学测定的精密度低,其平均值虽然很接近真实值,但这是由于正负误差相互抵消的偶然结果,并不能说明测定结果的准确度高。

由此可见,精密度是保证准确度的先决条件。精密度低,分析结果不可靠;精密度高不等于准确度高。因此,一个好的分析结果,既要有高的精密度,还要有高的准确度。

> 物体A和B的真实质量分别为0.1020g和1.0243g,若在分析天平上称得它们的质量分别为0.1021g和1.0244g,,试计算其绝对误差与相对误差。
>
> 解:物体A
>
> $$绝对误差(E) = 0.1021g - 0.1020g = +0.0001g$$
>
> $$相对误差(RE) = \frac{+0.0001}{0.1020} \times 100\% = +0.1\%$$
>
> 物体B
>
> $$绝对误差\ E = 1.0244g - 1.0243g = +0.0001g$$
>
> $$相对误差(RE) = \frac{+0.0001}{1.0243} \times 100\% = +0.01\%$$
>
> 案例3-12

案例3-12说明,两个试样的质量相差约10倍,测定的绝对误差都是0.0001g,但相对误差却不相同,质量大的相对误差较小,其测定的准确度也高。

> **Do you know**?
>
> 用减重法称某基准物质的质量,若要使称量误差不得大于0.1%,在分析天平上称得该基准物质的质量最小不得小于多少克?

某学生为标定某一溶液的浓度进行了数次滴定。其结果为 0.2041mol·L⁻¹、0.2049 mol·L⁻¹、0.2039mol·L⁻¹、0.2043mol·L⁻¹。试计算结果的平均值 $\bar{x}$、平均偏差 $\bar{d}$、相对平均偏差 $R\bar{d}$、标准差 $s_x$、相对标准差 $RSD$。

解:平均值

$$\bar{x} = \frac{0.2041 + 0.2049 + 0.2039 + 0.2043}{4} = 0.2043 \text{ (mol·L}^{-1}\text{)}$$

平均偏差

$$\bar{d} = \frac{0.0002 + 0.0006 + 0.0004 + 0.0000}{4} = 0.0003 \text{ (mol·L}^{-1}\text{)}$$

相对平均偏差

$$R\bar{d} = \frac{0.0003}{0.2043} \times 100\% = 0.15\%$$

标准差

$$s = \sqrt{\frac{0.0002^2 + 0.0006^2 + 0.0004^2 + 0.0000^2}{4-1}} = 0.0004 \text{(mol·L}^{-1}\text{)}$$

相对标准差

$$RSD = \frac{0.0004}{0.2043} \times 100\% = 0.2\%$$

案例 3-13

## (三) 提高分析结果准确度的方法

为提高测定结果的准确度,应尽量从各个方面减免误差的产生,由于系统误差是引起实验误差的主要原因,因此,必须首先加以减免(表3-1)。

表 3-1 系统误差与偶然误差的比较

| 误差类型 | 产生原因 | 减少方法 | 表示方法 | 计算公式 |
| --- | --- | --- | --- | --- |
| 系统误差 | 方法误差 | 对照试验 | 绝对误差 | $E = x - T$ |
|  | 试剂误差 | 空白试验 |  |  |
|  | 仪器误差 | 校准仪器 | 相对误差 | $RE = \frac{E}{T} \times 100\%$ |
|  | 操作误差 | 严格操作 |  |  |
| 偶然误差 | 温度 | 多次测定取平均值 | 相对平均偏差 | $R\bar{d} = \frac{\bar{d}}{\bar{x}} \times 100\%$ |
|  | 湿度 |  |  |  |
|  | 气压 |  | 标准偏差 | $s = \sqrt{\frac{\sum_{i=1}^{n}(x_i - \bar{x})^2}{n-1}}$ |
|  | 仪器微小波动 |  | 相对标准偏差 | $RSD = \frac{s}{\bar{x}} \times 100\%$ |

**1. 减免系统误差的方法**

(1) 分析方法的选择:不同的分析方法有不同的适用范围。如重量法和滴定分析法准确度高,适合于常量分析(质量分数在1%以上),其相对误差一般在千分之几,但其灵敏度低,不能对含量在1%以下的微量组分进行测定。对微量或痕量组分分析需采用准确度虽稍差,但灵敏度高的仪器分析法。例如,以分光光度法测定含铁试样(含 Fe 0.02%),若方法的相对误差为 5%,则测定的结果可能为 0.018% ~ 0.022%。尽管相对误差较大,但因含量低,绝对误差小,这样的结果还是能够满足要求的。

其次,应尽量设法减免由于分析方法所引起的系统误差。例如,在滴定分析中应选择更合适的指示剂,以减小终点误差。

(2) 减小测量误差:为了保证分析结果的准确度,在选定适当的分析方法后,还应尽量减小分析过程中各步骤的测量误差,一般要求测量误差应≤±0.1%。现以分度值为万分之一的天平称量试样为例,为保证分析结果的准确度(0.1%),试样取量最少不得低于多少克?

由于分析天平的称量误差为±0.0001g,用减重法称两次,最大误差可能是±0.0002g,为使称量的相对误差不超过0.1%,则

$$试样质量 = \frac{绝对误差}{相对误差} = \frac{0.0002}{0.1\%} = 0.2 \text{ (g)}$$

试样取量应不少于0.2g。

例如,滴定管的读数误差为±0.01mL,初、终两次读数可能引起的最大误差为±0.02mL,为使体积测量的相对误差小于0.1%,则滴定液的体积必须在20mL以上。

又如,在用直接法配制滴定液时,基准物质的称量和溶液体积的测量必须分别选用分析天平和容量瓶,但是如果是配制一般试剂时,用台秤、量筒即可满足要求。

(3) 进行仪器的校正:仪器不准确引起的系统误差可通过校准仪器来消除或减免。

(4) 进行对照试验:①与样品标准作对照,选择组成与试样相近的样品的标准品进行测定,将标准品测定结果与样品测定结果进行对比,用统计方法检验确定有无系统误差;②与标准方法对照,用标准方法和所采用的方法同时测定某一试样,由测定结果作统计检验确定有无系统误差;③用回收试验进行对照。称取等量试样两份,在一份中加入已知量的待测组分,然后进行平行测定,根据加入的量能否定量回收来判断有无系统误差存在。

(5) 进行空白试验:由试剂、纯化水或所用器皿中的杂质引入的系统误差可做空白试验进行校正,即在不加入样品的情况下,按照试样分析的步骤进行测定,所得结果称为空白值。然后从试样测定的结果中扣除此空白值。

(6) 采用其他方法对结果进行校正:如重量法测定$SiO_2$时,分离硅酸后的滤液中总含有少量硅,可用分光光度法测出其含量,加到重量法的结果中去,即可校正由于沉淀不完全而引起的系统误差。

2. 减小偶然误差 对于偶然误差(表3-1),根据其出现的规律,可采用增加平行测量的次数,然后取其平均值作为测定值。但测定次数过多,易造成时间和样品的浪费。在实际工作中,一般平均测3~5次就可以了,要求较高时可适当增加测定次数。

## 二、有效数字

在进行分析测定时,首先要通过实验记录一系列数据,然后才能进行数据处理。为了提高结果的准确度,就必须学习和了解有效数字及其运算规则。

### (一) 有效数字的表示方法

有效数字(significant figure)是指测量时实际能够测得的数字。

在定量分析中,要求记录的数据和计算结果,都必须是有效数字,因此,数据记录必须与分析方法和仪器精度相匹配。

一般仪器标尺读数的最低一位是用内插法估计到两条刻度线间距的1/10,故观测值的最后一位数字总是估计的,有一定误差。这种误差大小一般为±0.1分度值。最后这位数字虽是可疑的,但也是可信的,因而是"有效"的。记录时应保留这位数字才能正确反映出观察的精确程度。这种能反映观察精确度所需要的最少位数的数字称有效数字。换言之,有效数字就是实际能够观测到

的数字,它的构成包括若干位精确的数字和最后一位可疑的数字。如用分度值为万分之一的分析天平称量,其在光幕微分标尺上的测量值最后一位就是可疑的数字,如图3-5所示。

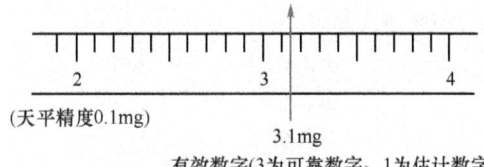

(天平精度0.1mg)　　3.1mg

有效数字(3为可靠数字、1为估计数字)

图 3-5　万分之一分析天平光幕微法标尺上的读数

如用不同仪器称取物体的质量和量取一溶液体积,有效数字的正确记录如表3-2所示。

表 3-2　测量值的有效数字表示

| 仪　　器 | 物体质量或溶液 | 有效数字位数 |
| --- | --- | --- |
| 台秤 | 12.0g | 3 |
| 普通天平 | 12.02g | 4 |
| 分析天平 | 12.0212g | 6 |
| 滴定管 | 17.60mL | 4 |
| 量筒 | 18.0mL | 3 |

"0"是一个特殊的数字。当它出现在数字的中间或最后,并且在小数点后时都是有效数字。如10.050有5位有效数字,第4位上的"5"是仪器刻度标尺上直读的,是可靠的。第5位上的"0"是估计的,是可疑的,如将此数写成10.05,就只有4位有效数字,表示前面3位数是可靠的,第4位数"5"是可疑的,显然,这样表示测量的精确度已降低了。

但当"0"出现在第一个数字前面时,不是有效数字。如0.0260g,且只有3位有效数字,2之前的两个0是用于决定小数点的位置,取决于所用单位。当用毫克计量时,可写成26.0mg,最后一个零仍是有效的。但是,像92 500这类数字,应该用科学计数法书写,确定其有效数字的位数。例如

$9.25 \times 10^4$　　　　　　　　(3位)

$9.250 \times 10^4$　　　　　　　 (4位)

$9.2500 \times 10^4$　　　　　　　(5位)

在分析化学中常遇到倍数、分数关系,非测量所得可视为无限多位有效数字。对于pH、lg$K$等对数数值,其有效数字的位数仅取决于小数部分数字的位数,因为整数部分只说明该数的方次。如pH=2.00,[H$^+$]=1.0×10$^{-2}$,其有效数字为2位而非3位。

注意,若第一位有效数字为8或9时,则有效数字可多保留1位。例如,9.96虽只有3位有效数字,但其数值已接近10.00,可以看成是4位有效数字。

准确度或精密度有效数字的表示,应保留1位或2位有效数字。例如

$\overline{Rd}=0.15\%$　　或　　$\overline{Rd}=0.2\%$

## (二) 有效数字修约规则

在分析测定工作中,由于用各种仪器获得实验数据的有效数字位数不一定相同,因此,运算时必须按照一定的计算规则,合理地保留有效数字的位数。目前,大多采用"四舍六入五进双"规则对数字进行修约,这是我国关于数字修约的国家标准。具体做法是:

当尾数≤4时,舍去;尾数≥6时,进位;尾数为5或5后面的数为0时,若5前面的数为偶数,舍

去，为奇数，进位；当"5"的后面还有不是0的其他数时，无论5前面的数是偶数还是奇数都要进位。

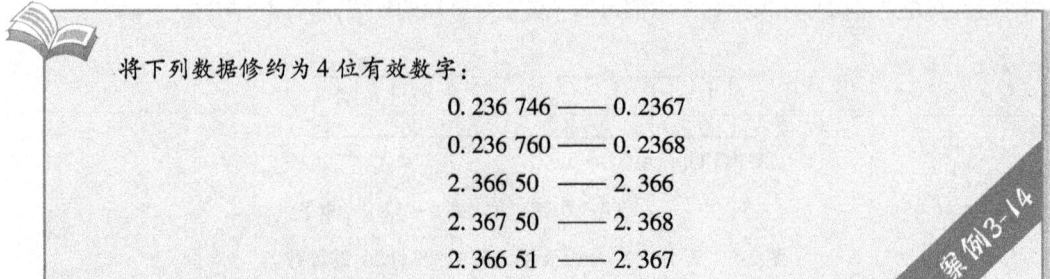

将下列数据修约为4位有效数字：
0.236 746 —— 0.2367
0.236 760 —— 0.2368
2.366 50 —— 2.366
2.367 50 —— 2.368
2.366 51 —— 2.367

案例3-14

### （三）有效数字运算规则

由于每个测量数据的误差都会传递到最终测定结果中，为了既不随意地保留过多的有效数字位数而使得计算复杂化，也不因舍弃过多的尾数而使分析结果的准确度受到影响，计算时必须遵循有效数字运算规则，先对所得的数据进行合理修约后，再进行计算。

1. 修约数字的要求　对原测量值要一次修约到所需位数，不能分次修约。如将8.3491修约为2位数，不能先修约成8.35再修约成8.4，而应一次修约成8.3。

2. 有效数字的运算规则

（1）加减法：几个数据相加或相减时，和或差有效数字保留的位数，应以小数点后位数最少，即绝对误差最大的数据，作为判断结果保留位数的依据。

例如，0.0213+13.56+5.374 69，其和有效数字的位数应以13.56为依据，保留到小数点后第二位。计算时，先修约成0.02+13.56+5.37再计算其和。

$$0.02+13.56+5.37=18.95$$

（2）乘除法：几个数相乘除时，积或商有效数字保留的位数，应以有效数字位数最少，即相对误差最大的数据，作为判断结果保留位数的依据。

例如，0.0213×13.56×5.374 69，其积有效数字的位数以0.0213为依据，确定其他数据的位数，修约后进行计算。

$$0.0213\times13.6\times5.37=1.56$$

## 三、定量分析结果的处理

### （一）一般分析结果的处理

在忽略系统误差的情况下进行定量分析，一般每种试样平行测定3~5次后，先计算各次测定值，再计算测定值的平均值，再计算测定结果的相对平均偏差。如果 $\overline{Rd}\leq 0.2\%$，说明测定结果符合要求，用平均值表示分析结果，否则，此次测定不符合要求，需重新做实验。

如果对精密度要求较高的分析，需要对试样进行多次平行测定，将获得的分析数据用统计方法进行处理后得到分析结果，如制定分析标准、进行科学研究等。

### （二）可疑值的取舍

在定量分析时，得到一组分析数据后，可能有个别数据与其他数据相差较远，这个数据称为可疑值(abnormal value),又称为异常值。若将可疑值按正常值纳入测定结果中,会影响分析结果的准确度。因此,是否保留这一数据,必须用科学的方法作出判断。检验可疑值的取舍方法常用的有 $Q$(rejection quotient)检验法和 $G$ 检验法(Grubbs test)两种方法。

1. $Q$ 检验法
(1) 将所有测定数据按递增的顺序排列。
(2) 计算 $Q$ 值

$$Q_{计算} = \frac{|可疑值 - 邻近值|}{最大值 - 最小值} \tag{3-20}$$

(3) 可疑值的判断:查舍弃商 $Q$ 值表(表3-3)。若 $Q_{计算} \geq Q_{表}$,可疑值应弃去不用;反之应保留。

表3-3　不同置信度下的 $Q$ 值表

| $n$ | 3 | 4 | 5 | 6 | 7 | 8 | 9 | 10 |
|---|---|---|---|---|---|---|---|---|
| $Q_{90\%}$ | 0.94 | 0.76 | 0.64 | 0.56 | 0.51 | 0.47 | 0.44 | 0.41 |
| $Q_{95\%}$ | 0.97 | 0.84 | 0.73 | 0.64 | 0.59 | 0.54 | 0.51 | 0.49 |
| $Q_{99\%}$ | 0.99 | 0.93 | 0.82 | 0.74 | 0.68 | 0.63 | 0.60 | 0.57 |

2. $G$ 检验法　$G$ 检验法是目前应用较多、准确度较高的检验方法。具体步骤如下:
(1) 计算包括可疑值在内的平均值及标准偏差。
(2) 用式(3-21)计算 $G$ 值。

$$G_{计} = \frac{|x_{可疑} - \bar{x}|}{s} \tag{3-21}$$

(3) 查 $G$ 值(表3-4),如果 $G_{计} > G_{表}$,则舍弃可疑值;否则应保留。

表3-4　95%置信度的 $G$ 临界值表

| $n$ | 3 | 4 | 5 | 6 | 7 | 8 | 9 | 10 |
|---|---|---|---|---|---|---|---|---|
| $G$ | 1.15 | 1.48 | 1.71 | 1.89 | 2.02 | 2.13 | 2.21 | 2.29 |

## 置信区间与置信度

在准确度要求较高的分析工作中,提出报告时,需对样本总体平均值 $\mu$(真实值)作出估计,即确定 $\mu$ 的可能取值的区间(范围)。将 $\mu$ 所在的范围称为置信区间(confidence interval),对置信区间作出估计的同时,还应指明这种估计的可靠程度或概率,将对置信区间估计的可靠程度或概率称为置信概率或置信度(confidence),用 $P$ 表示。

标定某一溶液的浓度,测得以下4个数据:$0.1014 mol \cdot L^{-1}$、$0.1012 mol \cdot L^{-1}$、$0.1019 mol \cdot L^{-1}$、$0.1016 mol \cdot L^{-1}$。试用 $Q$ 检验法及 $G$ 检验法分别确定 $0.1019 mol \cdot L^{-1}$ 是否应舍弃(置信度为95%)。

解:(1) 用 $Q$ 检验法判断,按递增的顺序排列

$$0.1012、0.1014、0.1016、0.1019$$

$$Q_{计算} = \frac{|可疑值 - 邻近值|}{最大值 - 最小值} = \frac{|0.1019 - 0.1016|}{0.1019 - 0.1012} = 0.43$$

查表3-2得:$n=4$ 时,$Q_{表} = 0.76$。
因为 $Q_{计算} \leq Q_{表}$,故浓度为 $0.1019 mol \cdot L^{-1}$,其值不应舍弃。

(2) 用 $G$ 检验法判断

$$\bar{x} = \frac{0.1014 + 0.1012 + 0.1019 + 0.1016}{4} = 0.1015(\text{mol} \cdot \text{L}^{-1})$$

$$s = \sqrt{\frac{(-0.0001)^2 + (-0.0003)^2 + (0.0004)^2 + (0.0001)^2}{4-1}} = 0.0003$$

$$G_{计} = \frac{|x_{可疑} - \bar{x}|}{s} = \frac{|0.1019 - 0.1015|}{0.0003} = 1.33$$

查 $G$ 值(表3-4)得：$n=4$ 时，$G_{表}=1.48$。由于 $G_{计} < G_{表}$，所以浓度为 $0.1019 \text{mol} \cdot \text{L}^{-1}$ 不应舍弃。

【案例3-15】

## 小结

本章主要讨论了四个问题：

1. 滴定分析法的有关术语、分类和滴定方式　基本术语有滴定液、基准物质、化学计量点、滴定终点、指示剂、终点误差等。按反应的类型可分为酸碱滴定、沉淀滴定、配位滴定和氧化还原滴定四大类；按滴定方式分为直接滴定法、返滴定法、置换滴定法、间接滴定法。

2. 滴定液的配制与标定以及浓度的表示。

   (1) 直接法配制：凡是基准物质可采用直接法配制，根据基准物的质量和溶液的体积可计算滴定液的准确浓度。

   (2) 间接法配制：不易提纯或组成不稳定的物质可采用间接法配制。凡是采用间接法配制的滴定液，必须用基准物质或另一种已知准确浓度的滴定液进行标定后才能确定该滴定液的准确浓度。

   (3) 滴定液浓度的表示：滴定液浓度用物质的量浓度（$\text{mol} \cdot \text{L}^{-1}$）和滴定度（$\text{g} \cdot \text{L}^{-1}$）两种表示，这两种浓度的关系式为 $T_{T/B} = \dfrac{b}{t} c_T M_B \times 10^{-3}$。

3. 滴定分析的计算及应用　根据滴定分析的计算依据 $n_B : n_T = b : t$ 或 $n_B = \dfrac{b}{t} n_T$，可以推导出两个基本计算公式 $c_B V_B = \dfrac{b}{t} c_T V_T$ 和 $\dfrac{m_B}{M_B} = \dfrac{b}{t} c_T V_T$，这两个基本公式，可以用于滴定液浓度的配制与标定的计算和样品质量及样品含量的计算。若用滴定度计算样品含量，当实际浓度与药典规定浓度不等时，应引用校正因子进行计算。在药物分析中常用滴定度 $T_{T/B}$ 计算药物含量，即 $\omega_B = \dfrac{m_B}{m_S} = \dfrac{T_{T/B} V_T F}{m_S}$，此式在药品检测中应用较为广泛。因此，应深刻理解公式中各项的意义，熟练掌握其应用。

4. 误差的基本知识　定量分析中需要考察测定结果的准确度和精密度。准确度和精密度的关系：高精密度是获得高准确度的必要条件，精密度高的测定结果，准确度不一定高，为此，精密度与准确度都高的测量结果才是可靠的。要获得高的精密度和准确度，必须减小误差。系统误差与偶然误差的减小方法如表3-1所示。

滴定分析属定量分析范畴，其数据记录和处理必须符合有效数字的表示、修约、运算规则。目前，大多采用"四舍六入五进双"规则对数字进行修约。

# 目标检测

一、名词解释

化学计量点　滴定终点　滴定液　有效数字　准确度　精密度

二、填空题

1. 终点误差是指(　　　　　　　　)。
2. 滴定液浓度的表示方法有(　　　　)和(　　　　)两种。
3. 可用直接法配制溶液的物质是(　　　　　)。
4. 滴定分析法有四种滴定方式,其分别是(　　)、(　　)、(　　)和(　　)。
5. 滴定分析法的计算依据是(　　　　　　　)。
6. 系统误差的特点是具有(　　　　　)。
7. 减小偶然误差的方法是(　　　　　　　)。
8. 有效数字的修约规则是(　　　　　　)。
9. 下列数据包括几位有效数字?
　(1) 1.052(　　)　　(2) 0.0234(　　)　　(3) 0.003 30(　　)　　(4) $8.7 \times 10^{-3}$(　　)
　(5) $pK_a = 4.74$(　　)　(6) $1.02 \times 10^{-3}$(　　)　(7) 0.50%(　　)　　(8) 0.0003%(　　)
10. 空白试验可以消除(　　　　　　)。

三、选择题

(一)最佳选择题

1. 滴定分析法是属于　　　　　　　　　　　　　　　　　　　　　　　　　　　　　　　　(　　)
　A. 化学分析法　　　　　　　　　　　B. 重量分析法
　C. 仪器分析法　　　　　　　　　　　D. 酸碱滴定法
2. 测定 $CaCO_3$ 的含量时,加入一定量过量的 HCl 标准溶液与其完全反应,剩余的 HCl 用 NaOH 溶液滴定,此滴定方式为　　　　　　　　　　　　　　　　　　　　　　　　　　　　　(　　)
　A. 直接滴定方式　　　　　　　　　　B. 返滴定方式
　C. 置换滴定方式　　　　　　　　　　D. 间接滴定方式
3. 下列哪项不是基准物质必须具备的条件　　　　　　　　　　　　　　　　　　　　　(　　)
　A. 物质具有足够的纯度　　　　　　　B. 物质的组成与化学式完全符合
　C. 物质的性质稳定　　　　　　　　　D. 物质无色
4. 下列可以作为基准物质的是　　　　　　　　　　　　　　　　　　　　　　　　　　(　　)
　A. NaOH　　　　　　　　　　　　　　B. HCl
　C. $H_2SO_4$　　　　　　　　　　　　D. $Na_2CO_3$
5. 下列试剂中能直接用来配制滴定液的是　　　　　　　　　　　　　　　　　　　　　(　　)
　A. HCl　　　　　　　　　　　　　　　B. NaOH
　C. $K_2Cr_2O_7$　　　　　　　　　　　D. $KMnO_4$
6. 用基准物质配制滴定液可以选择的方法是　　　　　　　　　　　　　　　　　　　　(　　)
　A. 多次称量配制法　　　　　　　　　B. 移液管配制法
　C. 直接配制法　　　　　　　　　　　D. 间接配制法
7. 将 4g 氢氧化钠溶于水中配制成为 1L 溶液,其物质的量浓度为　　　　　　　　　　(　　)
　A. 1mol　　　　　　　　　　　　　　B. 4g
　C. 0.1mol　　　　　　　　　　　　　D. $0.1mol \cdot L^{-1}$
8. 用基准物质配制滴定液,用于测量溶液体积的容器是　　　　　　　　　　　　　　　(　　)
　A. 容量瓶　　　　　　　　　　　　　B. 量杯

C. 量筒　　　　　　　　　　　　　D. 滴定管
9. 在滴定分析中,化学计量点与滴定终点间的关系是　　　　　　　　　　　　(　　)
   A. 两者含义相同　　　　　　　　　B. 两者必须吻合
   C. 两者互不相干　　　　　　　　　D. 两者应接近
10. 分析某一药品时,测得结果为92.66%,已知其真实值为92.96%,那么 $\frac{92.66 - 92.96}{92.96} \times 100\% = -0.3\%$,则 $-0.3\%$ 为　　(　　)
    A. 绝对偏差　　　　　　　　　　　B. 相对误差
    C. 绝对误差　　　　　　　　　　　D. 相对偏差
11. 下列关于准确度与精密度关系的叙述中,错误的是　　　　　　　　　　　(　　)
    A. 准确度高,一定要以精密度好为前提　　B. 偶然误差影响分析结果的精密度
    C. 精密度高,准确度也会高　　　　　　　D. 精密度高,准确度不一定高

(二) 配伍选择题
A. 用于准确移取一定体积溶液的量器
B. 一般用于配制和准确稀释溶液的量器
C. 用于准确测量滴定中所消耗滴定液体积的量器
D. 滴定操作中,滴定液与被测物质之间进行反应的容器
E. 用于准确量取在总容积范围以内的溶液体积的量器

12. 刻度吸管　　　　　　　　　　　　　　　　　　　　　　　　　　　　(　　)
13. 移液管　　　　　　　　　　　　　　　　　　　　　　　　　　　　　(　　)
14. 滴定管　　　　　　　　　　　　　　　　　　　　　　　　　　　　　(　　)
15. 锥形瓶　　　　　　　　　　　　　　　　　　　　　　　　　　　　　(　　)
16. 容量瓶　　　　　　　　　　　　　　　　　　　　　　　　　　　　　(　　)

(三) 多项选择题
17. 基准物质应具备的条件是　　　　　　　　　　　　　　　　　　　　　(　　)
    A. 组成与化学式相符　　　　　　　B. 为无色结晶
    C. 纯度应达99.9%以上　　　　　　D. 性质稳定
    E. 最好有较大的摩尔质量
18. 可用酸式滴定管盛放的滴定液有　　　　　　　　　　　　　　　　　　(　　)
    A. 硫酸滴定液　　　　　　　　　　B. 氢氧化钠滴定液
    C. 碘滴定液　　　　　　　　　　　D. 硝酸银滴定液
    E. 盐酸滴定液
19. 下列仪器用水洗涤干净后,必须用待盛液洗涤的是　　　　　　　　　　(　　)
    A. 移液管　　　　　　　　　　　　B. 锥形瓶
    C. 容量瓶　　　　　　　　　　　　D. 刻度吸管
    E. 滴定管
20. 平行测定某供试品的含量四次,其测定数据为0.5643、0.5657、0.5698、0.5612,对该测定数据的评价是　　(　　)
    A. 精密度高　　　　　　　　　　　B. 精密度低
    C. 准确度低　　　　　　　　　　　D. 偶然误差大
    E. 准确度高

四、计算题
1. 市售浓硫酸的密度为 $1.84\text{g} \cdot \text{mL}^{-1}$,含量为96%(质量分数),该浓硫酸的浓度为多少?若需配制 $0.5\text{mol} \cdot \text{L}^{-1}$ 的硫酸溶液2000mL,试计算应取浓硫酸多少毫升?并说出用什么量器量取浓硫酸、如何配制?

2. 制备 0.1mol·L$^{-1}$ NaCl 溶液 250mL,需多少克 NaCl?怎样配制?

3. 用硼砂($Na_2B_4O_7·10H_2O$)作基准物质标定盐酸的浓度,在分析天平上准确称取 0.4375g 硼砂,用待标定的盐酸溶液进行滴定,终点时消耗盐酸溶液 21.12mL,计算盐酸溶液的浓度。

4. 标定某一盐酸溶液,用无水碳酸钠作基准物质,以甲基红-溴甲酚绿为指示剂,欲消耗 0.1500mol·L$^{-1}$ 盐酸溶液 20.00mL,应称取无水碳酸钠多少克?

5. 用 NaOH 测定乙二酸含量:精密称取乙二酸($H_2C_2O_4·2H_2O$)0.1730g,加水溶解,并加指示剂适量,用 NaOH 滴定液(0.1022mol·L$^{-1}$)滴定至终点,消耗 NaOH 溶液 23.34mL。试计算:(1)每 1mL 0.1000mol·L$^{-1}$ NaOH 滴定液相当于乙二酸多少毫克?(2)供试品乙二酸的质量分数;(3)用质量分数表示供试品乙二酸的含量。

6. 将 0.5500g 不纯的 $CaCO_3$ 溶于 25.00mL 盐酸(0.5020mol·L$^{-1}$)中,煮沸除去 $CO_2$,过量的 HCl 溶液用 NaOH 溶液反滴定,耗去 4.20mL,若用 NaOH 溶液直接滴定 20.00mL HCl 溶液,则消耗 20.67mL NaOH 溶液,计算试样中 $CaCO_3$ 的质量分数?

7. 称取 $CaCO_3$ 样品 0.2889g,加入 25.00mL 0.2500mol·L$^{-1}$ 的盐酸溶液,煮沸除去 $CO_2$ 后,用 NaOH 溶液(0.2000mol·L$^{-1}$)滴定剩余的 HCl 溶液,消耗 NaOH 溶液 6.78mL,求样品中 $CaCO_3$ 的质量分数。

## 五、简答题

1. 化学计量点与滴定终点两者有何异同点?怎样减小终点误差?
2. 滴定液的标定有几种方法?说出每种方法的优缺点。
3. 请解释精密度高而准确度不一定高的原因。
4. 有效数字的位数在分析工作中具有什么意义?

(谢庆娟)

# 第4章 酸碱质子平衡与酸碱滴定

1. 理解酸碱质子理论要点、酸碱反应的实质和酸碱相对强弱
2. 掌握水的质子自递平衡、水溶液中弱酸弱碱的质子转移平衡及酸碱溶液的 pH 近似计算
3. 掌握缓冲溶液的概念、缓冲原理及缓冲溶液的 pH 计算和配制方法
4. 理解酸碱指示剂变色原理、指示剂的变色范围
5. 了解影响指示剂的变色因素和各种混合指示剂
6. 掌握根据酸碱滴定曲线确定强酸(碱)滴定强碱(酸)、强碱(酸)滴定一元弱酸(碱)等的指示剂选择原则
7. 理解非水溶液滴定的基本原理、溶剂选择原则,及药典中非水酸滴定和非水碱滴定的有关例子

## 第1节 酸碱质子理论

酸(acid)和碱(base)是化学变化中应用最为广泛的概念之一。1887年,Arrhenius 提出酸碱的近代电离理论认为:在水溶液中解离出来的阳离子全部是 $H^+$ 的物质是酸,解离出来的阴离子全部是 $OH^-$ 的物质是碱,酸碱反应的实质是 $H^+$ 和 $OH^-$ 结合生成水。酸碱解离理论成功地解释了一部分含 $H^+$ 或 $OH^-$ 的物质在水溶液中的酸碱性,但是它将酸碱局限于水溶剂,而且必须含有可解离的 $H^+$ 或 $OH^-$,不能解释非水溶剂中的酸碱反应。1923 年 Brönsted 和 Lowry 提出了酸碱质子理论(proton theory of acid and base),它克服了酸碱解离理论的局限性,扩大了酸碱的范围并为人们所广泛应用。

### 一、酸碱质子理论的定义

酸碱质子理论认为:凡是能给出质子($H^+$)的物质都是酸,凡是能接受质子的物质都是碱,例如 $HAc$、$H_2CO_3$、$H_2PO_4^-$、$HNO_3$ 等都是酸,因为它们在化学反应中能给出质子;$NH_3$、$CO_3^{2-}$、$HPO_4^{2-}$、$CN^-$、$Cl^-$ 等都是碱,因为它们在化学反应中能接受质子。既能给出质子又能接受质子的物质称为两性物质(amphoteric substance),例如 $H_2O$、$HPO_4^{2-}$、$HCO_3^-$ 等。质子理论中不存在盐(salt)的概念。

根据酸碱质子理论,酸碱是矛盾的两个方面,它们相互依存,在一定条件下相互转化。酸($HB$)失去一个质子变成相应的碱($B^-$),碱($B^-$)得到一个质子就变成相应的酸($HB$),这种对应关系称为酸碱的共轭关系(conjugated relation)。可表示为

$$HB \rightleftharpoons H^+ + B^-$$

上式称为酸碱半反应(half reaction of acid-base)关系式,左边的酸是右边碱的共轭酸(conjugate acid),右边的碱是左边的酸的共轭碱(conjugate base)。例如

$$HAc \rightleftharpoons H^+ + Ac^-$$
$$NH_4^+ \rightleftharpoons H^+ + NH_3$$
$$HCO_3^- \rightleftharpoons H^+ + CO_3^{2-}$$
$$H_2CO_3 \rightleftharpoons H^+ + HCO_3^-$$
$$HCl \rightleftharpoons H^+ + Cl^-$$

这种互相依存又互相转化的性质称为共轭性(conjugacy),酸碱两者之间相差一个质子,它们共同构成了一个共轭酸碱对(conjugate acid-base pair)。

## 二、酸碱反应的实质

一个共轭酸碱对组成一个酸碱半反应,单个的酸碱半反应是不能发生的,酸给出质子必须有另一种能接受质子的碱存在才能实现。酸碱反应实际上是两个共轭酸碱对共同作用的结果,其实质是质子在两对共轭酸碱对之间的转移,故酸碱反应又称为质子传递反应(protolysis reaction)。例如,HAc 在水中的离解反应:

$$\underset{\text{酸}_1}{HAc} + \underset{\text{碱}_2}{H_2O} \rightleftharpoons \underset{\text{酸}_2}{H_3O^+} + \underset{\text{碱}_1}{Ac^-}$$

其结果是质子从 HAc(酸$_1$)转移到 $H_2O$(碱$_2$),变成相应的共轭碱 $Ac^-$(碱$_1$)和相应的共轭酸 $H_3O^+$(酸$_2$)。这种反应可以在水溶液中进行,也可在非水溶液中或气相中进行,使酸碱反应的范围扩大了。例如,电离理论中的中和反应、解离反应和水解反应都可以归纳为酸碱质子传递反应。

中和反应:
$$H_3O^+ + OH^- \rightleftharpoons H_2O + H_2O$$

解离反应:
$$HCl + H_2O \rightleftharpoons H_3O^+ + Cl^-$$

水解反应:
$$H_2O + Ac^- \rightleftharpoons HAc + OH^-$$

酸碱质子理论对酸碱作了严格定义,扩大了原解离理论的酸碱范围,使酸碱概念扩展到了非水溶液领域,是对酸碱理论的一个重大发展。

## 三、质子理论酸碱的强弱

酸碱的相对强弱不仅与物质的本性有关,而且也与反应的对象或溶剂的性质有关,因为溶剂同样也要给出或接受质子。因此,要比较各种酸碱的强弱,必须固定溶剂。同一种酸在不同的溶剂中,由于溶剂接受质子能力的不同,则显示出不同的酸性。例如,HAc 在水溶液中是较弱的酸,而在氨水溶液中则是较强的酸,因为 $NH_3$ 接受质子的能力比 $H_2O$ 强。又如,硝酸在水中是强酸,而在冰醋酸中酸性大为降低,在硫酸中它却显碱性了。

$$HNO_3 + H_2O \rightleftharpoons H_3O^+ + NO_3^-$$

$$HNO_3 + HAc \rightleftharpoons H_2Ac^+ + NO_3^-$$
$$HNO_3 + H_2SO_4 \rightleftharpoons H_2NO_3^+ + HSO_4^-$$

酸碱质子理论的优点主要有以下三点：

(1) 和阿伦尼乌斯电离理相比,它扩大了酸和碱的范围,特别是扩大了碱的范围。

(2) 酸碱反应的实质是质子转移的过程。这不仅使人们对酸碱的认识更深刻了,而且能把中和、电离和水解等反应都概括为质子传递的反应,解决了酸碱在非水溶剂及气相中的反应问题。

(3) 把酸或碱的性质和溶剂的性质联系起来,把酸或碱和它的作用对象联系起来,因而明确易懂,实用价值较大。

但由于质子传递必须有 $H^+$,凡不含有 $H^+$ 的化合物参与反应,质子理论就无法解释。例如,早已为实验证实的酸性物质如 $SO_3$、$BF_3$ 等却被划在酸的行列之外。这是质子理论的局限性。在此基础上路易斯(G. N. Lewis)又提出了酸碱电子理论(electron theory of acids and bases),本章就不作讨论了。

### 酸碱理论的发展

人们对酸、碱的认识是从直感开始的, 英文 acid 是从拉丁文 acere 而来, 原意就是有酸味的。 草木灰有滑腻感就被认为是碱。 英文的碱 (alkali) 来自阿拉伯文 alqaliy, 就是指草木灰。

18 世纪后半叶, 法国化学家拉瓦锡把氧称为"产生酸的", 认为一切酸中皆含有氧。1811 年英国化学家戴维从实验中明确盐酸组成中不含氧, 于是认为氢是组成酸的基本元素。1887 年瑞典化学家阿伦尼乌斯提出电离理论, 从电离理论出发, 提出酸是在水溶液中电离产生氢离子 ($H^+$) 的物质；碱是在水溶液中电离产生氢氧根离子 ($OH^-$) 的物质。 这种理论简单易懂, 但只限制在水溶液中。 1923 年丹麦化学家布儒斯台德和英国化学家洛里别独立提出了酸碱质子理论：认为凡是能释放质子的分子和离子是酸；凡是能与质子结合的分子和离子是碱。 质子论不仅适用于水溶液, 也适用于非水溶液。 但质子论不能解释有些不含质子但却有酸性物质如 $SO_3$ 等。

1923 年美国化学家路易斯提出酸碱电子论。 认为酸是电子对接受体, 碱是电子对给予体。 由于电子论所定义的酸碱包罗的物质种类很广泛, 因而又称广义的酸碱理论或路易斯酸碱理论。

20 世纪中叶又将路易斯酸碱发展为软、硬和交界三类的皮尔逊软硬酸碱理论。

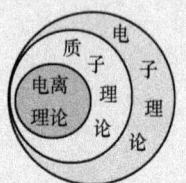

图 4-1 酸碱理论发展示意图

图 4-1 为酸碱理论发展示意图。

## 第 2 节 水溶液中的质子转移平衡

### 一、水的质子自递平衡与溶液的 pH

#### (一) 水的质子自递反应

水分子是一种两性物质,它既可给出质子,又可接受质子。因此,在水分子间也可发生质子传递反应,称为水的质子自递反应(proton self-transfer reaction):

$$H_2O + H_2O \xrightleftharpoons{H^+} OH^- + H_3O^+$$
$$\text{酸}_1 \quad\quad \text{碱}_2 \quad\quad\quad \text{碱}_1 \quad \text{酸}_2$$

一个水分子给出一个质子变成 $OH^-$，另一个水分子得到一个质子变成 $H_3O^+$。在一定温度下达到平衡，其平衡常数表达式为

$$K = \frac{[H_3O^+][OH^-]}{[H_2O][H_2O]}$$

式中的 $[H_2O]$ 可以看成是一常数，将它与 $K$ 合并，则得新常数 $K_w = [H_3O^+][OH^-]$。为简便起见，用 $H^+$ 代表水合氢离子 $H_3O^+$，则有 $K_w = [H^+][OH^-]$。$K_w$ 称为水的质子自递平衡常数(proton self-transfer constant)，又称水的离子积(ion product of water)，其数值与温度有关。例如，在 0℃ 时 $K_w$ 为 $1.10 \times 10^{-15}$，25℃ 时为 $1.00 \times 10^{-14}$，100℃ 时为 $5.50 \times 10^{-13}$。在 25℃ 的纯水中

$$[H^+] = [OH^-] = \sqrt{K_w} = 1.00 \times 10^{-7} \text{mol} \cdot L^{-1}$$

水的离子积不仅适用于纯水，也适用于所有的稀水溶液。

> 计算 $0.01 \text{mol} \cdot L^{-1}$ HCl 溶液中的 $[H^+]$ 和 $[OH^-]$。
>
> 解：因水中加入强酸，$H^+$ 增多，根据平衡移动原理，水的自递平衡向左移，由 $H_2O$ 自递反应产生 $H^+ < 10^{-7} \text{mol} \cdot L^{-1}$，故此时溶液中 $H^+$ 主要由 HCl 提供，$[H^+] \approx 0.01 \text{mol} \cdot L^{-1}$。根据水的离子积公式可计算 $OH^-$ 的浓度。
>
> $$[OH^-] = \frac{K_w}{[H^+]} = \frac{1.00 \times 10^{-14}}{0.01} = 1.0 \times 10^{-12} (\text{mol} \cdot L^{-1})$$

*案例4-1*

由此可见，在酸性水溶液中，有 $H^+$ 存在，同时有 $OH^-$ 存在，$H^+$、$OH^-$ 浓度的乘积为一个常数，只要知道 $H^+$ 浓度，便可计算 $OH^-$ 浓度。反之亦然。

## （二）溶液的 pH

在水溶液中同时存在 $H^+$ 和 $OH^-$，它们的含量不同，溶液的酸碱性也不同。而且，很多酸碱稀溶液的 $H^+$ 和 $OH^-$ 都很小，为了更方便地表示溶液中 $H^+$ 含量不同和酸碱程度不同，引入"氢离子浓度指数(hydrogen ion concentration exponent)"的概念，其数值俗称"pH"。pH 定义为溶液所含氢离子浓度的常用对数的负值，即

$$pH = -\lg[H^+]$$

根据 pH 定义和水的离子积，我们不难得出下列结论：

中性溶液中　　　　$[H^+] = [OH^-] = 1.0 \times 10^{-7} \text{mol} \cdot L^{-1}$，pH = 7
酸性溶液中　　　　$[H^+] > 1.0 \times 10^{-7} \text{mol} \cdot L^{-1}$，pH < 7
碱性溶液中　　　　$[H^+] < 1.0 \times 10^{-7} \text{mol} \cdot L^{-1}$，pH > 7

类似于 pH 定义，我们同样可以定义 $pOH = -\lg[OH^-]$，$pK = -\lg K$ 等。

# 二、水溶液中弱酸弱碱的质子转移平衡

## （一）一元弱酸、弱碱的质子转移平衡

**1. 解离平衡常数(dissociation equilibrium constant)**　弱酸或弱碱与水分子的质子传递反应

是可逆的,其反应进行的程度可以用反应的平衡常数(equilibrium constant)来衡量。例如,弱酸(HB)在水溶液中的离解反应达到一定程度就达到了平衡:

$$HB + H_2O \rightleftharpoons H_3O^+ + B^-$$

平衡时

$$K_a = \frac{[H_3O^+][B^-]}{[HB]}$$

也可简化写成

$$K_a = \frac{[H^+][B^-]}{[HB]}$$

$K_a$ 称为酸的离解常数(dissociation constant of acid),此值越大,表示该酸在水溶液中酸性越强。

同理,弱碱 $B^-$ 在水溶液中有下列平衡

$$B^- + H_2O \rightleftharpoons HB + OH^-$$

平衡时

$$K_b = \frac{[HB][OH^-]}{[B^-]}$$

$K_b$ 称为碱的离解常数(dissociation constant of base),此值越大,表示该碱在水中碱性越强。同样的化学物质,当溶剂改变之后其酸碱性会发生很大的变化。在不同的溶剂中,$K_a$、$K_b$ 有不同的数值,比较酸碱的强弱只能在同一溶剂中才能进行。

弱酸弱碱的离解平衡常数具有平衡常数的一般属性,它与平衡体系中各组分浓度变化无关。例如,298K 时,实验测得不同浓度的乙酸的 $K_a$ 基本稳定在 $1.76 \times 10^{-5}$。温度对电离平衡常数虽有影响,但由于酸(碱)与水的质子转移反应热效应较小,温度改变对电离平衡常数影响不大,所以以在室温范围内可忽略温度对电离常数的影响。

2. 共轭酸碱电离平衡常数 $K_a$ 和 $K_b$ 的关系 　酸的电离平衡参数 $K_a$ 与其共轭碱的电离平衡常数 $K_b$ 之间有确定的对应关系。以 HB-B$^-$ 体系为例

$$HB + H_2O \rightleftharpoons H_3O^+ + B^-$$

$$K_a = \frac{[H_3O^+][B^-]}{[HB]}$$

而其共轭碱的质子传递平衡为

$$B^- + H_2O \rightleftharpoons HB + OH^-$$

$$K_b = \frac{[HB][OH^-]}{[B^-]}$$

$$K_a \cdot K_b = \frac{[H_3O^+][B^-]}{[HB]} \cdot \frac{[HB][OH^-]}{[B^-]} = [H_3O^+] \cdot [OH^-] = K_w$$

上式表示 $K_a$ 和 $K_b$ 成反比,说明酸愈强,其共轭碱愈弱;碱愈强,其共轭酸愈弱。根据上述关系,若已知酸的电离平衡常数 $K_a$,就可以计算其共轭碱的电离平衡常数 $K_b$,反之亦然。

3. 一元弱酸、弱碱离解平衡的近似计算 　一元弱酸 HB 溶液的浓度为 $c(\text{mol} \cdot L^{-1})$,它在水中的电离平衡为

$$HB \rightleftharpoons H^+ + B^-$$

根据平衡原理

$$K_a = \frac{[H^+][B^-]}{[HB]}$$

而

$$[HB] = c - [H^+]$$

由于 HB 电离出的 $[H^+]$ 与 $[B^-]$ 相等

$$K_a = \frac{[H^+]^2}{c - [H^+]}$$

$$[H^+] = \sqrt{K_a(c - [H^+])}$$

当弱酸较弱,浓度也不太稀,一般当 $c/K_a \geq 500$ 时,可认为 $c - [H^+] \approx c$,则

$$K_a = \frac{[H^+][B^-]}{c}$$

$$[H^+] = \sqrt{K_a \cdot c}$$

这就是一元弱酸计算 $H^+$ 浓度的最简式。

计算 $0.10 \text{mol} \cdot L^{-1}$ HAc 溶液的 $[H^+]$ 和 $\alpha$。已知 HAc 的 $K_a = 1.76 \times 10^{-5}$。

解:根据公式 $[H^+] = \sqrt{K_a \cdot c_a} \approx \sqrt{1.76 \times 10^{-5} \times 0.10} = 1.33 \times 10^{-3} (\text{mol} \cdot L^{-1})$

$$\alpha = \frac{1.33 \times 10^{-3}}{0.10} = 0.0133 = 1.33\%$$

案例4-2

与案例4-2类似,一元弱碱 B(如 $NH_3$、$Ac^-$、$CN^-$)在水溶液中达到电离平衡时

$$B + H_2O \rightleftharpoons BH^+ + OH^-$$

一元弱碱溶液中 $[OH^-]$ 的计算可用

$$[OH^-] = \sqrt{K_b \times c_b}$$

必须注意 $[H^+] = \sqrt{K_a \times c_a}$ ($[OH^-] = \sqrt{K_b \times c_b}$) 只有当 $c_a/K_a \geq 500$, $c_a K_a \geq 20 K_w$ ($c_b/K_b \geq 500$, $c_b K_b \geq 20 K_w$) 时才成立;否则,按此公式计算会产生较大误差。

计算 $0.10 \text{mol} \cdot L^{-1}$ $NH_4Cl$ 溶液的酸度、碱度、pH、pOH。

解:根据质子理论,$NH_4Cl$ 是酸碱结合物,其中 $[NH_4^+]$ 是一元离子弱酸,其共轭碱为 $NH_3$,与溶剂水的质子传递反应为

$$NH_4^+ + H_2O \rightleftharpoons NH_3 + H_3O^+ \qquad K_a^{NH_4^+}$$

平衡时

$$K_a^{NH_4^+} = \frac{[NH_3][H^+]}{[NH_4^+]} = \frac{K_w}{K_b^{NH_3}} = \frac{1.0 \times 10^{-14}}{1.76 \times 10^{-5}} = 5.7 \times 10^{-10}$$

判断

$$\frac{c^{NH_4^+}}{K_a^{NH_4^+}} = \frac{0.10}{5.7 \times 10^{-10}} > 500$$

$$c^{NH_4^+} \times K_a^{NH_4^+} = 0.10 \times 5.7 \times 10^{-10} > 20 K_w$$

可用最简公式

$$[H^+] = \sqrt{K_a \cdot c} = \sqrt{5.7 \times 10^{-10} \times 0.10} = 7.5 \times 10^{-6} (\text{mol} \cdot L^{-1})$$

$$[OH^-] = \frac{K_w}{[H^+]} = \frac{1.0 \times 10^{-14}}{7.5 \times 10^{-6}} = 1.3 \times 10^{-9} (\text{mol} \cdot L^{-1})$$

$$pH = -\lg(7.5 \times 10^{-6}) = 5.1$$

$$pOH = 14 - pH = 14 - 5.1 = 8.9$$

案例4-3

> 计算 $0.10\,mol\cdot L^{-1}$ NaCN 溶液的 pH。已知 HCN 的 $K_a = 4.93\times 10^{-10}$。
>
> 解:溶液中存在
>
> $$CN^- + H_2O \rightleftharpoons HCN + OH^- \qquad K_b^{NaCN}$$
>
> $$K_b^{NaCN} = \frac{K_w}{K_a} = \frac{1.0\times 10^{-14}}{4.93\times 10^{-10}} = 2.0\times 10^{-5}$$
>
> 判断
>
> $$\frac{c_B^{NaCN}}{K_b^{NaCN}} = \frac{0.10}{2.0\times 10^{-5}} > 500$$
>
> $$c_B^{NaCN}\times K_b^{NaCN} = 0.10\times 2.0\times 10^{-5} > 20K_w$$
>
> $$[OH^-] = \sqrt{K\cdot c_B} = \sqrt{0.10\times 2.0\times 10^{-5}} = 1.4\times 10^{-3}\,(mol\cdot L^{-1})$$
>
> $$pOH = -\lg(1.4\times 10^{-3}) = 2.85$$
>
> $$pH = 14 - 2.85 = 11.15$$
>
> 案例4-4

## (二) 多元弱酸、弱碱的质子转移平衡

凡是在水溶液中能放出两个或更多个质子的弱酸称多元弱酸,如 $H_2CO_3$、$H_2C_2O_4$、$H_3PO_4$、$H_2S$ 等。凡是在水溶液中能接受两个或更多个质子的弱碱称多元弱碱,如 $CO_3^{2-}$、$C_2O_4^{2-}$、$PO_4^{3-}$、$S^{2-}$ 等。多元弱酸(弱碱)与溶剂水的质子转移是分步进行的,它们在水中分步电离出多个质子,称分步电离或逐级电离。

例如,$H_2S$ 是二元弱酸,它与水之间的质子传递反应分两步进行:

$$H_2S + H_2O \rightleftharpoons H_3O^+ + HS^-$$
$$HS^- + H_2O \rightleftharpoons H_3O^+ + S^{2-}$$

酸平衡常数分别是

$$K_{a_1} = \frac{[H^+][HS^-]}{[H_2S]} = 9.1\times 10^{-8}$$

$$K_{a_2} = \frac{[H^+][S^{2-}]}{[HS^-]} = 1.1\times 10^{-12}$$

二元弱酸 $H_2S$ 第一步电离生成 $H_3O^+$ 和 $HS^-$,生成的 $HS^-$ 又发生第二步电离生成 $H_3O^+$ 和 $S^{2-}$,这两步电离平衡同时存在于溶液中。$K_{a_1}$、$K_{a_2}$ 分别为 $H_2S$ 的第一、第二步电离的平衡常数。

三元弱酸 $H_3PO_4$ 的电离分三步进行

$$H_3PO_4 + H_2O \rightleftharpoons H_3O^+ + H_2PO_4^- \qquad K_{a_1} = 7.52\times 10^{-3}$$
$$H_2PO_4^- + H_2O \rightleftharpoons H_3O^+ + HPO_4^{2-} \qquad K_{a_2} = 6.23\times 10^{-8}$$
$$HPO_4^{2-} + H_2O \rightleftharpoons H_3O^+ + PO_4^{3-} \qquad K_{a_3} = 2.22\times 10^{-13}$$

从上面的电离常数可看出:$K_{a_1}\gg K_{a_2}\gg K_{a_3}$,彼此都相差 $10^4\sim 10^5$ 倍以上。可见,第二步电离远比第一步困难。而第三步又比第二步更困难。这是由于第一步反应产生的 $H^+$ 与第二步反应产生的 $H^+$ 是相同离子,能抑制第二步反应,促使其平衡向左移动,同时第二步质子转移反应是从已带有一个负电荷的离子中再释放出一个 $H^+$,比从中性分子释放出一个 $H^+$ 要困难得多,因此,$K_{a_1}$ 远大于 $K_{a_2}$。同理,第三步反应就更困难了。如从浓度对电离平衡的影响来看,第一步电离出的 $H^+$ 能抑制第二、第三步的电离,因此从数量上看,由第二、第三步电离出的 $H^+$ 与第一步电离的 $H^+$ 相比就微不足道了。如果仅计算这些多元弱酸溶液的 $H^+$ 浓度,通常只须考虑第一步电离即可。若需计算第二、第三步电离中其他物质的浓度,则需考虑第二或第三步电离平衡。

计算 $0.10\,\text{mol}\cdot\text{L}^{-1}\,H_2S$ 水溶液的 $[H^+]$、pH、$\alpha$、$[S^{2-}]$。

解：溶液中存在平衡

$$H_2S + H_2O \rightleftharpoons H_3O^+ + HS^- \qquad K_{a_1} = 9.1\times 10^{-8}$$

$$HS^- + H_2O \rightleftharpoons H_3O^+ + S^{2-} \qquad K_{a_2} = 1.1\times 10^{-12}$$

因为 $K_{a_1} \gg K_{a_2}$，$[H^+]$ 主要由第一步电离获得，可当作一元弱酸处理。

$$\frac{c_{H_2S}}{K_{a_1}} = \frac{0.10}{9.1\times 10^{-8}} > 500$$

$$c_{H_2S}\times K_{a_1} = 0.10\times 9.1\times 10^{-8} > 20 K_w$$

用近似公式计算

$$[H^+] = \sqrt{c_{H_2S}\times K_{a_1}} = \sqrt{0.10\times 9.1\times 10^{-8}} = 9.5\times 10^{-5}\,(\text{mol}\cdot\text{L}^{-1})$$

$$\text{pH} = -\lg[H^+] = -\lg(9.5\times 10^{-5}) = 4.02$$

$$\alpha = \frac{9.5\times 10^{-5}}{0.10} = 0.000\,95 = 0.095\%$$

$S^{2-}$ 是第二步质子转移反应的产物，所以要根据第二级平衡进行计算。

$$HS^- + H_2O \rightleftharpoons H_3O^+ + S^{2-} \qquad K_{a_2} = 1.1\times 10^{-12}$$

由于第二步质子转移平衡常数小，则可近似认为

$$[H^+]\approx [HS^-] = 9.5\times 10^{-5}\,\text{mol}\cdot\text{L}^{-1}$$

因 $K_{a_2}$ 很小，$[HS^-]$ 变化很小，且溶液中只有一个 $[H^+]$

$$[S^{2-}] = \frac{[H^+][S^{2-}]}{[HS^-]} = K_{a_2} = 1.1\times 10^{-12}\,\text{mol}\cdot\text{L}^{-1}$$

案例 4-5

通过上例计算，可得出以下结论：

（1）多元弱酸溶液，若其 $K_{a_1}\gg K_{a_2}\gg K_{a_3}$ 则求算 $[H^+]$ 时，可将多元弱酸当作一元弱酸来处理。

（2）二元弱酸溶液，酸根离子浓度近似等于 $K_{a_2}$，与酸的原始浓度无关。

（3）多元弱酸溶液中，酸根离子浓度极小。在有些情况需要较多酸根离子时，往往用其可溶性盐（共轭碱）而不用其酸。例如，当溶液中需增大 $S^{2-}$ 浓度时，可加 $Na_2S$、$K_2S$ 或 $(NH_4)_2S$ 等，而不是加 $H_2S$ 饱和溶液。

多元弱碱如 $Na_2S$、$Na_2CO_3$ 和 $Na_3PO_4$ 等在水中分步接受质子以及溶液中碱度计算原则与多元弱酸相似，只是计算时须采用碱电离常数 $K_b$。例如，二元弱碱 $Na_2CO_3$ 在水溶液中 $CO_3^{2-}$ 分步接受质子的反应：

$$CO_3^{2-} + H_2O \rightleftharpoons HCO_3^- + OH^- \qquad K_{b_1} = K_w/K_{a_2} = 1.8\times 10^{-4}$$

$$HCO_3^- + H_2O \rightleftharpoons H_2CO_3 + OH^- \qquad K_{b_2} = K_w/K_{a_1} = 2.3\times 10^{-8}$$

一般的规律是，$K_{a_1}\gg K_{a_2}$，故 $K_{b_1}\gg K_{b_2}$，也就是说，多元弱碱也只有第一步电离平衡是主要的，因而可利用这个主要的平衡进行近似处理。若 $c/K_{b_1}\geq 500$ 即可采用最简公式进行计算

$$[OH^-] = \sqrt{K_b\cdot c}$$

计算 $0.10\,\text{mol}\cdot\text{L}^{-1}\,Na_2CO_3$ 溶液的 pH。

解：已知溶液中存在下列平衡

$$CO_3^{2-} + H_2O \rightleftharpoons HCO_3^- + OH^- \qquad K_{b_1} = 1.8\times 10^{-4}$$

$$HCO_3^- + H_2O \rightleftharpoons H_2CO_3 + OH^- \qquad K_{b_2} = 2.3\times 10^{-8}$$

由于 $K_{b_1} \gg K_{b_2}$，$[OH^-]$ 按第一步电离计算。

又因
$$\frac{c_b}{K_{b_1}} = \frac{0.10}{1.8 \times 10^{-4}} > 500$$

$$c_b K_{b_1} = 0.10 \times 1.8 \times 10^{-4} > 20 K_w$$

$$[OH^-] = \sqrt{c_b \times K_{b_1}} = \sqrt{0.10 \times 1.8 \times 10^{-4}} = 4.2 \times 10^{-3} (\text{mol} \cdot L^{-1})$$

即
$$pOH = -\lg[OH^-] = -\lg(4.2 \times 10^{-3}) = 2.38$$
$$pH = 14.0 - 2.38 = 11.62$$

案例4-6

## （三）两性物质的质子转移平衡

以上我们已讨论了多元弱酸（$H_2CO_3$、$H_2C_2O_4$、$H_3PO_4$、$H_2S$）和多元弱碱（$Na_2S$、$Na_2CO_3$、$Na_3PO_4$）在水中 $H^+$ 浓度或 $OH^-$ 浓度的计算方法。而两性物质（$NaHCO_3$、$NaH_2PO_4$ 和 $Na_2HPO_4$ 等）在水中的酸碱度怎样计算呢？总的来说，两性物质溶液中质子转移平衡比较复杂，应根据具体情况，抓住溶液中主要平衡进行近似处理。

1. 酸式盐溶液　下面以 $NaH_2PO_4$ 为例说明酸式盐溶液的酸碱性。

在 $NaH_2PO_4$ 溶液中存在着下列平衡

$$H_2PO_4^- + H_2O \rightleftharpoons H_3O^+ + HPO_4^{2-} \qquad K_{a_2} = 6.23 \times 10^{-8}$$

$$H_2PO_4^- + H_2O \rightleftharpoons OH^- + H_3PO_4$$

$$K_{b_3} = \frac{K_w}{K_{a_1}} = \frac{1.0 \times 10^{-14}}{7.2 \times 10^{-3}} = 1.39 \times 10^{-12}$$

在第一个电离平衡中，$H_2PO_4^-$ 给出质子是酸；在第二个水解平衡中，$H_2PO_4^-$ 接受质子是碱。比较 $K_{a_2}$ 和 $K_{b_3}$，则 $K_{a_2} > K_{b_3}$，故给质子的能力大于获得质子的能力，所以溶液显酸性。

2. 弱酸弱碱盐溶液　下面以 $NH_4Ac$ 溶液为例说明弱酸弱碱盐溶液的酸碱性。

其中 $NH_4^+$ 起酸的作用

$$NH_4^+ + H_2O \rightleftharpoons H_3O^+ + NH_3 \qquad (1)$$

$$K_a^{NH_4^+} = \frac{K_w}{K_b^{NH_3}} = 5.68 \times 10^{-10}$$

$Ac^-$ 起碱的作用

$$Ac^- + H_2O \rightleftharpoons OH^- + HAc \qquad (2)$$

$$K_b^{Ac^-} = \frac{K_w}{K_a^{HAc}} = 5.68 \times 10^{-10}$$

由于 $K_a^{NH_4^+} \approx K_b^{Ac^-}$，因而 $NH_4Ac$ 溶液显中性。

水的电离

$$H_2O + H_2O \rightleftharpoons H_3O^+ + OH^- \qquad K_w \qquad (3)$$

由(1) + (2) - (3)得

$$NH_4^+ + Ac^- \rightleftharpoons HAc + NH_3 \qquad (4)$$

$$K_{总} = \frac{K_w}{K_a^{HAc} \times K_b^{NH_3}}$$

由于 $K_a^{HAc}$、$K_b^{NH_3}$ 都很小，其乘积更小，故 $K_{总}$ 较大，即上式的反应向右进行的程度较大。

两性物溶液的酸碱性，取决于该两性物质给出质子和接受质子能力的相对大小。

若 $K_a > K_b$，则溶液呈酸性；若 $K_a < K_b$，则溶液呈碱性；若 $K_a = K_b$，则溶液呈中性。

质子转移反应平衡常数可以定性判断两性物质溶液的酸碱性外，还可对溶液 pH 进行近似计算。以 $NaHCO_3$ 溶液为例，其溶液 $H^+$ 浓度计算的简化公式为

$$[H^+] = \sqrt{K_{a_1} \cdot K_{a_2}}$$

计算 $0.1\,mol \cdot L^{-1}\,NH_4Ac$ 溶液的 pH。

解：已知

$$K_a^{HAc} = K_b^{NH_3} = 1.76 \times 10^{-5}$$

那么

$$K_a^{NH_4^+} = \frac{K_w}{K_b^{NH_3}} = 5.68 \times 10^{-10}$$

$$[H^+] = \sqrt{K_{a_1} \cdot K_{a_2}} = \sqrt{1.76 \times 10^{-5} \times 5.68 \times 10^{-10}} = 1.0 \times 10^{-7}(mol \cdot L^{-1})$$

案例 4-7

### (四) 同离子效应与盐效应

酸碱电离平衡和其他一切化学平衡一样，也是一个动态平衡。当外界条件改变时，旧的平衡被破坏，平衡发生移动，最终达到新的平衡。

1. 同离子效应　例如，在弱酸 HAc 溶液中，加入少量 NaAc。因 NaAc 是强电解质，在溶液中全部离解为 $Na^+$ 和 $Ac^-$。溶液中 $Ac^-$ 浓度大大增加，使 HAc 在水中的质子转移平衡向左移动，从而降低了 HAc 的电离度，溶液中的 $H^+$ 浓度下降。

$$\overset{\longleftarrow 移动}{HAc + H_2O \rightleftharpoons H_3O^+ + Ac^-}$$

加入

$$NaAc \rightleftharpoons Na^+ + Ac^-$$

同理，在 $NH_3 \cdot H_2O$ 中加入少量强电解质 $NH_4Cl$，$NH_3 \cdot H_2O$ 的电离度也降低了。

$$\overset{\longleftarrow 移动}{NH_3 + H_2O \rightleftharpoons OH^- + NH_4^+}$$

加入

$$NH_4Cl \rightleftharpoons Cl^- + NH_4^+$$

在 HAc 溶液中加盐酸，或 $NH_3 \cdot H_2O$ 溶液加氢氧化钠也能使 HAc 和 $NH_3 \cdot H_2O$ 的电离平衡左移而使电离度降低。这种在弱电解质溶液中，加入与该弱电解质含有相同离子的强电解质而使弱电解质的电离平衡发生移动，从而降低弱电解质电离度的现象，称为同离子效应(common ion effect)。

计算：(1) $0.10\,mol \cdot L^{-1}\,HAc$ 溶液的 $[H^+]$ 及电离度；(2) 在 1L 该溶液中加入 0.10mol NaAc 后，溶液的 $[H^+]$ 及电离度。

解：(1) HAc 为一元弱酸，因 $\frac{c}{K_a} > 500$，$cK_a > 20K_w$，所以

$$[H^+] = \sqrt{K_a \cdot c} = \sqrt{1.76 \times 10^{-5} \times 0.10} = 1.33 \times 10^{-3}(mol \cdot L^{-1})$$

$$\alpha = \frac{1.33 \times 10^{-3}}{0.1} = 0.0133 = 1.3\%$$

(2) 加入 NaAc 后，由于同离子效应抑制 HAc 电离，溶液中的 $[H^+] \neq [Ac^-]$，可近似看作

> $[HAc] \approx c_{HAc}, [Ac^-] \approx c_{NaAc}$。
>
> $$HAc \rightleftharpoons H^+ + Ac^-$$
> $$NaAc = Na^+ + Ac^-$$
> $$K_a = \frac{[H^+][Ac^-]}{[HAc]}$$
> $$[H^+] = K_a \times \frac{[HAc]}{[Ac^-]}$$
> $$= 1.76 \times 10^{-5} \times \frac{0.1}{0.1}$$
> $$= 1.76 \times 10^{-5} (mol \cdot L^{-1})$$
> $$\alpha = \frac{1.76 \times 10^{-5}}{0.10} = 0.018\%$$
>
> 计算说明,同离子效应使$[H^+]$由$1.3 \times 10^{-3} mol \cdot L^{-1}$降到$1.76 \times 10^{-5} mol \cdot L^{-1}$;$\alpha$由1.3%降到0.018%。
>
> 案例4-8

同离子效应有很大实际意义,在药物分析中可用来控制溶液中某种离子的浓度,也可用于缓冲溶液的配制。

2. 盐效应  若在HAc溶液中加入不含相同离子的强电解质(如NaCl),因离子强度增大,溶液中离子间牵制作用增大,离子活度减小,使HAc的电离度略有增大,这种现象称盐效应(salt effect)。例如,在$0.10 mol \cdot L^{-1}$ HAc溶液中,加入$0.10 mol \cdot L^{-1}$ NaCl,则HAc的电离度将由1.33%增大为1.82%。

在同离子效应发生的同时,必然伴随盐效应的发生。盐效应虽然可使弱酸或弱碱电离度增大,但改变不是很大,而同离子效应的影响要大得多。对于很稀的溶液,不考虑盐效应,不会产生太大影响。

# 第3节  缓冲溶液

## 一、缓冲溶液的组成

表4-1是1L某溶液中加少量酸碱后的pH变化。

**表4-1 不同溶液加酸碱前后的pH变化**

| 溶液 | 加入0.010mol NaOH后pH的变化 | 加入0.010mol HCl后pH的变化 |
|---|---|---|
| $0.10 mol \cdot L^{-1}$ HAc + $0.10 mol \cdot L^{-1}$ NaAc | +0.09pH单位 | -0.09pH单位 |
| $0.10 mol \cdot L^{-1}$ HAc | +0.93pH单位 | -0.93pH单位 |
| 纯水 | +5.00pH单位 | -5.00pH单位 |

从表4-1可以看出:如果在中性的水中加入少量酸或碱,溶液pH就会显著偏离7,因此,纯水不具有抵抗外来少量的酸碱的能力;而在HAc和NaAc组成的混合溶液中外加少量酸碱,溶液的pH变化很小。

我们把HAc-NaAc这样的溶液,具有能够抵抗外来少量强酸、强碱或适当稀释,使体系的pH

基本保持不变的作用,叫做缓冲作用(buffer action)。具有缓冲作用的溶液叫缓冲溶液(buffer solution)。

溶液要具有缓冲作用,其组分中必须含有抗酸成分和抗碱成分,两者之间必须存在化学平衡。我们通常把组成缓冲溶液的一对物质称为缓冲对(buffer pair)[或称缓冲体系(buffer system)]。按酸碱质子理论,缓冲溶液实质上是由共轭酸碱对组成的。

缓冲溶液的主要组成类型有以下3种。

(1) 弱酸及其共轭碱:HAc-NaAc、$H_2CO_3$-$HCO_3^-$、$H_3PO_4$-$H_2PO_4^-$ 等。

(2) 弱碱及其共轭酸:$NH_3$-$NH_4Cl$ 等。

(3) 多元弱酸的两种盐:$H_2PO_4^-$-$HPO_4^{2-}$、$HPO_4^{2-}$-$PO_4^{3-}$、$NaHCO_3$-$Na_2CO_3$ 等。

## 二、缓冲溶液的缓冲原理

缓冲溶液为什么具有缓冲作用呢?现以 HAc-NaAc 为例来说明缓冲原理。在它们组成的溶液中有

$$HAc + H_2O \rightleftharpoons H_3O^+ + Ac^-$$
$$NaAc \rightleftharpoons Na^+ + Ac^-$$

在 HAc-NaAc 缓冲溶液中,由于同离子效应,抑制了 HAc 的电离,溶液中的 $H^+$ 浓度下降,而 [HAc]、[$Ac^-$]相对较大。

若向缓冲溶液中加入少量强酸($H^+$),由于溶液中有大量 $Ac^-$ 存在,加入的 $H^+$ 与 $Ac^-$ 会结合成 HAc 分子,使平衡向左移动。当达到新的平衡时,溶液中 $H^+$ 浓度增大很少,则溶液的 pH 改变甚微。$Ac^-$ 起了抵抗 $H^+$ 浓度增大的作用,故 $Ac^-$ 是抗酸成分。若向缓冲溶液中加入少量强碱($OH^-$)时,HAc 电离的 $H^+$ 和加入的 $OH^-$ 结合生成水,降低了 $H^+$ 浓度,平衡向右移动。由于缓冲溶液 HAc 浓度较大,HAc 继续电离生成 $H^+$,使 $H^+$ 浓度降低不多,pH 改变不大。HAc 起了抵抗 $OH^-$ 浓度增大的作用,故 HAc 是抗碱成分。

当溶液稀释时,由于溶液的体积增大,$H^+$ 浓度降低,但 $Ac^-$ 浓度同时也降低,同离子效应减弱,使 HAc 电离度增大,产生的 $H^+$ 使 pH 基本保持不变。

由以上可知,在组成缓冲溶液的共轭酸碱对中,酸是抗碱成分,而其共轭碱则为抗酸成分。同时,我们还可以看出,缓冲溶液对外来少量酸或碱具有缓冲能力,但并不是说可以无休止地往缓冲溶液中加入大量酸或碱,当外来酸或碱的量大到一定程度时,缓冲溶液将失去缓冲能力。一些常见缓冲溶液见表 4-2。

**表 4-2 一些常用缓冲溶液**

| 缓冲对 | 弱酸 | 弱碱 | $pK_a$ |
| --- | --- | --- | --- |
| HAc-NaAc | HAc | $Ac^-$ | 4.76 |
| $NaH_2PO_4$-$Na_2HPO_4$ | $H_2PO_4^-$ | $HPO_4^{2-}$ | 7.21 |
| $NH_3$-$NH_4Cl$ | $NH_4^+$ | $NH_3$ | 9.25 |
| $NaHCO_3$-$Na_2CO_3$ | $HCO_3^-$ | $CO_3^{2-}$ | 10.32 |
| $Na_2HPO_4$-$Na_3PO_4$ | $HPO_4^{2-}$ | $PO_4^{3-}$ | 12.32 |

## 三、缓冲溶液 pH 计算

缓冲溶液具有保持溶液酸度相对稳定的性能,因此计算缓冲溶液的 pH 将显得很重要。现以弱酸及其共轭碱组成(HB-MB)的缓冲溶液为例推导计算公式。

在弱酸及其共轭碱组成(HB-MB)的缓冲溶液中存在着下列平衡：

$$HB \rightleftharpoons H^+ + B^-$$
$$MB \rightleftharpoons M^+ + B^-$$

平衡时

$$K_a^{HB} = \frac{[H^+][B^-]}{[HB]}$$

$$[H^+] = K_a^{HB} \times \frac{[HB]}{[B^-]}$$

$$-\lg[H^+] = -\lg K_a^{HB} - \lg\frac{[HB]}{[B^-]}$$

$$pH = pK_a + \lg\frac{[B^-]}{[HB]}$$

由于 HB 的电离度较小,加上同离子效应,故缓冲溶液中的[HB]可看作弱酸的原来浓度；同时,由于 MB 是强电解质,几乎全部电离,故溶液中的[B$^-$]可看作是弱酸共轭碱 MB 的原来浓度。即[HB] = [共轭酸]，[MB] = [共轭碱]，代入得

$$pH = pK_a + \lg\frac{[共轭碱]}{[共轭酸]}$$

上式即为计算弱酸及其共轭碱组成的缓冲溶液的 pH 计算公式,此公式也同样适用于多元弱酸的两性盐组成的缓冲溶液,只是公式中的 $K_a$ 要用多元弱酸的 $K_{a_2}$ 或 $K_{a_3}$。同理可推导出弱碱及其共轭酸组成的缓冲溶液的 pOH 计算公式

$$pOH = pK_b + \lg\frac{[共轭酸]}{[共轭碱]}$$

> 在血浆中,测得[$HCO_3^-$] = $2.5 \times 10^{-2}$ mol·L$^{-1}$，[$H_2CO_3$] = $2.25 \times 10^{-3}$ mol·L$^{-1}$，求血浆的 pH（$H_2CO_3$ 的 $K_{a_1} = 4.3 \times 10^{-7}$）。
>
> 解：血浆中 $H_2CO_3$-$HCO_3^-$ 组成缓冲对。根据缓冲溶液的计算公式
>
> $$pH = pK_{a_1} + \lg\frac{[共轭碱]}{[共轭酸]} = pK_{a_1} + \lg\frac{[HCO_3^-]}{[H_2CO_3]}$$
>
> $$= -\lg 4.3 \times 10^{-7} + \lg\frac{2.5 \times 10^{-2}}{2.25 \times 10^{-3}}$$
>
> $$= 6.37 + 1.05 = 7.42$$

案例4-9

> 若在 100mL 0.1 mol·L$^{-1}$ HAc-NaAc 缓冲溶液中,加入 0.10mL 1mol·L$^{-1}$ HCl，计算溶液 pH 的变化值？已知：HAc 的 $K_a = 1.76 \times 10^{-5}$。
>
> 解：(1) 在加入 HCl 之前,缓冲溶液 pH 的计算
>
> $$[HAc] = [NaAc] = 0.1 \text{ mol·L}^{-1}$$
>
> $$K_a^{HAc} = 1.76 \times 10^{-5}$$
>
> $$pK_a = -\lg(1.76 \times 10^{-5}) = 4.75$$
>
> $$pH = pK_a + \lg\frac{[共轭碱]}{[共轭酸]} = 4.75 + \lg\frac{0.1}{0.1} = 4.75$$

(2) 在加入 HCl 之后，HCl 在该溶液中的浓度变为

$$[HCl] = \frac{1 \times 0.10}{100.10} = 0.001(mol \cdot L^{-1})$$

加入的 HCl，它所电离出来的 $H^+$ 与 $Ac^-$ 会结合成 HAc 分子，溶液中的 $[Ac^-]$ 降低，$[HAc]$ 增加，即

$$[Ac^-] = 0.1 - 0.001 = 0.099(mol \cdot L^{-1})$$
$$[HAc] = 0.1 + 0.001 = 0.101(mol \cdot L^{-1})$$
$$pH = pK_a + \lg\frac{[共轭碱]}{[共轭酸]} = 4.75 + \lg\frac{0.099}{0.101} = 4.74$$
$$\Delta pH = 4.74 - 4.75 = -0.01$$

案例4-10

由此可见，缓冲溶液中加入盐酸后，pH 为 4.74，与未加入前 pH 为 4.75 比较，相差 0.01 个 pH 单位，而在 100mL 纯水中加入 0.10mL $1mol \cdot L^{-1}$ HCl，pH 将由 7 降到 3，相差 4 个 pH 单位。

## 四、缓冲容量

缓冲溶液的缓冲作用是有一定限度的，一旦超过这个限度，溶液的 pH 就会发生很大变化，也就失去缓冲能力。缓冲溶液缓冲能力大小，常用缓冲容量(buffer capacity)来表示。缓冲容量是指使 1L 或 1mL 缓冲溶液的 pH 改变 1 个单位所需加入的强酸(或强碱)的量。

缓冲溶液的缓冲容量主要由两个因素决定：一是组成缓冲溶液的共轭酸碱对(缓冲对)的总浓度，溶液缓冲对的浓度大时，缓冲能力就越强；反之，缓冲能力较弱。缓冲对物质的量浓度一般选在 $0.05 \sim 0.5 mol \cdot L^{-1}$。另一是组成缓冲溶液中共轭酸碱的浓度比值 $\frac{c_{共轭碱}}{c_{共轭酸}}$(缓冲比)，当缓冲溶液的共轭酸碱对总浓度一定，浓度比为 $\frac{c_{共轭碱}}{c_{共轭酸}} = 1$ 时，缓冲溶液的缓冲能力最大。浓度比 $\frac{c_{共轭碱}}{c_{共轭酸}}$ 在 $1/10 \sim 10$，具有较好的缓冲效果，若把它代入公式 $pH = pK_a + \lg\frac{[共轭碱]}{[共轭酸]}$ 则得到缓冲作用的有效 pH 范围，叫做缓冲范围(buffering range)。弱酸及其共轭碱体系的缓冲范围为 $pH = pK_a \pm 1$，弱碱及其共轭酸体系缓冲范围为 $pH = pK_b \pm 1$。

## 五、缓冲溶液的配制与应用

### (一) 缓冲溶液的配制

在实际应用中，常需配制一定 pH 的缓冲溶液。具体操作步骤如下：
(1) 选择缓冲对。使其弱酸的 $pK_a$ 与所要求的 pH 相等或相近，可保证有较大的缓冲能力。
(2) 如果 $pK_a$ 与要求的 pH 不相等，可根据缓冲溶液 pH 的计算公式算出[共轭碱]和[共轭酸]的比值。当 $c_{共轭碱} = c_{共轭酸}$ 时，可以此算出 $V_{共轭碱}/V_{共轭酸}$。
(3) 再根据缓冲范围调整酸与共轭碱的浓度，使获得适宜的缓冲能力和缓冲范围。一般浓度范围为 $0.05 \sim 0.5 mol \cdot L^{-1}$。

如何配制 1L pH 为 5.0、具有中等缓冲能力的缓冲溶液？

解：选择缓冲对，由于 HAc 的 $pK_a = 4.75$，接近于 5.0，故选用 HAc-NaAc 作缓冲对。

$$pH = pK_a + \lg\frac{[共轭碱]}{[共轭酸]} = pK_a + \lg\frac{[Ac^-]}{[HAc]}$$

求缓冲比，根据

$$5.0 = 4.75 + \lg\frac{[Ac^-]}{[HAc]}$$

$$\frac{[HAc]}{[Ac^-]} = 0.56$$

由于是中等缓冲能力，选用储备液的 $[Ac^-] = [HAc] = 0.1\ mol \cdot L^{-1}$

$$\frac{[HAc]}{[Ac^-]} = \frac{V_{HAc}}{V_{Ac^-}} = 0.56$$

因总体积为 1L，即

$$V_{HAc} + V_{Ac^-} = 1000mL$$

计算得

$$V_{Ac^-} = 641mL, \qquad V_{HAc} = 359mL$$

配制方法：量取 $0.1\ mol \cdot L^{-1}$ HAc 溶液 359mL 与 $0.1\ mol \cdot L^{-1}$ NaAc 溶液 641mL 混合后，即得 1L pH=5.0 缓冲溶液。

案例4-11

要配制精确 pH 的溶液，还需用 pH 计校准。为了应用方便，可查阅有关手册中的缓冲溶液配制表。

## （二）缓冲溶液在生物学科中的作用

人体内血浆的 pH 正常值是 7.35～7.45，若 pH 低于 7 或者高于 7.8，其后果将是致命的。pH 为 7.4 的缓冲体系是如何保护血浆的呢？

血浆里主要的缓冲对是 $H_2CO_3$-$HCO_3^-$，电离解平衡如下：

$$H_2CO_3 \rightleftharpoons HCO_3^- + H^+$$

当各种代谢引起血液的酸度增加时，平衡就会向左移动，形成更多的 $H_2CO_3$，$H_2CO_3$ 不稳定，分解成 $H_2O$ 和 $CO_2$。产生的 $CO_2$，随血液通过肺部呼出，阻止 pH 的变化。当外界的碱进入血液后，缓冲体系中的 $H^+$ 与之结合生成 $H_2O$，维持 pH 在一定水平。

许多因素都能引起血液中酸度的增加，如充血性心力衰竭和支气管炎等。血液的 pH 降低到 7.1 或 7.2 会引起酸中毒。然而身体具有补偿机能，如加快呼吸或加速 $H^+$ 的排泄。发烧或服用过多的抗酸药物都会引起血液里碱的增加。血液中 pH 增至 7.5，将引起碱中毒。身体的补偿机制是通过肺部降低二氧化碳的排出量和通过肾脏增加 $HCO_3^-$ 的排泄量，使 pH 恢复正常。

另一个缓冲体系是磷酸盐，主要在细胞里起作用。大量的 $H_2PO_4^-$ 将造成酸中毒，但身体会把多余的 $H_2PO_4^-$ 排出体外。若体系加入强碱，平衡向右移动，此时 $H^+$ 与 $OH^-$ 生成水，大量的 $HPO_4^{2-}$ 会造成碱中毒，如果肾功能正常，又可将 $HPO_4^{2-}$ 排出体外。

在制药工业，药物都有自己稳定的 pH，而控制 pH 最好的方法是加入缓冲剂。如氯霉素滴眼剂常加入 $H_3BO_3$ 缓冲液，使 pH 保持在 7.0 左右，使主药稳定性增加，而对眼膜又没有刺激性。又如，乳酸菌在葡萄糖溶液中生长繁殖，分解葡萄糖产生乳酸，使 pH 下降，因此，在培养基成分里需要加缓冲对，常用的缓冲对有 $KH_2PO_4$-$K_2HPO_4$ 等。

在土壤中有 $HCO_3^--CO_3^{2-}$ 和 $H_2PO_4^--HPO_4^{2-}$，以及腐殖酸及其盐组成的缓冲对，维持土壤一定的 pH 范围，以保持农作物正常生长。

### 人体酸碱平衡

人体酸碱平衡常用体液的 pH 表示：正常人体液 pH 为 7.4（7.35～7.45），一个标准差的 pH 范围为 7.38～7.42，两个标准差（正常人群的 95%）为 7.36～7.44，但仍然有 5% 的正常人群在这个范围以外。pH 与病人年龄有关，新生儿 pH 正常值为 7.33～7.49，2 个月～1 岁为 7.34～7.46。血液 pH 范围还与人们所处的地势高低有关，我国北京地区测定 1220 例正常人 pH 为 7.399±0.028，青海高原测定 2360 正常人 pH 范围为 7.40～7.42；所以观察病人 pH 时要具体分析年龄和病情。pH 超出 7.10～7.64 范围时机体酶系统活动受损伤，pH＞7.80 或＜6.80 可直接致死。pH 在超出正常范围不大的情况下，不影响酶系统的正常生理活动，纠正酸碱中毒时不是必须达到正常，一般认为 pH7.30～7.50 为治疗满意的范围。人体酸碱平衡是依赖所摄入的食物的酸碱性，以及排泄系统对体液酸碱度进行调节来实现的。

## 第 4 节 酸碱指示剂

### 一、酸碱指示剂变色原理

滴定分析法的关键在于能否准确地指出化学反应到达化学计量点的时刻。酸碱滴定过程中，被滴定的溶液通常不发生任何外观的变化，为了确定反应的化学计量点，通常在被滴定的溶液中加入指示剂（indicator），根据指示剂的颜色变化来确定滴定终点。

酸碱指示剂一般都是结构较为复杂的有机弱酸或弱碱，其共轭酸碱对具有不同的结构，且颜色也不同。当溶液的 pH 改变时，共轭酸碱对相互转变，从而引起溶液颜色发生明显变化。

例如，甲基橙（MO）是一种常用的酸碱指示剂，它是有机弱酸，在水中存在如下平衡

酸式(红色) ⇌ 碱式(黄色)

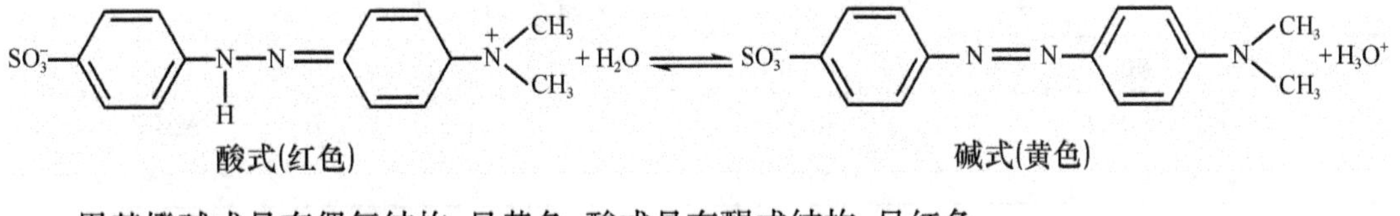

甲基橙碱式具有偶氮结构，呈黄色；酸式具有醌式结构，呈红色。

由上面平衡关系可以看出，增大溶液的 pH（pH≥4.4），平衡向左移动，甲基橙主要以碱式形式存在，溶液呈黄色；降低溶液 pH（pH≤3.1），平衡向右移动，甲基橙主要以酸式形式存在，溶液呈红色。

再如，酚酞（PP）也是常用的酸碱指示剂，它也是一种有机弱酸，在水中存在如下平衡

酸式(无色) ⇌ 碱式(红色)

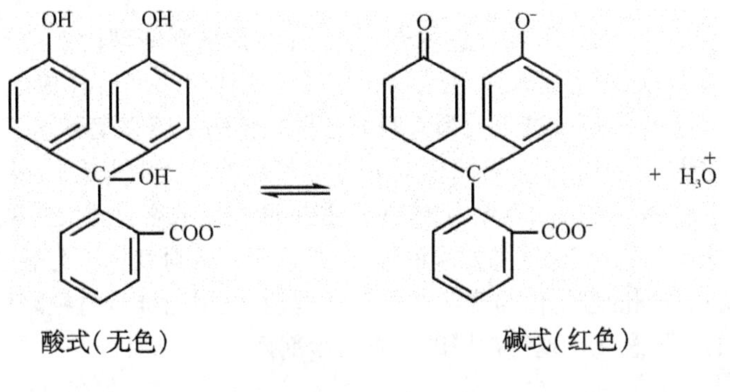

酚酞的酸式是无色的,所以酚酞在 pH<8.0 时,溶液不显色,当在溶液中加入碱时,平衡向右移动,当 pH≥9.6 时,酚酞主要以碱式存在,溶液显红色。

综上所述,指示剂颜色的改变,是由于在不同 pH 的溶液中,指示剂的分子结构因为发生了变化而不同,所以显示出不同的颜色。但是,如果溶液的 pH 改变很小时,颜色的变化则不明显,因此必须等溶液的 pH 改变到一定的程度,才能看到指示剂颜色的变化,也就是说,指示剂变色时,其 pH 具有一定范围,只有超过这个范围,才能明显观察到指示剂的颜色变化。这个能使指示剂颜色发生变化的 pH 变化范围就叫指示剂的变色范围。

## 二、指示剂的变色范围

现以弱酸型指示剂酚酞(HIn 表示)为例来讨论指示剂的变色范围。

HIn 在溶液中的电离平衡为

$$HIn + H_2O \rightleftharpoons H_3O^+ + In^-$$

酸式(无色)          碱式(红色)

平衡时

$$K_{HIn} = \frac{[H^+][In^-]}{[HIn]}$$

此时溶液

$$pH = pK_{HIn} + \lg \frac{[In^-]}{[HIn]}$$

式中,$K_{HIn}$ 为指示剂的电离常数,$[In^-]$ 和 $[HIn]$ 分别为指示剂的碱式色和酸式色离子的浓度。溶液的颜色是由 $[In^-]/[HIn]$ 的值来决定的(表 4-3)。在一定温度下,对某一指示剂,$K_{HIn}$ 是常数,因此,$[In^-]/[HIn]$ 的值仅与 $[H^+]$ 有关,即溶液 $[In^-]/[HIn]$ 值改变,溶液的颜色也随之改变。但受人眼对颜色分辨能力的限制,通常只有当一种类型浓度超过另一种类型浓度的 10 倍时,人们才能观察到它"单独存在"的颜色,而在这个范围以内,人们看到的只是它们的混合色。

表 4-3 溶液 $[In^{2-}]/[HIn^-]$ 值改变致溶液颜色变化表

| $[In^-]/[HIn]$ | ≤1/10 | 1 | ≥10 |
|---|---|---|---|
| 溶液呈现的颜色 | 酸式色 | 混合色 | 碱式色 |
| 溶液的 pH | $pH = pK_a - 1$ | $pH = pK_a$ | $pH = pK_a + 1$ |

也就是说,当 $\frac{[In^-]}{[HIn]} \leq 0.1$ 时,只能看到酸式(HIn)颜色;当 $\frac{[In^-]}{[HIn]} \geq 10$ 时,只能看到碱式($In^-$)颜色;当 $0.1 \leq \frac{[In^-]}{[HIn]} \geq 10$ 时,指示剂呈混合色,人眼一般难以辨别,当 $\frac{[In^-]}{[HIn]} = 1$ 时,两者浓度相等,此时 $pH = pK_{HIn}$,为指示剂变色的转折点,称为指示剂的理论变色点。因此指示剂变色范围为 $pH = pK_a \pm 1$。根据上述推算,指示剂的变色范围应有两个 pH 单位,这与实际测得的指示剂变色范围并不完全相同。这是因为人眼对各种颜色的敏感程度不同,以及指示剂的两种颜色之间互相掩盖所致。例如,甲基橙指示剂 $pK_{HIn} = 3.4$,变色范围为 3.1~4.4。而当 pH = 3.1 时,甲基橙的酸式色占 66.7% 碱式色仅占 33.3%,说明酸式色浓度只要大于碱式色浓度的 2 倍,就能观察到红色(酸式色)。产生这种差异的原因,是由于人眼对红色更为敏感造成的。

虽然指示剂变色范围的理论值与实测结果存在差别,但理论推算对粗略估计指示剂的变色范围,仍具有一定的指导意义。现将常用的酸碱指示剂列于表 4-4 中。

表 4-4　常用酸碱指示剂

| 指示剂 | 变色pH | 颜色 | | p$K_{HIn}$ | 浓度 | 用量[滴·(10mL试液)$^{-1}$] |
|---|---|---|---|---|---|---|
| | | 酸 | 碱 | | | |
| 百里酚蓝 | 1.2~2.8 | 红 | 黄 | 1.7 | 1g·L$^{-1}$75%乙醇溶液 | 1~2 |
| 甲基黄 | 2.9~4.0 | 红 | 黄 | 3.3 | 1g·L$^{-1}$的90%乙醇溶液 | 1 |
| 甲基橙 | 3.1~4.4 | 红 | 黄 | 3.4 | 1g·L$^{-1}$水溶液 | 1 |
| 溴酚蓝 | 3.0~4.6 | 黄 | 紫 | 4.1 | 0.4g·L$^{-1}$乙醇溶液或其钠盐水溶液 | 1 |
| 溴甲酚绿 | 4.0~5.6 | 黄 | 蓝 | 4.9 | 1g·L$^{-1}$75%乙醇溶液和1g·L$^{-1}$水加0.05mol·L$^{-1}$NaOH 2.9mL | 1~3 |
| 甲基红 | 4.2~6.2 | 红 | 黄 | 5.0 | 0.1%的60%乙醇溶液或其钠盐水溶液 | 1 |
| 溴百里酚蓝 | 6.0~7.6 | 黄 | 蓝 | 7.3 | 1g·L$^{-1}$的20%乙醇溶液或其钠盐水溶液 | 1 |
| 中性红 | 6.8~8.0 | 红 | 黄 | 7.4 | 1g·L$^{-1}$的60%乙醇溶液 | 1 |
| 苯酚红 | 6.8~8.4 | 黄 | 红 | 8.0 | 1g·L$^{-1}$的60%乙醇溶液或钠盐水溶液 | 1 |
| 酚酞 | 8.0~9.6 | 无 | 红 | 9.1 | 10g·L$^{-1}$75%乙醇溶液 | 1~3 |
| 百里酚酞 | 9.4~10.6 | 无 | 蓝 | 10.0 | 1g·L$^{-1}$75%乙醇溶液 | 1~2 |

为了增加滴定终点的灵敏性,指示剂的变色范围越窄越好。这样在滴定终点时,pH 稍有变化时,指示剂即可由一种颜色变到另一种颜色。

# 三、混合指示剂

由于指示剂具有一定的变色范围,有的甚至宽达 2 个 pH 单位。酸碱滴定达到化学计量点前后,溶液的 pH 必须有较大变化,指示剂才从一种颜色突然变为另一种颜色,达到指示终点的目的。但是在某些弱酸弱碱滴定中,达到化学计量点时 pH 突跃范围是比较小的。这就要求采用变色范围更窄、颜色变化明显的指示剂才能准确地确定终点。为此,在实际应用中常将两种指示剂混合起来使用,利用它们的颜色之间的互补作用,使变色范围更窄、更敏锐。如溴甲酚绿变色区间为 4.2(黄)~5.6(蓝)、甲基红变色区间为 4.4(红)~6.2(黄),它们按一定比例配成后,酸色为酒红色(红稍带黄)、碱色为绿色(蓝色与黄色的混合色)。在 pH=5.1 时,甲基红的橙红色和溴甲酚绿的蓝绿色互补而呈灰色,使变色点更敏锐(表 4-5)。

表 4-5　常用的酸碱混合指示剂

| 指示剂溶液的组成 | 变色点 pH | 颜色 | | 备注 |
|---|---|---|---|---|
| | | 酸 | 碱 | |
| 一份 0.1% 甲基黄乙醇溶液<br>一份 0.1% 亚甲基蓝乙醇溶液 | 3.25 | 蓝紫 | 绿 | pH=3.4 绿色<br>pH=3.2 蓝紫色 |
| 一份 0.1% 甲基橙水溶液<br>一份 0.25% 靛蓝二磺酸钠水溶液 | 4.1 | 紫 | 黄绿 | — |
| 三份 0.1% 溴甲酚绿乙醇溶液<br>一份 0.2% 甲基红乙醇溶液 | 5.1 | 酒红 | 绿 | |

续表

| 指示剂溶液的组成 | 变色点 pH | 颜色 酸 | 颜色 碱 | 备注 |
|---|---|---|---|---|
| 一份 0.1% 溴甲酚绿钠盐水溶液<br>一份 0.1% 绿酚红钠盐水溶液 | 6.1 | 黄绿 | 蓝紫 | pH = 5.4 蓝紫色<br>pH = 5.8 蓝色<br>pH = 6.0 蓝带紫<br>pH = 6.2 蓝紫色 |
| 一份 0.1% 中性红乙醇溶液<br>一份 0.1% 亚甲基蓝乙醇溶液 | 7.0 | 蓝紫 | 绿 | pH = 7.0 蓝紫色 |
| 一份 0.1% 甲酚红钠盐水溶液<br>三份 0.1% 百里酚蓝钠盐水溶液 | 8.3 | 黄 | 紫 | pH = 8.4 紫色 |
| 一份 0.1% 百里酚蓝 50% 乙醇溶液<br>三份 0.1% 酚酞 50% 乙醇溶液 | 9.0 | 黄 | 紫 | 从黄到绿再到紫色 |
| 两份 0.1% 百里酚蓝乙醇溶液<br>一份 0.1% 茜素黄乙醇溶液 | 10.2 | 黄 | 紫 | — |

还有一种混合指示剂,它是以某种惰性染料作为指示剂变色的背景,由于两种颜色的叠加而呈现较窄的变色区间或变色点。例如,由甲基橙和靛蓝二磺酸可组成这样的混合指示剂:靛蓝二磺酸是一种蓝色染料,在滴定过程中不变色,只是作为甲基橙的蓝色背景。混合指示剂的碱色呈黄绿色(黄色与蓝色的混合色),酸色为紫色(红色与蓝色的混合色),在 pH = 4.1 时,显浅灰色(蓝色与橙色为补色,溶液几乎无色)。这样就避免了变色过程中出现过渡颜色(橙色),从而使变色范围更窄且很敏锐。

有的混合指示是将几种指示剂混合制成的。如我们常见的 pH 试纸,就是将纸条浸泡于多种混合指示剂溶液中,晾干后制成的。用它可以粗略地测定溶液的 pH。

## 四、影响指示剂变色范围的因素

### (一) 温度

指示剂变色范围和 $K_{HIn}$ 有关,而 $K_{HIn}$ 是随温度变化的常数,因而改变温度,指示剂变色范围也会随之改变。例如,甲基橙在 18℃ 时的变色范围为 3.1~4.4,而在 100℃ 时则为 2.3~3.7;酚酞在 18℃ 时的变色范围为 8.0~9.6,而在 100℃ 时变为 8.0~9.2。

### (二) 指示剂用量

由于指示剂本身是弱酸或弱碱,在滴定过程中会消耗一定量的滴定剂,因而指示剂的用量一定要适量,对于双色指示剂,如甲基橙等,从平衡关系可以看出

$$HIn \rightleftharpoons H^+ + In^-$$

如果溶液中指示剂浓度小,则滴入少量标准碱溶液,即可使之完全变成 $In^-$,颜色变化灵敏。反之,指示剂浓度大时,发生同样的颜色变化所需标准碱液的量较多,致使终点颜色变化不敏锐。

对于单色指示剂,指示剂用量偏少,终点变色敏锐。用量偏多时,溶液颜色的深度随指示剂浓度的增加而加深。例如,50mL 溶液中加入 2~3 滴 0.1% 的酚酞,当 pH = 9 时即出现微红色,而同样条件下,加入 10~15 滴酚酞,则在 pH = 8 时就出现微红色。

综上所述,在不影响变色灵敏度的条件下,指示剂的用量一般以少一点为佳。

## (三) 滴定程序

在实际滴定过程中,溶液由浅色变为深色时,肉眼的辨认比较敏感。例如,用碱滴定酸时,一般采用酚酞为指示剂,因为终点时,酚酞由无色变为红色,比较敏锐易于观察。当用酸滴定碱时,多采用甲基橙为指示剂,因为终点时,甲基橙由黄变橙红色,比较明显易于观察。

## (四) 溶剂

指示剂在不同溶剂中的 $pK_{HIn}$ 是不同的,例如,甲基橙在水溶液中的 $pK_{HIn}=3.4$,在甲醇中为3.8。

---

**早期的酸碱指示剂**

早在200多年前,酸碱指示剂就被化学家们使用了。1663年,英国化学家 Boyle 在《关于颜色的实验》的文章中讲到:"用上好的紫罗兰,捣出有色的汁液,滴在白纸上(这是为了用较少的量使颜色更明显),再在汁液上加两三滴乙醇,将醋或其他几乎所有的酸液滴到这个混合液上时,你立刻就会发现浆液变成了红色。"

Boyle 还用了矢车菊、蔷薇花、雪莲花、报春花、胭脂花和石蕊等的汁液。石蕊是一种菌类和藻类共生的植物,通常把它制成蓝色粉末,溶于水和乙醇。一般用的石蕊试纸是用滤纸浸泡在乙醇溶液中,然后晾干而成。

随后,一些科学家指出各种植物指示剂的变色灵敏度和变色范围不一样,必须对所有的植物汁液的灵敏度进行鉴定,才能找到合适的指示剂来测量各种酸的相对强度。

1782年,法国化学家居东德莫沃将纸浸泡在姜黄、巴西木的汁液中制成试纸,首先用于利用硝酸制取硝酸钾的工业生产中。接着在酸碱滴定中利用了植物指示剂,以确定滴定终点。

1877年,德国化学家卢克首先用化学制剂酚酞作为酸碱指示剂。第二年,德国化学家隆格使用了甲基橙。自此,开始使用化学制剂作指示剂。

---

## 第5节 酸碱滴定曲线和指示剂的选择

在酸碱滴定中,最重要的是待测物质能否被准确滴定,这就要求选择好使滴定终点与计量点尽量吻合的指示剂,滴定误差才可能最小。不同指示剂的变色范围不同,而指示剂的变色与溶液的 pH 有关,只有在计量点附近0.04mL 酸或碱标准溶液引起的溶液 pH 变化范围内变色的指示剂,才能用来指示终点。为了表示滴定过程中溶液 pH 随滴定液体积而改变的变化规律,常以溶液的 pH 为纵坐标,所滴入滴定剂的物质的量或体积为横坐标作图,即可绘制滴定曲线(titration curve)。滴定曲线不仅在理论上解释滴定过程的 pH 变化规律,而且对指示剂的选择具有一定的指导意义。下面我们根据不同的酸碱滴定类型,分别讨论滴定过程中溶液 pH 的变化规律及指示剂的选择方法。

### 一、强碱与强酸的滴定

现以 $0.1000\text{mol} \cdot \text{L}^{-1}$ NaOH 溶液滴定 20mL $0.1000\text{mol} \cdot \text{L}^{-1}$ HCl 溶液为例,讨论强酸、强碱互相滴定时的滴定曲线和指示剂的选择。

反应实质

$$H^+ + OH^- \Longrightarrow H_2O$$

为了计算整个滴定过程中 pH 的变化,可将整个滴定过程分为四个阶段进行。

(1) 滴定开始前:溶液的酸度取决于 HCl 的原始浓度。

$$[H^+] = c_{HCl} = 0.1000 \text{mol} \cdot L^{-1} \qquad pH = 1.00$$

(2) 滴定开始到化学计量点前:溶液的酸度取决于酸碱中和后剩余盐酸的浓度。

设 HCl 的原始浓度为 $c_{HCl}$,体积为 $V_{HCl}$,加入的 NaOH 的浓度为 $c_{NaOH}$,体积为 $V_{NaOH}$。

$$[H^+] = \frac{n_{剩余HCl}}{V_{溶液}} = \frac{c_{HCl} \times V_{HCl} - c_{NaOH} \times V_{NaOH}}{V_{溶液}}$$

当滴入 18.00mL NaOH 溶液时,溶液中

$$[H^+] = \frac{0.1000 \times 20.00 - 0.1000 \times 18.00}{20.00 + 18.00} = 5.3 \times 10^{-3} (\text{mol} \cdot L^{-1})$$

$$pH = 2.28$$

当滴入 19.80mL NaOH 溶液时,溶液中

$$pH = 3.30$$

当滴入 19.98mL NaOH 溶液时,溶液中

$$pH = 4.30$$

(3) 化学计量点时:化学计量点时,NaOH 与 HCl 正好完全反应,溶液中存在 NaCl 和 $H_2O$,显中性。

(4) 化学计量点后:溶液的酸度取决于过量 NaOH 的浓度

$$[OH^-] = \frac{n_{剩余NaOH}}{V_{溶液}} = \frac{c_{NaOH} \times V_{NaOH} - c_{HCl} \times V_{HCl}}{V_{溶液}}$$

当滴入 NaOH 溶液 20.02mL 时,此时仅多滴入 0.02mL,相当于 0.1% 的过量。

$$[OH^-] = \frac{0.1000 \times 20.02 - 0.1000 \times 20.00}{20.00 + 20.02} = 5.0 \times 10^{-3} (\text{mol} \cdot L^{-1})$$

$$pOH = 4.30$$
$$pH = 14.00 - 4.30 = 9.70$$

当滴入 NaOH 溶液 22.00mL 时

$$pOH = 2.32$$
$$pH = 14.00 - 2.32 = 11.68$$

以加入的 NaOH 体积为横坐标,以溶液 pH 为纵坐标作图,就得到滴定曲线(图 4-2)。

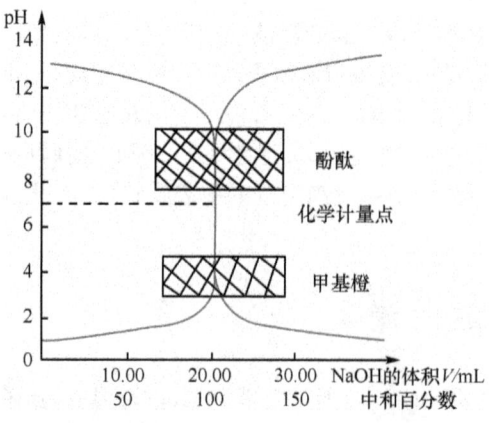

图 4-2  0.1000mol·$L^{-1}$ NaOH 滴定 20mL 0.1000mol·$L^{-1}$ HCl 溶液的滴定曲线

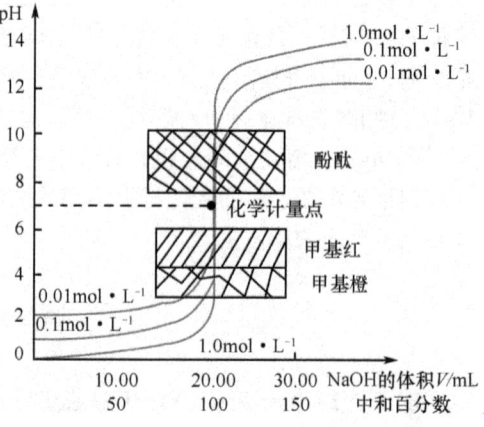

图 4-3  不同浓度的 NaOH 溶液滴定不同浓度的 HCl 溶液的滴定曲线

由表4-6和图4-2可见,从滴定开始到加入19.80mL NaOH溶液,其pH只改变了2.3个单位。以后再滴入0.18mL(共9.98mL)NaOH,其pH就改变了1个单位,变化速度显然加快了。继续滴入0.02mL(约为半滴,共20.00mL),正好是滴定的化学计量点,这时溶液的pH迅速增至7.0。再滴加0.02mL NaOH溶液,pH又极快地增到9.7。显然,在化学计量点前后的变化速率为每滴5.4个pH单位,这是一个突跃过程。此后,过量的NaOH溶液引起的pH变化又越来越小,形成一个接近平台的线段,变化速率明显地减慢了。

表4-6 用 $0.1000\text{mol}\cdot\text{L}^{-1}$ NaOH 滴定 20.00ml $0.1000\text{mol}\cdot\text{L}^{-1}$ HCl

| 滴入 $V_{NaOH}$/mL | 中和百分数 | 剩余 $V_{HCl}$/mL | 过量 $V_{NaOH}$/mL | pH |
| --- | --- | --- | --- | --- |
| 0.00 | 0.00 | 20.00 | — | 1.00 |
| 18.00 | 90.00 | 2.00 | — | 2.28 |
| 19.80 | 99.00 | 0.20 | — | 3.30 |
| 19.98 | 99.90 | 0.02 | — | 4.30 |
| 20.00 | 100.0 | 0.00 | — | 7.00 |
| 20.02 | 100.1 | — | 0.02 | 9.70 |
| 20.20 | 101.0 | — | 0.20 | 10.70 |
| 22.00 | 110.0 | — | 2.00 | 11.70 |
| 40.00 | 200.0 | — | 20.00 | 12.50 |

滴定分析允许的相对误差应小于0.1%。而NaOH的加入量从19.98mL到20.02mL所引起的滴定终点误差正好在此范围以内,溶液的pH却从4.30增加到9.70,改变了5.4个单位,形成滴定曲线中的"突跃"部分,溶液由酸性变到碱性。这种在化学计量点附近加一滴标准溶液所引起pH的突变,称为滴定突跃(sudden change)。滴定突跃所在的pH范围称为滴定突跃范围(jump range of titration curve)。

在酸碱滴定中的指示剂不可能恰好在化学计量点(stoichiometric point)时变色。为了减少滴定误差(titration error),指示剂的选择原则通常是:凡是变色范围全部或部分落在滴定突跃范围内的指示剂都可用来指示酸碱滴定的终点。对于 $0.1000\text{mol}\cdot\text{L}^{-1}$ NaOH溶液滴定20mL $0.1000\text{mol}\cdot\text{L}^{-1}$ HCl溶液,其突跃范围的pH为4.3~9.70,所以酚酞、甲基红、甲基橙等都可作为该滴定的指示剂,但以甲基红和酚酞为最好。若以甲基橙为指示剂,必须滴定到甲基橙完全显碱式(黄色),才能保证滴定误差不超过0.1%。

如果反过来改用 $0.1000\text{mol}\cdot\text{L}^{-1}$ HCl滴定20mL $0.1000\text{mol}\cdot\text{L}^{-1}$ 的NaOH溶液,滴定曲线的形状相同,但开头位置相反,见图4-2中虚线部分。此时甲基红、酚酞、甲基橙均可作为该滴定的指示剂,但以甲基红作指示剂为最佳。

滴定突跃这一事实还说明当滴定接近化学计量点时,必须减慢滴定速度控制滴定量,以免超过终点使滴定失败。

滴定突跃范围的大小还与酸碱溶液的浓度有关。通过计算,可以得到不同浓度的NaOH与HCl的滴定曲线(图4-3),酸碱溶液浓度越大,滴定突跃范围也越大。但一般滴定时,标准溶液和待测溶液的浓度也要适当,否则会造成较大的滴定误差。通常要求标准溶液的浓度在0.01~ $1\text{mol}\cdot\text{L}^{-1}$ 为宜。

---

**滴定曲线计算的意义**

我们对滴定时溶液中各离子的存在情况是建立在电离理论的基础上进行假设、推理的,那么是否正确呢? 我们可以根据电离理论画一条理论滴定曲线,因在滴定时,滴定液消耗的体积与待测液增加的体积是可知的,故溶液中 $H^+$ 浓度和 pH 的变化是可以从理论上计算的。 如果理论曲线与实验曲线吻合,则电离理论得到进一步验证,如果与实验结果确实不同,则理论必须修正或摒弃。 这就是实验探究的重要意义。

---

**利用计算机绘制滴定曲线**

(1) 打开 Microsoft Office Excel 程序。
(2) 在表格中输入实验数据。
例如,$x$ 为滴入的 $V_{NaOH}$/mL,$y$ 为相应溶液的 pH。
(3) 选中 sheet 1 后,再点击工具栏中的"图表向导"。
(4) 在"图表类型"窗口点击"$x$,$y$ 散点图",在"子图表类型"窗口点击"平滑图",就能得到你的数据所对应的曲线图形。

| $x$ | $y$ |
|---|---|
| 0.00 | 1.00 |
| 6.00 | 1.27 |
| 12.00 | 1.60 |

---

## 二、强碱(酸)滴定一元弱酸(弱碱)

以 $0.1000\text{mol}\cdot\text{L}^{-1}$ NaOH 溶液滴定 20.00mL $0.1000\text{mol}\cdot\text{L}^{-1}$ HAc 溶液为例,来确定滴定曲线和指示剂的选择。

酸碱反应为

$$HAc + OH^- =\!=\!= Ac^- + H_2O$$

**1. 滴定开始前** 溶液酸度取决于 $0.1000\text{mol}\cdot\text{L}^{-1}$ HAc 中的 $[H^+]$。由于 $c/K_a \geq 500$,可用近似公式

$$[H^+] = \sqrt{K_a \cdot c} = \sqrt{1.76 \times 10^{-5} \times 0.1000} = 1.34 \times 10^{-3}$$

$$pH = 2.87$$

**2. 滴定开始到化学计量点前** 溶液中未被中和的 HAc 和反应产生的 $Ac^-$ 组成缓冲体系,其溶液的酸度应从缓冲计算公式求出

$$pH = pK_a + \lg\frac{[Ac^-]}{[HAc]} = pK_a + \lg\frac{c_{NaOH}V_{NaOH}}{c_{HAc}V_{HAc} - c_{NaOH}V_{NaOH}}$$

当滴入的 NaOH 为 18.00mL 时

$$pH = 4.75 + \lg\frac{18.00}{20.00 - 18.00} = 5.7$$

同理计算滴入 NaOH 为 19.98mL 时,pH = 7.74。

**3. 化学计量点时** NaOH 和 HAc 完全反应生成 NaAc 和水,按酸碱质子理论,NaAc 是一元弱碱

$$Ac^- + H_2O =\!=\!= HAc + OH^-$$

$$K_b = \frac{K_w}{K_a^{HAc}} = 5.68 \times 10^{-10}$$

$$\frac{c_{Ac^-}}{K_b} = \frac{0.05}{5.68 \times 10^{-10}} > 500$$

可用近似公式

$$[OH^-] = \sqrt{K_b \cdot c_{Ac^-}} = \sqrt{5.68 \times 10^{-10} \times 0.05} = 5.3 \times 10^{-6} \text{mol} \cdot L^{-1}$$

$$pOH = 5.28$$

$$pH = 14 - pOH = 8.72$$

4. 化学计量点后 由于过量 NaOH 存在,抑制了 $Ac^-$ 与 $H_2O$ 的质子转移反应,此时溶液的 pH 取决于过量 NaOH 的浓度计算方法和强碱滴定强酸相同。溶液的 pH 取决于过量的 NaOH。

$$[OH^-] = \frac{n_{NaOH} - n_{HAc}}{V_{溶液}} = \frac{c_{NaOH}V_{NaOH} - c_{HAc}V_{HAc}}{V_{溶液}}$$

当滴入 NaOH 溶液 20.02mL 时

$$[OH^-] = \frac{0.1000 \times 20.02 - 0.1000 \times 20.00}{20.00 + 20.02} = 4.998 \times 10^{-5} (\text{mol} \cdot L^{-1})$$

$$pOH = 4.30$$

$$pH = 14.00 - 4.30 = 9.70$$

pH 计算结果列于表 4-7 中并以此绘制滴定曲线(图 4-4)。

表 4-7 用 $0.1000 \text{mol} \cdot L^{-1}$ NaOH 滴定 20.00ml $0.1000 \text{mol} \cdot L^{-1}$ HAc

| 滴入 $V_{NaOH}$/mL | 中和百分数 | 剩余 $V_{HAc}$/mL | 过量 $V_{NaOH}$/mL | pH |
|---|---|---|---|---|
| 0.00 | 0.00 | 20.00 | | 2.87 |
| 18.00 | 90.00 | 2.00 | | 5.70 |
| 19.80 | 99.00 | 0.20 | | 6.73 |
| 19.98 | 99.90 | 0.02 | | 7.74 |
| 20.00 | 100.0 | 0.00 | | 8.72 |
| 20.02 | 100.1 | | 0.02 | 9.70 |
| 20.20 | 101.0 | | 0.20 | 10.70 |
| 22.00 | 110.0 | | 2.00 | 11.70 |
| 40.00 | 200.0 | | 20.00 | 12.50 |

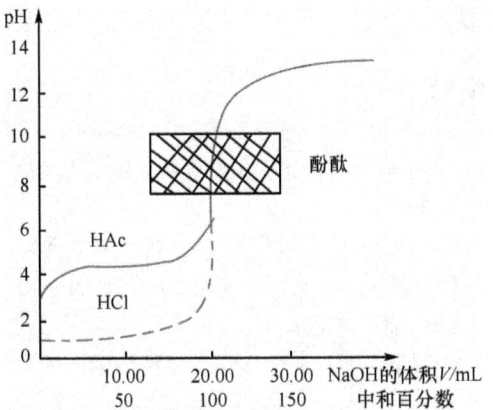

图 4-4 $0.1000 \text{mol} \cdot L^{-1}$ NaOH 滴定 20mL $0.1000 \text{mol} \cdot L^{-1}$ HAc 溶液的滴定曲线

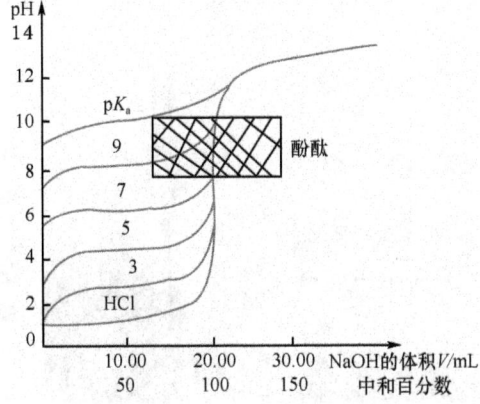

图 4-5 $0.1000 \text{mol} \cdot L^{-1}$ NaOH 滴定不同强度 $0.1000 \text{mol} \cdot L^{-1}$ 一元弱酸溶液的滴定曲线

比较 NaOH 滴定 HAc 和滴定 HCl 的滴定曲线可看出以下几点:

(1) 滴定开始前,HAc 的 pH 比 HCl 的 pH 大,这是由于 HAc 是弱电解质,不能完全电离,它的酸性没有 HCl 强。

(2) 滴定开始到化学计量点前 pH 的变化:较快→很慢→很快地变化。这是由于滴定开始后,生成的 $Ac^-$ 产生同离子效应抑制 HAc 的电离,$[H^+]$ 降低较快,pH 的增加也较快。随着滴定的进行,HAc 浓度不断降低,NaAc 不断生成,在一定范围内溶液形成 HAc-NaAc 缓冲体系,pH 增加缓慢,因而这一段的滴定曲线较平坦。在接近化学计量点时,剩余的 HAc 浓度已很低,溶液的缓冲作用显著减弱,若继续滴入 NaOH,溶液的 pH 发生突变,形成滴定突跃。

(3) 化学计量点时,由于滴定生成的产物是 NaAc,化学计量点在碱性区域,变色点溶液呈碱性。

(4) 化学计量点以后两种滴定曲线情况一致。

(5) NaOH 滴定 HAc 的突跃范围比滴定 HCl 的突跃范围要小得多,而且是在弱碱性区域内是 7.74~9.70,因而只能选择在碱性范围内变色指示剂,如酚酞、百里酚蓝等。

在弱酸的滴定中,突跃范围的大小除与溶液的浓度有关外,还与酸的强度有关。图 4-5 为 $0.1000\text{mol} \cdot L^{-1}$ NaOH 滴定 20.00mL $0.1000\text{mol} \cdot L^{-1}$ 不同强度弱酸时的滴定曲线。

由图可知,当酸的 $K_a$ 值一定时,浓度愈大,滴定突跃越大;或浓度一定,$K_a$ 愈大时,滴定突跃愈大。即 $cK_a$ 积愈大时,突跃范围愈大。当浓度为 $0.1\text{mol} \cdot L^{-1}$,$K_a \leq 10^{-9}$ 时,已无明显突跃。实践证明,人眼借助指示剂准确判断终点,滴定的 pH 突跃必须在 0.3 个单位以上。在这个条件下,分析结果的相对误差才 $< \pm 0.1\%$。因此,$cK_a \geq 10^{-8}$ 可作为判断弱酸能否被直接滴定的条件。

强酸滴定一元弱碱类型与强碱滴定一元弱酸类型很相似,不同的仅仅是溶液的 pH 是由大变小(pOH 由小到大),滴定曲线的形状正好相反。同时,由于滴定产物为强酸弱碱盐,在水中显弱酸性,故在化学计量点时溶液的 pH 落在偏酸区,滴定突跃在酸性范围内,故只能选择在酸性范围内变色的指示剂(图 4-5)。与强碱和弱酸的滴定条件相似,只有当 $c \cdot K_b \geq 10^{-8}$ 时,才能对弱碱进行直接滴定。

由以上各类滴定曲线可知,用强碱(强酸)滴定强酸(强碱),其突跃范围较大,且在中性范围内,用强碱滴定弱酸时,在酸性范围内无突跃,用强酸滴定弱碱时,在碱性范围内无突跃。因此,用弱碱(或弱酸)滴定弱酸(或弱碱)时,无论在酸性区还是碱性区均不会出现突跃,不能由一般的酸碱指示剂来确定滴定终点。故在实际分析工作中,都用强碱或强酸作标准溶液,而不用弱酸或弱碱作滴定剂。

## 酸碱滴定曲线的实验绘制

在强碱滴定强酸的过程中,用 pH 酸度计跟踪测定各阶段溶液的 pH,绘出 pH 对应滴入强碱的体积 $V_{NaOH}$ 的曲线图。

操作步骤:

第 1 步:用 20.00mL 移液管移取 $0.1000\text{mol} \cdot L^{-1}$ HCl 溶液于 100mL 小烧杯中,先用酸度计测定溶液的起始 pH (图 4-6)。

第 2 步:按表 4-7 中的体积 $V_{NaOH}$ 数从碱式滴定管滴入 NaOH 溶液,每次滴加滴定液后,摇匀,用酸度计测一次 pH,并记录。

第 3 步:以 pH 为纵坐标,$V_{NaOH}$ 为横坐标,将数据点在坐标纸上,用曲线尺画出滴定曲线。

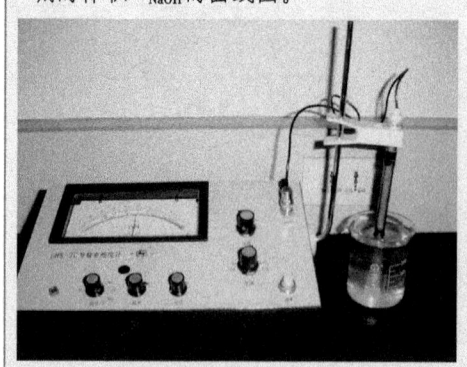

图 4-6 pH 酸度计

## 三、多元酸(碱)和混合酸(碱)的滴定

多元酸(碱)大多为弱酸(碱),它们在水中的电离是分步进行的,因而与碱(酸)的中和也是分步进行的。例如,强碱滴定某二元弱酸时会有如下两步反应

$$H_2B + OH^- \rightleftharpoons HB^- + H_2O \qquad K_{a_1}$$
$$HB^- + OH^- \rightleftharpoons B^{2-} + H_2O \qquad K_{a_2}$$

如果二元弱酸的 $K_{a_1}$ 与 $K_{a_2}$ 相差不大,在第一步反应尚未进行完全时,就开始了第二步反应,这样在滴定的第一个化学计量点附近就没有明显的 pH 突跃,终点难以确定;如果 $K_{a_1}$ 与 $K_{a_2}$ 相差较大,就能在第一步反应完全后,才开始了第二步反应,即可定量地进行第一步滴定。因此,在讨论多元酸(碱)的滴定时,首先问题是能否被分步;其次是如果能被分步滴定,如何选择合适的指示剂来确定滴定终点。

依据一般多元弱酸滴定分析允许误差(0.1%)可推知:

(1) 酸(碱)的浓度和某一级电离常数之积满足 $c \cdot K_a \geq 10^{-8}$($c \cdot K_b \geq 10^{-8}$),则有明显的突跃,这一级电离的 $H^+$($OH^-$)可以被滴定。

(2) 若相邻两个电离常数满足 $K_{a_1}/K_{a_2} \geq 10^4$($K_{b_1}/K_{b_2} \geq 10^4$)时,则第一级电离的 $H^+$($OH^-$)先被滴定,形成第一个突跃。第二级电离的 $H^+$($OH^-$)能否被准确滴定,则取决于 $c \cdot K_{a_2} \geq 10^{-8}$($c \cdot K_{b_2} \geq 10^{-8}$)是否满足。多元弱酸的第二步、第三步离解能否分步滴定也可依此条件推断。

(3) 当相邻两个电离常数不满足 $K_{a_1}/K_{a_2} \geq 10^4$($K_{b_1}/K_{b_2} \geq 10^4$)时,滴定时的两个突跃将混在一起,只形成一个滴定突跃,测定的是总酸(碱)度。不能进行分步滴定。

多元弱酸(碱)的滴定曲线计算比较复杂,通常是用 pH 计记录滴定过程中 pH 的变化,可以直接测得其滴定曲线。在实际工作中,为了选择指示剂,通常只需要计算化学计量点时的 pH,然后选择在此 pH 附近变色的指示剂(即变色点接近化学计量点 pH)指示滴定终点。

例如,用 $0.1000 \text{mol} \cdot L^{-1}$ 的 NaOH 溶液滴定 $0.1000 \text{mol} \cdot L^{-1} H_3PO_4$ 溶液,$H_3PO_4$ 中存在的平衡

$$H_3PO_4 \rightleftharpoons H^+ + H_2PO_4^- \qquad K_{a_1} = 7.5 \times 10^{-3}$$
$$H_2PO_4^- \rightleftharpoons H^+ + HPO_4^{2-} \qquad K_{a_2} = 6.3 \times 10^{-8}$$
$$HPO_4^{2-} \rightleftharpoons H^+ + PO_4^{3-} \qquad K_{a_3} = 4.4 \times 10^{-13}$$

$(K_{a_1}/K_{a_2}) > 10^4$ 第一、二步反应能分步滴定

$cK_{a_1} \geq 10^{-8}$ 第一步滴定有突跃

$cK_{a_2} \geq 10^{-8}$ 第二步滴定有突跃

$cK_{a_3} \leq 10^{-8}$ 第三步滴定无突跃

滴定反应: 第一步 $H_3PO_4 + NaOH == NaH_2PO_4 + H_2O$

第二步 $NaH_2PO_4 + NaOH == Na_2HPO_4 + H_2O$

第一计量点时溶液的酸度取决于生成的 $H_2PO_4^-$

$$[H^+] = \sqrt{K_{a_1} \cdot K_{a_2}}$$

$$pH = \frac{1}{2}(pK_{a_1} + pK_{a_2}) = \frac{1}{2}(2.12 + 7.21) = 4.66$$

第一个化学计量点在酸性范围内,可选用甲基橙作指示剂。

第二计量点时溶液的酸度取决于 $HPO_4^{2-}$,它的碱性极弱,水的电离就不能忽略,其 pH 可按下式计算:

$$[H^+] = \left[\frac{K_{a_2}(c_{HPO_4^{2-}}K_{a_3} + K_w)}{c_{HPO_4^{2-}}}\right]^{\frac{1}{2}}$$

$$= \left[\frac{6.3\times10^{-8}(0.033\times4.4\times10^{-13} + 1.0\times10^{-14})}{0.033}\right]^{\frac{1}{2}} = 2.2\times10^{-10}(mol\cdot L^{-1})$$

$$pH = 9.66$$

第二个化学计量点在碱性范围内,可选用酚酞或百里酚酞作指示剂。

第三计量点时,由于 $cK_{a_3} \leq 10^{-8}$,滴定突跃很小,无法确定滴定终点,故不能直接滴定。用 pH 计测得 $H_3PO_4$ 的滴定曲线见图 4-7。

图 4-8 是用 $0.1000 mol\cdot L^{-1}$ 的 HCl 溶液滴定 $0.1000 mol\cdot L^{-1} Na_2CO_3$ 溶液的滴定曲线。要注意在其滴定过程中 $H_2CO_3$ 分解缓慢,易形成 $CO_2$ 的过饱和溶液,使滴定终点提前。因此,一般在滴定近终点时,先加热煮沸除去 $CO_2$,冷却后再滴定至终点。

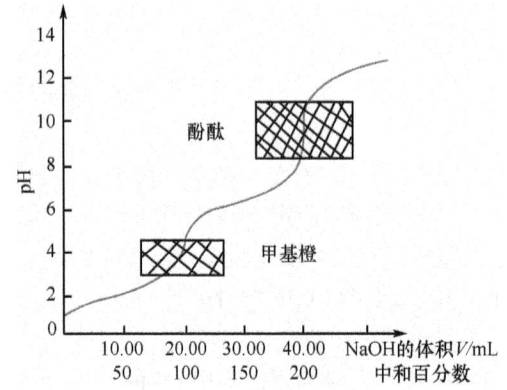
图 4-7 $0.1000 mol\cdot L^{-1}$ 的 NaOH 溶液滴定 $0.1000 mol\cdot L^{-1} H_3PO_4$ 溶液的滴定曲线

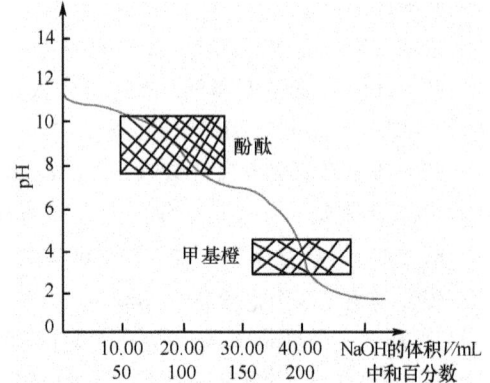
图 4-8 $0.1000 mol\cdot L^{-1}$ 的 HCl 溶液滴定 $0.1000 mol\cdot L^{-1} Na_2CO_3$ 溶液的滴定曲线

同样,可把分步电离常数相差很大的多元酸的滴定,可以看作是不同强度一元混合酸的滴定。

## 四、酸碱滴定法应用示例

凡能与酸、碱直接或间接发生定量化学反应的物质都可用酸碱滴定法进行测定。因此,酸碱滴定法在生产和科研中应用很广泛。现按滴定方式的不同分直接滴定法和间接滴定法分别介绍。

### (一) 直接滴定法

(1) 各种强酸、强碱都可以用标准碱溶液或标准酸溶液直接进行滴定。

(2) 无机弱酸或弱碱及能溶于水的有机弱酸或弱碱,只要其浓度和离解常数的乘积满足 $cK_a \geq 10^{-8}$ 或 $cK_b \geq 10^{-8}$,都可以用标准碱溶液或标准酸溶液直接滴定。但进行滴定时应注意选择合适的酸碱指示剂。

(3) 多元弱酸,如果其 $c\cdot K_{a_1} \geq 10^{-8}$,$c\cdot K_{a_2} \geq 10^{-8}$,同时 $K_{a_1}/K_{a_2} \geq 10^4$ 也满足,就可用标准碱溶液进行分步滴定;多元弱碱的 $c\cdot K_{b_1} \geq 10^{-8}$,$c\cdot K_{b_2} \geq 10^{-8}$,同时 $K_{b_1}/K_{b_2} \geq 10^4$ 也满足,则也可用标准酸溶液进行分步滴定。进行多元弱酸或多元弱碱滴定时也应注意指示剂的选择。

例如,药用的 NaOH 易吸收空气中的 $CO_2$,部分变成 $Na_2CO_3$,形成 NaOH 和 $Na_2CO_3$ 混合碱,现介绍一种双指示剂法来分别测定混合碱中 NaOH 和 $Na_2CO_3$ 的含量。

在 NaOH 溶液中先加入酚酞指示剂,用标准 HCl 溶液滴定到红色刚好褪去,这时全部 NaOH 被中和,而 $Na_2CO_3$ 只被中和到 $NaHCO_3$,即被中和到一半,设共用去 HCl 的体积为 $V_1$;然后加入甲基橙指示剂,继续用 HCl 滴定到溶液由黄色变为橙色,此时 $NaHCO_3$ 继续被中和成 $CO_2$,设用去 HCl 体积为 $V_2$。整个滴定过程如图 4-9 所示。

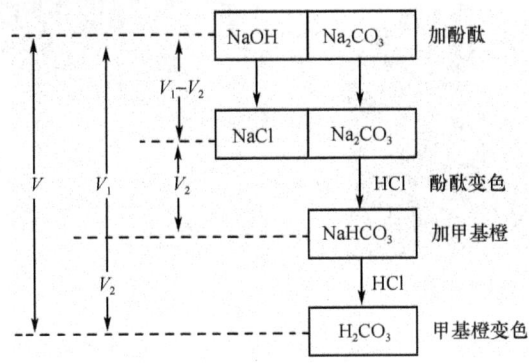

图 4-9 整个滴定过程图

根据滴定体积的关系可以看出,消耗 $Na_2CO_3$ 的体积为 $2V_2$,而消耗 NaOH 的体积为 $V_1 - V_2$,NaOH 和 $Na_2CO_3$ 质量分数的计算如下($m_S$ 为样品质量):

$$\omega_{NaOH} = \frac{c_{HCl}(V_1 - V_2)M_{NaOH} \times 10^{-3}}{m_S} \times 100\%$$

$$\omega_{Na_2CO_3} = \frac{c_{HCl}V_2 \times M_{Na_2CO_3} \times 10^{-3}}{m_S} \times 100\%$$

### 食醋中酸的含量测定

食醋中含有 3~5g·(100mL)$^{-1}$($\rho = 30 \sim 50 g \cdot L^{-1}$)的乙酸($CH_3COOH$),还有少量乳酸等有机酸。利用酸碱滴定法可测定酸的总含量(以含量较多的 $CH_3COOH$ 表示)。食醋含色素,影响滴定终点观察,可用加水稀释,降低色度的办法来克服。

1. 实验步骤

第 1 步:用量筒量取 30mL 纯水,倒入 250mL 锥形瓶中,用移液管(图 4-10)移取食醋 5.00mL,另加入酚酞 2 滴。

第 2 步:用 NaOH 标准溶液装入碱式滴定管,调节最初液面在 0.00 刻度处。

第 3 步:控制滴定管的玻璃珠开关往锥形瓶内滴加 NaOH 溶液,随加随摇动锥形瓶,至溶液刚显粉红色,30s 不褪,停止滴加,记下滴定管读数(图 4-11)。

第 4 步:重复上面的操作,再测定两次。

2. 数据处理

根据公式 $\rho_{HAc} = \dfrac{c_{NaOH}V_{NaOH}M_{HAc}}{V_S}$ 得

$$c_{平均} = 36.84 g \cdot L^{-1}$$

3. 结论

食醋的浓度 = 36.84g·L$^{-1}$,达到《酿造食醋》国家标准,产品合格。

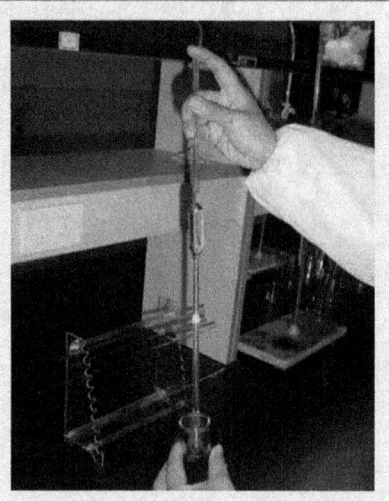
图 4-10　移液管的操作

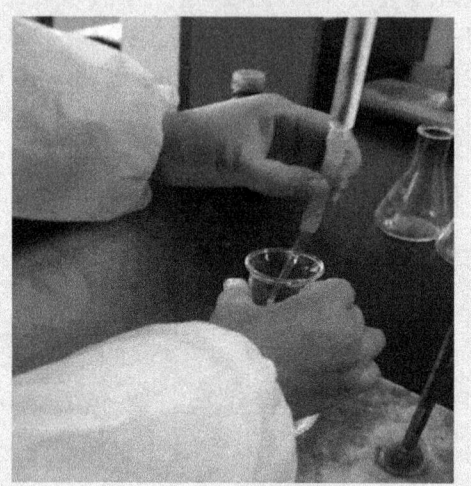
图 4-11　滴定

## （二）反滴法

有些物质虽具有酸碱性，但易挥发或难溶于水，某些反应速率较慢需加热或直接滴定找不到指示剂都可用反滴法。反滴法是指在被测物质的溶液中，先加入一种过量的准确浓度的试液，待反应完全后，再用另一种标准溶液回滴的方法。

> 称取 2.500g 石灰石试样溶于 50.00mL 的 $c_{HCl} = 1.000 \text{mol} \cdot \text{L}^{-1}$ 溶液中，充分反应后，用 $c_{NaOH} = 0.1000 \text{mol} \cdot \text{L}^{-1}$ NaOH 标准溶液滴定反应剩余的 HCl，消耗 NaOH 溶液 30.00mL。计算试样中 $CaCO_3$ 的含量。
>
> 解：$\quad CaCO_3 + 2HCl \rightleftharpoons CaCl_2 + CO_2\uparrow + H_2O$
> $\qquad$（剩余）$HCl + NaOH \rightleftharpoons NaCl + H_2O$
>
> 含 $CaCO_3$ 的量为
>
> $$\frac{1}{2} \times (c_{HCl}V_{HCl} - c_{NaOH}V_{NaOH}) \times M_{CaCO_3}$$
>
> $$\omega_{CaCO_3} = \frac{\frac{1}{2} \times (c_{HCl}V_{HCl} - c_{NaOH}V_{NaOH}) \times M_{CaCO_3}}{m_{试样}} \times 100\%$$
>
> $$= \frac{(1.0000 \times 50.00 - 0.1000 \times 30.00) \times 10^{-3} \times 100.08}{2 \times 2500} \times 100\% = 94.08\%$$

案例 4-12

## （三）间接滴定法

有些物质虽是酸或碱，但因其 $cK_a < 10^{-8}$ 或 $cK_b < 10^{-8}$，不能用碱或酸标准溶液直接滴定，如 $H_3BO_3$、$NH_4Cl$ 等；还有些物质虽然本身不是碱或酸（如 $SiO_2$、矿石和钢中的 P），但是经过某些化学处理后能产生一定量的酸或碱，都可用间接法进行滴定。

例如，土壤及肥料中常常需要测定氮的含量，有机化合物也要求测定其中氮的含量，所以氮的测定在工农业生产中有着重要的意义。通常是将试样经适当的化学处理后，可使各种含氮化合物中的氮转化为铵盐（$NH_4^+$），然后再进行铵的测定。由于 $NH_4^+$ 的酸性太弱（$K_a = 5.6 \times$

$10^{-10}$),不能用标准碱溶液直接滴定。常用的测定方法有两种。

**1. 蒸馏法** 把铵盐试样放入蒸馏瓶中,加入过量的 NaOH 使 $NH_4^+$ 转化为 $NH_3$,然后加热蒸馏,蒸出的 $NH_3$ 用过量的 HCl 标准溶液吸收,然后再以 NaOH 标准溶液返滴过量的 HCl。

蒸馏反应　　　　　　　　$NH_4^+ + OH^- \Longrightarrow NH_3 + H_2O$

吸收反应　　　　　　　　$HCl(过量) + NH_3 \Longrightarrow NH_4Cl$

滴定反应　　　　　　　　$HCl(剩余量) + NaOH \Longrightarrow NaCl + H_2O$

虽然用 NaOH 溶液滴定过量 HCl,生成的产物是 NaCl 和 $H_2O$,但溶液中还有用 HCl 吸收 $NH_3$ 时生成的 $NH_4^+$,从上节可知化学计量点时溶液 pH = 5.28(假定 $c_{NH_4^+} = 0.05 \text{mol} \cdot L^{-1}$),可选用甲基红作指示剂。

**2. 甲醛法** 利用甲醛与铵盐反应生成 $H^+$ 和六次甲基四胺($K_a = 7.1 \times 10^{-6}$)和 $H_2O$。

$$4NH_4^+ + 6HCHO \Longrightarrow (CH_2)_4N_4H^+ + 3H^+ + 6H_2O$$

然后用标准碱溶液滴定。由于 $(CH_2)_4N_4H^+$ 是一种有机弱酸,在化学计量点时,溶液显微弱碱性,因此需用酚酞作指示剂。

## *第 6 节　非水溶液的酸碱滴定

水是最常用的溶剂,酸碱滴定一般是在水溶液中进行的。但一些弱酸、弱碱及某些盐类,当其 $cK < 10^{-8}$ 时,由于没有明显的滴定突跃,在水溶液中就不能直接滴定;一些多元酸或碱,混合酸或碱由于 $K$ 值比较接近,不能分步或分别滴定;另外,许多有机化合物在水中溶解度较小,使滴定无法进行。因此,以水作溶剂的酸碱滴定受到一定限制。如果采用非水溶剂(有机溶剂和不含水的无机溶剂)作为滴定介质,常常可以克服这些困难,从而扩大酸碱滴定的应用范围。

非水滴定法除酸碱滴定外,还有氧化还原滴定、络合滴定和沉淀滴定等,本节简要介绍非水酸碱滴定。

### 一、非水酸碱滴定的基本原理

根据酸碱质子理论,一种酸在某种溶液中的酸性强度,不仅与酸的本质有关,也和溶剂的性质有关。例如,在水中苯甲酸($K_a = 6.3 \times 10^{-5}$)是一种弱酸,而在碱性溶剂乙二胺中就是较强的酸;又如,苯酚($K_a = 1.1 \times 10^{-10}$)在水中是极弱的酸,不能用碱标准溶液直接滴定,而在乙二胺中苯酚的酸性大大增强了,可用氨基乙醇钠($NaOCH_3CH_2NH_2$)直接滴定。在水中和在乙二胺中苯甲酸和苯酚的滴定曲线分别如图 4-12 和图 4-13 所示。

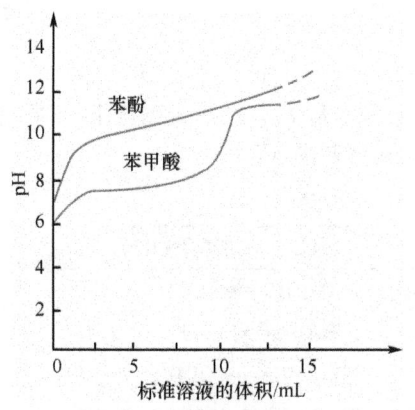

图 4-12　在水中用 NaOH 溶液滴定苯甲酸和苯酚的滴定曲线

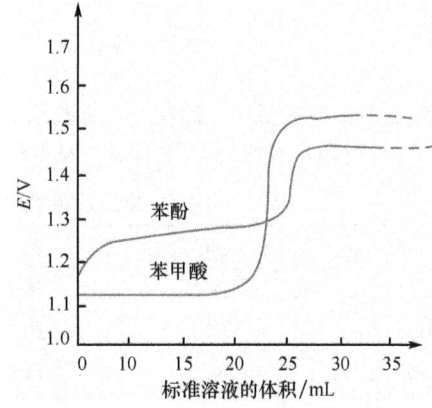

图 4-13　在乙二胺中用氨基乙醇钠滴定苯甲酸和苯酚的滴定曲线

这是由于乙二胺接受质子的能力比水强。相对来说,在乙二胺中苯甲酸和苯酚容易给出质子,从而使苯甲酸和苯酚在乙二胺中的酸性增强了。

同理,碱在溶液中的强度不仅和碱的本质有关,也和溶剂给出质子的能力有关。例如,在水溶液中不能直接滴定的极弱的碱,如吡啶、胺类、生物碱、各种乙酸盐等,在冰醋酸溶液中就都可以直接滴定了。这是由于冰醋酸给出质子的能力比水强,也就是说,这些极弱碱容易获得质子,从而使其碱性增强,这样便可以用标准酸直接滴定了。

因此,将弱酸溶解在碱性溶剂中,则可增强其酸性;将弱碱溶解在酸性溶剂中,则可增强其碱性。这样,在水溶液中不能直接滴定的极弱酸或极弱碱,如果选择适当溶剂,使其酸性、碱性增强,便可以进行直接滴定。由于溶剂的不同会引起物质酸碱性的差异,因而在非水酸碱滴定中,溶剂的选择是个很重要的问题。为了正确地选择溶剂,就必须了解溶剂的性质、分类及其选择原则。

## (一)溶剂的解离性

常用的非水溶剂中,有的能够解离,有的则不能。能离解的溶剂称为解离性溶剂(乙醇、甲醇、冰醋酸等)。不能离解的溶剂为非离解性溶剂(苯、氯仿等)。

解离性溶剂中,同时存在下述两个平衡,即其一分子溶剂起酸的作用,另一分子溶剂起碱的作用,设 SH 代表质子性溶剂。

$$SH \rightleftharpoons H^+ + S^- \qquad K_a^{SH} = \frac{[H^+][S^-]}{[SH]}$$

$$SH + H^+ \rightleftharpoons SH_2^+ \qquad K_b^{SH} = \frac{[SH_2^+]}{[H^+][SH]}$$

$K_a^{SH}$ 为溶剂的固有酸度常数(intrinsic acidity constant),用它衡量溶剂给出质子能力的大小;$K_b^{SH}$ 为溶剂的固有碱度常数(intrinsic basicity constant),用它衡量溶剂接受质子能力的大小。质子自递反应的结果,形成溶剂合质子及溶剂阴离子,合并上面两式即得溶剂自身质子转移反应

$$2SH \rightleftharpoons SH_2^+ + S^-$$

$$K_s = \frac{[SH_2^+][S^-]}{[SH]^2} = K_a^{SH} \times K_b^{SH}$$

$K_s$ 称为溶剂的自身解离常数(self-dissociation constant),简称溶剂的离子积。由于溶剂自身解离很小,[SH]可看作常数,则

$$K_s = [SH_2^+][S^-]$$
$$pK_s = pH^* + pS$$
$$pH^* = pK_s - pS$$

水的自身离解常数 $K_s$,就是大家所熟悉的水的离子积常数 $K_w$。在一定温度下,不同溶剂的解离程度不同,即自身离解常数不同。表 4-8 是几种常用溶剂的 $pK_s$。

表 4-8 常见几种溶剂的 $pK_s$,及介电常数(25℃)

| 溶 剂 | $pK_s$ | $D$ | 溶剂自递反应 |
|---|---|---|---|
| 水 | 14.0 | 78.5 | $H_2O + H_2O \rightleftharpoons H_3O^+ + OH^-$ |
| 甲醇 | 16.7 | 31.5 | $2CH_3OH \rightleftharpoons CH_3OH_2^+ + CH_3O^-$ |
| 乙醇 | 19.1 | 24.0 | $2C_2H_5OH \rightleftharpoons C_2H_5OH_2^+ + C_2H_5O^-$ |
| 甲酸 | 6.22 | 58.5 | $2HCOOH \rightleftharpoons HCOOH_2^+ + HCOO^-$ |

续表

| 溶 剂 | p$K_s$ | $D$ | 溶剂自递反应 |
|---|---|---|---|
| 冰醋酸 | 14.45 | 6.13 | $2CH_3COOH \rightleftharpoons CH_3COOH_2^+ + CH_3CO^-$ |
| 乙酸酐 | 14.5 | 20.5 | $2(CH_5CO)_2O \rightleftharpoons (CH_5CO)_3O^+ + CH_5OO^-$ |
| 乙二胺 | 15.3 | 14.2 | $2NH_2CH_2CH_2NH_2 \rightleftharpoons NH_2CH_2CH_2NH_3^+$ $+ NH_2CH_2CH_2NH^-$ |
| 乙腈 | 28.5 | 36.6 | $2CH_3^- = CN \rightleftharpoons CH_2 = C = NH_2^+ + CH_2 = C = N^-$ |
| 吡啶 | — | 12.3 | |
| 苯 | — | 2.3 | |
| 三氯甲烷 | — | 4.81 | |

有的溶剂,虽然解离,但并无溶剂化质子产生。例如,乙酸酐有以下解离平衡:

$$2(CH_5CO)_2O \rightleftharpoons (CH_5CO)_3O^+ + CH_5OO^-$$

在乙酸酐中的乙酸酐合乙酰阳离子$(CH_5CO)_3O^+$比乙酸合质子$CH_3COOH_2^+$的酸性更强,因此,在乙酸中显弱碱性或几乎不显碱性的化合物,在乙酸酐中则相对地增强了碱性,因而能定量地起酸碱反应。

溶剂的$K_s$值大小对酸碱滴定的突跃范围具有一定的影响。现以水和乙醇两种溶剂进行比较。在水中,用$0.1mol \cdot L^{-1}$ NaOH滴定$0.1mol \cdot L^{-1}$ HCl时,反应实质为

$$H_3O^+ + OH^- \rightleftharpoons 2H_2O$$

滴至计量点前0.02mL(少半滴),$[H_3O^+] = 5 \times 10^{-5} mol \cdot L^{-1}$

$$pH = 4.30$$

滴至计量点后0.02mL(过半滴),$[OH^-] = 5 \times 10^{-5} mol \cdot L^{-1}$

$$pH = pK_w - pOH = 14.0 - 4.30 = 9.70$$

滴定突跃范围:4.30~9.70(5.4个pH单位)。

而在乙醇中,用$0.1mol \cdot L^{-1}$乙醇钠(强碱)滴定$0.1mol \cdot L^{-1}$强酸,反应实质为

$$C_2H_5OH_2^+ + C_2H_5O^- \rightleftharpoons 2C_2H_5OH$$

滴至计量点前0.02mL(少半滴)

$$[C_2H_5OH_2^+] = 5 \times 10^{-5} mol \cdot L^{-1}$$
$$pH^* = 4.30$$

滴至计量点后0.02mL(过半滴)

$$[C_2H_5O^-] = 5 \times 10^{-5} mol \cdot L^{-1}$$
$$pH^* = pK_s \times pS = 19.1 \times 4.30 = 15.1$$

滴定突跃范围:4.30~15.1(10.8个pH单位),比在水溶液滴定突跃范围大得多。

由此可知,溶剂的p$K_s$愈大,滴定的突跃范围愈大,滴定终点愈敏锐。在水中不能滴定的酸、碱,在$K_s$小的溶剂中可能被滴定。

## (二) 溶剂的酸碱性

根据质子理论,如果酸HB溶于质子性溶剂SH中,则发生下列质子转移反应

$$HB + SH \rightleftharpoons SH_2^+ + B^-$$

反应的平衡常数为

$$K_{HB} = \frac{[SH_2^+][B^-]}{[HB][SH]}$$

$$K_{HB} = \frac{[SH_2^+][B^-][H^+]}{[HB][SH][H^+]} = \frac{[B^-][H^+]}{[HB]} \cdot \frac{[SH_2^+]}{[SH][H^+]} = K_a^{HB} \cdot K_b^{SH}$$

上式表明,酸 HB 在溶剂 SH 中的表现酸强度取决于 HA 的酸强度和溶剂的碱强度,即取决于酸给出质子的能力和溶剂接受质子的能力。

同理,碱 B 溶于质子性溶剂 SH 中,发生下列质子转移反应:

$$B + SH \rightleftharpoons BH^+ + S^-$$

反应的平衡常数为

$$K_B = \frac{[BH^+][S^-]}{[B][SH]} = \frac{[BH^+]}{[B][H^+]} \cdot \frac{[H^+][S^-]}{[SH]} = K_b^B \times K_a^{SH}$$

上式表明,碱 B 在溶剂 SH 中的表现碱强度,取决于 B 的碱强度和溶剂的酸强度,即取决于碱接受质子的能力和溶剂给出质子的能力。

因此,物质的酸碱性不仅与该物质的本性有关,还与溶剂的性质有关。例如,将 HAc 溶于两种不同溶剂水和氨水中,则

(弱酸)$HAc + H_2O \rightleftharpoons H_3O^+ + Ac^-$

(强酸)$HAc + NH_3 \rightleftharpoons NH_4^+ + Ac^-$

因水的酸性比氨水强,故 HAc 在水中显弱酸性而在氨水中显强酸性。

又如,将 HCl 溶于两种不同溶剂水和冰醋酸中,则

(强酸)$HCl + H_2O \rightleftharpoons H_3O^+ + Cl^-$

(弱酸)$HCl + HAc \rightleftharpoons H_2Ac^+ + Cl^-$

因冰醋酸的酸性比水强,故 HCl 在水中显强酸性而在冰醋酸中显弱酸性。

由以上讨论可知:对于弱碱性物质应选择酸性溶剂,使物质碱性增强;对于弱酸性物质应选择碱性溶剂,使物质酸性增强。非水溶液中的酸碱滴定便是利用这一事实,选择适当的溶剂,使原来在水溶液中不能滴定的某些弱酸弱碱的酸碱性增强,便进行滴定。

## (三) 溶剂的极性

溶剂的分子结构可近似看成是带正电荷的原子核和带负电荷的核外电子构成的。由于溶剂分子空间构型的不同,其正负电荷中心可能是重合的,也可能不重合,前者称非极性溶剂(non-polar solvent),后者称极性溶剂(polar solvent)。溶剂极性的大小与宏观性质介电常数 $D$(dielectric constant)有关:极性强的溶剂,介电常数较大;反之介电常数较小。当电解质溶解时,会受到溶剂分子的作用,而使电解质的离子间吸引力减弱,这种吸引力被减弱的程度越大,解离越容易发生。根据库仑定律,离子间的静力引力 $f$ 为

$$f = \frac{q^+ \cdot q^-}{D \cdot r^2}$$

式中,$q^+$ 及 $q^-$ 为正负电荷;$r$ 为两电荷中心之间的距离;$D$ 代表溶剂的介电常数。可见,在溶液中,两个带相反电荷离子间的吸引力与溶剂的介电常数成反比。极性强的溶剂,$D$ 值大,$f$ 较小,故溶剂极性越强,表示越容易使溶质发生解离。例如,HCl 在水($D = 78.5$)中,解离较完全,而在乙酸($D = 6.13$)中,则较难解离,因而 HCl 在水中的酸性比在乙酸中强。

在非水滴定中,为了使样品易于溶解和得到明显的滴定突跃,常需调整溶剂的极性,调整混合溶剂的介电常数。混合溶剂的介电常数,可近似地由下式求得

$$D_{混} = (S_1\% \times D_1 + S_2\% \times D_2 + \cdots + S_n\% \times D_n)$$

式中，$D_{混}$ 为混合溶剂的近似介电常数；$S_1$、$S_2$、$\cdots$、$S_n$ 分别代表溶剂1、溶剂2、$\cdots\cdots$、溶剂 $n$ 的体积分数；$D_1$、$D_2$、$\cdots$、$D_n$ 分别代表各溶剂的介电常数。

## （四）均化效应和区分效应

实验证明，$HClO_4$、$H_2SO_4$、HCl 和 $HNO_3$ 的固有酸度是有差别的，其强度顺序为

$$HClO_4 > H_2SO_4 > HCl > HNO_3$$

但在水中它们的强度却看不出有什么差别，这是由于这些强酸在水中给出质子的能力都很强，水的碱性已足够夺取这些酸放出的全部质子，全部生成水合质子 $H_3O^+$，无法区分。

$$HClO_4 + H_2O \Longrightarrow H_3O^+ + ClO_4^-$$
$$H_2SO_4 + H_2O \Longrightarrow H_3O^+ + HSO_4^-$$
$$HCl + H_2O \Longrightarrow H_3O^+ + Cl^-$$
$$HNO_3 + H_2O \Longrightarrow H_3O^+ + NO_3^-$$

$H_3O^+$ 是水溶液中酸的最强形式，因此，它们的酸强度，都被拉平到 $H_3O^+$ 的强度水平。这种将各种不同强度的酸拉平到溶剂合质子（在这里是水合质子 $H_3O^+$）水平的效应称为拉平效应（leveling effect）。具有拉平效应的溶剂称为拉平性溶剂。水是上述四种酸的拉平性溶剂。

如果将这四种酸溶解在冰醋酸介质中，由于乙酸的碱性比水弱，这种酸就不能将其质子全部转移给 HAc 分子，而且在程度上有差别，这可从四种酸在冰醋酸中的 $K_a$ 可以看出酸的强弱。

$$HClO_4 + HAc \Longrightarrow H_3O^+ + ClO_4^- \qquad K_a = 2.0 \times 10^7$$
$$H_2SO_4 + HAc \Longrightarrow H_3O^+ + HSO_4^- \qquad K_a = 1.3 \times 10^6$$
$$HCl + HAc \Longrightarrow H_3O^+ + Cl^- \qquad K_a = 1.0 \times 10^3$$
$$HNO_3 + HAc \Longrightarrow H_3O^+ + NO_3^- \qquad K_a = 22$$

这种能区分酸（碱）强弱的效应称为区分效应（distinguishing effect）。具有区分效应的溶剂称区分性溶剂。冰醋酸是上述四种酸的区分性溶剂。

溶剂的拉平效应、区分效应与溶质和溶剂的酸碱相对强度有关。例如，水能拉平高氯酸和盐酸，但不能拉平乙酸和盐酸，这是由于乙酸酸性比较弱，质子转移不完全。也就是说，水是乙酸和盐酸的区分性溶剂，但却是高氯酸和盐酸的拉平性溶剂。若改用液氨作溶剂，由于氨接受质子的能力比水强得多，HAc 在液氨中也表现为强酸，所以液氨是 HCl 和 HAc 的拉平性溶剂，在液氨溶剂中，它们的酸强度都被拉平到 $NH_4^+$ 强度水平。

一般来说，酸性溶剂是酸的区分性溶剂，是碱的拉平性溶剂；碱性溶剂是碱的区分性溶剂，是酸的拉平性溶剂。在非水滴定中，往往利用拉平效应测定混合酸（碱）的总量，利用区分效应测定混合酸（碱）中各组分的含量。

有一类溶剂本身不能提供质子，又不能接受质子，称惰性溶剂，它不参与质子转移反应，因此没有均化效应。当物质溶于惰性溶剂时，能保持物质原有的酸碱性，因而是一种很好的区分性溶剂。例如，高氯酸、盐酸、水杨酸、乙酸、酚等五种混合酸的区分滴定，常以甲基异丁酮为溶剂，用氢氧化四丁基铵的异丙醇溶液作滴定剂，在滴定曲线上出现五个转折点，能明显把它们区分开来。

# 二、溶剂的分类及选择

## （一）溶剂分类

根据酸碱质子理论，非水溶剂可分为质子性溶剂和非质子溶剂两大类。

1. **质子性溶剂**　这类溶剂既能给出质子，又能接受质子，故可既表现为酸，又可表现为碱。

这类溶剂最大的特点是溶剂分子之间有质子的转移,即质子自递反应。根据质子性溶剂给出和接受质子能力的不同,又可以细分为以下三类。

(1) **酸性溶剂**:给出质子倾向较强的溶剂,称为酸性溶剂,如甲酸、乙酸、丙酸、硫酸等。滴定弱碱性物质时常用这类溶剂作介质。

(2) **碱性溶剂**:接受质子倾向较强的溶剂,称为碱性溶剂,如乙二胺、乙醇胺、丁胺等。滴定弱酸时常用这类溶剂作介质。

(3) **两性溶剂**:既能给出质子,又能接受质子的溶剂,又叫质子两性溶剂。当溶质是较强的酸时,这种溶剂显碱性;溶质是较强的碱时,则溶剂呈酸性。这类溶剂主要是醇类,如甲醇、乙醇、丙醇、乙二醇等。两性溶剂可作滴定较强酸、碱的介质。

2. **非质子溶质** 这类溶剂无质子转移,故称为非质子溶剂。其特点是溶剂分子之间没有质子自递反应。但是,这类溶剂可能具有较弱的接受质子的能力。根据非质子溶剂接受质子能力的不同,可细分为以下两类。

(1) **非质子亲质子性溶剂**:这类溶剂无质子,但却有较弱的接受质子倾向和程度不同的形成氢键的能力,如酰胺类、酮类、腈类、吡啶、二甲基甲酰胺等。其中,二甲基甲酰胺、吡啶等的碱性甚至比水还大,其形成氢键能力也比丙酮、乙腈等强。

(2) **惰性溶剂**:这类溶剂几乎没有接受质子的能力,故称惰性溶剂。惰性溶剂分子在滴定过程中不参与反应,如苯、四氯化碳等。在这类溶剂中,质子转移直接发生在试样与滴定剂之间。

3. **混合溶剂** 为使样品易于溶解,增大滴定突跃,并使指示剂终点变色敏锐,还可将质子性溶剂与惰性溶剂混合使用,如冰醋酸-乙酸酐、冰醋酸-苯,用于弱碱性物质的滴定。苯-甲醇用于羧类的滴定,二醇类-烃类用于溶解有机酸盐、生物碱、高分子化合物等。

## (二) 溶剂的选择

非水滴定中,溶剂的选择十分重要。选择溶剂时,首先要考虑的是溶剂的酸碱性,因为它对滴定反应的完全程度影响最大。同时也要考虑溶剂的介电常数和质子自递常数等。选择溶剂时应从以下几点加以考虑:

(1) 首先考虑溶剂要能增加样品的酸碱性:滴定弱碱时选酸性溶剂,滴定弱酸时选碱性溶剂,滴定混合酸(碱)总量时选拉平性溶剂,滴定混合酸(碱)中各组分含量时选区分性溶剂。

(2) 溶剂要能溶解样品,满足"相似相溶"的原则。

(3) 溶剂的极性不宜太强,因为弱极性溶剂常能抑制溶剂作用,使酸碱反应趋于完全。通常可根据需要按极性强弱的比例配成适当的混合溶剂,既有利于样品溶解,又可获得明显的滴定突跃。例如,对于极性物质常先用极性较强的溶剂使之溶解,然后再加适量的弱极性溶剂,以达到介电常数小、锐化终点的目的。

(4) 溶剂纯度要高,不应含酸碱性杂质。非水溶剂中的少量水分,既是酸性杂质,又是碱性杂质,故必须除去。例如,冰醋酸中如含少量水分,可加乙酸酐除去。

## 三、碱 的 滴 定

在水溶液中,$c_b K_b < 10^{-8}$ 的弱碱不能用标准酸直接滴定。选用酸性溶剂使弱碱的碱性增强,滴定突跃明显,就可用标准酸滴定了。滴定弱碱最常用的溶剂是冰醋酸。

## (一) 标准溶液的配制与标定

酸碱滴定法中用强酸或强碱作标准溶液。在水溶液中由于水的拉平效应,$HClO_4$、$H_2SO_4$、

HCl 等强酸都可作滴定剂,而在冰醋酸中只有 $HClO_4$ 是强酸,且有机碱的高氯酸盐易溶于有机溶剂中。因而常采用高氯酸的冰醋酸作为滴定碱的标准溶液。

配制高氯酸的冰醋酸溶液所用的高氯酸和冰醋酸均含有水分,而水的存在会影响滴定突跃,必须除去,可用加入计算量的乙酸酐来除水分

$$(CH_3CO)_2O + H_2O \rightleftharpoons 2CH_2COOH$$

从反应式可知,每除去 1mol 水需 1mol 乙酸酐,若冰醋酸含水量为 0.2%,相对密度为 1.05,除去 1000mL 冰醋酸中的水应加密度为 1.08、含量为 97.0% 的乙酸酐的体积为

$$V = \frac{102.9 \times 1000 \times 1.05 \times 0.2\%}{18.02 \times 1.08 \times 97\%} = 11.36(mL)$$

如果水分量较高,纯度较差,经过数次结晶及分馏,即可得纯度较高的冰醋酸。

通常高氯酸为含 $HClO_4$ 70.0% ~ 72.0%、相对密度为 1.75 的溶液,其水分同样应加入乙酸酐除去,计算方法与冰醋酸除水相同。

1. 配制  配制高氯酸的冰醋酸溶液时,不能把乙酸酐直接加到高氯酸溶液中,因为高氯酸和乙酸酐混合时,会发生剧烈反应,并放出大量的热。配制时应先用无水冰醋酸将高氯酸稀释后,在不断搅拌下,缓缓加入乙酸酐。

测定一般样品时,除水用的乙酸酐量稍多些没太大影响。但当所测样品为芳香族伯胺或仲胺时,过量的乙酸酐会导致样品乙酰化,影响测定结果,故不宜过量。

例如,1000mL 0.1mol·$L^{-1}$ $HClO_4$ 标准溶液的配制:取无水冰醋酸 750mL 加入高氯酸(70% ~72%)8.5mL,摇匀,在室温下缓缓滴加乙酸酐 24mL,边加边摇,加完后再振摇均匀。放冷,加适量的无水冰醋酸至 1000mL,摇匀,放置 24 小时。

2. 标定  标定高氯酸标准溶液,常用邻苯二甲酸氢钾作基准物质,以结晶紫为指示剂。标定反应如下

0.1mol·$L^{-1}$ $HClO_4$ 标准溶液的标定:取 105℃ 干燥至恒量的邻苯二甲酸氢钾 0.4g 精密称量,加冰醋酸 20mL,使溶解,加 0.5% 结晶紫冰醋酸溶液 1 ~ 2 滴,用 $HClO_4$ 标准溶液滴定至蓝色,并将滴定的结果用空白试验校正。

3. 校正  水的体膨胀系数(volume dilatation coefficient)较小($0.21 \times 10^{-3}$℃$^{-1}$),常可忽略溶液的体积随温度的影响。冰醋酸的体膨胀系数较大($1.1 \times 10^{-3}$℃$^{-1}$),其体积随温度改变较大。所以 $HClO_4$ 标准液在滴定样品时和标定时温度若有差别,则应按下式进行校正

$$c_t = \frac{c_{t_0}}{1 + 0.0011(t - t_0)}$$

式中,0.0011 为冰醋酸的体膨胀系数;$t_0$ 为测定时的温度;$t$ 为测定时的温度;$c_t$ 为测定时的浓度;$c_{t_0}$ 为标定时的浓度。

## (二) 滴定终点的确定

在以冰醋酸作溶剂,用标准酸滴定弱碱时,最常用的指示剂是结晶紫,其酸式色为黄色,碱式色为紫色,在不同酸度下变色较复杂,由碱区到酸区的颜色变化为紫、蓝、蓝绿、黄绿、黄。在滴定不同强度的碱时,终点颜色各不相同。滴定较强碱时应以蓝或蓝绿色为终点。滴定较弱碱时,以蓝绿或绿色为终点。最好以电位滴定法作对照,从而正确确定终点的颜色,并做空白试验

以减少滴定终点误差。

在冰醋酸中滴定弱碱的指示剂还有 α-萘酚苯甲醇(0.2% 冰醋酸溶液,其酸式为绿色,碱式为黄色)和喹哪啶红(0.1% 甲醇溶液,其碱式为红色,酸式为无色)。

值得指出的是,在非水溶液酸碱滴定中,除用指示剂指示终点外,电位滴定是测定终点的基本方法。因为在非水溶液滴定中,有许多物质的滴定,目前还没有找到合适的指示剂,而且在选择指示剂和确定指示剂终点颜色时都需要以电位滴定作参照。

具有碱性基团的化合物,如胺类、氨基酸类、含氮杂环化合物、某些有机碱的盐以及弱酸盐等,大多可用高氯酸标准溶液进行滴定。

各国药典收载的药品中,有许多药品的含量测定用了高氯酸冰醋酸非水滴定。例如,胺类的非水滴定

样品溶液 $R-NH_2 + HAc \rightleftharpoons R-NH_3^+ + Ac^-$

标准溶液 $HClO_4 + HAc \rightleftharpoons H_2Ac^+ + ClO_4^-$

滴定溶剂解离反应 $H_2Ac^+ + Ac^- \rightleftharpoons 2HAc$

滴定反应总式 $R-NH_2 + HClO_4 \rightleftharpoons R-NH_3^+ + ClO_4^-$

由反应式可知,在滴定过程中,溶剂乙酸分子起了传递质子的作用,而本身并无变化。

又如,有机酸碱金属盐的非水滴定,由于有机酸的酸性一般较弱,它的共轭碱——有机酸根在冰醋酸中显较强碱性,故可用高氯酸标准液滴定。若以 NaB 代表有机酸碱金属盐,其滴定反应可表示如下

样品溶液 $NaB + HAc \rightleftharpoons HB + Na^+ + Ac^-$

标准溶液 $HClO_4 + HAc \rightleftharpoons H_2Ac^+ + ClO_4^-$

滴定溶剂解离反应 $H_2Ac^+ + Ac^- \rightleftharpoons 2HAc$

滴定反应总式 $HClO_4 + NaB \rightleftharpoons HB + ClO_4^- + Na^+$

由反应式可见,只要生成的有机酸 HB 比 $H_2Ac^+$ 的酸性弱,反应就能进行,两者的酸强度相差越大,反应进行得越完全。

用高氯酸标准溶液直接滴定的有机酸碱金属盐有邻苯二甲酸氢钾、乙酸钠、水杨酸钠、乳酸钠等。

## 四、酸 的 滴 定

当弱酸的 $cK_a < 10^{-8}$ 时,在水溶液中就不能直接滴定。如改用碱性比水更强的溶剂使弱酸的酸性增强,便可获得明显的滴定突跃,用标准碱就可直接滴定了。测定不太弱的羧酸常选用醇类作溶剂,如甲醇、乙醇等;对弱或极弱的羧酸可选乙二胺、二甲基甲酰胺等碱性物质作溶剂;混合酸的区分滴定常以甲基异丁酮为区分性溶剂,有时也用甲醇-苯、甲醇-丙酮等混合溶剂。

### (一)标准溶液的配制与标定

常用的碱标准溶液为甲醇钠的苯-甲醇溶液。甲醇钠由甲醇与金属钠反应制得。

$$2CH_3OH + 2Na \rightleftharpoons 2CH_3ONa + H_2 \uparrow$$

有时也用碱金属氢氧化物的醇溶液作为滴定酸的标准溶液。

1. 配制 取无水甲醇(含水量 0.2% 以下)150mL,置于冰水冷却的容器中,分次加入新切的金属钠 2.5g,完全溶解后,加无水苯(含水量 0.02% 以下)适量,使成 1000mL,摇匀即得。

碱标准液在贮存和使用时,置密闭的附有滴定装置的容器内,以防止溶剂挥发,同时也避免与空气中的 $CO_2$ 及湿气接触。

2. 标定  标定碱标准溶液常用的基准物质为苯甲酸,标定反应为

样品溶液　　　　　R—COOH + $CH_3OH$ ⇌ R—COO$^-$ + $CH_3OH_2^+$

标准溶液　　　　　　　　$CH_3ONa$ ⇌ $CH_3O^-$ + $Na^+$

滴定溶剂解离反应　　$CH_3OH_2^+$ + $CH_3O^-$ ⇌ $2CH_3OH$

滴定反应总式　　　　R—COOH + $CH_3ONa$ ⇌ $CH_3OH$ + R—COO$^-$ + $Na^+$

在碱标准溶液的标定及样品酸的测定中,常以百里酚蓝为指示剂指示终点,其碱式色为蓝色,酸式色为黄色。其他如偶氮紫、溴酚蓝也是常用指示剂。

## (二) 应用示例

羧酸在水中若 $pK$ 为 4~5 时,有足够的酸性,可在水中用 NaOH 直接滴定。但一些高级羧酸在水中 $pK$ 为 5~6,而滴定产物是肥皂,有泡沫,使终点模糊,在水中无法滴定,可在苯-甲醇混合溶剂中用甲醇钠滴定。反应如下

样品溶液　　　　　R—COOH + $CH_3OH$ ⇌ $CH_3OH_2^+$ + RCOO$^-$

标准碱液　　　　　　　　$CH_3ONa$ ⇌ $CH_3O^-$ + $Na^+$

滴定反应　　　　　　$CH_3OH_2^+$ + $CH_3O^-$ ⇌ $2CH_3OH$

滴定反应总式　　　R—COOH + $CH_3ONa$ ⇌ $CH_3OH$ + RCOONa

由式可见,溶剂甲醇起了传递质子的作用,但本身无变化。

---

### 中药分析中的非水酸碱滴定

滴定分析一般都在水溶液中进行,水对许多物质的溶解能力强、价廉、安全、挥发性小、易于纯化,但对中药成分中的一些很弱的酸、碱不能直接滴定,由于它的离解常数小于 $10^{-7}$,在水溶液中进行滴定时,没有明显的终点突跃。许多有机试样难溶于水,也不能在水溶液中直接滴定。为了解决这些问题,可采用非水溶剂(包括有机溶剂与不含水的无机溶剂)作为滴定介质。在适当的条件下,还可以分别滴定某些混合物中性质相近的各个组分,从而扩大滴定分析的应用范围。非水滴定除溶剂较为特殊外,具有一切滴定分析所具有的准确、快速、不需要特殊设备等优点,因此,已为各国药典用于药物的常规分析。

---

### 枸橼酸钠的含量测定

[药典方法]　取本品约 80mg[1],精确称定,加冰 HAc[2] 5mL,加热溶解后,放冷,加乙酸酐 10mL[3] 与结晶紫指示液 1 滴,用 $HClO_4$ 滴定液[4] (0.1mol·L$^{-1}$) 滴至溶液显蓝绿色[5]。并将滴定结果用空白试验进行校准[6] (每 1mL 滴定液相当于 8.602mg $C_6H_5Na_3O_7$)[7]。

注解 [1]　为什么取本品约 80mg?

根据滴定反应:

$$C_6H_5Na_3O_7 + 3HClO_4 ⇌ C_6H_8O_7 + 3ClO_4^- + 3Na^+$$

系数乘 1/3,得

$$1/3 C_6H_5Na_3O_7 + HClO_4 ⇌ 1/3 C_6H_8O_7 + ClO_4^- + Na^+$$

选 1 $HClO_4$ 和 1/3 $C_6H_5Na_3O_7$ 为"基本单元",达计量点时

$$n_{Na_3Cit} = n_{HClO_4}$$

$$W_{Na_3Cit} / (M_{Na_3Cit}/3) = c_{HClO_4} V_{HClO_4} \times 10^{-3}$$

设取样质量为 $W$g，如用 10mL 微量滴定管，根据误差要求，滴定终点消耗 $HClO_4$ 约 8mL 为宜。

$$W_{Na_3Cit}/M_{Na_3Cit} = c_{HClO_4}V_{HClO_4} \times 10^{-3}$$

$$W_{Na_3Cit} = 0.1 \times 8 \times (294.1/3) \times 10^{-3}$$

$$= 0.08g（取样量）$$

注解 [2]  为什么取冰 HAc 作溶剂？

弱碱性样品选择酸性溶剂以增加样品的碱性。HAc 无毒、易获得。

注解 [3]  因样液中含少量水（来源于结晶水和冰醋酸中微量水）

含水量估算：

$$结晶水 0.08 \times 36/294 \approx 0.01（g）$$

用乙酸酐脱水，设加乙酸酐的量为 $V$mL。

$$V \times d \times \omega_{乙酸酐}/M_{乙酸酐} = 0.01/M_水$$

$$V \times 1.08 \times 97\%/102 = 0.01/18$$

$$V = 0.054 \text{mL}$$

注解 [4]  选用 $0.1 mol \cdot L^{-1}$ $HClO_4$ 标准溶液（配制与标定见案例 4-7）

注解 [5]  同上。

注解 [6]  除样品以外的相同溶液，做对照试验。

注解 [7]  滴定度 $T_{T/A}$：每 1mL 滴定液相当于被测物质的质量。

$$m_A = T_{T/A} \times V_T$$

因为

$$m_{KHC_8H_4O_4} = c_{HClO_4}V_{HClO_4}M_{KHC_8H_4O_4} \times 10^{-3}$$

当 $V_{HClO_4} = 1$mL 时

$$m_{KHC_8H_4O_4} = T_{T/A}$$

$$T_{T/A} = c_T M_A \times 10^{-3} = 0.1 \times (258/3) \times 10^{-3} = 8.602 \text{（mg）}$$

## $0.1 mol \cdot L^{-1} HClO_4$ 标准溶液的配制与标定

[配制] 取无水冰 HAc[1] 750mL，加入 $HClO_4$ 8.5mL[2]，再缓缓加入乙酸酐 24mL[3]，边加边摇，最后加冰醋酸稀释至 1000mL，放置 24 小时。

注解 [1]  $HClO_4$ 在 HAc 中仍是强酸。

注解 [2]  设配制 $0.1 mol \cdot L^{-1} HClO_4$ 需 $HClO_4$ $V$mL：

$$V \times d \times \omega_{HClO_4}/M_{HClO_4} = 0.1 mol \cdot L^{-1}$$

$$V \times 1.75 \times 70\%/100.5 = 0.1 mol \cdot L^{-1}$$

$$V \approx 8.20 \text{mL}$$

注解 [3]  乙酸酐除水（水来自 $HClO_4$）

设乙酸酐取量 $V$mL。

$$V_{乙酸酐} \times d_{乙酸酐} \times \omega_{乙酸酐}/M_{乙酸酐} = V_{HClO_4} \times d_{HClO_4} \times \omega_{HClO_4}/M_{H_2O}$$

$$V_{乙酸酐} \times 1.08 \times 97\%/102 = 8.20 \times 1.75 \times 30\% /18$$

$$V_{乙酸酐} \approx 24 \text{mL}$$

[标定] 取 105℃干燥至恒量的邻苯二甲酸氢钾 0.4g[4]，精密称量，加冰醋酸 20mL，溶解，加 0.5% 结晶紫冰醋酸指示液[5] 1~2 滴，用 $HClO_4$ 标准溶液滴至蓝色，并将结果空白校正。

注解 [4]　　　　$KHC_8H_4O_4 + HClO_4 \rightleftharpoons H_2C_8H_4O_4 + ClO_4^- + K^+$
　　　　　　　$20 \times 0.1 \times 204.4/1000 \approx 0.4$ (g)

注解 [5]　结晶紫（α-萘酚苯甲醇）$HIn \rightleftharpoons H^+ + In^-$
　　　　　　（黄～黄绿～蓝绿～蓝～紫）

滴定弱碱，终点显蓝绿色；

滴定强碱，终点显蓝色。

## 药　典

药典是一个国家记载药品标准、规格的法典,是药品现代化生产和质量管理的共同遵循的法定依据。 世界上至少已有38个国家编订了国家药典。 另外,尚有区域性药典33种及世界卫生组织（WHO）编订的《国际药典》。如美国药典（USP）、英国药典（BP）、日本药局方（JP）等。

中国药典（Ch. P）（图4-14）,自1947年迄今已出至8版。 2005版中国药典分三部:一部收载中药;二部收载化学药品;三部收载生物制品。 共收载3214种。 二部附录中收载了药品标准分析方法。 现代分析技术在2005版药典中得到进一步扩大应用。

图4-14　中国药典

2010年第9版《中国药典》已编制完成,仍分三部,收载品种4615种,其中新增1358种,现代分析技术广泛应用。 2010年7月1日正式实施。

## 小结

1. **酸碱质子理论**　"凡是能给出质子（$H^+$）的物质都是酸,凡是能接受质子的物质都是碱;既能给出质子又能接受质子的物质称为两性物质。""酸中含碱、见碱知酸",两者之间相差一个质子,构成了一个共轭酸碱对。酸碱反应的实质是两个共轭酸碱之间的质子转移反应。

2. **水的离子积**　$K_w = [H^+] \cdot [OH^-] = 1.0 \times 10^{-14}$ （25℃）;$pH = -\lg[H^+]$、$pOH = -\lg[OH^-]$、$pK = -\lg K$。

3. **水溶液中**

　弱酸有 $HB + H_2O \rightleftharpoons H_3O^+ + B^-$,平衡常数 $K_a = \dfrac{[H^+] \cdot [B^-]}{[HB]}$,$K_a$ 大,酸相对强;

　弱碱有 $B^- + H_2O \rightleftharpoons HB + OH^-$,平衡常数 $K_b = \dfrac{[HB] \cdot [OH^-]}{[B^-]}$,$K_b$ 大,碱相对强。

4. **同离子效应**　在弱电解质溶液中,加入与该弱电解质含有相同离子的强电解质而使弱电解质的电离平衡发生移动,从而降低弱电解质电离度的现象。

　盐效应指在弱电解质溶液中加入强电解质,因离子强度增大导致溶液中离子间牵制作用增大,离子活度减小,使弱电解质的电离度略有增大的现象。

5. **缓冲溶液**　一种能抵抗外来少量强酸、强碱或适当稀释时,保持体系pH基本不变的溶液。缓冲溶液的pH计算公式:$pH = pK_a + \lg \dfrac{[共轭碱]}{[共轭酸]}$、$pOH = pK_b + \lg \dfrac{[共轭酸]}{[共轭碱]}$。

**小结**

6. **酸碱滴定法** 是利用碱(或酸)标准溶液逐滴加入酸(或碱)待测液中,利用指示剂变色确定终点,再根据 $c_{酸}V_{酸}=c_{碱}V_{碱}$ 公式算待测液浓度的方法。酸碱滴定曲线反映了滴定过程中溶液 pH 的连续变化过程。根据滴定曲线的形状可判断酸碱滴定的类型、pH 突跃范围、滴定终点的 pH、选择酸碱指示剂、计算 $K_a$ 等。

酸碱指示剂通常是有机弱酸或有机弱碱,其分子和离子颜色明显不同。当溶液 pH 发生变化时,指示剂的分子与离子浓度比发生改变,引起溶液颜色改变。当指示剂的变色范围部分或全部落在 pH 突跃范围之内即为合适的指示剂。

7. **非水滴定法** 当酸(或碱)的 $cK<10^{-8}$ 时,在水中没有明显的滴定突跃,另外,许多有机物不溶于水,都不能直接滴定。可采用非水滴定。

弱酸(或弱碱)经选择适当溶剂,增强其酸(或碱性)后,便可以进行滴定。

非水滴定法的溶剂可分为质子性溶剂和非质子溶剂两大类,其中质子性溶剂又分为酸性溶剂、碱性溶剂和两性溶剂。

根据均化效应和区分效应的原理可知,滴定弱碱时选酸性溶剂,滴定弱酸时选碱性溶剂,滴定混合酸(碱)总量时选拉平性溶剂,滴定混合酸(碱)中各组分含量时选区分性溶剂。

## 目 标 检 测

**一、名词解释**(有 * 的题为参考题)

缓冲溶液  缓冲容量  指示剂  指示剂的变色范围  滴定突跃  *拉平效应  *区分效应

**二、选择题**

(一)最佳选择题

1. 下列各组酸碱对中,不属于共轭酸碱对的是 ( )
   A. $H_2^+Ac$-$HAc$
   B. $NH_3$-$NH_2^-$
   C. $HNO_3$-$NO_3^-$
   D. $H_2SO_4$-$SO_4^{2-}$

2. 以甲基橙为指示剂,能用 NaOH 标准溶液直接滴定的酸和能用 HCl 标准溶液直接滴定的碱分别是 ( )
   A. $H_2C_2O_4$,$C_2O_4^{2-}$
   B. $H_3PO_4$,$PO_4^{3-}$
   C. $HAc$,$Ac^-$
   D. $HCOOH$,$HCOO^-$

3. 下列各组酸碱对中,属于共轭酸碱对的是 ( )
   A. $H_2CO_3$、$CO_3^{2-}$
   B. $H_3O^+$、$OH^-$
   C. $HPO_4^{2-}$、$PO_4^{3-}$
   D. $NH_3CH_2COOH$、$NH_2CH_2COO^-$

4. 在浓度相同时,下列盐的水溶液中,其缓冲作用最大的是 ( )
   A. $NaHCO_3$
   B. $NaH_2PO_4$
   C. $Na_2B_4O_7 \cdot 10H_2O$
   D. $Na_2HPO_4$

5. 已知 $H_3PO_4$ 的 $pK_{a_1}=2.12$,$pK_{a_2}=7.20$,$pK_{a_3}=12.36$。今有一磷酸盐溶液的 pH = 4.66,则其主要存在形式是 ( )
   A. $HPO_4^{2-}$
   B. $H_2PO_4^-$
   C. $HPO_4^{2-}+H_2PO_4^-$
   D. $H_2PO_4^-+H_3PO_4$

*6. 弱碱性物质,使其碱性增强,应选择的溶剂呈 ( )
   A. 酸性
   B. 碱性
   C. 中性
   D. 惰性

7. 已知 $0.10\,mol \cdot L^{-1}$ 一元弱酸溶液的 pH = 3.0,则 $0.10\,mol \cdot L^{-1}$ 共轭碱 NaB 溶液的 pH 是 ( )
   A. 11.0
   B. 9.0
   C. 8.5
   D. 9.5

8. 配制 pH = 9.00 的缓冲溶液,最好选用 ( )

A. $NaHCO_3$、$Na_2CO_3$          B. $NaH_2PO_4$、$Na_2HPO_4$
C. HAc、NaAc          D. $NH_3 \cdot H_2O$、$NH_4Cl$

9. 某混合碱先用 HCl 滴定至酚酞变色，耗去 $V_1$ mL，继续以甲基橙为指示剂，耗去 $V_2$ mL，已知 $V_1 = V_2$，其组成是 （　　）
A. $NaOH$-$Na_2CO_3$    B. $Na_2CO_3$    C. $NaHCO_3$-$NaOH$    D. $NaHCO_3$-$Na_2CO_3$

10. 用 $0.1000\ mol \cdot L^{-1}$ NaOH 标准溶液滴定 20.00 mL $0.1000\ mol \cdot L^{-1}$ HAc，滴定突跃为 7.74~9.70，可用于这类滴定的指示剂是 （　　）
A. 甲基橙(3.1~4.4)          B. 溴酚蓝(3.0~4.6)
C. 甲基红(4.0~6.2)          D. 酚酞(8.0~9.6)

（二）多项选择题

11. 影响弱电解质的平衡常数因素是 （　　）
A. 弱电解质电离的反应物和产物的浓度    B. 温度
C. 弱电解质的性质    D. 催化剂

12. 关于酸碱指示剂，下列说法正确的是 （　　）
A. 指示剂本身是有机弱酸或弱碱    B. 指示剂的变色范围越窄越好
C. HIn 与 $In^-$ 的颜色差异越大越好    D. 指示剂的变色范围必须全部落在滴定突跃范围之内

13. 配制 NaOH 标准溶液，以下操作正确的是 （　　）
A. 先配成饱和溶液    B. 装于聚乙烯塑料瓶中
C. 密塞、放置数日再标定    D. 标定时用煮沸并冷却过的蒸馏水

*14. 下列溶剂的哪种性质影响溶解于其中的溶质的酸碱性 （　　）
A. 溶剂的酸碱性    B. 溶剂的介电常数
C. 溶剂的沸点    D. 溶剂的自身离解常数

15. 在下列各组酸碱组分中，不属于共轭酸碱对的是 （　　）
A. HCN-NaCN    B. $H_3PO_4$-$Na_2HPO_4$
C. $^+NH_3CH_2COOH$-$NH_2CH_2COO^-$    D. $H_3O^+$-$OH^-$

三、简答题

1. 举例说明酸碱质子理论中是如何定义酸、碱和两性物质的。何谓"共轭酸碱对"？
2. 酸碱缓冲溶液为何能控制溶液的酸度基本不变？试举例说明。
3. 举例说明指示剂的变色原理。什么是指示剂的变色范围？变色范围的大小受哪些因素影响？
4. 什么是滴定突跃、滴定突跃范围？滴定突跃大小受到哪些因素影响？
5. 指示剂的选择原则是什么？
6. 有人试图用酸碱滴定法来测定 NaAc 的含量，先加入一定量过量的标准盐酸溶液，然后用 NaOH 溶液返滴过量的 HCl，上述操作是否正确？试述其理。
*7. 非水酸碱滴定法中，溶剂是如何分类的？溶剂有哪些性质？选择溶剂的原则是什么？
*8. 若要对苯酚、HAc、水杨酸、$HClO_4$ 进行区分滴定，应选用何种溶剂、滴定剂？

四、计算题

1. 苯甲酸（可用弱酸的通式 HA 表示，相对分子质量为 122）的酸常数 $K_a = 6.4 \times 10^{-5}$，试求：
（1）中和 1.22g 苯甲酸需用 $0.4\ mol \cdot L^{-1}$ 的 NaOH 溶液多少毫升？（25mL）
（2）求其共轭碱的碱常数 $K_b$。（$1.56 \times 10^{-10}$）
（3）已知苯甲酸在水中的溶解度为 $2.06\ g \cdot L^{-1}$，求饱和溶液的 pH。（pH = 3）

2. 将 $Na_2CO_3$ 和 $NaHCO_3$ 混合物 30g 配成 1L 溶液，测得溶液的 pH = 10.62，计算溶液含 $Na_2CO_3$ 和 $NaHCO_3$ 各多少克。（$Na_2CO_3$ 22.36g；$NaHCO_3$ 7.64g）

3. 欲配制 pH = 5.0 的缓冲溶液，需称取多少克 $NaAc \cdot 3H_2O$ 固体溶解在 300mL $0.5\ mol \cdot L^{-1}$ 的 HAc 溶液中？（35.70g）

4. 计算用 NaOH 液($0.1\text{mol}\cdot\text{L}^{-1}$)滴定 HCOOH 液($0.1\text{mol}\cdot\text{L}^{-1}$)到化学计量点时溶液的 pH，并说明应选择何种指示剂？(pH = 8.22；酚酞)

5. 若用 HCl 液($0.02\text{mol}\cdot\text{L}^{-1}$)滴定 KOH 液($0.02\text{mol}\cdot\text{L}^{-1}$)20.00mL，试计算计量点到 0.1%、化学计量点及化学计量点后 0.1% 时溶液的 pH。可以采用何种指示剂？(化学计量点前 pH = 9.0，化学计量点时 pH = 7.0，化学计量点后 pH = 5.0；甲基红)

6. 滴定 0.6300g 某纯有机二元酸用去 NaOH 液($0.3030\text{mol}\cdot\text{L}^{-1}$)38.00mL，并又用了 HCl 液($0.2250\text{mol}\cdot\text{L}^{-1}$)4.00mL 返滴定(此时有机酸完全被中和)，计算有机酸的相对分子质量。($M = 118$)

7. 0.2500g $CaCO_3$ 结晶溶于 45.56mL HCl 溶液中，煮沸除去 $CO_2$ 后用去 NaOH 溶液 2.25mL，中和过量的酸，在另一滴定中用 43.33mL NaOH 溶液恰好中和 46.46mL HCl 溶液，计算酸、碱溶液的浓度。($c_{HCl}$ = 0.1158$\text{mol}\cdot\text{L}^{-1}$，$c_{NaOH}$ = 0.1242$\text{mol}\cdot\text{L}^{-1}$)

*8. 假定在无水乙醇中 $HClO_4$、$C_2H_5ONa$ 都完全离解。

(1) 以无水乙醇为溶剂，用 $C_2H_5ONa$(0.100$\text{mol}\cdot\text{L}^{-1}$)滴定 50.0mL $HClO_4$(0.050$\text{mol}\cdot\text{L}^{-1}$)，计算当加入 0.00mL、12.5mL、24.9mL、25.0mL、25.1mL 和 30.0mL 碱溶液时溶液的 pH ($-\lg[C_2H_5OH_2^+]$)。(1.30, 1.70, 3.87, 9.55, 15.2, 16.9)

(2) 将(1)中体积从 24.9mL 到 25.1mL 的 pH 变化(ΔpH)同水作溶剂、NaOH 作溶剂时的情况作比较，并解释其原因。(乙醇中 ΔpH = 11.3，在水中 ΔpH = 6.2)

(张　威)

# 第5章 原子结构与原子光谱知识

1. 了解波粒二象性、物质波、测不准原理
2. 了解原子核外电子的运动状态
3. 理解原子轨道、电子云的概念及四个量子数的物理意义
4. 掌握原子核外电子排布的规律
5. 掌握原子的电子层结构、元素周期表与元素性质的关系
6. 了解原子光谱产生的原理和常用分析方法

## 第1节 原子核外电子运动状态

**卢 瑟 福**

欧内斯特·卢瑟福(E. Rutherford, 1871—1937)（图5-1）出生于手工业工人家庭。23岁时在新西兰已获得了文学学士、文学硕士、理学学士；1895年进入英国剑桥的卡文迪许实验，师承著名物理学家汤姆逊；1919年起担任卡文迪许实验室主任，是20世纪进行放射性和原子结构等方面研究的最伟大的实验物理学家之一。1908年获得诺贝尔化学奖。主要科学成就有：①放射性研究改变了人们元素不变化的观点，开辟新的科学领域——原子物理学；②α粒子散射研究提出原子核式结构模型并确证和命名质子，成为量子力学的先驱；③运用粒子或射线轰击原子核，实现了人工核反应。其还培养出2位诺贝尔化学奖和6位诺贝尔物理奖获得者。

图5-1 卢瑟福

人类对原子结构的认识,大体上经历了四个重要的发展阶段。1803年,英国的道尔顿(J. Dalton)提出的原子不可分的学说；1897年,英国物理学家汤姆逊(J. J. Thomson)证明了电子的存在,尤金·戈尔德斯坦(E. Goldstein)发现了质子的存在,从而打破了原子不可分的学说,并建立了"枣糕"式原子模型(原子是一个正电荷均匀分布的粒子,带负电荷的电子镶嵌其中)；1911年,卢瑟福(E. Rutherford)发现了原子核并建立了"行星式"原子模型；1913年,玻尔(N. Bohr)结合普朗克(M. Planck)量子理论,建立了原子定态量子力学模型,成功解释了氢原子的线状光谱,但无法解释电子衍射和多电子光谱现象；随后,在德布罗意(L. de Broglie)、海森堡(W. Heisenberg)和薛定谔(E. Schrödinger)等科学家的共同努力下,建立了现代原子核外电子运动状态理论；明确了核外电子运动状态；1932年,卡德维克(J. Chadwick)证明了中子的存在；至此,原子的基本组成单元已清晰的呈现出来。本节对量子力学在处理原子核外电子量子化的特征及波粒二象性(wave-particle duality)提出主要论据和重要结论作一些简述。

# 一、微观粒子的波粒二象性

所谓波粒二象性,是指微粒既具有波动性又同时具有粒子性。波动性是物质在运动中表现出具有一定的波长和频率,能产生干涉、衍射等现象;粒子性则是指微粒在运动中具有动量、动能、质量、速度等现象。

## (一) 光的波粒二象性

关于光的本性曾有两种理论:一是以英国物理学家牛顿(I. Newton)为代表的"粒子流说";二是以荷兰物理学家惠更斯(C. Huygens)为代表的"波动说"。其争论长达200多年,直到20世纪初,普朗克创立量子论和爱因斯坦(A. Einstein)创立光子学说,才结束长达200多年的争论。至此,人们认识到了光具有粒子性和波动性的双重特性,即波粒二象性,并通过质能方程联系起来。

$$E = h\upsilon \tag{5-1}$$

$$E = mc^2 \tag{5-2}$$

式中,$E$ 为光子的能量,J;$c$ 为光子的运动速度,m·s$^{-1}$;$\upsilon$ 为光子的频率,Hz;$m$ 为光子的质量,kg;$h$ 为普朗克常量($6.626 \times 10^{-34}$ J·s)。

由式(5-1)、式(5-2)两式可推导出光子的波长 $\lambda$ 和动量 $p$ 关系式:

$$mc = \frac{h\upsilon}{c} \tag{5-3}$$

$$p = \frac{h\upsilon}{c} = \frac{h}{\lambda} \tag{5-4}$$

由式(5-4)可知光的波动性和粒子性通过普朗克常量 $h$ 定量地联系起来,揭示了光的波粒二象性的本质。

## (二) 电子的波粒二象性

1924年,法国年青的物理学家德布罗意在从事量子理论研究时,受光的波粒二象性的启发,大胆地提出一个假说:不仅光子有波粒二象性,而且一切运动的微观粒子(如电子、原子等)都有波粒二象性,并预言微观粒子的波长($\lambda$)和它的质量($m$)、运动的速度($v$)三者之间的关系为

$$\lambda = \frac{h}{p} = \frac{h}{mv} \tag{5-5}$$

微粒波长  微粒动量 微粒质量 微粒运动的速度
(波动性)      (粒子性)

式(5-5)就是德布罗意关系式,通过普朗克常量从而定量地把微观粒子的波动性和粒子性联系起来。据此可计算出实物运动的波长。

已知,普朗克常量 $h = 6.626 \times 10^{-34}$ J·s,电子的质量 $m = 9.1 \times 10^{-31}$ kg,速度 $v = 10^6$ m·$s^{-1}$,试求其波长。

解: $\lambda = \dfrac{h}{mv} = \dfrac{6.626 \times 10^{-34} \text{J·s}}{9.1 \times 10^{-31} \text{kg} \times 10^6 \text{m·s}^{-1}} = 7.28 \times 10^{-10}$ m

案例5-1

因电子运动时具有一定的质量、速度、能量,所以,电子具有粒子性是无可非议。德布罗意的假说是否成立?电子是否有波动性呢?1927年英国的戴维逊(C. J. Davisson)和革末(L. Germer),用一束高速电子流轰击一块镍金属晶体薄片时(图5-2),得到了与X射线衍射图像相似的电子衍射照片(图5-3)。根据图5-3(b)照片上的明暗相间的光环-衍射环纹,按电磁波理论所求出的电子波长和从德布罗意的关系式计算出的结果完全一致,这就证明了电子具有波动性。

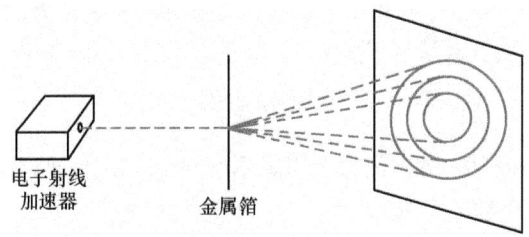

图 5-2 电子衍射装置示意图

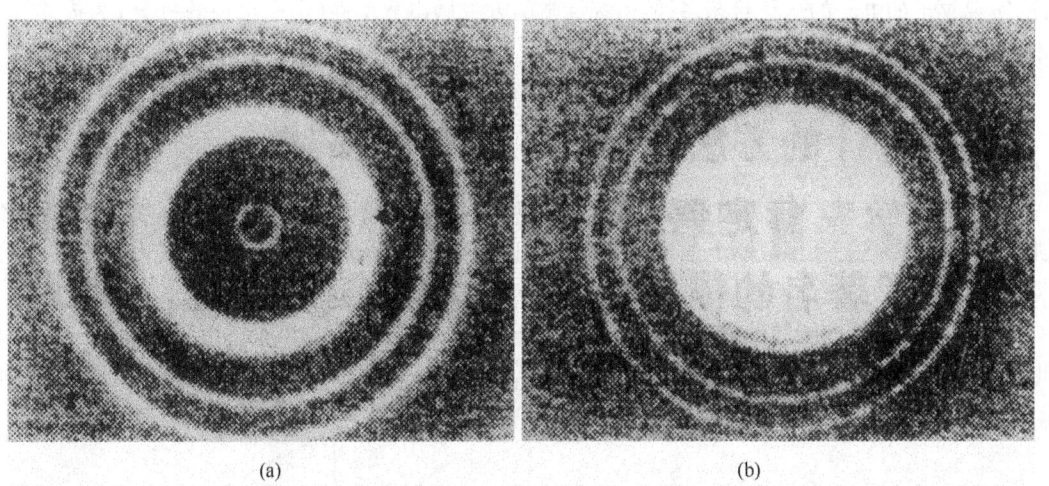

(a)　　　　　　　　　　(b)

图 5-3　X 射线和电子衍射示意图

(a)X 射线衍射图;(b)电子衍射图

大量的实验表明,不仅电子具有波粒二象性,质子、α 粒子、原子、分子等射线也具有衍射现象,具有波粒二象性,从而证明了德布罗意的假设是完全正确的。

高速运动着的宏观物体是否有波动性呢?

质量为19g的子弹,以$10^5 m \cdot s^{-1}$速度运动,它的波长是多少？

解： $\lambda = \dfrac{h}{mv} = \dfrac{6.626 \times 10^{-34} J \cdot s}{1.9 \times 10^{-3} kg \times 10^5 m \cdot s^{-1}} = 3.48 \times 10^{-36} m$

案例5-2

由计算可知,宏观物体也有德布罗意波,但因宏观物体质量大,运动速度慢,产生的波长太短,现时人类还无法测量,故认为其无波动性。

### （三）测不准原理

根据牛顿力学理论,对于宏观物体如绕地球飞行的宇宙飞船、运行的火车等,可以同时准确确定它们在某一时刻所在的位置和速度,但是对于原子核外电子,因质量很小,运动速度很快,具有波粒二象性,实验研究的结果却完全不同于宏观物体的情况。

1927年,德国物理学家海森堡提出了微粒的运动速度和空间位置的不确定关系——测不准原理(uncertainty principle),其数学关系式为

$$\Delta x \cdot \Delta p \geqslant \dfrac{h}{4\pi} \tag{5-6}$$

式中,$\Delta x$ 为微观粒子在空间某一方向的位置测定不准量,m;$\Delta p$ 为微观粒子动量的测定不准量,$kg \cdot m \cdot s^{-1}$;$h$ 为普朗克常量。

式(5-6)表明,如果微观粒子位置测定越准确($\Delta x$ 越小),则其动量测定越不准确($\Delta p$ 越大),反之亦然。也就是说,微观粒子(如电子)不可能同时准确测定其运动速度和空间位置。因此,微观粒子如电子的运动状态,只能用统计学的方法做出概率性(电子出现的机会)的描述,而不能用牛顿力学中宏观物体的固定轨道来描述。

## 二、原子"轨道"和四个量子数

20世纪20年代,对于具有波粒二象性的微观粒子运动的研究产生了量子力学,它抛弃了经典力学的传统方法,采用数学上的统计观点来描述原子中电子运动的规律。慢射电子衍射实验证明了电子运动的统计性规律。

假如用可控制电子数的慢电子枪来代替电子射线进行电子衍射实验。开始时,由于有少数电子一个一个有先有后投射到感光片上,每个电子着落点在哪个位置毫无规律,如图5-4(a)所

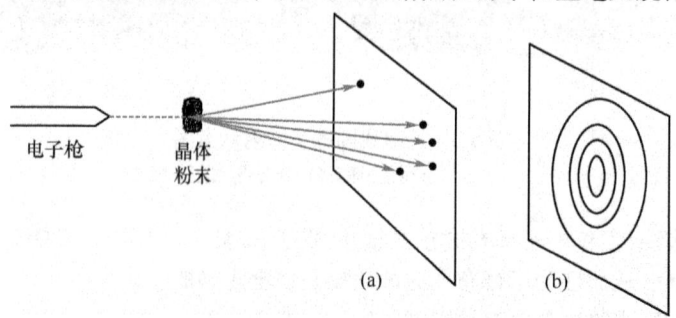

图5-4 电子慢射实验示意图
(a)时间短;(b)时间长

示;但如果经过足够长的时间就有大量的电子在感光片上感光,得到明暗相间的电子衍射环纹,如图5-4(b)所示。前者表现出电子的粒子性,后者表现出了电子的波动性能。高亮环纹处电子衍射强度大,电子出现的机会多,即概率大;暗纹处电子衍射强度小,电子出现的机会小,即概率小。由此可见电子的运动服从统计学规律。

## （一）原子"轨道"

1926年,奥地利物理学家薛定谔根据电子具有波粒二象性、测不准的原理和统计学的规律,提出了著名的描述微观粒子运动的波动方程——薛定谔方程。

$$\frac{\partial^2 \psi}{\partial x^2} + \frac{\partial^2 \psi}{\partial y^2} + \frac{\partial^2 \psi}{\partial z^2} + \frac{8\pi^2 m}{h^2}(E - V) = 0 \tag{5-7}$$

式中,$\psi$ 为波函数;$x$、$y$、$z$ 为空间坐标;$E$ 为体系的总能量;$V$ 为体系的势能;$m$ 为微观粒子的质量;$h$ 为普朗克常量。

### 薛 定 谔

薛定谔（1887—1961）（图5-5）生于维也纳,1910年在维也纳大学获博士学位。1925年底提出了对应于波动光学的波动力学方程,奠定了波动力学的基础。1933年与P. A. M 狄拉克共获诺贝尔物理学奖。1944年著有《生命是什么》一书,引导人们用物理学、化学方法去研究生命的本性,这使其成为蓬勃发展的分子生物学研究的先驱；他发表了著名的薛定谔猜想,为量子力学的发展作出了贡献；晚年致力于物理学基础和有关哲学问题的研究,写了《科学和人文主义——当代的物理学》等哲学性著作。

图5-5 薛定谔

薛定谔方程将电子在核外运动的状态与能量相联系,从而全面地反映微观粒子的运动状态。对式(5-7)进行数学求解是十分困难的,为了求解薛定谔方程的方便,通常将直角坐标表示的 $\psi(x,y,z)$ 转换成用球坐标表示的 $\psi(r,\theta,\varphi)$,两者变换关系如图5-6所示。

为了得到薛定锷方程合理的解,必须引入三个取值一定的参数 $n$、$l$、$m$,量子力学上称之为量子数（quantum number）。只有当 $n$、$l$、$m$ 三个取值和组合方式一定时,波函数 $\psi$ 才能有确定的解,$\psi$ 才能反映电子运动可能出现的区域。为了方便了解电子运动的区域而不必记忆波函数复杂数学式,习惯上运用具有一定组合量子数表示的波函数 $\psi_{n,l,m}$ 来代表电子运动的区域,也形象地称之为原子"轨道"。下面就量子数 $n$、$l$、$m$ 如何取值及其物理学意义作简要的叙述。

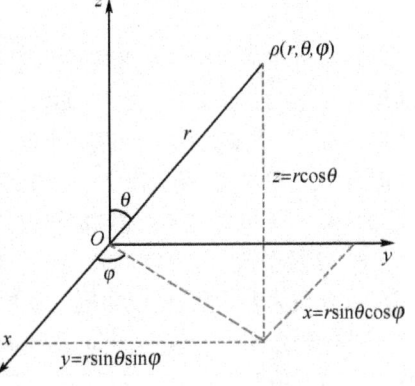

图5-6 直角坐标和球坐标的转换关系图

## （二）量子数

1. 主量子数 $n$　在量子力学中,主量子数（principal quantum number）是用来描述电子在原子核外出现概率最大的区域离核远近的参数。在原子中，$n$ 取值只能取正整数，并常用一组光谱学符号相对应，而且主量子数 $n$ 相同的电子，可认为在同一区域内运动，此区域习惯上又称之为电子层。表 5-1 列出了电子的主量子数 $n$、电子层和对应光谱学符号的关系。

**表 5-1 主量子数 $n$、电子层、符号对应关系**

| $n$ 值 | 1 | 2 | 3 | 4 | 5 | 6 | 7 | … |
|---|---|---|---|---|---|---|---|---|
| 电子层 | 一 | 二 | 三 | 四 | 五 | 六 | 七 | … |
| 电子层符号 | K | L | M | N | O | P | Q | … |
| 离核距离 | 远 ← | | | | | | → 近 | |

通常电子运动的区域离原子核越远，电子的能量越大，所以，$n$ 是决定电子能量高低的主要因素。对单电子原子(如氢原子)或离子来说，$n$ 值越大，则该电子的能量 $E$ 越高。

2. **角量子数 $l$** 角量子数(angular momentum quantum number)是描述原子"轨道"形状或电子在原子核外出现概率最大区域形状的参数。$l$ 取值受主量子数 $n$ 的限制，可取 $0,1,2,3,\cdots,(n-1)$ 共 $n$ 个正整数，在光谱学上也常用相应的符号表示。$l$ 值的取值不同，电子运动的状态不同。它们之间的关系见表 5-2。

**表 5-2 $l$ 与 $n$ 取值关系、光谱符号和轨道形状相互关系**

| $n$ 与 $l$ 取值关系 | | $l$ 值与轨道符号、形状关系 | | |
|---|---|---|---|---|
| $n$ 值 | $l$ 可取值 | $l$ 值 | 轨道符号 | 轨道形状 |
| 1 | 0 | 0 | s | 球形对称 |
| 2 | 0,1 | 1 | p | 哑铃形 |
| 3 | 0,1,2 | 2 | d | 花瓣形 |
| 4 | 0,1,2,3 | 3 | f | 尚不清楚 |
| 5 | 0,1,2,3,4 | 4 | g | 尚不清楚 |
| $n$ | $0,1,2,3,\cdots,n-1$ | … | | |

在多电子原子中，$l$ 也是决定电子能量的重要因素，同一电子层中电子的能量随着角量子数的增加而增加，因而，人们也习惯按其能量的高低，称之为亚层。如 s 亚层，球形对称；p 亚层，哑铃形；d 亚层，花瓣形等。因在一个原子中电子的能量由 $n$、$l$ 来决定，所以，每一组 $n$、$l$ 就有一定的能量与之相对应，我们称之一个能级。如 $n=2$、$l=0$，即 2s 轨道，对应的能级称之为 2s 能级；$n=3$、$l=2$，即 3d 轨道，对应的能级称之为 3d 能级等。

3. **磁量子数 $m$** 实验研究发现，激发态原子在外磁场作用下，原子线状光谱中的一条谱线还可以分裂为若干条，这说明同一亚层中可以有一个或多个原子"轨道"，它们在空间的伸展方向不同。磁量子数 $m$(magnetic quantum number)是用来描述原子"轨道"在空间的伸展方向的参数。$m$ 的取值受 $l$ 的制约，可取 $0,\pm 1,\pm 2,\cdots,\pm l$。对于给定的 $l$ 值，$m$ 可取 $2l+1$ 个值，即每个亚层中有 $2l+1$ 个空间伸展方向，也就是在同一亚层中有 $2l+1$ 个原子轨道。对于 $n$ 和 $l$ 相同、$m$ 不同的轨道其能量基本相同，我们称为等价"轨道"(equivalent orbital)或简并"轨道"(degenerate orbital)。例如，$n=3$，$l=1$ 时，有空间伸展方向不同的三个等价原子"轨道"：沿空间直角坐标系 $x$ 轴方向的 $3p_x$、沿空间直角坐标系 $y$ 轴方向的 $3p_y$、沿空间直角坐标系 $z$ 轴方向的 $3p_z$。磁量子数 $m$ 和角量子数 $l$ 取值关系见表 5-3。

表 5-3　磁量子数 $m$ 与角量子数 $l$ 的关系

| $l$ 值 | $m$ 取值 | 空间取向 | 轨道数 |
|---|---|---|---|
| 0 | 0 | 1 种 | 1 |
| 1 | 0, ±1 | 3 种 | 3 |
| 2 | 0, ±1, ±2 | 5 种 | 5 |
| 3 | 0, ±1, ±2, ±3 | 7 种 | 7 |
| … | … | … | … |

由上可知,在同一电子亚层中原子轨道有多少种空间伸展方向就有多少个原子"轨道";原子核外某一电子运动的原子轨道必须由取值合理一组 $n,l,m$(即电子所处的电子层、电子亚层、空间伸展方向)来确定,可表示为 $\psi_{n,l,m}$。例如,$\psi_{2,0,0}$ 或 2s;$\psi_{3,1,0}$ 或 $3p_z$;$\psi_{3,1,1}$ 或 $3p_x$;$\psi_{3,0,0}$ 或 3s。

4. 自旋量子数 $m_s$　通过对光谱精细结构的研究发现,每一根谱线事实上是由两条靠得很近的谱线组成,人们认为这种现象是由电子的自旋造成的。为了描述核外电子的自旋状态,引入了第四个量子数——自旋量子数 $m_s$(spin magnetic quantum number)。根据量子力学的计算,$m_s$ 只有两个值,即 $-\frac{1}{2}$ 和 $+\frac{1}{2}$,通常用向上或向下的箭头表示"↑"和"↓",即顺时针和逆时针方向。

综上所述,一个原子"轨道"必须由主量子数 $n$、角量子数 $l$、磁量子数 $m$ 三个参数确定,而要全面描述原子核外某一电子的运动状态,必须用四个量子数来决定,即主量子数 $n$ 决定电子处在哪一个电子层上,角量子数 $l$ 决定电子处于该电子层的哪一个电子亚层以及原子"轨道"的形状,磁量子数 $m$ 决定电子处于该电子亚层的哪一个原子"轨道"上,自旋量子数 $m_s$ 决定电子在该原子轨道上的自旋方向。只有这样,原子核外电子的运动状态才能完全描述清楚。

# 三、概率密度和电子云

## (一) 概率密度

根据测不准原理,我们不可能推测原子核外电子在某一瞬间所处的位置,但是对大量或一个电子的千百万次运动,用统计学的方法来判断电子在核外空间某区域内出现机会的多少,发现其有明显的统计规律性。在化学上,我们通常把电子在某空间区域内出现的机会叫概率。出现机会多则是概率大,出现机会少则是概率小。电子运动的状态可通过波函数 $\psi$ 描述,$|\psi|^2$ 代表核外空间某处单位微体积中电子出现的概率,即概率密度。根据光的衍射图中光的强度与光子的密度成正比的关系,我们同样可推测电子的衍射图中衍射强度大的地方(亮环处),电子出现的概率大;电子衍射强度小的地方(暗环处),电子出现的概率小。由此证明,衍射强度与密度成正比,所以 $|\psi|^2$ 值的大小可以反映电子出现的概率密度大小。

## (二) 电子云

为了直观形象地表示电子在核外空间出现的概率密度分布情况,量子力学引入电子云(electron cloud)概念。

假如我们能对氢原子核外的一个电子运动进行无限快的拍照,在每一瞬间记录下电子在核

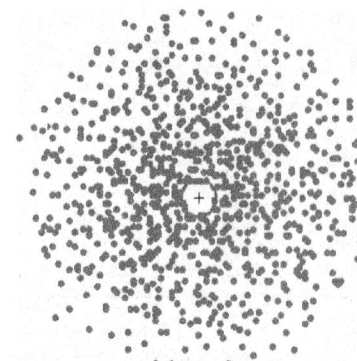

图 5-7　氢原子电子云示意图

外空间的位置,统计其结果,就可以得到一个空间图像,其形状就好似在原子核外笼罩着一团电子形成的云雾,形象地称之为"电子云"(图 5-7)。图中,黑点密集处是电子出现概率密度大的地方,黑点稀疏处是电子出现概率密度小的地方。由此可见,电子云是概率密度的形象化图示或是 $|\psi|^2$ 的图像。

为了更形象地表示电子云的形状,常用电子云的界面图。所谓界面图,就是把概率密度大小相同的各点取成一个曲面即等概率密度面(图 5-8);若在某一等密度面以内,电子出现的总概率已达到 95%,在此曲面之外的区域,电子出现的概率极小,可以忽略不计,则可以认为该等密度面就是电子云的界面,界面所构成的图形,称为电子云界面图(图 5-9)。

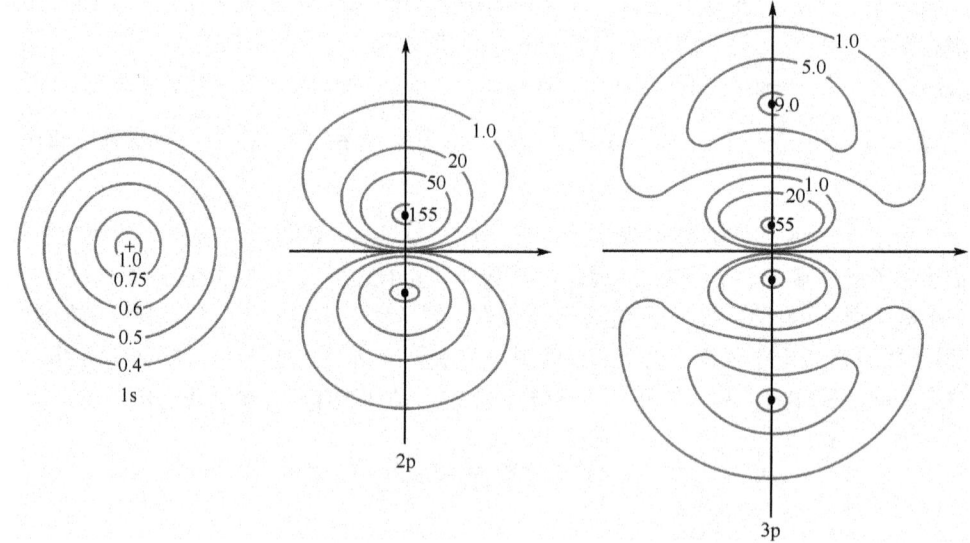

图 5-8　氢原子 1s、2p、3p 电子云等概率密度面

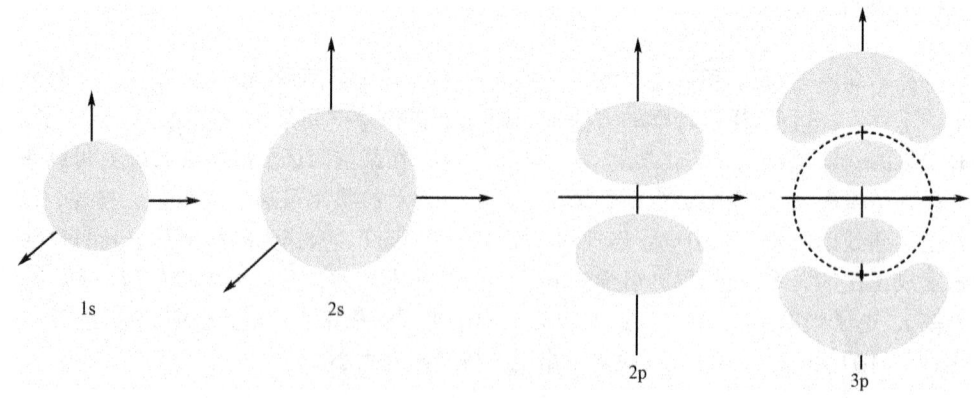

图 5-9　s、p 电子云界面图

## (三) 原子"轨道"的图像

波函数和其他函数一样有其自己的图像,但比较复杂,为了便于讨论原子在化学反应中的

行为,通常采用作图的方法,进行简化处理,将球坐标的波函数 $\psi(r,\theta,\varphi)$ 分解成随角度向变化的函数和随径向变化的函数的乘积:

$$\psi(r,\theta,\varphi) = R(r) \cdot Y(\theta,\varphi) \tag{5-8}$$

式中,$R(r)$ 函数部分只和径向坐标 $r$ 有关,与角度 $(\theta,\varphi)$ 无关,所以称为波函数 $\psi$ 径向部分(redial part of wave function);而 $Y(\theta,\varphi)$ 部分仅和角度坐标 $(\theta,\varphi)$ 大小有关,与径向坐标 $r$ 无关,因此称之为波函数的角度部分(angular part of wave function)。波函数 $\psi$ 的图像就可分成 $Y(\theta,\varphi)$ 的角度部分图像和 $R(r)$ 的径向部分图像。

1. **波函数 $\psi$ 角度分布图** 原子轨道 $\Psi(r,\theta,\varphi)$ 的角度部分 $Y(\theta,\varphi)$ 对角度变量 $\theta$、$\varphi$ 作图就得波函数的角度分布图(图5-10)。该图反映了径向坐标 $r$ 一定时波函数 $\psi(r,\theta,\varphi)$ 变化的情况。由图可知,s 轨道的角度分布图是球形对称;三条 p 轨道的形状和大小一样,但在空间的伸展方向不同,其极大值分别在 $x$ 轴、$y$ 轴和 $z$ 轴上;五条 d 轨道有两种形状,其中四条即 $d_{xy}$、$d_{yz}$、$d_{xz}$ 以及 $d_{x^2-y^2}$ 形状相同,但空间伸展方向不同,第五条 d 轨道即 $d_{z^2}$ 略有差异,但在同一原子中,五条 d 轨道能量相同。f 亚层的原子轨道的角度分布图很难描绘,在此不讨论了。

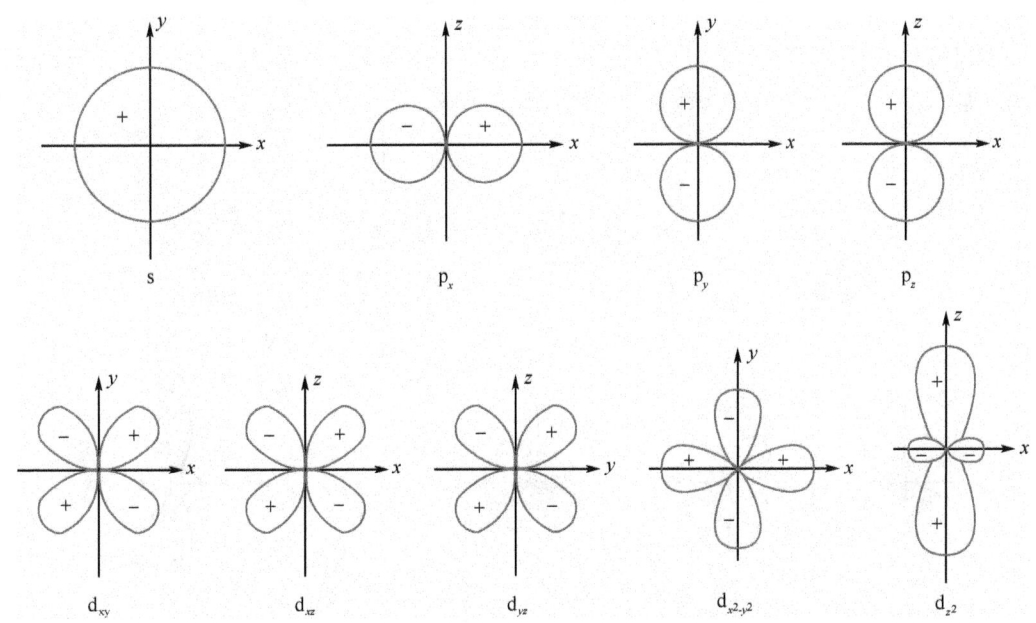

图5-10 s、p、d 亚层中各种原子轨道的角度分布剖面图

2. **波函数 $\psi$ 的径向分布图** 在原子轨道 $\Psi(r,\theta,\varphi)$ 的角度变量 $\theta$、$\varphi$ 一定时,用原子轨道 $\Psi(r,\theta,\varphi)$ 的径向部分 $R(r)$ 对径向变量 $r$ 作图,就得到波函数的径向分布图。图5-11 所示的是氢原子各原子轨道的径向分布图,因其物理意义不大,我们将不作过细的讨论。

## (四)电子云图像

如果将薛定谔方程式[式(5-8)]两边平方,则得到 $\psi^2(r,\theta,\varphi) = R^2(r) \cdot Y^2(\theta,\varphi)$,即某原子轨道的电子云可分为径向概率密度分布和角向概率密度分布两个部分,可通过分别作图加以简述。

1. **电子云的角度分布图** 电子云的角度分布图是指原子轨道或波函数的角向部分 $Y^2(\theta,\varphi)$ 随角向变量 $\theta$ 和 $\varphi$ 变化的图形,其反映了电子出现在核外空间各个方向等概率密度点的分布规律,但它与主量子数 $n$、离核距离 $r$ 无关。图5-12 所示是 s、p、d 各种电子云的角度分布图的剖面图。由图可知,s、p、d 电子云的角度分布图形状与对应原子轨道的角度分布图基本相似。对

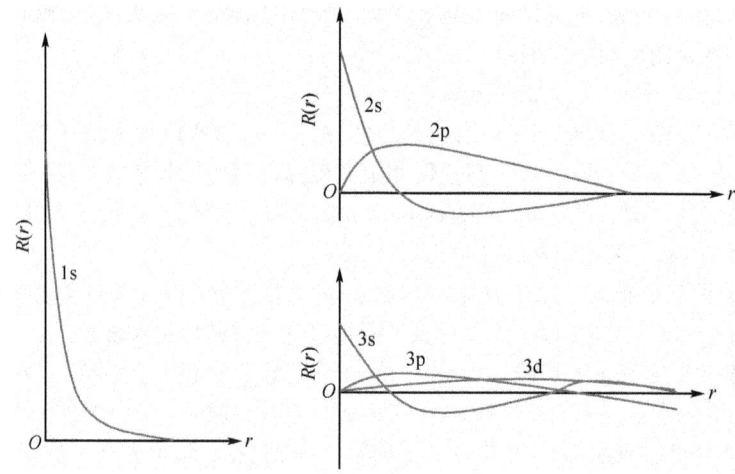

图 5-11　s、p、d 亚层中各种原子轨道的径向分布图

比两者,我们就会发现两者有所差别,原子轨道的角度分布图有正负之分,而电子云角度分布图没有正负之分且瘦。这在以后的形成化学键过程中有极其重要的价值。

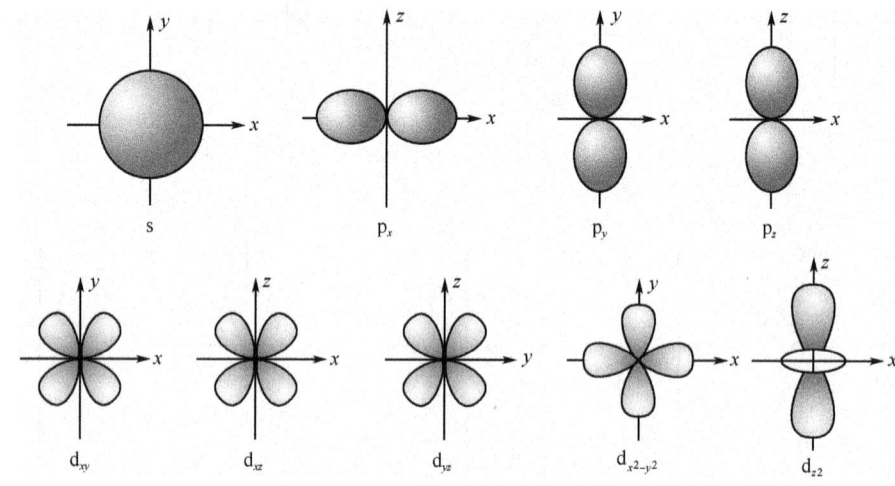

图 5-12　s、p、d 各种电子云角度分布图

**2. 电子云的径向分布图**　电子云径向分布图是指原子轨道或波函数的径向部分 $R^2(r)$ 随离核距离 $r$ 变化的关系图形,其与磁量子数 $m$、角度变量 $\theta$ 和 $\varphi$ 无关。电子云的径向分布图有多种表示法,教学中常以电子云壳层概率径向分布图表示。现以球形对称的 $ns$ 电子云为例进行阐明,壳层概率是指一个与原子核的距离为 $r$,厚度为 $dr$ 的薄层球壳内(图 5-13)电子出现的总概率,其计算关系如下:

$$\text{壳层概率} = \text{概率密度} \times \text{壳层体积}$$
$$= |\psi|^2 dV = |\psi|^2 \cdot 4\pi r^2 dr \quad (5-9)$$

因是径向分布函数,$R(r)$ 与角度变量 $(\theta, \varphi)$ 无关,所以壳层概率 $= |\psi|^2 dV = |\psi|^2 \cdot 4\pi r^2 dr = R(r)^2 \cdot r^2 \cdot dr$。$dr$ 很薄可忽略,因而壳层概率近似为 $r^2 R(r)^2$。用 $r^2 R(r)^2$ 对径向变量 $r$ 作图就得到氢原子 s、p、d 电子云的壳层概率径向分布图(图 5-14)。由图可知,在 $R(r)^2 r^2$ 对 $r$ 的曲线中,有 $n-1$

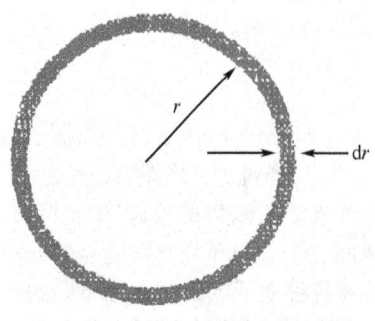

图 5-13　球形薄层球壳层示意图

个极大值的峰,即电子在该处单位球壳内出现的概率最大。原子轨道不同,其电子云径向分布图中的极大值数目不同,$ns$ 轨道上的电子云的径向分布图上有 $n$ 个峰,$np$ 轨道上的电子云的径向分布图上有 $n-1$ 个峰,$nd$ 轨道上的电子云的径向分布图上有 $n-2$ 个峰。如 3s 轨道有 3 个峰,3p 轨道有 2 个峰,3d 轨道有一个峰。这也说明了原子核外电子运动的轨道并不是固定的,外层的电子也可以在内层出现,反映了电子运动的波动性。同时这些峰的差异也会对含多电子原子的核外电子能量产生较大的影响。

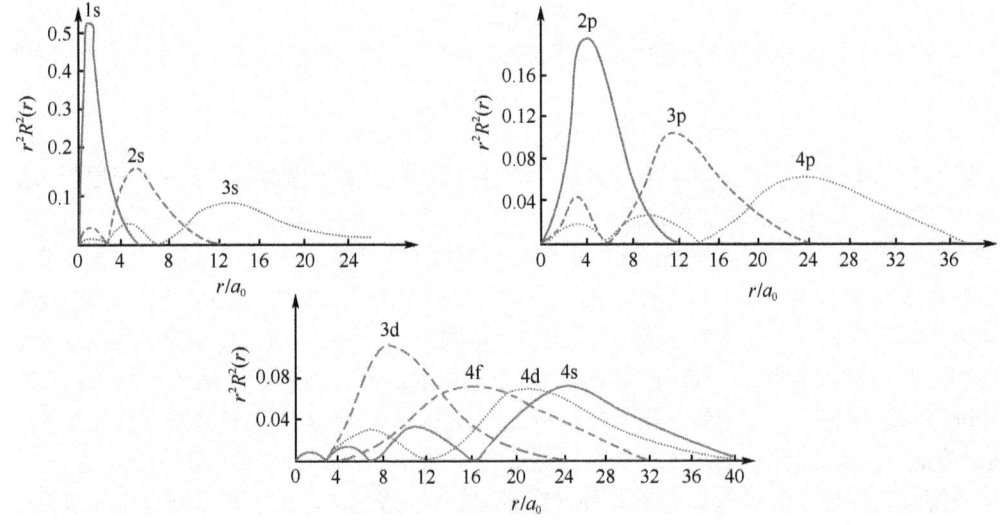

图 5-14　氢原子 s、p、d 电子云的壳层概率径向分布图

## 第 2 节　原子核外电子排布规律

通过前节内容的学习,我们已知原子核外的电子运动状态的特点和四个量子数的描述方法,但电子又是如何在原子核外的轨道中排布的？其能量的高低顺序又是如何？这是本节所要讨论的内容。

### 一、多电子原子的原子轨道能级

#### （一）屏蔽效应和钻穿效应

1. **屏蔽效应**　对于氢原子来讲,核外只有一个电子,这个电子的能量是由主量子数决定,与角度量子数无关。对于多电子的原子来讲,核外有 2 个以上电子。这些电子不仅受到原子核的吸引作用,同时彼此间存在着相互排斥作用。在多电子原子中,任一电子受到排斥作用,就相当于抵消一部分核电荷对该电子的吸引作用,这种效应称之为屏蔽效应(screening effect),而实际起到吸引作用的核电荷称之为有效核电荷(effective nuclear charge),常用 $z^*$ 表示,屏蔽效应的程度用屏蔽常数 $\sigma$(screening constant)来衡量,它们的关系式为

$$z^* = z - \sigma \tag{5-10}$$

多电子原子中一个电子的能量可近似计算表为

$$E = -\frac{2.18 \times 10^{-18}(z-\sigma)^2}{n^2}\text{J} = \frac{2.18 \times 10^{-18} z^{*2}}{n^2}\text{J} \tag{5-11}$$

式中，$E$ 为能量，J；$n$ 为主量子数；$z$ 为原子核电荷数；J 为能量单位焦[耳]。

实验结果表明，$\sigma$ 的数值与主量子数和角量子数有关，因此，多电子原子中的轨道能量和主量子数 $n$、角量子数 $l$ 有关。

当角量子数 $l$ 相同，主量子数 $n$ 值不同时，$n$ 愈大，电子所受屏蔽作用愈大，相应的能级越高，即

$$E_{1s} < E_{2s} < E_{3s} < E_{4s} < \cdots$$
$$E_{2p} < E_{3p} < E_{4p} \cdots$$
$$E_{3d} < E_{4d} \cdots$$

当主量子数 $n$ 相同时，角量子数 $l$ 值不同时，$l$ 愈大，电子所受的屏蔽作用愈大，相应的能级愈高，即

$$E_{ns} < E_{np} < E_{nd} < E_{nf} \cdots$$

由上可知，电子层数即主量子数 $n$ 越大，相应的原子轨道的能量越高；同一电子层中角量子数 $l$ 越大，相应的原子轨道的能量越高。

2. 钻穿效应 当两个原子轨道的主量子数 $n$、角量子数 $l$ 都不同时，从电子云的径向分布图上来看（图 5-14），外层电子在原子核附近也有一定的出现概率。例如，4s 主峰比 3d 的主峰离核远得多，但 4s 的部分小峰离原子核较近，受到原子核的吸引力强一些，可更多地避免其余电子屏蔽作用。这种外层电子穿过内层电子空间钻入原子核附近时使屏蔽作用减弱的效应叫钻穿效应（drill through effect）。由于钻穿效应的影响所以 $E_{4s} < E_{3d}$。像这种某些主量子数 $n$ 较大的原子轨道的能量反而低于 $n$ 较小的原子轨道能量的现象，称为能级交错现象（energy level overlap）。同理，$E_{5s} < E_{4d}$、$E_{6s} < E_{4f} < E_{5d}$ 都是能级交错现象。人们在综合了屏蔽效应、钻穿效应和其他的因素，得到了多电子原子核外的原子轨道能量高低顺序。

## （二）多电子原子轨道近似能级图

根据光谱实验和理论的计算，美国化学家鲍林（L. Pauling）计算出多电子原子的原子轨道的近似能级顺序（图 5-15）。

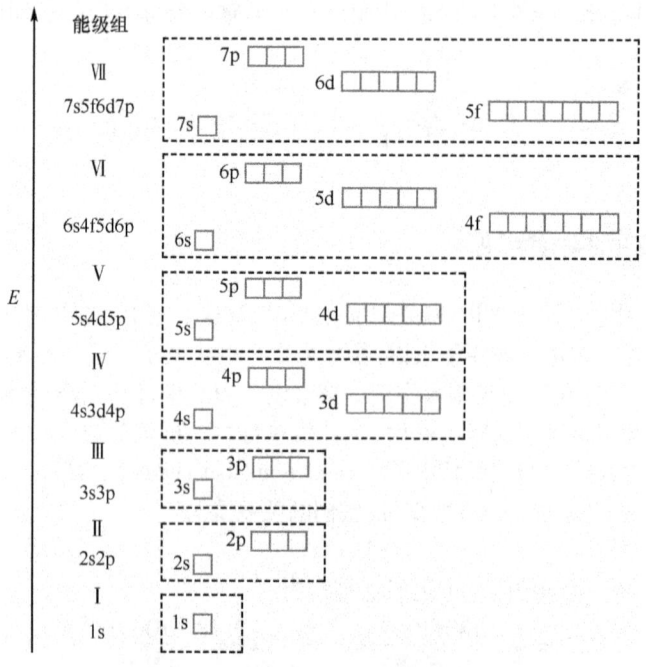

图 5-15 鲍林原子轨道近似能级图

图 5-15 中的小方框代表原子"轨道",小方框位置高低,表示"轨道"能级高低;处在同一水平高度的几个小方框,表示能级相同的等价"轨道"。图中能量相近的能级合并为一组,称为能级组,共分七个能级组。第Ⅰ能级组也称1s能级;第Ⅱ能级组包括2s和2p能级;第Ⅲ能级组包括3s和3p能级;第Ⅳ能级组包括4s、3d、4p能级;第Ⅴ能级组包括5s、4d、5p能级;第Ⅵ能级组包括6s、4f、5d、6p能级;第Ⅶ能级组包括7s、5f、6d、7p能级。相邻两能级组之间的能量相差较大。

## 二、核外电子的排布规律

通过前面内容的学习,我们已经知道核外电子运动状态和其能级的高低顺序。多电子原子的核外电子是如何填入原子轨道的呢?人们根据光谱实验数据,总结出多电子原子核外电子排布的三个规律。

### (一) 能量最低原理

"系统的能量愈低愈稳定"是自然界的普遍规律,核外电子的排布也遵循这一规律,多电子原子核外电子排布时总是先占据能量最低的轨道,当能量低的轨道占满后,才依次进入能量较高的轨道,以便整个原子能量最低,这就是能量最低原理(lowest energy principle)。根据能量最低原理和近似能级图,我们可推得原子核外电子填入原子轨道的顺序是

1s,2s,2p,3s,3p,4s,3d,4p,5s,4d,5p,6s,4f,5d,6d,7s,5f,6d,7p,…

原子核外电子可依据原子轨道的能量高低顺序进入相应的轨道,但一个原子轨道又能填入多少个电子呢?科学家泡利(W. Pauli)经过科学研究解决了此问题。

### (二) 泡利不相容原理

1925 年,奥地利物理学家泡利提出,在同一个原子中不可能有四个量子数完全相同的 2 个电子同时存在,这就是泡利不相容原理(Pauli's exclusion principle)。换句话说,在一个原子中不可能有运动状态完全相同的两个电子存在。前面已经提到 $n$、$l$、$m$ 三个量子数可以决定一个原子轨道,而自旋量子数,只可能有两个数值,所以在一个原子轨道上最多只能容纳两个自旋方向相反的电子。所以,每一个电子层上最多可容纳的电子数目为 $2n^2$。

### 泡 利

沃尔夫冈·泡利(Wolfgang E. Pauli,1900—1958)(图5-16)出生于奥地利。在学生时代就已展露了他的不同凡响的科学才华,先后给物理学巨匠马克斯·玻恩和尼尔斯·玻尔当助手,其在量子力学、量子场论和基本粒子理论方面的研究,对理论物理学的发展作出了重要贡献。25岁提出量子力学的不相容原理;1945 年因此而获诺贝尔物理学奖。

图 5-16 泡利

根据核外电子填充顺序和泡利不相容原理,便可写出已知原子序数元素原子或离子核外电子的排布顺序。例如,20号元素Ca原子、16号元素S原子、$Ca^{2+}$的核外电子排布顺序为

$$_{20}Ca: 1s^2 2s^2 2p^6 3s^2 3p^6 4s^2$$

$$_{16}S: 1s^2 2s^2 2p^6 3s^2 3p^4$$

$$_{20}Ca^{2+}: 1s^2 2s^2 2p^6 3s^2 3p^6$$

像上述这种主量子数和电子亚层符号一起表示一个能级,右上角的数字表示该能级中的电子数的排布方式称为核外电子排布式,也称为原子的电子层结构。有时,为了简化电子排布式,通常把内层已达到稀有气体电子层结构的部分,用相应的稀有元素符号加方括号表示,并称为"原子芯"(atomic kernel)。例如,铁原子的电子排布式:$1s^2 2s^2 2p^6 3s^2 3p^6 3d^6 4s^2$,可写作 $[Ar]3d^6 4s^2$;又如,47号银原子的电子排布式 $1s^2 2s^2 2p^6 3s^2 3p^6 3d^{10} 4s^2 4p^6 4d^{10} 5s^1$,也可写成 $[Kr]4d^{10} 5s^1$。

## (三)洪特规则

在运用泡利不相容原理和能量最低原理,对碳、氮、氧等一些元素原子核外电子排布时,我们发现碳原子的2p轨上有2个电子,氮原子的2p轨道上有3个电子,氧原子的2p轨道上有4个电子,而它们2p亚层上都只有3个轨道,那它们的2p亚层的电子如何占据这3个2p轨道呢?

1925年,德国科学家洪特(F. Hund)根据大量光谱实验数据总结出:在等价轨道中,电子总是尽可能以自旋方向相同的方式分占不同的轨道,使原子的能量最低,这就是洪特规则(Hund's rule)。这样,上述的问题就得以解决,C、N、O原子核外电子的占据原子轨道的情况就可表示为

$_6$C    1s[↑↓] 2s[↑↓] 2p[↑][↑][ ]    $1s^2 2s^2 2p^2$

$_7$N    1s[↑↓] 2s[↑↓] 2p[↑][↑][↑]    $1s^2 2s^2 2p^3$

$_8$O    1s[↑↓] 2s[↑↓] 2p[↑↓][↑][↑]    $1s^2 2s^2 2p^4$

像上述这种小方框上方标注的能级符号代表原子轨道,"↑"代表电子自旋方向和数目的核外电子排布方式,称之为原子核外电子排布轨道表示式,简称轨道表示式。

此外,在等价轨道处于全充满($s^2$、$p^6$、$d^{10}$、$f^{14}$)、半充满($s^1$、$p^3$、$d^5$、$f^7$)或全空($s^0$、$p^0$、$d^0$、$f^0$)时,原子体系的能量相对较低,这就是洪特规则的特例。例如,对24号Cr和29号Cu,它们的原子的电子排布式应是

$_{24}$Cr    $1s^2 2s^2 2p^6 3s^2 3p^6 3d^5 4s^1$      $_{29}$Cu    $1s^2 2s^2 2p^6 3s^2 3p^6 3d^{10} 4s^1$

而不是

$_{24}$Cr    $1s^2 2s^2 2p^6 3p^6 3d^4 4s^2$      $_{29}$Cu    $1s^2 2s^2 2p^6 3s^2 3p^6 3d^9 4s^2$

上述所述的三个规律是从大量实验事实中概括出来的,它们能帮助我们了解大部分元素原子核外电子的分布情况,但不能解释所有元素的原子核外电子分布的所有问题。例如,44号元素Ru的电子排布式为$[Kr]4d^7 5s^1$,46号元素Pd的电子排布式为$[Kr]4d^{10}$,并不完全遵循这三个规律。因此,当理论和实际出现差异时,要尊重实际,如实反映客观事物的本来面目,这才是科学的态度。

## 第3节 原子的电子层结构与周期律

### 一、电子层结构与元素周期表

#### （一）原子电子层结构

根据原子核外电子排布规律和原子光谱实验结果，可以得到目前已知各元素原子的电子层结构（表5-4）。

表5-4  1~103号元素原子的电子层结构

| 原子序数 | 元素符号 | 元素名称 | K | L | | M | | | N | | | | O | | | | P | | | Q |
|---|---|---|---|---|---|---|---|---|---|---|---|---|---|---|---|---|---|---|---|---|
| | | | 1s | 2s | 2p | 3s | 3p | 3d | 4s | 4p | 4d | 4f | 5s | 5p | 5d | 5f | 6s | 6p | 6d | 7s |
| 1 | H | 氢 | 1 | | | | | | | | | | | | | | | | | |
| 2 | He | 氦 | 2 | | | | | | | | | | | | | | | | | |
| 3 | Li | 锂 | 2 | 1 | | | | | | | | | | | | | | | | |
| 4 | Be | 铍 | 2 | 2 | | | | | | | | | | | | | | | | |
| 5 | B | 硼 | 2 | 2 | 1 | | | | | | | | | | | | | | | |
| 6 | C | 碳 | 2 | 2 | 2 | | | | | | | | | | | | | | | |
| 7 | N | 氮 | 2 | 2 | 3 | | | | | | | | | | | | | | | |
| 8 | O | 氧 | 2 | 2 | 4 | | | | | | | | | | | | | | | |
| 9 | F | 氟 | 2 | 2 | 5 | | | | | | | | | | | | | | | |
| 10 | Ne | 氖 | 2 | 2 | 6 | | | | | | | | | | | | | | | |
| 11 | Na | 钠 | 2 | 2 | 6 | 1 | | | | | | | | | | | | | | |
| 12 | Mg | 镁 | 2 | 2 | 6 | 2 | | | | | | | | | | | | | | |
| 13 | Al | 铝 | 2 | 2 | 6 | 2 | 1 | | | | | | | | | | | | | |
| 14 | Si | 硅 | 2 | 2 | 6 | 2 | 2 | | | | | | | | | | | | | |
| 15 | P | 磷 | 2 | 2 | 6 | 2 | 3 | | | | | | | | | | | | | |
| 16 | S | 硫 | 2 | 2 | 6 | 2 | 4 | | | | | | | | | | | | | |
| 17 | Cl | 氯 | 2 | 2 | 6 | 2 | 5 | | | | | | | | | | | | | |
| 18 | Ar | 氩 | 2 | 2 | 6 | 2 | 6 | | | | | | | | | | | | | |
| 19 | K | 钾 | 2 | 2 | 6 | 2 | 6 | | 1 | | | | | | | | | | | |
| 20 | Ca | 钙 | 2 | 2 | 6 | 2 | 6 | | 2 | | | | | | | | | | | |
| 21 | Sc | 钪 | 2 | 2 | 6 | 2 | 6 | 1 | 2 | | | | | | | | | | | |
| 22 | Ti | 钛 | 2 | 2 | 6 | 2 | 6 | 2 | 2 | | | | | | | | | | | |
| 23 | V | 钒 | 2 | 2 | 6 | 2 | 6 | 3 | 2 | | | | | | | | | | | |
| 24 | Cr | 铬 | 2 | 2 | 6 | 2 | 6 | 5 | 1 | | | | | | | | | | | |
| 25 | Mn | 锰 | 2 | 2 | 6 | 2 | 6 | 5 | 2 | | | | | | | | | | | |
| 26 | Fe | 铁 | 2 | 2 | 6 | 2 | 6 | 6 | 2 | | | | | | | | | | | |
| 27 | Co | 钴 | 2 | 2 | 6 | 2 | 6 | 7 | 2 | | | | | | | | | | | |

续表

| 原子序数 | 元素符号 | 元素名称 | K | L | | M | | | N | | | | O | | | | P | | | Q |
|---|---|---|---|---|---|---|---|---|---|---|---|---|---|---|---|---|---|---|---|---|
| | | | 1s | 2s | 2p | 3s | 3p | 3d | 4s | 4p | 4d | 4f | 5s | 5p | 5d | 5f | 6s | 6p | 6d | 7s |
| 28 | Ni | 镍 | 2 | 2 | 6 | 2 | 6 | 8 | 2 | | | | | | | | | | | |
| 29 | Cu | 铜 | 2 | 2 | 6 | 2 | 6 | 10 | 1 | | | | | | | | | | | |
| 30 | Zn | 锌 | 2 | 2 | 6 | 2 | 6 | 10 | 2 | | | | | | | | | | | |
| 31 | Ga | 镓 | 2 | 2 | 6 | 2 | 6 | 10 | 2 | 1 | | | | | | | | | | |
| 32 | Ge | 锗 | 2 | 2 | 6 | 2 | 6 | 10 | 2 | 2 | | | | | | | | | | |
| 33 | As | 砷 | 2 | 2 | 6 | 2 | 6 | 10 | 2 | 3 | | | | | | | | | | |
| 34 | Se | 硒 | 2 | 2 | 6 | 2 | 6 | 10 | 2 | 4 | | | | | | | | | | |
| 35 | Br | 溴 | 2 | 2 | 6 | 2 | 6 | 10 | 2 | 5 | | | | | | | | | | |
| 36 | Kr | 氪 | 2 | 2 | 6 | 2 | 6 | 10 | 2 | 6 | | | | | | | | | | |
| 37 | Rb | 铷 | 2 | 2 | 6 | 2 | 6 | 10 | 2 | 6 | | | 1 | | | | | | | |
| 38 | Sr | 锶 | 2 | 2 | 6 | 2 | 6 | 10 | 2 | 6 | | | 2 | | | | | | | |
| 39 | Y | 钇 | 2 | 2 | 6 | 2 | 6 | 10 | 2 | 6 | 1 | | 2 | | | | | | | |
| 40 | Zr | 锆 | 2 | 2 | 6 | 2 | 6 | 10 | 2 | 6 | 2 | | 2 | | | | | | | |
| 41 | Nb | 铌 | 2 | 2 | 6 | 2 | 6 | 10 | 2 | 6 | 4 | | 1 | | | | | | | |
| 42 | Mo | 钼 | 2 | 2 | 6 | 2 | 6 | 10 | 2 | 6 | 5 | | 1 | | | | | | | |
| 43 | Tc | 锝 | 2 | 2 | 6 | 2 | 6 | 10 | 2 | 6 | 5 | | 2 | | | | | | | |
| 44 | Ru | 钌 | 2 | 2 | 6 | 2 | 6 | 10 | 2 | 6 | 7 | | 1 | | | | | | | |
| 45 | Rh | 铑 | 2 | 2 | 6 | 2 | 6 | 10 | 2 | 6 | 8 | | 1 | | | | | | | |
| 46 | Pd | 钯 | 2 | 2 | 6 | 2 | 6 | 10 | 2 | 6 | 10 | | | | | | | | | |
| 47 | Ag | 银 | 2 | 2 | 6 | 2 | 6 | 10 | 2 | 6 | 10 | | 1 | | | | | | | |
| 48 | Cd | 镉 | 2 | 2 | 6 | 2 | 6 | 10 | 2 | 6 | 10 | | 2 | | | | | | | |
| 49 | In | 铟 | 2 | 2 | 6 | 2 | 6 | 10 | 2 | 6 | 10 | | 2 | 1 | | | | | | |
| 50 | Sn | 锡 | 2 | 2 | 6 | 2 | 6 | 10 | 2 | 6 | 10 | | 2 | 2 | | | | | | |
| 51 | Sb | 锑 | 2 | 2 | 6 | 2 | 6 | 10 | 2 | 6 | 10 | | 2 | 3 | | | | | | |
| 52 | Te | 碲 | 2 | 2 | 6 | 2 | 6 | 10 | 2 | 6 | 10 | | 2 | 4 | | | | | | |
| 53 | I | 碘 | 2 | 2 | 6 | 2 | 6 | 10 | 2 | 6 | 10 | | 2 | 5 | | | | | | |
| 54 | Xe | 氙 | 2 | 2 | 6 | 2 | 6 | 10 | 2 | 6 | 10 | | 2 | 6 | | | | | | |
| 55 | Cs | 铯 | 2 | 2 | 6 | 2 | 6 | 10 | 2 | 6 | 10 | | 2 | 6 | | | 1 | | | |
| 56 | Ba | 钡 | 2 | 2 | 6 | 2 | 6 | 10 | 2 | 6 | 10 | | 2 | 6 | | | 2 | | | |
| 57 | La | 镧 | 2 | 2 | 6 | 2 | 6 | 10 | 2 | 6 | 10 | | 2 | 6 | 1 | | 2 | | | |
| 58 | Ce | 铈 | 2 | 2 | 6 | 2 | 6 | 10 | 2 | 6 | 10 | 1 | 2 | 6 | 1 | | 2 | | | |
| 59 | Pr | 镨 | 2 | 2 | 6 | 2 | 6 | 10 | 2 | 6 | 10 | 3 | 2 | 6 | | | 2 | | | |
| 60 | Nd | 钕 | 2 | 2 | 6 | 2 | 6 | 10 | 2 | 6 | 10 | 4 | 2 | 6 | | | 2 | | | |
| 61 | Pm | 钷 | 2 | 2 | 6 | 2 | 6 | 10 | 2 | 6 | 10 | 5 | 2 | 6 | | | 2 | | | |
| 62 | Sm | 钐 | 2 | 2 | 6 | 2 | 6 | 10 | 2 | 6 | 10 | 6 | 2 | 6 | | | 2 | | | |
| 63 | Eu | 铕 | 2 | 2 | 6 | 2 | 6 | 10 | 2 | 6 | 10 | 7 | 2 | 6 | | | 2 | | | |
| 64 | Gd | 钆 | 2 | 2 | 6 | 2 | 6 | 10 | 2 | 6 | 10 | 7 | 2 | 6 | 1 | | 2 | | | |
| 65 | Tb | 铽 | 2 | 2 | 6 | 2 | 6 | 10 | 2 | 6 | 10 | 9 | 2 | 6 | | | 2 | | | |
| 66 | Dy | 镝 | 2 | 2 | 6 | 2 | 6 | 10 | 2 | 6 | 10 | 10 | 2 | 6 | | | 2 | | | |

续表

| 原子序数 | 元素符号 | 元素名称 | 电子层结构 ||||||||||||||||||
|---|---|---|---|---|---|---|---|---|---|---|---|---|---|---|---|---|---|---|---|---|
| | | | K | L || M ||| N |||| O |||| P ||| Q |
| | | | 1s | 2s | 2p | 3s | 3p | 3d | 4s | 4p | 4d | 4f | 5s | 5p | 5d | 5f | 6s | 6p | 6d | 7s |
| 67 | Ho | 钬 | 2 | 2 | 6 | 2 | 6 | 10 | 2 | 6 | 10 | 11 | 2 | 6 | | | 2 | | | |
| 68 | Er | 铒 | 2 | 2 | 6 | 2 | 6 | 10 | 2 | 6 | 10 | 12 | 2 | 6 | | | 2 | | | |
| 69 | Tm | 铥 | 2 | 2 | 6 | 2 | 6 | 10 | 2 | 6 | 10 | 13 | 2 | 6 | | | 2 | | | |
| 70 | Yb | 镱 | 2 | 2 | 6 | 2 | 6 | 10 | 2 | 6 | 10 | 14 | 2 | 6 | | | 2 | | | |
| 71 | Lu | 镥 | 2 | 2 | 6 | 2 | 6 | 10 | 2 | 6 | 10 | 14 | 2 | 6 | 1 | | 2 | | | |
| 72 | Hf | 铪 | 2 | 2 | 6 | 2 | 6 | 10 | 2 | 6 | 10 | 14 | 2 | 6 | 2 | | 2 | | | |
| 73 | Ta | 钽 | 2 | 2 | 6 | 2 | 6 | 10 | 2 | 6 | 10 | 14 | 2 | 6 | 3 | | 2 | | | |
| 74 | W | 钨 | 2 | 2 | 6 | 2 | 6 | 10 | 2 | 6 | 10 | 14 | 2 | 6 | 4 | | 2 | | | |
| 75 | Re | 铼 | 2 | 2 | 6 | 2 | 6 | 10 | 2 | 6 | 10 | 14 | 2 | 6 | 5 | | 2 | | | |
| 76 | Os | 锇 | 2 | 2 | 6 | 2 | 6 | 10 | 2 | 6 | 10 | 14 | 2 | 6 | 6 | | 2 | | | |
| 77 | Ir | 铱 | 2 | 2 | 6 | 2 | 6 | 10 | 2 | 6 | 10 | 14 | 2 | 6 | 7 | | 2 | | | |
| 78 | Pt | 铂 | 2 | 2 | 6 | 2 | 6 | 10 | 2 | 6 | 10 | 14 | 2 | 6 | 9 | | 1 | | | |
| 79 | Au | 金 | 2 | 2 | 6 | 2 | 6 | 10 | 2 | 6 | 10 | 14 | 2 | 6 | 10 | | 1 | | | |
| 80 | Hg | 汞 | 2 | 2 | 6 | 2 | 6 | 10 | 2 | 6 | 10 | 14 | 2 | 6 | 10 | | 2 | | | |
| 81 | Tl | 铊 | 2 | 2 | 6 | 2 | 6 | 10 | 2 | 6 | 10 | 14 | 2 | 6 | 10 | | 2 | 1 | | |
| 82 | Pb | 铅 | 2 | 2 | 6 | 2 | 6 | 10 | 2 | 6 | 10 | 14 | 2 | 6 | 10 | | 2 | 2 | | |
| 83 | Bi | 铋 | 2 | 2 | 6 | 2 | 6 | 10 | 2 | 6 | 10 | 14 | 2 | 6 | 10 | | 2 | 3 | | |
| 84 | Po | 钋 | 2 | 2 | 6 | 2 | 6 | 10 | 2 | 6 | 10 | 14 | 2 | 6 | 10 | | 2 | 4 | | |
| 85 | At | 砹 | 2 | 2 | 6 | 2 | 6 | 10 | 2 | 6 | 10 | 14 | 2 | 6 | 10 | | 2 | 5 | | |
| 86 | Rn | 氡 | 2 | 2 | 6 | 2 | 6 | 10 | 2 | 6 | 10 | 14 | 2 | 6 | 10 | | 2 | 6 | | |
| 87 | Fr | 钫 | 2 | 2 | 6 | 2 | 6 | 10 | 2 | 6 | 10 | 14 | 2 | 6 | 10 | | 2 | 6 | | 1 |
| 88 | Ra | 镭 | 2 | 2 | 6 | 2 | 6 | 10 | 2 | 6 | 10 | 14 | 2 | 6 | 10 | | 2 | 6 | | 2 |
| 89 | Ac | 锕 | 2 | 2 | 6 | 2 | 6 | 10 | 2 | 6 | 10 | 14 | 2 | 6 | 10 | | 2 | 6 | 1 | 2 |
| 90 | Th | 钍 | 2 | 2 | 6 | 2 | 6 | 10 | 2 | 6 | 10 | 14 | 2 | 6 | 10 | | 2 | 6 | 2 | 2 |
| 91 | Pa | 镤 | 2 | 2 | 6 | 2 | 6 | 10 | 2 | 6 | 10 | 14 | 2 | 6 | 10 | 2 | 2 | 6 | 1 | 2 |
| 92 | U | 铀 | 2 | 2 | 6 | 2 | 6 | 10 | 2 | 6 | 10 | 14 | 2 | 6 | 10 | 3 | 2 | 6 | 1 | 2 |
| 93 | Np | 镎 | 2 | 2 | 6 | 2 | 6 | 10 | 2 | 6 | 10 | 14 | 2 | 6 | 10 | 4 | 2 | 6 | 1 | 2 |
| 94 | Pu | 钚 | 2 | 2 | 6 | 2 | 6 | 10 | 2 | 6 | 10 | 14 | 2 | 6 | 10 | 6 | 2 | 6 | | 2 |
| 95 | Am | 镅 | 2 | 2 | 6 | 2 | 6 | 10 | 2 | 6 | 10 | 14 | 2 | 6 | 10 | 7 | 2 | 6 | | 2 |
| 96 | Cm | 锔 | 2 | 2 | 6 | 2 | 6 | 10 | 2 | 6 | 10 | 14 | 2 | 6 | 10 | 7 | 2 | 6 | 1 | 2 |
| 97 | Bk | 锫 | 2 | 2 | 6 | 2 | 6 | 10 | 2 | 6 | 10 | 14 | 2 | 6 | 10 | 9 | 2 | 6 | | 2 |
| 98 | Cf | 锎 | 2 | 2 | 6 | 2 | 6 | 10 | 2 | 6 | 10 | 14 | 2 | 6 | 10 | 10 | 2 | 6 | | 2 |
| 99 | Es | 锿 | 2 | 2 | 6 | 2 | 6 | 10 | 2 | 6 | 10 | 14 | 2 | 6 | 10 | 11 | 2 | 6 | | 2 |
| 100 | Fm | 镄 | 2 | 2 | 6 | 2 | 6 | 10 | 2 | 6 | 10 | 14 | 2 | 6 | 10 | 12 | 2 | 6 | | 2 |
| 101 | Md | 钔 | 2 | 2 | 6 | 2 | 6 | 10 | 2 | 6 | 10 | 14 | 2 | 6 | 10 | 13 | 2 | 6 | | 2 |
| 102 | No | 锘 | 2 | 2 | 6 | 2 | 6 | 10 | 2 | 6 | 10 | 14 | 2 | 6 | 10 | 14 | 2 | 6 | | 2 |
| 103 | Lr | 铹 | 2 | 2 | 6 | 2 | 6 | 10 | 2 | 6 | 10 | 14 | 2 | 6 | 10 | 14 | 2 | 6 | 1 | 2 |

由表 5-4 可发现,随着原子序数的增加,不断出现新的电子层且最外层的电子总是从 $ns^1$ 开始到 $ns^2np^6$ 结束(第一电子层除外),都是从碱金属开始到惰性气体结束,重复出现,呈现周期性变化。人们常将这种周期性变化用表格形式表现出来,即为元素周期表(periodic table of the elements,见附表)。

## (二) 周期与能级组

1. **周期** 到目前为止,人类已发现元素 113 种,已命名 109 种,它们分别处于周期表的七个周期(period),且各周期所含元素数目各不相同。根据各周期中所含元素数目的不同,人们又将其分为短周期、长周期和不完全周期。

2. **周期与能级组的关系** 依据原子的电子层结构、能级组和周期的划分方法,周期、能级组和电子层数三者之间的关系见表 5-5。

表 5-5　周期、能级组和电子层数的关系

| 周期序数 | 能级组序数 | 能级组中轨道 | 电子层数 | 元素数目 | 最多电子容量 | 周期种类 |
| --- | --- | --- | --- | --- | --- | --- |
| 1 | 1 | 1s | 1 | 2 | 2 | |
| 2 | 2 | 2s2p | 2 | 8 | 8 | 短周期 |
| 3 | 3 | 3s3p | 3 | 8 | 8 | |
| 4 | 4 | 4s3d4p | 4 | 18 | 18 | |
| 5 | 5 | 5s4d5p | 5 | 18 | 18 | 长周期 |
| 6 | 6 | 6s4f5d6p | 6 | 32 | 32 | |
| 7 | 7 | 7s5f5d7p | 7 | 23(未完) | 32 | 不完全周期 |

由表 5-5 可知:①周期表中的周期数等于能级组数。能级组有 7 个,相应有七个周期。实质上,元素周期表中周期的划分是原子电子层结构中能级组能量高低顺序的真实反映。②每个周期中元素的数目与相应能级组最多能容纳的电子数目一致。③元素所在的周期序数等于该元素原子最外层的主量子数(46 号元素 Pd 除外),也等于该元素原子外层电子所处的最高能级组序数。例如,钾原子的外层电子构型为 $4s^1$,最外层是第 4 电子层 $n=4$,故钾元素位于第四周期;镉原子的外层电子构型为 $4d^{10}5s^2$,最外层是第 5 电子层 $n=5$,故镉元素位于第五周期。④第七周期尚有许多元素等待人们去发现。

## (三) 族和价电子构型

1. **族** 在周期表中,有 18 个纵列,除铁、钴、镍、钌、铑、钯、锇、铱、铂所处三个纵行合并称为第 ⅧB 族(也可写成第Ⅷ族),其余每个纵行为一个族,共 16 个族。凡只包含短周期元素的各纵行,称为主族(main-group,A 族),共 8 个主族;仅包含长周期元素的各纵行,称为副族(sub-group,B 族),共 8 个副族。副族又称过渡元素(transitional elements),其中ⅢB 族的第 57 号元素 La(镧)的位置实际上代表着 57~71 号的 15 种元素,称为镧系元素;第 89 号元素 Ac(锕)的位置亦代表 89~103 号的 15 种元素,称为锕系元素。镧系和锕系称为内过渡元素(inner transition elements)。

2. **价电子构型** 价电子构型(valence electron configuration)是指元素原子在化学反应中有可能发生电子数目变化的电子层的电子排布式,又称外围电子构型或特征电子构型。价电子构型中的电子称为价电子。例如,17 号氯元素原子的价电子构型为 $3s^23p^5$,价电子数目为 7;26 号

铁元素的价电子构型为 $3d^64s^2$，价电子数目为 8。

3. 族与价电子构型的关系　比较同族元素原子的价电子构型，有如下一些规律：①同一主族元素的价电子构型的电子数目完全相同，只是最外层的主量子数不同。例如，ⅢA 族元素的价电子构型是 $ns^2np^1$，ⅥA 族元素的价电子构型是 $ns^2np^4$。②同一副族元素的价电子构型也基本相同（也有个别例外）。例如，ⅡB 族元素的价电子构型是 $(n-1)d^{10}ns^2$。③族序数等于该族元素原子的价电子层上电子总数（其中第ⅠB、ⅡB、ⅧB 族不遵循此规则）。当价电子层上电子总数为 8~10，则为ⅧB族；ⅠB、ⅡB 的族序数只取决于最外层的电子数。族与价电子构型关系见表 5-6。

表 5-6　族与价电子构型关系

| 族序数 | 价电子层 | 价电子构型 | 实例 价电子构型 | 实例 族属 |
|---|---|---|---|---|
| ⅠA | 外层 | $ns^1$ | $2s^1, 4s^1$ | ⅠA |
| ⅡA |  | $ns^2$ | $3s^2, 4s^2$ | ⅡA |
| ⅢA~ⅧA |  | $ns^2np^{1\sim6}$ | $3s^23p^3, 5s^25p^2$ | ⅤA, ⅣA |
| ⅠB |  | $(n-1)d^{10}ns^1$ | $4d^{10}5s^1$ | ⅠB |
| ⅡB | 次外层和外层 | $(n-1)d^{10}ns^2$ | $3d^{10}4s^2$ | ⅡB |
| ⅢB~ⅦB |  | $(n-1)d^{1\sim5}ns^{1\sim2}$ | $3d^14s^2, 3d^54s^2$ | ⅢB, ⅦB |
| ⅧB |  | $(n-1)d^{6\sim9}ns^{1\sim2}$ | $3d^64s^2, 5d^94s^1$ | ⅧB |

因在化学变化中原子只是外围的电子参与变化，且同族元素的价电子构型相同或相似，所以同族元素的化学性质极为相似。

## （四）元素周期表的分区

根据元素原子中最后一个核外电子填充的轨道（或亚层）不同，把周期表中的元素分为五个区（block）（图 5-17）。

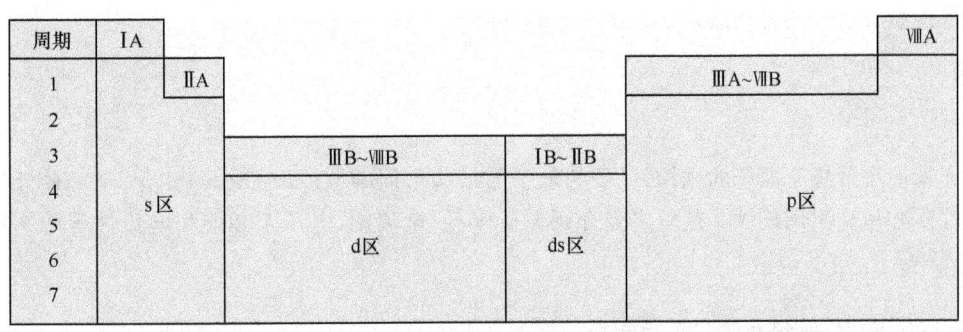

图 5-17　元素周期表区划分示意图

1. s 区元素　元素原子核外电子排布时，最后 1 个电子填充在 $ns$ 轨道上的所有元素是 s 区元素。其价电子构型是 $ns^1$ 或 $ns^2$，位于周期表的左侧，包括ⅠA 和ⅡA 族，其单质是活泼金属（氢元素除外）。

2. **p 区元素** 元素原子核外电子排布时,最后 1 个电子填充在 $np$ 轨道上的所有元素是 p 区元素。其价电子构型是 $ns^2np^{1\sim 6}$,位于周期表右侧,包括ⅢA～ⅧA,大部分为非金属元素。

3. **d 区元素** 它们的价电子构型是 $(n-1)d^{1\sim 9}ns^{1\sim 2}$,最后 1 个电子基本都是填充在倒数第二层[$(n-1)$层]d 轨道上的元素。这些元素都是金属元素,常有多变的化合价,包括ⅢB～ⅧB 族元素。

4. **ds 区元素** 价电子构型是 $(n-1)d^{10}ns^{1\sim 2}$,即次外层 d 轨道是充满的,最外层轨道上有 1～2 个电子,它们既不同于 s 区,也不同于 d 区,故称为 ds 区,包括ⅠB 和ⅡB 族,处于周期表 d 区和 p 之间。它们都是金属元素。

5. **f 区元素** 最后 1 个电子通常填空在 f 轨道上,价电子构型是 $(n-2)f^{0\sim 14}ns^2$ 或 $(n-2)f^{0\sim 14}(n-1)d^{0\sim 2}ns^2$,包括镧系和锕系元素(各有 14 种元素)。它们的最外层电子数目相同,次外层电子数目也大部分相同,只有外数第三层的电子数目不同,所以每个系内各元素的化学性质极为相似,都为金属元素。

> 已知某元素的序数为 25,试写出该元素原子的电子排布式,并指出它属于哪一周期、哪一族、哪区。
>
> 解:该元素的原子核外应有 25 个电子,它的电子排布式应为 $1s^22s^22p^63s^23p^63d^54s^2$ 或写成[Ar]$3d^54s^2$,价电子构型为 $3d^54s^2$。
>
> 因最外层电子的主量子数 $n=4$,所以它属于第四周期的元素;价电子总数为 7,所以它位于ⅦB 族;3d 电子未充满,应属于 d 区元素。

案例5-3

从以上的讨论表明,元素在周期表中的位置与其原子的电子层构型密切相关,元素周期表实际上是各元素原子电子层构型周期性变化的反映。掌握了这种关系,就可以从元素原子的电子层构型推知元素在周期表中的位置(周期和族)。反之,从元素在周期表中的位置推算出原子的电子构型,此外,还可预测未知元素的一些性质。

# 二、元素周期律

元素性质取决于原子的结构,原子的电子层结构呈周期性(periodicity)变化,从而使元素的基本性质亦呈现出周期性。这里主要介绍原子半径、电离能、电子亲和能和电负性等的周期性变化规律。

## (一) 原子半径的周期性变化

1. **原子半径** 由于电子在核外空间并非在离核的确定距离就突然消失,而是离核逐渐蔓延,在相当远处出现的概率趋于零。从量子力学理论观点出发,电子云没有明确的界限,因此,要给出一个准确的原子半径是不太可能的。所谓原子半径(atomic radius),是假设原子为球形,根据实验测定和间接计算方法求得。原子半径经常用的有三种:共价半径(covalent radius)、范德华半径(van der Waals radius)和金属半径(metallic radius)。共价半径是指以共价单键结合同种元素的两个原子(如 $H_2$、$Cl_2$ 等)核间距离的一半;范德华半径是指单质分子晶体中相邻分子间两个非键合原子核间距离的一半；金属半径是指金属单质晶体中相邻两个原子核间距离的一半。

一般说来，共价半径最小，金属半径较大，范德华半径最大。在进行原子半径比较时，原子半径取值应用同一套数据，常采用的是共价半径。而稀有气体（ⅧA 族元素）通常为单原子分子，只能采用范德华半径。周期表中元素的原子半径见图 5-18。

单位：pm

| IA | | | | | | | | | | | | | | | | | ⅧA |
|---|---|---|---|---|---|---|---|---|---|---|---|---|---|---|---|---|---|
| H | | | | | | | | | | | | | | | | | He |
| 32 | ⅡA | | | | | | | | | | | ⅢA | ⅣA | ⅤA | ⅥA | ⅦA | 93 |
| Li | Be | | | | | | | | | | | B | C | N | O | F | Ne |
| 123 | 89 | | | | | | | | | | | 82 | 77 | 70 | 66 | 64 | 112 |
| Na | Mg | | | | | | | | | | | Al | Si | P | S | Cl | Ar |
| 154 | 136 | ⅢB | ⅣB | ⅤB | ⅥB | ⅦB | | Ⅷ | | ⅠB | ⅡB | 118 | 117 | 110 | 104 | 99 | 154 |
| K | Ca | Sc | Ti | V | Cr | Mn | Fe | Co | Ni | Cu | Zn | Ga | Ge | As | Se | Br | Kr |
| 203 | 174 | 144 | 132 | 122 | 118 | 117 | 117 | 116 | 115 | 117 | 125 | 126 | 122 | 121 | 117 | 114 | 169 |
| Rb | Sr | Y | Zr | Nb | Mo | Tc | Ru | Rh | Pd | Ag | Cd | In | Sn | Sb | Te | I | Xe |
| 216 | 191 | 162 | 145 | 134 | 130 | 127 | 125 | 125 | 123 | 134 | 148 | 114 | 140 | 141 | 137 | 133 | 190 |
| Cs | Ba | | Hf | Ta | W | Re | Os | Ir | Pt | Au | Hg | Tl | Pb | Bi | Po | At | Rn |
| 235 | 198 | | 144 | 134 | 130 | 128 | 126 | 127 | 130 | 134 | 149 | 148 | 147 | 146 | 146 | 145 | 22 |

镧系元素

| La | Ce | Pr | Nd | Pm | Sm | Eu | Gd | Tb | Dy | Ho | Er | Tm | Yb | Lu |
|---|---|---|---|---|---|---|---|---|---|---|---|---|---|---|
| 169 | 165 | 164 | 164 | 163 | 162 | 185 | 162 | 161 | 160 | 158 | 158 | 158 | 170 | 158 |

图 5-18　元素的原子半径

**2. 原子半径变化规律**　从图 5-18 中，我们不难发现元素原子半径变化有以下规律：①同周期的主族元素，从左到右原子半径逐渐减小。因为随着原子序数的增加，电子层数不变，新增加的电子依次排布于最外层，而同层电子屏蔽效应较小，有效核电荷（$z^*$）增加，原子核对外层电子的吸引力增强，所以半径从左到右逐渐减小。②同主族中，从上到下原子半径逐渐增大。因为随着电子层数的增加，内层电子数目越多，对外层电子的屏蔽作用越强，有效核电荷增加量相对于核电荷的增加量是减少的，导致原子半径逐渐增大。③同周期的副族元素原子半径变化不大。因为从左到右随着原子序数增大，新增加的电子排布于（$n-1$）d 轨道上，这些电子对于最外层电子屏蔽效应较大，而使有效核电荷增加速度较慢，所以，同周期副族元素从左到右原子半径缩小较缓慢。④同副族元素的原子半径增幅也不大，特别是第五、六周期同族元素（ⅢB 除外）的原子半径较相近。这主要是镧系收缩的结果。所谓镧系收缩（lanthanide Contraction）是指原子半径随着原子序数的增加而逐渐缩小的现象，这是由于内过渡元素新增加的电子填充在（$n-2$）f 轨道上，电子的屏蔽效应更大，几乎是屏蔽常数 $\sigma \approx 1$，使有效核电荷增加得更为缓慢，原子半径变化幅度更小，使得上下两元素的原子半径非常接近，性质相似，分离困难。

总之，同周期中，随着原子序数的增大，元素的原子半径呈整体变小的趋势；同族中，从上到下，元素的原子半径呈整体增大的态势。

## （二）电离能的周期性变化

**1. 电离能**（ionization energy）　是使一个基态的气态原子或阳离子失去电子成为气态阳离子或更高价态阳离子时所需要的能量。常用符号"$I$"表示，单位常用 kJ·mol$^{-1}$。

对于多电子原子来说，失去第一电子所需的能量称为第一电离能，符号 $I_1$；从一价气态阳离子再失去一个电子变成 +2 价阳离子所需要的能量称为第二电离能，符号 $I_2$，其余的依此类推，即

$$M(g) - e^- \longrightarrow M^+(g) \qquad\qquad I_1$$

$$M^+(g) - e^- \longrightarrow M^{2+}(g) \qquad\qquad I_2$$

元素的逐级电离能是依次增大的：$I_1 < I_2 < I_3 < \cdots$。因阳离子的电荷数越高，有效核电荷明显

增大,离子半径越小,核对外层电子的吸引能力增强,失去电子所需的能量也就依次增大。通常所说的电离能均指第一电离能(first ionization energy)。周期表中元素的第一电离能见图 5-19。

单位:kJ·mol$^{-1}$

| IA | | | | | | | | | | | | | | | | | VIIIA |
|---|---|---|---|---|---|---|---|---|---|---|---|---|---|---|---|---|---|
| H 1312 | IIA | | | | | | | | | | | IIIA | IVA | VA | VIA | VIIA | He 2372 |
| Li 520 | Be 900 | | | | | | | | | | | B 801 | C 1086 | N 1402 | O 1314 | F 1681 | Ne 2081 |
| Na 496 | Mg 738 | IIIB | IVB | VB | VIB | VIIB | | VIII | | IB | IIB | Al 578 | Si 787 | P 1012 | S 1000 | Cl 1251 | Ar 1521 |
| K 419 | Ca 590 | Sc 631 | Ti 658 | V 650 | Cr 653 | Mn 717 | Fe 759 | Co 758 | Ni 737 | Cu 745 | Zn 906 | Ga 579 | Ge 762 | As 944 | Se 941 | Br 1140 | Kr 1351 |
| Rb 403 | Sr 550 | Y 616 | Zr 660 | Nb 664 | Mo 685 | Te 702 | Ru 711 | Rh 720 | Pd 805 | Ag 731 | Cd 868 | In 588 | Sn 709 | b 832 | Te 869 | I 1008 | Xe 1170 |
| Cs 376 | Ba 503 | La 538 | Hf 654 | Ta 761 | W 770 | Re 760 | Os 840 | Ir 880 | Pt 870 | Au 890 | Hg 1007 | Ti 589 | Pb 716 | Bi 703 | Po 812 | At 912 | Rn 1037 |

| La | Ce | Pr | Nd | Pm | Eu | Gd | Tb | Dy | Ho | Er | Tm | Yb | Lu |
|---|---|---|---|---|---|---|---|---|---|---|---|---|---|
| 538 | 528 | 523 | 530 | 536 | 547 | 592 | 564 | 572 | 581 | 589 | 597 | 603 | 524 |

资料来源:Huheey J E. 1978. Inorganic Chemistry:Principles of Structure and Reactivity. 2nd ed. New York:Harper & Row

图 5-19 元素的第一电离能

电离能的大小主要取决于有效核电荷、原子半径以及电子层构型。一般说来,有效核电荷越大,原子半径越小,原子核对外层电子的吸引力越强,电离能就越大;反之,电离能就越小。另外,电子层构型越稳定,电离能也越大。例如,惰性气体具有稳定的电子层结构,第一电离能都比同周期的元素大。

2. **电离能变化规律** 由图 5-19 我们不难发现:①同周期元素的 $I_1$ 随原子序数增加而逐渐增大。因为同周期元素的电子层数相同,从左到右有效核电荷数依次增大,原子半径逐渐减小,原子核对外层电子的吸引力依次增强,所以,第一电离能逐渐增大。但有些元素的 $I_1$ 比相邻元素的 $I_1$ 高,出现次序颠倒现象。如镁的 $I_1$ 比铝的 $I_1$ 大,磷的 $I_1$ 比硫的 $I_1$ 大,这是因为镁原子的 3s 轨道处于全满状态,磷原子的 3p 轨道处于半充满状态,相对于相邻元素原子的电子运动状态较稳定。所以,出现它们的 $I_1$ 大小次序颠倒。②同主族中,自上而下元素的 $I_1$ 呈减小的趋势。因为同主族元素的原子最外电子层中的电子数目相同,从上而下,虽然元素的核电荷数逐渐增加,但由于电子层数递增,原子半径显著增大,原子核对外层电子的吸引力逐渐减弱,所以,它们的 $I_1$ 逐渐减小(有少数除外)。③同一副族中,自上而下元素的 $I_1$ 的变化幅度不大,而且不甚规则。影响因素较多,较复杂,这里不作过多的讨论。

总之,随着原子序数的递增,同周期的元素的 $I_1$ 呈现出总体增大的态势;同族元素的 $I_1$ 呈现出总体减小的态势。

3. **电离能与金属性关系** 电离能是表征元素性质的一个重要物理量,可作为原子失去电子难易程度的度量标准。$I_1$ 愈大,则表示原子愈难失去电子。原子失去电子的难易程度体现了元素金属活泼性的强弱,因此,元素的金属性强弱也可通过电离能定量体现出来。$I_1$ 大,元素的金属性弱;$I_1$ 小,元素的金属性强。

## (三)电子亲和能的周期性变化

1. **电子亲和能** 原子失去电子需要能量,而原子得到电子成为负离子则能放出或吸收能量,称之为电子亲和能(electron affinity)。所谓电子亲和能是指气态原子在基态时获得电子而成为阴离子所释放的能量,符号 $E$,单位常用 $kJ \cdot mol^{-1}$。气态的原子在基态时获得一个电子而成为一价的阴离子所释放的能量称为第一电子亲和能,符号 $E_1$,其余以此类推。例如

$$Cl(g) + e^- \longrightarrow Cl^-(g) \qquad E_1 = 348.7 kJ \cdot mol^{-1}$$

大多数元素的第一电子亲和能都是正值(放出能量),也有的元素的 $E_1$ 为负值(吸收能量)。元素的第一电子亲和能 $E_1$ 为负值说明这种元素的原子获得电子成为负离子时比较困难。目前,元素的电子亲和能数据还不完整。图 5-20 列出了部分元素的电子亲和能。

| H<br>72.9 | | | | | | | | | | | | 单位:$kJ \cdot mol^{-1}$ | | | | | He<br>(−21) |
|---|---|---|---|---|---|---|---|---|---|---|---|---|---|---|---|---|---|
| Li<br>59.8 | Be<br>(−240) | | | | | | | | | | | B<br>23 | C<br>122 | N<br>−58<br>−800<br>−1290 | O<br>141<br>−780 | F<br>322 | Ne<br>(−29) |
| Na<br>52.9 | Mg<br>(−230) | | | | | | | | | | | Al<br>44 | Si<br>120 | P<br>74 | S<br>200.4<br>−590 | Cl<br>348.7 | Ar<br>(−35) |
| K<br>48.4 | Ca<br>(−156) | Ti<br>(37.7) | V<br>(90.4) | Cr<br>63 | Fe<br>(56.2) | Co<br>(90.3) | Ni<br>(123.1) | Cu<br>123 | Zn<br>(−87) | | | Ca<br>36 | Ce<br>116 | As<br>77 | Se<br>195<br>−420* | Br<br>324.5 | Kr<br>(−39) |
| Rb<br>46.9 | | | | Mo<br>96 | | | | | Cd<br>(−58) | | | In<br>34 | Sn<br>121 | Sb<br>101 | Te<br>190.1 | I<br>295 | Xe<br>(−40) |
| Cs<br>45.5 | Ba<br>(−52) | Ta<br>80 | | W<br>50 | Re<br>15 | Pt<br>205.3 | Au<br>222.7 | | | | | Ti<br>50 | Pb<br>100 | Bi<br>100 | Po<br>(180) | At<br>(270) | Rn<br>(−40) |
| Fr<br>44.0 | | | | | | | | | | | | | | | | | |

注:未加括号的数据为实验值,加括号的数据为理论值,未带 * 的数据为第一电子亲和能,带 *、* * 者分别为第二、第三电子亲和能。

资料来源:Huheey J E. Inorganic Chemistry: Principles of Structure and Reactivity. 2nd ed. New York:Harper & Row

图 5-20  部分元素的电子亲和能     单位:$kJ \cdot mol^{-1}$

影响元素的电子亲和能大小的因素主要是有效核电荷、原子半径和电子构型。通常情况下,有效核电荷数大、原子半径小的原子容易得到电子,电子亲和能大;而最外电子层具有比较稳定构型即外层轨道处于半充满、全满状态(如 $np^3$、$ns^2$、$np^6$)的原子,较难得到电子,电子亲和能小,甚至为负值。如氮原子,电子必须加到已被一个电子占据的 2p 轨道,其结果不仅是电子间排斥力增大,而且使氮原子失去原来半充满的稳定状态;要使氮负离子稳定存在,必须外界提供能量。因而,氮元素的电子亲和能是负值。

2. 电子亲和能变化规律  从图 5-20 中不难发现:①同周期元素的电子亲和能 $E_1$ 一般随原子序数的增加而逐渐增大。因为核外电子层数未变,有效核电荷数增加,原子半径变小,失去电子的倾向减弱而获得电子的倾向增大。②同族元素 $E_1$ 从上而下变小,但在第二周期和第三周期的同族元素之间,它们的电子亲和能 $E_1$ 有时大小颠倒。因为第二周期的元素(氟、氧等)原子半径很小,核外电子的密度最大,电子之间的斥力很强,当再结合另一个电子时,排斥力会变得较大而使放出的能量减小。

3. 电子亲和能与非金属性关系  电子亲和能是衡量元素非金属性强弱的重要物理量。电子亲和能越大(放出的能量越多),则该元素的原子越容易得到电子,非金属性越强;而电子亲和能越小(甚至吸收能量),则该元素的原子越难得到电子,元素的非金属性越弱。由于元素的电子亲和能很难直接测定,且可靠性也较差,所以,一般数据只能作定性参考。周期表中部分元素的电子亲和能值见图 5-20。

## （四）电负性的周期性变化

**1. 电负性**  电离能、电子亲和能适用于孤立的原子，分别从不同的侧面反映原子失去或得到电子的能力。但有些元素的原子结合成为化合物时，成键的电子分布情况和电离能、电子亲和能都有关系。为了全面地反映原子在分子中对成键电子的吸引能力，1932 年，鲍林首先提出电负性(electro-negativity)的概念。

所谓元素的电负性(符号 $X_P$)是指原子在分子中吸引成键电子的能力，并人为指定最活泼的非金属元素氟(F)的电负性为 4.0，然后通过热化学的方法对比求出其他元素的电负性。故元素的电负性是一个相对数值，没有单位。周期表部分元素的电负性见图 5-21。

| H 2.2 | | | | | | | | | | | | | | | | | He |
|---|---|---|---|---|---|---|---|---|---|---|---|---|---|---|---|---|---|
| Li 0.98 | Be 1.57 | | | | | | | | | | | B 2.04 | C 2.55 | N 3.04 | O 3.44 | F 3.98 | Ne |
| Na 0.93 | Mg 1.31 | | | | | | | | | | | Al 1.61 | Si 1.90 | P 2.19 | S 2.58 | Cl 3.16 | Ar |
| K 0.82 | Ca 1.00 | Sc 1.36 | Ti 1.54 | V 1.63 | Cr 1.66 | Mu 1.55 | Fe 1.83 | Co 1.88 | Ni 1.91 | Cu 1.90 | Zn 1.65 | Ca 1.81 | Ge 2.01 | As 2.18 | Se 2.55 | Br 2.96 | Kr 2.9 |
| Rb 0.82 | Sr 0.95 | Y 1.22 | Zr 1.33 | Nb 1.6 | Mo 2.16 | Te 1.90 | Ru 2.2 | Rh 2.28 | Rd 2.20 | Ag 1.93 | Cd 1.69 | In 1.78 | Sn 1.80 | Sb 2.05 | Te 2.1 | I 2.66 | Xo 2.6 |
| Cs 0.79 | Ba 0.89 | La 1.10 | Hf 1.3 | Ta 1.5 | W 2.36 | Re 1.9 | Os 2.2 | Ir 2.20 | Pt 2.28 | Au 2.54 | Hg 2.00 | Ti 1.62 | Pb 1.87 | Bi 2.02 | Po 2.0 | At 2.2 | Rn |

资料来源：Huheey J E. Inorganic Chemistry: Principles of Structure and Reactivity. 2nd ed. New York: Harper & Row

图 5-21  元素电负性

**2. 电负性变化规律**  从图 5-21 不难发现，元素的电负性在周期表中具有明显的变化规律：①同周期元素的电负性随着原子序数的增大而渐近变大，但变化又有曲折，这与其电子层结构有关；②同主族元素的电负性从上至下逐渐减小；同副族元素的电负性没有明显的变化规律，这与镧系收缩有关。

**3. 电负性应用**  元素电负性在化学中的应用较广泛，是全面衡量元素金属性和非金属性强弱的重要数据。元素的电负性越大，该元素的原子越易得到电子，越难失去外层电子，元素的非金属性越强，金属性则越弱；反之，电负性越小，该元素的原子越易失去外层电子，越难得到电子，元素的金属性越强，非金属性则越弱。一般地说，金属元素的电负性在 2.0 以下，非金属元素的电负性在 2.0 以上，但这不是一个严格的界限。氟的电负性最大，位于周期表的右上方，是非金属性最强的元素；金属性强的元素在周期表左下方。元素的电负性还可用来定性判断化学键的类型以及分子中元素的正负氧化态等。

综上所述，随着原子序数的递增，元素的性质(原子半径、元素的第一电离能、第一亲和能、元素的电负性等)呈现出周期性变化，这就是元素周期律。元素性质的周期性变化的根本原因是元素原子核外电子排布的周期性变化。人类利用此规律已经有许多的发明创造，发现新元素，寻找新材料。

# 第4节 焰色试验和原子光谱法简介

## 一、原子光谱

### (一) 原子光谱的产生

通过前面对原子结构的学习,我们已经知道:原子核外的电子都在一定的原子轨道上运动,而且通常情况下,原子中的电子尽可能处于能量较低的稳定轨道运动,我们称之为基态(ground state)。例如,氢原子处于基态时,电子在1s轨道上运动,其能量较低;又如,钠原子处于基态时,核外电子排布为$1s^2 2S^2 2p^6 3s^1$,其体系较稳定。当原子从外界获得能量时,电子被激发到高能级的轨道上运动,此时电子的运动状态,称之为激发态(excited state)。例如,氢原子的1s电子被激发到2s或2p等轨道。处于激发状态的原子是不稳定的,会跃迁到离原子核较近的低能级轨道上,同时以光能的形式释放出多余的能量。大量实验研究表明:当原子从基态被激发到激发态时,吸收能量为$\Delta E$,而从激发态跃迁回相应的基态时辐射的能量也为$\Delta E$。电子在跃迁的过程,吸收光的频率或辐射光的频率与两轨道的能量差$\Delta E$的关系为

$$v = \frac{\Delta E}{h} \tag{5-12}$$

式中,$v$为吸收或辐射光的频率,Hz;$\Delta E$为两轨道的能量差,J;$h$为普朗克常量($6.626 \times 10^{-34}$ J·s)。原子受外界能量的激发,其外层电子可能跃迁到不同能级,有不同的激发态。电子在从较高激发态向较低的激发态或基态跃迁时,辐射出不同频率的光,将其记录下来的图谱,称之为原子发射光谱。例如,当氢原子的电子分别从$n=3,4,5,6,7$能量较高的激发态到能量较低的激发态$n=2$时,可分别观察到红色$H_\alpha$、蓝绿色$H_\beta$、蓝色$H_\gamma$、紫色$H_\delta$、紫色$H_\varepsilon$五条谱线(图5-22)。

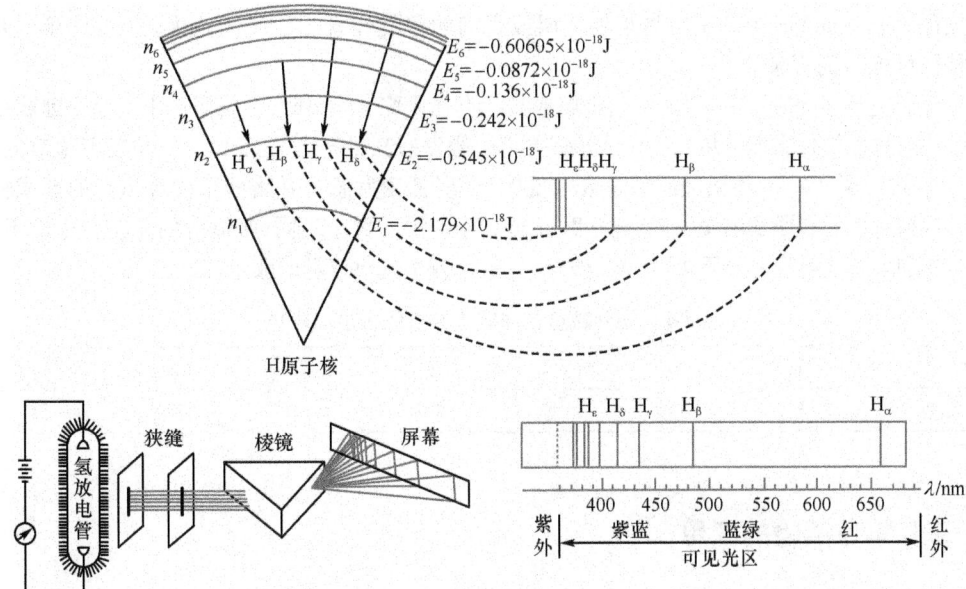

图5-22 氢原子光谱的产生和氢原子的电子层结构示意图

当电子从其他激发态跃迁到$n=1$基态时,因辐射的光的波长短,得到紫外线区的谱线;当

电子从其他能量高的激发态跃迁到 $n \geq 3$ 的激发态时,因辐射的光的波长,得到红外线区的谱线,其计算值与光谱实验测得的值非常吻合。

当原子核外电子吸收一定频率的光,而由低能态向高能态跃迁,记录其吸收的光的波长和强度的谱图,称为原子吸收光谱。对于多电子原子来说,原子中能级很多,任何两个能级间都可能发生电子跃迁,可产生一系列波长不同的谱线;又因为原子的各能级是不连续的(量子化的),电子的跃迁也就不连续,所以,原子光谱是复杂的、线状的光谱。比较原子吸收光谱和发射光谱不难发现:原子吸收光谱是利用的原子吸收现象,而发射光谱是基于原子的辐射现象,是互为联系的两个相反过程。原子吸收光谱和原子发射光谱统称为原子光谱。

### (二)元素特征谱线

通常情况下,原子从最低激发态(又称为第一激发态)跃迁回基态时,发出的辐射光线称为共振辐射线;从基态跃迁到最低激发态所吸收的辐射线称为共振吸收线,两者统称共振线,是众多谱线中最强的、灵敏度最高的谱线,通常将其作为元素定性和定量分析的主要谱线,因而又叫分析线。

各种元素的原子结构不同,电子能级差不同,其共振线不同,各有特征,因此,又称之为元素的特征谱线。例如,钾的特征谱线为 766.5nm,钠的特征谱线为 589.0nm,铅的特征谱线为 283.3nm,锂的特征谱线为 670.7nm,钙的特征谱线为 422.7nm。通过识别元素的特征光谱来鉴别某元素的存在,或根据特征谱线的强度和试样中该元素的含量关系,确定元素的含量,这就是原子光谱分析应用的基本依据。

## 二、焰色试验

### (一)焰色试验

焰色试验(ignition test)是指将某些金属或它们的挥发性盐类置于无色火焰中灼烧时,火焰呈现特征性颜色的现象。

焰色变化产生的原因可解释为:当金属或其盐类在火焰中灼烧时,金属原子中的电子因获得外界供给的能量而使外层电子从基态激发到高能态(激发态),处于激发态的电子是极不稳定的,在极短的时间内(约 $10^{-8}$s)便跃迁回基态或较低的能级(低激发态),并将多余能量以光的形式辐射出来。各种金属元素原子结构不同,电子跃迁时吸收能量的大小不同,所辐射的光波长也就不同。如辐射光的波长在可见光范围内(400~760nm),火焰就呈现出可见的颜色(表5-7)。

表5-7 部分碱金属和碱土金属的火焰的颜色

| 化合物所含元素 | Li | Na | K | Ca | Sr | Ba | Cu |
|---|---|---|---|---|---|---|---|
| 焰色 | 红 | 黄浅 | 紫 | 砖红 | 洋红 | 黄绿 | 绿 |

### (二)焰色试验的应用

人们利用焰色特征,制成烟花爆竹和信号弹。例如,红色信号弹是将硝酸锶 $Sr(NO_3)_2$ 与氯酸钾、硫黄、炭粉等按一定比例混合,一经点燃即爆炸,分解出的锶原子受爆炸能的激发变成激发态的锶原子后,很快在跃回的过程中辐射出红色的光。将碱土金属元素的硝酸盐或者氯酸盐再配以镁粉、松香及火药等材料,就可以制造出各种颜色的焰火。焰色试验可以帮助我们定性鉴别一些元素。例如,某化合物灼烧时火焰呈绿色说明此化合物是铜的化合物。

**焰色试验的操作**

焰色试验是指用一根固定在玻璃棒上的铂丝（或镍铬丝）蘸浓盐酸在无色火焰上灼烧至无色后（图5-23）,再蘸取试样溶液（固体可直接蘸取）在无色火焰上灼烧,观察火焰颜色的操作。因火焰的颜色取决于该化合物中所含的金属元素,所以,常用焰色试验定性鉴别碱金属和碱土金属元素（图5-24）。

图 5-23 焰色试验

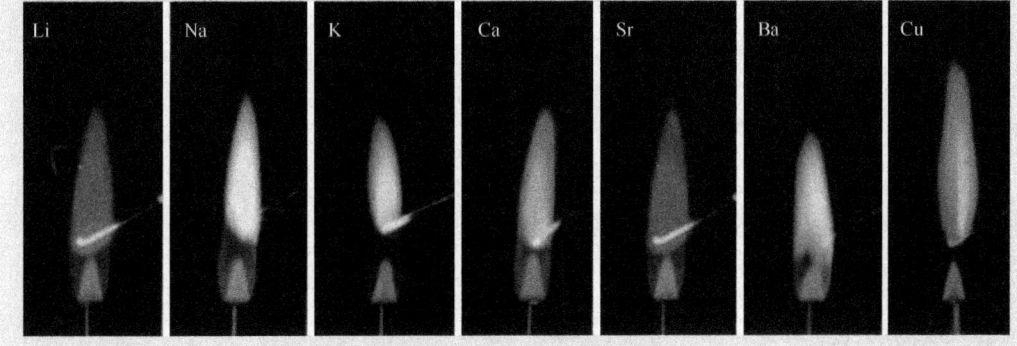

图 5-24 七种金属元素的焰色

## *三、原子发射光谱法简介

### （一）概述

原子发射光谱法(atomic emission spectrometry,AES)利用原子或离子在一定条件下受激而发射的特征光谱来研究物质化学组成和含量的分析方法。目前,周期表上约70多种元素可以用原子发射光谱法较容易地定性鉴定,而且在很多情况下,定量分析前不必把被分析的元素从样品中分离出来,且一个试样中可同时测得多种元素的含量,但对非金属元素、卤素、氧族等元素测定灵敏度稍差,只能确定物质的元素组成与含量,不能给出物质分子及其结构的信息。此外,分析时所消耗试样量极少且灵敏度高,分析快速、简便,特别适合于痕量元素分析及稀有元素的分析,因而在地质、冶金、机械、环境等方面得到了广泛的应用。

## (二) 原子发射光谱仪

原子发射光谱仪(图 5-25)主要由激发光源、分光系统及检测系统组成。其结构与工作原理如图 5-26 所示。

图 5-25 ICP 等离子体原子发射光谱仪实物图

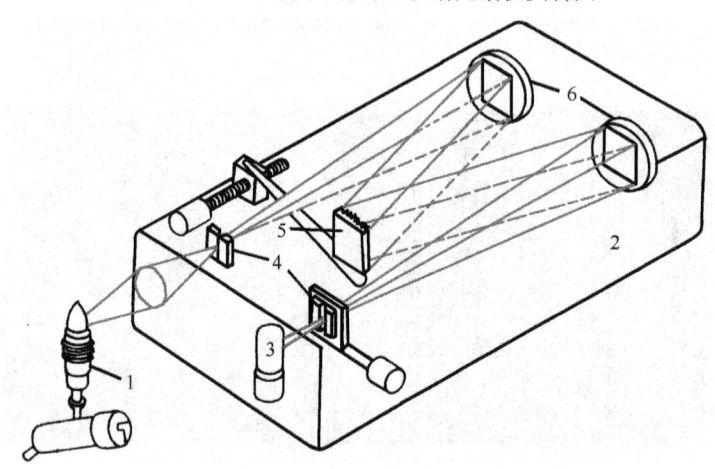

图 5-26 原子发射光谱仪结构与工作原理示意图
1. 光源;2. 分光系统;3. 检测器;4. 狭缝;5. 光栅;6. 反光镜

**1. 激发光源** 光源的主要作用是对样品的蒸发和激发提供能量,使激发态原子产生辐射信号。常用的激发光源有直流电弧、交流电弧、电火花及电感耦合等离子炬(inductively coupled plasma, ICP)等。

**2. 分光系统** 主要由色散元件(如棱镜、光栅等)、狭缝和反光镜组成(图 5-19);其作用是将待测元素的共振线与其他干扰谱线分开,以便观测或用适当接收器的接收。仪器光路应有一定的光谱分辨率和相当窄的光谱通带能力。光谱通带是指仪器出射狭缝所能通过的谱线宽度,一般应为 0.2nm。

**3. 检测方法与检测器** 在原子发射光谱法中,常用的检测方法有目视法、摄谱法和光电法三种:①目视法是用眼睛观察谱线强度的方法,又称看谱法。这种方法仅适用于可见光波段。②摄谱法是用感光板记录光谱。将光谱感光板置于摄谱仪焦面上,接受被分析样品的光谱而感光,再经过显影、定影等过程后,制得光谱底片,其上有许许多多黑度不同的光谱线。用映谱仪观察谱线的位置及大致强度,进行光谱定性分析及半定量分析或采用测微光度计测量谱线的黑度,进行光谱定量分析。③光电法用光电倍增管检测谱线的强度。光电倍增管不仅起到光电转换作用,而且还起到电流放大作用,具有灵敏度高(放大系数可达 $10^8 \sim 10^9$)、线性响应范围宽(光电流在 $10^{-8} \sim 10^{-3}$ A

范围内与光通量成正比)、响应时间短(约 $10^{-9}$ s)等优点,被广泛用于光谱分析仪器中。

## (三) 分析方法

1. 定性分析　一般多采用摄谱法。样品中所含元素只要达到一定的含量,都可以有谱线摄谱在感光板上。通常进行分析时,并不需要找出元素的所有谱线,一般只需找出一根或几根灵敏线,也就是具较低激发能和较大的跃迁概率的共振线。例如,铝元素的共振线有 616.08nm、615.42nm、589.589nm、589.0nm。如在样品的光谱线中能找到以上的谱线存在,就说明有铝元素的存在。有时,也可在同一条件下,将试样光谱与标准样品光谱进行比较,从而确定试样中是否有该元素的存在。摄谱法操作简便,价格便宜,快速,在几小时内可将含有的数十种元素定性检出。它是目前进行元素定性检出的最好方法。

2. 半定量分析　光谱半定量分析可以给出样品中某元素的大致含量。若分析任务对准确度要求不高,常采用摄谱法中的比较黑度法。此方法须配制一个基体与样品组成近似的被测元素的标准系列溶液,在相同条件下,在同一块感光板上标准系列与样品并列摄谱;然后在映谱仪上用目视法直接比较样品与标准系列中被测元素分析线的黑度。若黑度相同,则可作出样品中被测元素含量与标准样品中某一个被测元素含量近似相等的判断。

3. 定量分析　在一定条件下,样品发射的光谱中某元素的谱线强度($I$)和样品中该元素含量($c$)之间的关系为

$$I = Ac^b \tag{5-13}$$

式中,$A$ 为与试样在光源中的蒸发、原子化及激发过程等相关的常数;$b$ 为激发原子辐射的光子被基态原子吸收的系数(当浓度很小时,$b$ 近似为1)。由于发射光谱分析受实验条件波动的影响,使谱线强度测量误差较大,为了补偿这种因波动而引起的误差,在实际测定中,常采用内标法。内标法就是在被分析元素特征谱线中选一根分析线,在内标元素的特征谱线中选一根与待测元素所选分析线激发特征相似的谱线作内标线,组成分析线对,测定分析线对的相对强度与待测元素含量的关系来进行定量的方法。中国药典(2005年版)采用标准曲线法和标准加入法。

(1) 标准曲线法:在仪器推荐的浓度范围内,制备含待测元素的标准溶液至少3份,浓度依次递增,并分别加入制备样品溶液相应试剂,同时以相应试剂制备空白对照溶液;在选定的分析条件下,依次测定空白对照溶液和各浓度标准溶液的光强度测量值(或相应读数)。以每一浓度3次测量值(或相应读数)的平均值为纵坐标,相应的标准浓度为横坐标,绘制标准曲线。在同样的分析条件下,测量样品溶液的光强度值(或相应读数),取3次平均值,从标准曲线求得样品中被测元素含量。此法适用于大批样品的分析测试。

(2) 标准加入法:取同体积样品溶液4份,分别置于4个同体积的容量瓶中,除1号容量瓶外,其他容量瓶分别精密加入不同已知量的被测元素标准溶液,分别用去离子水稀释至刻度,制成从零开始递增的一系列溶液;在选定的分析条件下,分别测定其光强度值(或相应的读数),取3次测量值(或相应读数)的平均值与相应的待测元素加入量作图,延长此直线至与含量轴的延长线相交,此交点与原点间的距离上当于样品溶液中待测元素的含量(图5-27)。此法适用于基体干扰较强、又无

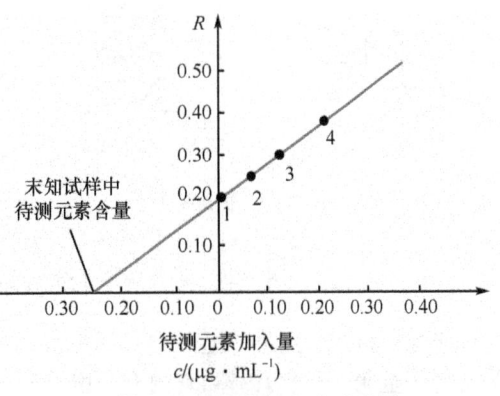

图 5-27　标准加入法示意图

纯净的基体空白的样品分析测试。

# *四、原子吸收分光光度法简介

## (一) 概述

原子吸收分光光度法(atomic absorption spectrometry, AAS)是利用待测元素的原子蒸气对该元素的特征谱线的吸收程度来进行定量分析的方法。由于原子的吸收光谱线比发射光谱线的数目少得多,谱线重叠的概率小,并且原子吸收光谱的空心阴极灯一般发射邻近波长的谱线,消除了发射光谱中共存元素谱线中相互干扰的现象,所以,原子吸收光谱具有测定灵敏度高,选择性好,抗干扰能力强,操作简单方便,分析速度快等特点;其缺点是测定一种元素就需要更换一个特定元素的空心阴极灯,难以同时测定多种元素。目前,原子吸收光谱法已被广泛地运用到医药、地质、冶金、化工、环保等方面,在食品卫生和生物机体内微量金属元素的测定以及医学和生物化学检验等方面应用也日益广泛,是一种很好的已知元素的定量分析方法。

## (二) 原子吸收分光光度计

原子吸收分光光度计(图5-28)主要由光源、原子化系统、分光系统、检测系统和记录及数据处理系统组成,其结构和工作原理如图5-29所示。

图5-28　火焰原子吸收分光光度计实物图

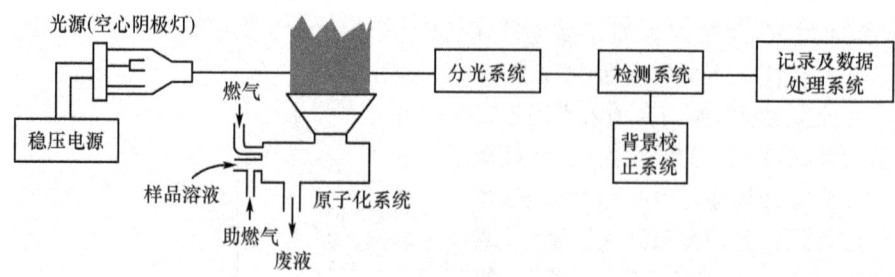

图5-29　单光束原子分光光度计结构与工作原理示意图

**1. 光源**　目前应用最广泛是空心阴极灯,它是一种阴极呈空心圆柱形的气体放电管,阴极是高纯待测金属,阳极为钨棒,管内充满惰性气体(Ar 或 Ne)。在两极间加高压,使气体放电产生高能,将待测元素激发射其特征谱线。

2. 原子化系统　作用是提供能量将被测样品中的待测元素转化为能吸收其特征谱线的基态原子蒸气。目前常用的原子化方法有火焰原子化方法和非火焰原子化方法两种。商品化的原子化器有预混合火焰原子化器、石墨炉原子化器、氢化物发生原子化器和冷原子发生原子化器（或称化学原子化器）四种类型。目前，广泛采用的原子化器是火焰原子化器。燃气和助燃气分别有氢气、乙炔和空气、氧气、氧化亚氮，最常用的火焰是空气和乙炔火焰。

3. 分光系统　其组成与作用和原子发射光谱仪的分光系统一致，不再赘述。

4. 检测系统　由检测器、信号处理器和指示记录器组成。常用的检测器是光电倍增管。

5. 背景校正系统　其作用是校正背景和消除其他原因引起的对测定的干扰。

目前，国内药检部门常用的仪器有日立 180/180 型、岛津 AA-670 型和美国 PE-3110 型原子吸收分光光度计。

## （三）定量分析方法

当待测元素空心阴极灯发出的特征谱线，通过被原子化的被测样品蒸气时，被样品蒸气中待测元素的基态原子吸收，其被吸收的程度和基态原子的浓度有如下关系：

$$A = Kc \tag{5-14}$$

式中，$A$ 为吸收度；$K$ 为吸收系数；$c$ 为原子蒸气浓度。通过测定待测元素的特征谱线的吸收度，求出被测样品中待测元素的含量。例如，要测定某口服补液中钾离子的含量。首先，将样品溶液喷射成雾状进入燃烧火焰中，含钾盐的雾滴在火焰温度下，挥发并解离成钾原子蒸气，再用钾元素空心阴极灯作光源，辐射出具有波长 766.5nm 的钾的特征谱线的光（图 5-29），当 766.5nm 的光通过一定厚度的镁原子蒸气时，部分光被蒸气中基态镁原子吸收而减弱，再通过单色器和检测器测得镁元素特征谱线光的吸收度，即可求得样品溶液中镁的含量。

原子吸收分光光度法的定量分析同原子发射光谱一样，也常用标准曲线法和标准加入法。

### 原子吸收分光度法测定尿中钙的含量

1. 仪器与试剂　国产 WYX2402 型原子吸收分光光度计；钙空心阴极灯；钙标准储备液 $1\text{mg} \cdot \text{mL}^{-1}$，由分析纯 $CaCO_3$ 配制；锶盐溶液（含 $Sr^{2+}$ $33\text{mg} \cdot \text{mL}^{-1}$），由 $SrCl_2$（AR）配制；基体液分别是 $Al(NO_3)_3$（含 $Al^{3+}$ $100\mu g \cdot \text{mL}^{-1}$）、$Na_2SiO_3$（含 $SiO_3^{2-}$ $100\mu g \cdot \text{mL}^{-1}$）、$NaH_2PO_4$（含 $PO_4^{3-}$ $100\mu g \cdot \text{mL}^{-1}$）均为 AR 级，用去离子水配制。

2. 仪器工作条件　测定波长 422.8nm，灯电流 2mA，燃烧器高度 2mm，乙炔流量 $70\text{L} \cdot \text{h}^{-1}$，光谱通带 0.2nm。

3. 标准曲线　取钙标准液 0.00mL、0.04mL、0.10mL、0.20mL、0.40mL、0.60mL、1.00mL 分别加入 0.5mL $SrCl_2$ 后，稀释到 10.00mL，测定其吸光度，绘制校准曲线。

4. 样品测定　取尿样 0.1mL，加入 $33\text{mg} \cdot \text{mL}^{-1}$ $SrCl_2$ 0.5mL，如发现样品混浊可先加 1~2 滴稀 HCl 消除，用去离子水定容至 10.00mL，按工作条件用原子吸收法测定。

5. 共存元素干扰的消除　由于在尿中存在着多种离子，在原子化的过程中，可以形成稳定的酸性复合物，从而降低钙的原子化率，所以尿试样及标准液中加入同样浓度的 $SrCl_2$，以消除这种干扰。

本章重点介绍原子核外电子的运动状态、电子排布规律、电子排布与元素周期律及周期表的关系、原子光谱产生原理等方面的内容。

1. **核外电子运动特征** 具波粒二象性，能量量子化，符合测不准原理。其状态可简化用 $n$、$l$、$m$、$m_s$ 四个量子数来描述。$n$ 决定电子出现概率最大区域离核的远近以及能量高低；$l$ 决定原子轨道的形状；$n$、$l$ 决定电子的能级；$m$ 决定原子轨道在空间的伸展方向。$n$、$l$、$m$ 三个量子数决定一个原子轨道；$m_s$ 决定电子的自旋状态。电子云是核外电子运动状态形象化的描述。原子轨道的角度分布反映了角度波函数和方位角的关系，它与离核远近无关，其 +、- 号反映电子的波动性；电子云径向分布图揭示了"分层"的概念。

2. **核外电子排布规律** 由于屏蔽效应和钻穿效应的影响，原子轨道常出现能级交错现象，鲍林提出原子轨道近似能级图。根据轨道能级顺序及填充三原则——能量最低原理、泡利不相容原理、洪特规则，排出了各元素基态原子的电子层结构。

3. **周期表结构与周期律** 周期表分为七个周期、八个主族、八个副族，又可分为 s 区、p 区、d 区、ds 区、f 区五个区。元素的性质（原子半径、电离能、电子亲和能、电负性等）随着原子序数的递增而呈现周期性的变化，其本质是原子核外电子层构型周期性变化的结果。元素周期表是元素周期律的具体表现形式。

4. **原子光谱法** 原子中电子的能量是量子化的（不连续的）。当电子从一个原子轨道激发到另一个原子轨道或从高能级跃迁到低能级时，总是要放出或吸收一定波长的光，两者遵守 $\Delta E = E_n - E_{n-1} = h\nu$ 的关系。记录原子中电子跃迁时所吸收或辐射出光的波长和程度的图谱称为原子光谱。焰色试验、原子发射光谱法、原子吸收光谱法是实际工作中常用的元素定性、定量分析的方法。中国药典常用标准曲线法和标准加入法这两种定量方法。

# 目标检测

## 一、名词解释

电子云　原子轨道　泡利不相容原理　能量最低原理　洪特规则　价电子构型　共价半径　电离能　电子亲和能　电负性　原子光谱　共振线　焰色试验

## 二、选择题

（一）最佳选择题

1. 德布罗意的关系式是　　　　　　　　　　　　　　　　　　　　　　　　　　　　（　　）

A. $\Delta x \cdot \Delta p \geq \dfrac{h}{4\pi}$　　　B. $p = mv$　　　C. $E_n - E_{n-1} = h\nu$　　　D. $\lambda = \dfrac{h}{p}$

2. 电子云径向分布图反映的关系是　　　　　　　　　　　　　　　　　　　　　　　（　　）

A. 核外电子出现的概率密度与 $r$ 的关系

B. 核外电子出现的概率与 $r$ 的关系

C. 核外电子出现的概率与 $\theta$、$\varphi$ 的关系

D. 核外电子出现的概率密度与 $r$、$\theta$ 和 $\varphi$ 三者的关系

3. 下列各组量子数中错误的是 ( )
   A. $n=3, l=2, m=0, m_s=+1/2$    B. $n=2, l=2, m=1, m_s=+1/2$
   C. $n=4, l=1, m=0, m_s=-1/2$    D. $n=3, l=1, m=-1, m_s=+1/2$

4. 下列各组量子数中合理的一组是 ( )
   A. 3, 0, -1, +1/2    B. 2, -1, 0, +1/2
   C. 2, 0, -1, -1/2    D. 3, 2, +1, -1/2

5. 在一个多原子电子中，具有下列各套量子数的电子，能量最大的一组是 ( )
   A. 2, 1, +1, +1/2    B. 3, 1, 0, -1/2
   C. 3, 2, +1, +1/2    D. 3, 1, -1, +1/2

6. 下列哪个轨道上的电子，在 $Y$、$Z$ 平面上的电子云密度为零 ( )
   A. $3p_x$    B. $3d_{z^2}$    C. $3p_y$    D. $3s$

7. $Li^{2+}$ 的基态电子能量可表示为 ($R=13.6eV$) ( )
   A. $-R$    B. $-R/2$    C. $-9R$    D. $-3R$

8. 某原子的基态电子层结构是 $[Kr]4d^{10}5s^25p^1$，该元素的价电子 ( )
   A. $4d^{10}5s^25p^1$    B. $5p^1$    C. $5s^25p^1$    D. $4d^{10}5p^1$

9. 某元素 +2 价离子的电子结构 $3s^23p^63d^5$，该元素在周期表中属于 ( )
   A. ⅤA    B. ⅤB    C. ⅢB    D. ⅦB

10. 在多电子原子中，影响电子能量高低顺序的量子数是 ( )
    A. $n$    B. $n$ 和 $l$    C. $n$、$l$ 和 $m$    D. $n$、$l$、$m$ 和 $m_s$

11. 下列元素原子中，3d 能量高于 4s 的是 ( )
    A. Fe    B. I    C. K    D. Cu    E. Cr

12. 具有最大离子半径的是 ( )
    A. $Cl^-$    B. $S^{2-}$    C. $Ca^{2+}$    D. $Na^+$

13. 根据电子排布规律，与 114 号元素的价电子层结构相似的是 ( )
    A. 铅    B. 铋    C. 碘    D. 铝

14. 下列元素中具有最强非金属性的元素是 ( )
    A. S    B. Cl    C. O    D. Se

15. 下面哪个方程式代表 Mg 的第二电离能 ( )
    A. $Mg^+(s) \longrightarrow Mg^{2+}(s) + e^-$    B. $Mg^+(g) \longrightarrow Mg^{2+}(g) + e^-$
    C. $Mg^+(g) \longrightarrow Mg^{2+}(g) + 2e^-$    D. $Mg(s) \longrightarrow Mg^{2+}(g) + 2e^-$

16. 下列原子半径大小顺序中正确的是 ( )
    A. Be < Na < Mg    B. Be < Mg < Na
    C. Be > Na > Mg    D. Na < Be < Mg

17. 在分子中用衡量原子吸引成键电子的能力是 ( )
    A. 电离能    B. 电子亲和能    C. 电负性    D. 键能

18. 下列各组元素中第一电子亲和能大小顺序正确的是 ( )
    A. Cl > F > C > N    B. F > O > Cl > S
    C. Cl > F > O > N    D. F > O > N > C

(二) 多项选择题

19. 在薛定谔方程中，波函数 $\psi$ 描述的是 ( )
    A. 原子轨道    B. 电子在核外的空间运动状态
    C. 电子在核外出现的概率分布    D. 以上说法都对

20. 下列对 s 轨道的波函数描述正确的是 ( )
    A. 与 $\theta$、$\varphi$ 无关    B. 与 $\theta$、$\varphi$ 有关    C. 与 $r$ 有关    D. 与 $r$、$\theta$、$\varphi$ 无关

21. 下列叙述中正确的是 ( )
   A. $|\psi|^2$ 表示电子的概率密度
   B. $|\psi|^2$ 在空间分布的形象化图像称电子云
   C. $|\psi|^2$ 值小于相应的 $|\psi|$
   D. $|\psi|^2$ 表示电子出现的概率

22. 下列哪些原子(或离子)的基态电子排布式可能为 $[Ar]3d^54s^0$? ( )
   A. $_{25}Mn^{2+}$   B. $_{26}Fe^{3+}$   C. $_{25}V$   D. $_{26}Fe^{2+}$

23. 下列哪组可以是 $3d^1$ 电子的合理量子数组? ( )
   A. $n=3, l=0,1,2, m=0$  $m_s=-1/2$
   B. $n=3, l=1, m=-1, m_s=-1/2$
   C. $n=3, l=2, m=+2, m_s=-1/2$
   D. $n=3, l=2, m=0, m_s=1/2$

24. 下列各组元素 $I_1$ 大小顺序正确的是 ( )
   A. Mg > Al   B. P > S   C. N > O   D. Ca < K

25. 下列电子构型属于激发态的是 ( )
   A. $1s^22s^22p^2$
   B. $1s^22s^22p^63s^13d^1$
   C. $1s^22s^22p^43s^1$
   D. $1s^22s^12p^1$

### 三、填空题

1. $n=3$、$l=1$ 的轨道是_____,轨道的形状为_____形,它有_____种空间取向,因而有_____个轨道;总共最多可容纳_____个电子;$n=4$ 的原子轨道形状有_____种,共可包含_____轨道,最多可容纳_____个电子。

2. $n=3$, $l=2$ 的原子轨道属_____能级,它们在空间有_____个不同的伸展方向,该能级在半充满时应有_____个电子,若用四个量子数表示其中一个电子运动状态,可表示为_____。

3. 已知 A 元素位于周期表的第 4 周期第ⅦA 族,B 元素位于周期表的第 5 周期第ⅣA 族,试指出 A 原子和 $B^{2+}$ 离子的
   (1) 核外电子排布:A _____;$B^{2+}$ _____。
   (2) 原子序数:A _____;$B^{2+}$ _____。
   (3) 价层电子数:A _____;$B^{2+}$ _____。
   (4) 最高能级组电子数:A _____;B _____。

4. 一个原子轨道要用_____个量子数描述,其符号分别是_____,表征电子自旋方向的量子数有_____个,具体的值分别是_____。

5. 核外电子结构为 $[Ar]3d^{10}4s^1$ 的元素,它在_____族、第_____周期,属于_____区元素。

6. 多电子原子近似能级图中发生能级交错现象,是由于_____效应引起的;第 5 和 6 周期元素的原子半径相近是由于_____效应引起_____的结果。

7. _____元素有 2 个量子数为 $n=4$ 和 $l=0$ 的电子,有 5 个量子数为 $n=3$ 和 $l=2$ 的电子。_____元素有 2 个 5p 电子。

8. 焰色试验是利用_____现象;原子吸收光谱法是利用_____现象;原子发射光谱法是利用_____现象。两种原子光谱法定量的最基本方法是_____,当标准样品与被测样品组成相差很大时,为得到更好的测定结果,可采用_____方法。

9. 原子发射光谱的检测方法有_____、_____和_____;原子吸收分光光度计主要由_____、_____、_____、_____等部件构成。

10. 原子吸收光谱法的光源必须采用_____作为光源;火焰原子化器的常用燃料是_____,助燃气有_____。

### 四、简答题

1. 什么是屏蔽效应和钻穿效应?两者对元素的原子半径、第一电离能有何影响?

2. 电子亲和能与原子半径之间有何规律性关系?为什么有些非金属元素(如氧、氟)的第一电子亲和能却反常?

3. 原子发射光谱仪由哪些主要部件构成?各起什么作用?

## 五、计算题

1. 某试样水溶液中钴的测定如下:各取 10.00mL 的水试样置于 4 个 50.00mL 的容量瓶中,再加入不同量的 6.20μg·mL$^{-1}$钴标准溶液于各瓶中,最后再将各容量瓶加水稀释至刻度。按下表中数据,试计算水样中钴的浓度。(2.20μg·mL$^{-1}$)

| 测试样 | 水样/mL | 标准液/mL | 吸收度 |
|--------|---------|-----------|--------|
| 空白   | 0.00    | 0.00      | 0.042  |
| 1 号   | 10.00   | 0.00      | 0.201  |
| 2 号   | 10.00   | 10.00     | 0.292  |
| 3 号   | 10.00   | 20.00     | 0.378  |
| 4 号   | 10.00   | 30.00     | 0.467  |
| 5 号   | 10.00   | 40.00     | 0.554  |

2. 精密量取氯化钾对照品溶液(10μg·mL$^{-1}$)15mL、20mL 和 30mL,分别置于 3 个 100mL 容量瓶中,各精密加入下述溶液(取乳酸钠 0.31g、氯化钠 0.60g、氯化钙 0.020g 及无水葡萄糖 5.00g,置于 100mL 容量瓶中,加水稀释至刻度)10mL,加水稀释至刻度,摇匀,即为对照溶液。用原子吸收分光光度计,在 767nm 的波长处测得吸光度读数为 0.600、0.800、1.00 绘制标准曲线。精密量取复方乳酸钠葡萄糖注射液 10mL,置于 100mL 容量瓶中,加水稀释至刻度,摇匀,精密量取 10mL,置于 100mL 容量瓶中,加水稀释至刻度,摇匀,即为样品溶液。在相同的条件下,测得此样品溶液的吸光度为 0.850,试求 10mL 葡萄糖注射液中氯化钾的量。(2.125mg)

(毛金银)

# 第6章 分子结构与分光光度法

1. 掌握三种共价键理论的基本要点,熟悉共价键的类型,了解共价键的键参数
2. 掌握分子间作用力和氢的概念,熟悉分子间作用力和氢键对共价化合物物理性质的影响
3. 理解分子极性的判定
4. 掌握一些简单分子空间几何形状的判定
5. 了解离子极化对物质理化性质的影响
6. 掌握朗伯-比尔定律和分光光度法的应用

## 第1节 共价键理论

在自然界中,除氦、氖等惰性气体以单原子的形式存在外,绝大多数物质是以多原子、分子或晶体的形式存在。在化学上,分子或晶体中相邻原子间的强烈相互作用称为化学键(chemical bond)。根据化学键形成的机制不同,化学键可分为金属键(metallic bond)、离子键(ionic bond)和共价键(covalent bond)三大基本类型。金属原子间通过金属键形成金属晶体;阴阳离子通过离子键形成离子晶体;原子间通过共价键形成分子。在以这三种类型的化学键形成的化合物中,属于分子的化合物占已知化合物的90%以上。大量的研究表明,物质的性质取决于分子的性质,而分子的性质又主要决定于分子结构,因此,探索分子的内部结构,对于了解物质的理化性质和化学反应的规律具有极其重要的意义。

1916年,美国化学家路易斯(G. N. Lewis)提出了原子间通过共用电子对形成共价键的经典价键理论。他认为电子都有成对的倾向,相互作用的原子既可通过电子的得失形成符合八隅规则(octet rule)的稳定电子结构,也可通过电子配对共用形成稳定的电子构型。例如

$$\cdot \ddot{\mathrm{N}} \cdot + \cdot \ddot{\mathrm{N}} \cdot \longrightarrow \ddot{\mathrm{N}} :: \ddot{\mathrm{N}} \quad \text{或以 } \mathrm{N}\equiv\mathrm{N} \text{ 表示}$$

$$: \ddot{\mathrm{Cl}} \cdot + \cdot \ddot{\mathrm{Cl}} : \longrightarrow : \ddot{\mathrm{Cl}} : \ddot{\mathrm{Cl}} : \quad \text{或以 } \mathrm{Cl}-\mathrm{Cl} \text{ 表示}$$

$$: \ddot{\mathrm{Cl}} \cdot + \mathrm{H} \longrightarrow \mathrm{H} \times \ddot{\mathrm{Cl}} : \quad \text{或以 } \mathrm{H}-\mathrm{Cl} \text{ 表示}$$

虽然经典的共价键理论初步揭示共价键和金属键、离子键的区别,也能解释不少物质分子的结构,但它无法解释为什么两个带负电荷的电子不自相排斥反而互相配对,也无法说明共价键具有方向性以及一些共价化合物分子的中心原子最外层电子数虽少于8(如三氟化硼$BF_3$)或多于8(如五氯化磷$PCl_5$、二氟化氙$XeF_2$)等仍能稳定存在的问题。直到1927年,德国化学家海特勒(W. Heitler)和伦敦(F. London)应用量子力学理论处理$H_2$分子结构,才提示了共价键的本质。鲍林和斯莱特(J. C. Slater)等在此基础上加以发展,建立了现代价键理论(valence bond theory,VB法)和杂化轨道理

论(hybrid orbital theory)。1932 年,美国化学家马利肯(R. S. Mulliken)和德国化学家洪特提出了分子轨道理论(molecular orbital theory,MO 法)。这些结构理论为认识物质的分子结构提供了开启的钥匙。

## 鲍 林

鲍林 (L. Pauling) (图 6-1) 是著名的量子化学家,是唯一一个单独两次获诺贝尔奖的人 (1954 年化学奖,1962 年和平奖),为人类有史以来 20 位最杰出的科学家之一。主要贡献:早在 1932 年首先提出电负性概念,至今仍是元素化学性质的重要指标之一。1939 年他出版了《化学键的本质》一书,彻底改变了人们对化学键的认识。后提出杂化轨道理论和共振论,成功解释了碳的正四面体结构和苯分子结构,成为有机化学结构基本理论之一。20 世纪 40 年代初他研究发现氢键使氨基酸长链中肽键螺旋缠绕而保持其形状,为蛋白质空间构像奠定了理论基础,成为分子生物学的奠基人之一。由于鲍林在化学键本质以及复杂化合物物质结构阐释方面杰出的贡献,1954 年他赢得了诺贝尔化学奖。

鲍林坚决反对把科技成果用于战争,特别反对核战争。1957 年 5 月,鲍林起草了《科学家反对核试验宣言》向联合国请愿。同年,他写了《不要再有战争》一书,影响遍及全世界。1962 年获诺贝尔和平奖。

图 6-1 鲍林

## 一、价键理论

### (一) 共价键的形成

1927 年,海特勒和伦敦应用量子力学理论处理 $H_2$ 分子的形成过程时发现,当两个 H 原子互相接近时,出现两种情况:如果两个 H 原子的 1s 电子自旋方向相反,随着两原子的核间距离的减少,系统能量逐渐降低,当核间距离达到一定时,体系能量最低,此时两核间电子云密度较大,形成稳定的 $H_2$ 分子,这一状态称为 $H_2$ 基态,如图 6-2(a)所示;相反,如两个 H 原子的 1s 电子自旋方向相同,则体系的能量随两原子核间距离的减少而增大,此时两原子核间电子云密度很小或几乎为零,

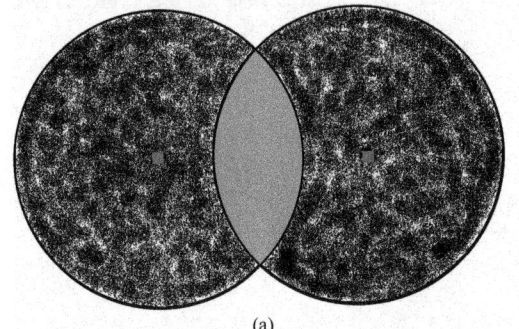
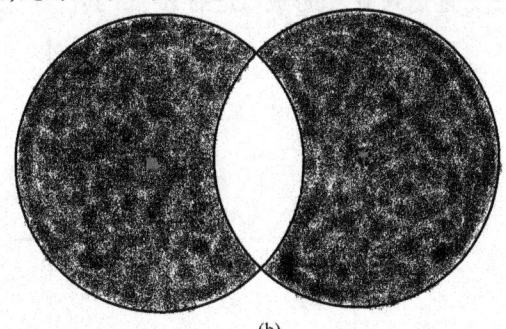

(a) (b)

图 6-2 $H_2$ 分子形成的两种状态
(a)基态;(b)排斥态

两原子核间的排斥力增大,不能形成稳定分子,这种状态称为 $H_2$ 分子的排斥态,如图 6-2(b) 所示。由此可见,在参与成键的原子间出现的电子云密度较大区域,一方面降低了两原子核间的正电排斥,另一方面增大了两个核对电子云密度较大区域的吸引,有利于体系能量的降低和形成稳定的化学键。像这种由原子间通过原子轨道的最大重叠而形成的化学键,我们称之为共价键(covalent bond)。

## (二)价键理论的基本要点

价键理论与经典价键理论相比较,似乎差别不大,但价键理论应用了量子力学理论,能对经典价键理论的不足之处给予较好的解释。价键理论概括起来有以下几点:

1. **电子配对原理** 两原子相互接近时,两原子中电子都已成对,则不能形成共价键。例如,He、Ne 等惰性原子不能形成"$He_2$"、"$Ne_2$"等分子。

2. **原子轨道最大重叠原理** 两原子成键时,两原子轨道重叠部分越大,两核间电子云密度越大,成键能力越强,所形成的共价键越牢固。例如,s 轨道和 s 轨道重叠比 p 轨道和 s 轨道的重叠大,所以形成 1mol C—H 键放出 411kJ 的能量,形成 1mol H—H 键时放出 432kJ 的能量。

3. **原子成键数目** 原子间成键数目取决于原子中未成对电子数。例如,H 原子有 1 个未成对电子只能形成如 H—H、H—Cl 等一个共价键;N 原子有 3 个未成对电子,则可形成如 N≡N 共价叁键或如 N—H 三个单键。

## (三)共价键的特征

1. **共价键的饱和性** 共价键的饱和性是指一个原子含有几个未成对电子,就能和几个自旋方向相反的未成对电子配对成键。也就是说一个原子所形成的共价键的数目受原子中未成对电子数目的限制。如果 A 原子和 B 原子各有 1 个、2 个或 3 个未成对电子,且自旋方向相反,则可以互相配对,形成共价单键(如 Cl—Cl、H—H)、双键(如 C=O、C=C)或叁键(如 N≡N)。如果 A 原子有 1 个未成对电子,B 原子有 3 个未成对电子,且自旋方向相反,则 A 与 B 结合形成 $BA_3$ 型分子(如 $NH_3$、$PCl_3$ 等),而不能形成 $BA_4$ 型分子。

2. **共价键的方向性** 根据原子轨道的最大重叠原理,共价键的形成将沿着原子轨道的最大重叠的方向进行,这样两核间的电子云密度最大,形成的共价键最牢固。这就是共价键的方向性。除 s 轨道呈球形对称而无方向性外,p、d、f 轨道在空间都有一定的形状和空间伸展方向。在形成共价键时,s 轨道与 s 轨道在任何方向都能达到最大重叠,而 p、d、f 轨道只有沿着一定的方向才能进行最大重叠,形成稳定的共价键。例如,在形成氯化氢分子时,氯原子 3p 轨道上的一个未成对电子和氢原子 1s 轨道上的一个电子,只有沿着 p 轨道的键轴(如 x 轴)方向进行重叠,才能达到最大,形成稳定的 H—Cl 共价键,如图 6-3(c)所示;而沿着其他方向进行重叠,则原

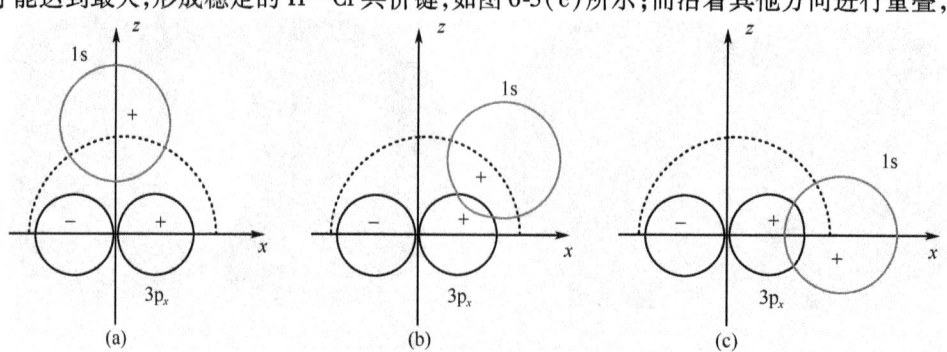

图 6-3　氢原子和氯原子成键轨道重叠剖面示意图

子轨道将不能重叠或重叠很小,如图 6-3(a)、(b)所示,因此难成键或成键不稳定。由此可见,共价键的方向性是原子轨道的方向性(s 轨道除外)和最大重叠原理相互作用的必然结果。

## （四）共价键的类型

1. **σ 键和 π 键**　根据成键原子的原子轨道重叠方式的不同,共价键可分为 σ 键和 π 键。对于含有未成对电子的 s 电子或 p 电子的原子,当它们沿着 $x$ 轴接近时,有 s-s、s-$p_x$、$p_x$-$p_x$、$p_y$-$p_y$、$p_z$-$p_z$ 等多种原子轨道重叠方式形成共价键。为了达到原子轨道最大限度的重叠,其中 s-s、s-$p_x$ 和 $p_x$-$p_x$ 轨道沿着键轴(即成键的两原子核间的连线,如 $x$ 轴)方向以"头碰头"方式进行重叠,轨道重叠部分沿键轴呈圆柱形对称分布,像这样两个原子轨道沿键轴方向重叠形成的共价键称为 σ 键,如图 6-4(a)所示。当一个原子的 $p_x$ 轨道与另一个原子的 $p_x$ 轨道以"头碰头"方式进行重叠形成 $p_x$-$p_x$ 键时,其另两个相互垂直的 $p_y$ 或 $p_z$ 轨道只能以"肩并肩"方式与另一个原子的 $p_y$ 或 $p_z$ 轨道进行重叠,轨道的重叠部分垂直于含键轴的平面,并呈镜面反对称分布(原子轨道重叠部分在键轴平面两边的符号相反),像这样,两原子轨道以"肩并肩"方式重叠形成的共价键称为 π 键,如图 6-4(b)所示。例如,氮原子的电子构型为 $1s^2 2s^2 2p_x^1 2p_y^1 2p_z^1$,每个氮原子有 3 个未成对的 2p 电子($2p_x^1 2p_y^1 2p_z^1$),其 3 个原子轨道空间伸展方向是相互垂直的。当两个 N 原子形成 $N_2$ 分子时,$p_x$-$p_x$ 重叠形成 σ 键,而 $p_y$-$p_y$、$p_z$-$p_z$ 只能"肩并肩"重叠形成两个相互垂直的 π 键,因此,氮分子中的两个氮原子是以一个 σ 键及两个 π 键相联结的,其分子的结构可用 N≡N 表示。

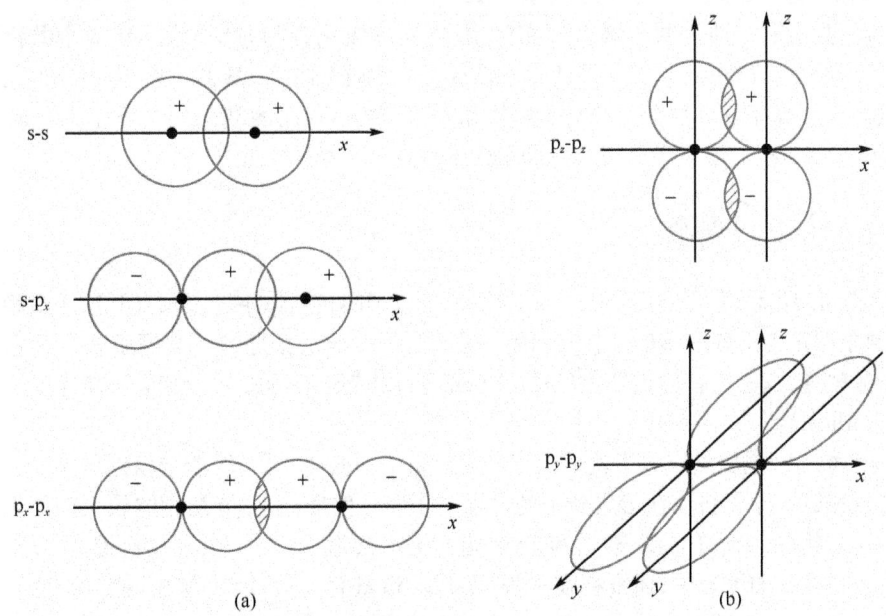

图 6-4　σ 键和 π 键形成时原子轨道重叠剖面示意图
(a)σ 键；(b)π 键

由于 σ 键的轨道重叠程度比 π 键的轨道重叠程度大,因而 σ 键比 π 键牢固。π 键较易断裂,化学活泼性较强。一般说来,共价单键(single bond)是 σ 键,双键(double bond)中各有 1 个 σ 键和 π 键；叁键是由一个 σ 键和两个 π 键构成。由此可见,σ 键则是构成分子的骨架,π 键依赖于 σ 键存在。这点在以后学习有机化学分子结构时尤为重要,一定要牢记。

2. **普通共价键和配位共价键**　根据成键原子提供电子形成共用电子对方式的不同,共价键又可分为普通共价键和配位共价键。由成键两原子各提供 1 个未成对电子配对共用形成的共价键称为普通共价键，习惯上称之为共价键，如 $H_2$、$HCl$、$CO_2$ 等分子中的共价键。若由成键两原子中的一个原子单独提供电子对进入另一个原子的空轨道共用而形成共价键称为配位共价键（coordinate covalent bond），简称配位键（coordination bond）。例如，$NH_4^+$ 的形成，$NH_3$ 分子中的 N 原子提供未被共用的电子对，进入 $H^+$ 的 1s 空轨道中，$NH_4^+$ 的形成可表示为

$$H:\overset{..}{\underset{..}{N}}:H + H^+ \longrightarrow \left[H:\overset{\overset{H}{..}}{\underset{\underset{H}{..}}{N}}:H\right]^+ \quad \left[H-\overset{\overset{H}{|}}{\underset{\underset{H}{|}}{N}}-H\right]^+$$

为了区别于普通共价键，配位键常用"$\longrightarrow$"表示，箭头指向接受电子对的原子。由上可知，要形成配位键必须同时具备两个条件：①成键的一个原子的价电子层中能提供孤对电子（lone electron pair）；②另一个原子价电子层中要有接受孤对电子的空轨道。配位键一旦形成后，基本上具有共价键的一些基本性质，如有饱和性、方向性等，但也具有自身的一些特殊性质，并形成了一类很重要的化合物—配合物，在本书后面的章节中将学习。

## 二、杂化轨道理论

VB 法成功解释了共价键的形成和特征，但在解释多原子分子的空间构型方面却遇到了一些困难。例如：基态 C 原子的电子层构型是 $1s^2 2s^2 2p_x^1 2p_y^1$，其价电子层存在两个未成对电子，按照价键理论，只能形成两个共价键。而实际上，C 在形成化合物时，一般形成 4 个共价键。在 $CH_4$ 分子中，中心 C 原子分别与 4 个 H 原子形成 4 个性质等同 C—H 共价键，且其空间构型是正四面体型。为了解释这类现象，1931 年鲍林和斯莱特在 VB 法的基础上提出了杂化轨道理论（hybrid orbital theory），进一步补充和发展了价键理论。

### （一）杂化轨道理论

**1. 杂化和杂化轨道** 原子在形成分子时，由于原子间相互作用的影响且要形成最稳定的体系，这就要求尽可能形成较多的共价键，因而同一原子中能量相近的不同原子轨道就重新组合成一组新的轨道，这一过程称为杂化（hybridization），而由杂化所形成的新的原子轨道称为杂化轨道（hybrid orbital）。

**2. 杂化轨道理论要点** 原子轨道杂化必须具备下列四个条件：①能量相近原则。一个原子中只有能量相近的原子轨道在形成分子的过程中才会发生杂化，而能量相差较大的原子轨道不能进行杂化。例如，C 原子的 2s 轨道和 2p 轨道能进行杂化，但 C 原子的 1s 轨道和 2p 轨道不能进行杂化。在杂化的过程中，通常存在激发、杂化轨道重叠过程，杂化前轨道能量有高低之分，杂化后轨道是简并的，即形成的杂化轨道的能量是相同的。②轨道数目守恒原则。杂化轨道的数目等于参与杂化的原来的原子轨道数目，即一个原子中有几个原子轨道参与杂化就形成几个杂化轨道。例如，甲烷分子形成时，C 原子的 2s、$2p_x$、$2p_y$、$2p_z$ 4 个原子轨道参加杂化，形成 4 个等价的杂化轨道，因而甲烷分子中有 4 个 C—H 单键。③成键能力增强。因为杂化后原子轨道的形状发生变化，电子云分布相对集中到某一方向上，比原来未杂化的 s、p、d 轨道的电子云分布相对更加集中，成键时，杂化轨道的重叠程度增大，所以，杂化轨道的成键能力比原来未杂化的轨道的成键能力更强，使分子更稳定。④分子中成键电子间排斥最小。由于电子间有相互排斥作用，距离越近，斥力越大，而杂化后的杂化轨道方向改变，轨道间夹角变大，斥力减小。例如，C 原子的 3 个 2p 轨道未杂化前相互间夹角是 90°，而在 $CH_4$ 分子中的 C 原子杂化后的轨道间夹角是

109°28′,使成键电子间距离最远、斥力最小、能量最低,所以,杂化轨道间的夹角决定了共价键的方向,从而解释了分子具有一定空间形状的问题。

## (二) 杂化的类型与分子空间构型

根据原子轨道种类、数目和所处反应环境的不同,可以组成不同类型的杂化轨道。由 s 轨道和 p 轨道参与的杂化,通常称为 sp 型杂化;由 s 轨道、p 轨道和 d 轨道共同参与的杂化,通常称为 spd 型杂化;根据杂化后轨道的能量是否相等,又可分为等性杂化和不等性杂化。

1. **等性杂化**  所谓等性杂化是指原子轨道进行杂化时所形成的杂化轨道能量相同,成分相同的杂化。通常参与杂化的原子轨道都含有单电子或都是空轨道的杂化是等性杂化。下面仅讨论 sp 型杂化,至于 spd 型杂化将在配合物的章节中讨论。sp 型杂化包括 sp 杂化、$sp^2$ 杂化、$sp^3$ 杂化几种类型。

(1) sp 等性杂化:由一个 $n$s 轨道和一个 $n$p 轨道参与的杂化称为 sp 杂化,形成的两个能量相同、性质相同的杂化轨道称为 sp 等性杂化轨道。每一个 sp 等性杂化轨道中含有 $\frac{1}{2}$ 的 s 轨道成分和 $\frac{1}{2}$ 的 p 轨道成分,两个杂化轨道间的夹角呈 180°,呈直线形,例如,$BeCl_2$ 分子的形成。中心原子 Be 的电子层结构 $1s^2 2s^2$,在和 Cl 原子反应的过程中,Be 的一个 2s 电子被激发到其 2p 的一个轨道上,使激发态 Be 原子的电子层构型成 $1s^2 2s^1 2p^1$。其中一个 2s 轨道与一个 2p 轨道进行 sp 等性杂化,形成两个能量相等的 sp 等性杂化轨道。Be 原子的两个 sp 等性杂化轨道分别与两个 Cl 原子的 3p 轨道以"头碰头"的方式重叠而形成两个 σ 键。为了使两个 σ 键之间的相互斥力最小,因而成键后两个 σ 键的夹角为 180°,形成 $BeCl_2$ 分子为直线形。$BeCl_2$ 分子形成过程和空间构型如图 6-5 所示。

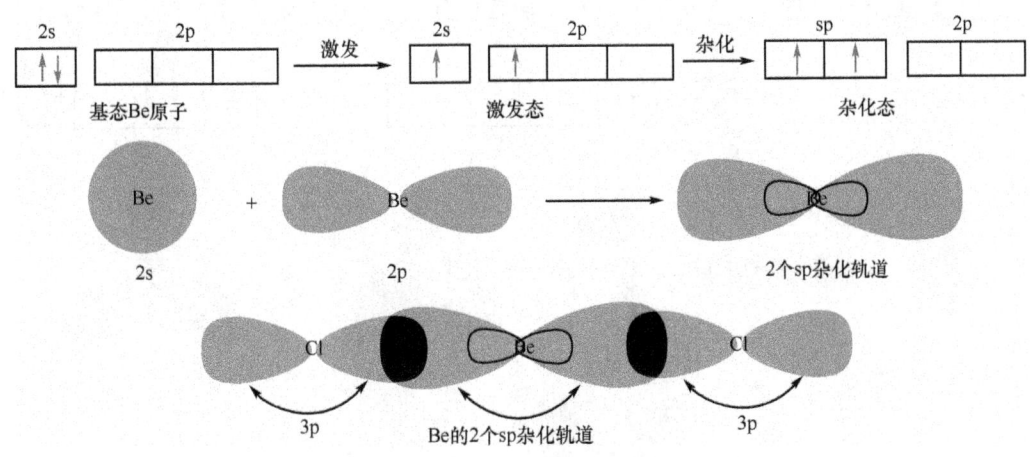

图 6-5  $BeCl_2$ 分子形成过程

又如,乙炔分子 $C_2H_2$ 的形成。中心原子 C 原子的价电子构型是 $2s^2 2p^2$,在生成乙炔的过程中,2s 亚层的一个电子被激发到 2p 亚层的空轨道上,其中 2s 轨道和一个 2p 轨道进行 sp 等性杂化,sp 杂化轨道分别和氢原子、另一个碳原子的 sp 杂化轨道形成两个 σ 键,如图 6-6(a)所示;未杂化的两个 2p 轨道和另一个碳原子的未杂化 2p 轨道形成两个 π 键,如图 6-6(b)所示,从而形成乙炔分子,如图 6-6(c)所示。

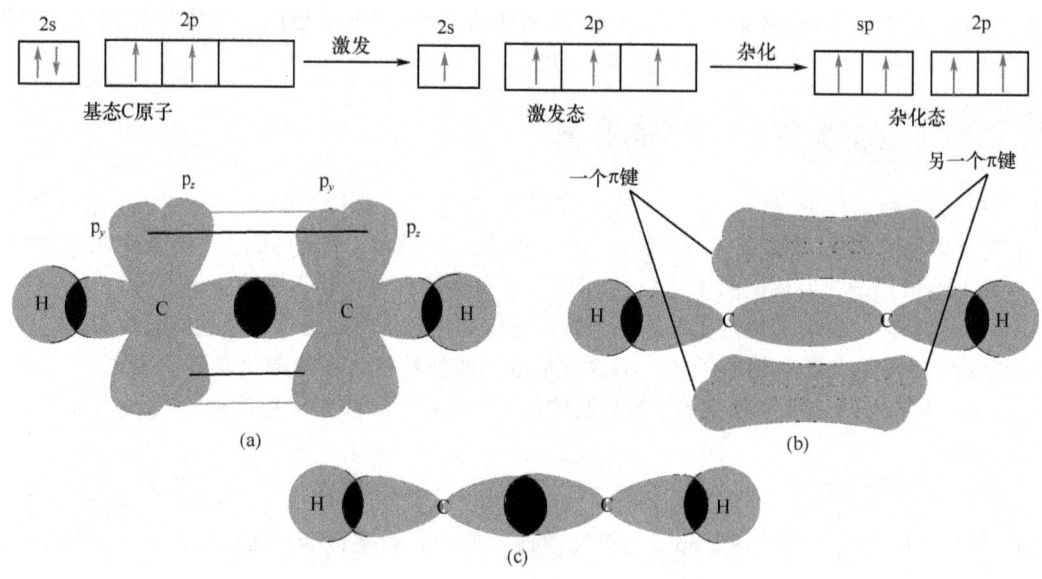

图 6-6　$C_2H_2$ 分子的形成过程示意图

（2）$sp^2$ 等性杂化：由中心原子的一个 $ns$ 轨道和两个 $np$ 轨道参与的杂化称为 $sp^2$ 杂化，所形成的 3 个能量相等的杂化轨道称为 $sp^2$ 等性杂化轨道。两杂化轨道间的夹角是 120°。例如，$BF_3$ 分子中 B 原子属于 $sp^2$ 等性杂化。基态 B 原子最外层电子构型是 $2s^22p^1$，在和 F 原子反应的过程中，B 原子的一个 2s 电子激发进入一个空的 2p 轨道中，使激发态 B 原子具有 $2s^12p_x^12p_y^1$ 的电子层结构进行 $sp^2$ 等性杂化，形成能量相等的 3 个 $sp^2$ 杂化轨道，每个 $sp^2$ 杂化轨道中有一个未成对电子，且含有 $\frac{1}{3}$ 的 s 轨道成分和 $\frac{2}{3}$ 的 p 轨道成分。为了使其轨道间电子云的斥力最小，

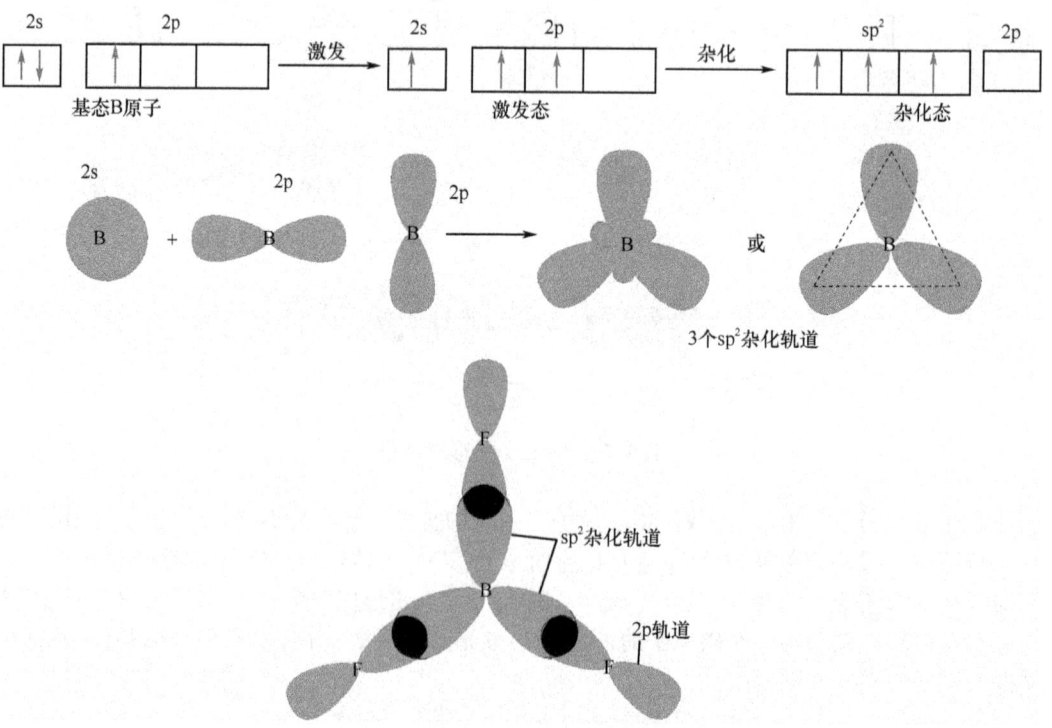

图 6-7　B 原子杂化和 $BF_3$ 分子空间构型示意图

其夹角为 120°。B 原子的 3 个 sp² 杂化轨道与 3 个 F 原子的 2p 轨道分别"头碰头"重叠形成 3 个 σ 键。$BF_3$ 分子的空间构型为平面三角形(图 6-7)。

在乙烯分子中,两个中心碳原子也都是采取 sp² 等性杂化,形成 3 个能量相等的 sp² 杂化轨道和一个未杂化轨道 p 轨道。两个碳原子各用一个 sp² 杂化相互重叠,形成碳原子间的 σ 键,各用两个 sp² 杂化轨道和两个氢原子形成 2 个 σ 键,未杂化的轨道相互重叠形成 π 键。乙烯分子形成如图 6-8 所示。

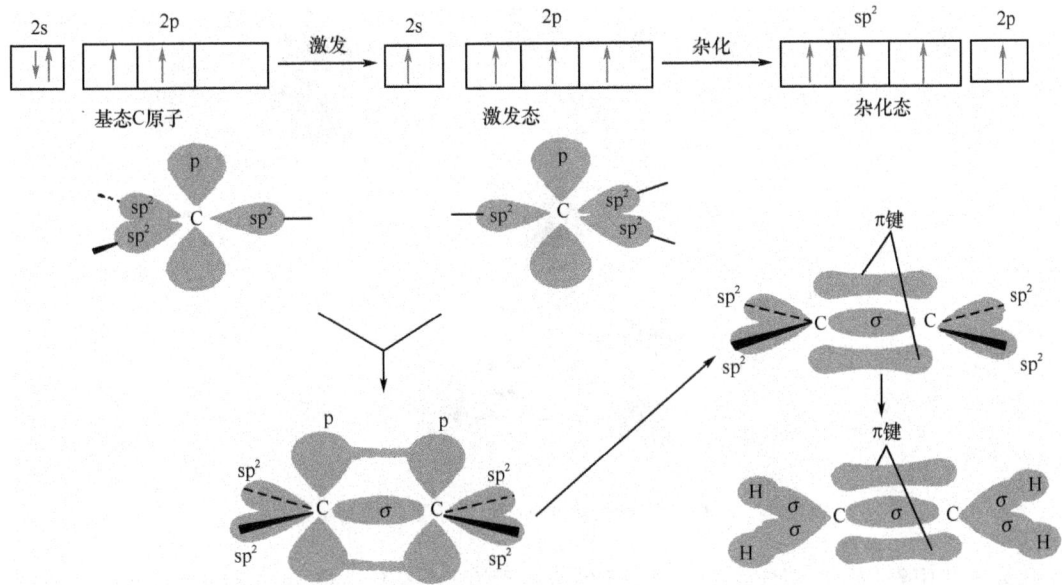

图 6-8 C 原子的 sp² 杂化和 $C_2H_4$ 形成示意图

(3) sp³ 等性杂化:由中心原子的一个 ns 轨道和 3 个 np 轨道参与的杂化称为 sp³ 杂化,所形成的 4 个能量相等的杂化轨道称为 sp³ 等性杂化。为了使 4 个 sp³ 杂化轨道间的电子云斥力最小,所以,sp³ 杂化轨道间的夹角为 109°28′。例如,甲烷分子中 C 原子的杂化。基态 C 原子的最外层构型是 $2s^22p^2$,在和氢原子反应的过程中,C 原子的一个 2s 电子激发到空的 2p 轨道中,形成 $2s^12p_x^12p_y^12p_z^1$ 的电子层结构,其中一个 2s 轨道和 3 个 2p 轨道进行 sp³ 杂化,形成 4 个能量相等的 sp³ 等性杂化轨道。C 原子的 4 个 sp³ 杂化轨道分别和 4 个氢原子形成 4 个 σ 键而构成 $CH_4$ 分子。因 sp³ 杂化轨道间的夹角为 109°28′,所以 $CH_4$ 分子的空间构型为正四面体(图 6-9)。

由上可知,每个 sp³ 等性杂化轨道中含量 $\frac{1}{4}$ 的 s 轨道成分和 $\frac{3}{4}$ 的 p 轨道成分,杂化轨道间的夹角为 109°28′,空间构型为正四面体。硅烷中硅、烷烃中的碳等原子都进行 sp³ 等性杂化。

2. 不等性杂化 所谓不等性杂化是指原子轨道进行杂化时,由于有不参与成键的孤对电子存在,而造成所形成的杂化轨道能量形状不完全相同。这里只介绍 sp³ 不等性杂化。例如,氨分子中的氮原子的杂化是 sp³ 不等性杂化。基态氮原子的价电子层构型为 $2s^22p^3$,在和氢原子反应的过程中,氮原子的 1 个 2s 轨道和 3 个 2p 轨道杂化,重新组合成 4 个 sp³ 不等性杂化轨道,其中有一个 sp³ 杂化轨道为一对孤对电子占据,另外 3 个 sp³ 杂化轨道中各有一个未成对电子,N 原子用这 3 个 sp³ 杂化轨道分别和 3 个氢原子形成 3 个 N—H σ 键。由于孤对电子的电子云较密集在 N 原子的周围,对 3 个 N—H σ 键的电子云斥力较大,使 N—H 键之间的夹角被压缩到 107°18′,因此,$NH_3$ 分子的空间构型为三角锥形。如图 6-10 所示。又如,$H_2O$ 分子中 O 原子也是属于 sp³ 不等性杂化。基态 O 原子的价电子层构型为 $2s^22p^4$,在和氢原子反应的过程中,O 原

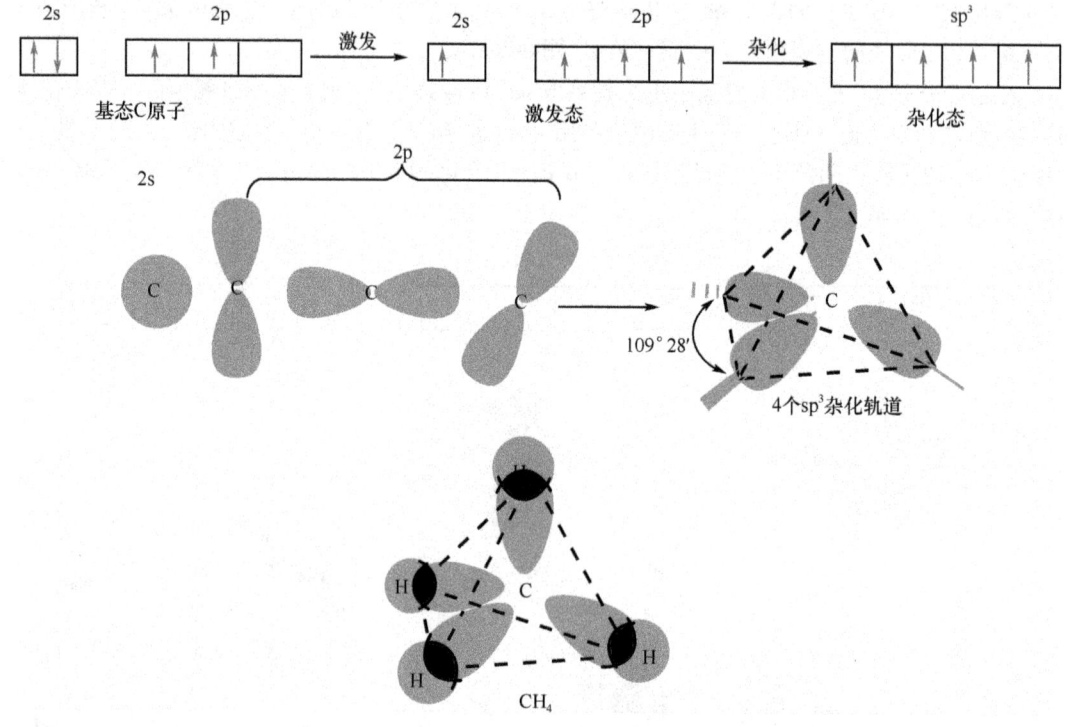

图 6-9  C 原子的 $sp^3$ 杂化和 $CH_4$ 分子空间构型示意图

子采取 $sp^3$ 不等性杂化,形成能量和形状不完全相同的 4 个杂化轨道,其中有两个被两对孤电子所占据,另外两个杂化轨道中各有一个未成对电子,分别和两个氢原子的 1s 轨道重叠形成两个 O—H σ 键。由于两对孤对电子离 O 原子核较近,电子云密度大,对两个 O—H 键的成键电子有更大的排斥作用,使 O—H 键之间的夹角被压缩到 104°28′,因此,水分子的空间构型为 V 形(图 6-10)。

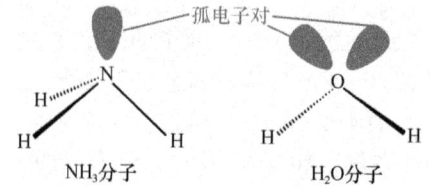

图 6-10  $NH_3$ 和 $H_2O$ 分子的空间构型示意图

通过上面的讨论,我们可发现,利用杂化轨道理论既可说明某些共价化合物分子的成键情况,也可说明它们的空间几何形状。但价键理论和杂化轨道理论对有些分子性质无法解释,随之又产生了新的理论——分子轨道理论。

## 三、分子轨道理论

价键理论和杂化轨道理论用电子配对成键的概念解释共价化合物的形成和共价分子的空间几何形状,比较直观形象,容易理解,但有些分子的结构和特性不能解释。例如,按价键理论,分子中的电子都是配对的,就表现反磁性,而实验证明,固态或液态的 $O_2$ 都能被磁铁吸引,表现出顺磁性,即分子中有单电子存在,价键理论不能解释。另外,NO、$NO_2$等奇数电子分子能稳定存在,$H_2^+$、$O_2^+$等分子离子能形成,价键理论和杂化轨道理论也不能解释。

1932年,美国化学家密立根(R. S. mulliken)、洪特等提出了分子轨道理论。克服了价键理论和杂化轨道理论将分子中的成键原子孤立对待的缺点,而将分子中原子放在整个分子体系中考虑,并考虑了价电子间的相互影响,成功地解释和回答了价键理论和杂化轨道理论不能解决的一些问题,并且提出了单电子键、三电子键等概念,丰富了化学键的内容。随着计算机技术的广泛应用,分子轨道理论也得到快速的发展。

## (一) 分子轨道理论基本要点

1. **分子轨道定义** 原子在形成分子时,所有的电子都有贡献。分子中的电子处于所有核和其他电子的作用下,在整个分子空间范围内运动。分子中电子的空间状态也可以用波函数 $\psi$ 来描述,这些波函数 $\psi$ 称之为分子轨道(molecular orbit,MO)。其名称则相应用 σ、π、δ 等符号表示。分子轨道是由分子中各原子轨道的线性组合而成。几个原子轨道可以组合成相同数目的分子轨道。通过线性组合形成的分子轨道是由正负符号相同的两个原子轨道叠加而成的、能量低于原来的原子轨道的分子轨道称为成键分子轨道(bonding molecular orbital),常用 σ、π 等符号表示;而由正负符号不同的两个原子轨道叠加而成的、其能量高于原来的原子轨道的分子轨道称为反键分子轨道(anti-bonding molecular orbital),常用 σ*、π* 等符号表示。一般说来,成键分子轨道有利于形成化学键,而反键分子轨道不利于形成化学键。分子中未参与成键的原子轨道称之为非键轨道(non-bonding orbital)。

2. **形成分子轨道必要条件** 构成分子的各原子的原子轨道必须满足对称性匹配、能量相近和最大重叠三个必要条件,才能线性组合成相应分子轨道,形成稳定的分子。

(1) 对称性匹配原则:所谓对称性是指空间的几何图形对于空间某点、线或面对称相同。原子轨道的角度分布函数的几何形状都有一定对称性。对称性匹配是将组成分子轨道的原子轨道绕键轴(如 $x$ 轴)或对于含有键轴的某一平面翻转180°,原子轨道的正、负号都未变或都改变即为原子轨道对称性匹配,能有效形成分子轨道。若翻转180°后,原子轨的原子轨道绕键轴(如 $x$ 轴)或对于含有键轴的某一平面翻转180°,原子轨道的正、负号都未变或都改变即为原子轨道对称性匹配,能有效形成分子轨道;若翻转180°后,原子轨道的正负号不同时改变即为对称性不匹配,不能有效形成分子轨道。例如,图6-11中(a)、(b)、(c)三图所示 s 原子轨道、p 原子轨道绕键轴旋转180°后,波函数的符号都未改变,可以形成分子轨道;(d)、(e)两图中的 p 轨道绕键轴平面转180°后,波函数的角度分布函数的正负号都改变,刚好相反,也是匹配的,可以成

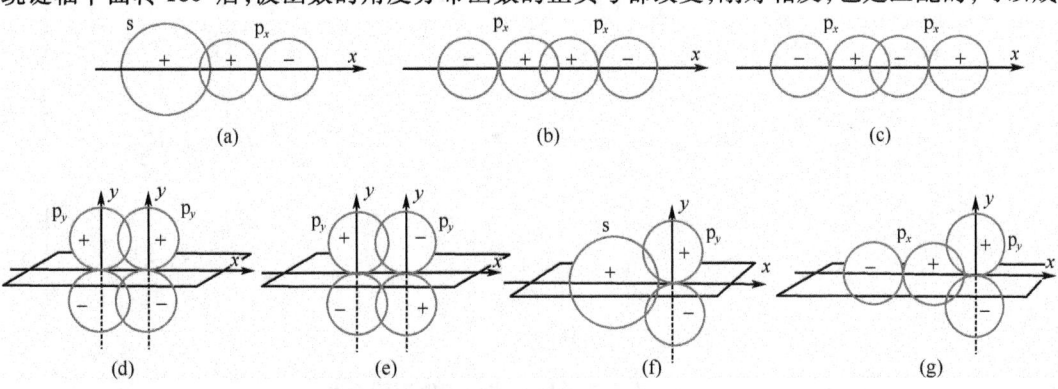

图6-11 原子轨道对称匹配示意图

键;(f)、(g)中原子轨道绕键轴平面翻转180°后,两原子轨道的正、负号未同时改变,则对称性不匹配,不能形成分子轨道。

(2)能量相近原则:符合对称性匹配的原子轨道,并不都能形成分子轨道。只有能量接近且对称性匹配的原子轨道才能有效地组合成分子轨道,而且能量越近越好。能量相近原则对于异核的双原子分子或多原子分子是十分重要的。例如,氢原子的1s和氯原子的3p轨道能量接近,能结合成分子轨道,所以形成稳定的HCl分子。

(3)轨道最大重叠原则:在对称性匹配和能量相近的条件下,原子轨道组合成分子轨道时,原子轨道重叠程度越大,成键分子轨道相对于原来的原子轨道的能量降低得越显著,成键的能力越强,形成的化学键也越牢固。

3. 分子中电子填充规则 按分子轨道的能量大小,可以排出分子中分子轨道近似能级顺序。根据电子填充的三原则(即泡利不相容原理、能量最低原理、洪特规则)进行分子轨道的电子填充,即可得到分子的基态分子结构。

4. 键级 键的牢固程度用键级(bond level)来衡量。

$$键级 = \frac{成键轨道上的电子数目 - 反键轨道上的电子数目}{2}$$

一般来说,键级越大,键越牢固,分子越稳定。键级可以是零、分数、整数。当键级为零时,分子不能存在。

## (二)分子轨道的类型和能级图

1. 分子轨道的类型 根据组合成分子轨道时原子轨道的重叠方式,可将分子轨道分为 $\sigma$ 型分子轨道和 $\pi$ 型分子轨道。当 A 和 B 两个原子轨道以"头碰头"的方式同号重叠(波函数相加),则得到 $\sigma$ 成键轨道;"头碰头"异号重叠(波函数相减),得到 $\sigma^*$ 反键轨道。根据形成分子轨道时原子轨道种类的不同,又可分为 $\sigma_{s\text{-}s}$ 和 $\sigma_{s\text{-}s}^*$、$\sigma_{s\text{-}p}$ 和 $\sigma_{s\text{-}p}^*$、$\sigma_{p\text{-}p}$ 和 $\sigma_{p\text{-}p}^*$(图6-12)。若 A 和 B 原子的原子轨道"肩并肩"同号重叠则得到 $\pi$ 成键轨道;"肩并肩"异号重叠(波函数相减)得到 $\pi^*$ 反键轨道。根据形成分子轨道时原子轨道种类的不同,又可分为 $\pi_{p\text{-}p}$ 和 $\pi_{p\text{-}p}^*$ 等(图6-12)。

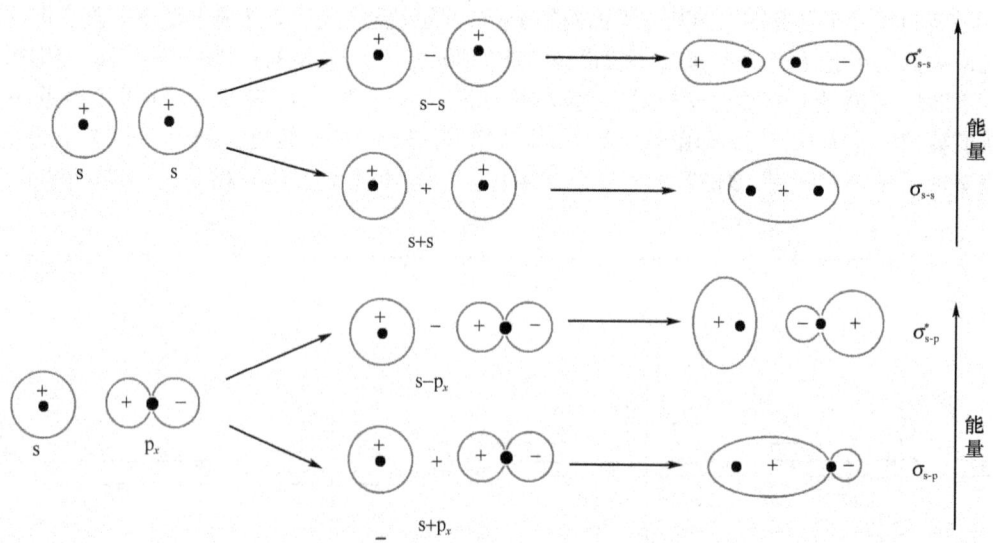

图6-12 原子轨道组合成分子轨道示意图

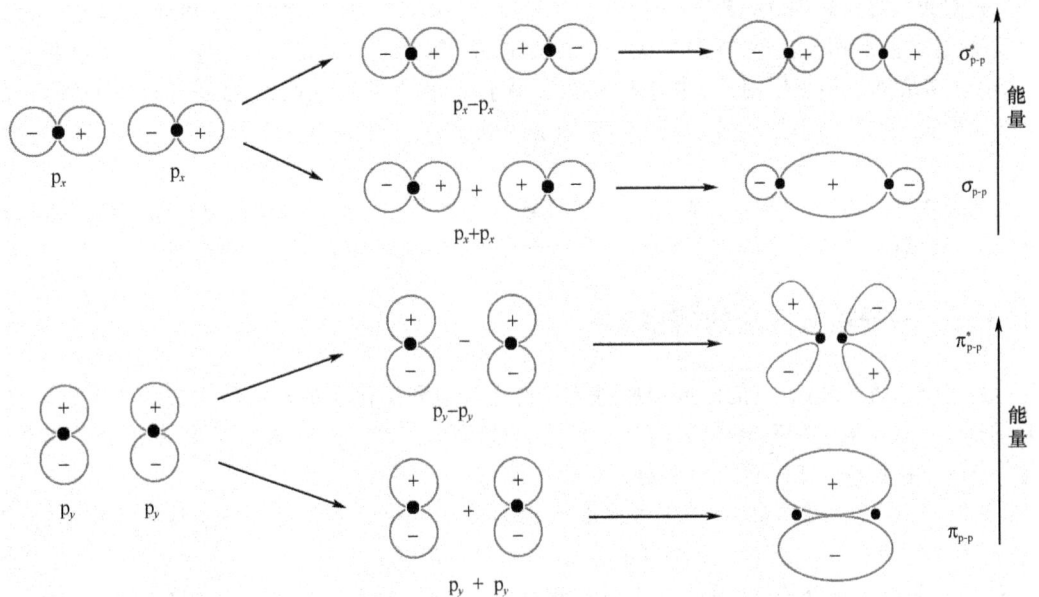

图 6-12 原子轨道组合成分子轨道示意图（续）

**2. 第二周期同核双原子分子的能级图**  每个分子轨道都有相应的能量，把分子中各分子轨道按能量高低顺序排列起来，可得到分子轨道能级图。现以第二周期元素形成的同核双原子分子为例给予说明。

在第二周期元素中，各元素原子的 2s、2p 轨道能量之差并不相同，形成分子轨道时也出现了不同，通常形成的同核双原子分子的分子轨道能级顺序有两种：一种是组成分子的原子的 2s 和 2p 轨道的能量相差较大，在组成分子轨道时，只能发生两原子的 s-s 和 p-p 轨道的线性组合，得到如图 6-13(a) 所示的分子轨道能级图，即由这些原子组成的同核双原子分子的分子轨道能级顺序为

$$\sigma_{1s} < \sigma_{1s}^* < \sigma_{2s} < \sigma_{2s}^* < \sigma_{2p_x} < \pi_{2p_y} = \pi_{2p_z} < \pi_{2p_y}^* = \pi_{2p_z}^* < \sigma_{2p_x}^*$$

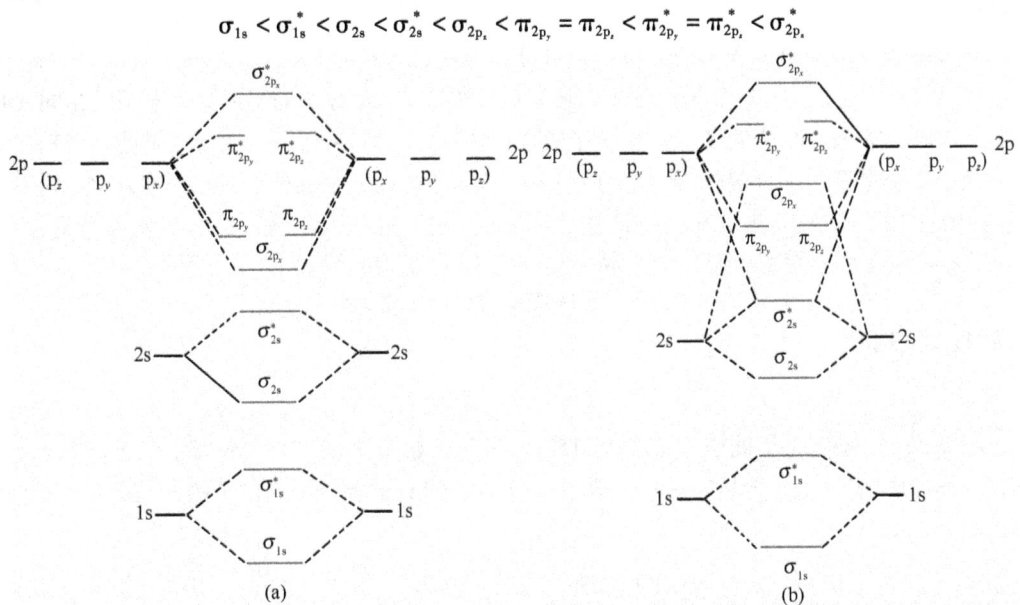

图 6-13 第二周期同核双原子分子的两种分子轨道能级顺序示意图

光谱数据分析表明，$O_2$、$F_2$ 分子的分子轨道能级排列符合此顺序。另一种是组成分子的 2s 和 2p 轨道的能量相差较小，在组合成分子轨道时，不仅会发生 2s-2s、2p-2p 重叠，而且会发生 2s 和 $2p_x$ 轨道之间的相互作用，以致造成 $\sigma_{2p}$ 能级高于 $\pi_{2p}$ 能级的交错现象，如图 6-13(b) 所示。由这些原子组成的同核双原子分子的分子轨道能级顺序为

$$\sigma_{1s} < \sigma_{1s}^* < \sigma_{2s} < \sigma_{2s}^* < \pi_{2p_y} = \pi_{2p_z} < \sigma_{2p_x} < \pi_{2p_y}^* = \pi_{2p_z}^* < \sigma_{2p_x}^*$$

光谱数据分析证明，3 号元素 Li 至 7 号元素 N 等元素的双原子分子的分子轨道能级排列符合此顺序。对于异核双原子或多原子分子的分子轨道形成较复杂，在此不作讨论。

## （三）分子轨道理论的应用

利用分子轨道理论，人们已成功地解释了价键轨道和杂化轨道理论所无法解释的分子(如 $O_2$)的顺磁性、单电子和三电子键、奇电子数分子等问题，并通过键级的计算，判断该分子能否稳定存在以及稳定性大小。下面举例进行说明。

1. $Be_2$ 分子  假定两个 Be 原子可以形成 $Be_2$ 分子，根据分子轨道中电子填充原则，其分子轨道表示式应为 $(\sigma_{1s})^2(\sigma_{1s}^*)^2(\sigma_{2s})^2(\sigma_{2s}^*)^2$。由此可看出，$Be_2$ 分子中 8 个电子有 4 个处于成键的 $\sigma_{1s}$、$\sigma_{2s}$，另外 4 个处于反键轨道 $\sigma_{1s}^*$、$\sigma_{2s}^*$，两者相互抵消，故两个 Be 原子不能有效成键。

$$Be_2 \text{ 键级} = \frac{4-4}{2} = 0$$

$Be_2$ 分子的键级计算表明：$Be_2$ 分子不能稳定存在，目前也确实没有发现 $Be_2$ 分子。

2. $N_2$ 分子  两个 N 原子共有 14 个电子，其分子轨道表示式为 $(\sigma_{1s})^2(\sigma_{1s}^*)^2(\sigma_{2s})^2(\sigma_{2s}^*)^2(\pi_{2p_y})^2(\pi_{2p_z})^2(\sigma_{2p_x})^2$ 或 $KK(\sigma_{2s})^2(\sigma_{2s}^*)^2(\pi_{2p_y})^2(\pi_{2p_z})^2(\sigma_{2p_x})^2$（KK 表示 K 层充满，相当于电子并未参与成键。），由 $N_2$ 分子的分子轨道表示式可知，两个 N 原子之间有 1 个 σ 键和 2 个 π 键。故 $N_2$ 分子是可以存在的。

$$N_2 \text{ 键级} = \frac{10-4}{2} = 3$$

$N_2$ 分子的键级计算可知，$N_2$ 的键级为 3，键级值较大，因而形成的 $N_2$ 分子特别稳定，常表现为惰性。

3. $O_2$ 分子  两个 O 原子形成 $O_2$ 分子，其分子轨道表示式为 $KK(\sigma_{2s})^2(\sigma_{2s}^*)^2(\sigma_{2p_x})^2(\pi_{2p_y})^2(\pi_{2p_z})^2(\pi_{2p_y}^*)^1(\pi_{2p_z}^*)^1$，由 $O_2$ 分子的分子轨道表达方式可知，$O_2$ 分子的最后 2 个电子以相同的自旋方向分别占据 $\pi_{2p_y}^*$ 和 $\pi_{2p_z}^*$ 轨道，故 $O_2$ 分子表现出顺磁性。另外，$O_2$ 分子中，对成键有贡献的除 $\sigma_{2p_x}$ 轨道上 2 个电子形成 σ 键外，$\pi_{2p_y}$ 上的 2 个电子与 $\pi_{2p_y}^*$ 上的 1 个电子形成在 y 轴方向上轨道侧面重叠的三电子 π 键，以及由 $\pi_{2p_z}$ 与 $\pi_{2p_z}^*$ 组成的另一个三电子 π 键(z 轴方向)。实验表明，两个三电子 π 键的牢固程度相当于一个正常 π 键。$O_2$ 分子的键级为

$$O_2 \text{ 分子的键级} = (10-6)/2 = 2$$

其结构式可表示为

:Ö⋮⋮Ö: 或 [Ö—Ö:]

4. $O_2^+$ 离子  $O_2^+$ 离子的电子总数为 15 个，其分子轨道表示式为 $KK(\sigma_{2s})^2(\sigma_{2s}^*)^2(\sigma_{2p_x})^2(\pi_{2p_y})^2(\pi_{2p_z})^2(\pi_{2p_y}^*)^1$，离子中有一个 σ 键、一个 2 电子的 π 键和一个三电子的 π 键。$O_2^+$ 离子的键级为

$$O_2^+ \text{ 键级} = \frac{10-5}{2} = 2.5$$

其结构式可表示为

$$:\overset{..}{\underset{..}{O}}::\overset{..}{\underset{.}{O}}: \text{ 或 } [\overset{..}{\underset{..}{O}}-\overset{..}{\underset{..}{O}}]^+$$

由 $O_2^+$ 的键级值可知:$O_2^+$ 离子是能稳定存在的。有机化学中碳正离子和碳负离子的存在也是分子离子存在的最好的证明。

综上所述,利用分子轨道理论不仅能说明分子的成键情况,而且可以说明分子的稳定性及磁性等,但是,MO 法不及 VB 法简单、直观。因此,一般情况下,共价化合物的处理常用 VB 法。

## 四、键 参 数

共价键的性质可以用量子力学计算结果作定量的讨论,也可以通过共价键性质的表征来描述。如用键级和键能表征键的强弱;用键长和键角描述分子的空间结构等等。表征化学键性质的物理量统称为键参数(bond parameter)。在这里只介绍键能、键长、键角、键的极性四个参数。

### (一) 键能

键能(bond energy)是表征化学键强度的物理量,可以用化学键断裂时所需的能量的多少来衡量。在 101.3 kPa 和 298 K 下,将 1 mol 气态分子 AB 拆成理想气态 A、B 原子所吸收的能量称为 AB 的离解能。常用符号 $D_{A-B}$ 表示,单位为 $kJ \cdot mol^{-1}$。例如,$D_{H-Cl} = 431 kJ \cdot mol^{-1}$。在标准状态下,断裂多原子分子中 1 mol 的某一个键所吸收的能量称为分子中该键的离解能。例如

$$H_2O(g) \longrightarrow OH(g) + H(g) \quad D_1 = 502 kJ \cdot mol^{-1}$$
$$OH(g) \longrightarrow H(g) + O(g) \quad D_2 = 424 kJ \cdot mol^{-1}$$

$H_2O$ 分子中有两个等价的 O—H 键,但先后拆开它们所吸收的能量并不同。同一种键在不同的物质中离解能也不一样。例如

$$HCOOH(g) \longrightarrow HCOO(g) + H(g) \quad D_{HCOO-H} = 431 kJ \cdot mol^{-1}$$

因此,所谓的键能通常是指在 101.3 kPa 和 298 K 下,将 1 mol 某化学键拆开所吸收的平均能量,常用符号 $E$ 表示。显然对双原子分子来说,键能等于离解能,如 $E_{H-H} = D_{H-H} = 436 kJ \cdot mol^{-1}$,而对于多原子分子来说,键能和离解能不同。通常所说的键能是指平均键能。各种键的键能值可用热化学方法或光谱化学实验测得,也可以从化学反应热间接求得。键能能近似反映化学键牢固的程度。键能越大,键越牢固,分子越稳定。一般化学键的键能在 125~630 $kJ \cdot mol^{-1}$。表 6-1 列出了一些化学键的平均键能。

**表 6-1 部分化学键的平均键能**(单位:$kJ \cdot mol^{-1}$)

| 键种类 | 键能 | 键种类 | 键能 |
|---|---|---|---|
| C—H | 413 | C—C | 346 |
| C—F | 460 | C=C | 610 |
| C—Cl | 335 | C≡C | 835 |
| C—Br | 289 | C—O | 356 |
| C—I | 230 | C=O | 745 |
| C—N | 335 | O—H | 463 |

### (二) 键长

分子中两个成键原子的核间平衡距离叫键长(bond length)。理论上用量子力学近似方法可

以算出键长。实际上,对于复杂分子往往是通过光谱或衍射等实验方法来测定键长。表6-2列出了一些化学键的键长数据。

表6-2 单键、双键、参键的键长(单位:pm)

| 键种类 | 键长 | 键种类 | 键长 | 键种类 | 键长 | 键种类 | 键长 |
|---|---|---|---|---|---|---|---|
| C—C | 154 | N—N | 146 | F—F | 142 | H—F | 92 |
| C=C | 134 | N=N | 120 | Cl—Cl | 199 | H—Cl | 128 |
| C≡C | 120 | N≡N | 110 | Br—Br | 228 | H—Br | 141 |

从表6-2中数据可以看出,同一族元素的单质或同类化合物的双原子分子,键长随原子序数的增大而增大;相同原子间形成的键数越多,则键长越短。一般说来,两原子间所形成的键长越短,表示键越牢固。

### (三) 键角

分子中两个键之间的夹角叫键角(bond angle)。键角是反映分子空间结构的重要因素。例如,水分子中2个O—H键之间的夹角是104.5°,这说明水分子是V形结构。又如,$CO_2$中两个C=O键的键角为180°,所以,$CO_2$分子是直线形的(图6-14)。

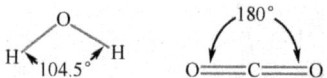

图6-14 $CO_2$和$H_2O$的分子空间构型示意图

### (四) 共价键的极性

根据成键原子电负性的差异,可将共价键分成极性共价键和非极性共价键。在单质分子中,两个原子之间形成的共价键,由于原子核正电荷重心和负电荷重心重合,叫做非极性共价键,简称非极性键(non-polar bond)。例如,$H_2$、$O_2$、$N_2$和$Cl_2$等双原子分子,金刚石、晶态硅和晶态硼中的共价键。

不同元素的原子间形成的共价键,由于元素的电负性不相同,成键原子的电荷分布不对称。电负性较大的原子吸引电子能力强,带负电荷;电负性小的原子吸引电子的能力弱,带正电荷;正负电荷重心不重合,形成极性共价键,简称极性键(polar bond)。例如,H—Cl、C—O、C≡N等共价键。

由极性键的形成来看,键的极性主要在于成键原子的电负性的差值。成键原子的电负性差值越大,键的极性越大。当电负性差值大到一定程度,成键电子对几乎完全偏向电负性大的一方,使其成为负离子,另一方成为正离子,此时共价键已变成离子键,因此,离子键和极性键的之间无绝对的界限,极性键是离子键和非极键间的过渡状态。

## 第2节 分子间作用力和氢键

气态物质能被压缩或冷却变成液体或固体;液态或固态分子需要提供能量才能变成气态的分子,这说明分子间存在相互作用力。以上变化是如何产生的?实验研究表明它们和分子的极性、极化有关。

> **超分子化学**
>
> 超分子化学是一门处于近代化学、材料化学和生命科学交汇点的新兴学科。它的发展不仅与大环化学（冠醚、穴醚、环糊精、杯芳烃、碳-60 等）的发展密切相关，而且与分子自组装（双分子膜、胶束、DNA 双螺旋等）、分子器件和新兴有机材料的研究息息相关。到目前为止，尽管超分子化学还没有一个完整、精确的定义和范畴，但它的诞生和成长却是生机勃勃、充满活力的。
>
> 现代化学与 18～19 世纪的经典化学相比较，其显著特点是从宏观进入微观，从静态研究进入动态研究，从个别、细致研究发展到相互渗透、相互联系的研究，从分子内的原子排列发展到分子间的相互作用。从某种意义上讲，超分子化学淡化了有机化学、无机化学、生物化学和材料化学之间的界限，着重强调了具有特定结构和功能的超分子体系，将四大基础化学（有机化学、无机化学、分析化学和物理化学）有机地融合为一个整体，从而为分子器件、材料科学和生命科学的发展开辟了一条崭新的道路，并且为 21 世纪化学发展提供了一个重要方向。诺贝尔化学奖获得者法国的莱恩（J. M. Lehn）认为：超分子化学是研究两种以上的化学物种通过分子间力相互作用缔结而成的具有特定结构和功能的超分子体系的科学。

# 一、分子极性与极化

## （一）分子极性

任何原子和由原子组成的分子都是由带正电荷的核和带负电荷的电子组成。正如物体有重心一样，任何一个分子都可以找到正、负荷的重心（电荷集中的一点）。根据分子中正负电荷重心是否重合，可将分子分为极性分子和非极性分子。正、负电荷重心重合的分子称为非极性分子（non-polar molecule），如 $H_2$、$O_2$、$CO_2$ 等分子；正、负重心不重合的分子称为极性分子（polar molecule），如 HF、$H_2O$、$H_2S$ 等分子。

分子的极性与键的极性是密切关联的。如果组成分子的化学键都是非极性键，则分子肯定不会有极性；但当组成分子的共价键为极性键时，分子则可能有极性。在双原子分子中，分子的极性和键的极性是一致的。例如，$O_2$、$H_2$ 等是非极性分子，CO、HF 等是极性分子。而以极性键组成的多原子分子有无极性取于分子的空间构型。例如，在 $CS_2$ 分子中，C=S 是极性键，但 $CS_2$ 分子的空间结构是线形对称的（S=C=S），两个键的极性相互抵消，其正负电荷重心是重合的，故 $CS_2$ 是非极性分子。同样，在 $CCl_4$ 分子中，C—Cl 是极性键，但分子为对称的正四面体空间构型，键的极性相互抵消，分子没有极性。如果分子的空间构型不完全对称，键的极性不能相互抵消，分子中的正负电荷重心不重合，则分子有极性。例如，V 形的 $H_2O$ 分子和三角锥形的 $NH_3$ 分子中键的极性不能相互抵消，它们是极性分子。

分子极性的大小常用偶极矩（dipole moment）度量。符号为 $\mu$，单位为 $10^{-30}$ C·m。分子的偶极矩等于正、负电荷重心距离（$d$）和正电荷重心或负电荷重心上的电量（$q$）的乘积：

$$\mu = d \times q$$

偶极矩是一个矢量，化学上规定其方向是从正电荷重心指向负电荷重心。表 6-3 是一些分子的偶极矩测定值。

表 6-3　一些分子的偶极矩(单位：$10^{-30}$ C·m)

| 分子 | $\mu$ | 分子 | $\mu$ | 分子 | $\mu$ |
| --- | --- | --- | --- | --- | --- |
| $H_2$ | 0 | $BF_3$ | 0 | CO | 0.40 |
| $Cl_2$ | 0 | $SO_2$ | 5.33 | HCl | 3.43 |
| $CO_2$ | 0 | $H_2O$ | 6.16 | HBr | 2.63 |
| $CH_4$ | 0 | HCN | 6.99 | HI | 1.27 |

　　由表 6-3 可知，偶极矩为零的分子是非极性分子，偶极矩不为零的分子是极性分子，且偶极矩越大，分子的极性越强。

## (二) 分子的极化

　　无论分子有无极性，在外电场作用下，它们的正、负电荷重心都将发生变化(图 6-15)。

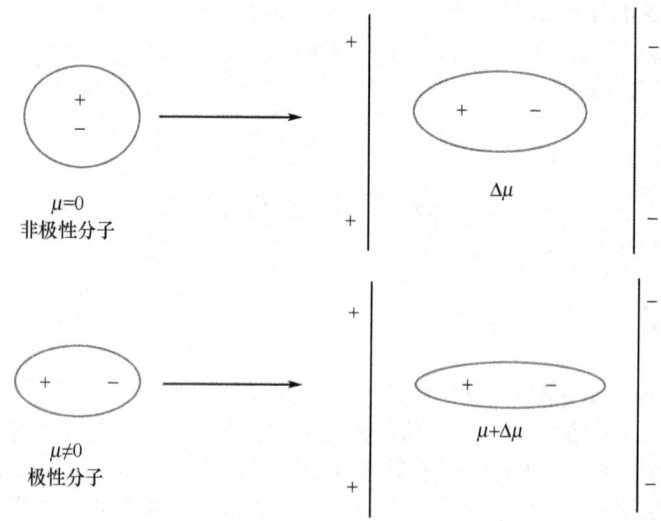

图 6-15　外电场对分子极化作用示意图

　　极性分子的正负电荷重心原不重合，分子中始终存在一端正极和一端负极，此称之为永久偶极(permanent dipole)，但极性分子在外电场的作用下，分子的偶极按电场方向取向，同时正、负电荷重心的距离增大，分子的极性增强。非极性分子的正负电荷重心原本重合($\mu=0$)，但在外电场的作用下，正负电荷重心发生相对位移，使分子变形产生偶极。像这种因外电场作用，使分子变形产生偶极或增大偶极矩的现象称为分子的极化(polarization)。由此而产生的偶极称为诱导偶极(induced dipole)，其产生的偶极矩称为诱导偶极矩，如图 6-15 中的 $\Delta \mu$ 值。诱导偶极矩的大小取决于外电场的强度和分子的变形性。一旦外电场消失，诱导偶极也就消失，分子恢复原状。

　　分子的极性不仅可在外加电场的作用下产生，而且也可在分子间产生。一个有偶极的分子对于另一个分子来说，相当于有外电场，这也就是分子间存在相互作用力的重要原因。

## 二、分子间作用力

　　早在 1873 年，范德华就根据气体能被液化、毛细管内的液面会上升等现象，指出分子间存在着作用力,并对此进行了卓有成效的研究,所以后人将分子间作用又叫范德华力。分子间作用力与化学键相比很弱,大约只有化学键强度的百分之一到十分之一,但其对物质的物理性质如沸点、溶解度、表面张力等有着重要影响。根据分子间作用力产生的原因,一般从理论上将分子间力分为取向力、诱导力和色散力三种。

## (一) 取向力

取向力发生在极性分子间。极性分子具有永久偶极,当两个极性分子相互接近时,同极相斥,异极相吸,分子将发生相对转动,使一个分子带负电的一端和另一分子带正电的一端相接近,使极性分子按一定方向排列并相互吸引(图6-16)。

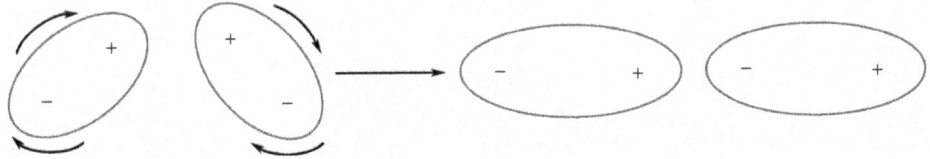

图6-16 两种极性分子相互作用示意图

极性分子的这种运动称为取向。由极性分子的取向而产生的分子间吸引力称为取向力(orientation force)。理论研究表明,分子的极性越大,取向力越大;温度越高,取向力越小;分子间距离越大,取向力也越小。

## (二) 诱导力

诱导力发生在极性分子和非极性分子间或极性分子相互之间。当极性分子与非极性分子相互接近时,极性分子的永久偶极对于非极性分子就是一个外电场,非极性分子受极性分子的影响而极化产生诱导偶极,于是诱导偶极与永久偶极相互吸引产生作用力,称之为诱导力(induction force)(图6-17)。

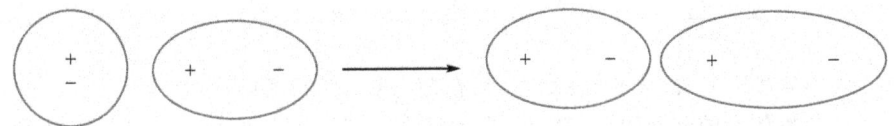

图6-17 极性分子和非极性分子相互作用示意图

同样,极性分子和极性分子相互接近时,在彼此间的永久偶极的影响下,两者相互极化也产生诱导偶极,使每个分子的变形性增大,偶极矩增大,从而使分子间除取向力外还有诱导力。对于极性分子之间的作用来说,诱导力也可称为一种附加的取向力。理论研究表明,诱导力和极性分子的极性、变形性、分子间距离有关,而和温度无关。

## (三) 色散力

非极性分子中无偶极,似乎不存在分子间的静电相互作用。但实际情况中,非极性分子之间也有相互作用。由于分子内部的电子不停地运动,原子核也在不停的振动,使分子的正负电荷重心不断发生瞬间相对位移不重合,产生瞬间偶极(instantaneous dipole),瞬间偶极又可诱导邻近分子极化,因此,非极性分子间可靠瞬间偶极相互吸引产生分子间作用力(图6-18)。这种由于瞬间偶极之间的相互吸引而产生的作用力称为色散力(dispersion force)。任何分子都有不停运动的电子和不停振动的原子核,都会不断产生瞬间偶极,因此,色散力始终存在于各种分子之间。

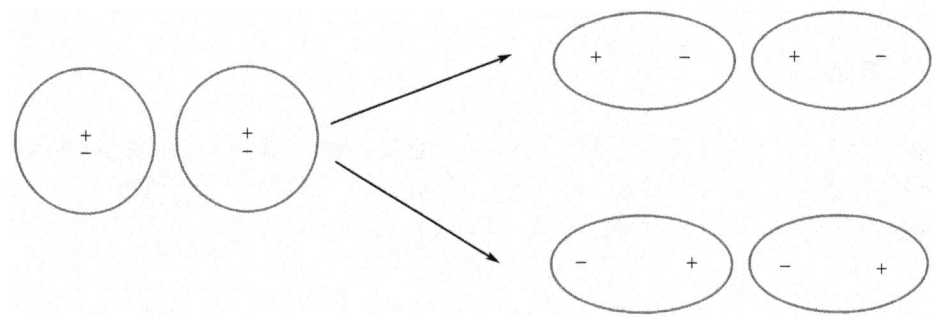

图 6-18　色散力产生示意图

色散力的大小主要与分子是否容易变形有关。一般说来,分子体积越大,其变形性也就越大,分子间的色散力就越大;分子间距离越大,色散力越小。

综上所述,在非极性分子间只有色散力;在极性分子和非极性分子之间,既有诱导力也有色散力都存在;而在极性分子间,取向力、诱导力、色散力都存在。表 6-4 是一些分子间作用力的分配情况。

表 6-4　分子间作用力的分配情况(单位:$kJ \cdot mol^{-1}$)

| 分子 | 取向力 | 诱导力 | 色散力 | 总的作用力 |
| --- | --- | --- | --- | --- |
| Ar | 0.000 | 0.000 | 8.49 | 8.49 |
| CO | 0.003 | 0.008 | 8.74 | 8.75 |
| HBr | 0.686 | 0.502 | 21.92 | 23.17 |
| HCl | 3.35 | 1.004 | 16.82 | 21.13 |
| $H_2O$ | 36.39 | 1.93 | 9.00 | 47.31 |
| $NH_3$ | 13.31 | 1.55 | 14.95 | 29.60 |

由表 6-4 中的数据可知,对于大多数分子,色散力的占据分子间作用力的大部分,是主要的;取向力只有在极性较大的分子间者比较显著,而诱导力通常都很小。分子间作用力都比较小,每摩尔只有几到几万焦,比化学键的键能小 1~2 个数量级,因此,它不属于化学键的范畴。另外,有实验表明:分子间作用力的作用距离比较小,只有在几百皮米的范围内有效,当分子之间充分接近时才能显示出来,且无方向性和饱和性;当物质处于气态时,分子间作用力几乎消失。

分子间作用力是决定物质熔沸点高低、溶解度大小等物理性质的主要因素。共价分子型化合物的熔沸点随着分子间作用力的增大而升高。由于分子间作用力通常不大,所以,共价分子型物质的熔沸点通常不高。分子间作用力也影响物质的溶解度。极性分子间有着强的取向力,彼此可相互溶解,如氯化氢易溶于水;极性不同,则较难相互溶解。如 $CCl_4$ 是非极性分子,$CCl_4$ 和 $H_2O$ 二者之间的作用力要小于 $H_2O$ 分子间或 $CCl_4$ 分子间作用力,因此,$CCl_4$ 难溶于水。$I_2$ 分子是非极分子,与 $CCl_4$ 分子间的色散力较大,而易溶于 $CCl_4$,但难溶于水。人们根据大量的物质溶解性实验总结出了"相似相溶"规律,即极性溶质易溶于极性溶剂;非极性溶质易非极性溶剂。实际上,此规律是分子间作用大小关系和相互影响的体现。

## 三、氢　键

分子型物质的熔沸点一般随物质的相对分子质量增大而升高。但人们在研究同族元素的氢化物的物理性质时,却发现了一些反常现象。例如,水的相对分子质量是它的同类型氢化物($H_2O$、$H_2S$、$H_2Se$、$H_2Te$)中最小,但其熔沸点最高;又如,水的相对密度特别大;水的相对密度在4℃时最大;冰的相对密度比水的小等反常现象。同样,$NH_3$、HF 也具有类似反常的物理性质。研究结果表明,在 $H_2O$、HF、$NH_3$ 等分子间除了范德华力外,还有一种特殊的力在起作用,人们称之为氢键(hydrogen bond)。

### (一) 氢键的形成

研究结果表明,当氢原子同电负性很大,半径很小的原子(氟、氧、氮等)形成共价化合物时,由于成键两原子电负性相差很大,共用电子对强烈地偏向于电负性大的原子一边,而使氢原子几乎变成裸露的质子而具有极强的吸引电子能力,这样氢原子就可以和另一个电负性大且含孤对电子的原子产生较强的固有偶极间的吸引力,此吸引力称之为氢键。

氢键通常用 X—H⋯Y 表示,式中 X 和 Y 可以是相同或不同的原子,如 O—H⋯O、F—H⋯F、N—H⋯O 等。分析氢键的形成可知,形成氢键必须具备两个条件:①有一个和电负性很大的元素形成共价键的氢原子;②有一个电负性大,原子半径小且具有孤对电子的原子,如 $H_2O$、$NH_3$ 中 O、N 原子。

氢键的强弱与原子 X、Y 的电负性和半径大小有关。X、Y 原子的电负性愈大,半径愈小,形成的氢键愈强。例如,Cl 的电负性和 N 相当,但半径比 N 大,Cl 原子形成氢键的能力远远小于 N 原子。常见氢键的强弱顺序是

$$F—H⋯F > O—H⋯O > O—H⋯N > N—H⋯N > O—H⋯Cl$$

氢键是固有偶极间的吸引力,类似于范德华力。但氢键的键能一般在 10~42kJ·$mol^{-1}$,比范德华力强,比化学键弱得多。此外,氢键还有类似共价键的方向性和饱和性。所谓饱和性是指 H 原子形成 1 个共价键后,通常只能再形成 1 个氢键。这是因为 H 原子比 X、Y 原子小得多,当形成 X—H⋯Y 后,第二个 Y 原子再靠近氢原子时,将会受到已形成氢键的 Y 原子电子云的强烈排斥。氢键的方向性是以 H 原子为中心的 3 个原子 X—H⋯Y 尽可能在一条直线上(图 6-19)。这样 X、Y 原子间的距离较远,斥力较小,形成的氢键稳定。

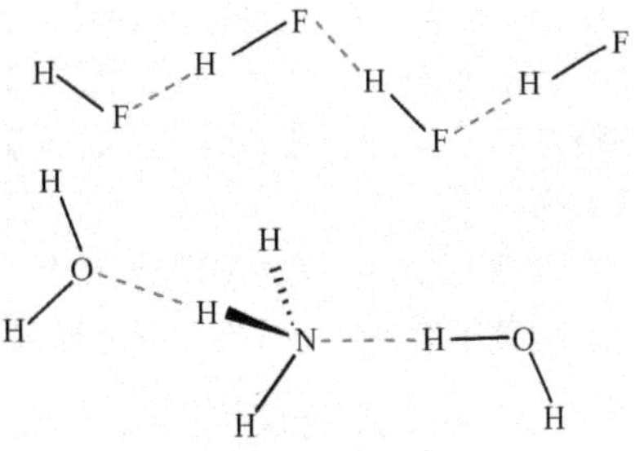

图 6-19　氟化氢、氨水中分子间氢键示意图

根据上述讨论,氢键可看作是较强的、有方向性和饱和性的、特殊的分子间作用力,这也就解释了前文所提的一些物质物理性质的反常现象。

### (二) 氢键的类型

氢键可分为分子间氢键和分子内氢键。氢键在分子间生成为分子间氢键。通过分子间氢键,分子可以相互缔合成多聚体。例如,常温下水中除有单个 $H_2O$ 分子外,还有$(H_2O)_2$、$(H_2O)_3$等聚合体。氢键不仅可在相同的分子间形成,也可在不同分子间形成。例如,氨水中大量存在的是 $NH_3·H_2O$,其中 $NH_3$ 和 $H_2O$ 分子间可形成两种氢键,一种氢键是 O—H⋯N,另一种氢

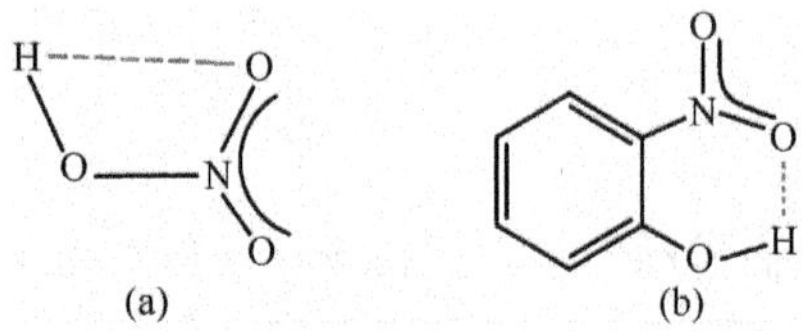

图 6-20　硝酸、邻硝基苯酚中的分子内氢键示意图

键是 N—H⋯O。

大量研究发现，某些化合物的分子内也可以形成氢键。例如，硝酸分子中的分子内氢键，如图 6-20(a) 所示。又如邻硝基苯酚分内的氢键，如图 6-20(b) 所示。分子内氢键通常不可能与共价键直线排列，因受分子内的环状结构的限制而呈一定的角度，其氢键的键能相应小一些。

## （三）氢键对物质性质的影响

氢键对物质的熔沸点、溶解度、相对密度、黏度等均有影响，对分子间有氢键的化合物，由于增强了分子间作用力，欲使其晶体熔化或液体气化，不仅要克服正常的范德华力，还需要克服分子间氢键，因而使化合物的熔点和沸点升高。氢键的存在会影响物质的溶解度。若溶剂与溶质之间能形成氢键，就会促进分子间的结合，导致溶解度增大。例如，乙醇与水能以任意比例混溶；$NH_3$、HCl 在水中溶解度都很大。溶质分子如形成分子内氢键，则分子的极化能力降低，分子的极性减弱；在极性溶剂中的溶解度降低，而在非极性溶剂中的溶解度增大。例如，邻硝基苯酚在水中溶解度比对硝基苯酚小，但它在苯中的溶解度比对硝基苯酚大。

此外，溶液中生成分子间氢键，能使溶液的密度或黏度增加。例如，无水乙醇和水混合，溶液体积小于两者单独体积之和；甘油的黏度很大。但分子内氢键对密度或黏度几乎无影响。由于氢键具有方向性，所以在冰的结构中许多分子都以氢键相互联系起来，形成巨大的缔合分子，其中每个水分子位于四面体的中心，它与周围的四个水分子分别以氢键相连接（图 6-21），导致冰比水的结构空旷而使其相对密度小于水，这就是冰山浮在水面上的原因。

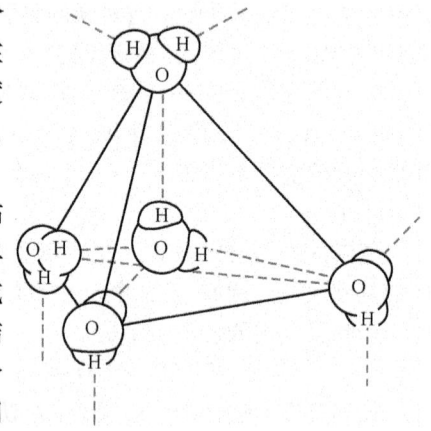

图 6-21　冰晶体中的氢键（虚线）

氢键在生命过程中起着重要作用。蛋白质分子是由众多不同的氨基酸通过肽键而形成。由于肽键中有 =C=O 和 =N—H 基团，它们之间可形成氢键：=C=O⋯H—N =N—H⋯O，这

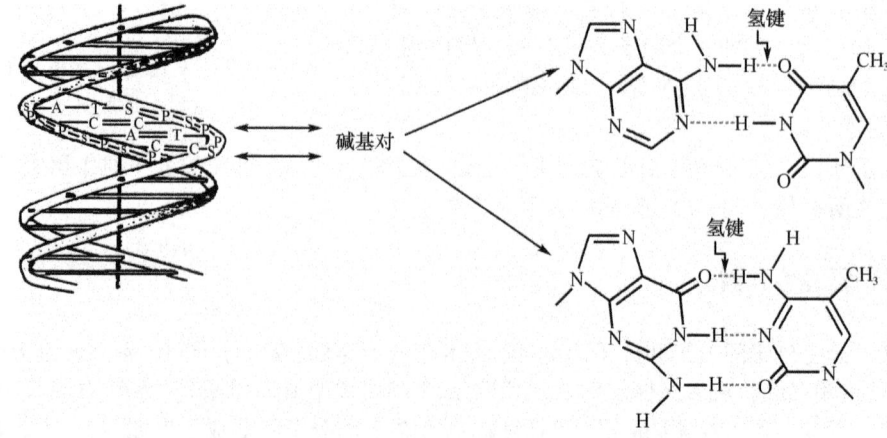

图 6-22　DNA 双螺旋结构和碱基对形成氢键示意图

样的单个氢键作用力虽然很微弱,但由于蛋白质核酸分子相当大,众多氢键共同的作用就能形成稳定的双螺旋结构(图6-22),使其具有各种各样的生理功能。

## 第3节 离子极化

虽然多数盐是离子化合物,表现出离子化合物的溶解度大、熔点较高等共同的性质,但也有些盐表现出的性质并不像离子化合物。例如,NaCl 和 CuCl 晶体的正负电荷相同,$Na^+$ 和 $Cu^+$ 离子半径相近,但 NaCl 易溶于水,而 CuCl 难溶于水;又如,AgCl 难溶于水而 AgF 易溶,三氯化铝的熔点较低。由此不难看出 CuCl、AgCl、$AlCl_3$ 有类似共价化合物的一些性质。究其原因,这与离子的极化有关。

### 一、离子极化

离子本身带有电荷,其孤立存在时正负电荷的重心是重合的,但当离子处于电场中时,离子中的正电荷(原子核)就会受到正电场的排斥和负电场的吸引;而负电荷则受到正电场的吸引和负电场的排斥,结果离子中核和电子会发生相对位移即正负电荷重心不重合而产生诱导偶极,这种过程称为离子的极化(ionic polarization)(图6-23)。

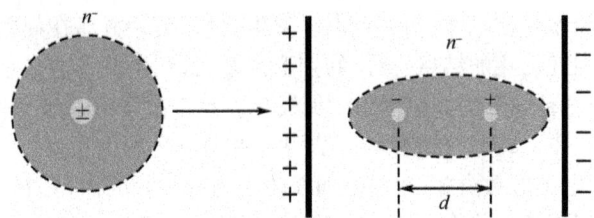

图 6-23 离子在外电场中的极化示意图

在离子晶体中,阴、阳离子本身是一个小的电场,互为对方的外电场。当相互接近时,皆使对方的电子云分布发生变化,使对方的正负电荷重心不重合,产生诱导偶极而极化。从离子极化的过程来看,其包括两个方面:一方面是离子的极化作用;另一方面是在极化的过程中离子的电子云分布发生变化即电子云形状改变,称之为离子的变形性。无论阳离子或阴离子都有极化作用和变形性的两个方面,而且极化过程中同时发生、同时存在。但是,阳离子半径一般比阴离子小、电场强,所以阳离子的极化作用大,而阴离子则变形性大。

#### (一)离子极化作用

影响离子极化作用强弱的因素主要有离子电荷、离子半径和离子的外围电子构型。通常有如下规律:①阳离子半径越小,电荷越多,极化作用越强。例如,$Al^{3+}$、$Mg^{2+}$、$Na^+$ 三种离子的极化作用的强弱顺序为 $Al^{3+}$ > $Mg^{2+}$ > $Na^+$。②阴离子半径越小,电荷越多,其极化作用就越强,例如,$F^-$ > $Cl^-$ > $Br^-$、$S^{2-}$ > $Cl^-$。③电荷和半径都相近时,极化作用与离子的电子构型有关,而且受其影响很大。离子的外围电子层构型对离子极化作用的强弱影响顺序是

18 和(18+2)电子构型离子 > (9~17)电子构型离子 > 8 电子构型离子
　　($Ge^{2+}$、$Pb^{2+}$、$Zn^{2+}$、$Hg^{2+}$)　　($Fe^{2+}$、$Mn^{2+}$)　　　　($Ca^{2+}$、$Sr^{2+}$)

即离子的极化作用随其外层电子数增多而增大。这是因为外围有 18 电子的离子的最外层 d 电

子对原子核有较小的屏蔽作用。

综上所述,极化作用最强的离子是电荷多、半径小和18电子构型或(18+2)电子构型的阳离子。例如,$Cu^{2+}$、$Fe^{3+}$、$Al^{3+}$。需要说明的是离子的半径大小和电荷多寡是离子极化的决定性因素。当这两个条件相近时,离子的电子层构型才起明显作用。

## (二) 离子的变形性

离子的变形性大小主要取决于离子的半径。通常有如下规律:①阳离子电荷越少,半径越大,变形性越大,如 $Na^+ > Mg^{2+} > Al^{3+}$,$K^+ > Na^+ > Li^+$;②阴离子电荷越多,半径越大,变形性越大,如 $F^- < Cl^- < Br^- < I^-$,$S^{2-} > O^{2-}$,$S^{2-} > F^-$;③电荷和半径都相近时,离子的变形性与离子的电子层构型有关,变形性的大小顺序为

(18+2)和18电子构型离子 > (9~17)电子构型离子 > 8电子构型离子

由上可知:最容易变形的离子是半径大的阴离子和18、(18+2)或不规则电子层构型电荷少的阳离子,如 $Ag^+$、$Pb^{2+}$、$Hg^{2+}$。最不容易变形的离子是半径小、电荷多的8电子构型的阳离子,如 $Al^{3+}$、$Si^{4+}$、$Be^{2+}$。

## (三) 附加极化

每一个离子一方面作为带电体,使邻近离子发生变形,另一方面在周围离子的作用下,本身发生变形。阴阳离子相互极化的结果,彼此的变形性增大,产生诱导偶极矩加大,从而进一步加强了它们的极化能力,这种加强的极化称为附加极化。每个离子的总极化作用是它原来的极化作用和附加极化作用之和。离子的外层电子结构对附加极化的大小有很重要的影响。最外层中含有d电子数愈多,电子层数愈多,这种附加极化作用越大。因而,具有18电子构型或(18+2)电子构型的正负离子无论极化作用还是变形性均较强。

# 二、离子极化对化学键型的影响

阴、阳离子结合成化合物时,如果没有极化作用,则其间的化学键纯属离子键。实际上,相互极化的关系或多或少存在着。对于含有d电子的阳离子与半径电荷多的阴离子结合时,相互极化尤为突出。由于阳、阴离子相互极化,使电子云发生强烈变形,而使阴、阳离子外层电子云重叠。相互极化越强,电子云的重叠程度也越大,键的极性也越减弱,键长缩短,从而由离子键过渡到共价键(图6-24)。

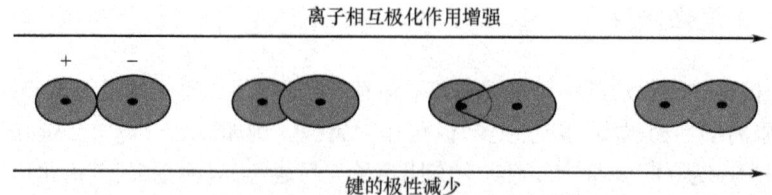

图6-24 离子极化对键型的影响

下面以卤化银成键原子核间距的变化来说明离子极化作用对化学键键型的影响。表6-5是卤化银成键原子核间距的理论值和实验测定值。

表 6-5　卤化银成键原子核间距的理论值和实测值(单位:pm)

| 卤化银 | 核间距理论值 | 核间距实测值 | 差值 | 键型 |
|---|---|---|---|---|
| AgF | 259 | 246 | 13 | 离子型 |
| AgCl | 310 | 277 | 33 | 过渡型 |
| AgBr | 322 | 288 | 34 | 过渡型 |
| AgI | 346 | 299 | 47 | 共价型 |

由表 6-2 中的数据可以看出,离子的极化作用越强,化学键的共价性越强。另外。从离子极化观点来看,离子键和共价键之间不存在严格的界限。

## 三、离子极化对化合物性质的影响

物质的结构决定物质的性质。由于离子极化使化学键类型发生转变,因此对化合物的性质也产生了很大的影响,特别是对化合物的物理性质影响很大。

### (一) 化合物的溶解度降低

离子晶体通常是可溶于水的。水的极性很大,它能削弱阴、阳离子间的静电吸引,使阴、阳离子很容易受热运动的作用而互相分离。但离子极化减弱了离子晶体中化学键的极性,水不能像减弱离子间静电作用那样减弱共价键的结合力,导致离子极化作用较强的晶体难溶于水。例如,$Na^+$ 和 $Cu^+$ 半径相近,电荷相同,但电子构型不同。

$$Na^+ \quad 1s^22s^22p^6 \quad\quad\quad 8\text{电子构型}$$
$$Cu^+ \quad 1s^22s^22p^63s^23p^63d^{10} \quad 18\text{电子构型}$$

$Na^+$ 极化作用,变形性都比 $Cu^+$ 弱得多,因而 NaCl 晶体中由于极化程度小而以离子键为主,CuCl 晶体中因极化程度大而以共价键为主,所以,NaCl 在水易溶而 CuCl 难溶。同样,AgF、AgCl、AgBr、AgI 溶解度依次降低也是极化程度的不同造成的。

### (二) 化合物的熔点降低

离子晶体的熔点通常较高,而共价化合物的熔点通常较低,由于离子极化的存在,化合物中化学键的离子性减弱而共价性增强,其熔沸点随共价成分的增多而降低。例如,$Al^{3+}$ 的电荷比 $Na^+$ 多、半径较 $Na^+$ 的小,$Al^{3+}$ 的极化能力远大于 $Na^+$,因而,NaCl 以离子键为主,熔点为 1074K;而 $AlCl_3$ 是共价键为主,其在 451K 就升华,具有共价化合物的低熔沸点的特征。

### (三) 化合物的颜色加深

一般说来,离子有颜色,其化合物就有颜色。但有时阴、阳离子都无颜色,其化合物都有颜色。例如,AgI、AgBr、AgCl 等。这其中的主要原因是:离子相互极化后,外层电子变形,价电子活动范围加大,与核结合松弛即相应的能级发生改变,使激发态和基态能级差变小,吸收可见光区某些波长的光而变为有颜色。由于卤素负离子的极化能力顺序为 $I^- > Br^- > Cl^-$,所以 AgX 中 AgCl(白色)→AgBr(淡黄色)→AgI(黄色)的颜色依次加深。另外,$S^{2-}$ 比 $O^{2-}$ 易变形,因此,硫化物的颜色常比氧化物的颜色深。

综上所述，离子极化对离子化合物的熔沸点、溶解度、导电性、颜色等诸多方面性质有着极其重要的影响。

# 第4节 分光光度法

分光光度法(spectrophotometry)是利用被测物质的对光辐射具有选择性吸收的特性而建立的定性或定量分析方法。该方法灵敏度高，准确性好。被测物质的最低检测浓度可达 $10^{-6} \sim 10^{-5}\ \mathrm{mol \cdot L^{-1}}$，其测量相对误差一般为 $2\% \sim 5\%$，若使用精度好的仪器，其测量相对误差可降到 $1\% \sim 2\%$，故很适合于微量或痕量组分的测定。此外，该方法还具有操作简便快速、仪器价格不贵等优点，是目前医药、卫生、环保、化工等行业常用的分析方法之一。本节内容着重介绍紫外-可见分光光度法的基本原理及其实际应用。

## 一、基本原理

### (一) 物质的分子吸收光谱

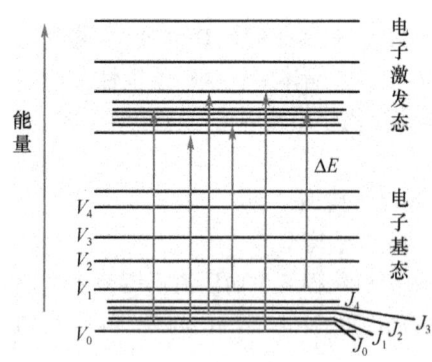

图 6-25 分子能级跃迁示意图

对于物质的分子来说，分子内部运动所涉及的能量变化十分复杂。分子内部的每一个电子能级一般都存在几个振动能级；同样，每一个振动能级又存在几个转动能级。如图 6-25 所示，图中 $V_0, V_1, V_2, \cdots$ 是电子的振动能级，$J_0, J_1, J_2, \cdots$ 是电子的转动能级。

当一个分子吸收外来光的辐射后，由基态转变为激发态，它的能量变化 $\Delta E$，包括分子外层价电子跃迁所需的能量 $\Delta E_e$，分子中原子或原子团的振动变迁的能量 $\Delta E_v$ 以及整个分子绕轴运动的转动变化的能量 $\Delta E_R$，即

$$\Delta E = \Delta E_e + \Delta E_v + \Delta E_R = (E_e + E_v + E_R)_2 - (E_e + E_v + E_R)_1 \tag{6-1}$$

由于分子，原子或离子的能级是量子化的，不连续的，只有辐射光的能量 $h\nu$ 与被测物质粒子的基态和激发态的能量之差 $\Delta E$ 相等，才能被吸收。不同物质的基态和激发态的能量差不同，选择吸收光子的能量也不同，也就是吸收光的波长不同，因此，物质对光的吸收是选择性的。由于分子内部的能级较多，因而物质对光的吸收是在一定波长范围内的光，呈带状吸收。

当一束一定波长的平行光通过均匀的溶液时，吸光物质吸收了光能，光的强度将减弱。为了衡量吸光物质对光吸收程度，常用透光率或吸光度来表示。透光率(transmittance, $T$)是指透过光强度 $I_t$ 和入射光强度 $I_0$ 之比(图 6-26)，其数学表达式为

$$T = \frac{I_t}{I_0} \quad \text{或} \quad T\% = \frac{I_t}{I_0} \times 100\% \tag{6-2}$$

图 6-26 光通过吸光物质示意图

吸光度(absorbance, $A$)是指透光率的负对数值，其数学表达式为

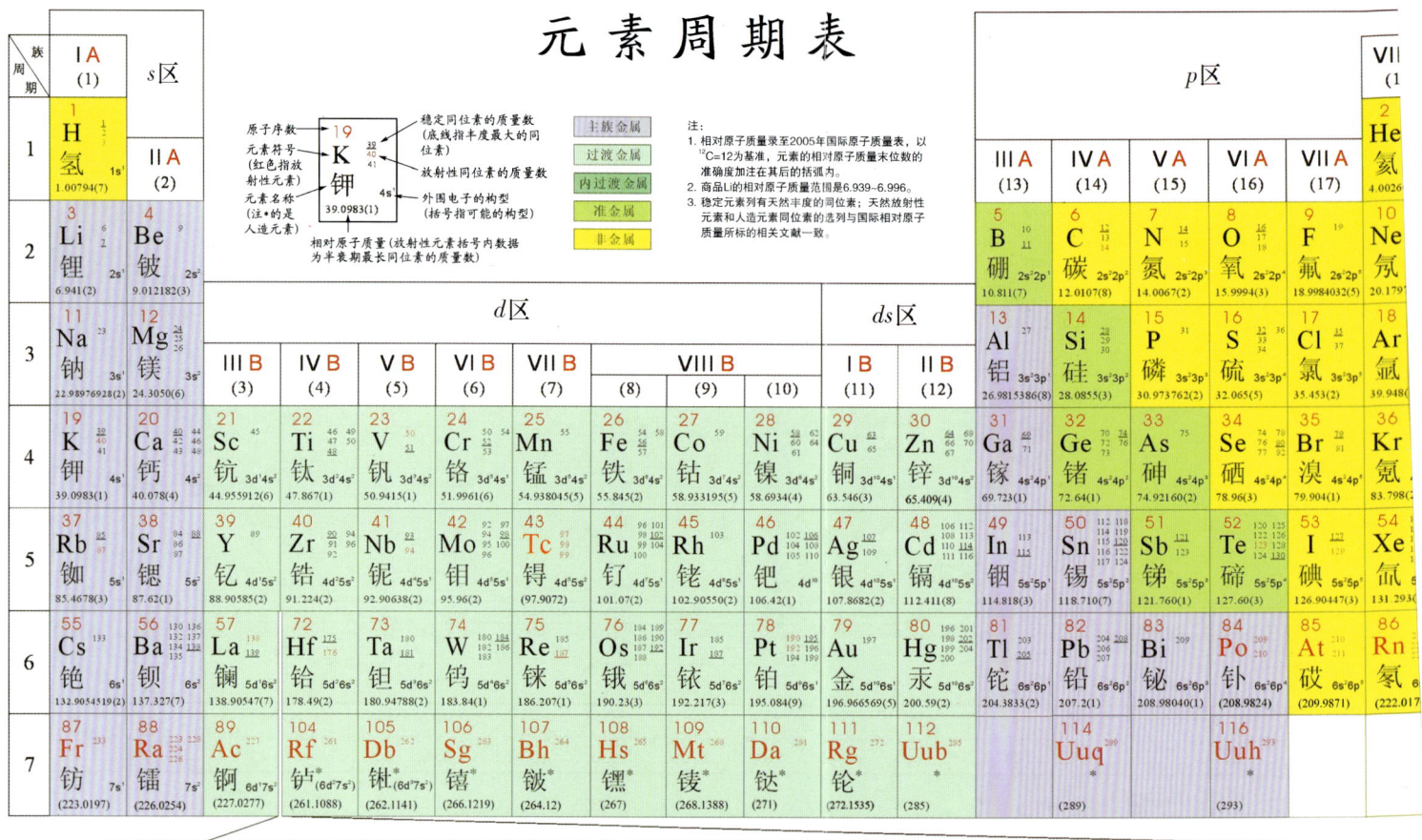

$$A = -\lg T = \lg \frac{I_0}{I_t} \qquad (6\text{-}3)$$

$T$愈大,溶液对光能的吸收愈少,$A$越小;反之,$T$愈小,溶液对光能的吸收愈多,$A$越大。

如将不同波长的光按波长由短到长的顺序依次通过某一固定浓度的溶液,测量在每一波长处溶液对光的吸光度($A$),然后以波长为横坐标,吸光度为纵坐标作图,可得一曲线,此曲线称为吸收曲线(absorption curve)或吸收光谱(absorption spectrum)(图6-27)。在吸收光谱上,一般都有一些特征参数,曲线上比左右相邻都高之处称为吸收峰(absorption peak),峰顶所对应的波长称为最大吸收波长($\lambda_{max}$);而曲线比左右相邻都低之处称为峰谷,谷的最低点所对应的波长称为最小吸收波长($\lambda_{min}$);介于两者之间形状像肩的小曲折处叫肩峰,其对应的波长以$\lambda_{sh}$表示。这些参数都是物质分子对光选择性吸收的反映,也是定性、定量分析的重要依据。

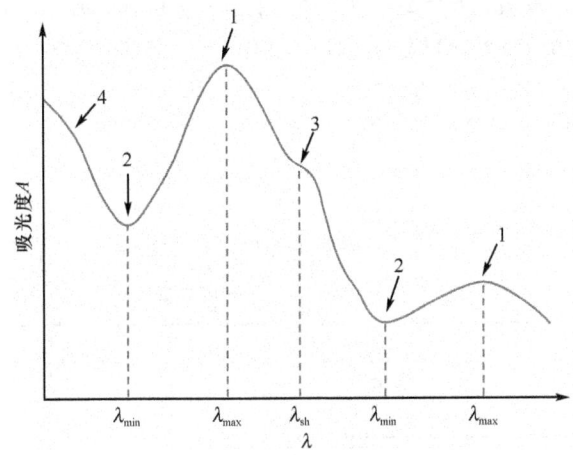

图6-27 吸收光谱示意图
1. 吸收峰;2. 谷;3. 肩峰;4. 末端吸收

通常,根据所使用的辐射光源波长范围的不同,将物质的吸收光谱分为几类:波长范围在10~360nm为紫外线谱;360~760nm为可见光吸收光谱;760~$3\times10^5$nm为红外线谱。三种光谱的应用各有不同。

## (二) 溶液的颜色

单一波长的光称为单色光。由不同波长的光组合而成的光称为复合光,如白光、白炽光等都是复合光。白光可由赤、橙、黄、绿、青、蓝、紫等颜色的光按一定强度比例混合而成,也可由两种适当颜色的单色光按一定强度比例混合得到白光,因此,这两种单色光称为互补光。图6-28中,处于同一直线上的两种单色光互为补色光。例如,蓝光和黄光互补,绿色与紫色互补。

图6-28 互补色光示意图

当一束白光通过某溶液时,由于溶液选择性地吸收了可见光范围内某波段的光,另一些波长的光则透过且决定了溶液的颜色。透过的光刺激人眼而感觉溶液颜色的存在。溶液的颜色光与吸收光是互补光。例如,$CuSO_4$溶液选择性地吸收白光中的黄色光而呈蓝色;$KMnO_4$溶液吸收白光中的绿色光呈紫色。溶液呈无色则是溶液对白光中各种颜色光都无吸收;若全部吸收则呈黑色。

## 比色法测定莫尔盐中杂质 $Fe^{3+}$ 的含量

比色法是一种通过比较溶液颜色深浅来确定某成分含量的方法。经典的比色测定是在比色管（colurimeter tube）内进行的（图6-29）。

将未知试样溶液的颜色，与已知浓度的系列标准溶液的颜色在白光下用人眼观察比较，从而确定试样中被测组分的含量，故称"目视比色法"。

### 1. 显色反应

$$Fe^{3+} + 3KSCN = Fe(SCN)_3 + 3K^+$$

$Fe^{3+}$ 与 KSCN 溶液生成血红色的 $Fe(SCN)_3$，故用 KSCN 作显色剂。

### 2. 实验步骤

第1步：依次用移液管吸取标准 $Fe^{3+}$ 储备液（每1mL含0.1mg的 $Fe^{3+}$）1mL、2mL、4mL 分别加入三支 50mL 比色管（图6-29）中，各加 2mL $3mol·L^{-1}$ $H_2SO_4$ 和 $0.1mol·L^{-1}$ KSCN 溶液，用水稀释至刻度，摇匀，即成标准比色系列：A．一级；B．二级；C．三级。

第2步：称 2g 硫酸亚铁铵产品至 100mL 小烧杯中，使溶解于 30mL 新鲜煮沸冷却的净水中，加 2mL $3mol·L^{-1}$ $H_2SO_4$ 和 2mL $0.1mol·L^{-1}$ KSCN，转移至 50mL 比色管中，用新鲜蒸馏水稀释至 50mL 刻度，摇匀。

第3步：将样品管所呈现的红色与标准比色系列比较（图6-30），检验产品等级。

### 3. 实验结果

| 规格 | 一级 | 二级 | 三级 |
|---|---|---|---|
| 含 $Fe^{3+}$/(mg·g$^{-1}$) | 0.05 | 0.1 | 0.2 |
| 样品莫尔盐纯度 | | | |

图6-29　标准比色系列

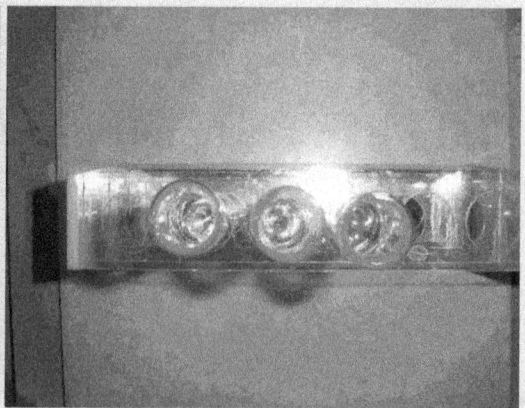

图6-30　比色方法
眼睛从比色管上方垂直向下看

# 二、吸光定律

## （一）朗伯-比尔定律

1729年，波格（P. Bouguer）发现了光的吸收程度与吸光物质厚度有关；1760年，朗伯（J. H. Lambert）发现在吸光物质溶液浓度一定时，光的吸收程度与液层厚度成正比，此关系称为

元素周期表

朗伯定律;1852年,比尔(A. Beer)发现在吸光物质溶液液层厚度一定时,光的吸收程度与溶液浓度成正比,此关系称为比尔定律。综合两定律就得出了光的吸收基本定律:当一束平行单色光通过单一均匀的、非散射的吸光物质溶液时,溶液的吸光度与溶液浓度和液层厚度乘积成正比。此定律又称为朗伯-比尔定律(Lambert-Beer law),其数学表达式为

$$A = k \cdot L \cdot c \tag{6-4}$$

式中,$A$ 为吸光度;$L$ 为液层厚度;$c$ 为吸光物质浓度;$k$ 为比例系数,其量纲取决于 $L$、$c$ 的量纲。该定律常用于溶液,也适用于均匀的非散射的固体或气体,是各类吸光度法定量分析的基础。

## (二) 吸光系数

朗伯-比尔定律公式中的比例常数 $k$ 的大小与吸光物质性质、入射光波长、温度等因素有关,常称为吸光系数或吸收系数(absorptivity)。

吸光系数的物理意义是在一定条件下,吸光物质在单位浓度及单位液层厚度时的吸光度,是吸光物质的特性常数之一。其值愈大,表示吸光物质对某波长的光吸收能力愈强,测定时灵敏度愈高。吸光系数也是物质定性、定量分析的依据。吸光系数常有两种表达方式:摩尔吸光系数和百分吸光系数。

1. **摩尔吸光系数** 当吸光物质溶液的液层厚度 $L$ 以厘米为单位,浓度 $c$ 是以 $mol \cdot L^{-1}$ 为单位时,吸光系数 $k$ 称为摩尔吸光系数(molar absorptivity),常用 $\varepsilon$ 表示,其单位是 $L \cdot mol^{-1} \cdot cm^{-1}$。式(6-4)变为

$$A = \varepsilon \cdot L \cdot c \tag{6-5}$$

2. **百分吸光系数** 当吸光物质溶液的液层厚度 $L$ 以厘米为单位,溶液浓度以 $g \cdot (100mL)^{-1}$ 为单位时,吸光系数 $k$ 称为百分吸光系数(specific absorptivity),常用 $E_{1cm}^{1\%}$ 表示,其单位是 $100mL \cdot g^{-1} \cdot cm^{-1}$。式(6-4)变为

$$A = E_{1cm}^{1\%} \cdot L \cdot c \tag{6-6}$$

$\varepsilon$ 和 $E_{1cm}^{1\%}$ 的换算关系为

$$\varepsilon = \frac{M}{10} \times E_{1cm}^{1\%} \tag{6-7}$$

式中,$M$ 为吸光物质的摩尔质量。

通常 $\varepsilon$ 或 $E_{1cm}^{1\%}$ 不能直接测得,需用已知准确浓度的稀溶液测得的吸光度换算得到,并且在计算的过程中常省略单位。

> 已知某化合物($M = 323.15$)的水溶液在 578nm 处有吸收峰。用该化合物纯品配制 $2.00 \times 10^{-2} mg \cdot mL^{-1}$ 的溶液,装入 1cm 厚的吸收池中,在 578nm 处测得透光率为 24.3%。求此化合物的摩尔吸光系数 $\varepsilon$ 和百分吸光系数 $E_{1cm}^{1\%}$ 的值。
> 
> 解:已知 $L = 1cm$,$c = 2.00 \times 10^{-2} mg \cdot mL^{-1} = 2 \times 10^{-3} g \cdot (100mL)^{-1}$,根据朗伯-比尔定律得
> 
> $$A = -\lg T = E_{1cm}^{1\%} Lc \Rightarrow E_{1cm}^{1\%} = \frac{-\lg T}{Lc} = \frac{-\lg 24.3\%}{1 \times 2 \times 10^{-3}} = 307$$
> 
> $$\varepsilon = \frac{M}{10} \times E_{1cm}^{1\%} = \frac{323.15}{10} \times 307 \approx 9920$$

案例6-1

通常将 $\varepsilon \geq 10^4$ 称为强吸收,$\varepsilon < 10^2$ 称为弱吸收,介于两者之间称为中强吸收。

## （三）吸光度的加和性

若溶液中同时存在多种吸光物质且共存的吸光物质彼此之间不发生作用时，在一定条件下测得的吸光度是各个共存吸光物质的吸光度之和，而且各共存吸光物质的吸光度则都由各自的浓度和吸光系数决定，这就是吸光度的加和性。例如，设溶液中同时存在有 a、b、c、… 吸光物质，则各物质在同一波长下，吸光度具有加和性，即

$$A_{\text{总}} = -\lg T_{\text{总}} = A_a + A_b + A_c + \cdots = L(\varepsilon_a c_a + \varepsilon_b c_b + \varepsilon_c c_c + \cdots) \tag{6-8}$$

由于吸光度具有加和性，因此共存组分的吸收将干扰待测组分的测定，但也为消除此种干扰和测定混合组分提供了理论基础。例如，利用参比溶液（reference solution，一般为不含待测组分的试剂溶液）来扣除共存干扰物质的吸收，进行试样溶液中待测物质吸光度的准确测量；利用双波长法或导数光谱法定量或定性分析含有多个组分的混合试样。

## 三、紫外-可见分光光度法

紫外-可见分光光度法是利用被测物质的分子对紫外光或可见光的选择性吸收来进行定性或定量分析的方法。在实际工作中，此方法需借助各类分光光度计来完成。

### （一）紫外-可见分光光度计

测量物质对不同波长或特定波长的紫外或可见光辐射吸收强度的仪器称为紫外-可见分光光度计（ultraviolet-visible spectrophotometer）。目前，紫外-可见分光光度计的型号种类较多，性能差别也较大，但其基本原理相似，其基本结构如图 6-31 所示。

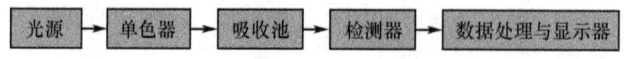

图 6-31　紫外-可见分光光度计结构示意图

1. 主要部件

（1）光源（light source）：紫外区和可见区通常分别用氢灯和钨灯两种光源。

（2）单色器（monochromator）：单色器的作用是将来自光源的连续光谱按波长顺序色散，从中分离出一定宽度的谱带。单色器有进口狭缝、准直镜、色散元件和出口狭缝组成。在单色器的作用中，最重要的是色散元件。常用的色散元件有光栅和棱镜。

（3）吸收池（absorption cell）：是用于盛放被测试样的器皿。用光学玻璃制成的吸收池只能用于可见光区；用熔融石英（氧化硅）制的吸收池适用于紫外线区。

（4）检测器（detector）：常用光电效应检测器，如光电管、光电倍增管及光二极管阵列检测器。

（5）信号处理与显示器：将光电管输出的电信号经放大后显示，显示的方式一般有透光率与吸光度，有的还可转换为浓度、吸收系数等。

2. 工作原理　紫外-可见分光光度计依据光路系统不同可分为单光束、双光束、双波长等几种分光光度计。

（1）单光束分光光度计：用钨灯或氢灯作光源，经过单色器、狭缝等发射出一束强度足够、稳定、具有连续光谱的纯单色光，空白溶液 100% 透光率的调节和样品溶液透光率的测定，是在同一位置用同一束单色光先后进行。例如，721、722、751、752 型等紫外分光光度计都是单光束

仪器（图 6-32）。其光路示意图如图 6-33 所示。

图 6-32  722 型可见分光光度计实物图

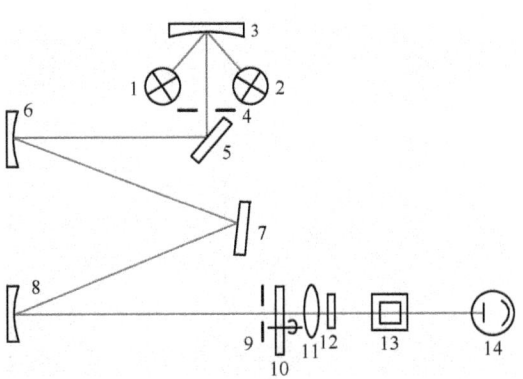

图 6-33  单光束分光光度计光路示意图
1. 溴钨灯；2. 氘灯；3. 凹面镜；4. 入射狭缝；5. 平面；6、8. 准直镜；7. 光栅；9. 出射狭缝；10. 调制器；11. 聚光镜；12. 滤色片；13. 样品室；14. 光电倍增管

（2）双光束分光光度计：由光源（钨灯或氢灯）发出的复合光，经单色器色散为单色光，用一个旋转扇面镜（又称斩光器）分成两束交替断续的单色光束，分别通过样品溶液和空白溶液后，再用一同步扇面镜将两束光交替地投射于光电倍增光，使光电管产生一个交变脉冲信号，经过比较放大后，由显示器显示出透光率、吸光度、浓度或进行波长扫描，记录吸收光谱。例如，UV-2450、TU-1901、UV-2100 型等紫外分光光度计都是双光束仪器（图 6-34）。其光路示意图如图 6-35 所示。

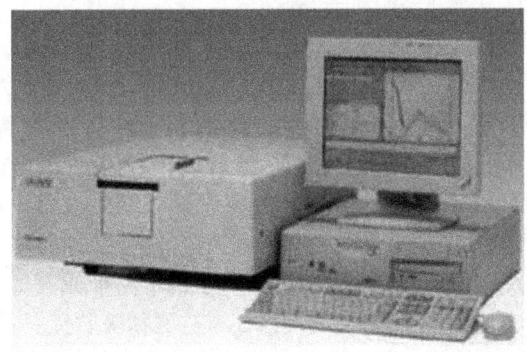

图 6-34  UV-2450 型紫外-可见分光光度计实物图

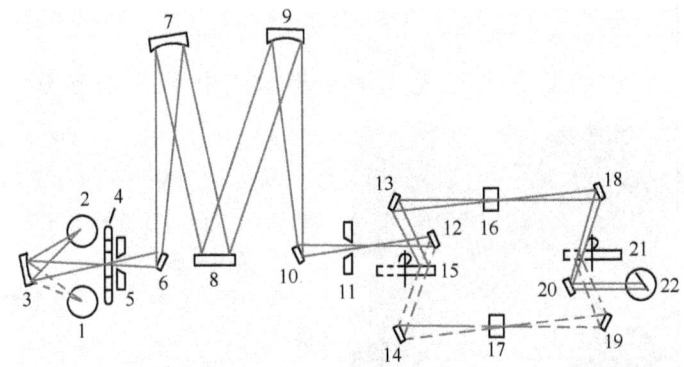

图 6-35  双光束分光光度计光路示意图
1. 钨灯；2. 氘灯；3. 凹面镜；4. 滤色片；5. 入射狭缝；6、10、20. 平面镜；7、9. 准直镜；8. 光栅；11. 出射狭缝；12、13、14、18、19. 凹面镜；15、21. 扇面镜；16. 参比池；17. 样品池；22. 光电倍增管

（3）双波长分光光度计：具有两个并列单色器的仪器，如 Lambda650/S50/9S0 系列、Cary6000 型、岛津 UV-2550 型等紫外分光光度计都是双波长仪器。其光路示意图如图 6-36 所

示。两个单色器分别产生两束不同波长的单色光,经斩光器控制,交替地通过同一个样品溶液,得到样品对两种单色光的吸光度(或透光率)之差。可利用吸光度差值与浓度的正比关系测定含量;或固定两束单色光的波长差($\Delta\lambda$)扫描,得到一阶导数光谱。

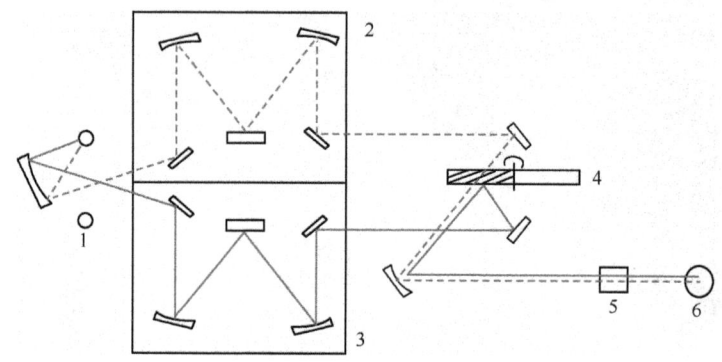

图 6-36　双波长分光光度计光路示意图
1. 光源;2、3. 两个单色器;4. 斩光器;5. 样品吸收池;6. 光电倍增管

## (二) 测定方法

**1. 标准曲线法**　标准曲线法是紫外-可见分光光度法中常用的方法。具体的操作方法是:取标准品配成具有一定浓度梯度的一系列已知浓度的标准溶液,在检测波长处(通常是 $\lambda_{max}$),用同一吸收池分别测定其吸光度,以吸光度为纵坐标,标准溶液浓度为横坐标作图,得一通过坐标原点的直线——标准曲线,然后将被测溶液置于吸收池中,在相同条件下,测定其吸光度,根据吸光度在标准曲线上查得其对应的溶液浓度,再转换成样品中的被测物质的含量。

在测定溶液吸光度时,为了消除溶剂或其他物质对入射光的吸收,以及光在溶液中的散射和吸收池界面对光的反射等与被测物吸收无关的因素的影响,必须采用空白溶液(又称参比溶液)作对照,进行校正,减小测量误差。采用此法时,应注意使标准溶液与被测溶液在相同条件下,且被测溶液的浓度在标准曲线的线性范围内,最好在其中间进行测量。该方法对于经常性批量测定十分方便。

### 紫外-可见分光光度法测定莫尔盐中 $Fe^{3+}$ 的限量

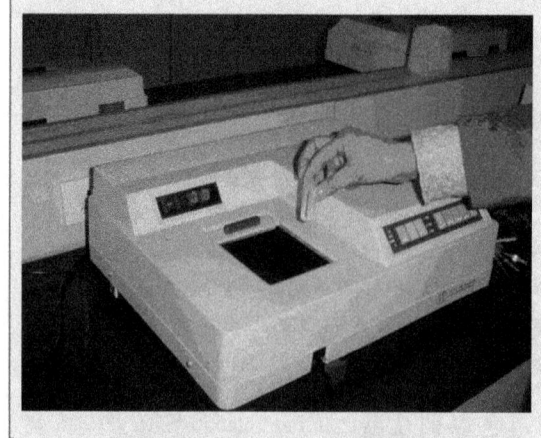

图 6-37　紫外-可见分光光度计

在极稀溶液中,吸光度 $A$ 与浓度呈线性关系。紫外-可见分光光度法是测量溶液对一定波长 ($\lambda_{max}$) 光的吸收程度来确定浓度的。

1. 操作步骤

第一步:用梯度稀释法配制标准比色系列溶液。

第二步:选择两个玻壁厚度相同的 1cm 吸收池,一个装净水作参比溶液,另一个装待测溶液,将吸收池安放在带拉杆的吸收池座内,关好顶盖(图 6-37)。

第三步:转动波长调节旋钮到 $\lambda_{max}$ 处,拉动拉杆使装净水的吸收池推入光路中，校正吸光度读数为 0.00。然后将装待测溶液的吸收池推入光路中，读取该溶液的吸光度。

第四步：用同一吸收池，经漂洗后依次装入系列各个溶液，测定其 $A_{标准}$。作吸光度对浓度的标准曲线（图 6-38）。

第五步：同样，在相同条件下，测得样品溶液的 $A_{样品}$。

第六步：根据 $A_{样品}$ 的数值，从标准曲线（图 6-39）上找出相应样品浓度，根据此值可计算样品中 $Fe^{3+}$ 的限量。

2. 作标准曲线

图 6-38 不同厚度的吸收池
厚度有 0.5cm、1cm、2cm、3cm 四种

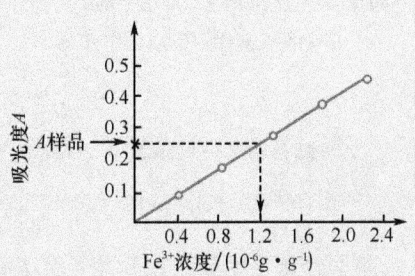

图 6-39 吸光度对浓度的标准曲线

2. 标准对照法　又称比较法。在相同条件下，先配制一个与被测溶液浓度相近的标准溶液，在选定波长处先测定其吸光度 $A_s$，再测出被测溶液的吸光度 $A_x$。根据比尔定律有

$$A_x = \varepsilon_x L_x c_x \tag{6-9}$$
$$A_s = \varepsilon_s L_s c_s \tag{6-10}$$

因是同种物质，同台仪器，相同厚度吸收池及同一波长处测定，故 $\varepsilon_x = \varepsilon_s$，$L_x = L_s$，所以

$$\frac{c_x}{c_s} = \frac{A_x}{A_s} \tag{6-11}$$

$$c_x = \frac{A_x}{A_s} \times c_s \tag{6-12}$$

此方法适用于有标准品的已知物质的含量测定。

维生素 $B_{12}$ 注射液的含量测定：精密吸取 $B_{12}$ 注射液 2.5mL，加水稀释至 10.0mL，另配制 $B_{12}$ 标准液，精密称取维生素 $B_{12}$ 标准品 25mg，加水溶解并稀释至 1000mL，摇匀。在 361nm 处用 1cm 吸收池分别测得标准溶液的 $A_s$ 值为 0.518，样品溶液的 $A_x$ 值为 0.508，求维生素 $B_{12}$ 注射液的浓度。

解：设维生素注射液的浓度为 $c_x$，由式(6-12)并考虑称量和稀释情况得

$$c_x \times \frac{2.5}{10} = \frac{25}{1000} \times \frac{0.508}{0.518}$$

$$c_x = 0.0981 \text{mg} \cdot \text{ml}^{-1} = 98.1 \text{ug} \cdot \text{ml}^{-1}$$

案例6-2

**3. 吸光系数法** 吸光系数是物质的特性常数。只要测定条件(溶液浓度、单色光纯度等)不致引起对比尔定律的偏离,即可根据测得的吸光度及手册或文献中查到的吸光系数 $\varepsilon$ 或 $E_{1cm}^{1\%}$,求出溶液的浓度或被测成分的含量。

一粉红色 $[C_o(H_2O)_6]^{2+}$ 溶液,在 1.0cm 吸收池中,于波长 530nm 处测得 $A = 0.20$。已知该显色反应的 $\varepsilon = 10 \text{L} \cdot \text{mol}^{-1} \cdot \text{cm}^{-1}$,试求此配合物溶液的浓度。

解:根据朗伯-比尔定律可知

$$c = \frac{A}{\varepsilon L} = \frac{0.2}{10 \times 1} = 2.0 \times 10^{-2} \text{mol} \cdot \text{L}^{-1}$$

此配合物溶液的浓度为 $2.0 \times 10^{-2} \text{mol} \cdot \text{L}^{-1}$。

案例6-3

**4. 差示分光光度法** 在分光光度法测量中,当在吸光度很高或很低的范围内进行定量分析时,相对误差比较大。差示分光光度法是用比试样溶液稍小或稍大的溶液作参比溶液来测量试样溶液的吸光度 $A$,根据朗伯-比尔定律,此时的 $A$ 实际上是试样溶液的吸光度和参比溶液的吸光度 $A_s$ 的差值,即

$$A = A_x - A_s = \varepsilon L(c_x - c_s) = \Delta c \varepsilon L \tag{6-13}$$

此法的灵敏度较一般分光光度法高且解决了浓度较大溶液测量结果偏离朗伯-比尔定律的现象。

用含有 $10.00 \mu g \cdot L^{-1} Fe^{2+}$ 的邻二氮菲合铁溶液作参比溶液,吸收池厚度为 2cm,邻二氮菲合铁的吸光系数 $\varepsilon = 1.1 \times 10^6 \text{L} \cdot \text{mol}^{-1} \cdot \text{cm}^{-1}$,今测得用邻二氮菲显色后的 $Fe^{2+}$ 试样的吸光度为 0.198,试求试样溶液中 $Fe^{2+}$ 的浓度。

解:已知 $\varepsilon = 1.1 \times 10^6 \text{L} \cdot \text{mol}^{-1} \cdot \text{cm}^{-1}$, $A = 0.198$,由式(6-13)可知

$$\Delta c = \frac{A}{\varepsilon L} = \frac{0.198}{1.1 \times 10^6 \times 2} = 9.0 \times 10^{-8} \text{mol} \cdot \text{L}^{-1}$$

$$\Delta c = 9.0 \times 10^{-8} \text{mol} \cdot \text{L}^{-1} \times 55.6 \text{g} \cdot \text{mol}^{-1} = 5.00 \times 10^{-6} \text{g} \cdot \text{L}^{-1}$$

所以试样中 $Fe^{2+}$ 的浓度为

$$c_s + \Delta c = 10.00 \mu g \cdot L^{-1} + 5.00 \mu g \cdot L^{-1} = 15.00 \mu g \cdot L^{-1}$$

案例6-4

以上方法适合于单组分的测量,多组分的测量较复杂,在以后的仪器分析课程中将继续学习。

# 四、显色反应

紫外-可见分光光度法只能用来测定有紫外吸收或有颜色的溶液,对于溶液无色又无紫外吸收的试样溶液,通常加入一种适当的试剂,把待测组分转化为有色物质,在选定波长下(通常是$\lambda_{max}$),由测定有色物质的吸光度间接求得被测成分的含量。这种加入某种试剂使被测组分变成有色物质或颜色加深或改变的反应称为显色反应。所加入的试剂称为显色剂,常用的显色剂分为无机显色剂和有机显色剂。在可见分光光度法中,检测灵敏度的高低取决于显色反应,因此,显色剂的选择和显色反应的条件的确定显得尤为重要。

## (一) 显色剂的选择

显色剂的选择通常应具备以下几个条件:

(1) 灵敏度高:即被测组分在浓度很低时也能与显色剂形成明显的有色物质,而且形成的有色物质的吸光系数$\varepsilon$应较大。摩尔吸光系数越大,显色反应的灵敏度越高。一般说来,$\varepsilon \geq 10^4$时,可认为该显色反应的灵敏度高。

(2) 化学计量关系明确:反应生成的有色物质和被测物之间应有明确的化学计量关系即定量关系,以使反应产物的吸光度能准确地反映被测物的浓度或含量。

(3) 选择性好:在一定条件下,显色剂应尽可能只与被测物反应而和溶液中共存的其他物质不显色,或者与被测物所显颜色和与共存物所显的颜色有显著差别,以减免其他共存物的干扰。

(4) 显色反应产物稳定:至少应在测定过程中吸光度基本不变,确保测得的结果准确。

(5) 显色剂在测定波长处无明显吸收:一般要求生成的有色物质和显色剂颜色有明显差别,两者的$\Delta\lambda_{max} > 60nm$,以提高测定的结果准确性。

## (二) 显色反应的条件

一般来说,显色反应是可逆的。能够满足上述五个条件的显色剂极少,但可通过控制显色反应的条件,如显色剂的用量、显色时间、溶液的酸度、温度等条件,使显色反应符合测定的要求。

1. **显色剂的用量**  显色反应一般可用下式表示:

$$M + R \rightleftharpoons MR$$
待测组分　显色剂　有色物质

为了使显色反应进行得较完全,常加入适当过量的显色剂。显色剂的合适用量通过实验确定。实验方法是在固定被测组成浓度和其他条件下,改变显色剂的用量,分别测定吸光度,绘制$A$和显色剂浓度$c_R$的关系曲线(图6-40)。

一般情况下,当显色剂的用量增大到一定值后,吸光度不再增加或增加幅度很小,出现图中所示$ab$平坦区域,故可在$ab$区间选择显色剂的用量。

2. **溶液的酸度**  溶液的酸度对显色反应的影响是多方面的。许多有色物质的颜色随溶液的pH变化而改变,显色剂又大多数为有弱酸或弱碱,酸度将影响其解离,从而影响显色反

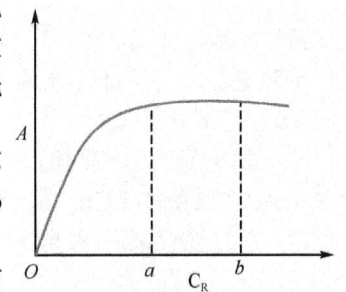

图6-40　吸光度和显色剂的浓度关系曲线

应的完全程度。例如,$Fe^{3+}$和磺基水杨酸($C_7H_6O_6S$)在不同酸度条件下,可形成不同颜色的离子,在 pH = 1.8 ~ 2.5 时,生成红褐色 $Fe[(C_7H_4O_6S)]^+$;在 pH = 4 ~ 8 时,生成褐色 $Fe(C_7H_4O_6S)_2^-$;pH = 8 ~ 11.5 时,生成黄色的$[Fe(C_7H_4O_6S)_3]^{3-}$。

显色反应的适宜酸度可通过 pH 条件试验来确定。实验方法类似显色剂用量确定实验,即固定被测组分和显色剂浓度及其他条件后,改变溶液的 pH,显色,测定吸光度 $A$,绘制 $A$-pH 关系曲线,选择曲线平坦部分相应的 pH 作为测定的最佳 pH 范围。一般可用缓冲溶液来维持 pH 稳定。

3. 显色时间　显色反应速率各不相同,有快有慢;生成的有色物质稳定时间有长有短,因此,适当的显色时间和有色物质稳定的时间也应通过实验来确定。其做法是配制一份显色溶液,从加入显色剂起计算时间,每间隔一段时间测定一次吸光度,绘制 $A$-$t$ 曲线,选择曲线平坦部分相应的时间作为显色反应的最佳时间。

4. 温度及其他因素　温度对不同的显色反应的影响各不相同。最佳的显色反应温度也应通过实验来选择,其选择方法类似显色反应时间的选择。另外,影响显色反应的其他因素也应考虑。如易受空气氧化的产物应密闭放置,见光易分解的物质应避光,干扰离子应消除干扰等。

总之,显色反应的条件应综合考虑以上各方面的因素,选择最佳的显色条件,使之有利于测定结果准确可靠。

# 五、分光光度法测量条件选择

## (一) 分光光度法的误差

定量分析时,通常液层厚度是相同的,根据比尔定律,浓度与吸光度之间的关系应是一条通过直角坐标原点的直线;但实际上,往往会发生偏差而不呈线性关系,产生较大的测量误差。导致偏离线性的主要有化学因素、光学因素、仪器和操作方法四个方面因素。

1. 化学因素　比尔定律只有在描述稀溶液对单色光的吸收时者是成功的。在溶液浓度大于 $0.01 mol·L^{-1}$ 时将引起偏差。一方面,由于在浓度较大时,溶液中的吸光粒子距离减小,以致每个粒子都可影响邻近粒子的电荷分布,导致对给定波长的吸收能力改变,从而使吸光度与浓度不呈计算时给定的线性关系。另一方面,在浓度较大时,溶液对光的折射率会发生改变,导致浓度和吸光度关系偏离比尔定律。

另外,吸光物质因浓度或其他因素改变而有解离、缔合或溶剂化等现象,致使偏离比尔定律。例如,重铬酸钾的水溶液有以下平衡:

$$Cr_2O_7^{2-} + H_2O \rightleftharpoons 2H^+ + 2CrO_4^{2-}$$

若溶液严格地稀释两倍,$Cr_2O_7^{2-}$ 浓度不是减少两倍,而是受稀释平衡向右移动的影响,离子浓度的减少明显地多于两倍,导致结果偏离比尔定律,产生误差。因此测定时宜在浓度小于 $0.01 mol·L^{-1}$ 溶液中进行。

2. 光学因素　比尔定律仅适用于单色光,而实际上经过分光光度计的单色器得到的光是一个狭小波长范围的复色光。由于物质对不同波长的光的吸收能力不同,便可引起溶液吸光度和浓度之间不呈线性关系,吸光系数差值愈大偏离愈多。图 6-41 是两种不同吸光系数的混合光对比尔定律偏离情况。

因此,在实际测量过程,应尽可能使用谱带比较窄的入射光,并尽可能选择较平坦的吸收峰的峰值波长作为测量波长,不仅吸光系数变化不大,对吸光定律的偏离较小,且能保证较高的灵敏度。当然,谱带宽度太小,入射光能量太低,导致信噪比过低,测量误差也会过大。

其他的光学因素如光的反射、散射、非平行光等也都会产生偏离比尔定律的现象。

3. 仪器误差　由于仪器不够精密,如光电管的灵敏性差、光电流量不准、光源不稳定及读数不准、吸收池厚度不完全相同及质地不均匀等都会引起误差。

4. 操作方面误差　由于使用仪器不够熟练或操作不当;样品液与标准液的处理没有按相同条件和步骤进行,如显色剂用量、放置时间、反应温度、溶液的配制等不同引起误差,这也是主观误差。为尽可能减少这类误差,应严格按实验操作步骤细心操作。

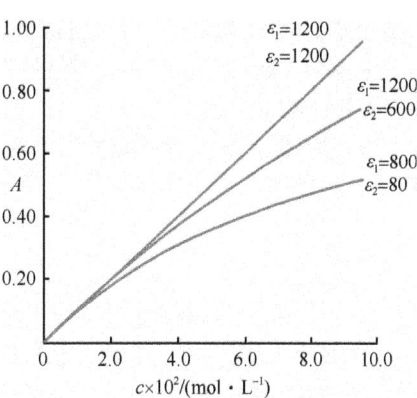

图 6-41　两种不同吸光系数的混合光对比尔定律偏离

## （二）测量条件的选择

为了使测得的结果准确灵敏,必须选择最佳的测量条件,通常从以下几个方面考虑。

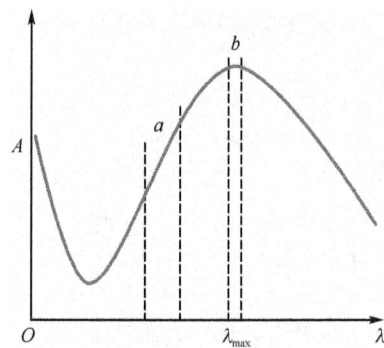

图 6-42　测量波长的选择

1. 测定波长的选择　入射光波长对分析的灵敏度、准确度和选择性有很大的影响,溶液中无干扰物存在时,通常选择吸收光谱中 $\lambda_{max}$ 的波长光为入射光(图 6-42),因在该波长处溶液的吸光系数最大,测定灵敏度最高。另外,在此波长处的一个较小范围内,吸光系数变化较小,其造成的偏差可忽略不计,在吸收光谱陡峭部分的吸光系数变化较大,其造成的偏差较大。

2. 溶液浓度的选择　实验结果表明溶液透光率很大或很小时,所产生的浓度相对误差都较大,只有在透光率处于中间段(20%～70%)时,所产生的浓度相对误差较小。在实际工作中常通过调节溶液浓度或选择液层厚度适宜的吸收池,将溶液的透光率控制在 20%～70%,即吸光度在 0.2～0.7。

3. 空白(参比)溶液的选择　在测量试样溶液的吸光度时,为了消除溶剂或其他物质对入射光的吸收、反射或散射等与被测物质吸收无关的因素的影响,必须采用空白溶液(参比溶液)校正分光光度计的吸光度零点(即透光率100%)。空白溶液常用分为溶剂空白、试剂空白、试样空白和掩蔽空白四种。

（1）溶剂空白:当制备试样溶液的其他试剂和显色剂在测定条件下无吸收且试样溶液中其他共存组分也不干扰测定时,可用纯溶剂(或蒸馏水)作空白溶液,又称为溶剂空白。溶剂空白只能消除溶剂和吸收池等到因素的影响。

（2）试剂空白:若试样中共存组分在测定条件下无吸收或吸收很小,而显色剂或其他试剂在测定条件下有吸收时,按显色反应相同的条件加入各种试剂和溶剂(不加试样溶液)后所得的溶液,称为试剂空白。此溶液可消除溶剂及各种试剂组分的吸收干扰。

（3）试样空白:当试样中共存组分在测定条件下有吸收,而显色剂在测定条件下无吸收且不与试样中共存组分显色,则可按与试样显色反应相同的条件处理试样,只是不加入显色剂,所得的溶液称为试样空白。此溶液可消除试样中共存组分和溶剂的吸收干扰。

（4）掩蔽空白:如显色剂和试样被测组分在测定条件下均有吸收,则将一份试样溶液中加入适当掩蔽剂(不吸收入射光)将待测组分掩蔽起来,在相同的条件下与试样溶液平行处理,所得溶液称为掩蔽空白。此溶液不但可以消除各种溶剂、试剂及共存组分的干扰,而且可消除其相互作用产物的干扰。

综上所述,要提高分光光度法测量灵敏度和准确度,必须充分考虑各种影响测定结果的因素,通过不断的实验,找出最佳的测定条件。

分子或晶体中相邻两原子或离子之间的强烈的相互作用,称为化学键,化学键分为离子键、共价键、金属键三大基本类型。本章着重讲述了共价键的理论、分子间作用力和分光光度法。

1. **价键理论(VB法)** 只有含自旋方向相反的单电子的两个原子相互接近时,配对共用,其原子轨道进行最大限度的重叠,才能形成共价键。共价键具有方向性和饱和性。根据成键时原子轨道重叠方式的不同,共价键可分为σ键和π键。σ键是原子轨道沿着键轴的方向以"头碰头"方式重叠形成的共价键;π键是原子轨道以"肩并肩"方式重叠所形成的共价键;两原子间有π键必有σ键且σ键比π键牢固。根据共用电子对提供方式的不同,共价键可分为正常共价键和配位共价键,简称配位键。形成配位键必须具备两条件:一是一成键原子能提供孤对电子;二是另一成键原子有接收孤对电子的空轨道。

2. **杂化轨道理论** 同一原子中参加成键的几个能量相近的原子轨道可以重新组合、分配能量和确定空间伸展方向,组成数目相等的杂化轨道,使其成键能力有所加强。按参加杂化的轨道种类不同,杂化可分为 sp 型杂化和 spd 型杂化。sp 型杂化又可分为 sp、$sp^2$、$sp^3$ 杂化。按杂化后形成的几个杂化轨道的能量是否相同,杂化又可分为等性杂化和不等性杂化。不同类型的杂化轨道间的夹角不同造成分子具有不同的空间形状。

3. **分子轨道理论(MO法)** 原子在形成分子时,所有的电子都参与成键。$N$ 个原子轨道可以线性组合成 $N$ 个分子轨道。原子轨道在线性组合时要遵循对称性匹配原则、能量相近原则和轨道最大重叠原则。根据分子轨道能级图、电子填充三规则和键级的观点,成功地解释了分子的磁性、奇电子键和分子离子的稳定性等现象。共价键的性质可以通过键能、键长、键角和键的极性等键参数表征。

4. **分子间作用力** 分子有无极性,可根据分子的偶极矩来判定:$\mu = 0$ 的分子是非极性分子;$\mu \neq 0$ 的分子是极性分子。分子间作用力可分为范德华力和氢键。范德华力包括取向力、诱导力和色散力,非极性分子间只有色散力;极性分子与非极性分子之间有诱导力和色散力;极性分子间取向力、诱导力和色散力都存在。大多数分子间色散力是主要的,诱导力一般都很小,取向力最大的是强极性分子。氢键是有方向性和饱和性的一种特殊分子间作用力,其作用力大小比范德化华力强但比化学键弱,其对物质的溶解性、熔沸点、黏度、密度等有较大的影响。

5. 分光光度法是根据物质对光的选择性吸收和光的吸收定律,对物质进行定性、定量分析的一种方法。吸光系数 $\varepsilon$ 或 $E_{1cm}^{1\%}$ 是物质的特性常数;朗伯-比尔定律即 $A = \varepsilon L c$ 或 $A = E_{1cm}^{1\%} L c$ 是定量分析的依据。常用的定量方法有标准曲线法、标准对照法、吸光系数法以及差示分光光度法。对无紫外或可见光吸收的物质运用显色反应,使其有紫外或可见光吸收,并通过实验确定合适的显色剂和测定条件,进行间接的物质含量分析。

# 目标检测

一、名词解释

共价键　配位键　杂化轨道　等性杂化　不等性杂化　σ键　π键　氢键　键能　键长　键角　吸收光谱　单色光　显色反应

二、选择题

(一)最佳选择题

1. 在 Br—CH═CH—Br 中，C—Br 共价键的形成使用的轨道是　　　　　　　　　　(　　)
   A. s, p　　　　　　　　B. sp, p　　　　　　　　C. $sp^2$, p　　　　　　　　D. $sp^2$, s

2. 下列物质中哪一个化学键强度最强？　　　　　　　　　　　　　　　　　　　(　　)
   A. $H_2S$　　　　　　　B. HCl(g)　　　　　　　C. HBr(g)　　　　　　　D. HI(g)

3. 下列化合物中，极性最大的是　　　　　　　　　　　　　　　　　　　　　　(　　)
   A. HCN　　　　　　　　B. $CS_2$　　　　　　　C. $SnCl_4$　　　　　　　D. $CO_2$

4. 下列分子中，相邻共价键夹角最小的是　　　　　　　　　　　　　　　　　　(　　)
   A. $CH_4$　　　　　　　B. $PH_3$　　　　　　　C. $BF_3$　　　　　　　D. $NH_3$

5. 在液态 HCl 分子间，占首位作用力的是　　　　　　　　　　　　　　　　　　(　　)
   A. 氢键　　　　　　　　B. 取向力　　　　　　　C. 诱导力　　　　　　　D. 色散力

6. 对异号离子产生强烈极化作用的是　　　　　　　　　　　　　　　　　　　　(　　)
   A. 低电荷和大半径　　　B. 高电荷和小半径　　　C. 低电荷和小半径　　　D. 高电荷和大半径

7. 偶极矩 $\mu$ 等于 0 的分子是　　　　　　　　　　　　　　　　　　　　　　(　　)
   A. $CCl_4$　　　　　　　B. $H_2S$　　　　　　　C. $CaF_2$　　　　　　　D. $NCl_3$

8. 熔化时只破坏色散力的是　　　　　　　　　　　　　　　　　　　　　　　　(　　)
   A. NaCl(s)　　　　　　　B. 冰　　　　　　　　　C. 干冰　　　　　　　　D. $SiO_2$

9. 下列分子中，其中心原子采用 sp 杂化的是　　　　　　　　　　　　　　　　(　　)
   A. $NO_2$　　　　　　　B. HCN　　　　　　　　C. $H_2S$　　　　　　　D. $SO_2$

10. 溶液偏离比尔定律的最主要原因是　　　　　　　　　　　　　　　　　　　(　　)
    A. 共存组分干扰　　　B. 单色光不纯　　　　　C. 显色剂过量　　　　　D. 浓度过大

11. 分光光度法中使用空白溶液的目的是　　　　　　　　　　　　　　　　　　(　　)
    A. 消除仪器测量误差　　　　　　　　　　　　B. 消除偏离比尔定律引起的误差
    C. 消除单色光不纯引起的误差　　　　　　　　D. 消除溶剂对入射光的吸收

12. 某一有色溶液浓度为 $c$，测得透光率为 $T_0$，将此溶液浓度稀释到原来的一半(有色物质稳定)，在相同的条件下测得的透光率为　　　　　　　　　　　　　　　　　　　　　　　　　　　(　　)
    A. $2T_0$　　　　　　　B. $T_0/2$　　　　　　C. $T_0^{1/2}$　　　　　　D. $T_0^2$

(二)多项选择题

13. 原子形成分子时，原子轨道之所以要进行杂化的原因是　　　　　　　　　　(　　)
    A. 进行电子重排　　　　　　　　　　　　　　B. 增加配对的电子数
    C. 增加成键能力　　　　　　　　　　　　　　D. 有利于成键和保持共价键的方向性

14. 下列物质中，既含有共价键又含有离子键的是　　　　　　　　　　　　　　(　　)
    A. $H_2O$　　　　　　　B. $NH_4NO_3$　　　　C. NaOH　　　　　　　　D. $CO_2$

15. 离子极化发生的结果是　　　　　　　　　　　　　　　　　　　　　　　　(　　)
    A. 离子转化为分子　　　　　　　　　　　　　B. 键型由离子键向共价键转化
    C. 表现出化合物的熔点、沸点降低　　　　　　D. 晶型由离子晶体向分子晶体转化

16. 下列说法正确的是　　　　　　　　　　　　　　　　　　　　　　　　　　(　　)
    A. 极性键也可存在于非极性分子中　　　　　　B. 直线形分子一定是非极性分子

C. 非金属单质的分子间只存在色散力　　　D. 对羟基苯甲醛的熔点高于邻羟基苯甲醛的熔点

17. 下列分子中,既是非极性分子同时又含有 π 键的是　　　　　　　　　　　　　　　(　　)
   A. $C_2H_6$　　　B. $C_2Cl_4$　　　C. $C_2H_2$　　　D. $O_2$

18. 下列各组分子间,同时存在取向力、诱导力、色散力和氢键的是　　　　　　　　　(　　)
   A. $C_2H_6$ 和 $CCl_4$　　B. $O_2$ 和 $CH_4$　　C. $C_2H_5OH$ 和 $HCHO$　　D. $H_2O$ 和 $NH_3$

19. 摩尔吸光系数与下列哪些因素有关?　　　　　　　　　　　　　　　　　　　　　(　　)
   A. 溶液浓度　　　B. 溶液温度　　　C. 入射光波长　　　D. 溶剂性质
   E. 吸收池厚度

20. 选择 $\lambda_{max}$ 处的光作为分光光度法测定的入射光的理由是　　　　　　　　　　(　　)
   A. 在 $\lambda_{max}$ 处,$\varepsilon$ 最大　　　　　　　　　B. 在 $\lambda_{max}$ 处,溶液的 $A$ 与 $c$ 呈线性关系
   C. 在 $\lambda_{max}$ 处谱带,$\varepsilon$ 随波长变化较小　　D. 在 $\lambda_{max}$ 处,测定灵敏度高

### 三、填空题

1. $NH_3$ 分子的空间构型为_____,氨分子中的 N 原子以_____杂化轨道成键。
2. 分子轨道是原子轨道的线性组合,其有效成键的三条原则是_____、_____、_____。
3. $O_2^{2-}$ 的分子轨道电子排布式是_____,键级是_____。
4. 共价键具有_____性和_____性;氢键也具有_____性和_____性,但其属于_____范畴。
5. 在离子相互极化过程中,阳离子主要表现出_____作用,阴离子主要表现出_____性;两者的相互作用又称为_____。离子极化使得离子型化合物的熔点_____,在水中的溶解度_____,导电性_____。
6. 分光光度法是根据物质的_____光谱及光的_____定律,对物质进行定性和定量分析的一种方法。朗伯-比尔定律只在_____和_____条件下才能适用,其数学公式为_____,摩尔吸光系数和百分吸光系数的相互转换关系式是_____。
7. 紫外可见分光光度计由_____、_____、_____、_____等部件构成。紫外-可见分光光度法是利用_____nm 范围的电磁波,在测量时,应选择_____波长作为入射光,当空白溶液置于光路时,应使 $T=$_____或 $A=$_____,这样可消除_____误差。
8. 在分光光度法实际应用的过程中,常通过调节溶液_____和_____,使吸光度在 0.2~0.7。如试样光吸收很强时,可采用_____分光光度法。

### 四、简答题

1. 试用杂化轨道理论说明 $PH_3$ 分子中 P 原子的杂化类型和分子的空间构型。
2. 显色反应的条件如何选择?

### 五、计算题

1. 用氯仿将纯胡萝卜素($C_{40}H_{56}$,相对分子质量为 536)配成浓度为 2.5mg·$L^{-1}$ 溶液,在 465nm 处,吸收池厚度为 1cm,测得吸光度为 0.550,试计算胡萝卜素的摩尔吸光系数。($1.2×10^5$ L·$mol^{-1}$·$cm^{-1}$)

2. 取 2.00mL 含 3mol·$L^{-1}$ $NH_3$ 的 $Cu^{2+}$ 溶液置于 1.00cm 的吸收池中,在某一波长处测得吸光度为 0.60。然后取 0.010mol·$L^{-1}$ $CuSO_4$ 溶液 1.0mL 添加到原吸收池中,测得的吸光度为 0.8。试计算原溶液中 $Cu^{2+}$ 的浓度。(0.005mol·$L^{-1}$)

3. 精密称取对乙酰氨基酚原料药 41.59mg,按 2005 年版药典规定配成 250mL 溶液,稀释 20 倍后,置于 1cm 吸收池中,在 257nm 波长处测得吸光度为 0.592。已知对乙酰氨基酚的吸光系数为 0.715,计算对乙酰氨基酚原料药的质量分数。(99.5%)

4. 精密称取卡马西平原料药 0.1025g,加乙醇配成 100mL 溶液,稀释 100 倍后,置于 1cm 厚的吸收池中,在 285nm 处测得吸光度为 0.501。同法测定 10ug·$L^{-1}$ 对照品溶液的吸光度为 0.490,求原料药中卡马西平的质量分数。(99.8%)

(毛金银)

# 第7章 沉淀平衡与沉淀滴定

1. 掌握沉淀平衡的特征
2. 理解 $K_{sp}$ 与溶解度的关系、饱和溶液的概念
3. 掌握溶度积规则的运用及有关计算
4. 掌握沉淀生成、溶解的原理与方法
5. 理解分级沉淀与沉淀转化、同离子效应与盐效应现象
6. 掌握沉淀滴定依据的原理,指示剂选择,滴定条件和适用范围
7. 理解药典中一般无机卤化物或银化物的含量测定方法

沉淀的生成和溶解是一种常见的化学平衡,其特点是平衡的一方为固相,另一方为在液相中的离子,这种化学平衡属于多相离子平衡。本章主要讨论沉淀平衡常数、沉淀溶解度的计算,如何使沉淀生成或溶解更趋完全,如何利用沉淀平衡原理进行物质提纯和分离,如何用沉淀滴定的方法来测定物质含量。

## 第1节 沉淀溶解平衡

### 一、沉淀溶解平衡常数——溶度积

#### (一) 溶度积

如将晶体 AgCl 放入水中,晶体表面的 $Ag^+$ 和 $Cl^-$ 受到极性水分子的作用,有部分 $Ag^+$ 及 $Cl^-$ 脱离晶体表面而进入溶液,这一过程就是溶解;与此同时,随着溶液中 $Ag^+$ 及 $Cl^-$ 浓度逐渐增加,它们又受晶体表面的正负离子吸引,重新沉积到晶体表面,这就是沉淀过程。在一定温度下,当沉淀和溶解速率相等时,就达到沉淀溶解平衡,所得溶液即为该温度下 AgCl 的饱和溶液。AgCl 虽然难溶,但溶解部分却完全电离。沉淀溶解平衡属多相离子平衡,平衡的一方(沉淀)为固相,另一方(离子)在溶液相中。

$$AgCl(s) \rightleftharpoons Ag^+(aq) + Cl^-(aq)$$
$$K^0 = [Ag^+][Cl^-] = 1.77 \times 10^{-10} \qquad (a_{AgCl} = 1)$$

同理,可求其他难溶电解质沉淀平衡常数 $K$,例如

$$BaSO_4(s) \rightleftharpoons Ba^{2+}(aq) + SO_4^{2-}(aq)$$
$$K^0_{BaSO_4} = [Ba^{2+}][SO_4^{2-}] = 1.07 \times 10^{-10}$$

$$Ag_2CrO_4(s) \rightleftharpoons 2Ag^+(aq) + CrO_4^{2-}(aq)$$
$$K^0_{Ag_2CrO_4} = [Ag^+]^2[CrO_4^{2-}] = 1.12 \times 10^{-12}$$

以上各表达式中每个浓度项的方次即沉淀反应中各物质前的计算系数。设沉淀溶解平衡为

$$A_mB_n(s) \rightleftharpoons mA^{n+}(aq) + nB^{m-}(aq)$$

则平衡时

$$K_{sp} = [A^{n+}]^m [B^{m-}]^n \tag{7-1}$$

式(7-1)用文字表示为：一定温度下，难溶电解质在其饱和溶液中各离子浓度幂的乘积是一个常数。这个常数称该难溶电解质的溶度积常数。用符号 $K_{sp}^0$ 表示，也常简写为 $K_{sp}$。它与其他平衡常数一样，只与难溶电解质的本性和温度有关，而与沉淀的量和溶液中的离子浓度的变化无关。离子浓度变化只使平衡发生移动，但不改变溶度积常数。

有些难溶电解质的 $K_{sp}$ 值，还可通过直接测定饱和溶液中相应的离子浓度来求算。例如，实验测得 $SrSO_4$ 在 25℃ 时的溶解度为 $7.35 \times 10^{-4}$ mol·L$^{-1}$。根据下列沉淀平衡式可知，纯水中每溶解 1mol $SrSO_4$，就生成 1mol $Sr^{2+}$ 和 1mol $SO_4^{2-}$，即

$$SrSO_4(s) \rightleftharpoons Sr^{2+}(aq) + SO_4^{2-}(aq)$$

平衡浓度/(mol·L$^{-1}$)　　$7.35 \times 10^{-4}$　$7.35 \times 10^{-4}$

得 298K 时

$$K_{sp} = [Sr^{2+}][SO_4^{2-}] = (7.35 \times 10^{-4})^2 = 5.40 \times 10^{-7}$$

严格地说，难溶电解质饱和溶液中离子活度($a$)幂的乘积才等于常数。但在一般计算中，由于难溶电解质溶解度很小，离子平均活度系数近似为1，离子活度近似等于浓度，离子浓度幂的乘积与离子活度幂的乘积近似相等。

## （二）溶度积与溶解度的关系

溶度积是指一定温度下，难溶电解质饱和溶液中离子浓度指方的乘积，而溶解度是指一定温度、压力下，一定量饱和溶液中溶质的浓度，两者有一定的联系。若溶解度的单位用 mol·L$^{-1}$ 表示，则溶度积 $K_{sp}$ 和溶解度 $s$ 之间可直接进行换算。

> **案例 7-1**
>
> 已知室温下 AgBr 和 Mg(OH)$_2$ 的溶度积分别为 $5.35 \times 10^{-13}$ 和 $5.61 \times 10^{-12}$，求它们的溶解度 $S$。
>
> 解：(1)　　　　　$AgBr(s) \rightleftharpoons Ag^+(aq) + Br^-(aq)$
>
> 饱和浓度/(mol·L$^{-1}$)　　$s$　　　　$s$
>
> $$K_{sp} = [Ag^+][Br^-] = (s)^2 = 5.35 \times 10^{-13}$$
>
> $$s = \sqrt{5.35 \times 10^{-13}} = 7.31 \times 10^{-7} (mol·L^{-1})$$
>
> (2)　　　　　$Mg(OH)_2(s) \rightleftharpoons Mg^{2+}(aq) + 2OH^-(aq)$
>
> 饱和浓度/(mol·L$^{-1}$)　　　$s$　　　　$2s$
>
> $$K_{sp} = [Mg^{2+}][OH^-]^2 = s(2s)^2 = 5.61 \times 10^{-12}$$
>
> $$s = \sqrt[3]{5.61 \times 10^{-12}/4} = 1.12 \times 10^{-4} (mol·L^{-1})$$

由案例 7-1 的计算可见，AgBr 和 Mg(OH)$_2$ 分别属于 MA 型和 MA$_2$ 型难溶电解质，它们的溶解度 $s$ 与溶度积 $K_{sp}$ 的互相转换的关系式是不同的。

MA 型　　　　　$MA(s) \rightleftharpoons M^{n+}(aq) + A^{n-}(aq)$

$$K_{sp} = [M^{n+}][A^{n-}] = s^2$$

$$s = \sqrt{K_{sp}} \tag{7-2}$$

MA$_2$ 型      MA$_2$(s) $\rightleftharpoons$ M$^{2n+}$(aq) + 2A$^{n-}$(aq)

$$K_{sp} = [M^{2n+}][A^{n-}]^2 = s(2s)^2$$
$$s = \sqrt[3]{K_{sp}/4} \tag{7-3}$$

MA$_3$ 型      MA$_3$(s) $\rightleftharpoons$ M$^{3n+}$(aq) + 3A$^{n-}$(aq)

$$K_{sp} = [M^{3n+}][A^{n-}]^3 = s(3s)^3$$
$$s = \sqrt[4]{K_{sp}/27} \tag{7-4}$$

必须指出,上述式(7-2)、式(7-3)、式(7-4)的换算必须满足以下条件:

(1) 仅适用于离子强度较小,浓度可以代替活度的纯难溶电解质饱和溶液。若难溶电解质的溶解度相对较大时(如 CaSO$_4$、CaCrO$_4$ 等),上述换算关系将产生较大误差。

(2) 难溶电解质的离子在溶液中不发生任何化学反应。有一些难溶电解质的阳阴离子在溶液中可能发生副反应,例如,一些过渡金属阳离子的某些难溶硫化物、碳酸盐,它们相应的阴离子具碱性,在水中能与 H$_2$O 发生质子反应。还有些阳离子(如 Fe$^{3+}$、Al$^{3+}$)能发生聚合反应。在这种情况下,按简单公式进行 $s$ 与 $K_{sp}$ 换算会产生较大的误差。

(3) 难溶电解质的溶解部分要一步完全解离。对某些共价性较强的难溶弱电解质(如 Hg$_2$Cl$_2$、Hg$_2$I$_2$),或在水溶液中分步解离的难溶电解质[如 Fe(OH)$_3$],采用简单的换算关系会产生较大误差。

最后还需指出:对于符合上述条件同类型化合物而言,溶度积越大,溶解度也越大;而对于不同类型的化合物,则不能直接根据溶度积来比较溶解度的大小。

## (三) 溶度积规则

根据平衡移动原理及溶液中离子浓度与溶度积关系,可以对沉淀的生成,溶解及沉淀间相互转化等问题作出判断。例如,对任一沉淀平衡

$$AB(s) \rightleftharpoons A^{n+}(aq) + B^{n-}(aq)$$

若用[ ]代表任意浓度,则可能出现三种情况:

(1) [A$^{n+}$][B$^{n-}$] = $K_{sp}$,称饱和溶液,即沉淀与溶解处于平衡状态(即离子积 = 溶度积)。

(2) [A$^{n+}$][B$^{n-}$] > $K_{sp}$ 称过饱和溶液,体系暂时处于非平衡状态,将有 MA(s) 从溶液中沉淀出来,直至达到新的平衡为止(即离子积 > 溶度积)。

(3) [A$^{n+}$][B$^{n-}$] < $K_{sp}$ 称不饱和溶液,体系暂时处于非平衡状态,没有 MA(s) 从溶液中沉淀出来(即离子积 < 溶度积)。

以上结论统称为溶度积规则,运用这个规则可以判断沉淀溶解平衡移动的方向,或通过控制离子浓度,使反应向人们需要的方向进行。

## 二、沉淀的生成

### (一) 加入沉淀剂

根据溶度积规则,要从溶液中沉淀出某一离子时,需加入一种试剂(叫沉淀剂),使溶液中某一离子产生难溶沉淀(即使难溶电解质溶液中离子积 > 溶度积,从而析出沉淀)(图 7-1)。

图 7-1 沉淀的生成

例如,在 $Pb(NO_3)_2$ 溶液中加入 $Na_2S$ 溶液,当溶液中 $[Pb^{2+}] \cdot [S^{2-}] > K_{sp,PbS}$ 时,会产生 PbS 沉淀。

又如,在 $Pb(NO_3)_2$ 溶液中加入 KI 溶液,当溶液中 $[Pb^{2+}] \cdot [I^-]^2 > K_{sp,PbI_2}$ 时,就会产生 $PbI_2$ 沉淀。$Na_2S$ 和 KI 均称为 $Pb^{2+}$ 的沉淀剂。

**案例 7-2**

将 20.0mL 0.0010 mol·L$^{-1}$ 的 $CaCl_2$ 溶液与 30.0mL 0.010 mol·L$^{-1}$ 的 KF 溶液混合后,有无 $CaF_2$ 沉淀?已知 $K_{sp,CaF_2} = 1.5 \times 10^{-10}$。

解:设混合后溶液总体积为 50.0mL,则混合液中

$$c_{Ca^{2+}} = 0.0010 \times 20.0/50.0 = 4.0 \times 10^{-4}(\text{mol} \cdot \text{L}^{-1})$$

$$c_{F^-} = 0.010 \times 30.0/50.0 = 6.0 \times 10^{-3}(\text{mol} \cdot \text{L}^{-1})$$

$$c_{Ca^{2+}} \cdot c_{F^-}^2 = (4.0 \times 10^{-4}) \cdot (6.0 \times 10^{-3})^2 = 1.4 \times 10^{-8}$$

因为离子积 > 溶度积,所以有 $CaF_2$ 沉淀析出。

**案例 7-3**

将 100mL $2.0 \times 10^{-4}$ mol·L$^{-1}$ 的 $BaCl_2$ 溶液和 100ml $1.0 \times 10^{-3}$ mol·L$^{-1}$ 的 $K_2CrO_4$ 的溶液混合,试问混合后,溶液达新的平衡时,$Ba^{2+}$ 的浓度是多少?生成 $BaCrO_4$ 沉淀多少克?已知 $K_{sp,BaCrO_4} = 1.17 \times 10^{-10}$。

解:设混合后体积为 200mL,则混合溶液中

$$c_{Ba^{2+}} = (2.0 \times 10^{-4})/2 = 1.0 \times 10^{-4}(\text{mol} \cdot \text{L}^{-1})$$

$$c_{CrO_4^{2-}} = (1.0 \times 10^{-3})/2 = 5.0 \times 10^{-4}(\text{mol} \cdot \text{L}^{-1})$$

设达新的平衡时 $[Ba^{2+}] = x$ mol·L$^{-1}$

$$BaCrO_4(s) \rightleftharpoons Ba^{2+} + CrO_4^{2-}$$

起始浓度/(mol·L$^{-1}$)　　　　　　　$1.0 \times 10^{-4}$　　$5.0 \times 10^{-4}$

平衡浓度/(mol·L$^{-1}$)　　　　　　　$x$　　$(5.0-1.0) \times 10^{-4} + x$

因为

$$K_{sp,BaCrO_4} = [Ba^{2+}][CrO_4^{2-}] = x(4.0 \times 10^{-4} + x)$$

由于 $K_{sp}$ 很小,且溶液中有过量 $CrO_4^{2-}$ 存在,促进平衡左移,故 $x$ 为很小值 $4.0 \times 10^{-4} + x \approx 4.0 \times 10^{-4}$。

因为

$$x(4.0 \times 10^{-4}) = 1.17 \times 10^{-10}$$

所以

$$x = [Ba^{2+}] = 2.9 \times 10^{-7}(\text{mol} \cdot \text{L}^{-1})$$

已知 $BaCrO_4$ 的摩尔质量为 253g·mol$^{-1}$,所以沉淀的量为

$$m = (1.0 \times 10^{-4} - x) \times 200/1000 \times 253 = 5.0 \times 10^{-3}(\text{g})$$

一般要求,当溶液中残留离子的浓度 $\leq 10^{-6}$ mol·L$^{-1}$ 时,就可认定为沉淀"完全"。故案例 7-3 中可认为加入过量 $K_2CrO_4$ 沉淀剂,可使 $Ba^{2+}$ 沉淀完全。但在有些情况下,过量的沉淀剂会与沉淀发生

作用而使沉淀溶解。例如,AgCl 沉淀与过量沉淀剂 $Cl^-$ 会生成 $[AgCl_2]^-$ 和 $[AgCl_3]^{2-}$,而使 AgCl 沉淀逐渐溶解,因此,用 $Cl^-$ 沉淀 $Ag^+$ 时,必须严格控制 $Cl^-$ 浓度。一般沉淀剂过量不超过 25%。

## (二) 同离子效应

加入含有相同离子的易溶强电解质也可使沉淀平衡向生成沉淀的方向移动。这种现象称为沉淀平衡中的同离子效应。

---

求 298K 时,$Ag_2CrO_4$ 在 (1) 0.0100 mol·L$^{-1}$ 的 $AgNO_3$ 溶液和在 (2) 0.0100 mol·L$^{-1}$ $K_2CrO_4$ 溶液中的溶解度,并与纯 $Ag_2CrO_4$ 水溶液中的溶解度比较。

解:查知 $K_{sp,Ag_2CrO_4} = 1.12 \times 10^{-12}$。

(1) 设 $Ag_2CrO_4$ 在 (1) 0.0100 mol·L$^{-1}$ 的 $AgNO_3$ 的溶液中的溶解度为 $x$ mol·L$^{-1}$,由沉淀反应式

$$Ag_2CrO_4(s) \rightleftharpoons 2Ag^+ + CrO_4^{2-}$$

可知平衡时

$$[CrO_4^{2-}] = x \text{ mol·L}^{-1}, \quad [Ag^+] = (0.0100 + 2x) \text{ mol·L}^{-1}$$

根据

$$K_{sp,Ag_2CrO_4} = [Ag^+]^2[CrO_4^{2-}] = (0.0100 + 2x)^2 x = 1.12 \times 10^{-12}$$

因 $x$ 是极小值,故

$$(0.0100)^2 x = 1.12 \times 10^{-12}$$
$$x = 1.12 \times 10^{-8} (\text{mol·L}^{-1})$$

(2) 设 $Ag_2CrO_4$ 在 0.0100 mol·L$^{-1}$ $K_2CrO_4$ 溶液中的溶解度为 $y$ mol·L$^{-1}$,则平衡时

$$[Ag^+] = 2y \text{ mol·L}^{-1}, \quad [CrO_4^{2-}] = (0.0100 + y) \approx 0.0100 \text{ mol·L}^{-1}$$

$$K_{sp,Ag_2CrO_4} = [Ag^+]^2[CrO_4^{2-}] = 1.12 \times 10^{-12}$$

$$0.0100 (2y)^2 = 1.12 \times 10^{-12}$$

$$y \approx 5.29 \times 10^{-6} (\text{mol·L}^{-1})$$

(3) 在纯水中的溶解度为

$$s = \sqrt[3]{K_{sp}/4} = 6.5 \times 10^{-5} (\text{mol·L}^{-1})$$

比较 (1)、(2)、(3) 结果可知,在 0.0100 mol·L$^{-1}$ 的 $AgNO_3$ 溶液和 0.0100 mol·L$^{-1}$ $K_2CrO_4$ 溶液中的溶解度由 $6.5 \times 10^{-5}$ mol·L$^{-1}$ 分别降为 $1.12 \times 10^{-8}$ mol·L$^{-1}$ 和 $5.29 \times 10^{-6}$ mol·L$^{-1}$。

*案例7-4*

---

这说明同离子效应可降低难溶电解质的溶解度。

根据同离子效应的原理,可加入含有同离子的沉淀剂,使沉淀反应完全以达到分离某些离子的目的;也可以用含有与沉淀相同离子的溶液去洗涤沉淀以除杂质,并可减少洗涤过程中沉淀因溶解而损失。例如,用 250mL 水洗涤 $CaC_2O_4$,会损失 $1.5 \times 10^{-3}$ g $CaC_2O_4 \cdot H_2O$;若改用 250mL 1% $(NH_4)_2C_2O_4$ 溶液洗涤,仅损失 $9.3 \times 10^{-7}$ g $CaC_2O_4 \cdot H_2O$。

实验证明,将含有相同离子的易溶强电解质加入难溶电解质的溶液中,在产生同离子效应的同时,还会产生盐效应。所谓盐效应,是指加入易溶强电解质可使难溶电解溶解度稍有增大的效应。所以在利用同离子效应降低沉淀溶解度时,加入的试剂也不能过量太多。否则将会使

沉淀溶解度稍增大。例如,PbSO$_4$ 在 Na$_2$SO$_4$ 溶液中溶解度的变化情况:当 Na$_2$SO$_4$ 的浓度从零增加到 0.04 mol·L$^{-1}$ 时,PbSO$_4$ 溶解度逐渐变小,此时同离子效应起主导作用;当 Na$_2$SO$_4$ 浓度大于 0.04 mol·L$^{-1}$ 时,PbSO$_4$ 溶解度稍增大,此时盐效应的影响超过了同离子效应。

若在难溶电解质溶液中加入不含共同离子的易溶强电解质,则盐效应的影响比上述情况要显著一些。电解质离子的价态越高,盐效应也越明显。

产生盐效应的原因在于加入易溶强电解质后,溶液中离子强度增大,离子活度减小,因而在单位时间内离子与沉淀表面碰撞次数减少,生成沉淀的速率随之降低,沉淀溶解的速率暂时超过了生成沉淀的速率,平衡向沉淀溶解方向移动,溶解度增大。

综上所述,同离子效应与盐效应是影响沉淀反应完全的两个重要因素,其影响效果相反。但一般盐效应不如同离子效应所起的作用大,故在一般计算中,特别在较稀溶液中不必考虑盐效应。

### 沉淀与溶液的分离方法(一)

常压过滤:液体和固体分离常用过滤法。普通过滤中最常用的滤器是贴有滤纸的玻璃漏斗。先将圆滤纸对折两次,拨开一层即成 60°的圆锥形,一面三层,另一面一层。将这圆锥形滤纸平整地放入干净的玻璃漏斗中,贴紧(图 7-2)滤纸边应低于漏斗边 3~5mm。若漏斗的角度不标准,应适当调整滤纸折叠的角度,使匹配,用手按住,用滴管滴水使滤纸润湿,用玻棒轻压折缝使滤纸与漏斗密合,不留气泡。将漏斗放在漏斗架上,下面放接受容器,使漏斗下端与容器壁接触。将要过滤的溶液沿着玻棒慢慢倾入漏斗中。倾入溶液时,液面切勿超过滤纸边缘(图 7-3)。

图 7-2 滤纸的安放

图 7-3 常压过滤

## 三、沉淀的溶解

CaCO$_3$ 可溶于盐酸,Mg(OH)$_2$ 可溶于盐酸又可溶于 NH$_4$Cl 溶液中,CuS 则不溶于盐酸但可溶于硝酸,AgCl 不溶于盐酸也不溶于硝酸,但可溶于氨水。这些沉淀溶解的反应可表示如下:

$$CaCO_3(s) \rightleftharpoons Ca^{2+} + CO_3^{2-}$$

$$CO_3^{2-} + 2H^+ \rightleftharpoons H_2CO_3$$

$$\begin{aligned}&+)\quad H_2CO_3 \rightleftharpoons CO_2 + H_2O\\ &\overline{CaCO_3(s) + 2H^+ \rightleftharpoons Ca^{2+} + CO_2(g) + H_2O}\end{aligned}$$

$$Mg(OH)_2(s) \rightleftharpoons Mg^{2+} + 2OH^-$$

$$\begin{aligned}&+)\quad 2OH^- + 2H^+ \rightleftharpoons 2H_2O\\ &\overline{Mg(OH)_2(s) + 2H^+ \rightleftharpoons Mg^{2+} + 2H_2O}\end{aligned}$$

$$AgCl(s) + 2NH_3 \rightleftharpoons [Ag(NH_3)_2]^+ + Cl^-$$

这些反应的共同特点是:溶解中阳离子或阴离子与加入的试剂发生化学反应使阴、阳离子浓度降低,致使平衡向溶解方向移动,沉淀溶解。但沉淀溶解的原因各不相同:$CaCO_3$ 的溶解,是由于阴离子 $CO_3^{2-}$ 与 $H^+$ 结合生成难解离的弱酸;AgCl 的溶解,则是通过 $Ag^+$ 与 $NH_3$ 生成配离子 $[Ag(NH_3)_2]^+$ 而使 AgCl 沉淀溶解。

综上所述,要使沉淀溶解,根据溶度积规则,必须减小该难溶电解质饱和溶液中某一离子的浓度,以使离子积<溶度积。对不同的沉淀,可以采用不同的化学反应来减小离子浓度,从而达到沉淀溶解的目的。

现重点讨论用酸溶解沉淀的情况。

---

**案例 7-5**

MnS 和 CuS 的 $K_{sp}$ 分别为 $4.65 \times 10^{-14}$ 和 $1.27 \times 10^{-36}$,前者可溶于盐酸而后者不溶,如何解释这一实验结果?

解:MnS 的溶解过程,实际上包含了沉淀平衡和酸碱多重平衡两者的结合

$$\begin{aligned}MnS(s) &\rightleftharpoons Mn^{2+} + S^{2-} & K_{sp} &= 4.65 \times 10^{-14}\\ S^{2-} + H^+ &\rightleftharpoons HS^- & 1/K_{a_2} &= 1/(1.3 \times 10^{-14})\\ +)\quad HS^- + H^+ &\rightleftharpoons H_2S & 1/K_{a_1} &= 1/(9.5 \times 10^{-8})\\ \hline MnS(s) + 2H^+ &\rightleftharpoons Mn^{2+} + H_2S & K = K_{sp}/(K_{a_1} \times K_{a_2}) &= 7.88 \times 10^7\end{aligned}$$

上述总反应也称酸溶反应,相应的平衡常数也称酸溶平衡常数。MnS 的酸溶平衡常数 $K > 10^7$,所以 MnS 的酸溶反应能自发进行,而且进行得较完全。同理,CuS 的酸溶反应为

$$CuS(s) + 2H^+ \rightleftharpoons Cu^{2+} + H_2S$$

其酸溶平衡常数 $K = K_{sp}/(K_{a_1} \times K_{a_2}) = 1.27 \times 10^{-36}/5.85 \times 10^{-22} = 2.17 \times 10^{-15}$,反应几乎不能进行。比较 MnS 和 CuS 的酸溶平衡常数可见,$K_{a_1}$ 和 $K_{a_2}$ 是相同的,而 $K_{sp}$ 值愈大的沉淀愈易溶于酸。

---

又如,$CaCO_3$ 和 $CaC_2O_4$ 两个沉淀,由实验得知前者能溶于乙酸而后者不溶,其原因也是因为

$$CaCO_3(s) + 2HAc \rightleftharpoons Ca^{2+} + 2Ac^- + H_2CO_3$$

酸溶平衡常数为

$$\begin{aligned}K &= K_{sp}K_{HAc}^2/(K_{a_1} \times K_{a_2}) = 4.96 \times 10^{-9} \times 3.1 \times 10^{-10}/2.4 \times 10^{-17}\\ &= 0.064\end{aligned}$$

$$CaC_2O_4(s) + HAc \rightleftharpoons Ca^{2+} + Ac^- + HC_2O_4^-$$

酸溶平衡常数为

$$\begin{aligned}K &= K_{sp}K_{HAc}/K_{a_2} = 2.34 \times 10^{-9} \times 1.76 \times 10^{-5}/6.4 \times 10^{-5}\\ &= 6.4 \times 10^{-10}\end{aligned}$$

这两个酸溶平衡常数表达式中 $K_{sp}$ 相近(接近 $10^{-9}$),而反应生成的酸的强弱不同,显然 $K_a$ 越小 $K$ 值越大,沉淀越易溶于酸。$CaCO_3$ 的酸溶平衡常数虽不大,但因产生 $CO_2$ 不断逸出使 $H_2CO_3$ 浓度减小,促进平衡向溶解方向移动,故 $CaCO_3$ 溶于 HAc。$CaC_2O_4$ 的酸溶平衡常数 $K \approx 10^{-14}$,故 $CaC_2O_4$ 不溶于 HAc,但却能溶于 HCl 中。

综上所述,酸溶平衡常数 $K$ 的大小是由 $K_{sp}$ 和 $K_a$ 两个因素决定的,沉淀的 $K_{sp}$ 越大,生成弱酸的 $K_a$ 越小,则酸溶反应就进行得越彻底。

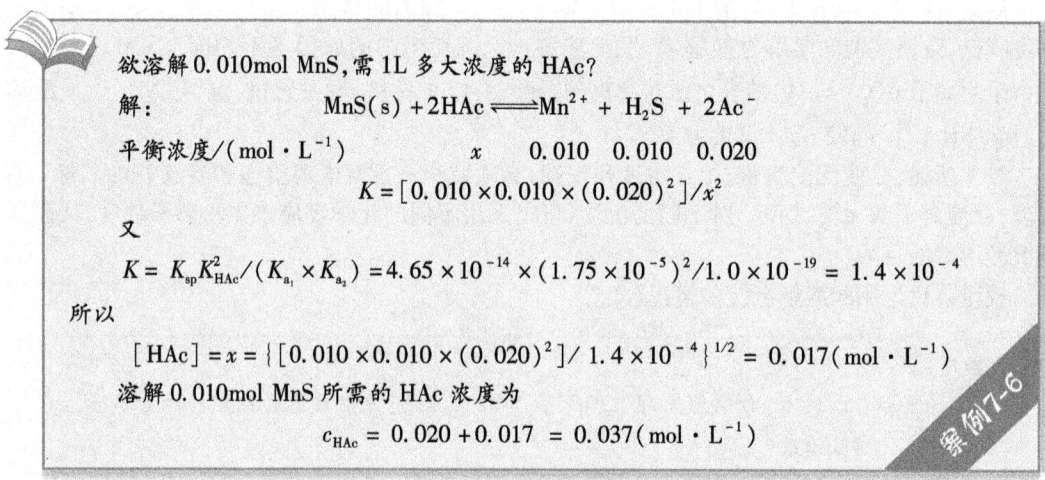

欲溶解 0.010mol MnS,需 1L 多大浓度的 HAc?

解: $MnS(s) + 2HAc \rightleftharpoons Mn^{2+} + H_2S + 2Ac^-$

平衡浓度/(mol·L$^{-1}$)　　　　　$x$　　0.010　0.010　0.020

$$K = [0.010 \times 0.010 \times (0.020)^2]/x^2$$

又 $K = K_{sp}K_{HAc}^2/(K_{a_1} \times K_{a_2}) = 4.65 \times 10^{-14} \times (1.75 \times 10^{-5})^2/1.0 \times 10^{-19} = 1.4 \times 10^{-4}$

所以 $[HAc] = x = \{[0.010 \times 0.010 \times (0.020)^2]/1.4 \times 10^{-4}\}^{1/2} = 0.017(mol \cdot L^{-1})$

溶解 0.010mol MnS 所需的 HAc 浓度为

$$c_{HAc} = 0.020 + 0.017 = 0.037(mol \cdot L^{-1})$$

案例7-6

## 四、沉淀的转化

实验证明,向盛有黄色 $PbCrO_4$ 沉淀的试管中加入 $(NH_4)_2S$ 溶液并搅拌,可以观察到溶液变成淡黄色,沉淀变为黑色。生成的黑色沉淀为 PbS。这种由一种沉淀转化为另一种沉淀的过程称为沉淀的转化。此过程为表示为

$$PbCrO_4(s) \rightleftharpoons Pb^{2+}(aq) + CrO_4^{2-}(aq)$$
$$+) \quad Pb^{2+}(aq) + S^{2-}(aq) \rightleftharpoons PbS(s)$$
$$\overline{PbCrO_4(s) + S^{2-}(aq) \rightleftharpoons PbS(s) + CrO_4^{2-}(aq)}$$

$$K = [CrO_4^{2-}]/[S^{2-}] = \{[CrO_4^{2-}]/[S^{2-}]\}\{[Pb^{2+}]/[Pb^{2+}]\}$$
$$= K_{sp,PbCrO_4}/K_{sp,PbS} = 1.77 \times 10^{-14}/(9.04 \times 10^{-29}) = 1.96 \times 10^{14}$$

沉淀转化反应的平衡常数 $\geq 10^6$,故转化反应进行得很完全。

对相同类型的难溶电解质,沉淀转化的方向是由 $K_{sp}$ 值大的转化为 $K_{sp}$ 值小的。两者 $K_{sp}$ 值相差越大,转化反应越完全。对不同类型的难溶电解质,沉淀转化的方向是由溶解度大的向沉淀溶解度小的方向转化。

如果想把溶解度较小的沉淀转化为另一种溶解度较大的沉淀,转化反应平衡常数 $<1$,这种转化比较困难,但在一定条件下也是可以实现的。

例如,$BaSO_4$ 沉淀不溶于酸,若用浓 $Na_2CO_3$ 溶液反复处理可转化为易溶于酸的 $BaCO_3$ 沉淀。

$$BaSO_4(s) \rightleftharpoons Ba^{2+}(aq) + SO_4^{2-}(aq)$$
$$+) \quad Ba^{2+}(aq) + CO_3^{2-}(aq) \rightleftharpoons BaCO_3(s)$$
$$\overline{BaSO_4(s) + CO_3^{2-}(aq) \rightleftharpoons BaCO_3 + SO_4^{2-}(aq)}$$

$$K = ([SO_4^{2-}]/[CO_3^{2-}])([Ba^{2+}]/[Ba^{2+}]) = K_{sp,BaSO_4}/K_{sp,BaCO_3}$$

$$= 1.07 \times 10^{-10}/(2.58 \times 10^{-9}) = 1/24$$

沉淀转化平衡常数 <1，但又不是太小，故设法使[$CO_3^{2-}$]比[$SO_4^{2-}$]大 24 倍以上，这个转化就可能实现。实际操作时，可用饱和 $Na_2CO_3$ 处理 $BaSO_4$ 沉淀，搅拌停止后取上层清液至近干，然后再加新鲜饱和 $Na_2CO_3$ 重复处理多次，直至全部 $BaSO_4$ 沉淀转化为 $BaCO_3$ 沉淀；然后再加入 HCl，$Ba^{2+}$ 即转入溶液。

## 五、分步沉淀

上面讨论的沉淀生成与溶解都是针对溶液中只有一种离子或只有一种沉淀的情况，当溶液中含有多种离子时，当另一种离子开始沉淀时，先进行沉淀的离子是否沉淀完全了？能否利用沉淀的方法进行沉淀分离？

例如，向 $Cl^-$ 和 $I^-$ 浓度均为 $0.010 mol \cdot L^{-1}$ 的溶液中，逐滴加入 $AgNO_3$ 溶液，哪一种离子先沉淀？当第一种离子沉淀到什么程度，第二种离子才开始沉淀？为此，需计算 AgCl 和 AgI 开始沉淀时所需的[$Ag^+$]。

$$[Ag^+] = K_{sp AgCl}/[Cl^-] = 1.77 \times 10^{-10}/0.010 = 1.77 \times 10^{-8} (mol \cdot L^{-1})$$
$$[Ag^+] = K_{sp AgI}/[I^-] = 8.51 \times 10^{-17}/0.010 = 8.51 \times 10^{-15} (mol \cdot L^{-1})$$

显然，$I^-$ 开始沉淀所需要的 $Ag^+$ 浓度比 $Cl^-$ 开始沉淀所需的 $Ag^+$ 浓度小得多，故 $I^-$ 先沉淀。即离子浓度幂的乘积首先达到溶度积的物质先析出沉淀。

当 $Cl^-$ 开始沉淀时，此时溶液中[$Ag^+$] = $1.77 \times 10^{-8} mol \cdot L^{-1}$，此时溶液中残留的 $I^-$ 浓度应符合

$$[Ag^+][I^-] = K_{sp,AgI}$$
$$[I^-] = K_{sp,AgI}/[Ag^+] = 8.51 \times 10^{-17}/1.77 \times 10^{-8} = 4.8 \times 10^{-9} (mol \cdot L^{-1})$$

可见，当 $Cl^-$ 开始沉淀时，[$I^-$] ≤ $10^{-6} mol \cdot L^{-1}$ 说明早已沉淀"完全"。

对于同类型的沉淀（如 MA 型），$K_{sp}$ 小的先沉淀，而且 $K_{sp}$ 值差别越大，分离越好。但对不同类型的沉淀物来说，因有不同浓度指数关系，就不能直接根据 $K_{sp}$ 值来判断沉淀的先后顺序和分离效果。

例如，用 $AgNO_3$ 沉淀 $Cl^-$ 和 $CrO_4^{2-}$（浓度均为 $0.010 mol \cdot L^{-1}$），它们开始沉淀所需[$Ag^+$]分别为

$$[Ag^+] = K_{sp,AgCl}/[Cl^-] = 1.77 \times 10^{-10}/0.010 = 1.77 \times 10^{-8} (mol \cdot L^{-1})$$
$$[Ag^+] = \sqrt{\frac{K_{sp,Ag_2CrO_4}}{[CrO_4^{2-}]}} = \sqrt{\frac{1.12 \times 10^{-12}}{0.010}} = 1.1 \times 10^{-5} (mol \cdot L^{-1})$$

虽然 $Ag_2CrO_4$ 的 $K_{sp}$ 比 AgCl 的 $K_{sp}$ 值小，但 $Cl^-$ 沉淀时所需[$Ag^+$]却比 $CrO_4^{2-}$ 沉淀所需[$Ag^+$]小得多，AgCl 先沉淀。所以，当一种试剂虽然它的 $K_{sp}$ 比较小，但沉淀时所需离子浓度却比较大，后沉淀。更确切地说，当一种试剂能沉淀溶液中几种离子时，生成沉淀所需试剂离子浓度越小的先沉淀，几种离子间沉淀所需试剂离子浓度相差越大，就能达到分离目的。当然，分离效果还与溶液中被沉淀离子的初始浓度有关。

应用一种沉淀剂，使溶液中的各种离子先后沉淀出来的过程称为分步沉淀。

分步沉淀原理用得最多的是氢氧化物和硫化物的分离。除碱金属和 Sr、Ba 的氢氧化物外，大多数金属氢氧化物都是难溶电解质，除碱金属、碱土金属和某些高价金属（如 $Al^{3+}$、$Cr^{3+}$ 等硫化物会与水作用生成难溶氢氧化物）的硫化物外，大多数金属硫化物也都是难溶电解质。根据溶度积规则，可以控制溶液的 pH 来进行分步沉淀，达到分离的目的。现举例说明。

若溶液中 $Cr^{3+}$ 和 $Ni^{2+}$ 浓度均为 $0.10 mol \cdot L^{-1}$，试用计算说明，能否利用控制 pH 的方法使两者分离？已知：$K_{sp,Cr(OH)_3} = 7.0 \times 10^{-31}$，$K_{sp,Ni(OH)_2} = 5.5 \times 10^{-16}$。

**解**：欲分离，必须使离子积先达到溶度积者沉淀完全（即残留的 $[M^{n+}] < 10^{-5} mol \cdot L^{-1}$）而第二种离子仍留在溶液中。首先分别计算 $Cr(OH)_3$ 和 $Ni(OH)_2$ 开始沉淀时的 $[OH^-]$：

$$[OH^-] = \sqrt[3]{\frac{K_{sp,Cr(OH)_3}}{[Cr^{3+}]}} = \sqrt[3]{\frac{7.0 \times 10^{-31}}{0.10}} = 1.9 \times 10^{-10} (mol \cdot L^{-1})$$

$$[OH^-] = \sqrt{\frac{K_{sp,Ni(OH)_2}}{[Ni^{2+}]}} = \sqrt{\frac{5.5 \times 10^{-16}}{0.10}} = 7.4 \times 10^{-8} (mol \cdot L^{-1})$$

故 $Cr(OH)_3$ 先沉淀。再计算 $Cr(OH)_3$ 沉淀完全时所需 $[OH^-]$，设 $Cr(OH)_3$ 沉淀完全时，溶液中残留 $[Cr^{3+}] \leq 10^{-5} mol \cdot L^{-1}$。则

$$[OH^-] = \sqrt[3]{\frac{K_{sp,Cr(OH)_3}}{[Cr^{3+}]}} = \sqrt[3]{\frac{7.0 \times 10^{-31}}{1.0 \times 10^{-5}}} = 4.1 \times 10^{-9} (mol \cdot L^{-1})$$

可见，只要将 $OH^-$ 浓度控制在 $4.1 \times 10^{-9} \sim 7.4 \times 10^{-8} mol \cdot L^{-1}$，即 pH 控制在 $5.62 \sim 6.87$，就可使 $Cr^{3+}$ 和 $Ni^{2+}$ 分离。

*案例 7-7*

按照例 7-7 的计算方法，可以算出一些金属在不同浓度时生成氢氧化物沉淀的值（表 7-1）。

**表 7-1 一些难溶氢氧化物在不同浓度沉淀时的 pH (298K)**

| 离子 | pH | | | | | $K_{sp}$ |
|---|---|---|---|---|---|---|
|  | $1.0 \times 10^{-1}$ $mol \cdot L^{-1}$ | $1.0 \times 10^{-2}$ $mol \cdot L^{-1}$ | $1.0 \times 10^{-3}$ $mol \cdot L^{-1}$ | $1.0 \times 10^{-4}$ $mol \cdot L^{-1}$ | $1.0 \times 10^{-5} mol \cdot L^{-1}$ （沉淀完全） |  |
| $Fe^{3+}$ | 1.47 | 1.80 | 2.14 | 2.47 | 2.8 | $2.6 \times 10^{-39}$ |
| $Cr^{3+}$ | 4.28 | 4.62 | 4.95 | 5.28 | 5.62 | $7.0 \times 10^{-31}$ |
| $Cu^{2+}$ | 5.12 | 5.17 | 6.21 | 6.71 | 7.21 | $2.6 \times 10^{-19}$ |
| $Zu^{2+}$ | 6.04 | 6.54 | 7.04 | 7.54 | 8.04 | $1.2 \times 10^{-17}$ |
| $Fe^{2+}$ | 6.35 | 6.85 | 7.35 | 7.85 | 8.35 | $4.9 \times 10^{-17}$ |
| $Ni^{2+}$ | 6.87 | 7.37 | 7.87 | 8.37 | 8.87 | $5.5 \times 10^{-16}$ |
| $Cd^{2+}$ | 7.36 | 7.86 | 8.36 | 8.86 | 9.36 | $5.3 \times 10^{-15}$ |
| $Mn^{2+}$ | 8.16 | 8.66 | 9.16 | 9.66 | 10.16 | $2.1 \times 10^{-13}$ |
| $Mg^{2+}$ | 8.87 | 9.37 | 9.87 | 10.87 | 10.87 | $5.6 \times 10^{-12}$ |
| $Ca^{2+}$ | 11.87 | 12.37 | 12.87 | 13.37 | 13.87 | $5.5 \times 10^{-6}$ |

在 10mL 浓度均为 $0.20 mol \cdot L^{-1}$ 的 $Fe^{3+}$ 和 $Mg^{2+}$ 的混合液中，加入 10mL $0.10 mol \cdot L^{-1}$ 的 $NH_3$ 水，欲使 $Fe^{3+}$ 和 $Mg^{2+}$ 分离，应加入多少克 $NH_4Cl$？

**解**：设混合后体积为 20mL，则 $Fe^{3+}$ 和 $Mg^{2+}$ 浓度均为 $0.10 mol \cdot L^{-1}$，查表 7-1 可知欲使 $Mg^{2+}$ 不沉淀，溶液的 pH < 8.87，即 $[OH^-] < 7.4 \times 10^{-6} mol \cdot L^{-1}$。

当加入固体 $NH_4Cl$ 后，设溶液体积不变，此时溶液为 $NH_3$-$NH_4Cl$ 缓冲体系，由缓冲方程式可得

$$[NH_4^+] \approx K_b \times [NH_3]/[OH^-] = (1.8 \times 10^{-5} \times 0.05)/7.4 \times 10^{-6} = 0.12(\text{mol} \cdot \text{L}^{-1})$$

所以
$$m_{NH_4Cl} \geq 0.12 \times 53.5 \times 0.020 = 0.13(\text{g})$$

此时溶液中残留的 $Fe^{3+}$ 浓度为
$$[Fe^{3+}] = K_{sp}/[OH^-]^3 = 2.6 \times 10^{-39}/(7.4 \times 10^{-6})^3 = 6.4 \times 10^{-24}(\text{mol} \cdot \text{L}^{-1})$$

此时 $[Fe^{3+}] \ll 10^{-6} \text{mol} \cdot \text{L}^{-1}$，可认为 $Fe^{3+}$ 已沉淀得相当完全。因此，至少向溶液中加入 $0.13\text{gNH}_4\text{Cl}$ 即可使 $Fe^{3+}$ 与 $Mg^{2+}$ 分离。

**案例7-8**

必须指出，以上分级沉淀的有关计算均为近似计算。由于未考虑离子强度及副反应的影响，有时与实验值有一定误差。实际溶液的情况往往比较复杂，例如碱式盐的生成、氢氧化物的聚合等，都会使实际沉淀的 pH 与计算值有一定差距。但当两种难溶氢氧化物的溶解度相差较大时，采用分步沉淀可有效地分离离子。

某混合溶液中 $Zn^{2+}$、$Mn^{2+}$ 浓度均为 $0.10\text{mol} \cdot \text{L}^{-1}$，若通入 $H_2S$ 气体至饱和，哪种金属离子先沉淀？溶液 pH 应控制在什么范围，可使这两种离子完全分离？

解：查知 $K_{sp,ZnS} = 2.93 \times 10^{-24}$，$K_{sp,MnS} = 4.65 \times 10^{-14}$ 两个 $K_{sp}$ 值相差很大，故适当控制 $S^{2-}$ 浓度可使 $Zn^{2+}$ 与 $Mn^{2+}$ 分离。已知室温下饱和 $H_2S$ 液中 $[H_2S] = 0.1\text{mol} \cdot \text{L}^{-1}$，其中 $[S^{2-}]$ 随 $[H^+]$ 而变，关系式为

$$[H^+] = \sqrt{\frac{K_{a_1,H_2S} \times K_{a_2,H_2S} \times [H_2S]}{[S^{2-}]}}$$

式中 $H_2S$ 的 $K_{a_1} \times K_{a_2,H_2S} = 1.0 \times 10^{-14}$。当 MnS 开始沉淀时
$$[S^{2-}] = K_{sp,MnS}/[Mn^{2+}] = 4.65 \times 10^{-14}/0.1 = 4.65 \times 10^{-13}(\text{mol} \cdot \text{L}^{-1})$$
$$[H^+] = \sqrt{\frac{K_{a_1,H_2S} \times K_{a_2,H_2S} \times [H_2S]}{[S^{2-}]}} = 1.5 \times 10^{-4}(\text{mol} \cdot \text{L}^{-1})$$
$$\text{pH} = 3.82$$

故控制溶液的 $[H^+] \geq 1.5 \times 10^{-4} \text{mol} \cdot \text{L}^{-1}$（或 pH≤3.82），MnS 就不会沉淀析出；但为保证 ZnS 沉淀完全，$[H^+]$ 也不宜太高。假设 $[Zn^{2+}] \leq 1.0 \times 10^{-6} \text{mol} \cdot \text{L}^{-1}$，则
$$[S^{2-}] = K_{sp,ZnS}/[Zn^{2+}] = 2.93 \times 10^{-25}/(1.0 \times 10^{-6}) = 2.9 \times 10^{-19}(\text{mol} \cdot \text{L}^{-1})$$
$$[H^+] = \sqrt{\frac{K_{a_1,H_2S} \times K_{a_2,H_2S} \times [H_2S]}{[S^{2-}]}} = 1.9 \times 10^{-1}(\text{mol} \cdot \text{L}^{-1})$$
$$\text{pH} = 0.73$$

由此可见，只要将溶液的 pH 控制在 $0.73 \sim 3.82$，就能保证 ZnS 沉淀完全，而 MnS 沉淀又不析出。实验分离两者的最佳 pH 是 4 左右，还必须加入缓冲溶液来控制酸度。

**案例7-9**

按上例计算方法，可计算不同浓度金属离子生成硫化物沉淀的 pH，结果列于表 7-2。

表 7-2　一些难溶金属硫化物在不同浓度时沉淀的 pH

| 离子 | pH | | | | | | $K_{sp}$ |
| --- | --- | --- | --- | --- | --- | --- | --- |
| | $10^{-1} mol \cdot L^{-1}$ | $10^{-2} mol \cdot L^{-1}$ | $10^{-3} mol \cdot L^{-1}$ | $10^{-4} mol \cdot L^{-1}$ | $10^{-5} mol \cdot L^{-1}$ | $10^{-6} mol \cdot L^{-1}$ | |
| $Zn^{2+}$ | -1.77 | -1.27 | -0.77 | -0.27 | 0.23 | 0.73 | $2.93 \times 10^{-25}$ |
| $Fe^{2+}$ | 0.02 | 0.52 | 1.02 | 1.52 | 2.02 | 2.52 | $1.07 \times 10^{-21}$ |
| $Ni^{2+}$ | 1.10 | 1.60 | 2.10 | 2.60 | 3.10 | 3.60 | $1.59 \times 10^{-19}$ |
| $Mn^{2+}$ | 3.83 | 4.33 | 4.83 | 5.33 | 5.83 | 6.33 | $4.65 \times 10^{-14}$ |

## 沉淀与溶液的分离方法（二）

减压过滤：对沉淀颗粒很细或黏度较大的混浊液，采用减压过滤更为快速。方法是将布氏漏斗装在吸滤瓶上（图 7-4），用一片圆形滤纸平铺在漏斗小孔上，用少量水润湿滤纸，贴紧。在瓶嘴处接上抽气皮管，然而将混浊液慢慢倒入漏斗中（图 7-5）开抽气泵使吸滤瓶中降低压强，滤液上下形成压强差，从而加快过滤的速度。

图 7-4　布氏漏斗和吸滤瓶

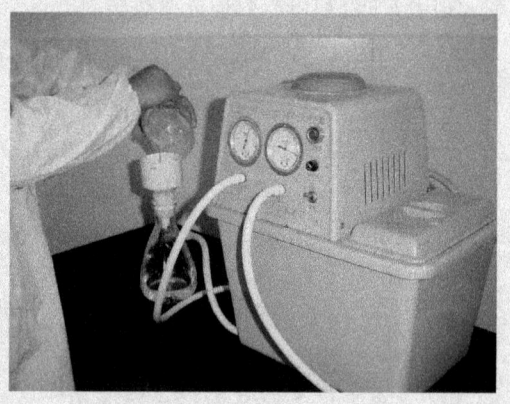

图 7-5　减压过滤

### 粗食盐水的精制

**Do you know?**

请你根据图 7-6 回答下列问题：

1. 加（1）$BaCl_2$ 试剂和（2）$Na_2CO_3$ 试剂的作用是什么？
2. 加试剂的量应以多少为最好？如何验证？
3. 加入试剂（1）、（2）的顺序能颠倒吗？说明理由。
4. 为什么第一次过滤采用常压过滤，而第二次、第三次过滤用减压过滤？

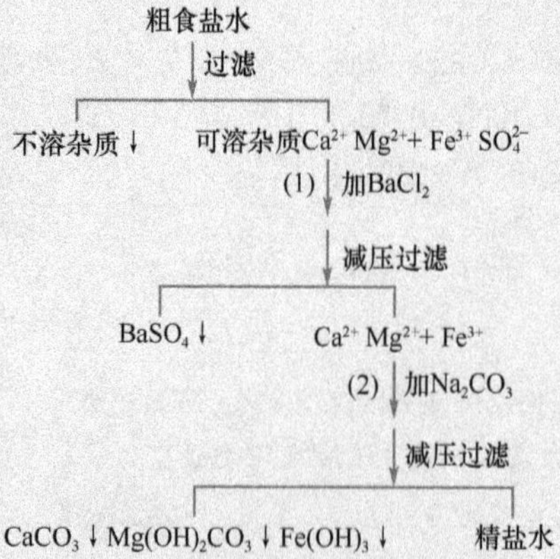

图 7-6　精制食盐水流程

## 第 2 节 沉淀滴定法

以沉淀平衡为基础的滴定分析法称为沉淀滴定法。它是利用能与待测组分生成沉淀的标准溶液来滴定待测溶液,直到加入滴定剂与被测组分反应完全为止。根据滴定剂的浓度和体积求待测组分的含量。适用于沉淀滴定的反应必须具备以下条件:①反应必须具有确定的计量关系,能定量;②沉淀的溶解度必须足够小;③反应必须迅速完成,并迅速达到平衡,滴定过程有明显的滴定突跃;④有确定滴定终点的合适方法。

用于沉淀滴定法的反应主要是生成难溶银盐的反应。例如

$$Ag^+ + Cl^- \rightleftharpoons AgCl(s)$$
$$Ag^+ + SCN^- \rightleftharpoons AgSCN(s)$$

利用生产难溶性银盐反应的沉淀滴定法,称为银量法。银量法可以测定 $Cl^-$、$Br^-$、$I^-$、$SCN^-$ 和 $Ag^+$ 以及能定量产生卤素离子的有机化合物等。根据指示终点所用指示剂的不同,银量法又分为铬酸钾指示剂法(Mohr 法),铁铵矾指示剂法(Volhard 法)和吸附指示剂法(Fajans 法)。

### 一、沉淀滴定曲线

在沉淀滴定过程中,当将标准溶液逐滴加入被测溶液时,随着沉淀的产生,待测离子浓度递减;接近化学计量点时,虽然溶液中只含有极少量待测离子,但还能显示出本身的性质;稍微超过化学计量点,则发生质变显示出标准溶液的性质。这和酸碱滴定曲线所表示的由量变而引进质变的现象颇相类似。

以 $0.1000\ mol \cdot L^{-1}\ AgNO_3$ 滴定 $20.00\ mL\ 0.1000\ mol \cdot L^{-1}\ NaCl$ 为例,在滴定的不同阶段,被滴定溶液中有关离子浓度的变化情况,按如下计算可得出 pAg 或 pCl

$$[Ag^+][Cl^-] = K_{sp} = 1.8 \times 10^{-10}$$
$$pAg + pCl = pK_{sp} = 9.74$$

1. 滴定前

$$[Cl^-] = 0.1000\ mol \cdot L^{-1}$$
$$pCl = -\lg 0.1000 = 1.00$$

2. 滴定开始到化学计量点前　当加入 $18.00\ mL\ AgNO_3$ 溶液时,90% 的 $Cl^-$ 被沉淀。

$$[Cl^-] = 0.1000 \times [(20.00 - 18.00) \times 10^{-3}]/[(20.00 + 18.00) \times 10^{-3}]$$
$$= 5.3 \times 10^{-3}(mol \cdot L^{-1})$$
$$pCl = 2.28$$
$$pAg = 9.70 - 2.28 = 7.46$$

当加入 $19.98\ mL\ AgNO_3$ 溶液时

$$[Cl^-] = 0.1000 \times [(20.00 - 19.98) \times 10^{-3}]/[(20.00 + 19.98) \times 10^{-3}]$$
$$= 5.0 \times 10^{-5}(mol \cdot L^{-1})$$
$$pCl = 4.30$$
$$pAg = 9.70 - 4.30 = 5.44$$

3. 化学计量点时

$$[Cl^-] = [Ag^+] = \sqrt{K_{sp,AgCl}} = \sqrt{1.77 \times 10^{-10}} = 1.34 \times 10^{-5}(mol \cdot L^{-1})$$
$$pAg = pCl = 4.85$$

**4. 化学计量点后**  当加入 20.02mL AgNO$_3$ 溶液时,溶液中剩余 [Ag$^+$] 为

$$[Ag^+] = 0.1000 \times [(20.02 - 20.00) \times 10^{-3}]/[(20.02 + 20.00) \times 10^{-3}]$$
$$= 5.0 \times 10^{-5} (mol \cdot L^{-1})$$
$$pAg = 4.30$$
$$pCl = 9.70 - 4.30 = 5.44$$

以 pCl(或 pAg)对 $V_{AgNO_3}$ 作图。

计算结果和滴定曲线分别见表 7-3 和图 7-7。

表 7-3  0.1000mol·L$^{-1}$ AgNO$_3$ 滴定 20mL 0.1000mol·L$^{-1}$ NaCl

| 加入 AgNO$_3$ 的量 | | 剩余 [Cl$^-$]/(mol·L$^{-1}$) | pCl(或 pAg) | |
|---|---|---|---|---|
| /mL | /% | | | |
| 0.00 | 0 | $10^{-1}$ | 1.0 | — |
| 18.00 | 90 | $10^{-2.3}$ | 2.3 | 7.5 |
| 19.80 | 99 | $10^{-3.3}$ | 3.3 | 6.5 |
| 19.98 | 99.9 | $10^{-4.3}$ | 4.3 ↑ | 5.5 ↑ 突跃 |
| 20.00 | 100 | $10^{-4.9}$ | 4.9 | 4.9 |
| 20.02 | 100.1 | $10^{-5.5}$ | 5.5 ↓ | 4.3 ↓ |
| 20.20 | 101 | $10^{-6.5}$ | 6.5 | 3.3 |
| 22.00 | 110 | $10^{-7.5}$ | 7.5 | 2.3 |

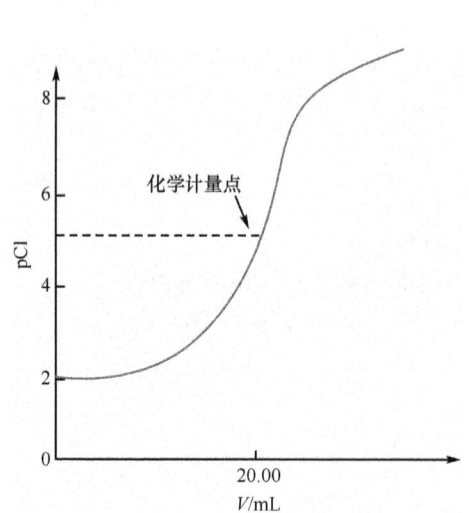

图 7-7  0.1000mol·L$^{-1}$ AgNO$_3$ 滴定 20mL 0.1000mol·L$^{-1}$ NaCl 的滴定曲线

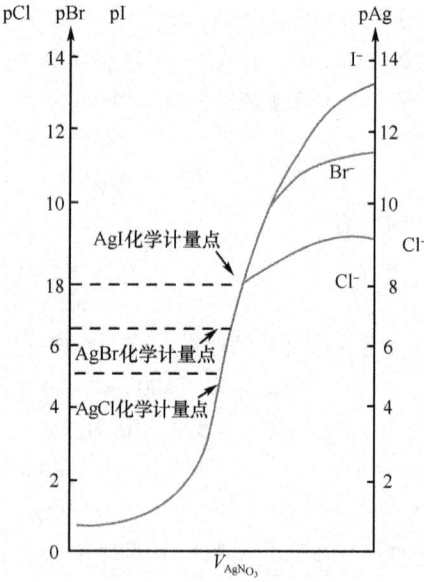

图 7-8  0.1000mol·L$^{-1}$ AgNO$_3$ 滴定 20mL 0.1000mol·L$^{-1}$ NaI、NaBr、NaCl 的滴定曲线

以 0.1000mol·L$^{-1}$ AgNO$_3$ 滴定 20.00mL 0.1000mol·L$^{-1}$ NaBr 及 NaI 的滴定曲线见图 7-8。

从滴定曲线看出,在化学计量点附近,pCl 或 pX(X = Br$^-$、I$^-$)均有一个突跃,而且沉淀的溶解度越小,其突跃范围越大。例如,用 0.1000mol·L$^{-1}$ AgNO$_3$ 滴定 20.00mL 0.1000mol·L$^{-1}$ NaI 时,由于 AgI 溶解度为 $1.2 \times 10^{-8}$ mol·L$^{-1}$,故能产生 pI 值从 4.3~11.5 的滴定突跃。

同酸碱滴定相类似,浓度也影响突跃范围,浓度越稀,滴定突跃范围越小;反之,滴定突跃越大。

# 二、银量法中确定终点的方法

## (一) 铬酸钾指示剂法

1. 原理　铬酸钾指示剂法是以铬酸钾为指示剂,硝酸银作标准溶液,在中性或弱碱性溶液中直接测定氯化物或溴化物含量的方法。

测定试液中 $Cl^-$ 含量,以 $AgNO_3$ 标准溶液滴定,用铬酸钾作指示剂。由于 AgCl 的溶解度 ($1.3 \times 10^{-5}$ mol·$L^{-1}$)比 $Ag_2CrO_4$ 的溶解度($6.5 \times 10^{-5}$ mol·$L^{-1}$)小,根据分步沉淀的原理,滴定时 AgCl 沉淀首先从溶液中析出,待滴定到接近化学计量点时,$Ag^+$ 浓度增加较快,当 $Ag^+$ 浓度与指示剂 $CrO_4^{2-}$ 浓度的乘积大于 $Ag_2CrO_4$ 的溶度积 $K_{sp}$ 时,出现砖红色 $Ag_2CrO_4$ 沉淀,指示终点到达。反应为

终点前　　　　　　　$Ag^+ + Cl^- \rightleftharpoons AgCl(s)$　　　白色

终点时　　　　　　$2Ag^+ + CrO_4^{2-} \rightleftharpoons Ag_2CrO_4(s)$　　砖红色

2. 滴定条件与应用范围

(1) 指示剂用量:如果使 $Ag_2CrO_4$ 沉淀恰好在化学计量点时产生,就能准确滴定 $Cl^-$,关键是控制好指示剂的用量。假若溶液中 $CrO_4^{2-}$ 浓度过高,滴定终点将提前出现,结果造成负误差;如果溶液中 $CrO_4^{2-}$ 浓度过低,滴定终点将滞后出现,结果造成正误差。因此,指示剂的用量就成为能否准确测定 $Cl^-$ 的关键。适宜的 $CrO_4^{2-}$ 浓度可通过计算来决定。

> 今设用 0.1000 mol·$L^{-1}$ $AgNO_3$ 滴定 0.1 mol·$L^{-1}$ NaCl 20.00mL,以 5% $K_2CrO_4$ 溶液作指示剂,达化学计算点时,欲使混悬液恰好呈现砖红色,计算 $K_2CrO_4$ 指示剂应加多少?
>
> 解:达化学计量点时
>
> $$[Ag^+] = \sqrt{K_{sp}} = \sqrt{1.77 \times 10^{-10}} = 1.3 \times 10^{-5} (mol·L^{-1})$$
>
> $Ag_2CrO_4$ 开始沉淀时
>
> $$[CrO_4^{2-}][Ag^+]^2 = 1.12 \times 10^{-12}$$
>
> $$[CrO_4^{2-}] = 1.12 \times 10^{-12}/(1.3 \times 10^{-5})^2 = 0.006 (mol·L^{-1})$$
>
> 设取指示剂(5% $K_2CrO_4$ 溶液)$V$mL($M_{K_2CrO_4} = 194$ g·$mol^{-1}$)
>
> $$(5/194) \times 10 \times V = 0.006 \times 40.02$$
>
> $$V = 0.9 (mL)$$
>
> 实际测定时,通常在 50mL 溶液总体积中加入 5% $K_2CrO_4$ 溶液 1mL 作指示剂。

案例7-10

(2) 溶液的酸度:铬酸钾指示剂法适宜在中性或弱碱性溶液中(pH = 6.5~10.5)溶液中滴定。

酸性溶液中 $CrO_4^{2-}$ 与 $H^+$ 发生下列反应

$$2H^+ + 2CrO_4^{2-} \rightleftharpoons 2HCrO_4^- \rightleftharpoons Cr_2O_7^{2-} + H_2O$$

降低了 $CrO_4^{2-}$ 浓度,影响 $Ag_2CrO_4$ 沉淀的生成。在强碱性溶液中,$Ag^+$ 沉淀为 $Ag_2O$

$$Ag^+ + 2OH^- \longrightarrow AgOH$$

$$2AgOH \longrightarrow Ag_2O(s) + H_2O$$

使滴定不能进行。因此,用 $K_2CrO_4$ 作指示剂时,要求溶液的酸度为 pH = 6.5~10.5,若试液碱性太强,可用稀 $HNO_3$ 中和;如酸性太强时,可用 $NaHCO_3$、$CaCO_3$ 等到中和。

(3) $Ag^+$ 与 $NH_3$ 会生成配离子 $[Ag(NH_3)_2]^+$,使 AgCl 和 $Ag_2CrO_4$ 沉淀溶解,故不能在氨性溶液中滴定。

(4) 充分振摇,防止吸附。因生成的沉淀能吸附被测离子,使终点提前。因此,滴定过程中应用力振摇,使被测离子释放出来,以得到准确的终点。

(5) 与 $Ag^+$ 生成沉淀的阴离子,如 $PO_4^{2-}$、$AsO_4^{2-}$、$CO_3^{2-}$、$S^{2-}$ 等以及与 $CrO_4^{2-}$ 生成沉淀的阳离子如 $Bi^{3+}$、$Ba^{2+}$、$Pb^{2+}$、$Hg^{2+}$ 等都干扰测定;大量的有色离子(如 $Cu^{2+}$、$Co^{2+}$、$Ni^{2+}$)以及在中性或弱碱性溶液中水解的离子(如 $Fe^{3+}$、$Al^{3+}$、$Sn^{4+}$ 等)都会干扰测定,如果存在,应设法除去。

铬酸钾法适宜于测定 $Cl^-$ 和 $Br^-$,不适应测定 $I^-$、$SCN^-$。这是因为生成的 AgCl 和 AgBr 沉淀的吸附溶液中的 $Cl^-$ 和 $Br^-$,使终点提前到达。但经过强烈振摇,可使被吸附的 $Cl^-$ 和 $Br^-$ 释放出来,避免了吸附造成的误差;而对 AgI 和 AgSCN 来说,则分别吸附 $I^-$ 和 $SCN^-$,虽经强烈振摇,也难使被吸附离子解吸,所以铬酸钾法不适宜测定 $I^-$ 和 $SCN^-$。

## (二) 铁铵矾指示剂法

**1. 原理** 是以 $(NH_4)Fe(SO_4)_2$ 作指示剂的银量法,又可分为直接滴定和返滴定两种。

(1) 直接滴定法:可测定溶液中的 $Ag^+$,即在含 $Ag^+$ 的溶液中加入铁铵矾作指示剂,用 $NH_4SCN$(硫氰化铵)标准溶液滴定。在化学计量点前 $SCN^-$ 与 $Ag^+$ 生成白色沉淀 AgSCN;在化学计量点后,稍微过量的 $SCN^-$ 就与指示剂铁铵矾中的 $Fe^{3+}$ 生成红色配离子 $[FeSCN]^{2+}$,指示滴定终点达到。有关反应如下

终点前 $\qquad Ag^+ + SCN^- =\!=\!= AgSCN(s) \qquad$ 白色

终点时 $\qquad Fe^{3+} + SCN^- =\!=\!= [FeSCN]^{2+} \qquad$ 红色

(2) 返滴定法:如要测定 $Cl^-$ 时,可往含样品的溶液中先加入已知过量的 $AgNO_3$ 溶液,再加入铁铵矾指示剂,用标准溶液 $NH_4SCN$ 滴定。主要反应式为

滴定前 $\qquad Ag^+ + Cl^- =\!=\!= AgCl(s)$

$\qquad\qquad\qquad$(已知过量)

终点前 $\qquad Ag^+(剩余) + SCN^- =\!=\!= AgSCN(s)$

终点时 $\qquad Fe^{3+} + SCN^- =\!=\!= [FeSCN]^{2+}$

当 $SCN^-$ 与剩余的 $Ag^+$ 反应完全后稍微过量的 $SCN^-$ 与 $Fe^{3+}$ 生成红色配离子 $[FeSCN]^{2+}$ 即为终点。

必须指出,用返滴定测定 $Cl^-$ 时,当达到化学计量点后,溶液中同时存在 AgCl 和 AgSCN 两种难溶沉淀,若用力振摇,将使已生成的红色配合物褪色。产生这种现象的原因是 AgSCN 的溶解度比 AgCl 的小,在溶液中会发生沉淀转化,其反应为

$$AgCl(s) + SCN^- =\!=\!= AgSCN(s) + Cl^-$$

$SCN^-$ 与 AgCl 沉淀溶解出来的 $Ag^+$ 反应生成更难溶的 AgSCN,降低了 $SCN^-$ 的浓度,打破了红色配离子 $[FeSCN]^{2+}$ 的解离平衡,溶液的红色因而消失。再滴加 $NH_4SCN$ 时,又呈现红色,摇动溶液,AgCl 不断溶解,又生成 AgSCN,红色又消失。这样就无法正确判断终点。为避免上述误差,通常采用以下两种方法:①将生成的 AgCl 沉淀滤出,再用 $NH_4SCN$ 标准溶液滴定滤液。但这个方法需加热煮沸、过滤、洗涤、操作麻烦。②在用 $NH_4SCN$ 标准溶液回滴以前,向试液中加入硝基苯(有毒!),强烈振摇,使硝基苯覆盖在 AgCl 沉淀表面上,以减少 $NH_4SCN$ 与 AgCl 的接

触,防止转化,然后滴定至稳定的红色,这样可得正确结果。

用铁铵矾指示剂测定溴化物或碘化物时,由于生成的 AgBr 和 AgI 的溶解度都小于 AgSCN 的溶解度,不存在转化的问题,不必加入硝基苯即可回滴。但需注意,在测定碘化物时,应先加过量的 $AgNO_3$,使 AgI 沉淀完全后,再加铁铵矾指示剂,避免 $Fe^{3+}$ 氧化 $I^-$ 的副反应发生。

$$2Fe^{3+} + 2I^- = 2Fe^{2+} + I_2$$

2. 滴定条件和应用范围

(1) 溶液的酸度:铁铵矾指示剂法的滴定必须在强酸性溶液中进行,因为酸度低时,$Fe^{3+}$ 会与水作用生成 $[Fe(H_2O)_5OH]^{2+}$ (棕色),妨碍终点观察。另外,在酸性溶液中,许多弱酸根离子,如 $PO_4^{3-}$、$AsO_4^{3-}$、$CrO_4^{2-}$ 等,都不能与 $Ag^+$ 生成沉淀,不干扰测定,这是该法主要优点。

(2) 强氧化剂、氮的低价氧化物、汞盐等的存在,能与 $SCN^-$ 发生作用而干扰测定。

(3) 指示剂用量太多,会使滴定终点提前;反之,则滞后。实验证明,当溶液中的 $Fe^{3+}$ 浓度为 $0.02mol \cdot L^{-1}$ 时,滴定终点与化学计量点比较接近,滴定误差很小。

(4) 剧烈振摇,防止吸附。由于 AgSCN 沉淀易吸附溶液中的 $Ag^+$,使终点提前,结果偏低。因此,滴定过程中必须剧烈振摇,使被吸附的 $Ag^+$ 释放出来。

(5) 应用铁铵矾指示剂法,可测定 $Cl^-$、$Br^-$、$I^-$、$SCN^-$ 及 $Ag^+$。

## (三) 吸附指示剂法

1. 原理  用吸附指示剂确定滴定终点的银量法。吸附指示剂是一类有色的有机染料。当它被吸附在胶体沉淀的表面上时,由于形成新的化学键而使指示剂分子结构发生变化,从而引起颜色变化,在滴定中就是利用这种颜色变化来确定终点的。例如,在含有 $Cl^-$ 的溶液中加入荧光黄作指示剂,用 $AgNO_3$ 标准溶液滴定。荧光黄是一种有机弱酸(用 HFI 表示),在水溶液中可解离为 $FI^-$ 阴离子,呈黄绿色。在化学计量点之前,溶液的含大量 $Cl^-$,生成的 AgCl 首先选择吸附 $Cl^-$,使胶体沉淀带上负电荷,而 $FI^-$ 不被吸附;在化学计量点之后,溶液中含过量的 $Ag^+$,AgCl 沉淀即吸附 $Ag^+$,使胶体沉淀带正电荷。此时,$FI^-$ 阴离子立即被吸附到胶体沉淀表面,荧光黄分子结构发生变形而变成粉红色,指示滴定终点到达。

2. 滴定条件和应用范围

(1) 溶液中被测离子的浓度不宜太低。因浓度太低,生成的沉淀很少,颜色变化不明显,终点难以观察。一般用 $AgNO_3$ 滴定 $Cl^-$ 时,用荧光黄作指示剂,$Cl^-$ 浓度不能低于 $0.005mol \cdot L^{-1}$;而滴定 $Br^-$、$I^-$、$SCN^-$ 时,由于灵敏度较高,它们的浓度可低于 $0.001mol \cdot L^{-1}$,仍可得准确结果。

(2) 加胶体保护剂。吸附指示剂不是使溶液发生颜色变化,而是使沉淀表面颜色发生变化。因此,应尽量使卤化银沉淀呈胶体状态,具有较大的表面积。一般在滴定前可将溶液稀释并加入糊精或淀粉等亲水性高分子化合物,以形成保护胶体。同时应避免溶液中存在大量电解质,因带电离子会使胶体凝聚而沉淀。

(3) 指示剂的吸附性能要适当。要求沉淀对指示剂的吸附能力略小于对被测离子的吸附力,否则,指示剂将在化学计量点之前变色。但沉淀对指示剂的吸附能力也不能太小,否则到达终点后不能立即变色。滴定卤化物时,卤化银对卤化物和几种常用吸附指示剂的吸附大小顺序如下:

$$I^- > 二甲基二碘荧光黄 > Br^- > 曙红 > Cl^- > 荧光黄$$

因此,测定 $Cl^-$ 时不能选用曙红,而应选荧光黄。

(4) 溶液的酸度应适当。因常用的吸附指示剂多是有机弱酸,溶液的 pH 应有利于吸附指示剂阴离子的解离,即酸质子转移常数小的吸附指示剂,溶液的 pH 偏高些;反之,pH 偏低些。例如,荧光黄($K_a = 10^{-8}$),当溶液 pH < 7 时,它的电离就会受到很大抑制,以致 $FI^-$ 浓度太低,终

点颜色变化不明显。所以用荧光黄作指示剂滴定 $Cl^-$ 时,溶液需在中性或弱碱性(pH = 7~10)(表7-4)。

(5) AgX 见光分解出金属银(灰色)影响终点观察,故应避强光滴定。

表7-4 银量法中常用的几种吸附指示剂

| 指示剂 | 待测离子 | 滴定剂 | 颜色变化 | 适用pH |
|---|---|---|---|---|
| 荧光黄 | $Cl^-$ | $Ag^+$ | 黄绿—粉红 | 7~10 |
| 二氯荧光黄 | $Cl^-$ | $Ag^+$ | 黄绿—粉红 | 4~10 |
| 曙红 | $Br^-$、$I^-$、$SCN^-$ | $Ag^+$ | 橙黄—红紫 | 2~10 |

**案例7-11**

用移液管吸取生理盐水 10.00mL,加入 $K_2CrO_4$ 指示剂 0.5~1.0mL,以 0.1045mol·$L^{-1}$ $AgNO_3$ 标准溶液滴定至终点,用去 14.58mL。求此生理盐水中 NaCl 的含量 [NaCl g·$(100mL)^{-1}$]。

解:$AgNO_3 + NaCl \Longrightarrow AgCl(s) + NaNO_3$

根据反应的等物质的量原则

$$c_{AgNO_3} \cdot V_{AgNO_3} = c_{NaCl} \cdot V_{NaCl}$$

$NaCl[g·(100mL)^{-1}] = (0.1045 \times 14.58 \times 58.44 \times 10^{-3})/10.00 = 0.8904(g)$

**案例7-12**

吸取25.00mL $AgNO_3$ 待测溶液,加入基准物质 NaCl 0.1173g,过量的 $AgNO_3$ 用 0.08070 mol·$L^{-1}$ 的 $NH_4SCN$ 标准溶液滴定至终点,消耗3.20mL。计算 $AgNO_3$ 待测液的浓度。

解:设 $AgNO_3$ 待测液的浓度为 $c_{AgNO_3}$,根据反应的等物质的量原则

$$25.00 \times c_{AgNO_3} - 0.0870 \times 3.20 = 0.1173/58.44$$

则

$$c_{AgNO_3} = 0.0906(mol·L^{-1})$$

**案例7-13**

仅含 NaCl 和 KCl 的混合试样 0.1200g,现用 0.1000mol·$L^{-1}$ $AgNO_3$ 标准溶液滴定,至终点时消耗标准溶液 20.00mL,求试样中 NaCl 和 KCl 的质量分数。

解:设试样中含 NaCl 为 $m_{NaCl}$ g,KCl 为 $m_{KCl}$ g。

$$m_{NaCl} + m_{KCl} = 0.1200$$

$$m_{NaCl}/58.44 + m_{KCl}/74.55 = c_{AgNO_3} \times 20.00/1000$$

解得

$$m_{NaCl} = 0.1055(g) \quad m_{KCl} = 0.0145(g)$$

$$\omega_{NaCl} = 0.0155/0.1200 = 87.92\%$$

$$\omega_{KCl} = 0.0145/0.1200 = 12.08\%$$

## NaCl 的含量测定方法

精取 1.3g[1] NaCl 样品,加水 50mL,溶后,定容 250mL 容中,稀释,摘吸 25.00mL[2] 至中,加 $K_2CrO_4$ 指剂 1mL[3],用 $0.1 mol \cdot L^{-1}$ AgNO3 标准滴定至砖红色。

计[4]:$\omega_{NaCl} = (c \times V)_{AgNO_3} \times 10^{-3} \times 58.44 \times 100/(W_{样}/10)$

注[1] 设 AgNO3 耗 22mL,则 $m_{NaCl} = 0.1 \times 22 \times 58.44/1000 = 0.13$ (g)。

注[2] 稀释 10 倍,吸 1/10 进行,以减。

注[3] 根据 [$Ag^+$] = $1.34 \times 10^{-5}$ mol · $L^{-1}$,以使 $Ag_2CrO_4$ 沉淀,则 [$CrO_4^{2-}$] = $5.6 \times 10^{-3}$ mol · $L^{-1}$。设积 40mL,取 5% $K_2CrO_4$ VmL,则上:

$V_{K_2CrO_4 指} = 40 \times 5.6 \times 10^{-3}/(5\% \times 1000/194) = 0.87$ (mL)

注[4] NaCl% = $(c \times V)_{AgNO_3} \times 10^{-3} \times M_{NaCl} \times 100/(W_{样}/10)$

## NaCl 的含量测定

取 NaCl 样约 0.12g,精定,加水 50mL 溶后,加 2% 精 5mL 与指剂 5~8 滴,用 $0.1 mol \cdot L^{-1}$ AgNO3 滴每 1mL AgNO3 ~5.844mg NaCl)[1]

注[1] 设 AgNO3 为 $0.1000 mol \cdot L^{-1}$

$0.1000 \times 58.44/1000 = 0.005844g = 5.844$ (mg)

## 小结

\* 本章内容是化学平衡原理在沉淀反应(属固-液平衡)中的具体应用。

\* 在一定温度下,难溶电解质饱和溶液中的离子浓度幂的乘积为一常数,称溶度积常数 $K_{sp}$。

\* 利用 $K_{sp}$ 可以:

(1) 判断溶解度大小,MA 型 $s = (K_{sp})^{1/2}$,$MA_2$ 型 $s = (K_{sp}/4)^{1/3}$,$MA_3$ 型 $s = (K_{sp}/27)^{1/4}$。

离子积 = $K_{sp}$,刚饱和,无沉淀。

(2) 判断沉淀是否生成或溶解:离子积 > $K_{sp}$,过饱和,有沉淀。

离子积 < $K_{sp}$,未饱和,无沉淀或继续溶解。

(3) 计算残留杂质离子浓度。

(4) 在沉淀滴定中作为选择滴定反应和指示剂的依据,要求滴定反应的 $K \geq 10^{-8}$ (即 $K_{sp} \leq 10^{-8}$)。

(5) 计算滴定终点时溶液中剩余离子浓度。

\* 根据滴定反应类型命名。如 $Ag^+ + X^- \rightleftharpoons AgX\downarrow$ 称"银量法"(X 为卤素)

\* 根据确定终点的方法命名。如铬酸钾指示剂法、铁铵矾指示剂法、吸附指示剂法。必须注意每个方法的滴定条件和适用范围。

# 目标检测

**一、名词解释**

溶度积　离子积　多相平衡　银量法　溶度积规则　分级沉淀　同离子效应　盐效应

**二、选择题**（最佳选择题）

1. 根据 AgCl、AgBr、AgI 和 AgSCN 的溶度积常数，判断它们溶解度最大的是　　（　　）
   A. AgCl　　　　　　B. AgBr　　　　　　C. AgI　　　　　　D. AgSCN

2. $BaF_2$ 的饱和溶液浓度为 $6.3 \times 10^{-3}$ mol·L$^{-1}$，其溶度积 $K_{sp}$ 为　（　　）
   A. $1.2 \times 10^{-5}$　　B. $1.0 \times 10^{-6}$　　C. $1.7 \times 10^{-4}$　　D. $1.6 \times 10^{-8}$

3. 若某一含 $CO_3^{2-}$ $10^{-3}$ mol·L$^{-1}$ 的溶液与等体积含ⅡB主族某金属离子 $10^{-3}$ mol·L$^{-1}$ 的溶液混合，下列哪种碳酸盐不会沉淀出来？（　　）
   A. $MgCO_3$（$K_{sp}=1.1 \times 10^{-5}$）　　　　B. $CaCO_3$（$K_{sp}=5.0 \times 10^{-9}$）
   C. $SrCO_3$（$K_{sp}=1.1 \times 10^{-10}$）　　　　D. $BaCO_3$（$K_{sp}=5.5 \times 10^{-10}$）

4. 已知 $K_{sp,PbCO_3}=3.3 \times 10^{-14} < K_{sp,PbSO_4}=1.06 \times 10^{-3}$，现分别往 $PbCO_3$、$PbSO_4$ 沉淀上加足量稀 $HNO_3$ 试剂，它们的溶解情况是（　　）
   A. $PbCO_3$ 溶解　　B. $PbSO_4$ 溶解　　C. 两者都不溶　　D. 两者都溶

**三、填空题**

1. $CaF_2$ 的标准溶度积常数表达式为_____，$Bi_2S_3$ 的标准溶度积常数表达式为_____。
2. $Mn(OH)_2$ 的 $K_{sp}=2.06 \times 10^{-13}$，在纯水中其溶解度为_____mol·L$^{-1}$。
3. 同离子效应使难溶电解质的溶解度_____，盐效应使难溶电解质的溶解度_____。
4. 试比较银量法中三种指示终点的方法：

|  | 铬酸钾法 | 铁铵矾法 | 吸附法 |
| --- | --- | --- | --- |
| 标准溶液 |  |  |  |
| 指示剂 |  |  |  |
| 反应原理 |  |  |  |
| 滴定条件 |  |  |  |
| 应用范围 |  |  |  |

**四、计算题**

1. 根据 $PbI_2$ 在 298 时的溶度积（$K_{sp}=8.49 \times 10^{-9}$），试计算：
   （1）$PbI_2$ 在水中的溶解度（mol·L$^{-1}$）。（$1.29 \times 10^{-3}$）
   （2）$PbI_2$ 饱和溶液中 $Pb^{2+}$ 和 $I^-$ 的浓度（忽略 $Pb^{2+}$ 与 $I^-$ 间的配位作用）。（$1.29 \times 10^{-3}$，$2.57 \times 10^{-3}$）
   （3）$PbI_2$ 在 0.10 mol·l$^{-1}$ KI 饱和溶液中的浓度（mol·L$^{-1}$）。（$8.49 \times 10^{-7}$）
   （4）比较（1）和（3）溶解度的大小，并解释原因。

2. 碳酸钙能溶于盐酸，而硫化铜不溶，试通过计算平衡常数，解释这一现象。

3. 白色 AgCl 沉淀中加入 KI 溶液，沉淀则转为黄色的 AgI 沉淀，试通过计算平衡常数，解释这一实验现象。

4. 室温下，在一升含 0.01 mol·L$^{-1}$ $Cu^{2+}$ 和 0.01 mol·L$^{-1}$ $Cd^{2+}$ 通入 $H_2S$ 至饱和（约 0.1 mol·L$^{-1}$），测定溶液的 pH 为 0.7，计算溶液中残留的 $Cu^{2+}$ 和 $Cd^{2+}$ 浓度。

5. 称出基准物质 $AgNO_3$ 2.318 g，置于烧杯溶解后，转移至 500 mL 容量瓶中，用水稀释至刻线；用吸量管吸取 20.00 mL，置于 250 mL 容量瓶中，用水稀释至刻线。计算：（1）物质的量浓度；（2）每毫升中含多少克银离子。

6. 将 100mL 0.02mol·L$^{-1}$MnCl$_2$ 与 100mL 0.01mol·L$^{-1}$ 含 NH$_4$Cl 的氨水溶液相混合，计算此混合溶液中 NH$_4$Cl 的浓度最低达多少时才不致生成 Mn(OH)$_2$ 沉淀。

7. 吸取 NH$_4$Cl 溶液 20.00mL，加入 K$_2$CrO$_4$ 指示剂 0.5~1.0mL，以 0.1045mol·L$^{-1}$AgNO$_3$ 标准溶液滴定至终点，用去 22.05mL。求 NH$_4$Cl 溶液的含量[g·(100mL)$^{-1}$]。

8. 在 25.00mL AgNO$_3$ 溶液中加入纯 NaCl 固体 0.0546g，过量的 AgNO$_3$ 用 0.0560mol·L$^{-1}$ 的 NH$_4$SCN 标准溶液滴定至终点，消耗 20.20mL。计算 AgNO$_3$ 溶液的物质的浓度。

9. 仅含有纯粹的 NaCl 及 KCl 的试样 0.1200g，需 0.1000mol·L$^{-1}$AgNO$_3$ 20.00mL 完成滴定。求试样中 NaCl 及 KCl 的质量分数。

10. 称取基准物质 NaCl 0.1173g 置于锥形瓶中，加水溶解后，加入 AgNO$_3$ 标准溶液 30.00mL，过量的 AgNO$_3$ 用 NH$_4$SCN 标准溶液滴定至终点，消耗 3.20mL。已知 20.00mL AgNO$_3$ 标准溶液能与 21.00mL NH$_4$SCN 标准溶液完全作用，计算以上两种标准溶液的浓度。

11. 取含有 NaCl 和 NaBr 的样品 0.6000g，用重量法测定，得到两者的银盐沉淀为 0.4482g；另取相同重量的样品，用沉淀滴定法测定，消耗 AgNO$_3$ 标准溶液(0.1084mol·L$^{-1}$)24.48mL，试样中 NaCl 及 NaBr 的质量分数。

12. 取尿样 5.00mL 加入 AgNO$_3$ 溶液(0.09500mol·L$^{-1}$)20.00mL，过量的 AgNO$_3$ 用 NH$_4$SCN 标准溶液(0.1100mol·L$^{-1}$)滴定至终点，用去 NH$_4$SCN 8.00mL，计算 1.5L 尿液中含 NaCl 多少克？

13. 给下列方法注解：NaCl 含量测定(2005 版中国药典)

取本品约 0.12g[1]，精密称定，加水 50mL 溶解后，加 2% 糊精溶液[2] 5mL 与荧光黄指示液[3] 5~8 滴，用 AgNO$_3$ 滴定液(0.1mol·L$^{-1}$)滴定。每 1mL AgNO$_3$(0.1mol·L$^{-1}$)相当于 5.844mg 的 NaCl[4]。(本品按干燥品计算，含 NaCl 不得少于 99.5%)

[1]_____
[2]_____
[3]_____
[4]_____

（卢庆祥）

# 第8章 配位平衡与配位滴定

1. 掌握配位化合物的组成、命名原则和类型等有关基本概念；理解配位化合物的定义；能对简单配合物按化学式命名，或按名称写出化学式
2. 理解配位化合物的稳定常数；理解溶液中配位平衡的基本规律及其影响因素；能利用稳定常数进行有关的计算
3. 了解螯合物的概念及其特殊稳定性以及配合物在医药学方面的应用
4. 掌握EDTA基本性质以及与金属离子配位的特点
5. 掌握EDTA配位滴定法的基本原理、测定方法及有关计算

## 第1节 配位化合物的基本概念

### 一、配位化合物的定义

> **配合物的由来**
>
> 最早有记载的配合物是18世纪初用作颜料的普鲁士蓝。1704年，普鲁士染料厂的一位名叫狄斯巴赫的工人将兽皮、兽血和碳酸钠在铁锅中一起煮沸，得到一种蓝色的染料，后经详细研究其化学式为 K[$Fe^{II}$(CN)$_6$$Fe^{III}$]。而最早关于配合物的研究是在1798年，法国分析化学家塔萨尔（Tassaert）研究在盐酸介质中如何用 NaOH 使 $Co^{2+}$ 沉淀为 Co(OH)$_2$，再由 Co(OH)$_2$ 灼烧成 CoO 以测定钴的含量。由于实验中 NaOH 用完了，于是用氨水代替 NaOH，结果发现加过量氨水时得不到沉淀，因而无法称量。次日溶液变成了橘黄色结晶，分析其组成为 CoCl$_3$·6NH$_3$。CoCl$_3$ 和 NH$_3$ 都是稳定的化合物，在它们结合成新的化合物后，其性质与组成的化合物不同。这一发现开创了对配位化合物的研究工作。

配位化合物概念的形成经历了约200年时间。最初塔萨尔将他发现的 CoCl$_3$·6NH$_3$ 称为复杂化合物（complex compound），即"络合物"，是由于人们不了解成键作用的本质，以区别于当时能用原子价理论解释的简单化合物。

实际上这类化合物的特点并不在于复杂，而主要是与当时的基本观点相矛盾。那时候认为一种化合物中每一元素的价数都要符合规律。因此，像上述 CoCl$_3$·6NH$_3$ 中，难以解释 NH$_3$ 与 NH$_3$ 的连接方式。

到 19 世纪 90 年代,维尔纳打破了原有的框框,认为在 $CoCl_3 \cdot 6NH_3$ 中由 6 个 $NH_3$ 与 $Co^{3+}$ 结合形成 $[Co(NH_3)_6]^{3+}$,再与 3 个 $Cl^-$ 结合:

$$\left[\begin{array}{c} H_3N \quad NH_3 \quad NH_3 \\ \searrow \uparrow \swarrow \\ Co^{3+} \\ \nearrow \downarrow \nwarrow \\ H_3N \quad NH_3 \quad NH_3 \end{array}\right]^{3+} Cl_3^-$$

为了摆脱与当时价的概念的矛盾,他提出 $NH_3$ 与 $Co^{3+}$ 间是副价,$Cl^-$ 与 $Co^{3+}$ 间是主价。他还提出中心离子(如 $Co^{3+}$)与配体(如 $NH_3$)、内界与外界的概念,指出内界各配体在中心离子周围的空间排布以及配位数概念。这些构成了维尔纳配位理论。

当时人们还不了解原子和分子的结构,只知道价而不了解键,所以维尔纳配位理论不能阐明配体与中心离子相互作用的本质,也不能解释配位数和配体在空间排布的规律。按维尔纳配位理论,当时给络合物定义为:由中心离子(有时是原子)与配体(阴离子或电中性分子)通过配价键结合成的化合物。

随着化学及有关学科的发展,络合物这个概念范围越来越广。事实上,有些络合物并不是由配价键形成的,如碘-淀粉络合物等。

因此,现代配位化合物的定义是:配位化合物(简称配合物)是由可以给出孤对电子的一定数目的离子或分子(称为配体)和具有接受孤对电子的空位的原子和离子(统称中心原子)按一定的组成和空间构型所形成的化合物。这种由一定数目的配体结合在中心原子周围所形成的配位个体可以是中心分子,也可以是带电荷的离子。前者称配位分子,如 $[CoCl_3(NH_3)_3]$、$[Ni(CO)_4]^{2+}$ 等;后者称配离子,如 $[Zn(NH_3)_4]^{2+}$、$[HgI_4]^{2-}$ 等。含配离子的化合物统称配合物。

在认识了配合物的定义后,还需分清以下几点关系:

第一,要分清配合物与复盐的区别。例如,由 $HgI_2$ 和 $KI$ 作用生成的 $K_2HgI_4$ 和由 $K_2SO_4$ 和 $Al_2(SO_4)_3$ 作用生成 $KAl(SO_4)_2 \cdot 12H_2O$,两者分子式相似,但前者是配合物,后者是复盐。区别在于 $K_2HgI_4$ 分子中,$Hg^{2+}$ 是中心离子,周围有 4 个 $I^-$ 与其配位结合形成 $[HgI_4]^{2-}$ 配离子后,它再以离子键与 2 个 $K^+$ 结合成 $K_2[HgI_4]$,因此它是配合物。而在 $KAl(SO_4)_2 \cdot 12H_2O$ 的结晶中,只有分立的 $K^+$、$Al^{3+}$ 和 $SO_4^{2-}$ 分别以离子键结合,没有配价键,因此它是复盐,而不是配合物。其他如 $AlF_3 \cdot 3NaF$、$ZnCl_2 \cdot 3CsCl$、$KCl \cdot MgCl_2 \cdot 6H_2O$ 等都是复盐。

第二,将 $KAl(SO_4)_2 \cdot 12H_2O$ 溶解在水里,它的水溶液中存在有 $[Al(H_2O)_6]^{3+}$、$Al(SO_4)_2^-$ 这样的配离子,所以在复盐和配合物之间不可能划一绝对界限。但是在 $K_2SO_4$ 溶液中,由于 $K^+$ 和 $SO_4^{2-}$ 之间的静电相互作用形成极少的 $KSO_4^-$ 和 $K_2SO_4$,它们叫做"离子对",不是配合物。

第三,$NH_4^+$ 是由 $NH_3$ 与 $H^+$ 通过配价键形成的,所以有人把 $NH_4^+$ 也算作配合物。显然,配合物中必定包含配价键,但并非所有包含配价键的化合物都是配合物。

## 配位化学的奠基人——维尔纳 (1866—1919)

维尔纳 (A. Werner)(图 8-1)供职于瑞士苏黎世大学。他的学说深深影响着20世纪无机化学和化学键理论的发展。维尔纳配位理论要点如下:

1. 主价和副价 大多数化学元素表现两种类型的化合价,即主价和副价,元素形成化合物时倾向于主价和副价都能得到满足(图 8-2)。

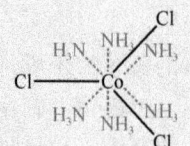

图 8-1　维尔纳　　　　图 8-2　主价与副价

2. 内界和外界　在 $CoCl_3 \cdot 6NH_3$ 中，氨与钴离子直接相连且牢固结合，故在钴的内界。而三个氯离子易解离，同钴联系得较松弛，故处于钴的外界。

3. 空间构型　元素的副价指向空间确定方向，在内界中分子离子围绕着金属离子按一定方式排列，使得配位化合物具有一定的空间构型。

维尔纳用假说和实验证明了自己理论的正确并获得了 1913 年的诺贝尔化学奖。

## 二、配位化合物的组成

在配位个体中，金属离子（或原子）位于它的几何中心，叫中心原子或离子；在中心原子周围的阴离子或中性分子叫配体。在配体中，具有孤对电子并能与中心原子直接结合的原子叫配位原子，如 $NH_3$ 分子中的 N、$H_2O$ 分子中的 O、$CN^-$ 分子中的 C 或 N 等都是配位原子。中心原子和配体组成配合物的内界，是配合物的特征部分，通常写在方括号内。方括号以外的其他部分叫配合物的外界。内界所带电荷与外界所带电荷相抵消，使整个配合物分子不带电。在内界，与中心原子直接结合的配位原子数叫配位数。例如，$[Ag(NH_3)_2]Cl$ 的组成见图 8-3。

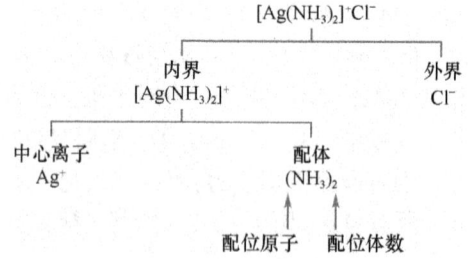

图 8-3　配合物组成示意图

1. 中心原子　配合物内界中具有接受孤对电子的空"轨道"的原子或离子统称中心原子。一般是金属阳离子，特别是过渡金属阳离子。例如，$[Zn(NH_3)_4]^{2+}$ 中的 $Zn^{2+}$、$[Ag(S_2O_3)_2]^{3-}$ 中的 $Ag^+$ 等。

某些具高氧化态的非金属元素也是常见的中心原子，例如，$[SiF_6]^{2-}$ 中的 $Si(Ⅳ)$、$[BF_4]^-$ 中的 $B(Ⅲ)$ 等。

2. 配体　原则上,任何含有孤对电子的分子或阴离子都能作配体。常见的无机配体有 $H_2O$、$NH_3$、$CO$、$CN^-$、$F^-$ 等,配体中直接与中心原子以配价键相连的原子叫配位原子。在已知的配合物中约有 14 种元素的原子可作为配位原子,它的主要是 ⅤA、ⅥA、ⅦA 元素以及 $H^-$ 和 C 原子。例如,N、O、S、C、F、Cl、Br、I 等。能提供 π 键电子的有机分子或离子(如 $C_2H_4$、$C_5H_5^-$)等也可作为配体。

若配体中只含 1 个配位原子,称单齿配体,如 $F^-$、$Cl^-$、$Br^-$、$I^-$、$S^{2-}$、$H_2O$、$NH_3$、$CO$ 等。

若配体中同时有两个或多个原子形成配价键的称多齿配体,如 $C_2O_4^{2-}$(乙二酸根)、$H_2N$—$CH_2$—$CH_2$—$NH_2$(乙二胺,缩写为 en)、乙二胺四乙酸根(缩写为 EDTA)(图 8-4)等。

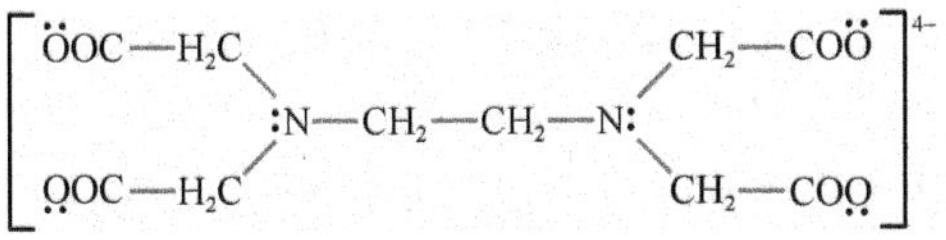

$$\left[\begin{array}{c} \ddot{O}OC-H_2C \\ \ddot{Q}OC-H_2C \end{array} :N-CH_2-CH_2-N: \begin{array}{c} CH_2-CO\ddot{O} \\ CH_2-CO\ddot{Q} \end{array}\right]^{4-}$$

图 8-4　EDTA 分子结构及配位原子示意图

有些配体虽然也具有两个或多个配位原子,但在形成配合物时,仅用一个原子与中心原子以配位键相连,这类配体称为异性双基配体。例如,$SCN^-$ 的 N 和 S 原子上都有孤对电子,当它与 $Fe^{3+}$ 形成配离子时,是以 N 原子配位,即 $[Fe(NCS)_6]^{3-}$;而与 $Ag^+$、$Hg^{2+}$ 形成配离子时,则以 S 原子配位,即 $[Ag(SCN)_2]^-$、$[Hg(SCN)_4]^{2-}$。异性双基配体属单齿配体。

3. 配位数　直接与中心原子结合的配位原子的数目称配位数。若配体是单齿的,则配位数与配体数相等,例如,$[Ag(NH_3)_2]^+$、$[Ni(CN)_4]^{2-}$、$[Co(NH_3)_6]^{3+}$ 的配位数分别为 2、4、6;若配体是多齿的,则配位数与配体数不相等。例如,$[Cu(en)_2]^{2+}$ 配离子,一个 en 分子可同时提供两个配位原子,所以配位数为 4;又如,$[Fe(EDTA)]^-$ 配离子,一个 EDTA 可同时提供六个配位原子,故配位数为 6。因此,在计算配位数时,不能只看配体的数目,而且必须考虑配位原子的数目。

一般中心原子的配位数为 2、4、6、8,最常见的是 4、6。表 8-1 列出一些常见金属离子的配位数。

表 8-1　常见金属离子的配位数

| 1 价 | | 2 价 | | 3 价 | |
|---|---|---|---|---|---|
| $Cu^+$ | 2、3 | $Fe^{2+}$ | 6 | $Al^{3+}$ | 4、6 |
| $Ag^+$ | 2 | $Co^{2+}$ | 4、6 | $Cr^{3+}$ | 6 |
| | | $Ni^{2+}$ | 4、6 | $Fe^{3+}$ | 6 |
| | | $Cu^{2+}$ | 4、6 | $Co^{3+}$ | 6 |
| | | $Zn^{2+}$ | 4、6 | | |
| | | $Hg^{2+}$ | 4 | | |

影响配位数的因素很多,但主要取决于中心原子和配体的性质。当中心原子的电荷数较高时,由于对配体吸引力较强,往往形成高配位数的配离子。例如,Pt(Ⅱ)与 $Cl^-$ 则形成 $[PtCl_4]^{2-}$,配位数为 4;而 Pt(Ⅳ)与 $Cl^-$ 则形成 $[PtCl_6]^{2-}$,配位数为 6。若中心原子的半径较大,其周围排布的配体较多,则配位数较高。例如,B 是第二周期元素,半径较小,故 B(Ⅲ)与 $F^-$ 形成 $[BF_4]^-$ 而第三周期的 Al,半径相对较大,Al(Ⅲ)与 $F^-$ 形成 $[AlF_6]^{3-}$。当配体的半径愈小,且带电荷愈少,则配位数愈高,如 $[Al(H_2O)_6]^{3+}$、$[AlF_6]^{3-}$、$[Ni(NH_3)_6]^{2+}$ 等;当配体的半径较大,且带电荷数愈多,则配位数降低,因配体间的斥力增大,如 $[AlCl_4]^-$、$[Al(OH)_4]^-$、$[Ni(CN)_4]^{2-}$ 等。

**4. 配离子的电荷** 配离子的电荷数等于中心原子和配体电荷的代数和。也可以根据外界离子的电荷数来决定配离子的电荷数。例如，$K_3[Fe(CN)_6]$ 和 $K_4[Fe(CN)_6]$ 中配离子的电荷数分别是 $-3$ 和 $-4$。

## 三、配位化合物的类型

配位化合物的范围很广，主要可以分为以下两大类。

1. **简单配位化合物** 是指由单齿配体与中心原子以配位键结合而形成的配合物。这类配合物中一般没有环状结构。如 $[Cu(NH_3)_2(H_2O)_2]SO_4$、$K_2[HgI_4]$、$[PtCl_2(OH)_2(NH_3)_2]$ 等。后者又可称混合配体配合物。

2. **螯合物** 一个多齿配体同时通过两个或两个以上的配位原子与一个中心原子形成具有环状结构的配合物，称为螯合物。在螯合物中，配位原子像螃蟹的两个螯一样钳住了中心原子，故稳定性大大增加。如 $[Cu(en)_2]^{2+}$ 和 $[Cu(C_2O_4)_2]^{2-}$：

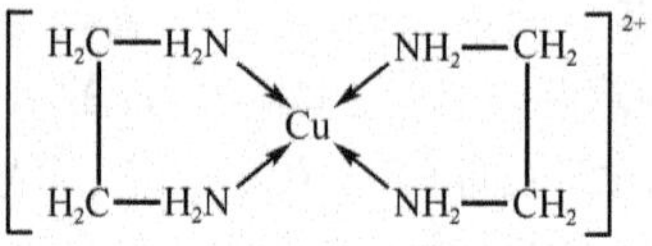

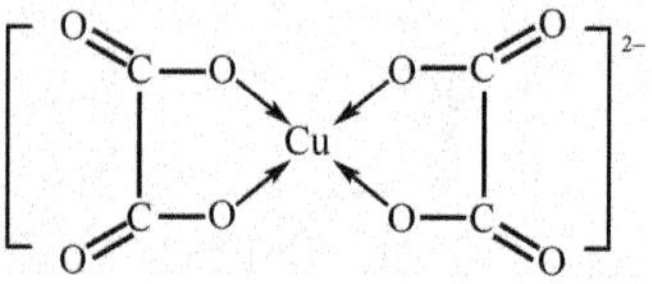

对于螯合物来说，当形成五元和六元环时，由于环的张力较小，故化合物的稳定性也较高。因此，要形成稳定的五元或六元环状螯合物，则要求多齿配体（称螯合剂）的两个配位原子之间相隔 2~3 个其他原子。例如，en 和 $C_2O_4^{2-}$ 这类螯合剂就满足形成五元环的条件。

如果螯合剂中的配位原子能与中心原子形成多个螯环，则螯合物的稳定性更高。例如，EDTA 与金属离子形成 1:1 的螯合物中含有五个五元环，因此十分稳定。一些不易形成稳定配合物的 $Ca^{2+}$、$Mg^{2+}$ 等离子都可与 EDTA 形成相当稳定的螯合物，其空间构型见图 8-5。

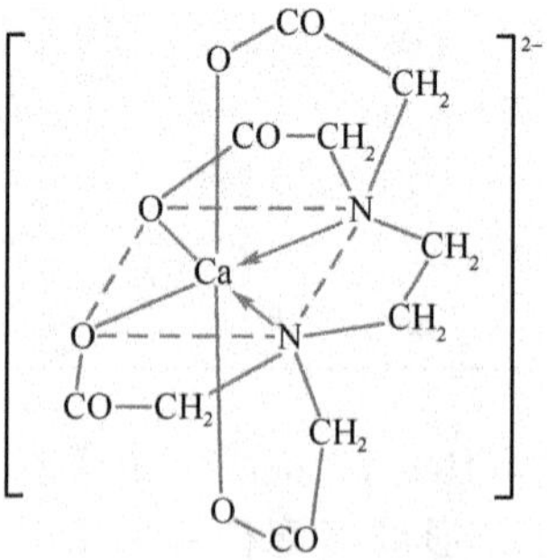

图 8-5 $[Ca-EDTA]^{2-}$ 的结构

金属螯合物具有特殊的稳定性，这是由于形成环状结构而产生的，称之为螯合效应。

除上述这两种基本类型以外，配位化合物还有许多其他类型，例如，$Cr^{3+}$ 在适当的浓度和 pH 的溶液中，因水的作用可形成三个中心原子相连的多核配合物：

$$\left[\begin{array}{c}\text{H}_2\text{O}\\ \text{H}_2\text{O}\end{array}\underset{\text{H}_2\text{O}}{\overset{\text{H}_2\text{O}}{\text{Cr}}}\underset{\text{OH}}{\overset{\text{OH}}{<}}\underset{\text{H}_2\text{O}}{\overset{\text{H}_2\text{O}}{\text{Cr}}}\underset{\text{OH}}{\overset{\text{OH}}{<}}\underset{\text{H}_2\text{O}}{\overset{\text{H}_2\text{O}}{\text{Cr}}}\begin{array}{c}\text{OH}_2\\ \text{OH}_2\end{array}\right]^{3+}$$

用乙烯置换 $K_2[PtCl_4]$ 中的 Cl 可制得不饱和烃配合物 $K[PtCl_3(C_2H_4)]\cdot H_2O$（Zeise 盐）。

将铁粉和环戊二烯在 577K、$N_2$ 中加热可得"夹心配合物"二茂铁$(C_5H_5)_2Fe$。

还有原子簇状合物｛如$[Fe_2(CO)_9]$、$[Re_2Cl_8]^{2-}$、$[Co_6(CO)_{14}]^{4-}$，其金属原子直接相连｝、分子氮配合物｛如$[Os(N_2)(NH_3)_5]^{3+}$｝和冠醚配合物（如辅酶 $B_{12}$）等，此处不再介绍。

### 配合物的立体构型

1. **配位数与配合物的空间构型** 几种常见配位数配合物的空间构型见图 8-6。

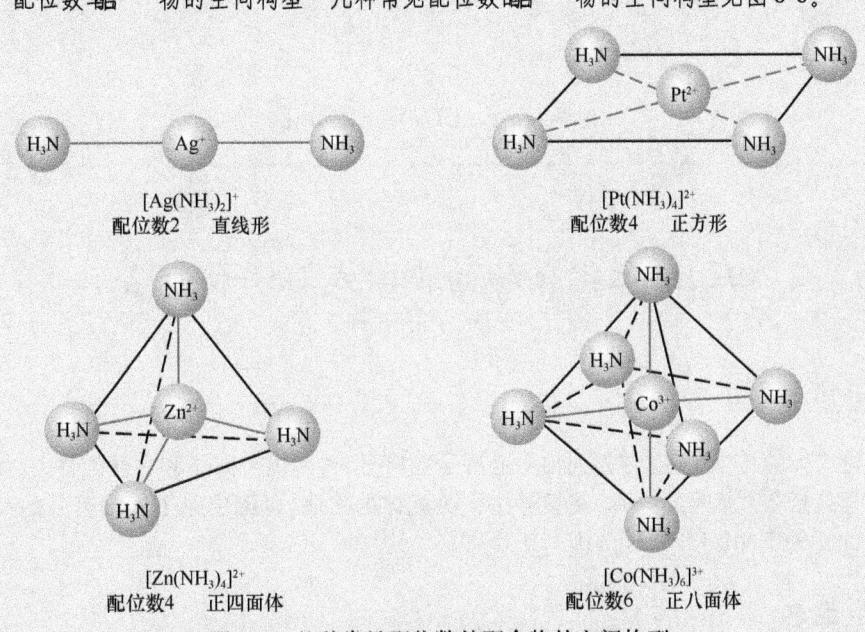

图 8-6 几种常见配位数的配合物的空间构型

2. **配合物的异构现象** 化学组成相同，但结构不同的分子或离子叫"异构体"。

（1）几何异构（顺反异构）：常见于正方形、八面体构型。

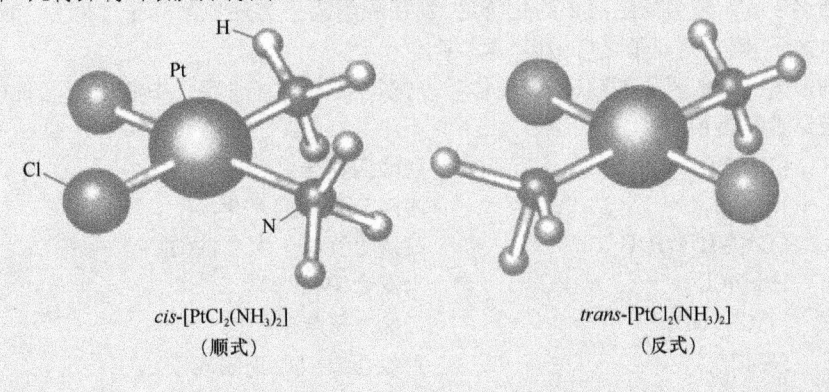

图 8-7 顺（反）-二氯二氨合铂结构示意图

顺-二氯二氨合铂具抗癌活性，反-二氯二氨合铂不具抗癌活性 图 8-7）。

（2）旋光异构体 图 8-8(a)、(b)互为"镜像"不能重叠称"手性酯物"，其溶液可使偏振光偏振面发生旋转。这类具有旋光活性的异构体叫"旋光异构体"。使偏振面向左旋转的异构体叫左旋异构体($L$-异构体)，向右旋转的异构体叫右旋异构体($D$-异构体)，可用旋光仪区分它们。

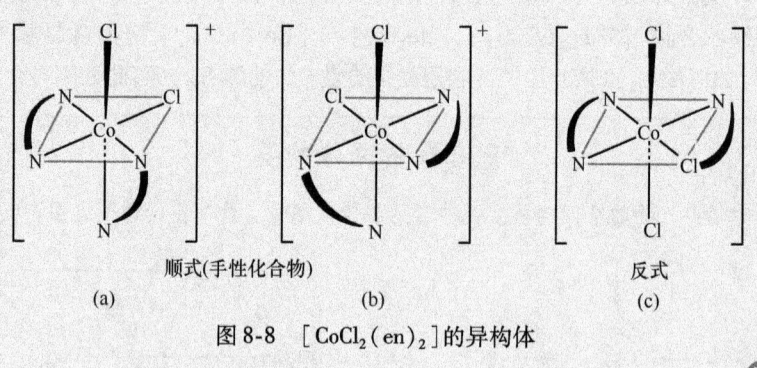

图 8-8 $[CoCl_2(en)_2]$ 的异构体

## 四、配位化合物的化学式写法和命名

### （一）化学式

在配位个体的化学中，应首先列出中心原子的符号，再列出阴离子和中性配体，将整个配位个体的化学式括在方括号[ ]中。在括号中同类配体的次序，以配位原子元素符号的英文字母顺序为准，如$[PtCl_3NH_3]^-$、$[Co(NH_3)_5H_2O]^{3+}$。

### （二）命名

对配位个体命名时，配体名称列在中心原子之前，不同配体名称之间以中圆点（·）分开，在最后一个配体名称之后缀以"合"字。对含配离子的化合物，命名时阴离子在前，阳离子在后，与无机盐的命名一样。若为配阴离子的化合物，则在配阴离子与外界阳离子之间用"酸"字连接；若外界为氢离子，则在阴离子之后缀以"酸"字。

内界的命名一般依照如下顺序：配位体数—配体名称—"合"字—中心原子名称（中心原子氧化数用罗马数字表示）。例如

| | |
|---|---|
| $[Zn(NH_3)_4]SO_4$ | 硫酸四氨合锌(Ⅱ) |
| $K_2[HgI_4]$ | 四碘合汞(Ⅱ)酸钾 |
| $[Co(NH_3)_5H_2O]Cl_3$ | 三氯化五氨·水合钴(Ⅲ) |
| $H_2[PtCl_6]$ | 六氯合铂(Ⅳ)酸 |
| $[PtCl_2(NH_3)_2]$ | 二氯二氨合铂(Ⅱ) |
| $[SbCl_6]^{3-}$ | 六氯合锑(Ⅲ)配阴离子 |

在配合物中如果有多种配体时，列出顺序为：

（1）在配位个体中如即有无机配体又有有机配体，则无机配体排列在前，有机配体排列在

后,如 cis-[PtCl$_2$(Ph$_3$P)$_2$]命名为顺-二氯·二(三苯基膦)合铂(Ⅱ)。

(2) 在无机配体和有机配体中,先列出阴离子的名称,后列出阳离子和中性分子的名称,如 K[PtCl$_3$NH$_3$]命名为三氯·氨合铂(Ⅱ)酸钾。

(3) 同类配体的名称,按配位原子元素符号的英文字母顺序排列,如上述[Co(NH$_3$)$_5$H$_2$O]Cl$_3$的命名。

(4) 同类配体中若配原子相同。则将含较少原子数的配体排在前面,较多原子数的配体列后,如[Pt(NO$_2$)(NH$_3$)(NH$_2$OH)(py)]Cl 命名为氯化硝基·氨·羟胺·吡啶合铂(Ⅱ)。

(5) 若配位原子相同,配体中含原子数目也相同,则按在结构式中与配位原子相连的原子的元素符号的字母顺序排列,如[PtNH$_2$NO$_2$(NH$_3$)$_2$]命名为氨基·硝基·二氨合铂(Ⅱ)。

一些配合物的化学式及其命名实例见表 8-2。

表 8-2  一些配合物的化学式及其命名实例

| 化 学 式 | 名 称 |
| --- | --- |
| H$_2$[SiF$_6$] | 六氟合硅(Ⅳ)酸 |
| [Ag(NH$_3$)$_2$](OH) | 氢氧化二氨合银(Ⅰ) |
| Na$_3$[Ag(S$_2$O$_3$)$_2$] | 二硫代硫酸合银(Ⅰ)酸钠 |
| K$_2$[HgI$_4$] | 四碘合汞(Ⅱ)酸钾 |
| [Cu(NH$_3$)$_4$][PtCl$_4$] | 四氯合铂(Ⅱ)酸四氨合铜(Ⅱ) |
| [CrCl$_2$(H$_2$O)$_4$]Cl | 一氯化二氯·四水合铬(Ⅲ) |
| [Co(NH$_3$)$_5$(H$_2$O)]Cl$_3$ | 三氯化五氨·一水合钴(Ⅲ) |
| [CoCl$_2$(NH$_3$)$_2$(H$_2$O)$_2$]Cl | 一氯化二氯·二氨·二水合钴(Ⅲ) |
| K$_3$[Fe(CN)$_5$(CO)] | 五氰·一羰基合铁(Ⅱ)酸钾 |
| [Fe(CO)$_5$] | 五羰基合铁 |
| [PtCl$_4$(NH$_3$)$_2$] | 四氯·二氨合铂(Ⅳ) |
| [Co(NO$_2$)$_3$(NH$_3$)$_3$] | 三硝基·三氨合钴(Ⅲ) |

某些配体具有相同的化学式,但由于配位原子不同,也可以用不同的名称表示。如"硫氰酸根"表示—SCN,为硫原子配位;"异硫氰酸根"表示—NCS,为氮原子配位;"亚硝酸根"表示—ONO,为氧原子配位;"硝基"表示—NO$_2$,为氮原子配位。例如

Na$_3$[Co(NO$_2$)$_6$]  六硝基合钴(Ⅲ)酸钠
[Co(ONO)(NH$_3$)$_5$]SO$_4$  硫酸亚硝酸根·五氨合钴(Ⅲ)
[Co(NCS)(NH$_3$)$_5$]Cl$_2$  二氯化异硫氰酸根·五氨合钴(Ⅲ)

两可配体配位示意图见图 8-9。

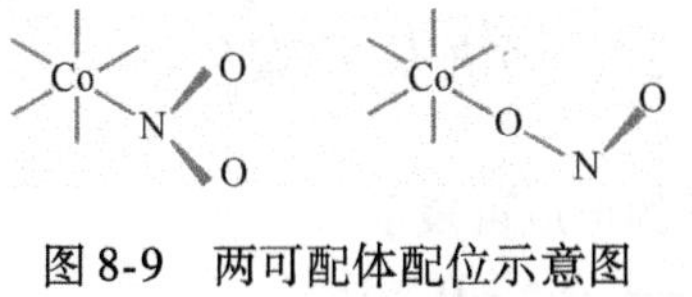

图 8-9  两可配体配位示意图

在有关配位化合物的文献中,广泛使用缩写符号,配体所用缩写符号都要用小写字母,如 en(乙二胺)、pn(丙二胺)、py(吡啶)、EDTA(乙二胺四乙酸阴离子)配体等,但在配位化合物中常用大写字母 L 作配体的缩写,用 M 作金属的缩写。此外,有些情况也用大写字母,如 EDTA(H$_4$Y)表示乙二胺四乙酸、H$_2$O$X$ 表示草酸。

### 配合物系统命名、习惯命名、俗名实例比较

| 配合物 | 命名原则命名 | 习惯命名 | 俗名 |
| --- | --- | --- | --- |
| $K_4[Fe(CN)_6]$ | 六氰合铁(Ⅱ)酸钾 | 亚铁氰化钾 | 黄血盐 |
| $K_3[Fe(CN)_6]$ | 六氰合铁(Ⅲ)酸钾 | 铁氰化钾 | 赤血盐 |
| $[Cu(NH_3)_4]^{2+}$ | 四氨合铜(Ⅱ)配离子 | 铜氨离子 | |
| $[Ag(NH_3)_2]^+$ | 二氨合银(Ⅰ)配离子 | 银氨离子 | |

## 第2节 水溶液中的配位平衡

### 一、配合物的稳定常数

配合物中,配离子与外界离子以离子键结合,在水溶液中能完全电离,产生配离子和外界离子。而配离子内部的中心原子与配体之间是以配位键结合,在水溶液中很少离解。例如,在 $CuSO_4$ 水溶液中,加入氨水,形成配合物,其外界 $SO_4^{2-}$ 完全电离,如加入 $BaCl_2$ 试液便可得 $BaSO_4$ 沉淀;其配离子部分为 $[Cu(NH_3)_4(H_2O)_2]^{2+}$,如加入稀试液 $NaOH$,不见有 $Cu(OH)_2$ 沉淀生成。这说明溶液中 $Cu^{2+}$ 浓度很小,达不到沉淀的溶度积。但如加入 $Na_2S$ 试液,立即可见黑色 $CuS$ 沉淀 ($K_{sp,CuS}=8.5\times10^{-45}$) 生成。这证明溶液中还有 $Cu^{2+}$ 存在。

设一含金属离子 M 的溶液与一含单齿配体 L 的溶液混合,如在溶液中不生成沉淀,也不生成多核配合物,而只生成 $ML_n$ 型的配合物(为了简明,省略电荷),其形成过程是逐步进行的,当体系达平衡时,溶液中有各级配离子存在。

$$M + L \rightleftharpoons ML \qquad K_1 = \frac{[ML]}{[M][L]}$$

$$ML + L \rightleftharpoons ML_2 \qquad K_2 = \frac{[ML_2]}{[ML][L]}$$

$$ML_2 + L \rightleftharpoons ML_3 \qquad K_3 = \frac{[ML_3]}{[ML_2][L]}$$

$$ML_{n-1} + L \rightleftharpoons ML_n \qquad K_n = \frac{[ML_n]}{[ML_{n-1}][L]}$$

式中,$n$ 代表最高配位数,溶液中存在 $n$ 个配位平衡;$K_1$、$K_2$、$K_3$、… 称逐级生成常数(或称逐级稳定常数)。

例如,$[Cu(NH_3)_4]^{2+}$ 配离子的形成可表示为

$$Cu^{2+} + NH_3 \rightleftharpoons [Cu(NH_3)]^{2+} \qquad K_1 = 2.0\times10^4$$

$$[Cu(NH_3)]^{2+} + NH_3 \rightleftharpoons [Cu(NH_3)_2]^{2+} \qquad K_2 = 4.7\times10^3$$

$$[Cu(NH_3)_2]^{2+} + NH_3 \rightleftharpoons [Cu(NH_3)_3]^{2+} \qquad K_3 = 1.1\times10^3$$

$$[Cu(NH_3)_3]^{2+} + NH_3 \rightleftharpoons [Cu(NH_3)_4]^{2+} \qquad K_4 = 2.0\times10^2$$

总反应为

$$Cu^{2+} + 4NH_3 \rightleftharpoons [Cu(NH_3)_4]^{2+}$$

根据多重平衡原理,总反应的平衡常数

$$K_{稳} = K_1 K_2 K_3 K_4 = 2.1 \times 10^{13} \tag{8-1}$$

由于总反应的平衡常数是用来描述配位平衡的,$K$ 值愈大,表明配离子的离解倾向越小,配离子稳定性愈高,故又称配合物的稳定常数,用 $K_{稳}$ 表示(有的文献上将其倒数称作不稳定常数 $K_{不稳}$)。

由于一般配离子的逐级稳定常数彼此相差不大,因此,在计算离子浓度时必须考虑各级配离子的存在。但当加入过量的配体试剂(又称配位剂),溶液中以最高配位数的配离子为主,其他各级配离子可忽略不计,这样可使计算大为简化。

有的文献用 $\beta_n$(累积稳定常数)表示配合物的稳定性:

$$\beta_n = K_1 K_2 K_3 \cdots K_n \tag{8-2}$$

常见配合物的稳定常数见附录。顺便指出,对相同类型的配合物(即 $n$ 相同),$K_{稳}$ 值或 $\beta$ 值越大,配合物越稳定。但对不同类型配合物(即 $n$ 不同)不能简单地由 $K_{稳}$ 或 $\beta_n$ 值得出哪个更稳定的结论。

在含 $Zn^{2+}$ 的氨水溶液中,反应达平衡时,有一半的金属离子已形成了氨合配离子 $[Zn(NH_4)_4]^{2+}$,自由氨浓度为 $7.0 \times 10^{-3} mol \cdot L^{-1}$,求配离子的 $\beta_4$。

解:$Zn^{2+}$ 与 $NH_3$ 的反应为

$$Zn^{2+} + 4NH_3 \rightleftharpoons [Zn(NH_3)_4]^{2+}$$

根据已知条件,溶液中 $[Zn^{2+}] = [Zn(NH_3)_4]^{2+}$,于是

$$\beta_4 = \frac{[Zn(NH_3)_4^{2+}]}{[Zn^{2+}][NH_3]^4} = \frac{1}{[NH_3]^4} = \frac{1}{(7 \times 10^{-3})^4} = 5 \times 10^8$$

案例8-1

利用配合物的稳定常数,判断下列反应的方向和进行程度。

$$[HgCl_4]^{2-} + 4I^- \rightleftharpoons [HgI_4]^{2-} + 4Cl^-$$

已知 $\beta_{4,[HgCl_4]^{2-}} = 10^{15.07}$, $\beta_{4,[HgI_4]^{2-}} = 10^{29.83}$。

解:先写出反应的平衡常数表达式:

$$K = \frac{[HgI_4^{2-}][Cl^-]^4}{[HgCl_4^{2-}][I^-]^4}$$

式右端分子、分母各乘以 $[Hg^{2+}]$,得

$$K = \frac{[HgI_4^{2-}][Cl^-]^4}{[HgCl_4^{2-}][I^-]^4} \cdot \frac{[Hg^{2+}]}{[Hg^{2+}]} = \frac{[HgI_4^{2-}]}{[Hg^{2+}][I^-]^4} \cdot \frac{[Hg^{2+}][Cl^-]^4}{[HgCl_4^{2-}]}$$

$$= \frac{\beta_{4[HgI_4]^{2-}}}{\beta_{4[HgCl_4]^{2-}}} = \frac{10^{29.83}}{10^{15.07}} = 10^{14.76}$$

由 $K$ 值之大可以看出上述反应向右方向进行得十分完全。因此,在 $[HgCl_4]^{2-}$ 溶液中加入 $I^-$,$[HgCl_4]^{2-}$ 将转化为 $[HgI_4]^{2-}$。

案例8-2

> **比较 $FeY^-$ 与 $Fe(CN)_6^{3-}$ 的稳定性高低**
>
> 查知 $K_{[FeY]^-} = 1.7 \times 10^{24}$,$K_{[Fe(CN)_6]^{3-}} = 1.0 \times 10^{42}$,
>
> 假设配合物溶液浓度均为 $0.1 mol \cdot L^{-1}$,通过计算可知,在 $FeY^-$ 溶液中 $[Fe^{3+}]$ 约为 $2.4 \times 10^{-13} mol \cdot L^{-1}$,在 $[Fe(CN)_6]^{3-}$ 溶液中 $[Fe^{3+}]$ 约为 $1.5 \times 10^{-7} mol \cdot L^{-1}$。两种配离子溶液中铁离子浓度之比为 $1:6.3 \times 10^5$,可见在 $FeY^-$ 溶液中 $[Fe^{3+}]$ 要小得多,即 $FeY^-$ 的离解程度远远低于 $[Fe(CN)_6]^{3-}$,尽管 $[Fe(CN)_6]^{3-}$ 的稳定常数更大,但 $FeY^-$ 配离子的稳定性却高于 $[Fe(CN)_6]^{3-}$。

*Do you know*?
1. 不同类型配合物的稳定性能不能直接用稳定常数值来比较?
2. 为什么螯合物的稳定性要比简单配合物的稳定性高得多?

## 二、影响配位平衡移动的因素

### (一) 配体的浓度

当向含金属离子 M 的溶液中渐渐加配体 L 时,ML 首先生成,而且随 L 浓度增加而迅速增加。当加入 L 达到一定程度之后再加入配体时,$ML_2$ 的浓度迅速增加,而 ML 的浓度转为下降。随后 $ML_3$ 的形成上升为主要作用,ML 和 $ML_2$ 的形成降为次要。以此类推,直到加入的配体达极高浓度时,生成了最高配位数的配合物 $ML_n$,其他配位形式完全不存在为止。例如,$Ag^+$ 和 $NH_3$ 在水溶液中可形成 $[Ag(NH_3)]^+$、$[Ag(NH_3)_2]^+$,它们的浓度与 $\beta$ 的关系如下:

$$\beta_1 = \frac{[Ag(NH_3)^+]}{[Ag^+][NH_3]}$$

$$\beta_2 = \frac{[Ag(NH_3)_2^+]}{[Ag^+][NH_3]^2}$$

体系中 $[Ag^+]_总$ 为

$$[Ag^+]_总 = [Ag^+] + [Ag(NH_3)^+] + [Ag(MH_3)_2^+] \tag{8-3}$$

若用 $\alpha_0$、$\alpha_1$、$\alpha_2$ 分别代表游离的 $[Ag^+]$、$[Ag(NH_3)^+]$、$[Ag(NH_3)_2^+]$ 占 $[Ag^+]_总$ 的百分率,则

$$\alpha_0 = \frac{[Ag^+]}{[Ag^+]_总} = \frac{1}{1+\beta_1[NH_3]+\beta_2[NH_3]^2} \tag{8-4}$$

$$\alpha_1 = \frac{[Ag(NH_3)^+]}{[Ag^+]_总} = \beta_1[NH_3]\alpha_0 \tag{8-5}$$

$$\alpha_2 = \frac{[Ag(NH_3)_2^+]}{[Ag^+]_总} = \beta_2[NH_3]^2\alpha_0 \tag{8-6}$$

由式(8-4)、式(8-5)、式(8-6)可见,各种配离子占总金属离子的百分数与$[M^{n+}]_总$无关,而与游离配体的浓度直接相关。

## (二) 溶液的酸度

根据酸碱质子理论,很多配体都是离子碱,如$F^-$、$CN^-$、$SCN^-$、$CO_3^{2-}$、$C_2O_4^{2-}$、$NH_3$等。它们能与外加的酸生成相应的共轭酸而使配位平衡向离解方向移动。例如,在$[FeF_6]^{3-}$溶液中加酸,由于$F^-$与$H^+$生成弱酸HF,将使$[FeF_6]^{3-}$配离子解离:

$$[FeF_6]^{3-} + 6H^+ \rightleftharpoons Fe^{3+} + 6HF$$

又如,往$[Cu(NH_3)_4]^{2+}$溶液中加酸,由于$NH_3$与$H^+$形成$NH_4^+$,$[Cu(NH_3)_4]^{2+}$解离:

$$[Cu(NH_3)_4]^{2+} + 4H^+ \rightleftharpoons Cu^{2+} + 4NH_4^+$$

这种因$H^+$浓度增加而导致配合物稳定性降低的现象称为酸效应。利用酸效应,可通过缓冲溶液控制pH来提高反应的选择性。例如,$Zn^{2+}$、$Ca^{2+}$均可与EDTA生成螯合物$ZnY^{2-}$、$CaY^{2-}$,但这两种螯合物的稳定性不同($K_{稳,ZnY^{2-}} = 2.5 \times 10^{16}$,$K_{稳,CaY^{2-}} = 1.0 \times 10^{11}$)。若控制溶液的pH在4~5,则EDTA只与$Zn^{2+}$反应,而不与$Ca^{2+}$作用,从而可在$Zn^{2+}$、$Ca^{2+}$共存的条件下,达到测定$Zn^{2+}$含量的目的。

溶液的酸度不仅对配体的浓度发生影响,对金属离子的浓度也会发生影响,从而影响配离子的稳定性。例如,金属离子,特别是高价态金属离子都会与$H_2O$作用(习惯叫水解作用),如果溶液酸度太低,促进水解,结果配离子解离。例如,在$[FeF_6]^{3-}$溶液中有

$$[FeF_6]^{3-} + 6H_2O \rightleftharpoons [Fe(H_2O)_6]^{3+} + 6F^-$$

$$[Fe(H_2O)_6]^{3+} + H_2O \rightleftharpoons [Fe(OH)(H_2O)_5]^{2+} + H_3O^+$$

降低溶液酸度,平衡向右移动,促使$[FeF_6]^{3-}$解离。

综上所述,酸度对配位平衡的影响应从酸效应和水解效应两个方面考虑。一般在不发生水解的前提下,提高溶液的pH有利于增加配合物的稳定性。

## (三) 沉淀平衡的影响

若在配离子溶液中加入沉淀剂,由于金属离子和沉淀剂生成沉淀,会使配位平衡向解离方向移动;反之,若在沉淀中加入能与金属离子形成配合物的配位剂,则沉淀可能转化为配离子而溶解。例如,向AgCl沉淀中加入$NH_3$水,沉淀因生成$[Ag(NH_3)_2]^+$而溶解;继续向此溶液中加入KBr溶液,因生成难溶的AgBr沉淀使$[Ag(NH_3)_2]^+$解离;如继续向此溶液中加入$Na_2S_2O_3$溶液,因生成更稳定的$[Ag(S_2O_3)_2]^{3-}$使AgBr沉淀溶解;接着再加入KI溶液,因生成更难溶的AgI黄色沉淀而使$[Ag(S_2O_3)_2]^{3-}$解离;再加入KCN溶液,AgI沉淀溶解生成$[Ag(CN)_2]^-$配离子;最后加入$Na_2S$溶液,因生成极难溶的$Ag_2S$黑色沉淀而使$[Ag(CN)_2]^-$解离。这一系列反应为

$$AgCl(s) + 2NH_3 \rightleftharpoons [Ag(NH_3)_2]^+ + Cl^-$$

$$[Ag(NH_3)_2]^+ + Br^- \rightleftharpoons AgBr(s) + 2NH_3$$

$$AgBr(s) + 2S_2O_3^{2-} \rightleftharpoons [Ag(S_2O_3)_2]^{3-} + Br^-$$

$$[Ag(S_2O_3)_2]^{3-} + I^- \rightleftharpoons AgI(s) + 2S_2O_3^{2-}$$

$$AgI(s) + 2CN^- \rightleftharpoons [Ag(CN)_2]^- + I^-$$

$$2[Ag(CN)_2]^- + S^{2-} \rightleftharpoons Ag_2S(s) + 4CN^-$$

分析上述六个反应可知，每一反应都是配位平衡和沉淀平衡的加合，根据多重平衡原理，可计算出这些反应的平衡常数，根据该平衡常数可以判断反应进行的程度和计算有关离子浓度。

**案例8-3**

求298K时，在6mol·L$^{-1}$氨水中，AgCl的溶解度。已知$K_{sp,AgCl} = 1.56 \times 10^{-10}$，$\beta_{2,[Ag(NH_3)_2]^+} = 1.7 \times 10^7$。

解：此溶液中主要存在两个平衡：

沉淀平衡　　　AgCl(s) $\rightleftharpoons$ Ag$^+$ + Cl$^-$　　$K_{sp} = 1.56 \times 10^{-10}$

配位平衡　　Ag$^+$ + 2NH$_3$ $\rightleftharpoons$ [Ag(NH$_3$)$_2$]$^+$　　$\beta_2 = 1.7 \times 10^7$

两式相加得

$$2NH_3 + AgCl(s) \rightleftharpoons [Ag(NH_3)_2]^+ + Cl^- \qquad K_总$$

$$K_总 = K_{sp}\beta_2 \frac{[Ag(NH_3)_2^+][Cl^-]}{[NH_3]^2} = 2.65 \times 10^{-3}$$

设溶解的Ag$^+$全部与NH$_3$配位形成[Ag(NH$_3$)$_2$]$^+$，则平衡时有

$$[Ag(NH_3)_2^+] = [Cl^-] = x \text{ mol} \cdot L^{-1}$$

$$[NH_3] = (6.0 - 2x) \text{ mol} \cdot L^{-1}$$

严格讲，[Ag(NH$_3$)$_2$]$^+$有极少的解离，此处忽略不计了。将上述浓度代入$K_总$表达式中，得

$$\frac{x^2}{(6.0-2x)^2} = 1.56 \times 10^{-10} \times 1.7 \times 10^7 = 2.65 \times 10^{-3}$$

$$x = 0.28 \text{ (mol} \cdot L^{-1})$$

故298K时在6mol·L$^{-1}$氨水中，AgCl的溶解度约为0.28mol·L$^{-1}$。

**案例8-4**

求298K时，在6.0mol·L$^{-1}$ KCN溶液中AgCl的溶解度。已知$K_{sp,AgCl} = 1.56 \times 10^{-10}$，$\beta_{2,[Ag(CN)_2]^-} = 1.26 \times 10^{21}$。

解：先写出有关平衡方程：

$$AgCl(s) \rightleftharpoons Ag^+ + Cl^- \qquad K_{sp}$$

$$Ag^+ + 2CN^- \rightleftharpoons [Ag(CN)_2]^- \qquad \beta_2$$

相加，得

$$AgCl(s) + 2CN^- \rightleftharpoons [Ag(CN)_2]^- + Cl^- \qquad K_总$$

$$K_总 = \frac{[Ag(CN)_2^-][Cl^-]}{[CN^-]^2} = K_{sp} \cdot \beta_2 = 1.96 \times 10^{11}$$

设[Ag(CN)$_2$]$^-$ = [Cl$^-$] = $y$ mol·L$^{-1}$、[CN$^-$] = (6.0 - 2$y$) mol·L$^{-1}$，代入$K_总$表达式得

$$\frac{y^2}{(6.0-2y)^2} = 1.96 \times 10^{11}$$

$$y = 3 \text{ (mol} \cdot L^{-1})$$

故298K时在6mol·L$^{-1}$氰化钾溶液中，AgCl溶解度为3mol·L$^{-1}$。

由案例 8-3、案例 8-4 可见所形成相同类型配离子的累积稳定常数值越大,配位剂的溶解效应越大,所以用 KCN 溶解 AgCl 的效果明显大于氨水。由几种物质组成的溶液中,可能同时存在多种平衡,如某一物质涉及两个平衡反应,而溶液中每一物质的平衡浓度只有一个,则这两个平衡反应必然会引起各有关平衡的移动,以求达到新的平衡为止。处理这类问题可用各个平衡的平衡常数和已知物质的平衡浓度求算未知物质的平衡浓度或判断平衡移动的方向和程度。

---

有一含 $0.01\,\text{mol}\cdot\text{L}^{-1}\,\text{NH}_4\text{Cl}$ 和 $0.15\,\text{mol}\cdot\text{L}^{-1}\,[\text{Cu}(\text{NH}_3)_4]^{2+}$ 的混合溶液,向其中通入氨气至 $0.1\,\text{mol}\cdot\text{L}^{-1}$,问有无沉淀生成。

解:首先找出此溶液中存在的三个主要平衡反应,其相互关系可示意如下:

$$\text{Cu}^{2+} + 4\text{NH}_3 \underset{③}{\overset{\beta_4}{\rightleftharpoons}} [\text{Cu}(\text{NH}_3)_4]^{2+}$$

上方:$\text{Cu(OH)}_2$ 经 $K_{sp}$ ① 平衡

$$\text{NH}_3\cdot\text{H}_2\text{O} \underset{②}{\overset{K_b}{\rightleftharpoons}} \text{NH}_4^+ + \text{OH}^-$$

根据酸碱平衡②求出溶液中 $[\text{OH}^-]$,因为

$$K_b = \frac{[\text{NH}_4^+][\text{OH}^-]}{[\text{NH}_3]}$$

所以

$$[\text{OH}^-] = K_b \frac{[\text{NH}_3]}{[\text{NH}_4^+]} = \frac{1.76\times10^{-5}\times0.10}{0.01} = 1.76\times10^{-4}\,(\text{mol}\cdot\text{L}^{-1})$$

再根据配位平衡③求出溶液中 $[\text{Cu}^{2+}]$,因为

$$\beta_4 = \frac{[\text{Cu}(\text{NH}_3)_4^{2+}]}{[\text{Cu}^{2+}][\text{NH}_3]^4}$$

所以

$$[\text{Cu}^{2+}] = \frac{[\text{Cu}(\text{NH}_3)_4^{2+}]}{\beta_4[\text{NH}_3]^4} = \frac{0.15}{2.1\times10^{13}\times(0.1)^4} = 7\times10^{-11}\,(\text{mol}\cdot\text{L}^{-1})$$

又根据沉淀平衡①求离子积

$$[\text{Cu}^{2+}][\text{OH}^-]^2 = (1.76\times10^{-4})^2 \times 7\times10^{-11} = 2\times10^{-18}$$

因为离子积 $> K_{sp,\text{Cu(OH)}_2}(2.2\times10^{-20})$,所以溶液中有 $\text{Cu(OH)}_2$ 沉淀析出。

案例 8-5

---

### 判断配离子之间转化的可能性

向含有 $[\text{Ag}(\text{NH}_3)_2]^+$ 的溶液中加入 KCN,此时可能发生下列反应:

$$[\text{Ag}(\text{NH}_3)_2]^+ + 2\text{CN}^- \rightleftharpoons [\text{Ag}(\text{CN})_2]^- + 2\text{NH}_3$$

通过计算,判断 $[\text{Ag}(\text{NH}_3)_2]^+$ 是否可能转化为 $[\text{Ag}(\text{CN})_2]^-$。

查知 $K_{[\text{Ag}(\text{NH}_3)_2]^+} = 1.1\times10^7$,$K_{[\text{Ag}(\text{CN})_2]^-} = 1.3\times10^{21}$。

上述反应的平衡常数表达式为

$$K = \frac{[\text{Ag}(\text{CN})_2^-][\text{NH}_3]^2}{[\text{Ag}(\text{NH}_3)_2^+][\text{CN}^-]^2} \cdot \frac{[\text{Ag}^+]}{[\text{Ag}^+]} = \frac{[\text{Ag}(\text{CN})_2^-]}{[\text{Ag}^+][\text{CN}^-]^2} \cdot \frac{[\text{Ag}^+][\text{NH}_3]^2}{[\text{Ag}(\text{NH}_3)_2^+]}$$

$$= K_{[Ag(CN)_2]^-} / K_{[Ag(NH_3)_2]^+} = 1.2 \times 10^{14}$$

$K_{稳}$ 很大，说明转化反应能进行完全，$[Ag(NH_3)_2]^+$ 可以完全转化为 $[Ag(CN)_2]^-$。

请讨论
(1) 由于生成物的 $K_{稳}$ > 反应物的 $K_{稳}$，反应向正向进行，反过来则不能进行。
(2) 配离子相互转化反应，可由 $K_{稳}$ 的相对大小对反应方向和可能性作出判断，同时也可估计反应的程度。如 $K_{稳}$ 相差越大，转化配位越彻底。

### （四）氧化还原平衡的影响

当在配离子溶液中加入能与中心原子或配体发生氧化还原反应的物质时，金属离子或配体的浓度将降低，导致配位平衡向解离方向移动。例如，向 $[Fe(NSC)]^{2+}$ 溶液中加入 $SnCl_2$ 溶液，则血红色褪去。

$$2[Fe(NSC)]^{2+} + Sn^{2+} \Longrightarrow 2Fe^{2+} + Sn^{4+} + 2SCN^-$$

这是氧化还原平衡对配位平衡的影响。反之，配位平衡也可影响到氧化还原平衡，我们将在氧化还原一章中讨论。

## 第3节　配位化合物的应用

配合物所涉及的范围和应用非常广泛，本节仅简要介绍配合物在医药方面的应用。

### （一）体内金属离子含量的控制

环境污染、职业性中毒、过量服用金属元素药物以及金属代谢障碍均能引起体内 Hg、Pb、Cd、As、Be 等污染元素的积累和 Fe、Ca、Cu 等必需元素的过量，造成金属中毒。一些与金属离子有关的疾病列于表 8-3。

对于体内的有毒或过量的金属离子，一般可选择合适的配体（或螯合剂）与其结合而排出体外。这种方法称螯合疗法，所用的螯合剂称促排剂（或解毒剂）。

促排剂必须满足一系列要求：它们必须是水溶性的，且在生理 pH 条件下，仍有足够的螯合能力；它们与欲排除的金属离子所形成的配合物的稳定性必须大于该金属与体内生物大分子所形成的配合物的稳定性；在治疗的浓度下对人体不应有明显的毒性。一些常见的金属解毒剂列于表 8-4。

表 8-3　一些金属离子病

| 金属 | 金属中毒症 |
|---|---|
| 铁 | 血色素沉积、肝细胞铁化、肝癌、癫痫 |
| 铅 | 贫血、脑炎、周围神经炎 |
| 钴 | 心脏病、红细胞增多症 |
| 镉 | 高血压、肾炎、骨痛病 |
| 铜 | Wilson病、肝硬化、精神病 |

表 8-4　常用的金属解毒剂

| 金属解毒剂 | 促排金属 |
|---|---|
| 2,3-二巯基丙醇（BAL） | Sb、As 等 |
| $Na_2[Ca(EDTA)]$ | Pb、Co 等 |
| D-青霉胺 | Cu |
| 半胱氨酸 | Co |
| 8-羟基喹啉 | Fe |

例如,D-青霉胺常用来排除体内积累的铜和治疗 Wilson 病。D-青霉胺的结构式为

$$(CH_3)_2-\underset{\underset{}{|}}{C}-\underset{\underset{}{|}}{CH}-COOH$$
$$\quad\quad\ \ \ HS\quad NH_2$$

它能与 $Cu^{2+}$ 螯合,形成相对分子质量约为 2600 的深紫色配合物。每天 1~2g 的剂量能使初疗者排出 8~9mg $Cu^{2+}$,而且不会引起正常储存铜的释放。

在采取螯合疗法解毒时,必须注意由于促排剂缺乏选择性,常会引起体内正常储存的必需元素的排出。例如,当用 EDTA 钠盐解铅中毒时,常会导致血钙水平的降低而引起痉挛。但只需改用 $Na_2[Ca(EDTA)]$,即可顺利排铅而使血钙不受影响。又如,用 BAL 治疗 Hg、Pb 中毒时,会导致脑组织中 Hg、Pb 含量的升高而引起脑损伤。但若以 2,3-二巯基丁二酸作为促排剂,可避免上述不良反应。

## (二)杀菌抗病毒作用

多数抗微生物的药物属配体,和金属配位后往往能增加其活性,如丙基异烟酰肼与一些金属生成的配合物的抗结核杆菌能力比纯配体强。β-羟基喹啉和铁单独存在时均无抗菌活性,但形成的配合物却有很强的抗菌作用,且以 1∶3 的中性配合物透过细胞膜能力最强。

病毒的核酸和蛋白体均为配体,能和某些配阳离子作用,生成生物金属配合物。配阳离子或与细胞外病毒作用,或占据细胞表面防止病毒的吸附,或防止病毒在细胞内的再生,从而阻止病毒的增殖。抗病毒的配合物常见的是Ⅶ、Ⅷ族过渡金属(Ⅱ)作中心原子,以 1,10-菲绕啉或其他乙酰丙酮为配体的配合物。

## (三)抗癌药物

癌症和微量金属离子有密切关系。癌组织中 $Ca^{2+}$ 浓度低,$K^+$ 浓度比正常组织高 2 倍。某些癌症的高发区在地理分布上有一定规律性:缺乏碘地区易患甲状腺肿瘤;土壤中含 Zn 和 Cr 高的地区与肠胃癌的发病率有关;Mo、Fe、Cu 的缺乏易引起食管癌;白血病患者体内 Cu 高、Mg 低。

1964 年,Rosenberg 发现顺-$[PtCl_2(NH_3)_2]$(简称顺铂)能阻止癌细胞分裂。目前顺铂已用于临床中,和其他抗癌剂联合应用时有明显的协同作用,对生殖泌尿系统及其他软组织的恶性肿瘤有显著疗效。顺铂之所以能抑制癌变,是由于其中的 Pt(Ⅱ)能与癌细胞核中的脱氧核糖核酸(DNA)上的碱基相结合,从而破坏遗传信息的复制和转录等过程,抑制了癌细胞的分裂。

1974 年前后,Cannor 等又合成了另一种新的 Pt(Ⅱ)配合物,即顺-$[PtCl_2(C_5H_9NH_2)_2]$。它在抑制血浆细胞癌方面效率比"顺铂"高 30~40 倍。

进一步研究表明,凡具顺式结构$[Pt(Ⅱ)A_2X_2]$(A 为胺类、X 为酸根)的中性配合物均具有抗癌活性。目前已制得了一种水溶性大、抗癌活性与顺铂相近,但肾毒性小于"顺铂"的新配合物$[Pt(tmcpda)(Ac-Cl)_2]$(tmcpda 代表 1,2,2′-三甲基-1,3-环戊二胺,Ac-Cl 代表氯乙酸根)。

其他非铂抗癌金属配合物也在进行研究。例如,一类通式为 $\eta\text{-}C_5H_5MX$ 的有机金属化合物(其中 M 为 Ti、V、Nb、Tb、Mo,X 为 $SCN^-$、$N_3^-$ 或卤离子);通式为 $R_2SnL_2X_2$ 的有机锡化合物(其中 R 为脂肪族或芳香族烃基,$L_2$ 为 1,10-菲绕啉或联吡啶等含氮双齿配体,X 为卤离子)对淋巴白血病等有抑制作用。

## (四)其他药物

许多药物本身就是配合物。如治疗血吸虫病的没食子酸锑、治疗糖尿病的胰岛素(锌的螯

合物)、抗恶性贫血的维生素 $B_{12}$(钴螯合物)等。如葡萄糖酸钙、葡萄糖酸锌、乳酸亚铁、柠檬酸铋等都是常用的配合物用作药物的例子。配合物直接用作药物有其特殊作用,例如,口服二价铁盐治疗缺铁性贫血症时,药物要经过口腔(pH=7.4)、胃(pH=1.6),最后部分地在十二指肠(pH=6~6.5)与空肠(pH=6.5~7)中被吸收。为了防止铁离子的水解、聚合与沉淀,故含铁药物常以金属配合物形式给药。同时为了提高铁的吸收,所选用的配体在小肠的酸度下应生成电中性配合物为好(脂溶性好)。常见补铁药物有葡萄糖酸铁(Ⅱ)、富马酸铁(Ⅱ)、柠檬酸铁等。

又如,pH 为 10 的柠檬酸铋胶体是重要的治疗胃溃疡药物,它有保护溃疡面的作用,它能选择性地覆盖黏膜,所以在那里柠檬酸铋可以水解生成氯化氧铋和柠檬酸铋沉淀,而不在 pH 较低的正常胃壁沉淀。这一特性是它作为抗酸药的作用原理。

---

### 配位化合物的制备

1. 利用加成反应制备 许多酪物可由其组成化合物直接加成制得。
   (1) 气-气加成 由气相的 $BF_3$ 和 $NH_3$ 反应制备 [$BF_3 \cdot NH_3$]。
   $$BF_3 + NH_3 \Longrightarrow [BF_3 : NH_3]$$
   (2) 液-液加成 在惰性溶剂中沉淀 易分
   $$SnCl_4 + 2NMe_3 (石油醚) \longrightarrow 反- [SnCl_4(NMe_3)_2]$$

2. 利用取代反应制备
   (1) 水溶取代反应
   $$[Co(NH_3)_5Cl]Cl_2 + 3en \Longrightarrow [Co(en)_3]Cl_3 + 5NH_3$$
   (2) 非水溶取代反应
   $$Cr_2(SO_4)_3 + en(乙醚并加热) \Longrightarrow 溶 + KI \longrightarrow [Cr(en)_3]I_3$$
   $$[Cr(en)_3]I_3 + 3AgCl \Longrightarrow [Cr(en)_3]Cl_3 + 3AgI$$

3. 利用氧化还原反应制备
   (1) 用氧化剂 $O_2$、$H_2O_2$、$X_2$、$SeO_2$、$PbO_2$。
   $$2CoCl_2 + 2NH_4Cl + 8NH_3 + H_2O_2 \Longrightarrow 2[Co(NH_3)_5H_2O]Cl_3 + 2H_2O$$
   (2) 用还原剂 Na(Hg)、$N_2H_4$、$H_3PO_2$、$Na_2S_2O_3$、$KBH_4$。
   $$K_2Cr_2O_7 + 7H_2C_2O_4 \Longrightarrow 2K[Cr(C_2O_4)_2(H_2O)_2] + 6CO_2 + 3H_2O$$

4. 热解 通过控制加热一些酪物可制得另一些酪物。
   $$[Cr(en)_3]Cl_3 \xrightarrow{温度 >210℃} cis\text{-}[Cr(en)_2Cl]Cl_2$$

   隐形墨水的原理
   $$2[Co(H_2O)_6]Cl_2 (无色) \Longrightarrow Co[CoCl_4] (蓝色) + 12H_2O$$

---

## (五) 在药物质量控制中的应用

**1. 检验离子的特效试剂** 通常利用螯合剂与某些金属离子生成有色难溶的中性螯合物,作为检验这些离子的特征反应。例如,二甲基二肟是 $Ni^{2+}$ 的特效试剂,在严格的 pH 和氨的浓度条件下,它与 $Ni^{2+}$ 反应生成鲜红色的螯合物沉淀;又如,$Cu^{2+}$ 的特效试剂(铜试剂,即二乙氨基二硫代甲酸钠),在氨性溶液中能与 $Cu^{2+}$ 反应生成棕色螯合物沉淀。

2. **掩蔽剂**　当试液中所含多种组分对于测定互有干扰时,需采用掩蔽剂消除干扰。例如,利用 KSCN 鉴定 $Co^{2+}$ 时,若溶液中同时存在 $Fe^{3+}$,由于 $Fe^{3+}$ 与 $SCN^-$ 生成血红色的 $Fe(NCS)^{2+}$ 配离子而干扰 $Co^{2+}$ 的检出反应。此时可加入 NaF 掩蔽 $Fe^{3+}$,使之生成更稳定的无色 $[FeF_6]^{3-}$,消除对 $Co^{2+}$ 鉴定的干扰。

3. **在重量分析法中的应用**　用某些有机螯合剂金属离子反应生成的中性配合物沉淀,多数组成恒定,相对分子质量相当大,且易于过滤和洗涤,因此,可以大大提高重量分析的精确度。例如,8-羟基喹啉能从热的 HAc-Ac$^-$ 缓冲溶液中定量沉淀出 $Cu^{2+}$、$Cd^{2+}$、$Al^{3+}$、$Fe^{3+}$、$Ni^{2+}$、$Co^{2+}$、$Zn^{2+}$、$Mn^{2+}$ 等离子,一方面可与 $Ca^{2+}$、$Sr^{2+}$ 等离子进行分离,另一方面可定量测定上述离子的含量。

4. **在配位滴定法中的应用**　配位滴定法中的滴定剂、金属指示剂均可与金属离子形成配合物,但前者的稳定性较高,而且在一定 pH 范围内,游离指示剂的颜色与其金属离子配合物的颜色有明显不同,因而可用于指示滴定终点的到达。例如,测定水的总硬度时,可用氨性缓冲溶液调节 pH = 10,以铬黑 T 为指示剂,用 EDTA 标准溶液滴定。由于 $Ca^{2+}$、$Mg^{2+}$ 与铬黑 T 和 EDTA 所形成的配合物有如下的稳定顺序:

$$Ca^{2+}\text{-EDTA} > Mg^{2+}\text{-EDTA} > MgIn^- > CaIn^-$$

因此,滴定前加入铬黑 T 时,它首先与 $Mg^{2+}$ 形成紫红色的配合物 $MgIn^-$;当滴入 EDTA 后,EDTA 先与 $Ca^{2+}$ 螯合,然后与 $Mg^{2+}$ 螯合,直至与铬黑 T 螯合的 $Mg^{2+}$ 也被 EDTA 夺取后,铬黑 T 就游离出来,这时溶液由紫红色变为游离指示剂的蓝色,滴定达到终点。关于配位滴定,将在第 4 节中作深入讨论。

---

### 配位化学目前研究的一些热点

1. 中药配位化学研究　由中药酯 物性质,其生物活性与其构型关系引导中药新药研制的新思路和新方向。
2. 旋光异构体 拆分及鉴 研究　左旋和右旋异构体 生理作用 明显差 异性。
3. 功能酯 物及配位超 子化合物的研究。
4. 金属酯 物抗癌药物的研究。
5. 配位光化学、界配 位化学、纳米配位化学的研究。

---

## 第 4 节　配位滴定法

以配位反应为基础的容量分析法称配位滴定法。例如,以 $AgNO_3$ 标准溶液滴定氰化物时,反应如下:

$$Ag^+ + 2CN^- \rightleftharpoons [Ag(CN)_2]^-$$

$[Ag(CN)_2]^-$ 是一配离子,很稳定($\lg\beta_2 = 21.1$)。因此,反应能定量进行。即 1mol $AgNO_3$ 与 2mol KCN 相当。滴定达计量点时,稍过量的 $Ag^+$ 与 $[Ag(CN)_2]^-$ 结合生成 $Ag[Ag(CN)_2]$ 沉淀,使溶液变浑而指示出终点。终点时的反应为

$$Ag^+ + [Ag(CN)_2]^- \rightleftharpoons Ag[Ag(CN)_2](s)$$

能用作配位滴定的反应必须具备以下条件:

(1) 生成的配合物相当稳定,这样,才能得到明显的滴定终点。
(2) 生成的配合物组成要固定。即反应中只能形成一种配合物,这样才有定量计算的基础。
(3) 配位反应必须迅速完成。
(4) 要有适当的方法指示终点。
(5) 滴定过程中生成的配合物最好是可溶的。像 EDTA 这类氨羧配位剂,完全符合上述条件,故被广泛用于配位滴定中。EDTA 能与金属离子形成相当稳定的配合物,虽然有时也有分级配位现象,但只要适当控制条件,就能得到所需的配合物。故本节讨论的配位滴定法,主要是指 EDTA 滴定法。

## 一、EDTA 的性质及其配位原理

乙二胺四乙酸简称 EDTA 酸,常用 $H_4Y$ 表示,它含有羧基和氨基。EDTA 难溶于酸和一般有机溶剂,在 20℃时,每 100mL 水中溶解 0.02g,易溶于 NaOH 溶液中,生成 EDTA 二钠盐,可用 $Na_2H_2Y \cdot 2H_2O$ 表示。在 20℃时,其饱和溶液浓度约为 $0.3 mol \cdot L^{-1}$,pH 约为 4.7。所以在配位滴定中常采用其二钠盐使用。

当 $H_4Y$ 溶于水且溶液酸度又很高时,$H_4Y$ 还可接受 $H^+$ 形成 $H_6Y^{2+}$,相当于六元酸,有六级离解平衡:

$$H_6Y^{2+} \rightleftharpoons H^+ + H_5Y^+ \qquad K_1 = 1.26 \times 10^{-1}$$
$$H_5Y^+ \rightleftharpoons H^+ + H_4Y \qquad K_2 = 2.51 \times 10^{-2}$$
$$H_4Y \rightleftharpoons H^+ + H_3Y^- \qquad K_3 = 1.00 \times 10^{-2}$$
$$H_3Y^- \rightleftharpoons H^+ + H_2Y^{2-} \qquad K_4 = 2.16 \times 10^{-3}$$
$$H_2Y^{2-} \rightleftharpoons H^+ + HY^{3-} \qquad K_5 = 6.92 \times 10^{-7}$$
$$HY^{3-} \rightleftharpoons H^+ + Y^{4-} \qquad K_6 = 5.5 \times 10^{-11}$$

可见,在 EDTA 水溶液中,不论原始形式是 $H_4Y$ 还是 $Na_2H_2Y$,溶液中总是以 $H_6Y^{2+}$、$H_5Y^+$、$H_4Y$、$H_3Y^-$、$H_2Y^{2+}$、$HY^{3-}$ 和 $Y^{4-}$ 等七种形式存在。在 pH 很小时,主要形式为 $H_4Y$;pH 很大(>12)时,则存在形式几乎全是 $Y^{4-}$。只有 $Y^{4-}$ 能与金属离子生成稳定配合物,故在酸度较低时,EDTA 的配位能力较强。

由于 EDTA 是六齿配体,它可以与绝大多数金属离子形成 5 个五元环的螯合物,而且比较稳定。表 8-5 列出了一些金属离子与 EDTA 形成的配合物的稳定常数。除少数高价态金属离子外,一般与绝大多数金属离子均以 1:1 形成螯合物,且易溶于水。这不仅给配位滴定计算带来方便,也是标准溶液能够采用物质的量浓度的原因。

表 8-5 EDTA 与金属离子配合物的稳定常数(20℃)

| 金属离子 | $\lg K_{稳}$ | 金属离子 | $\lg K_{稳}$ | 金属离子 | $\lg K_{稳}$ |
|---|---|---|---|---|---|
| $Ag^+$ | 7.32 | $Co^{3+}$ | 41.10 | $Na^+$ | 1.43 |
| $Al^{3+}$ | 16.30 | $Cu^{2+}$ | 18.83 | $Ni^{2+}$ | 18.66 |
| $Ba^{2+}$ | 7.86 | $Fe^{2+}$ | 14.19 | $Pb^{2+}$ | 18.04 |
| $Be^{2+}$ | 8.68 | $Fe^{3+}$ | 25.42 | $Sn^{2+}$ | 22.10 |
| $Bi^{3+}$ | 27.80 | $Hg^{2+}$ | 22.02 | $Tl^+$ | 6.11 |
| $Ca^{2+}$ | 10.69 | $Li^+$ | 2.43 | $Tl^{3+}$ | 35.30 |
| $Cd^{2+}$ | 16.46 | $Mg^{2+}$ | 8.70 | $Zn^{2+}$ | 16.50 |
| $Co^{2+}$ | 16.31 | $Mn^{2+}$ | 14.50 | | |

# 二、影响 EDTA 配位平衡的主要因素

在配位滴定中,滴定剂 Y(省略电荷)与金属离子 M(省略电荷)之间的反应是主要反应,但溶液中如有其他某些离子或分子的存在,常常会导致副反应的发生,干扰主要反应的进行。能引起副反应的物质有 $H^+$、$OH^-$、共存的其他金属离子 N 或其他配位剂 L 等,反应示意如下:

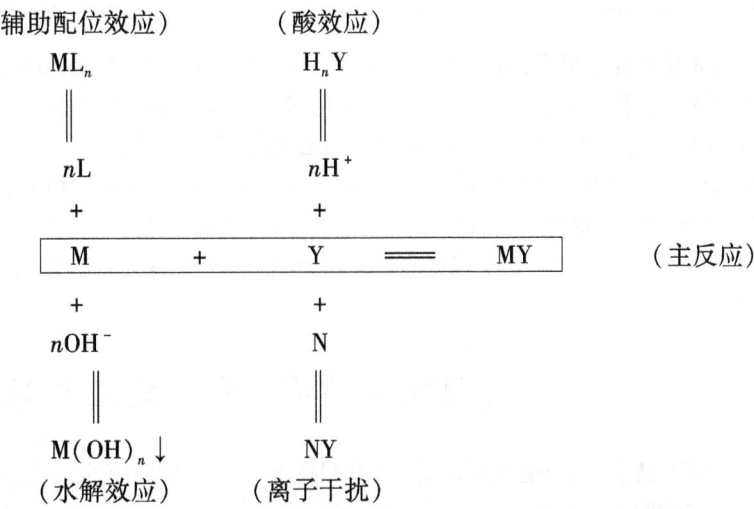

在滴定时,若样液中无干扰离子,也没有加其他配位剂,这时影响 EDTA 滴定的主要是 EDTA 的酸效应和金属离子的水解效应。下面重点讨论酸效应的影响。

配体 Y 是一种广义的碱,当与 M 发生配位反应时,$H^+$ 的存在就会促进 MY 的离解,降低 MY 的稳定性。这种因 $H^+$ 存在,使配位主反应能力降低的现象,称为酸效应。所以酸度增加(pH 降低)时,EDTA 的配位能力会明显降低(但酸度的增加,也使干扰离子与 EDTA 的配位能力降低,这样可提高配位滴定的选择性)。这就看出溶液酸度控制的重要了。前面讲过,EDTA 溶液中有七种型体存在,能与金属离子生成稳定配合物的 $Y^{4-}$ 只占其中一部分,它的浓度大小取决于溶液的酸度。若以 $[Y]_\text{总}$ 代表 EDTA 的总浓度,则有

$$[Y]_\text{总} = [Y] + [HY] + [H_2Y] + [H_3Y] + [H_4Y] + [H_5Y] + [H_6Y]$$

[Y]代表能与金属离子配位的配体浓度,称有效浓度(为简便,各种型体的电荷都省略)。

现定义

$$\alpha_H = \frac{[Y]_\text{总}}{[Y]} \tag{8-7}$$

式(8-7)表示配体 EDTA 的总浓度是有效浓度的多少倍,$\alpha_H$ 越大表示 EDTA 与 $H^+$ 的副反应越严重,而与金属离子配位的[Y]越小。$\alpha_H$ 随溶液的酸度增大而增大,故称酸效应系数。它可由 EDTA 的各级电离常数和溶液中的[$H^+$]计算出来:

$$\alpha_H = \frac{[Y]+[HY]+[H_2Y]+[H_3Y]+[H_4Y]+[H_5Y]+[H_6Y]}{[Y]}$$

$$= 1 + \frac{[H^+]}{K_6} + \frac{[H^+]^2}{K_6 K_5} + \frac{[H^+]^3}{K_6 K_5 K_4} + \frac{[H^+]^4}{K_6 K_5 K_4 K_3} + \frac{[H^+]^5}{K_6 K_5 K_4 K_3 K_2} + \frac{[H^+]^6}{K_6 K_5 K_4 K_3 K_2 K_1}$$

$$\tag{8-8}$$

显然,在一定温度下,离解常数 $K_a$ 为定值,故 $\alpha_H$ 值随溶液酸度的降低而减小。因 $\alpha_H$ 随酸

度而变化的范围很大,故取其对数值表示较为方便。EDTA 在不同 pH 时的 $\lg\alpha_H$ 值列于表 8-6 中。

**表 8-6　EDTA 在不同 pH 时的 $\lg\alpha_H$**

| pH | 0 | 1 | 2 | 3 | 4 | 5 | 6 | 7 |
|---|---|---|---|---|---|---|---|---|
| $\lg\alpha_{Y(H)}$ | 21.18 | 17.20 | 13.51 | 10.60 | 8.44 | 6.45 | 4.65 | 3.32 |
| pH | 8 | 9 | 10 | 11 | 12 | 13 | 14 | |
| $\lg\alpha_{Y(H)}$ | 2.26 | 1.28 | 0.45 | 0.07 | 0.00 | 0.00 | 0.00 | |

由表 8-6 中数据可见,只有在 pH≥12 时,酸效应系数才等于1,此时,EDTA 总浓度才等于有效浓度([Y]),配位主反应也最完全。随着酸度的升高,$\lg\alpha_H$ 增大很快,即[Y]所占的分数下降很快,EDTA 与金属离子生成的配合物稳定性也随之显著下降。

除酸效应对配位平衡的影响之外,若样品溶液中存在其他配位剂 L(为掩蔽干扰离子而加)时,也会降低 MY 的稳定性,滴定反应向左移动。这种由于其他配位剂的存在,金属离子与 EDTA 的配位能力降低的现象称为配位效应。同理,这种效应也有一个配位效应系数($\alpha_L$),这里就不再讨论了。

## 三、表观稳定常数(条件稳定常数)

用 EDTA 滴定时,为使结果正确,要求配位反应必须进行完全。配位反应进行的完全程度本应由稳定常数 $K_稳$ 表示:

$$K_稳 = \frac{[MY]}{[M][Y]}$$

但因实际反应中存在副反应,对主反应有不同程度的影响,故 $K_稳$ 不能全面反映实际反应的完全程度。若仅考虑 EDTA 的酸效应,可将式(8-7)([Y] = [Y]$_总$/$\alpha_H$)代入 $K_稳$ 表达式,得

$$K_稳 = \frac{[MY]\alpha_H}{[M][Y]_总}$$

整理后得

$$K_稳/\alpha_H = \frac{[MY]}{[M][Y]_总} = K'_稳 \tag{8-9}$$

$K'_稳$ 称"表观稳定常数",是经校正后的实际稳定常数。

可见,绝对稳定常数除以酸效应系数(相当于校正值),即得经酸效应校正后的表观稳定常数。如将式(8-9)取对数,则得

$$\lg K'_稳 = \lg K_稳 - \lg\alpha_H \tag{8-10}$$

当溶液的 pH 一定时,可从表 7-3 中查得 $\lg\alpha_H$ 值,代入式(8-10)求得 $\lg K'_{MY}$。

表观稳定常数 $K'_{MY}$ 愈大,说明在一定条件下配合物的实际稳定程度愈大,因此,用 $K'_稳$ 判断配合物的稳定性更接近实际。

此式只考虑酸效应的影响。除 pH > 12 时,$\alpha_H = 1$,$K'_稳 = K_稳$ 外,在其他情况下,$K'_稳$ 总是 < $K_稳$ 的。溶液的 pH 越小,则 $\alpha_H$ 越大,$\lg K'_稳$ 越小,反应完全程度降低。反之,在金属离子未水解时,溶液的 pH 增高,则 $\alpha_H$ 越小,$\lg K'_稳$ 越大,反应进行得越完全。

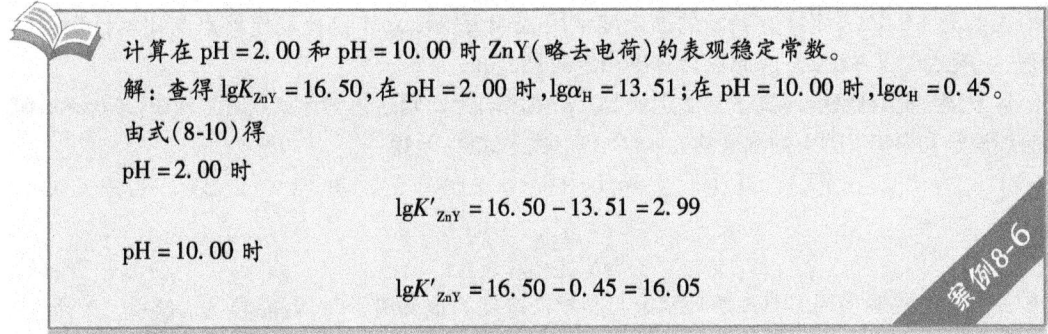

计算在 pH = 2.00 和 pH = 10.00 时 ZnY(略去电荷)的表观稳定常数。

解：查得 $\lg K_{ZnY} = 16.50$，在 pH = 2.00 时，$\lg \alpha_H = 13.51$；在 pH = 10.00 时，$\lg \alpha_H = 0.45$。

由式(8-10)得

pH = 2.00 时

$$\lg K'_{ZnY} = 16.50 - 13.51 = 2.99$$

pH = 10.00 时

$$\lg K'_{ZnY} = 16.50 - 0.45 = 16.05$$

案例 8-6

案例 8-6 计算表明 ZnY 在 pH = 10.00 时很稳定，而在 pH = 2.00 时已不稳定，在该酸度下则不能对 $Zn^{2+}$ 进行配位滴定了。

## 四、EDTA 滴定的原理

### (一) 滴定曲线

在酸碱滴定中，是用 $H^+$ 浓度随滴定剂的加入而发生的变化来描述滴定过程的，即 pH-V 曲线。同样，也可以用 pM-V 曲线来说明滴定过程中金属离子随 EDTA 的加入而发生的变化，可以看出，在化学计量点附近，pM 也发生突变，在突跃时，用适当的方法来指示滴定终点。

EDTA 滴定工作曲线，是以金属离子浓度的负对数 pM 为纵坐标，以 EDTA 的加入量为横坐标作图的。在某一固定 pH 用 EDTA 滴定某一 $M^{n+}$ 时，化学计量点前，从剩余的 $[M^{n+}]$ 计算 pM；化学计量点时，以 $K'_稳$ 来计算 pM；化学计量点后，从过量的 EDTA 形成配合物的浓度以及 $K'_稳$ 来计算 pM。图 8-10 为 EDTA 滴定 $Ca^{2+}$ 的滴定曲线。

因为 pM 的计算需用 $K'_稳$，显然 pH 影响曲线的形状。由图 8-11 可以看出突跃部分的长短是随溶液 pH 大小不同而变化的。pH 越大，$K'_稳$ 也越大；反之则短。当 pH = 6 时，便无突跃。

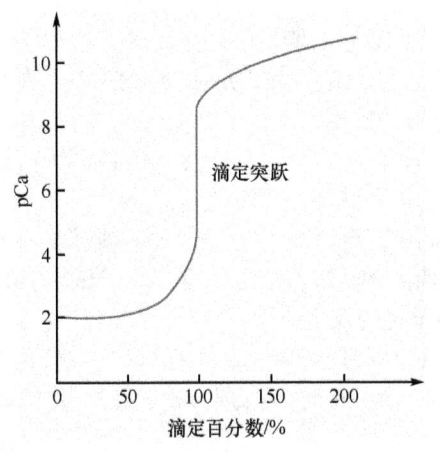

图 8-10 EDTA 配位滴定曲线　　　图 8-11 不同 pH 溶液中 EDTA 滴定曲线

### (二) 配位滴定中溶液 pH 范围的确定

配位滴定时允许的最低 pH 是根据误差要求和终点判断准确度决定的。一般配位滴定要求

相对误差为 ±0.1%，而终点判断的准确度常用 $\Delta pM$ 表示，$\Delta pM$ 是指滴定终点与化学计量点的差值，一般 $\Delta pM = \pm 0.2$。由此可计算出滴定时最低 pH。

假设滴定时，样液金属离子和滴定液 EDTA 浓度均为 $c$，则达化学计量点时溶液中 $[MY] \approx c$，游离金属离子和游离 EDTA 的浓度均为 $c \times 0.1\%$，代入式(8-9)得

$$K'_{稳} = [MY]/[M][Y]_{总} \geq c/(c \times 0.1\% \times c \times 0.1\%) \geq 1/c \times (0.1\%)^2$$

$$c \times K'_{稳} \geq 10^6$$

$$\lg K'_{稳} + \lg c \geq 6 \tag{8-11}$$

式(8-11)表明当用 EDTA 溶液滴定与其相同浓度的金属离子时，若能满足式(8-11)的条件，则可得到滴定误差小于或等于 0.1% 的分析结果。若被测金属离子浓度为 $0.01 \text{mol} \cdot \text{L}^{-1}$ 时，则

$$\lg K'_{稳} \geq 8 \tag{8-12}$$

将式(8-11)与式(8-10)两式结合得

$$\lg K_{稳} + \lg c - \lg \alpha_H \geq 6 \tag{8-13}$$

由式(8-13)即可算出 $\lg \alpha_H$，再根据 $\lg \alpha_H$ 查表8-6，用内插法求得最低 pH。

试计算 EDTA 滴定 $0.01 \text{mol} \cdot \text{L}^{-1}$ $Fe^{3+}$ 溶液的最低允许 pH。已知 $\lg K_{稳} = 25.42$。

解：根据 $c = 0.01 \text{mol} \cdot \text{L}^{-1}$，$\lg K_{稳} = 25.42$。

由式(8-13)得

$$\lg K_{稳} + \lg c - \lg \alpha_H \geq 6$$

$$\lg \alpha_H \leq \lg K'_{稳} + \lg c - 6 = 17.42$$

查表8-6，用内插法求得最低 $pH \geq 1.06$。

## （三）酸效应曲线及其应用

由于不同金属离子与 EDTA 形成的配合物 $\lg K_{稳}$ 不同，所以，滴定不同金属离子时，所允许的最低 pH（即最高酸度）也不同，将不同金属离子的 $\lg K_{稳}$ 与相应的最低允许 pH 的关系绘制成曲线（图8-12）。图中曲线称酸效应曲线，它有以下几方面的应用：

（1）查找单独滴定某一金属离子所需的最低 pH：例如，滴定 $Fe^{3+}$ 时，pH 必须 $>1$，滴定 $Zn^{2+}$，pH 必须 $>4$，否则这些配位反应就不能定量地完成，滴定也难准确进行。

（2）判断滴定中的干扰离子：在一定 pH 范围内滴定某金属离子时，哪些金属离子的存在可能干扰滴定，可从曲线上找出。例如，在 pH = 10 时滴定 $Mg^{2+}$，若溶液中有 $Ca^{2+}$、$Mn^{2+}$ 存在，也会同时被滴定而产生干扰。便于及早采取措施，避免干扰的发生。

（3）确定分别滴定或连续滴定的方法：例如，溶液中同时有 $Bi^{3+}$、$Zn^{2+}$ 及 $Mg^{2+}$ 存在，控制溶液的 pH = 1，则可用 EDTA 滴定 $Bi^{3+}$，随后，再调节 pH = 5~6 时，可滴定 $Zn^{2+}$，最后调节 pH = 10~11 时，可滴定 $Mg^{2+}$。

在实际操作中，采用的 pH 常比所允许的最低值略高一些，以便使被滴定的金属离子能完全、定量地完成反应。但 pH 也不可过高，否则会引起金属离子水解、聚合产生沉淀，妨碍 MY 的生成。因此，在 EDTA 滴定中，要加缓冲溶液严格控制酸度范围。

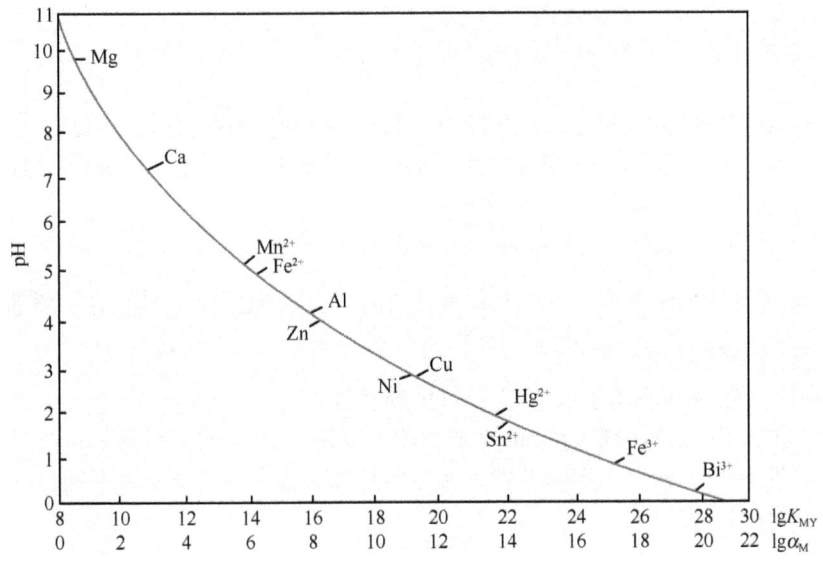

图 8-12 EDTA 的酸效应曲线

## 五、金属指示剂

确定配位滴定终点的办法有多种,但最常用的还是指示剂法。配位滴定中的指示剂,是用来指示被滴定溶液里金属离子浓度变化的,故称"金属指示剂"。

### (一) 金属指示剂的作用原理

金属指示剂本身也是一种配位剂,它能与被滴定的金属离子形成与本身有显著不同颜色的配合物。常用 In 表示金属指示剂,M 表示金属离子,则有

$$M + In \rightleftharpoons MIn$$
（指示剂色）　　（配合物色）

由于滴定溶液中加入指示剂的量是有限的,溶液中只有极少的金属离子 M 形成 MIn 配合物,而绝大部分仍呈游离状态。随 EDTA 的滴入,M 不断反应生成无色的配合物 M-EDTA,故溶液仍显 MIn 的颜色。待全部游离的 M 被滴定后,再滴加 EDTA 时,则 EDTA 就开始夺取与指示剂结合的 M 离子,把指示剂 In 置换出来,反应如下：

$$[MIn] + EDTA \rightleftharpoons [M\text{-}EDTA] + In$$

此时,溶液由原来 MIn 的颜色变为 In 的颜色,以指示终点的到达。

例如,EDTA 滴定 $Mg^{2+}$,溶液 pH 控制为 10,用铬黑 T(EBT)作指示剂,开始 $Mg^{2+}$ 先与 EBT 反应：

$$Mg^{2+} + EBT \rightleftharpoons [Mg\text{-}EBT]$$
　　　　　（蓝色）　　　（酒红色）

当滴定到近化学计量点时,EDTA 开始与 Mg-EBT 发生配体置换反应,生成 Mg-EDTA,游离出 EBT 来。溶液由原来的酒红色变为蓝色,指示终点到达。

$$[Mg\text{-}EBT] + EDTA \rightleftharpoons [Mg\text{-}EDTA] + EBT$$
（酒红色）　　　　　　　　　　　（蓝色）

## （二）金属指示剂必须具备的条件

（1）在一定酸度范围内，显色配合物（MIn）与指示剂（In）的颜色区别要明显。

（2）指示剂与金属离子形成的配合物（MIn）要有足够的稳定性（$K_{St} > 10^4$），即使金属离子浓度很低时，仍呈现鲜明的颜色，以防终点提前出现。

（3）[MIn]的稳定性应小于[M-EDTA]的稳定性。

一般要求 $\dfrac{K_{M-EDTA}}{K_{MIn}} = 100$ 为宜。如果 MIn 太不稳定，会导致终点提前或变色不敏锐；如果 MIn 太稳定，会引起终点拖后或不变色。

（4）[M-In]配合物应易溶于水，不生成胶体或沉淀。

从理论上讲，选用的指示剂应在 pM 突跃范围内变色，以减小滴定误差。但是，因目前指示剂的有关常数很不齐全，所以在实际工作中大多不是根据滴定曲线来选指示剂，而是先用实验方法来确定指示剂是否适用。

## （三）使用金属指示剂的注意事项

1. 指示剂的封闭现象　例如，用 EDTA 滴定 $Mg^{2+}$，可用铬黑 T 作指示剂，但如溶液中含有少量 $Fe^{3+}$ 杂质时，因铬黑 T 与 $Fe^{3+}$ 会生成非常稳定的配合物，计量点时，即使过量较多的 EDTA 也不能指把铬黑 T（EBT）从 Fe-EBT 配合物中置换出来，导致计量点附近不发生颜色变化，不能获得滴定终点，这种现象称指示剂的封闭现象。消除办法是先加少量三乙醇胺（可掩蔽 $Fe^{3+}$ 或 $Al^{3+}$）或少量 KCN（可掩蔽 $Ni^{2+}$ 和 $Co^{2+}$）或采取分离措施，把干扰离子先从溶液中除去，然后再进行滴定。

2. 指示剂的氧化变质现象　因大多数指示剂分子中含双键结构，易受日光、空气、氧化剂所分解而变质。如铬黑 T 在水溶液中就易氧化变质，故常将它配成固体混合物（EBT：NaCl = 1：100）使用或随配随用。

## （四）常用指示剂

1. 铬黑 T（EBT）　是一种偶氮染料，化学名为 1-(1-羟-2-萘偶氮)-6-硝基-2-萘酚-4-磺酸钠，其结构为

铬黑T　　　　　铬黑T与金属离子配位

铬黑 T 的钠盐为黑色粉末，有金属光泽，可用 $NaH_2In$ 表示。溶于水后按下式解离：

$$H_2In^- \underset{}{\overset{pK_1 = 6.4}{\rightleftharpoons}} HIn^{2-} \underset{}{\overset{pK_2 = 11.5}{\rightleftharpoons}} In^{3-}$$

（红色）　　　　（蓝色）　　　　（橙色）
pH < 6　　　　pH = 7～11　　　pH > 12

铬黑 T 与 $Ca^{2+}$、$Mg^{2+}$、$Mn^{2+}$、$Zn^{2+}$、$Cd^{2+}$、$Pb^{2+}$ 等许多二价金属离子形成酒红色配合物，一

般,合适的滴定 pH 应为 7~11,如果选择 pH = 10 作为滴定的酸度,到终点时溶液由酒红色变为蓝色,颜色变化非常鲜明。

固体铬黑T性质稳定,但其水溶液只能保存几天,这是因它易产生分子聚合而变棕色。故通常将它与干燥的中性盐(NaCl 或 $KNO_3$)按 1:100 混合制成固体稀释剂,密闭保存。

2. 钙指示剂　钙指示剂也属偶氮染料,又称钙红,化学名为 2-羟基-1-(2-羟基-4-磺基-1-萘偶氮)-3-萘甲酸,其结构为

钙指示剂纯品为黑紫色粉末,很稳定,但其水溶液或乙醇溶液都不稳定,故常将它与 NaCl 按 1:100(或 1:200,质量比),制成固体混合物使用。其颜色变化与 pH 的关系可用下式表示:

$$H_2In^{2-} \xrightleftharpoons{pK_1 = 7.4} HIn^{3-} \xrightleftharpoons{pK_2 = 13.5} In^{4-}$$

（酒红色）　　　　　（蓝色）　　　　　（酒红色）
pH < 8　　　　　　pH = 8~13　　　　　pH > 13

在 pH = 12~13 的滴定条件下,用 EDTA 滴定 $Ca^{2+}$,终点时由酒红色转为纯蓝色,变色敏锐。$Fe^{3+}$、$Al^{3+}$、$Cu^{2+}$、$Ni^{2+}$ 等离子能封闭指示剂,可用 KCN 及三乙醇胺联合掩蔽,以消除干扰。

## 水的硬度测定

水的硬度是指水中 $Ca^{2+}$、$Mg^{2+}$ 的量。它包括暂时硬度和永久硬度水。硬度是水质的一个重要指标,工业用水关系很大,水硬度成锅垢和影响产品质量主要因素。因此总硬度测定为确定水质处理提供依据。

1. EDTA 配位滴定测水的硬度　取水样　　　pH 调至 10,加乙醇胺和 $Na_2S$(或 KCN)分别掩蔽 $Fe^{3+}$、$Al^{3+}$、$Cu^{2+}$、$Zn^{2+}$、$Pb^{2+}$ 等干扰离子,以铬黑T作指示剂用 EDTA 标准溶液　　　由酒红变为纯蓝色即终点。

计算公式为

$$总硬度(CaCO_3,mg \cdot L^{-1}) = \frac{c_Y \cdot V_Y \cdot M_{CaCO_3}}{V_{样}} \times 10^3$$

2. 钙、镁离子含量分别测定　取加入 pH 为 10 的氨性缓冲溶液以铬黑T为指示剂 EDTA 标准溶液 $Ca^{2+}$、$Mg^{2+}$ 总量取部分试液加入 NaOH 调至 pH >12,使 $Mg^{2+}$ 生成 $Mg(OH)_2$ 被掩蔽,以钙指示剂,用 EDTA 标准溶液 $Ca^{2+}$ 含量 $Ca^{2+}$、$Mg^{2+}$ 总量减去 $Ca^{2+}$ 含量可以求得 $Mg^{2+}$ 的含量。

> ***Do you know?***
> 1. 什么叫暂时硬度和永久硬度？为什么硬水不能做锅炉用水？
> 2. 用EDTA配位滴定法测定水硬度的基本原理如何？为什么能用铬黑T做指示剂？发生了哪些反应？终点变化如何？溶液的pH控制在什么范围内？如何控制？
> 3. 实验中所用的移液管、锥形瓶等仪器，是否需用待测水样润洗？为什么？

## （五）提高配位滴定选择性的方法

由于EDTA的螯合能力相当强，能与许多金属离子形成稳定的配位化合物，故应用十分广泛。同时，也正因为如此，当用EDTA滴定一种金属离子时，若溶液中如果存在其他金属离子，就可能干扰滴定。所以，如何消除共存离子的干扰，是提高配位滴定选择性的首要问题。

1. **控制酸度消除干扰**　每种金属离子用EDTA滴定时，都有所允许的最低pH，因此，可用控制酸度的办法，只使其中一种离子形成稳定的配合物，而其他离子不易被螯合。换言之，只要将干扰离子配合物的表观稳定常数减小到一定限度，就可消除干扰。

2. **利用掩蔽剂消除干扰**　使用掩蔽剂将干扰离子的浓度减小到不足以形成配合物，以达消除干扰的目的。主要有以下几种常用方法。

（1）配位掩蔽法：利用配位反应降低干扰离子浓度，以消除干扰的方法，称配位掩蔽法。例如，用EDTA测定水中的$Ca^{2+}$与$Mg^{2+}$时，$Fe^{3+}$和$Al^{3+}$等离子的存在会产生干扰，滴定前可先加入三乙醇胺，使其与$Fe^{3+}$、$Al^{3+}$形成稳定的无色配合物，将$Fe^{3+}$、$Al^{3+}$掩蔽起来，且不与$Ca^{2+}$和$Mg^{2+}$反应，就可排除干扰。但是，因$Fe^{3+}$、$Al^{3+}$在pH=2~4时，即产生水解、聚合沉淀，故必须先将溶液调至酸性后加入三乙醇胺，然后再调节pH=10~12，方可用EDTA滴定$Ca^{2+}$与$Mg^{2+}$。

（2）沉淀掩蔽法：利用沉淀反应降低干扰离子的浓度，以消除干扰的方法，称沉淀掩蔽法。例如，用EDTA测定$Ca^{2+}$，若有$Mg^{2+}$共存时，可选用NaOH调节溶液pH>12，$Mg^{2+}$则形成沉淀析出，分离沉淀即可消除干扰。此处的$OH^-$就是$Mg^{2+}$的沉淀掩蔽剂。但由于沉淀反应掩蔽效率低，又易发生共沉淀现象，妨碍终点观察，故应用较少。

（3）氧化还原掩蔽法：利用氧化还原反应来改变干扰离子的价态，以消除干扰的方法，称氧化还原掩蔽法。例如，$lg K_{FeY^-}=25.1$，$lg K_{FeY^{2-}}=14.33$，可见[$Fe^{3+}$-EDTA]要比[$Fe^{2+}$-EDTA]稳定得多。在用EDTA滴定$Bi^{3+}$、$Zr^{4+}$等离子时，若有$Fe^{3+}$的干扰，就可以先加入维生素C，将$Fe^{3+}$还原为$Fe^{2+}$来消除干扰。

3. **解蔽作用**　当使用掩蔽剂掩蔽一些干扰离子完成滴定后，还可以在溶液中加入一种试剂（解蔽剂），将被掩蔽的离子重新释放出来，这种方法称为解蔽。例如，$Zn^{2+}$、$Mg^{2+}$共存时，先调溶液pH=10，加入KCN使$Zn^{2+}$形成$[Zn(CN)_4]^{2-}$而掩蔽起来，则可用EDTA测定$Mg^{2+}$。当$Mg^{2+}$的滴定完成后，于溶液中加入甲醛，以破坏$[Zn(CN)_4]^{2-}$而使$Zn^{2+}$解蔽出来，就可继续用EDTA滴定$Zn^{2+}$。

---

**配位滴定的几种方式**

1. 直接法　　将试液处理后　　直接用EDTA标准液滴定　　直接滴定的条件有$lg K'_{MY} \cdot c_M \geq 6$；反应速率快；有适宜指示剂，无指示剂封闭现象；在控制的pH条件下金属离子不发生解离。例如在酸性介质中滴定$Zr^{2+}$、$Th^{3+}$、$Ti^{3+}$、$Bi^{3+}$、…；在弱酸性介质中滴定$Zn^{2+}$、$Cu^{2+}$、$Pb^{2+}$、$Cd^{2+}$、…；在氨性介质中滴定$Ca^{2+}$、$Mg^{2+}$、…。

**2. 返滴法** 在被测金属离子的溶液中加入准确过量的 EDTA 溶液，使被测定金属离子与 EDTA 完全配位后，用 EDTA 再与一种金属离子的标准溶液滴定过量的一种标准溶液的量即可计算出被测金属离子含量。例如，EDTA 配位滴定 $Al^{3+}$：

$Al^{3+}$溶液 → 过量的 Y ⟶ $pH \approx 3.5$，煮沸 ⟶ 调节溶液 pH 至 5~6

⟶ 二甲酚橙，用 $Zn^{2+}$ 滴定 Y 标准液 返滴定

**3. 置换滴定法**

(1) 置换金属离子：例如，$Ag^+$ 与 EDTA 配合物不稳定（$lgK_{AgY}=7.3$），不能用 EDTA 直接滴定。因此可把待测的 $Ag^+$ 溶液加入到过量的 $[Ni(CN)_4]^{2-}$ 溶液中，发生下列置换反应：

$$2Ag^+ + [Ni(CN)_4]^{2-} \rightleftharpoons [Ag(CN)_2]^- + Ni^{2+}$$

再在 pH=10 的氨性溶液中以紫脲酸胺为指示剂，用 EDTA 滴定置换出的 $Ni^{2+}$。

(2) 置换出 EDTA：例如在 $Cu^{2+}$、$Zn^{2+}$ 存在下测 $Al^{3+}$，先加过量的 EDTA 并加热，生成稳定的 CuY、ZnY 和 AlY 配合物；在 pH 为 5~6 时以二甲酚橙为指示剂用 $Zn^{2+}$ 标准液滴定过量的 EDTA。再加入 $NH_4F$，$F^-$ 夺取 AlY 中的 $Al^{3+}$，生成 $[AlF_6]^{3-}$，释放出与 $Al^{3+}$ 等物质的量的 EDTA，再用 $Zn^{2+}$ 标准液滴定。

$$AlY + 6F^- \rightleftharpoons [AlF_6]^{3-} + Y$$
$$Y + Zn^{2+} \rightleftharpoons ZnY$$

**4. 间接滴定法** 某些不与 EDTA 配位或与 EDTA 生成配合物不稳定的金属或非金属离子，可用间接法测定。如 $Na^+$、$K^+$、$SO_4^{2-}$、$PO_4^{3-}$、$CN^-$、$C_2O_4^{2-}$ 的测定。

$PO_4^{3-}$ → 过量 $Bi^{3+}$ 发生反应 → 生成 $BiPO_4$ 沉淀 → 用 EDTA 滴定过量的 $Bi^{3+}$ → 计算出 $PO_4^{3-}$ 的含量

间接法手续繁琐，引入误差概率也较大，故不是一种理想的方法。

## 小结

配位化合物是形成体与配体以配位键结合并具一定空间构型的一类物质。主要概念有中心原子(离子)、配体(单齿及多齿)、配位数、电荷数、简单配合物、螯合物(特殊稳定性和特征颜色)以及配合物化学式书写原则和汉语命名原则等。

配合物不仅是无机化学的重要研究课题，还与生命科学、材料科学、医药学科学、生物科学、工农业等有密切关系，目前正沿着深度、广度和应用三个方向蓬勃发展。

结合配位平衡与配体浓度、酸碱平衡、沉淀溶解平衡、氧化还原平衡以及配位平衡之间的关系，运用稳定常数可以计算并判断配位反应进行的方向和程度、溶液中有关离子的浓度、配离子与沉淀之间及配离子相互间转化的可能性、金属及其配离子的电极电势。

EDTA 与金属离子的配位反应具有广泛性、计量比简单确定、稳定性、可溶性等特点，因而在配位滴定分析中可作为一种优良的滴定剂。因它是一个有机羧酸，溶液中的酸碱平衡对其配位平衡影响显著。为综合考虑各种实际因素(副反应)对 EDTA 配位反应的影响，更加客观真实地定量描述配位反应进行程度以及配合物稳定性，引入了条件稳定常数。

**小结** EDTA 配位滴定基本原理与其他几类滴定原理类似。溶液中金属离子浓度在计量点附近发生突跃。影响滴定突跃范围大小因素有 $K'_{MY}$ 和 $c_M$。金属指示剂实际上是一种本身具有某种颜色的配位剂,可与金属离子发生配位反应形成另一种颜色的配合物,从而引起溶液颜色的改变来指示滴定终点。

## 目标检测

一、名词解释

配合物  配体  配位数  螯合物  配合稳定常数  酸效应  条件稳定常数  酸效应系数  氨羧配位剂  螯合剂  单齿配体  多齿配体  掩蔽剂  解蔽剂

二、选择题

(一) 最佳选择题

1. $[Cr(C_2O_4)(en)_2]^+$ 配离子中 Cr 的氧化数和配位数是 ( )
   A. +3,3  B. +3,6
   C. +2,3  D. +6,6

2. 下列说法错误的是 ( )
   A. 一般螯合物比较稳定  B. 螯合作用的结果将使配合物成环
   C. 具螯合作用配体称为螯合剂  D. 只有过渡金属元素离子能形成螯合物

3. 下列化合物中属于配合物的是 ( )
   A. $Na_2S_2O_3$  B. $H_2O_2$
   C. $[Ag(NH_3)_2]Cl$  D. $KAl(SO_4)_2 \cdot 12H_2O$

4. $K[PtCl_3(NH_3)]$ 的正确命名是 ( )
   A. 三氯·氨合铂(Ⅱ)酸钾  B. 一氨·三氯合铂(Ⅱ)酸钾
   C. 三氯·氨合铂(0)酸钾  D. 三氯化氨合铂(Ⅱ)酸钾

5. EDTA 与金属离子形成螯合物时,其螯合比一般为 ( )
   A. 1:1  B. 1:2
   C. 1:4  D. 1:6

6. 在 $Bi^{3+}$、$Fe^{3+}$ 混合溶液中,用 EDTA 法测定 $Bi^{3+}$,消除 $Fe^{3+}$ 的干扰,宜选用的掩蔽方法是 ( )
   A. 控制酸度法  B. 配位掩蔽法
   C. 氧化还原掩蔽法  D. 离子交换法

7. $Fe^{3+}$、$Al^{3+}$ 对铬黑 T 有 ( )
   A. 僵化作用  B. 氧化作用
   C. 沉淀作用  D. 封闭作用

8. EDTA 与金属离子配位时,一分子的 EDTA 可提供的配位原子个数为 ( )
   A. 2  B. 4
   C. 6  D. 8

9. EDTA 的酸效应曲线是指 ( )
   A. $\alpha_{Y(H)}$-pH 曲线  B. pM-pH 曲线
   C. $\lg K_{MY}$-pH 曲线  D. $\lg \alpha_{Y(H)}$-pH 曲线

10. 用 EDTA 配位滴定测定 $Al^{3+}$,常用的滴定方式是 （  ）
   A. 直接滴定法　　　　　　　　B. 返滴定法
   C. 间接滴定法　　　　　　　　D. 置换滴定法

（二）配伍选择题
[11~15] 应加入的掩蔽剂
   A. NaOH　　　　　　　　　　B. $NH_4F$
   C. KCN　　　　　　　　　　　D. 维生素 C
   E. 三乙醇胺
11. $Bi^{3+}$、$Fe^{3+}$ 共存时,测 $Bi^{3+}$ （  ）
12. $Al^{3+}$、$Zn^{2+}$ 共存时,测 $Zn^{2+}$ （  ）
13. $Ca^{2+}$、$Mg^{2+}$ 共存时,测 $Ca^{2+}$ （  ）
14. $Cu^{2+}$、$Pb^{2+}$、$Zn^{2+}$ 共存时,测 $Pb^{2+}$ （  ）
15. $Ca^{2+}$、$Mg^{2+}$、$Fe^{3+}$ 共存时,测 $Ca^{2+}$、$Mg^{2+}$ （  ）

[16~20] 关于副反应
   A. 酸效应　　　　　　　　　　B. 水解效应
   C. 配位效应　　　　　　　　　D. 干扰离子效应
   E. 混合配位效应
16. 溶液酸度较低时,金属离子发生水解析出氢氧化物沉淀 （  ）
17. 溶液中由于 $H^+$ 的存在而使 EDTA 参加主反应能力降低的现象 （  ）
18. 溶液中存在其他配位剂使待测离子参加主反应能力降低的现象 （  ）
19. 溶液酸度较高时生成 MHY、酸度降低时生成 MOHY 的现象 （  ）
20. 溶液中存在其他金属离子时使 EDTA 参加在防御能力降低的现象 （  ）

（三）多项选择题
21. 下列说法不正确的是 （  ）
   A. 配合物由内界和外界两部分组成
   B. 只有金属离子才能作为配合物的形成体
   C. 配位体的数目就是形成体的配位数
   D. 配离子的电荷数等于中心离子的电荷数
   E. 单齿配体的配位数与配体数目相同
22. 配位滴定中,消除共存离子干扰的方法有 （  ）
   A. 控制溶液酸度　　　　　　　B. 使用沉淀剂
   C. 使用解蔽剂　　　　　　　　D. 使用配位掩蔽剂
   E. 使用金属指示剂
23. 下列化合物中可能作为有效螯合剂的是 （  ）
   A. $H_2O$　　　　　　　　　　B. 过氧化氢 HO—OH
   C. EDTA　　　　　　　　　　D. $H_2N—CH_2—CH_2—CH_2—NH_2$
   E. $(CH_3)_2N—NH_2$
24. EDTA 不能直接滴定的金属离子有 （  ）
   A. $Fe^{3+}$　　B. $Al^{3+}$　　C. $Mg^{2+}$　　D. $Na^+$　　E. $Ag^+$
25. 用于标定 EDTA 滴定液浓度的基准物质有 （  ）
   A. 纯锌　　　　　　　　　　　B. 纯铜
   C. 纯氧化锌　　　　　　　　　D. 重铬酸钾
   E. 碳酸钠

## 三、填空题

1. 配合物 [Co(NH₃)₄(H₂O)₂]Cl₃ 的命名为_____；其内界是_____；外界是_____；中心离子是_____；配体分别是_____和_____；配位原子分别是_____和_____；中心离子的配位数为_____。

2. 金属离子(或原子)与一定数目的中性分子或阴离子以_____结合成的_____的复杂离子称为_____。

3. _____的配离子，可根据_____直接比较其在水溶液中的稳定性。

4. 配离子的形成和离解都是_____进行的，其 $K_1$、$K_2$、$K_3$、… 称为_____，它们的值彼此_____。

5. 配位平衡常数称为_____，它表示了配离子在水溶液中的_____。

6. 在配位滴定中，由于_____的存在，使_____参加主反应能力降低等效应称为酸效应；由于_____的存在，使_____参加主反应的能力降低的效应称为配位效应。

7. 溶液的 pH 越低，酸效应_____，而水解效应_____。

8. 填表

| 配合物 | 中心原子 | 配体 | 配位原子 | 配位数 | 命名 |
| --- | --- | --- | --- | --- | --- |
| [Co(NH₃)₆]Cl₂ | | | | | |
| K₂[PtCl₆] | | | | | |
| Na₂[SiF₆] | | | | | |
| [CoCl(NH₃)₅]Cl₂ | | | | | |
| [Co(en)₃]Cl₃ | | | | | |
| [CoCl(NO₂)(NH₃)₄]⁺ | | | | | |

| 化学名称 | 化学式 | 内界 | 外界 |
| --- | --- | --- | --- |
| 二硫代硫酸合银(Ⅰ)酸钠 | | | |
| 三硝基三氨合钴(Ⅲ) | | | |
| 氯化二氯三氨一水合钴(Ⅲ) | | | |
| 二氯二羟基二氨合铂(Ⅳ) | | | |

## 四、简答题

1. 结合实例简述配合物在医药领域中的应用。
2. 配合物配位数与其配体数是否相等？
3. 解释 AgCl 沉淀溶解在氨水溶液中，加入 $HNO_3$ 后又重新析出 AgCl 沉淀的现象。
4. 在配位滴定中控制适当的酸度有何重要意义？应如何全面考虑选择滴定时的 pH？
5. 用平衡理论说明 EDAT 在水中存在的形式，并说明在什么条件下 EDTA 主要以 $Y^{4-}$ 形式存在。
6. 配合物的稳定常数与条件稳定常数有何不同？为什么要引用条件稳定常数？

## 五、计算题

1. 计算下例反应的平衡常数并解释下例实验现象：
   (1) AgBr 沉淀能溶于 KCN 溶液中。
   (2) Ag₂S 沉淀不能溶于 KCN 溶液中。

2. 准确移取 100.0mL 水样，用氨性缓冲液调节至 pH = 10，以 EBT 为指示剂，用 $0.008\,826\,mol \cdot L^{-1}$ EDTA 标准溶液滴定至终点，共消耗 12.58mL，计算水的总硬度。如果将上述水样再取 100.0mL，用 NaOH 调节 pH = 12.5，加入钙指示剂，用上述 EDTA 标准液滴定至终点，消耗 10.11mL，试分别求出水样中 $Ca^{2+}$ 和

$Mg^{2+}$ 的量。

3. 在 50mL 0.10mol·L$^{-1}$ AgNO$_3$ 溶液中加入相对密度为 0.932 含 NH$_3$ 18.24% 的氨水 30mL 后,再加水稀释至 100mL,求此溶液中 [Ag$^+$]、[Ag(NH$_3$)$_2^+$] 和 [NH$_3$]。已知 $K_{稳,[Ag(NH_3)_2]^+} = 1.7 \times 10^7$。

4. 称取葡萄糖酸钙试样 0.5500g,溶解后,在 pH=10 的氨性缓冲液中用 0.04985mol·L$^{-1}$ 的 EDTA 滴定(EBT 为指示剂)至终点,消耗标准溶液 24.50mL,试计算葡萄糖酸钙的含量。分子式为 C$_{12}$H$_{22}$O$_{14}$Ca·H$_2$O。

5. 计算下列反应的平衡常数,并判断反应进行的方向:

(1) [Cu(CN)$_2$]$^-$ + 2NH$_3$·H$_2$O === [Cu(NH$_3$)$_2$]$^+$ + 2CN$^-$ + 2H$_2$O

已知 $K_{稳,[Cu(CN)_2]^-} = 1.00 \times 10^{24}$, $K_{稳,[Cu(NH_3)_2]^+} = 7.24 \times 10^{10}$。

(2) [Fe(NCS)$_2$]$^+$ + 6F$^-$ === [FeF$_6$]$^{3-}$ + 2SCN$^-$

已知 $K_{稳,[Fe(NCS)_2]^+} = 2.29 \times 10^3$, $K_{稳,[FeF_6]^{3-}} = 2.04 \times 10^{14}$。

6. 称取纯锌 0.3267g,溶解后定量移入 250mL 容量瓶中,稀释至刻度。吸取 25.00mL,用 EDTA 标准溶液进行滴定,终点时消耗 EDTA 24.98mL,试计算 EDTA 标准溶液浓度、此 EDTA 标准溶液对 CaCO$_3$ 及 Fe$_2$O$_3$ 的滴定度。

(陈宗治)

# 第9章 氧化还原平衡与氧化还原滴定

1. 掌握氧化数、氧化剂、还原剂等基本概念,掌握氧化还原反应方程式的配平
2. 理解原电池的组成、电极反应及电池反应的关系
3. 了解电极电势的产生原因,掌握能斯特方程式及有关计算和电极电势表的应用
4. 了解根据电势图判断歧化反应发生的可能性
5. 掌握氧化还原滴定法的原理、方法及其在药物分析中的应用

## 第1节 基本概念

### 一、氧化还原反应及氧化数

氧化还原反应是指反应物之间有电子转移的一类反应。例如

$$\underset{\text{还原剂}}{Zn} + \underset{\text{氧化剂}}{CuCl_2} \xrightleftharpoons{2e^-} ZnCl_2 + Cu$$

$$\underset{\text{还原剂}}{H_2} + \underset{\text{氧化剂}}{1/2 O_2} \xrightleftharpoons{2e^-} H_2O$$

在氧化还原反应中,失去电子的过程称为氧化,获得电子的过程称为还原。由于电子得失是在一个反应中同时发生的,所以,氧化还原过程必定同时发生。能使另一物质发生氧化过程的物质称为氧化剂,能使另一物质发生还原过程的物质称为还原剂。氧化剂在起氧化作用的同时,自身被还原;还原剂在起还原作用的同时,自身被氧化。氧化剂得到的电子数和还原剂失去的电子数相等。

上例 Zn 与 $CuCl_2$ 生成 $ZnCl_2$ 和 Cu 的反应,明显有电子得失,但 $H_2$ 和 $O_2$ 生成 $H_2O$ 的反应,由于氧的电负性比氢大,在 $H_2O$ 分子中,共用电子对偏向氧的一方,这也属于氧化还原反应。因此,氧化还原反应的本质是电子的转移(得失或偏移)。为了判断一种反应是否属于氧化还原反应,引入了氧化数的概念。

#### (一) 氧化数

氧化数是某元素一个原子的电荷数,这种电荷数由假设把每个键中的电子指定给电负性较

大的原子而求得。对共价化合物,氧化数实质上是一种形式(表观)电荷数而不是真实电荷数。确定元素氧化数的规则如下:

(1) 单质中元素的氧化数为零。

(2) 在一般化合物中,氢原子的氧化数为 +1(在活泼金属氢化物中,如 NaH 中氢为 -1);氧的氧化数为 -2(在过氧化物中为 -1)。

(3) 在中性分子中,各元素的氧化数代数和为零。

(4) 多原子离子的电荷数等于所有原子氧化数的代数和,单原子离子的氧化数等于离子的电荷数。

根据以上规则,通过简单计算即可确定化合物中各元素的氧化数。例如,$Fe_3O_4$ 中 Fe 的氧化数为 +8/3,$Na_2S_4O_6$(连四硫酸钠)中 S 的氧化数为 +5/2。

氧化数与化合价的概念是不同的。化合价是表示分子中各原子间化学键的数量关系,它与分子结构有关,故不会有分数。在简单化合物中,氧化数与化合价数值相同,但在结构复杂的化合物中,如 $Na_2S_2O_3$ 中,S 的化合价( +6 和 -2)和氧化数( +2)就不相等。

凡是在反应前后元素的氧化数发生变化的反应称为氧化还原反应。其中,失去电子、氧化数升高的过程称氧化(或叫被氧化);获得电子、氧化数降低的过程称还原(或叫被还原)。氧化数升高的物质叫还原剂,氧化数降低的物质叫氧化剂。

$$Cl_2 + 2KI \rightleftharpoons 2KCl + I_2$$

(上方:氧化数升高,被氧化;下方:氧化数降低,被还原)

## (二) 氧化还原半反应式

元素处于高氧化态时的物质称该元素的氧化型;元素处于低氧化态时的物质称该元素的还原型。例如,上述反应中 $Cl_2$ 的氧化数为 0,$Cl^-$ 氧化数为 -1,称 $Cl_2$ 为氧化型,$Cl^-$ 为还原型,同一元素的氧化型和还原型物质可以通过电子转移而互相转化。例如

$$Fe^{3+} + e^- \rightleftharpoons Fe^{2+}$$

$$MnO_4^- + 5e^- \rightleftharpoons Mn^{2+}$$

通式为

$$氧化型 + ne^- \rightleftharpoons 还原型$$

习惯把能通过电子转移而互相转化的一对氧化型和还原型物质称为氧化还原电对,简称电对。表示符号是氧化型/还原型,如 $Cl_2/Cl^-$、$MnO_4^-/Mn^{2+}$ 等。

氧化还原的离子反应式可以拆开成两个半反应式。例如

$$MnO_2 + 4HCl \rightleftharpoons MnCl_2 + Cl_2 + 2H_2O$$

可拆成

$$2Cl^- \rightleftharpoons Cl_2 + 2e^- (氧化半反应式)$$

$$MnO_2 + 4H^+ + 2e^- \rightleftharpoons Mn^{2+} + 2H_2O (还原半反应式)$$

两个半反应式不能单独存在,是互相依存的。每一个半反应就是一个氧化还原电对的反应。上例中的两个电对是 $Cl_2/Cl^-$ 和 $MnO_2/Mn^{2+}$。氧化还原反应实际上是两个电对之间的电子转移反应。

氧化还原反应中常有 $H^+$、$OH^-$ 和 $H_2O$ 参与反应,它们虽然没有发生氧化还原反应,但在半反应中氧化剂、还原剂如有 O 原子数差额时,$H^+$、$OH^-$、$H_2O$ 就发挥了补偿差额的作用,使反应

式两边原子数配平。

## 二、离子-电子配平法

氧化还原反应比较复杂,参加反应的物质有时也较多,用观察法难以完成方程式配平,常用氧化数法或离子-电子法来配平。对于离子方程式常用离子-电子法配平:先写出离子方程式,再根据氧化剂和还原剂之间电子得失数相等和反应前后各元素原子数相等的原则配平。

配平下列氧化还原方程式:

$$K_2Cr_2O_7 + FeSO_4 + H_2SO_4 \longrightarrow Cr_2(SO_4)_3 + Fe_2(SO_4)_3 + H_2O$$

配平步骤如下:

(1) 写出未配平的离子方程式

$$Cr_2O_7^{2-} + Fe^{2+} + H^+ \longrightarrow Cr^{3+} + Fe^{3+} + H_2O$$

(2) 将上式拆分为两个半反应

氧化反应 $\quad Fe^{2+} \longrightarrow Fe^{3+} + e^-$

还原反应 $\quad Cr_2O_7^{2-} + H^+ + 6e^- \longrightarrow Cr^{3+} + H_2O$

(3) 配平半反应

氧化反应 $\quad Fe^{2+} = Fe^{3+} + e^-$

还原反应 $\quad Cr_2O_7^{2-} + 14H^+ + 6e^- = 2Cr^{3+} + 7H_2O$

$Cr_2O_7^{2-}$ 被还原为 $Cr^{3+}$,氧原子数目减少,由于反应在酸性介质中进行,故应在左边加足够的 $H^+$,使所有氧原子与之结合生成 $H_2O$,并使半反应式两边原子数和电荷数相等,对两个半反应得失电子数取最小公倍数,使它们得失电子数相等,然后加合,即得配平的离子反应式。

$$\begin{array}{l}(1)\times 6 \quad 6Fe^{2+} = 6Fe^{3+} + 6e^- \\ (2)\times 1 \quad Cr_2O_7^{2-} + 14H^+ + 6e^- = 2Cr^{3+} + 7H_2O \quad (+) \\ \hline 6Fe^{2+} + Cr_2O_7^{2-} + 14H^+ = 6Fe^{3+} + 2Cr^{3+} + 7H_2O \end{array}$$

最后根据反应前后各元素原子数及电荷数相等的原则来核对是否平衡,再还原成分子方程式。

$$6FeSO_4 + K_2Cr_2O_7 + 7H_2SO_4 = Cr_2(SO_4)_3 + 3Fe_2(SO_4)_3 + K_2SO_4 + 7H_2O$$

案例9-1

在配平方程式时,往往要加 $H^+$、$OH^-$ 和 $H_2O$,如何添加呢? 这也有一定规律,由于 $H^+$ 和 $OH^-$ 可结合成 $H_2O$,而 $H_2O$ 又可离解为 $H^+$、$OH^-$,所以当反应式两边"O"原子不等时,根据介质条件(酸性、中性、碱性),在反应物和产物中按比例添加一定量的 $H^+$、$OH^-$ 和 $H_2O$,现列于表 9-1,供参考。

表 9-1 配平时添加 $H^+$、$OH^-$ 的规律

| 介质条件 | 反应物中多 $n$ 个 O | | 反应物中少 $n$ 个 O | |
|---|---|---|---|---|
| | 反应物中加 | 产物中加 | 反应物中加 | 产物中加 |
| 酸性 | $2nH^+$ | $nH_2O$ | $nH_2O$ | $2nH^+$ |
| 中性 | $nH_2O$ | $2nOH^-$ | $nH_2O$ | $2nH^+$ |
| 碱性 | $nH_2O$ | $2nOH^-$ | $2nOH^-$ | $nH_2O$ |

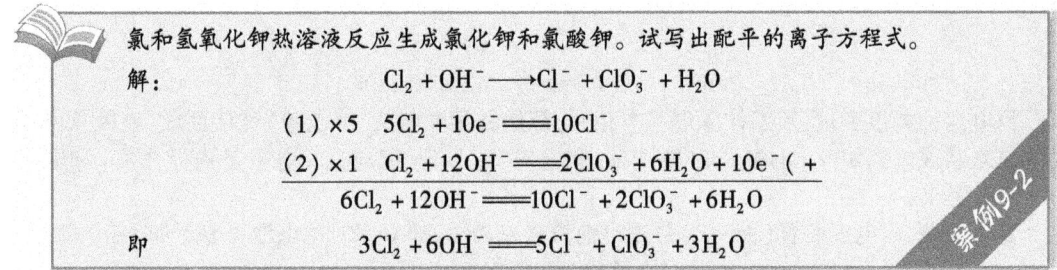

氯和氢氧化钾热溶液反应生成氯化钾和氯酸钾。试写出配平的离子方程式。

解：　　　　　　　　　$Cl_2 + OH^- \longrightarrow Cl^- + ClO_3^- + H_2O$

(1) ×5　　$5Cl_2 + 10e^- =\!=\!= 10Cl^-$

(2) ×1　　$Cl_2 + 12OH^- =\!=\!= 2ClO_3^- + 6H_2O + 10e^-$ （＋

　　　　　　$6Cl_2 + 12OH^- =\!=\!= 10Cl^- + 2ClO_3^- + 6H_2O$

即　　　　　$3Cl_2 + 6OH^- =\!=\!= 5Cl^- + ClO_3^- + 3H_2O$

## 第2节　电极电势

### 一、原　电　池

任一自发的氧化还原反应原则上都可以设计成原电池，即把氧化还原反应拆成两个半反应，将其中氧化反应作负极，还原反应作正极，用导线接通两电极，用盐桥沟通内电路，这就构成原电池。原电池是利用氧化还原反应产生电流的装置，如 Cu-Zn 原电池（图9-1）。

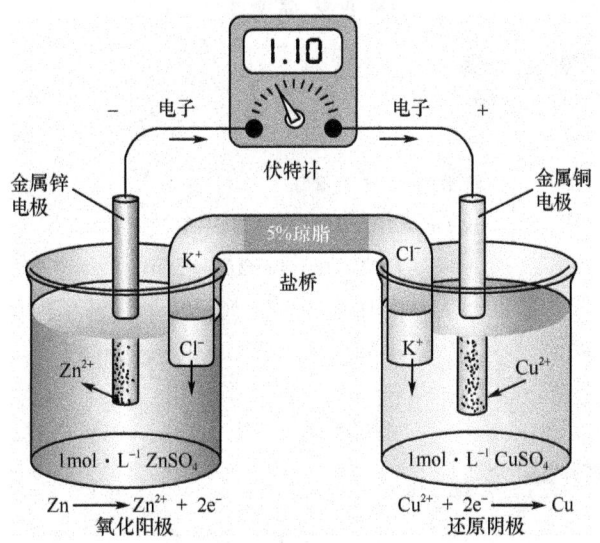

图9-1　Cu-Zn 原电池

把一块 Zn 片插入盛有 $ZnSO_4$ 溶液的烧杯中，把一块铜片插入盛有 $CuSO_4$ 溶液的烧杯中，在两溶液中用一个 U 形管倒置相连，U 形管中装满用饱和 KCl 溶液和琼脂制成的凝胶，这个 U 形管称盐桥（其作用原理，后面详述），它起着沟通容器中溶液离子的作用，用导线把锌片和铜片连接起来，在电路上装检流计可观察到指针偏转，证明有电流通过。同时还可观察到 Zn 片溶解和 Cu 片上有 Cu 沉积。Zn 片浸入 $Zn^{2+}$ 盐这一部分称为一个半电池，是原电池的一个电极；Cu 浸入 $Cu^{2+}$ 盐这一部分称为另一个半电池，是原电池的另一个电极。两个半电池发生的反应称为半电池反应（或电极反应），它们是

锌电极反应　　　　　$Zn =\!=\!= Zn^{2+} + 2e^-$　　　（氧化反应）

铜电极反应　　　　　$Cu^{2+} + 2e^- =\!=\!= Cu$　　　（还原反应）

并规定发生氧化反应的电极为负极，发生还原反应的电极为正极，总的电池反应是两电极反应总和。

$$\mathrm{Zn} + \mathrm{Cu}^{2+} \xrightarrow{2e^-} \mathrm{Zn}^{2+} + \mathrm{Cu}$$

原电池种类很多,但其工作原理基本相同,都是由两个电极(半电池)连接而成,电极是由导体和电对组成。例如,Zn 电极是由导体 Zn 和电对 $\mathrm{Zn}^{2+}/\mathrm{Zn}$ 组成;Cu 电极是由导体 Cu 和电对 $\mathrm{Cu}^{2+}/\mathrm{Cu}$ 组成。

为了简便,原电池装置(图 9-1)常用电池符号来表示,如 Cu-Zn 原电池可表示如下:

$$(-)\mathrm{Zn}|\mathrm{Zn}^{2+}(c_1)||\mathrm{Cu}^{2+}(c_2)|\mathrm{Cu}(+)$$

式中"|"表示两相间的接界或称相界面,"||"表示两溶液间用盐桥相联(有两个接界面)。通常将负极写左边,用"(-)"表示,正极写右边,用"(+)"表示,$(c)$ 表示该离子的浓度,用质量摩尔浓度表示,在稀溶液中可近似用物质的量浓度表示,若为气体则用分压表示。

以上讨论可以看到,原电池是使化学能转变成电能的一种装置。它的理论意义是证实了氧化还原反应的实质是反应物之间有电子的转移,也为研究化学反应中的能量转换提供了可靠的实验依据。

## 高能化学电池

原电池最基本的用途是用作电源。随着科学技术的发展,有许多新型电池已出现,现介绍几种常用电池。

1. 银-锌电池 电极材料是 $\mathrm{Ag_2O_2}$ 和 Zn,电解液是

负极  $\mathrm{Zn} + 2\mathrm{OH}^- = \mathrm{Zn(OH)}_2 + 2e^-$

正极  $\mathrm{Ag_2O} + \mathrm{H_2O} + 2e^- = 2\mathrm{Ag} + 2\mathrm{OH}^-$

电池反应  $\mathrm{Zn} + \mathrm{Ag_2O} + \mathrm{H_2O} = \mathrm{Zn(OH)}_2 + 2\mathrm{Ag}$

银锌电池体积较小,常用作纽扣电池(图 9-2),用于电子表等仪器。

2. 锂-二氧化锰电池 以锂金属作负极,$\mathrm{MnO_2}$ 等材料作正极,以有机溶剂和锂盐组成的溶液为电解质。

负极  $\mathrm{Li} = \mathrm{Li}^+ + e^-$

正极  $\mathrm{MnO_2} + \mathrm{Li}^+ + e^- = \mathrm{LiMnO_2}$

电池反应  $\mathrm{Li} + \mathrm{MnO_2} = \mathrm{LiMnO_2}$

锂电池电压高、容量大、自放电率低,常用作笔记本电脑电源(图 9-3)。

图 9-2 银-锌纽扣电池

图 9-3 笔记本电池

# 二、电极电势

## (一) 基本概念

用导线把原电池的两个电极连接起来,其间就有电流通过。从物理学讲,这表明在两个电极之间存在电势差(或电位差),而从化学讲,这表明两个电极有电子转移的趋势。为什么会有这种趋势呢?让我们来想象一下金属电极的情况。当金属 M 浸入其盐的稀溶液 $M^{n+}$ 时,金属表面的金属正离子(金属晶体是由金属正离子和自由电子构成)受溶液中水分子的吸引、撞击,就有成为水合离子进入溶液的倾向;溶液中的水合金属离子也有碰撞金属表面与电子作用而沉积的倾向,最后这种可逆过程建立动态平衡。

$$M(s) \underset{沉积}{\overset{溶解}{\rightleftharpoons}} M^{n+}(aq) + ne^-$$
（金属中）　　　　　（溶液中）

金属愈活泼或盐溶液浓度愈小,愈有利于正向趋势,即溶解倾向大于沉积倾向,金属带负电,溶液带正电,如图9-4(a)所示;反之金属愈稳定或盐溶液浓度愈大,愈有利于逆向趋势,即沉积倾向大于溶解倾向,金属带正电,溶液带负电,如图9-4(b)所示。无论何种情况,金属及其盐溶液之间都会产生电势差,这种电势差称为该金属的电极电势。电极电势可用来衡量金属在水溶液中失去电子能力的大小。

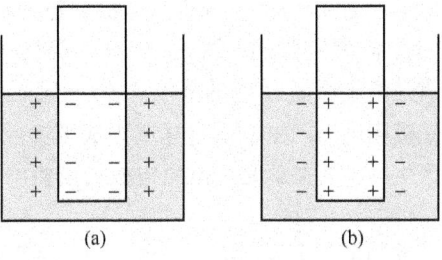

图 9-4　金属的电极电势

电极电势用符号 $\varphi$ 表示,并在右下脚注明该电极的电对,即 $\varphi_{M^{n+}/M}$。

## (二) 电极电势差是电池反应的推动力

如图9-1所示,Zn 及其 $Zn^{2+}$ 盐溶液间有 $\varphi_{Zn^{2+}/Zn}$,Cu 及其 $Cu^{2+}$ 盐溶液间有 $\varphi_{Cu^{2+}/Cu}$,因 $\varphi_{Zn^{2+}/Zn} < \varphi_{Cu^{2+}/Cu}$,Zn 片上有多余电子,Cu 片上缺少电子,当由导线及盐桥相连接时,电子即从 Zn 片流向 Cu 片,两极反应为

Zn 极(-)　　　　　$Zn \rightleftharpoons Zn^{2+} + 2e^-$　　（氧化反应）
Cu 极(+)　　$Cu^{2+} + 2e^- \rightleftharpoons Cu$　　（还原反应）　　(+)
电池反应　　　$Zn + Cu^{2+} \rightleftharpoons Zn^{2+} + Cu$

电子从 Zn 极(-)流向 Cu 极(+)。

盐桥的作用:盐桥中有 $K^+$ 和 $Cl^-$,由于锌半电池中 Zn 的溶解使 $Zn^{2+}$ 增加,溶液带正电荷,阻止反应正常进行,这时 $Cl^-$ 进入 $Zn^{2+}$ 溶液,维持溶液电中性,使反应顺利进行。同理,在铜半电池中,由于 $Cu^{2+}$ 的沉积使 $Cu^{2+}$ 减少,溶液带负电荷,这时 $K^+$ 进入溶液,维持溶液电中性,使反应顺利进行。所以盐桥主要起沟通内电路的桥梁作用。

组成电极的物质不一定都是金属及其盐溶液,像同一金属不同价态的离子或非金属单质及其相应的离子都可以组成氧化还原电对,如 $Fe^{3+}/Fe^{2+}$、$Sn^{4+}/Sn^{2+}$、$MnO_4^-/Mn^{2+}$、$H^+/H_2$、$O_2/OH^-$、$Cl_2/Cl^-$ 等,这类电对由于缺少组成电极的导体,需另加惰性材料作导体,由惰性材料的导体和电对组成一个电极,惰性材料一般用 Pt(或 Au),它只作导体而不参与化学反应。上述电极可书写表示如下:

$$Pt|Fe^{3+}(c_1),Fe^{2+}(c_2) \qquad Pt|H_2(p)|H^+(c)$$
$$Pt|Sn^{4+}(c_1),Sn^{2+}(c_2) \qquad Pt|O_2(p)|OH^-(c)$$
$$Pt|MnO_4^-(c_1),Mn^{2+}(c_2) \qquad Pt|Cl_2(p)|Cl^-(c)$$

## 三、标准电极电势的测定

金属电势的大小与金属本性、溶液浓度、温度等因素有关,为了相互比较,热力学中规定标准条件,即在一定温度下,离子浓度为 $1\text{mol}\cdot L^{-1}$(严格讲是离子活度为1),气体分压为 $101.325\text{kPa}$,液体和固体都为纯物质。在标准条件下的电极电势称标准电极电势,其符号表示为 $\varphi^\ominus$。

金属电极电势的绝对值目前还无法测定,然而电池的电动势是可以精密测定的。因此,只要确定一个电极的电极电势作为相对标准,就可测定另一个电极的相对电势了。而在实际应用中,使用相对电极电势也同样能解决问题。1953年,国际纯粹与应用化学联合会建议,采用标准氢电极作为相对标准,规定其电极电势为零。标准氢电极是这样制备的:把镀有一层铂黑(Pt的极细粉末,具有强烈吸附 $H_2$、$O_2$、$Cl_2$ 等气体的特性)的铂片,一半浸在 $H^+$ 浓度为 $1\text{mol}\cdot L^{-1}$(严格讲是离子活度为1)的溶液中,在一定温度下,向铂片上不断通以 $101.325\text{kPa}$ 的纯 $H_2$ 气流,使铂黑吸附的 $H_2$ 达饱和,这样就组成了标准氢电极(图9-5)。铂片上所吸附的 $H_2$ 和溶液的 $H^+$ 之间产生的电势差就是标准氢电极的电极电势,规定在任意温度下:

$$\varphi^\ominus_{H^+/H_2} = 0.0000\text{V}$$

欲测定某金属标准电极电势,只要把该电极和标准氢电极组成原电池,测定其电动势值即可。如图9-6所示,待测电极是 Zn 电极($Zn^{2+}$ 为 $\text{mol}\cdot L^{-1}$),将原电池置于恒温槽中(一般指298.15K),根据检流计偏转方向确定电池正、负极,实验测得 Zn 电极为负极,再用电位差计精密测定原电池的电动势 $E^\ominus = 0.7628\text{V}$,可按下式计算 $\varphi^\ominus_{Zn^{2+}/Zn}$。

$$E^\ominus = \varphi^\ominus_{H^+/H_2} - \varphi^\ominus_{Zn^{2+}/Zn}$$

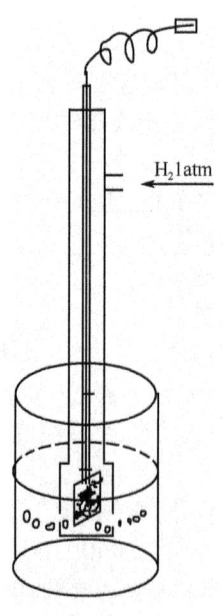

图9-5 标准氢电极示意图

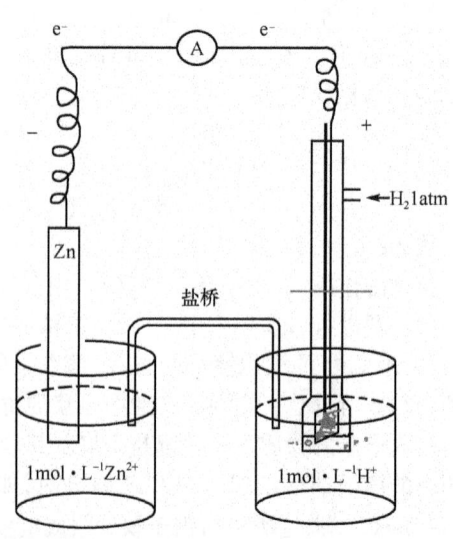

图9-6 测定电极电势装置示意图

按规定
$$\varphi^{\ominus}_{H^+/H_2} = 0.0000V$$
则
$$\varphi^{\ominus}_{Zn^{2+}/Zn} = \varphi^{\ominus}_{H^+/H_2} - E^{\ominus} = 0.0000 - 0.7618 = -0.7618(V)$$

如果将 Zn 电极换成 Cu 电极,可测知 Cu 电极为正极,其 $\varphi^{\ominus}_{Cu^{2+}/Cu} = +0.3402V$。

从以上两例中测定的 $\varphi^{\ominus}$ 数据看,Zn 的标准电极电势是负值,铜的标准电极电势是正值。由此可以说明,电对 $Zn^{2+}/Zn$ 与标准氢电极比,Zn(还原型)失电子倾向大,$Zn^{2+}$(氧化型)得电子倾向小;而 $Cu^{2+}/Cu$ 电对中 Cu(还原型)失电子倾向小,$Cu^{2+}$(氧化型)得电子倾向大。即 Zn 比 Cu 活泼。也就是说电极电势代数值小的金属还原性强(易失电子)。

用上述方法可测定许多金属电极和非金属电极的电极电势,有一些不能直接测定的(如电对 $Na^+/Na$、$K^+/K$ 等)可用间接方法推算。

标准氢电极制作时需高纯度 $H_2$,且严格控制 $H_2$ 气流稳定在 101.325kPa,很不方便,所以在实际工作中,常用其他电极作为参比电极代替氢电极,如饱和甘汞电极和银-氯化银电极,但仍以氢电极 $\varphi^{\ominus}_{H^+/H_2} = 0.0000V$ 为第一标准。

甘汞电极的电极反应为
$$Hg_2Cl_2(s) + 2e^- \rightleftharpoons 2Hg(l) + 2Cl^-(aq)$$

电极符号为
$$Hg|Hg_2Cl_2(s)|KCl(饱和)$$

饱和甘汞电极的电极电势较稳定,且受温度的影响较小,在 298.15K 时
$$\varphi^{\ominus}_{Hg_2Cl_2/Hg} = +0.2360V$$

银-氯化银电极是在 Ag 丝上电解覆盖一层 AgCl 沉淀,然后浸入含 $Cl^-$ 的溶液中构成,此电极反应为
$$AgCl(s) + e^- \rightleftharpoons Ag(s) + Cl^-$$

电极符号表示为
$$Ag,AgCl(s)|Cl^-(1mol \cdot L^{-1})$$

298.15K 时
$$\varphi^{\ominus}_{AgCl/Ag} = +0.2221V$$

把直接测定或简接推算所得的各种电极的标准电极电势整理成标准电极电势表(附表6)。为能正确使用标准电极电势表,现作以下几点说明:

(1) 查表要注意反应条件。在不同反应条件下,电极反应不同,$\varphi^{\ominus}$ 也不同。酸表中列出的是在 $[H^+] = 1mol \cdot L^{-1}$ 酸性溶液中的 $\varphi^{\ominus}$ 值,碱表中列出的是在 $[OH^-] = 1mol \cdot L^{-1}$ 碱性溶液中的 $\varphi^{\ominus}$ 值。

(2) 表中所列 $\varphi^{\ominus}$ 值是按从小到大、自上而下顺序排列的,故当表中某两电极组成原电池时,上面 $\varphi^{\ominus}$ 小的电对作负极,下面 $\varphi^{\ominus}$ 大的电对作正极。

(3) 表中每一电对的电极反应统一以还原反应的形式写出
$$氧化型 + ne^- \rightleftharpoons 还原型$$
故此表称还原电势表。

(4) 每个电对 $\varphi^{\ominus}$ 的正、负号与电极反应的方向无关,因为 $\varphi^{\ominus}$ 是表示在标准状态下,电对中的氧化型和还原型处在动态平衡时的平衡电势。例如,在某种条件下,Zn 可以做还原剂(进行氧化反应:$Zn \longrightarrow Zn^{2+} + 2e^-$);在另一种条件下,Zn 也可以做氧化剂(进行还原反应 $Zn^{2+} + 2e^- \longrightarrow Zn$),但是在 298.15K 时,其 $\varphi^{\ominus}_{Zn^{2+}/Zn}$ 值都是 $-0.7628V$。

(5) $\varphi^{\ominus}$ 是强度性质(没有加和性),其值不受电极反应中计量系数书写形式不同的影响。

例如，$Cl_2$ 电极的电极反应式不论写成 $Cl_2 + 2e^- \rightleftharpoons 2Cl^-$ 或 $1/2Cl_2 + e^- \rightleftharpoons Cl^-$，同样是 $\varphi^\ominus = +1.36V$，因为 $\varphi^\ominus$ 是反映物质在标准状态下得失电子的倾向，这与物质的量无关。

（6）$\varphi^\ominus$ 的正值愈大，表示电对中氧化型是越强的氧化剂（即获得电子而还原的倾向越大），故在表左下方的 $F_2$ 是最强的氧化剂。反之，$\varphi^\ominus$ 的代数值愈小，表示该电对中还原型是越强的还原剂（即给出电子被氧化的倾向越大），表右上方的 Li 是最强的还原剂，与其共轭的 $Li^+$ 是最弱的氧化剂。

（7）此表数据只适用于水溶液。

## 第3节 电极电势的影响因素

### 一、能斯特方程

以上我们讨论了在标准状态下的电极电势 $\varphi^\ominus$，而实际反应体系往往处于非标准状态，即使一个开始处于标准状态的电池，随着反应的进行很快就变成非标准状态了。现以 Cu-Zn 电池来说明。

电池反应为

$$Zn + Cu^{2+} \rightleftharpoons Zn^{2+} + Cu$$

在标准状态及 298.15K 时，测得该电池电动势 $E^\ominus = 1.10V$。随着反应的进行，$[Zn^{2+}]$ 增加，$[Cu^{2+}]$ 减小，随着 $\frac{[Zn^{2+}]}{[Cu^{2+}]}$ 比值的增加，$E$ 值在降低。当到达 $E = 0$ 时，反应到达平衡，这时 $\frac{[Zn^{2+}]}{[Cu^{2+}]} = K = 10^{37}$。这一变化也表现了电极电势受到反应物或生成物浓度变化的影响。

如果在反应过程中连续测定 $E$ 值和相应的 $\frac{[Zn^{2+}]}{[Cu^{2+}]}$ 值，并用不同的 $E$ 值与相应的 $\lg\frac{[Zn^{2+}]}{[Cu^{2+}]}$ 值作图，可得一直线（图9-7）。

| $\frac{[Zn^{2+}]}{[Cu^{2+}]}$ | $\lg\frac{[Zn^{2+}]}{[Cu^{2+}]}$ | $E/V$ |
|---|---|---|
| 1 | 0 | 1.10 |
| $10^{10}$ | 10 | 0.79 |
| $10^{20}$ | 20 | 0.40 |
| $10^{30}$ | 30 | 0.17 |
| $10^{37}$ | 37 | 0 |

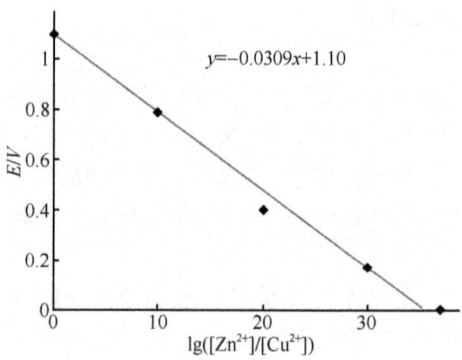

图9-7 Cu-Zn 原电池工作时 $E$ 与 $\lg\frac{[Zn^{2+}]}{[Cu^{2+}]}$ 的关系

此直线在纵坐标的截距为 1.10V，直线的斜率约为 $-0.0309$。因而得到该直线的数学方程为

$$E = -0.0309 \times \lg\frac{[Zn^{2+}]}{[Cu^{2+}]} + 1.10$$

其直线的截距与 Cu-Zn 原电池的标准电动势 $E^\ominus$（= 1.1037V）非常接近。

对一般的电池反应的测定结果都有这种形式的关系。假设一般氧化还原反应式为

$$aA + bB \rightleftharpoons cC + dD \quad \text{（式中 } a、b、c、d \text{ 为计量系数）}$$

上述函数关系可用通式表示为(298.15时)

$$E = E^\ominus - \frac{0.0592}{n}\lg\frac{[C]^c[D]^d}{[A]^a[B]^b} \tag{9-1}$$

能斯特从理论上也推导出上述方程式,故称能斯特方程式。方程定量地表明了电池反应过程中 $E$ 如何随反应物和生成物浓度以及反应温度(反映在直线的斜率中)变化而改变的。式中,$E$ 为电池电动势;$E^\ominus$ 为标准电动势;$n$ 为电池反应中转移的电子数。离子浓度一般以 $mol \cdot L^{-1}$(严格讲以活度表示);气体物质以相对分压 $p/p^\ominus$ 表示($p^\ominus = 101.325 kPa$);纯固体或纯液体的活度都为1。

若将电池反应的能斯特方程展开,就可导出电极反应的能斯特方程。仍以 Cu-Zn 电池为例:

电池反应为

$$Zn + Cu^{2+} \rightleftharpoons Zn^{2+} + Cu$$

它的能斯特方程为(298.15K 时)

$$E = E^\ominus - \frac{0.0592}{n}\lg\frac{[Zn^{2+}]}{[Cu^{2+}]}, \quad n = 2$$

因为 $E$ 为两电极电势之差,故

$$\varphi_+ - \varphi_- = \varphi_+^\ominus - \varphi_-^\ominus - \frac{0.0592}{n}\lg\frac{[Zn^{2+}]}{[Cu^{2+}]}$$

$$= \varphi_+^\ominus + \frac{0.0592}{n}\lg[Cu^{2+}] - \left(\varphi_-^\ominus + \frac{0.0592}{n}\lg[Zn^{2+}]\right)$$

所以 $\varphi_+ = \varphi_+^\ominus + \frac{0.0592}{n}\lg[Cu^{2+}]$,$\varphi_- = \varphi_-^\ominus + \frac{0.0592}{n}\lg[Zn^{2+}]$。

统一式子写成(298.15K 时)

$$\varphi = \varphi^\ominus + \frac{0.0592}{n}\lg\frac{[\text{氧化态}]}{[\text{还原态}]} \tag{9-2}$$

式中,$n$ 为指电极反应中转移的电子数。在上一例中还原型是固体,活度为1,故在方程中没有出现。

通常电池反应是在常温下进行的,并且温度对 $\varphi^\ominus$ 值的影响较小,故下面着重讨论浓度、酸度、其他反应的存在对电极电势的影响。

## 二、浓度对电极电势的影响

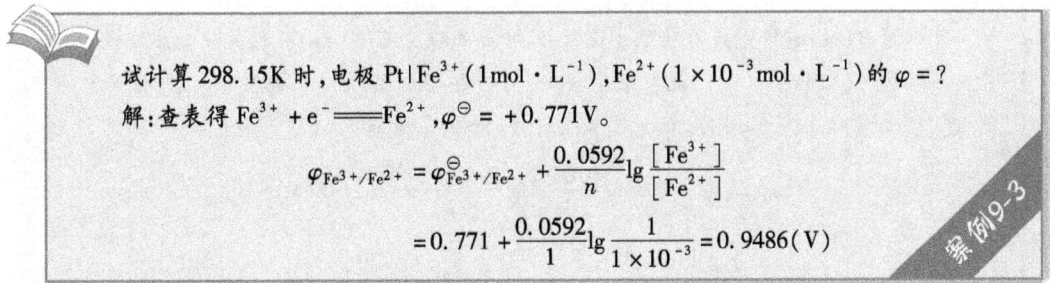

**案例9-3**

试计算298.15K 时,电极 $Pt|Fe^{3+}(1 mol \cdot L^{-1}), Fe^{2+}(1 \times 10^{-3} mol \cdot L^{-1})$ 的 $\varphi = ?$

解:查表得 $Fe^{3+} + e^- \rightleftharpoons Fe^{2+}$,$\varphi^\ominus = +0.771V$。

$$\varphi_{Fe^{3+}/Fe^{2+}} = \varphi^\ominus_{Fe^{3+}/Fe^{2+}} + \frac{0.0592}{n}\lg\frac{[Fe^{3+}]}{[Fe^{2+}]}$$

$$= 0.771 + \frac{0.0592}{1}\lg\frac{1}{1 \times 10^{-3}} = 0.9486(V)$$

可见,当 $[Fe^{2+}]$ 从标准态时的 $1 mol \cdot L^{-1}$ 降至 $1 \times 10^{-3} mol \cdot L^{-1}$ 时,$\varphi_{Fe^{3+}/Fe^{2+}}$ 值从0.771V 增至0.9486V,$Fe^{3+}$ 的氧化能力提高了(即 $Fe^{3+}$ 接受电子还原成 $Fe^{2+}$ 的倾向增大);反之,若加大 $[Fe^{2+}]$,则 $\varphi_{Fe^{3+}/Fe^{2+}} < \varphi^\ominus_{Fe^{3+}/Fe^{2+}}$,意味着 $Fe^{2+}$ 的还原能力提高了(即 $Fe^{2+}$ 失去电子氧化成 $Fe^{3+}$ 的倾向增大)。由此可得出结论:电极反应中,当[氧化型]>[还原型]时,$\varphi > \varphi^\ominus$,氧化剂氧化能力增强;反之,当[氧化型]<[还原型]时,$\varphi < \varphi^\ominus$,氧化剂氧化能力减弱。

## 三、酸度对电极电势的影响

当电极反应有 $H^+$ 或 $OH^-$ 参加时,例如,在用 $O_2$、氧化物、含氧酸或含氧酸盐作为氧化剂或还原剂时,溶液酸度对 $\varphi$ 值,也就是对它们的氧化还原能力,有较大的影响。

> 试计算在 298.15K,氧分压 $p_{O_2}=101.325\text{kPa}$ 时,在中性溶液中氧电极 $Pt|O_2(p_{O_2})|H^+(c),H_2O(l)$ 的 $\varphi$。
>
> 解:查表得 $O_2+4H^++4e^- \rightleftharpoons H_2O \qquad \varphi^\ominus=+1.229\text{V}$。
>
> 已知中性溶液的 $[H^+]=1\times 10^{-7}\text{mol}\cdot L^{-1}$。根据能斯特方程
>
> $$\varphi=\varphi^\ominus+\frac{0.0592}{4}\lg\frac{\dfrac{p_{O_2}}{p^\ominus}\times[H^+]^4}{1}$$
>
> $$=1.229+\frac{0.0592}{4}\lg\frac{(1\times 10^{-7})^4}{1}=0.815(\text{V})$$
>
> 【案例9-4】

案例9-4计算表明,当溶液 $[H^+]$ 从 $1\text{mol}\cdot L^{-1}$ 减少到 $1\times 10^{-7}\text{mol}\cdot L^{-1}$ 时,氧还原成 $H_2O$ 的趋势大大减小,酸度降低对氧电极的 $\varphi$ 值影响较大。

> 用计算表明重铬酸钾与盐酸的反应中,酸度对重铬酸钾氧化能力的影响。
>
> $$K_2Cr_2O_7+14HCl \rightleftharpoons 2CrCl_3+3Cl_2+2KCl+7H_2O$$
>
> 解:先计算在标准状态下电池电动势 $E^\ominus$,判断反应进行的方向。查表得
>
> $$Cr_2O_7^{2-}+14H^++6e^- \rightleftharpoons 2Cr^{3+}+7H_2O \qquad \varphi^\ominus=+1.33\text{V}$$
>
> $$Cl_2+2e^- \rightleftharpoons 2Cl^- \qquad \varphi^\ominus=+1.36\text{V}$$
>
> 在标准状态下,$Cl_2$ 的氧化能力比 $Cr_2O_7^{2-}$ 强,即在 $[H^+]=1\text{mol}\cdot L^{-1}$ 件下,重铬酸钾不能与盐酸反应生成 $Cl_2$。怎样才能提高 $Cr_2O_7^{2-}$ 的氧化能力?根据能斯特方程
>
> $$\varphi_{Cr_2O_7^{2-}/Cr^{3+}}=\varphi^\ominus_{Cr_2O_7^{2-}/Cr^{3+}}+\frac{0.0592}{6}\lg\frac{[Cr_2O_7^{2-}][H^+]^{14}}{[Cr^{3+}]^2}$$
>
> 可以看出,提高 $[H^+]$ 最有利于 $\varphi$ 值增大,即提高酸度可使 $Cr_2O_7^{2-}$ 的氧化能力增强。如果改用浓盐酸($12\text{mol}\cdot L^{-1}$),既增强了酸度,同时也增加了 $[Cl^-]$,改变 $\varphi_{Cl_2/Cl^-}$,为计算方便,设 $[Cr_2O_7^{2-}]=[Cr^{3+}]=1\text{mol}\cdot L^{-1}$,$p_{Cl_2}=101.325\text{kPa}$,可得
>
> $$\varphi_{Cr_2O_7^{2-}/Cr^{3+}}=1.33+\frac{0.0592}{6}\lg\frac{1^1\times(12)^{14}}{1^2}=1.48(\text{V})$$
>
> $$\varphi_{Cl_2/Cl^-}=1.36+\frac{0.0592}{2}\lg\frac{1}{(12)^2}=1.30(\text{V})$$
>
> 计算结果表明,提高盐酸浓度使 $Cr_2O_7^{2-}/Cr^{3+}$ 的 $\varphi$ 值增大,即使 $Cr_2O_7^{2-}$ 的氧化能力增强,同时使 $Cl_2/Cl^-$ 的 $\varphi$ 值减少,即 $Cl^-$ 的还原能力增强,都有利上述反应正向进行。故使用 $K_2Cr_2O_7$ 作氧化剂时,应选用较高酸度为宜。
>
> 【案例9-5】

上述例题也说明了一个普遍规律:当含氧酸或含氧酸盐如 $H_3AsO_4$、$Cr_2O_7^{2-}$、$MnO_4^-$、$ClO_3^-$ 等作为氧化剂时,溶液酸度的提高总是使电对的 $\varphi$ 值增大,有利于增强它们的氧化能力,如

$H_3AsO_4/H_3AsO_3$ 电对,其电极反应为

$$H_3AsO_4 + 2H^+ + 2e^- \rightleftharpoons H_3AsO_3 + H_2O \qquad \varphi^\ominus = +0.56V$$

根据能斯特方程,得

$$\varphi_{H_3AsO_4/H_3AsO_3} = \varphi^\ominus_{H_3AsO_4/H_3AsO_3} + \frac{0.0592}{2}\lg\frac{[H_3AsO_4][H^+]^2}{[H_3AsO_3]}$$

如设 $[H_3AsO_4] = [H_3AsO_3] = 1 \text{mol} \cdot L^{-1}$,可得 $\varphi = 0.56 - 0.0592 \text{pH}$。

上式表明,随溶液 pH 增大(酸性降低),$\varphi$ 值减小,即 $H_3AsO_4$ 的氧化能力减弱而 $H_3AsO_3$ 的还原能力增强。

## 四、加入沉淀剂对电极电势的影响

当电对中的氧化型或还原型物质发生沉淀反应时,都会引起它们的浓度发生变化,从而引起 $\varphi$ 值改变。现以 $Ag^+/Ag$ 电对为例说明,其电极反应为

$$Ag^+ + e^- \rightleftharpoons Ag \qquad \varphi^\ominus = +0.799V$$

若在此电极溶液中加入 NaCl,使 $[Cl^-] = 1 \text{mol} \cdot L^{-1}$,这时 $[Ag^+]$ 就因 AgCl 沉淀的生成而显著降低。

$$Ag^+ + Cl^- \rightleftharpoons AgCl(s)$$
$$[Ag^+] = K_{sp,AgCl}/[Cl^-] = K_{sp,AgCl}$$

这时电极电势为

$$\varphi_{Ag^+/Ag} = \varphi^\ominus_{Ag^+/Ag} + \frac{0.0592}{1}\lg\frac{[Ag^+]}{1}$$

$$= \varphi^\ominus_{Ag^+/Ag} + \frac{0.0592}{1}\lg K_{sp,AgCl}$$

$$= 0.799 + \frac{0.0592}{1}\lg 1.8 \times 10^{-10} = 0.2221(V)$$

沉淀剂 $Cl^-$ 的加入减小了 $Ag^+$ 浓度,使电对 $Ag^+/Ag$ 的电势显著降低,$Ag^+$ 还原成 Ag 的倾向大大削弱(即 $Ag^+$ 氧化能力显著降低)。实际上此时被还原的不是 $Ag^+$,而是 AgCl(s),因为在溶液中存在下列平衡:

$$Ag^+ + e^- \rightleftharpoons Ag$$
$$\underline{AgCl(s) \rightleftharpoons Ag^+ + Cl^- \qquad (+}$$
$$AgCl(s) + e^- \rightleftharpoons Ag + Cl^-$$

合并两式

这是 Ag-AgCl 电极的电极反应。因此在 $Cl^-$ 的平衡浓度为 $1 \text{mol} \cdot L^{-1}$ 的条件下,溶液中 $\varphi_{Ag^+/Ag} = \varphi^\ominus_{AgCl/Ag}$,代入前式,得

$$\varphi^\ominus_{AgCl/Ag} = \varphi^\ominus_{Ag^+/Ag} + \frac{0.0592}{1}\lg K_{sp,AgCl}$$

可以推断,若改用其他沉淀剂如 $Br^-$、$I^-$ 等也会产生类似的影响,且同一类型的生成物中溶度积越小的,对电极电势的影响越大,$Ag^+$ 的氧化能力就更加削弱了。

| 电极反应 | $\varphi^\ominus/V$ |
|---|---|
| $Ag^+ + e^- \rightleftharpoons Ag$ | +0.799 |
| $AgCl + e^- \rightleftharpoons Ag + Cl^-$ | +0.2221 |
| $AgBr + e^- \rightleftharpoons Ag + Br^-$ | +0.0713 |
| $AgI + e^- \rightleftharpoons Ag + I^-$ | -0.152 |

# 第4节 电极电势的应用

## 一、比较氧化剂、还原剂的相对强弱

根据 $\varphi^{\ominus}$ 的大小,可比较物质氧化还原能力强弱。例如,$I_2/I^-$ 和 $Cl_2/Cl^-$ 两电对,查表得

$$I_2 + 2e^- \Longrightarrow 2I^- \qquad \varphi^{\ominus} = +0.535V$$

$$Cl_2 + 2e^- \Longrightarrow 2Cl^- \qquad \varphi^{\ominus} = +1.36V$$

由标准电极电势可知,$Cl_2$ 的氧化能力比 $I_2$ 强,$I^-$ 的还原能力比 $Cl^-$ 强。如果从左下方向右上方划斜线,斜线两端便是较强的氧化剂 $Cl_2$ 和较强的还原剂 $I^-$,有自发反应生成相应共轭产物的倾向,称"斜线规则"。

$$\begin{array}{ccccc} Cl_2 & + & 2I^- & \Longrightarrow & 2Cl^- & + & I_2 \\ (氧化剂)_1 & & (还原剂)_2 & & (还原剂)_1 & & (氧化剂)_2 \\ 强 & & 强 & & 弱 & & 弱 \end{array}$$

又如,比较 $MnO_4^-/Mn^{2+}$ 和 $Fe^{3+}/Fe^{2+}$ 的氧化还原能力强弱。查表得

$$Fe^{3+} + e^- \Longrightarrow Fe^{2+} \qquad \varphi^{\ominus} = 0.770V$$

$$MnO_4^- + 8H^+ + 5e^- \Longrightarrow Mn^{2+} + 4H_2O \qquad \varphi^{\ominus} = 1.491V$$

可见氧化能力 $KMnO_4 > FeCl_3$,还原能力 $FeCl_2 > MnSO_4$。

## 二、判断氧化还原反应进行的方向

从 Cu-Zn 原电池反应

$$\mathrm{Zn} + \mathrm{Cu^{2+}} \xrightarrow{2e^-} \mathrm{Zn^{2+}} + \mathrm{Cu}$$

可知,由于 $\varphi^{\ominus}_{Cu^{2+}/Cu} > \varphi^{\ominus}_{Zn^{2+}/Zn}$,即电池电动势 $E^{\ominus} > 0$,反应可自发进行(即电极电势表中的斜线关系)。

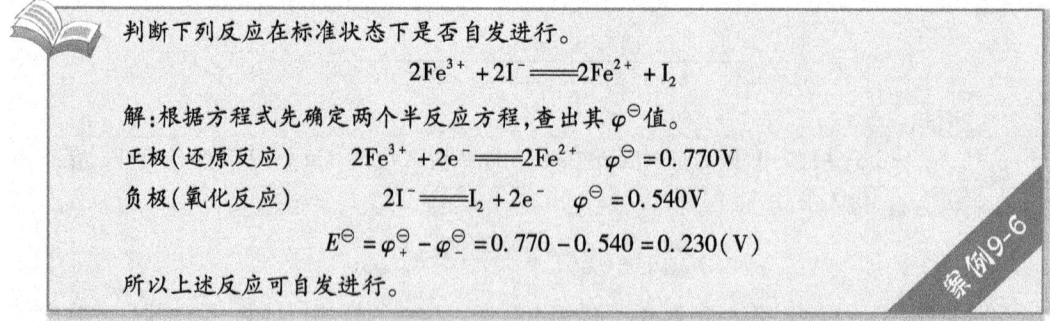

判断下列反应在标准状态下是否自发进行。

$$2Fe^{3+} + 2I^- \Longrightarrow 2Fe^{2+} + I_2$$

**解**:根据方程式先确定两个半反应方程,查出其 $\varphi^{\ominus}$ 值。

正极(还原反应)　　$2Fe^{3+} + 2e^- \Longrightarrow 2Fe^{2+}$　　$\varphi^{\ominus} = 0.770V$

负极(氧化反应)　　$2I^- \Longrightarrow I_2 + 2e^-$　　$\varphi^{\ominus} = 0.540V$

$$E^{\ominus} = \varphi^{\ominus}_+ - \varphi^{\ominus}_- = 0.770 - 0.540 = 0.230(V)$$

所以上述反应可自发进行。

案例9-6

案例9-6 是在标准状态下,用 $E^{\ominus}$ 来判断氧化还原反应方向。实际上大部分反应并非在标准条件下进行,因此应该用非标准状态下的 $E$ 去判断反应方向。由于浓度对电极电势影响较小,所以在 $E^{\ominus} > 0.2V$ 时,即使在非标准状态下,仍可用 $E^{\ominus}$ 来判断反应方向。若 $E^{\ominus} < 0.2V$ 时,就必须根据能斯特方程式计算实际条件下 $\varphi$,再进行判断。

判断反应 $Pb^{2+} + Sn \Longrightarrow Pb + Sn^{2+}$，能否在下列条件下自发进行？

(1) $[Pb^{2+}] = [Sn^{2+}] = 1 mol \cdot L^{-1}$。

(2) $[Pb^{2+}] = 0.1 mol \cdot L^{-1}$，$[Sn^{2+}] = 2 mol \cdot L^{-1}$。

解：先确定两个半反应，并查出 $\varphi^{\ominus}$。

正极　$Pb^{2+} + 2e^- \Longrightarrow Pb$　　　　$\varphi^{\ominus} = -0.13V$

负极　$Sn \Longrightarrow Sn^{2+} + 2e^-$　　　　$\varphi^{\ominus} = -0.14V$

$$E^{\ominus} = \varphi^{\ominus}_+ - \varphi^{\ominus}_- = -0.13 - (-0.14) = 0.01(V)$$

故在标准状态下能自发进行。由于 $E^{\ominus} < 0.2V$，在非标准状态下反应方向需根据能斯特方程进行计算后才能判断。

正极　　$\varphi_{Pb^{2+}/Pb} = -0.13 + \dfrac{0.0592}{2}\lg\dfrac{0.1}{1} = -0.16(V)$

负极　　$\varphi_{Sn^{2+}/Sn} = -0.14 + \dfrac{0.0592}{2}\lg\dfrac{2}{1} = -0.13(V)$

$$E = \varphi_+ - \varphi_- = -0.16 - (-0.13) = -0.03(V)$$

所以在此条件下反应不能自发进行。如果反应有酸(碱)参加，则酸(碱)浓度对电极电势有影响，且影响反应方向。

**案例9-7**

$$H_3AsO_4 + 2I^- + 2H^+ \Longrightarrow H_3AsO_3 + I_2 + H_2O$$

(1) 在标准状态下，反应能否自发进行？

(2) 在 $[H^+] = 1.0 \times 10^{-7} mol \cdot L^{-1}$，其他物质浓度仍为 $1 mol \cdot L^{-1}$ 时，反应能否自发进行？

解：(1) 正极　$H_3AsO_4 + 2H^+ + 2e^- \Longrightarrow H_3AsO_3 + H_2O$　　$\varphi^{\ominus} = 0.581V$

负极　$2I^- + 2e^- \Longrightarrow I_2$　　　　　　　　　　　　　　$\varphi^{\ominus} = 0.540V$

$$E^{\ominus} = 0.581 - 0.540 = 0.041(V)$$

$E^{\ominus} > 0$，在标准状态下，反应可自发进行。

(2) 正极反应有 $H^+$ 参加，根据能斯特方程计算：

$$\varphi_{H_3AsO_4/H_3AsO_3} = \varphi^{\ominus}_{H_3AsO_4/H_3AsO_3} + \dfrac{0.0592}{2}\lg\dfrac{1\times(1.0\times10^{-7})^2}{1}$$
$$= 0.581 - 0.414 = 0.167(V)$$

负极反应与 $H^+$ 无关，故得

$$E = \varphi_+ - \varphi_- = 0.167 - 0.540 = -0.373(V)$$

$E < 0$，所以反应不能自发进行，逆方向可自发进行。

**案例9-8**

## *三、元素标准电极电势图

通常，一种元素可以存在多种氧化态，例如，Cr 常见氧化态有Ⅵ、Ⅲ、Ⅱ和0。在酸性溶液中，氧化态为Ⅵ的 Cr 以 $Cr_2O_7^{2-}$ 形式存在，它在反应中有较强的得电子能力，还原产物是 $Cr^{3+}$；而氧化态为Ⅱ的 $Cr^{2+}$ 则有较强的还原性，在空气中迅速被氧化为 $Cr^{3+}$，所以在酸溶液中以氧化态为Ⅲ的 $Cr^{3+}$ 稳定性较高。

为了便于了解同一元素的各种氧化态的相对稳定性，可使用元素电势图。它是这样绘制的:将某元素的各种氧化态按氧化数从高到低的顺序排列,每一电对用横线相连,将其 $\varphi^{\ominus}$ 值标明在线上方,即得该元素的标准电极电势图,简称元素电势图。

例如,在酸性溶液中,铬元素和锰元素的电势图。

$\varphi_A^{\ominus}/V$:

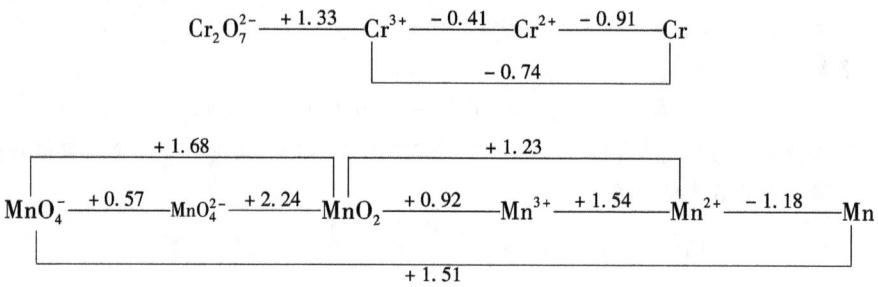

又如,在碱性溶液中锰元素的电势图:

$\varphi^{\ominus}/V$:

$$MnO_4^- \xrightarrow{+0.75} MnO_4^{2-} \xrightarrow{+0.60} MnO_2 \xrightarrow{-0.20} Mn(OH)_3 \xrightarrow{+0.10} Mn(OH)_2 \xrightarrow{-1.55} Mn$$
（+0.588 / −0.05）

从上面电势图可看出:

(1) 在酸性溶液中,$MnO_4^-$ 和 $MnO_2$ 等都是强氧化剂,倾向于还原成 $Mn^{2+}$;而金属 Mn 是强还原剂,可以从水或非氧化性酸中置换出 $H_2$,自身被氧化成 $Mn^{2+}$。因而在酸性溶液中锰元素的稳定氧化态是 Mn(Ⅱ)。

(2) 与在碱性溶液中的情况对照,凡是半反应中有 $H^+$ 或 $OH^-$ 参加的每个相应电对,总是 $\varphi_A^{\ominus} > \varphi_B^{\ominus}$,所以这些电对氧化型在酸性溶液中的氧化能力更强,而还原型在碱性溶液中的还原能力更强。如 $Mn^{2+}$ 在酸性溶液中的还原能力更强,$Mn^{2+}$ 在酸性溶液中不被空气所氧化;而在碱性溶液中[以 $Mn(OH)_2$ 形式存在];它的还原能力相对强多了,当放置空气中时,白色的 $Mn(OH)_2$ 很快被氧化成棕色的 $MnO(OH)_2$,即水合二氧化锰。

(3) 由 Mn(Ⅵ)可见,$MnO_4^{2-}$ 是锰的中间氧化态。

$\varphi_A^{\ominus}/V$:

$$MnO_4^- \xrightarrow{+0.57} MnO_4^{2-} \xrightarrow{+2.24} MnO_2$$

由相邻两电对的 $\varphi_A^{\ominus}$ 可见,在氧化型物质中 $MnO_4^{2-}$ 是比 $MnO_4^-$ 更强的氧化剂,而在还原型物质中 $MnO_4^{2-}$ 又是比 $MnO_2$ 更强的还原剂。即

$$MnO_4^- + e^- \rightleftharpoons MnO_4^{2-} \qquad \varphi^{\ominus} = +0.57V$$
$$MnO_4^{2-} + 4H^+ + 2e^- \rightleftharpoons MnO_2 + 2H_2O \qquad \varphi^{\ominus} = +2.24V$$

按"斜线规则",这两电对组成电池的反应为

$$3MnO_4^{2-} + 4H^+ \rightleftharpoons 2MnO_4^- + MnO_2(s) + 2H_2O$$

此即 $MnO_4^{2-}$ 的歧化反应。若将 $K_2MnO_4$ 溶液酸化,溶液立即由绿色转成紫红,并有棕黑色沉淀析出。所以 $MnO_4^{2-}$ 在酸性溶液中不能稳定存在。

对照元素电势图可以看到,一个中间氧化态自发歧化的条件是:相邻两电对中,$\varphi_{右}^{\ominus} > \varphi_{左}^{\ominus}$。又如,$Mn^{3+}$ 可歧化成 $Mn^{2+}$ 和 $MnO_2$,所以在水溶液中 $Mn^{3+}$ 不能稳定存在。

$$MnO_2 + 4H^+ + e^- \rightleftharpoons Mn^{3+} + 2H_2O \qquad \varphi^{\ominus} = +0.92V$$

$$Mn^{3+} + e^- \rightleftharpoons Mn^{2+} \qquad \varphi^\ominus = +1.541V$$

所以

$$2Mn^{3+} + 2H_2O \xrightleftharpoons[]{\text{歧化}} Mn^{2+} + MnO_2 + 4H^+$$

## 第5节 氧化还原滴定法

氧化还原滴定法是以氧化还原反应为基础的滴定分析法。利用此法不仅可以测定具有氧化性或还原性的物质,而且还可间接测定能与氧化剂或还原剂定量反应生成沉淀的物质。因此,氧化还原滴定法的应用十分广泛。

氧化还原反应是基于电子转移的反应,机理比较复杂,且多是分步进行的,除了主反应外,还常伴有各种副反应。因此,反应速率一般较慢。这就要求我们在进行氧化还原滴定时,须注意滴定速度要与反应速率相适应。

### 一、氧化还原滴定的可行性

并非所有的氧化还原反应都能用于氧化还原滴定。实际上,由于滴定分析对准确度和滴定反应速率的要求,仅有少数的氧化还原反应可用于滴定分析。

#### (一) 氧化还原滴定对反应平衡常数的要求

凡用于滴定分析的化学反应,首要条件是反应能定量进行。由于滴定反应要求反应物质按化学计量进行,但又不能采用加入过量反应物的办法使反应完全,故要求反应本身的平衡常数值要大。

设氧化还原反应通式为

$$n_2 Ox_1 + n_1 Red_2 \rightleftharpoons n_1 Ox_2 + n_2 Red_1$$

式中,Ox 表示氧化型;Red 表示还原型。

其平衡常数有如下关系:

$$\lg K^\ominus = \lg \frac{[Ox_2]^{n_1}[Red_1]^{n_2}}{[Ox_1]^{n_2}[Red_2]^{n_1}} = \frac{n(\varphi_1^\ominus - \varphi_2^\ominus)}{0.0592} \tag{9-3}$$

式中,$n$ 为氧化还原反应中转移的电子数。

从式(9-3)可见,氧化还原反应的平衡常数直接由氧化剂和还原剂两个电对的电势差决定,电势差大,$K$ 值大,反应进行较完全。$K$ 值究竟多大,才符合滴定分析的要求,这要取决于滴定对准确度的要求。

当氧化还原滴定的误差要求 $<0.1\%$ 时,则平衡时被滴物的残留量或滴定剂的过剩量都不得超过 0.1%。即

$$\frac{[Ox_2]^{n_1}}{[Red_2]^{n_1}} \geqslant 10^{3n_1}$$

$$\frac{[Red_1]^{n_2}}{[Ox_1]^{n_2}} \geqslant 10^{3n_2}$$

代入式(9-3)得

$$\lg K^\ominus \geqslant 3(n_1 + n_2) \tag{9-4}$$

结果表明,如要求滴定误差不超过 0.1%,则只有当氧化还原反应的平衡常数满足式(9-4)

时才符合滴定分析的要求。

例如,为什么酸性溶液中 $KMnO_4$ 可作滴定剂滴定 $FeSO_4$ 溶液?其计量反应式为

$$MnO_4^- + 5Fe^{2+} + 8H^+ \rightleftharpoons Mn^{2+} + 5Fe^{3+} + 4H_2O$$

查表得

$$\varphi^\ominus_{MnO_4^-/Mn^{2+}} = 1.49V, \varphi^\ominus_{Fe^{3+}/Fe^{2+}} = 0.771V。n_1 = 5, n_2 = 1。n = 5。$$

根据式(9-4)估计,准确滴定须满足

$$\lg K^\ominus \geq 3(n_1 + n_2) = 18(或 K^\ominus \geq 10^{18})$$

又根据式(9-3),该反应在 298K 时,实际平衡常数为

$$\lg K^\ominus = \frac{5(1.49 - 0.771)}{0.0592} = 61(即 K^\ominus = 10^{61})$$

完全满足滴定要求。

从上例可见,对 $n_1 = 1, n_2 = 5, n = 5$ 的氧化还原反应,$\lg K \geq 18$,当 $\Delta\varphi^\ominus \geq 0.21V$,即符合滴定分析要求。如以 $n_1 = 1, n_2 = 1, n = 1$ 的氧化还原反应,$\lg K \geq 6$,当两电对电势之差 $\Delta\varphi^\ominus \geq 0.35V$,即可用于滴定(为下限)。故一般认为,$\Delta\varphi^\ominus \geq 0.4V$ 的氧化还原反应,正向反应比较完全,可以符合滴定分析要求。

## (二)氧化还原滴定对反应速率的要求

根据平衡常数判断氧化还原反应的完全程度,这只指出了反应的可能性(倾向大小),并未指出反应的速率。如果反应 K 值很大而反应速率很低,还是不能用作滴定反应的。在某些情况下,必须通过控制反应条件,加快反应速率,使某些氧化还原反应也能用于滴定分析。

# 二、氧化还原滴定曲线

在氧化还原滴定过程中,随着标准溶液的加入,溶液电势值不断发生变化。用溶液的电势变化对标准溶液的加入量作图可得一曲线称为氧化还原滴定曲线。滴定曲线既可通过实验方法测得,也可用能斯特方程近似计算。

例如,用 $0.1000 mol \cdot L^{-1}$ $Ce(SO_4)_2$ 标准溶液滴定 $0.1000 mol \cdot L^{-1}$ $Fe^{2+}$ 的酸性溶液 20.00mL,计算滴定过程中溶液电势的变化。

滴定反应为

$$Ce^{4+} + Fe^{2+} \rightleftharpoons Ce^{3+} + Fe^{3+}$$

已知 $\varphi^\ominus_{Ce^{4+}/Ce^{3+}} = 1.61V, \varphi^\ominus_{Fe^{3+}/Fe^{2+}} = 0.771V$。下面根据滴定过程中三个阶段来讨论离子浓度和溶液电势的变化情况。

## (一)滴定开始至化学计量点前

当滴定一经开始,每加入一定体积的 $Ce^{4+}$ 标准溶液,即有相应的一部分 $Fe^{2+}$ 被氧化成 $Fe^{3+}$,同时 $Ce^{4+}$ 被还原成 $Ce^{3+}$,当溶液中各种离子间达成新的平衡,两个电对的电势又达到相等。故溶液的电势为

$$\varphi = \varphi^\ominus_{Fe^{3+}/Fe^{2+}} + 0.0592 \times \lg\frac{[Fe^{3+}]}{[Fe^{2+}]}$$

$$\varphi = \varphi^\ominus_{Ce^{4+}/Ce^{3+}} + 0.0592 \times \lg\frac{[Ce^{4+}]}{[Ce^{3+}]}$$

利用任一电对都能求出溶液的电势。但由于在化学计量点前，$Ce^{4+}$几乎全部被$Fe^{2+}$还原成$Ce^{3+}$，$[Ce^{4+}]$很小，故用$Fe^{3+}/Fe^{2+}$电对来计算$\varphi$变化情况比较方便。

$$\varphi = \varphi^{\ominus}_{Fe^{3+}/Fe^{2+}} + 0.0592 \times \lg \frac{c_{Ce^{4+}}V_{Ce^{4+}}}{c_{Fe^{2+}}V_{Fe^{2+}} - c_{Ce^{4+}}V_{Ce^{4+}}}$$

$$= 0.770 + 0.0592 \times \lg \frac{V_{Ce^{4+}}}{20.00 - V_{Ce^{4+}}}$$

如果$V_{Ce^{4+}}$为分别滴入 1.00mL、4.00mL、10.00mL、18.00mL、19.80mL、19.98mL 时，溶液的$\varphi$分别是 0.69V、0.73V、0.77V、0.83V、0.89V、0.95V。

## （二）化学计量点时

化学计量点时，滴定剂$Ce^{4+}$和被滴定物$Fe^{2+}$的量相等。由于反应进行很完全（$K = 8 \times 10^{12}$），反应达平衡时，$[Fe^{2+}]$和$[Ce^{4+}]$都很小，因此可将两电对的电势计算方程联合考虑。令化学计量点时溶液电势为$\varphi_{eq}$，则

$$\varphi_{eq} = \varphi^{\ominus}_{Ce^{4+}/Ce^{3+}} + 0.0592 \times \lg \frac{[Ce^{4+}]}{[Ce^{3+}]}$$

$$\varphi_{eq} = \varphi^{\ominus}_{Fe^{3+}/Fe^{2+}} + 0.0592 \times \lg \frac{[Fe^{3+}]}{[Fe^{2+}]}$$

将两式相加得

$$2\varphi_{eq} = \varphi^{\ominus}_{Ce^{4+}/Ce^{3+}} + \varphi^{\ominus}_{Fe^{3+}/Fe^{2+}} + 0.0592 \times \lg \frac{[Ce^{4+}][Fe^{3+}]}{[Ce^{3+}][Fe^{2+}]}$$

由滴定反应可见，化学计量点时，$[Ce^{3+}] = [Fe^{3+}]$、$[Ce^{4+}] = [Fe^{2+}]$，代入上式得

$$2\varphi_{eq} = \varphi^{\ominus}_{Ce^{4+}/Ce^{3+}} + \varphi^{\ominus}_{Fe^{3+}/Fe^{2+}}$$

所以

$$\varphi_{eq} = \frac{1.61 + 0.771}{2} = 1.19(V)$$

对于下面通式代表的氧化还原反应：

$$mOx_1 + nRed_2 \rightleftharpoons mRed_1 + nOx_2$$

化学计量点时，计算溶液电势的通式为

$$\varphi_{eq} = \frac{n\varphi^{\ominus}_{Ox_1/Red_1} + m\varphi^{\ominus}_{Ox_2/Red_2}}{m + n} \tag{9-5}$$

## （三）化学计量点后

在这一阶段，$Ce^{4+}$过量，利用$Ce^{4+}/Ce^{3+}$电对计算溶液电势较方便。

$$\varphi = \varphi^{\ominus}_{Ce^{4+}/Ce^{3+}} + 0.0592 \times \lg \frac{c_{Ce^{4+}}V_{Ce^{4+}} - c_{Fe^{2+}}V_{Fe^{2+}}}{c_{Fe^{2+}}V_{Fe^{2+}}}$$

$$= 1.61 + 0.0592 \times \lg \frac{V_{Ce^{4+}} - 20.00}{20.00}$$

当$V_{Ce^{4+}}$分别为 20.02mL、20.20mL、22.00mL、30.00mL、40.00mL 时，可算得$\varphi$分别为 1.43V、1.49V、1.55V、1.59V 和 1.61V。

将以上计算结果列于表 9-2 中，然后以电势为纵坐标，以$Ce^{4+}$的加入量（mL）为横坐标，即可画出滴定曲线（图 9-8）。

表 9-2 用 $0.1000\text{mol·L}^{-1}\text{Ce}(SO_4)_2$ 滴定 20.00ml $0.1000\text{mol·L}^{-1}\text{Fe}^{2+}$ 溶液电势变化

| $V_{Ce^{4+}}$/mL | 滴入百分率/% | $\varphi$/V | $V_{Ce^{4+}}$/mL | 滴入百分率/% | $\varphi$/V |
|---|---|---|---|---|---|
| 1.00 | 5.0 | 0.69 | 20.20 | 101.0 | 1.49 |
| 4.00 | 20.0 | 0.73 | 22.00 | 110.0 | 1.55 |
| 10.00 | 50.0 | 0.77 | 30.00 | 150.0 | 1.59 |
| 18.00 | 90.0 | 0.83 | 40.00 | 200.0 | 1.61 |
| 19.80 | 99.0 | 0.99 | | | |
| 19.98 | 99.9 | 0.95 | | | |
| 20.00 | 100.0 | 1.19 突跃 | | | |
| 20.02 | 100.1 | 1.43 | | | |

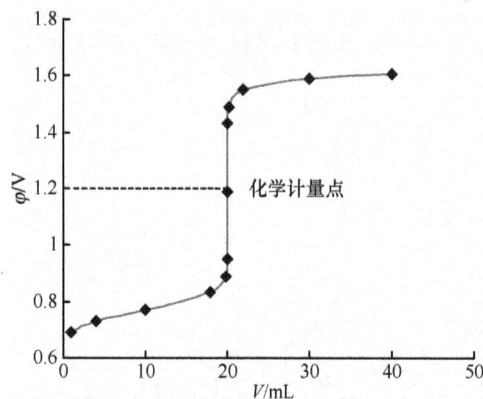

图 9-8  $0.1000\text{mol·L}^{-1}\text{Ce}(SO_4)_2$ 滴定 20.00mL $0.1000\text{mol·L}^{-1}\text{Fe}^{2+}$ 溶液的滴定曲线

由滴定曲线可见，从化学计量点前 $Fe^{2+}$ 剩余 0.1% 到化学计量点后 $Ce^{4+}$ 过量 0.1%，电势从 0.95V 增加到 1.43V，变化 0.48V，而滴定剂溶液仅加 0.04mL（大约 1 滴）。在化学计量点前后产生一个相当大的电势突跃，而该突跃范围正是选择氧化还原指示剂的依据。

氧化还原滴定曲线突跃范围的大小与两个电对的标准电势有关。电势差愈大，突跃范围愈大，化学计量点就越易准确确定。在氧化还原滴定中，用指示剂目测滴定终点时，通常要求化学计量点附近有 0.2V 以上的突跃范围。

## 三、氧化还原指示剂

### （一）氧化还原指示剂

这类指示剂本身就具有氧化还原的性质，且氧化态和还原态颜色不同。如用 $In_{(Ox)}$ 和 $In_{(Red)}$ 分别表示指示剂的氧化态和还原态，其电极反应可示意如下：

$$In_{Ox} + ne^- \rightleftharpoons In_{Red}$$
（氧化态色）　（还原态色）

其电势为

$$\varphi_{In} = \varphi_{In}^{\ominus} + \frac{0.0592}{n}\lg\frac{[In_{Ox}]}{[In_{Red}]} \tag{9-6}$$

$\varphi_{In}$ 的大小重要受溶液电势的制约。当溶液电势 $\varphi > \varphi_{In}$ 时，则指示剂被氧化，呈氧化态色；反之当 $\varphi < \varphi_{In}$ 时，则指示剂被还原，呈还原态色。在滴定过程中，溶液电势发生突跃引起指示剂颜色变化而指示滴定终点。

与酸碱指示剂颜色变化情况相似，氧化还原指示剂也有变色范围，当 $[In_{Ox}]/[In_{Red}] \geq 10$ 时，肉眼观察到氧化态的颜色，当 $[In_{Ox}]/[In_{Red}] \leq \frac{1}{10}$ 时，观察到还原态的颜色。故氧化还原指示剂变色的电势范围为：从 $\varphi_{In} = \varphi_{In}^{\ominus} + \dfrac{0.0592}{n}$ 到 $\varphi_{In} = \varphi_{In}^{\ominus} - \dfrac{0.0592}{n}$。

由于不同的氧化还原指示剂的 $\varphi_{In}^{\ominus}$ 不同，因此它们的变色电势范围也就不同。表 9-3 列出了几种常见氧化还原指示剂的 $\varphi_{In}^{\ominus}$。在选择指示剂时，原则是变色电势范围应落在滴定的突跃范围之内。但因氧化还原指示剂变色的电势范围很小，在实际滴定时，直接选择 $\varphi_{In}^{\ominus}$ 与滴定化学计量点时溶液电势接近的指示剂即可。

表 9-3 几种氧化还原指示剂的 $\varphi_{In}^{\ominus}$ 与颜色变化

| 指示剂 | $\varphi_{In}^{\ominus}/V$ | 氧化态色 | 还原态色 |
| --- | --- | --- | --- |
| 亚甲基蓝 | 0.53 | 绿蓝 | 无色 |
| 二苯胺 | 0.76 | 紫 | 无色 |
| 二苯胺磺酸钠 | 0.85 | 紫红 | 无色 |
| 邻二氮菲-Fe(Ⅱ) | 1.06 | 浅蓝 | 红 |
| 硝基邻二氮菲-$Fe^{2+}$ | 1.25 | 浅蓝 | 紫红 |

### （二）自身指示剂

有些标准溶液或被滴定的物质本身有颜色，如果反应后变为无色或浅色，则滴定时就不必另加指示剂。例如，在高锰酸钾法中，$MnO_4^-$ 本身显紫红色，用它滴定无色或浅色的还原剂溶液时，就不需另加指示剂。在滴定中，$MnO_4^-$ 被还原为 $Mn^{2+}$，而 $Mn^{2+}$ 几乎是无色的。所以当滴定到化学计量点后，只要 $MnO_4^-$ 稍微过量，就可使溶液显粉红色，指示终点到达。

### （三）专用指示剂

有的物质本身并不具氧化还原性，但它能与氧化剂或还原剂产生特殊的颜色，因而可以指示滴定终点。例如，可溶性淀粉与碘溶液反应，生成深蓝色的物质。当 $I_2$ 被还原成 $I^-$ 时，深蓝色消失。反应极为灵敏，当溶液的浓度为 $1 \times 10^{-5} mol \cdot L^{-1}(1/2\ I_2)$ 时即能观察到蓝色，因此在碘参与的氧化还原滴定中，常用 1% 淀粉溶液作指示剂。

## 四、常见氧化还原滴定法

### （一）高锰酸钾法

$KMnO_4$ 是一种强氧化剂，在强酸性溶液中，$KMnO_4$ 获得 5 个电子被还原为 $Mn^{2+}$，但在中性溶液中，生成黑色（或棕）的 $MnO_2$；在强碱性溶液中，生成绿色的 $MnO_4^{2-}$。由于产物 $MnO_2$ 和 $MnO_4^{2-}$ 均有较深的颜色，妨碍滴定终点的观察，所以 $KMnO_4$ 法一般都在强酸性溶液中进行。

$KMnO_4$ 法的优点是氧化能力强（$\varphi_{MnO_4^-/Mn^{2+}}^{\ominus} = 1.49V$），应用范围广（可直接滴定 $Fe^{2+}$、$H_2O_2$、$C_2O_4^{2-}$、$NO_2^-$ 等还原性离子，还可简接测定一些非氧化性物质如 $Ca^{2+}$ 等）。$MnO_4^-$ 本身呈深紫色，即使在 $10^{-5} mol \cdot L^{-1}(1/5KMnO_4)$ 溶液也可显示粉红色。所以用它作滴定剂时，可以不另加指

示剂。

$KMnO_4$ 法的缺点是,水溶液不够稳定,储存时需经常标定浓度。另外滴定干扰较多,因此滴定时需严格控制条件。

(1) $H_2O_2$ 含量测定:在酸性溶液中,$H_2O_2$ 定量地被 $KMnO_4$ 氧化,反应式为

$$2MnO_4^- + 5H_2O_2 + 6H^+ =\!=\!= 2Mn^{2+} + 5O_2\uparrow + 8H_2O$$

此反应开始时速率较慢,但随着反应的进行,由于生成的 $Mn^{2+}$ 有催化作用,使反应速率增大。这种反应产物本身起催化作用的反应称自催化反应。

(2) $Ca^{2+}$ 的测定:先将 $Ca^{2+}$ 沉淀为 $CaC_2O_4(s)$,经过滤、洗涤后,将 $CaC_2O_4(s)$ 溶于热的稀 $H_2SO_4$ 中,用 $KMnO_4$ 标准溶液滴定试液中的 $H_2C_2O_4$,反应式为

$$Ca^{2+} + C_2O_4^{2-} =\!=\!= CaC_2O_4(s)$$

$$CaC_2O_4(s) + 2H^+ =\!=\!= Ca^{2+} + H_2C_2O_4$$

$$2MnO_4^- + 5H_2C_2O_4 + 6H^+ =\!=\!= 2Mn^{2+} + 10CO_2(g) + 8H_2O$$

由滴定 $H_2C_2O_4$ 所消耗 $KMnO_4$ 的量即可计算 $Ca^{2+}$ 含量。

---

称取 $(NH_4)_2Fe(SO_4)_2 \cdot 6H_2O$ 样品 0.6986g,加稀 $H_2SO_4$ 与蒸馏水各 15mL,溶解后即用 $0.1051\text{mol} \cdot L^{-1}$ $KMnO_4$(1/5$KMnO_4$)标准溶液滴定至显持续线红色,$KMnO_4$ 消耗体积 16.50mL,计算样品含 Fe 量。

解:$1/5MnO_4^- + Fe^{2+} + 8/5H^+ =\!=\!= Fe^{3+} + 1/5Mn^{2+} + 4/5H_2O$

以 $1/5MnO_4^-$ 和 $Fe^{2+}$ 为基本单元:

$$\omega_{Fe} = \frac{c_{1/5KMnO_4} V_{KMnO_4} \times \frac{55.85}{1000}}{W_{样品}} \times 100\% = \frac{0.1051 \times 16.50 \times 55.85}{0.6986 \times 10} = 13.86\%$$

案例9-9

---

用 $KMnO_4$ 法测定矿样中 CaO。称取试样 0.5000g,用酸分解后加 $(NH_4)_2C_2O_4$,得 $CaC_2O_4$ 沉淀,经过滤、洗涤后溶于 $H_2SO_4$ 中,再用 $0.0100\text{mol} \cdot L^{-1}$ $KMnO_4$ 溶液滴定所得乙二酸,消耗体积 20.00mL 求矿样中 CaO 含量。

解:反应为

$$Ca^{2+} + C_2O_4^{2-} =\!=\!= CaC_2O_4(s)$$

$$CaC_2O_4(s) + 2H^+ =\!=\!= H_2C_2O_4 + Ca^{2+}$$

$$\frac{1}{2}C_2O_4^{2-} + \frac{1}{5}MnO_4^- + \frac{8}{5}H^+ =\!=\!= CO_2 + \frac{1}{5}Mn^{2+} + \frac{4}{5}H_2O$$

或

$$\frac{5}{2}C_2O_4^{2-} + MnO_4^- + 8H^+ =\!=\!= 5CO_2 + Mn^{2+} + 4H_2O$$

以 $\frac{5}{2}C_2O_4^{2-}$ 和 $MnO_4^-$ 为基本单元,$M_{CaO} = 56.08 \times 5/2 = 140.2$。

$$\omega_{CaO} = \frac{c_{KMnO_4} V_{KMnO_4} \times \frac{140.2}{1000}}{W_{样品}} \times 100\% = \frac{0.0100 \times 20.00 \times 140.2}{0.5000 \times 1000} = 5.61\%$$

案例9-10

### 抗贫血药物中铁的含量测定

实验步骤如下:

第1步:取葡萄糖酸亚铁 1~1.1g,用减重法精密称量(图9-9~图9-11)。

 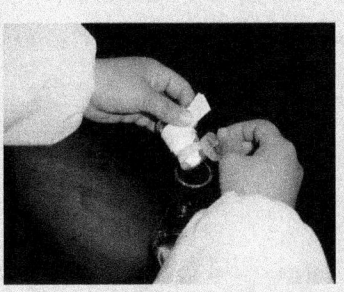 

图9-9 称出称量瓶+样品质量　　图9-10 从称量瓶中倒出样品　　图9-11 称出瓶+剩余样品质量

第2步:样品置锥形瓶中,加 1mol·L$^{-1}$ H$_2$SO$_4$ 15mL 与蒸馏水 50mL,溶解。

第3步:立即用 0.1mol·L$^{-1}$ KMnO$_4$ 标准溶液滴定至显持续浅红色(图9-12、图9-13),即得消耗体积 $V_{KMnO_4}$。

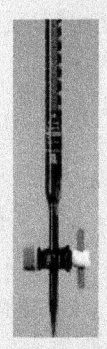 

图9-12 酸式棕色滴定管　　图9-13 酸式滴定管的操作

第4步:计算样品中 Fe 的质量分数。

第5步:取平行操作三份的数据,分别计算含量,求平均值和相对平均偏差。

## (二) 重铬酸钾法

K$_2$Cr$_2$O$_7$ 也是一种常用氧化剂,在酸性溶液中 $\varphi^{\ominus}_{Cr_2O_7^{2-}/Cr^{3+}} = 1.33$V。用 K$_2$Cr$_2$O$_7$ 作滴定剂,其优点为:

(1) K$_2$Cr$_2$O$_7$ 易提纯(99.99%),在 140~150℃ 干燥后可直接称量配制标准溶液,且稳定,可长期密闭储存,浓度不变。

(2) $\varphi^{\ominus}_{Cr_2O_7^{2-}/Cr^{3+}} = 1.33V$，故室温下不会氧化 $Cl^-$（$\varphi^{\ominus}_{Cl_2/Cl^-} = 1.36V$），因此可在稀盐酸介质中滴定。

$K_2Cr_2O_7$ 溶液为橙色，还原产物 $Cr^{3+}$ 为绿色，因颜色都较浅。变色不明显，需另加氧还指示剂指示终点。

---

现有 $0.1010 mol \cdot L^{-1}$ $K_2Cr_2O_7$（$1/6\ K_2Cr_2O_7$）标准溶液，计算其滴定度 $T_{K_2Cr_2O_7/Fe^{2+}}$。若称取 $Fe^{2+}$ 盐试样 $0.2801g$，溶解后，用 $K_2Cr_2O_7$ 标准液滴定，用去 $20.00 mL$。求样品中 Fe 含量。

解：滴定反应为 $Fe^{2+} + \frac{1}{6}Cr_2O_7^{2-} + \frac{7}{3}H^+ = Fe^{3+} + \frac{1}{3}Cr^{3+} + \frac{7}{6}H_2O$

根据滴定度的表示方法，以每毫升标准溶液所能滴定的被测物质的质量表示，所以

$$T_{K_2Cr_2O_7/Fe^{2+}} = \frac{0.1010 \times 55.85}{1000} = 0.005\ 641\ (g \cdot mL^{-1})$$

得

$$\omega_{Fe} = \frac{T_{K_2Cr_2O_7/Fe^{2+}} V_{K_2Cr_2O_7}}{W_{样}} \times 100\% = \frac{0.005\ 641 \times 20.00}{0.2801} \times 100\% = 51.56\%$$

*案例9-11*

## （三）碘量法

碘量法是利用 $I_2$ 的氧化性和 $I^-$ 的还原性来进行滴定的分析方法。$I_2$ 是一种温和的氧化剂，$\varphi^{\ominus}_{I_2/I^-} = 0.54V$，它能与较强的还原剂作用，而 $I^-$ 则是一种中等强度的还原剂，能与许多氧化剂作用。碘量法根据滴定的方式又可分为直接碘量法和简接碘量法两种。

1. 直接碘量法（碘滴定法）　$\varphi^{\ominus} < \varphi^{\ominus}_{I_2/I^-}$ 的还原性物质，可直接用 $I_2$ 标准溶液滴定，例如，$SO_3^{2-}$、$Sb(\mathrm{III})$、$Sn(\mathrm{II})$、$AsO_3^{3-}$ 等都可用直接碘量法测定，例如，pH = 8 时

$$I_2 + H_3AsO_3 + H_2O = HAsO_4^{2-} + 2I^- + 4H^+$$

滴定时采用淀粉作指示剂，终点时，稍微过量一点的 $I_2$ 就会使溶液显蓝色，终点非常灵敏。

由于 $I_2$ 在水中溶解度很小（$1.18 \times 10^{-3} mol \cdot L^{-1}$，25℃），通常在配制时加入一些KI，使 $I_2$ 生成配离子 $I_3^-$ 而溶解度增大。$\varphi^{\ominus}_{I_3^-/I^-}$ 比 $\varphi^{\ominus}_{I_2/I^-}$ 大 1mV，通常为了简便起见仍采用 $\varphi^{\ominus}_{I_2/I^-}$ 表示。

直接碘量法只能在酸性、中性及弱碱性溶液中进行。如果溶液 pH > 9，就会发生下列副反应

$$I_2 + 2OH^- = I^- + IO^- + H_2O$$
$$3IO^- = IO_3^- + 2I^-$$

---

### 橙汁中维生素 C 含量检测

水果都含维生素 C，生产饮料橙汁时往往还需添加一些维生素 C。利用氧化还原滴定方法对维生素 C 含量进行检测，比较一下哪一种橙汁维生素 C 含量最高。

1. 实验步骤

第 1 步：用小滴管往试管中滴入 25 滴水和 2 滴淀粉溶液，再滴入 1 滴碘溶液，摇匀放置作对照。

第 2 步 用同一滴管往另一试管中滴入 25 滴某橙汁,再滴入 2 滴淀粉溶液摇匀。继续逐滴入碘溶液,成第一相同的蓝色为止,记录加入碘溶液的滴数。

第 3 步 用第 2 步相同的方法对另两种牌橙汁进行测量,记录加入碘溶液的滴数。

2. 观察、记录

| 橙 编号 | 滴入碘溶液的滴数 | 维生素 C 含量 低排序 |
|---|---|---|
| 橙甲 | | |
| 橙乙 | | |
| 橙丙 | | |

3. 结论

***Do you know?***
1. 测定橙汁时,开始加入的几滴碘液所产生的颜色很快消失,这是什么原因?
2. 为什么在测定不同橙汁样品时,必须加入相同量的淀粉溶液?
3. 如果在滴加碘溶液前忘了加淀粉溶液,会导致什么后果?
4. 如何设计用此法来精确测定维生素 C 的含量?

2. 间接碘量法(滴定碘法) 凡 $\varphi^{\ominus} > \varphi^{\ominus}_{I_2/I^-}$ 的氧化性物质,可以在一定条件下使其同 $I^-$ 作用产生等物质的量的 $I_2$,然后用 $Na_2S_2O_3$ 标准溶液滴定析出 $I_2$ 的量。例如

$$Cr_2O_7^{2-} + 6I^- + 14H^+ = 2Cr^{3+} + 3I_2 + 7H_2O$$
$$I_2 + 2S_2O_3^{2-} = 2I^- + S_4O_6^{2-}$$

利用这一方法可以测定很多氧化性物质,如 $ClO_3^-$、$ClO^-$、$CrO_4^{2-}$、$IO_3^-$、$BrO_3^-$、$MnO_4^-$、$Cu^{2+}$、$H_2O_2$ 等。所以间接碘量法的应用范围很广泛。

$I_2$ 溶液呈红紫色,因此当在无色水溶液中进行滴定时,可自身指示终点。由于灵敏度较差,常用淀粉作指示剂,在有少量 $I^-$ 存在下,$I_2$ 与淀粉作用形成蓝色的吸附络合物,灵敏度很高。

用间接碘量法测定 $CuSO_4$ 中铜的含量。

解:测定时在 $Cu^{2+}$ 溶液中加入过量 KI,使生成 $CuI(s)$ 并产生等物质量的 $I_2$,再用标准 $Na_2S_2O_3$ 溶液滴定析出的 $I_2$。

$$2Cu^{2+} + 4I^- = 2CuI(s) + I_2$$
$$I_2 + 2S_2O_3^{2-} = 2I^- + S_4O_6^{2-}$$

因 CuI 沉淀表面会吸附 $I_2$,使分析结果偏低,为了减少 CuI 对 $I_2$ 的吸附,可在大部分 $I_2$ 被 $Na_2S_2O_3$ 溶液滴定后,加入 $SCN^-$ 使 CuI 转化为溶解度更小的 CuSCN,然后再用 $Na_2S_2O_3$ 滴定到终点。CuSCN 沉淀吸附 $I_2$ 较少,可提高结果的准确度。(如果滴定时能充分振摇,KSCN 也可不加)。$CuSO_4$ 的以上测定方法又称置换滴定。

案例9-12

葡萄糖的含量测定。

**解**：葡萄糖分子中含有醛基，能在碱性条件下被过量 $I_2$ 液氧化成羧基，然后用 $Na_2S_2O_3$ 标准溶液回滴剩余的 $I_2$，反应过程为

$$I_2(过量) + 2OH^- == IO^- + I^- + H_2O$$

$$CH_2OH(CHOH)_4CHO + IO^- + OH^- == CH_2OH(CHOH)_4COO^- + I^- + H_2O$$

$$3IO^-(剩余) == IO_3^- + 2I^-$$

$$IO_3^- + 5I^- + 6H^+ == 3I_2 + 3H_2O$$

$$I_2 + 2S_2O_3^{2-} == 2I^- + S_4O_6^{2-}$$

反应过程中的计量关系为：1mol $I_2$ 产生 1mol $IO^-$，1mol $IO^-$ 与 1mol 葡萄糖作用，也就是 1mol 葡萄糖与 1mol $I_2$ 相当，而 1mol $I_2$ 与 2mol $S_2O_3^{2-}$ 作用，故 1mol $S_2O_3^{2-}$ 与 1/2mol 葡萄糖等量。

$$I \sim IO^- \sim C_6H_{12}O_6 \sim 2S_2O_3^{2-}$$

$$\omega_{C_6H_{12}O_6 \cdot H_2O} = \frac{\frac{1}{2}[c_{Na_2S_2O_3}V_{Na_2S_2O_3(过量)} - c_{Na_2S_2O_3}V_{Na_2S_2O_3(样品)}] \times M_{C_6H_{12}O_6 \cdot H_2O}}{W_{样品}}$$

以上对 $C_6H_{12}O_6 \cdot H_2O$ 的测定方法又称剩余滴定。

1. 氧化数是某元素一个原子的电荷数，实质上是一种形式（表观）电荷数。这种电荷数由假设把每个键中的电子指定给电负性较大的原子而求得。由此人们总结出确定元素氧化数的规则。

2. 元素氧化数有变化的反应称为氧化还原反应。氧化数升高的过程称为氧化；氧化数降低的过程称为还原。氧化数升高的物质称为还原剂，氧化数降低的物质称为氧化剂。氧化还原反应的本质是电子的转移（得失或偏移）。通过电子转移而互相转化的一对氧化型和还原型物质称为氧化还原电对，简称"电对"。

氧化还原反应氧化数升高的总数与氧化数降低的总数相等（离子反应则得失电子总数相等），这是配平氧化还原反应的基础。

3. 原电池是利用氧化还原反应将化学能转化为电能的装置。任一自发的氧化还原反应原则上都可以设计成原电池。原电池中电子流出的一极为负极，发生氧化反应；电子流入的一极为正极，发生还原反应。电极上进行的氧化反应或还原反应称为电极反应。

4. 电极的标准状态是指组成电极的物质的浓度为 $1mol \cdot L^{-1}$，气体的分压为 101.325KPa，液体或气体为纯净状态，温度通常为 298.15K。在标准状态下的电极电势称为标准电极电势。

在非标准状态下，电极电势的大小与电极本性、组成电极有关物质浓度、温度等因素有关，可用能斯特方程计算。在 298.15K 时，能斯特方程式如下：

## 小结

$$\varphi = \varphi^{\ominus} + \frac{0.0592}{n}\lg\frac{[\text{氧化态}]}{[\text{还原态}]}$$

若电极反应除了氧化态、还原态外,还有其他物质如 $H^+$ 或 $OH^-$ 存在时,则应把这些物质的浓度也表示在能斯特方程中。

电极电势的代数值越大,电对中氧化型是越强的氧化剂;电极电势的代数值越小,电对中还原型是越强的还原剂。

氧化还原反应方向:

强氧化剂 + 强还原剂 === 弱氧化剂 + 弱还原剂。

将一个氧化还原反应设计成原电池,则该氧化还原反应的平衡常数和电池两电对电极电势差的关系为

$$\lg K^{\ominus} = \lg\frac{[\text{Ox}_2]^{n_1}[\text{Red}_1]^{n_2}}{[\text{Ox}_1]^{n_2}[\text{Red}_2]^{n_1}} = \frac{n(\varphi_1^{\ominus} - \varphi_2^{\ominus})}{0.0592}$$

两个电对的电极电势差越大,反应进行越完全。

5. 以氧化还原反应为基础的滴定分析法称为氧化还原滴定法,可分为高锰酸钾法、重铬酸钾法、碘量法等。高锰酸钾法和碘量法在药物分析中有广泛应用。

高锰酸钾法是利用 $KMnO_4$ 在强酸性溶液中的强氧化性,直接滴定还原性物质,如 $Fe^{2+}$、$H_2O_2$、$C_2O_4^{2-}$、$NO_2^-$ 等,或间接滴定测定一些非氧化性物质,如 $Ca^{2+}$、CaO 等。

碘量法是利用 $I_2$ 的氧化性和 $I^-$ 的还原性来进行滴定的分析方法,可分为直接碘量法和间接碘量法。直接碘量法只能在酸性、中性或弱碱性溶液中进行,可测定还原性较强的物质,如 $AsO_3^{3-}$、$S_2O_3^{2-}$、$SO_3^{2-}$、Sb(Ⅲ)、Sn(Ⅱ)、维生素 C 等;间接碘量法是在一定条件下使待测的具有氧化性的物质与 $I^-$ 作用产生等物质的量的 $I_2$,然后用 $Na_2S_2O_3$ 标准溶液滴定析出 $I_2$ 的量。

## 目 标 检 测

一、名词解释(有 * 的题为参考题)

氧化数　氧化　还原　氧化剂　还原剂　电极反应　电对　原电池　电极的标准状态　*电极电势　*元素电势图　歧化反应　氧化还原滴定法　高锰酸钾法　碘量法

二、选择题

(一)最佳选择题

1. 乙酸乙酯($CH_3COOC_2H_5$)中碳的氧化数是　　　　　　　　　　　　　　　　　　(　)
　A. -1　　　　　B. -4　　　　　C. +2　　　　　D. +4
2. 硫代硫酸钠($Na_2S_2O_3$)中硫的氧化数是　　　　　　　　　　　　　　　　　　　(　)
　A. -2　　　　　B. +6　　　　　C. +2　　　　　D. +4
3. 过二硫酸铵[$(NH_4)_2S_2O_8$]中硫的氧化数是　　　　　　　　　　　　　　　　　(　)

A. -2  B. +7  C. +2  D. +4

4. 根据下列反应式设计原电池,其电池表示式为 (　　)

$$2MnO_4^- + 10Fe^{2+} + 16H^+ \Longrightarrow 2Mn^{2+} + 10Fe^{3+} + 8H_2O$$

A. $(-)Fe|Fe^{2+},Fe^{3+}||Mn^{2+},MnO_4^-,H^+|Mn(+)$
B. $(-)Pt|MnO_4^-,Mn^{2+},H^+||Fe^{2+},Fe^{3+}|Pt(+)$
C. $(-)Pt|Fe^{2+},Fe^{3+}||Mn^{2+},MnO_4^-,H^+|Pt(+)$
D. $(-)Mn|MnO_4^-,Mn^{2+},H^+||Fe^{2+},Fe^{3+}|Mn(+)$

5. 根据 $Zn + Cu^{2+} \Longrightarrow Zn^{2+} + Cu$ 反应式设计原电池,其电池表示式为 (　　)

A. $(-)Zn|Zn^{2+}||Cu^{2+}|Cu(+)$
B. $(+)Zn|Zn^{2+}||Cu^{2+}|Cu(-)$
C. $(-)Zn^{2+}|Zn||Cu^{2+}|Cu(+)$
D. $(-)Zn^{2+}|Zn||Cu|Cu^{2+}(+)$

6. 某电池的电动势 $E^{\ominus}$ 是正值,则该电池反应的 (　　)

A. $K^{\ominus} > 1$　　B. $K^{\ominus} = 1$　　C. $K^{\ominus} < 0$　　D. $K^{\ominus} < 1$

7. 已知 $\varphi^{\ominus}_{O_2/H_2O} = 1.23V, \varphi^{\ominus}_{H_2O_2/H_2O} = 1.78, \varphi^{\ominus}_{MnO_2/Mn^{2+}} = 1.23V$,下列说法正确的是 (　　)

A. $H_2O_2$ 可以发生岐化
B. $H_2O_2$ 可使 $H_2O$ 氧化
C. $H_2O_2$ 可使 $Mn^{2+}$ 氧化
D. 三种说法都对

8. 已知 298.15K 时,电极反应 $MnO_4^- + 8H^+ + 5e^- \Longrightarrow Mn^{2+} + 4H_2O$ 的 $\varphi^{\ominus} = 1.5V$,若此时 $[H^+]$ 由 $1mol \cdot L^{-1}$ 减少到 $10^{-4} mol \cdot L^{-1}$,则该电对电势变化值是 (　　)

A. 上升 0.38V　　B. 上升 0.047V　　C. 下降 0.38V　　D. 下降 0.047V

9. 已知 $Zn + 2H^+ \Longrightarrow Zn^{2+} + H_2$ 反应组成原电池的电动势 $E^{\ominus} = 0.46V, \varphi^{\ominus}_{Zn^{2+}/Zn} = -0.76V$,则氢电极的电极液的 pH 为 (　　)

A. 10.2　　B. 2.5　　C. 3　　D. 5.1

10. 根据下列两电对的电极电势: $\varphi^{\ominus}_{Cu^{2+}/Cu^+} = 0.158V, \varphi^{\ominus}_{Cu^+/Cu} = 0.515V$。在下列叙述中正确的是 (　　)

A. $Cu^{2+}$ 是最强的氧化剂
B. Cu 是最强的还原剂
C. $Cu^+$ 在水溶液中不存在
D. $Cu^{2+}$ 能氧化 Cu 成 $Cu^+$

11. 下列各种叙述中,说法不确切的是 (　　)

A. 氧化还原反应原则上都可设计成原电池
B. 测得的电池电动势总是正值
C. 计算得电动势 $E$ 为正值,此反应必定发生
D. 得失电子数相同的一类反应,若 $E^{\ominus}$ 值越大,则反应的平衡常数越大

12. 已知 $\varphi^{\ominus}_{Pb^{2+}/Pb} = -0.126V, K_{sp,PbCl_2} = 1.6 \times 10^{-5}$,则 $\varphi^{\ominus}_{PbCl_2/Pb}$ 为 (　　)

A. 0.268V　　B. -0.41V　　C. -0.268V　　D. -0.016V

13. 将氢电极($p_{H_2} = 101.325 kPa$)插入纯水中并与标准氢电极组成原电池,则 $E$ 为 (　　)

A. 0.414V　　B. -0.414V　　C. 0V　　D. 0.828V

(二) 多项选择题

14. 在反应 $4P + 3KOH + 3H_2O \Longrightarrow 3KH_2PO_2 + PH_3 \uparrow$ 中,P (　　)

A. 仅被还原　　B. 仅被氧化　　C. 既被还原
D. 又被氧化　　E. 不被还原　　F. 也不被氧化

15. 下列反应属于岐化反应的是 (　　)

A. $4P + 3KOH + 3H_2O \Longrightarrow 3KH_2PO_2 + PH_3 \uparrow$
B. $2KClO_3 \Longrightarrow 2KCl + 3O_2 \uparrow$
C. $NH_4NO_3 \Longrightarrow N_2O \uparrow + 2H_2O$
D. $NaOH + HCl \Longrightarrow NaCl + H_2O$
E. $2Na_2O_2 + 2CO_2 \Longrightarrow 2Na_2CO_3 + O_2 \uparrow$

16. 能影响电极电势的因素有 (　　)

A. 氧化态浓度　　B. 还原态浓度　　C. 温度　　D. 参与反应的 $H^+$ 或 $OH^-$ 浓度

E. 电极反应转移的电子数
17. 增大溶液酸度,能增大电极电势的是 (    )
A. $MnO_4^-/Mn^{2+}$   B. $Cr_2O_7^{2-}/Cr^{3+}$   C. $I_2/I^-$   D. $Ce^{4+}/Ce^{3+}$   E. $BrO_3^-/Br^-$
18. 根据有关电对的电极电势可以判断 (    )
A. 氧化还原反应速率   B. 氧化还原反应方向
C. 氧化还原反应完全程度   D. 有关电对氧化态氧化能力的强弱
E. 有关电对还原态还原能力的强弱
19. 下列可以用高锰酸钾法直接滴定测定的物质是 (    )
A. HAc   B. $H_2O_2$   C. $FeSO_4$
D. $Na_2C_2O_4$   E. CaO   F. $NaNO_2$
20. 直接碘量法和间接碘量法不同之处是 (    )
A. 指示剂不同   B. 加入指示剂的时间不同
C. 终点颜色变化不同   D. 滴定液不同
E. 反应原理不同
21. 下列用间接碘量法测定的物质 (    )
A. $AsO_3^{3-}$   B. 维生素 C   C. $Cr_2O_7^{2-}$
D. 葡萄糖   E. $S_2O_3^{2-}$   F. $Cu^{2+}$

### 三、填空题

1. 在氧化还原反应中,氧化剂的氧化数_____,_____电子,发生_____反应;还原剂的氧化数_____,_____电子,发生_____反应。

2. 标准电极电势是指_____,_____,_____,_____条件下的电势,$\varphi^{\ominus}$ 值越大,表明电对中_____型的物质_____能力越强;$\varphi^{\ominus}$ 代数值越小,表明电对中_____型的物质_____能力越强。

3. 已知碱性介质中

```
         0.52V        0.76V
      ┌──────────┬────────────┐
  BrO₃⁻  0.54  BrO⁻  0.45  1/2Br₂  1.07  Br⁻
```

写出歧化反应反应:_____

4. 配平下列反应式,写出氧化还原半反应式:
(1) $Cr_2O_7^{2-} + I^- + H^+ \longrightarrow Cr^{3+} + I_2 + H_2O$
(2) $Mn^{2+} + BiO_3^- + H^+ \longrightarrow MnO_4^- + Bi^{3+} + H_2O$
(3) $S_2O_8^{2-} + Mn^{2+} + H_2O \longrightarrow MnO_4^- + SO_4^{2-} + H^+$
(4) $MnO_4^- + Fe^{2+} + H^+ \longrightarrow Mn^{2+} + Fe^{3+} + H_2O$
(5) $MnO_4^- + H_2O_2 + H^+ \longrightarrow Mn^{2+} + O_2\uparrow + H_2O$
(6) $MnO_4^- + C_2O_4^{2-} + H^+ \longrightarrow Mn^{2+} + CO_2\uparrow + H_2O$

### 四、计算题

1. 将 Ni 片置于 $0.1mol \cdot L^{-1}$ $NiSO_4$ 溶液中和 Cu 片置于 $0.02mol \cdot L^{-1}$ $CuSO_4$ 溶液中组成原电池,已知 $\varphi^{\ominus}_{Ni^{2+}/Ni} = -0.23V$,$\varphi^{\ominus}_{Cu^{2+}/Cu} = 0.34V$,问:
(1) 写出原电池符号及电池反应式。
(2) 计算电池的电动势 $E$。
(3) 计算反应的平衡常数(298.15K)。

2. 有一原电池,其电池符号为
$Pt|H_2(50.0KPa)|H^+(0.50mol \cdot L^{-1})||Sn^{4+}(0.70mol \cdot L^{-1}),Sn^{2+}(0.50mol \cdot L^{-1})|Pt$
(1) 写出半电池反应式。

（2）写出电池反应。

（3）计算电池的电动势 $E$。

（4）当 $E=0$ 时，在保持 $p_{H_2}$ 和 $[H^+]$ 不变的情况下，$c_{Sn^{2+}}/c_{Sn^{4+}}$ 为多少？

3. 精密称取 0.1136g 基准 $K_2Cr_2O_7$ 溶于水，加酸酸化后加入足量 KI，然后用硫代硫酸钠标准溶液滴定，消耗 22.65mL，求 $Na_2S_2O_3$ 溶液的浓度。

4. 精密称取漂白粉样品 2.6620g，加少量蒸馏水研磨，定量转入 500mL 容量瓶中，用蒸馏水稀释至标线，摇匀，精密吸取此悬浊液 50.00mL，置于碘量瓶中加过量的碘化钾，加酸酸化，析出的碘用硫代硫酸钠（0.1109mol·L$^{-1}$）滴定液滴定，终点时，消耗 21.50mL，求样品中有效氯的质量分数。

5. 过氧化氢浓溶液含量测定时，取样品 1mL，称得为 1.1309g，置 100mL 容量瓶中，加水稀释至刻度，摇匀；精密量取稀释液 10mL，置锥形中，加稀 $H_2SO_4$ 20mL，用 0.02121mol·L$^{-1}$ $KMnO_4$ 标准溶液滴定，终点时消耗 15.30mL 标准溶液。已知每 1mL 0.02mol·L$^{-1}$ $KMnO_4$ 标准溶液相当于 1.701mg $H_2O_2$，试求 $H_2O_2$ 样品的质量分数。

（蔡自由）

# 第10章 电位分析法

1. 了解电位分析法的分类及其特点,理解电极电位与溶液中离子浓(活)度的关系式,并掌握其应用
2. 了解指示电极、参比电极的类型和特点
3. 理解电位法测定溶液 pH 的基本原理、测定溶液 pH 的工作电池的组成和电池电动势与溶液 pH 的关系
4. 理解电位滴定法的基本原理,了解方法、特点和用途
5. 掌握电位滴定终点确定方法($E$-$V$ 曲线法、$\frac{\Delta E}{\Delta V}$-$V$ 曲线法)
6. 了解电位滴定法的应用

## 第1节 电位分析法的基本原理

电位法(potentiometry)是电化学分析方法之一,是通过测量原电池的电动势($E$)来测定样品溶液中被测组分含量的电化学分析方法。常被分为直接电位法和电位滴定法两类。

电位法使用的化学电池,通常由两种性能不同的电极组成。其中一个电极的电极电位值($\varphi$)随待测离子浓(活)度的变化而变化,能指示出待测离子的浓(活)度,称为指示电极(indicator electrode);而另一个电极的电极电位值不受离子浓(活)度的影响,具有固定的数值,称为参比电极(reference electrode)。

### 一、基 本 原 理

已知能斯特公式表示了电极电位值 $\varphi$ 与溶液中对应离子浓(活)度之间存在的简单关系。对于氧化还原体系:

$$Ox + ne^- \rightleftharpoons Red$$

$$\varphi_{Ox/Red} = \varphi^{\ominus}_{Ox/Red} + \frac{RT}{nF}\ln\frac{c_{Ox}}{c_{Red}} \tag{10-1}$$

$$\varphi_{Ox/Red} = \varphi^{\ominus}_{Ox/Red} + \frac{2.303RT}{nF}\lg\frac{c_{Ox}}{c_{Red}} \tag{10-2}$$

式中,$\varphi^{\ominus}_{Ox/Red}$ 为标准电极电位;$R$ 为摩尔气体常量(8.314J·$mol^{-1}$·$K^{-1}$);$F$ 为法拉第常量(96 500 C·$mol^{-1}$);$T$ 为热力学温度;$n$ 为电极反应中传递的电子数;$c_{Ox}$ 为氧化态 Ox 浓(活)度;$c_{Red}$ 为还原态 Red 的浓(活)度。

当 $T$ 为 298.15K 时,式(10-2)可表示为

$$\varphi_{Ox/Red} = \varphi^{\ominus}_{Ox/Red} + \frac{0.0592}{n} \lg \frac{c_{Ox}}{c_{Red}} \tag{10-3}$$

对于金属电极,还原态是纯金属,其浓(活)度是常数,定为1,式(10-1)可写作:

$$\varphi_{M^{n+}/M} = \varphi^{\ominus}_{M^{n+}/M} + \frac{RT}{nF} \ln c_{M^{n+}} \tag{10-4}$$

式中,$c_{M^{n+}}$为金属离子 $M^{n+}$ 的浓(活)度。由式(10-4)可见,测定了电极电位,就可确定离子的浓(活)度,这就是电位法的基本原理。

## 二、指示电极

指示电极有多种,一般可分为两大类:金属基电极和离子选择性电极。

### (一) 金属基电极

金属基电极是以金属为基体的电极,是电位法中使用最早的电极。这类电极的特点是电极电位的建立基于电子转移反应。

**1. 金属-金属离子电极** 这类电极是由活性金属与其金属离子溶液所组成的电极体系。可用通式 $M|M^{n+}$ 表示。因为只有一个界面,故又称为第一类电极。其电极电位取决于溶液中金属离子的浓(活)度。如将银丝插入 $Ag^+$ 溶液中组成的银电极。其表示式为 $Ag|Ag^+$,银电极的电极反应和电极电位为

$$Ag^+ + e^- = Ag$$

$$\varphi_{Ag^+/Ag} = \varphi^{\ominus}_{Ag^+/Ag} + \frac{2.303RT}{nF} \lg c_{Ag^+} \tag{10-5}$$

$T$ 为 298.15K 时

$$\varphi_{Ag^+/Ag} = \varphi^{\ominus}_{Ag^+/Ag} + 0.0592 \lg c_{Ag^+} \tag{10-6}$$

**2. 金属-难溶盐电极** 它是由金属与其难溶盐和相应的阴离子溶液所组成的电极体系。可用通式 $M|M_mX_n,X^{m-}$ 表示,因为有两个界面,故又称为第二类电极,其电极电位取决于溶液中阴离子的浓(活)度。如将表面涂有 AgCl 的银丝插入 $Cl^-$ 溶液中组成的银—氯化银电极。其表示式为 $Ag|AgCl,Cl^-$,电极反应和电极电位为

$$AgCl(s) + e^- = Ag(s) + Cl^-$$

$$\varphi_{AgCl/Ag} = \varphi^{\ominus}_{AgCl/Ag} - \frac{2.303RT}{nF} \lg c_{Cl^-} \tag{10-7}$$

$T$ 为 298.15K 时

$$\varphi_{AgCl/Ag} = \varphi^{\ominus}_{AgCl/Ag} - 0.0592 \lg c_{Cl^-} \tag{10-8}$$

**3. 惰性金属电极** 它是由惰性金属插入含有氧化形和还原形电对的溶液中所组成的电极体系。它可用通式 $Pt|M^{m+},N^{n+}$ 表示。因无界面,故又称为零类电极,也称为氧化还原电极。在溶液中 Pt 本身不参加氧化还原反应,仅作为导体,起传导电子的作用,是物质的氧化形和还原形交换电子的场所。其电极电位取决于溶液中氧化形和还原形浓(活)度的比值。如将铂丝插入 $Fe^{3+}$、$Fe^{2+}$ 混合液中组成的电极,其表示式为 $Pt|Fe^{3+}$、$Fe^{2+}$,电极反应和电极电位为

$$Fe^{3+} + e^- = Fe^{2+}$$

$$\varphi_{Fe^{3+}/Fe^{2+}} = \varphi^{\ominus}_{Fe^{3+}/Fe^{2+}} + \frac{2.303RT}{nF} \lg \frac{c_{Fe^{3+}}}{c_{Fe^{2+}}} \tag{10-9}$$

## （二）离子选择电极

离子选择电极（ion selective electrode, ISE）是一种电化学传感器（transducer sensor），亦称为膜电极。它是一种利用选择性电极膜对溶液中特定离子产生选择性响应，从而指示该离子浓（活）度的电极。这类电极的共同特点是电极电位的建立是基于离子的扩散反应和交换反应。

## 三、参比电极

在氧化还原一章中已经学过，标准氢电极（SHE）作为测量其他电极电位的基准，国际上规定它的电势在任何温度下都是零，是一级标准，但标准氢电极制作麻烦，操作条件难以控制，使用不便，故日常工作中很少应用。实际工作中常以银-氯化银电极或甘汞电极作为二级参比电极。

甘汞电极一般由金属汞、甘汞和氯化钾溶液组成，其表示式为

$$Hg, Hg_2Cl_2(s) | KCl \text{ 溶液}(x\text{mol} \cdot L^{-1})$$

其电极反应和电极电位为

$$Hg_2Cl_2(s) + 2e^- \rightleftharpoons 2Hg + 2Cl^-$$

$$\varphi_{Hg_2Cl_2} = \varphi^{\ominus}_{Hg_2Cl_2} - \frac{2.303RT}{nF}\lg c^2_{Cl^-} \tag{10-10}$$

由式（10-10）可知，甘汞电极的电极电位取决于 KCl 溶液的浓（活）度，它随着溶液中 $Cl^-$ 浓（活）度的增大而减小。当溶液中 $Cl^-$ 浓（活）度一定时，甘汞电极的电极电位为一定值。

例如，在 25℃，当 KCl 溶液浓（活）度分别为 $0.1\text{mol} \cdot L^{-1}$、$1\text{mol} \cdot L^{-1}$ 和饱和溶液时，其电极电位值分别为 0.3337V、0.2801V 和 0.2412V。

饱和甘汞电极（saturated calomea electrode, SCE）的结构简单（图10-1），制造容易，使用方便和电位稳定，故作为参比电极。

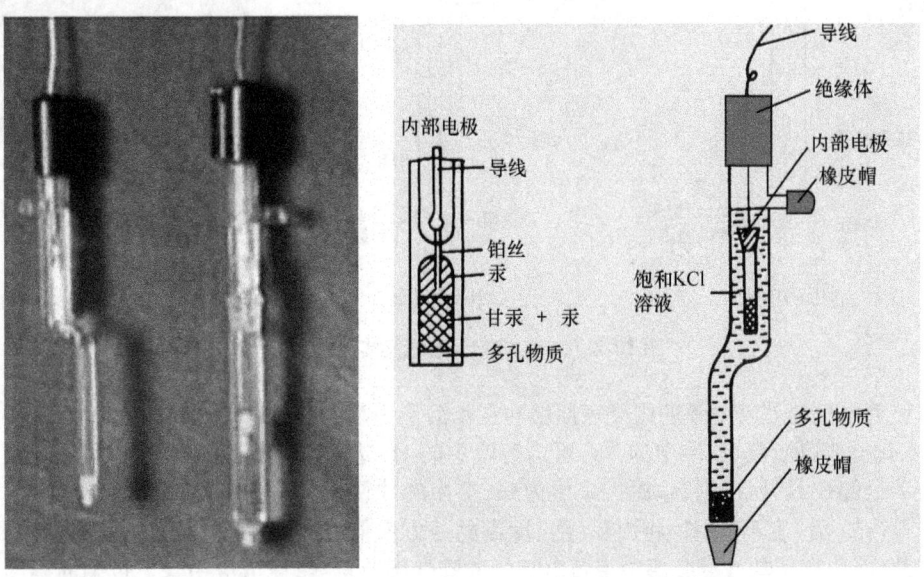

图 10-1　甘汞电极及双液接甘汞电极示意图及实物图

银-氯化银电极在电极类型中已介绍过，若将 $Cl^-$ 浓（活）度固定，则可作参比电极，由于其结

构简单，可以制成很小体积，常作为内参比电极。应该指出，某一种电极作参比电极还是指示电极，不是固定不变的。例如，银-氯化银电极通常作参比电极，但它又可作测定 $Cl^-$ 的指示电极；pH 玻璃电极通常是 $H^+$ 的指示电极，但它又可作测定 $Cl^-$、$I^-$ 时的参比电极。

## 第 2 节　直接电位法

直接电位法(direct potentiometry)是利用电池电动势与被测组分浓(活)度之间的函数关系，直接测定样品溶液中被测组分浓(活)度的电位法。常分为溶液 pH 的测定和其他离子浓(活)度的测定。

测定水溶液的 pH，即 $H^+$ 浓(活)度，目前都采用玻璃电极作为指示电极，饱和甘汞电极或银-氯化银电极作为参比电极。下面重点介绍玻璃电极(glass electrode)。

## 一、玻璃电极

### (一) 构造

玻璃电极属于离子选择电极，构造如图 10-2 所示。它由在玻璃管下端接一个特殊成分玻璃的球状薄膜(也可根据需要制成平板或锥形玻璃薄膜)，其厚度约 0.1mm，内盛一定浓(活)度的 KCl 溶液和一定 pH 的缓冲溶液，在此溶液中插入一支银-氯化银电极(内参比电极)所构成。

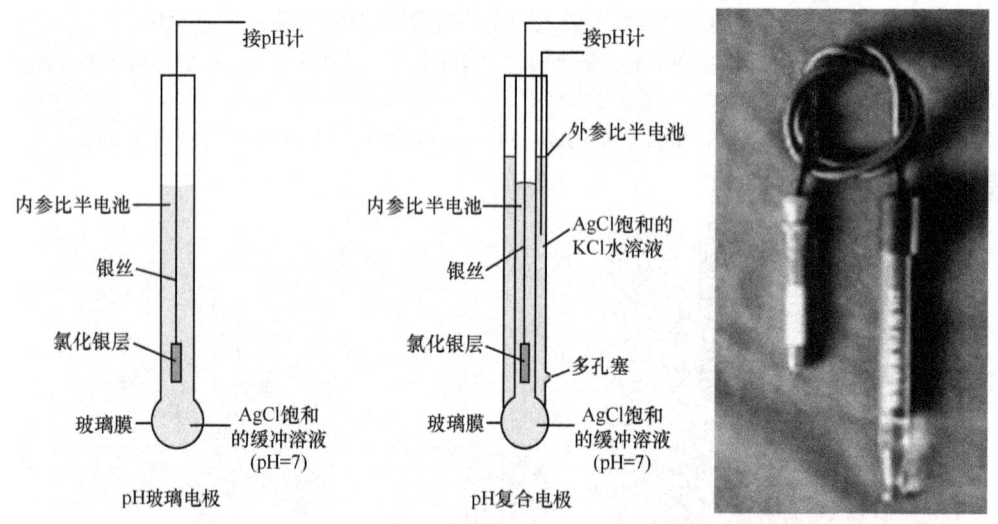

图 10-2　玻璃电极示意图及实物图原理

当玻璃电极的玻璃薄膜的内外表面浸泡在水溶液中后，能吸收水分形成厚度为 $10^{-5} \sim 10^{-4}$ mm 的水化硅胶凝胶层，该层中的 $Na^+$ 可与溶液中的 $H^+$ 进行交换，使凝胶层内外表面上 $Na^+$ 的点位几乎全部被 $H^+$ 所占据，越深入该层内部，交换的数量越少，达到干玻璃处则无交换。由于溶液中 $H^+$ 浓(活)度不同，$H^+$ 将由浓(活)度高的一方向低的一方扩散。若 $H^+$ 由溶液向凝胶层方向扩散，而阴离子却被凝胶层中带负电荷的硅胶骨架所排斥，使溶液中余下过剩的阴离子，改变了两相界面的电荷分布，因而在两相界面上形成双电层，产生电位差。产生的电位差，抑制 $H^+$ 继续扩散，当达到动态平衡时，电位差达到一个稳定值，这电位差值即相界电位(图 10-3)。

因为平衡常数很大，因此，玻璃膜内外表层中的 $Na^+$ 的位置几乎全部被 $H^+$ 所占据，从而形成所谓的"水化层"。当测量时,将电极放入试液中,在膜外表面与试样间固—液两相界面,因$H^+$交换形成外相界电位($\varphi_{外}$)。膜内表面与内参比液固-液相界面也产生内相界电位($\varphi_{内}$)。

这两电位的大小是不等的,这样在横跨整个膜的范围内就存在一个电位差,即为膜电位:

$$\varphi_{膜} = \varphi_{外} - \varphi_{内}$$

$$= \left(K_1 \frac{2.303RT}{nF} \lg \frac{c_{H^+外}}{c_{H^+外表面}}\right) - \left(K_2 + \frac{2.303RT}{nF} \lg \frac{c_{H^+内}}{c_{H^+内表面}}\right)$$

$$= K + \frac{2.303RT}{nF} \lg c_{H^+外}$$

$$= K - \frac{2.303RT}{nF} \text{pH}$$

整个玻璃电极的电位为

$$\varphi_{玻} = \varphi_{内参} + \varphi_{膜} = \varphi_{内参} + K - \frac{2.303RT}{nF}\text{pH}$$

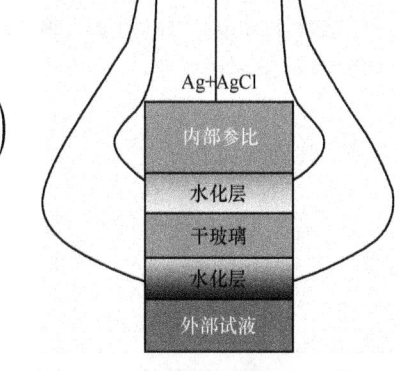

图 10-3  膜电位产生机理示意图

$$\varphi_{玻} = K_{玻} - \frac{2.303RT}{nF}\text{pH}_{试} \tag{10-11}$$

式(10-11)表明,玻璃电极的电位与外部溶液 $H^+$ 浓(活)度的关系符合能斯特方程式,可用于测定溶液 pH。

## (二) 性能

1. **电极斜率**  当溶液中的 pH 变化一个单位时,引起玻璃电极的电位变化称为电极斜率,用 $S$ 表示。

$$S = -\frac{\Delta\varphi}{\Delta\text{pH}} \tag{10-12}$$

25℃时,$S$ 的理论值为 $0.0592/n$,称为能斯特斜率。玻璃电极经长期使用会老化,当在 25℃,斜率低于 52(mV/pH)时就不宜使用。

2. **碱差和酸差**  玻璃电极的电位,只在一定范围内与 pH 呈线性关系。在 pH > 9 时,由于 $Na^+$ 相当 $H^+$ 向凝胶层扩散,测得的 pH 低于真实值,产生负误差,这种误差称为碱差或钠差。若使用锂玻璃制成的高碱玻璃电极,可测至 pH = 13.5,而不产生误差;在 pH < 1 时,由于水分子与 $H^+$ 结合,水分子浓(活)度降低,测得的 pH 高于真实值,产生正误差,这种误差称为酸差。

3. **不对称电位**  当玻璃膜两侧溶液的 pH 相等时,膜电位理应等于零,但实际上总存在 1～30mV 的电位差,这种电位称为不对称电位。它是由于表面张力、表面沾污、机械或化学侵蚀等原因使膜两个表面性能不完全一致造成的。每支玻璃电极的不对称电位不完全相同,并随时间变化而缓慢变化。在短期内,不对称电位可视为定值,并入电极公式的 $b'$ 项中。电极使用前在水中浸泡一天可使不对称电位降低且稳定。

4. **温度**  玻璃电极一般使用温度为 5～45℃。温度过低,内阻增大;温度过高,使用寿命下降。

玻璃电极对 $H^+$ 很敏感,达平衡快,可制成很小体积,可用于连续测定,无电子交换,不受氧化剂、还原剂的干扰,不沾污被测溶液,可用于浑浊、有色溶液的 pH 测定。但玻璃膜很薄,容易损坏,不能用于含 $F^-$ 的酸性溶液,其内阻高(~100MΩ),注意绝缘,防止漏电和静电干扰,并需高阻抗的专用 pH 计。

## 二、测量原理和方法

测量溶液 pH，常以玻璃电极为指示电极，饱和甘汞电极为参比电极，浸入被测溶液即组成原电池，可用下式表示：

$$(-)\quad GE|被测溶液\|SCE\quad(+)$$

上述电池的电动势为

$$\begin{aligned}E_x &= \varphi_{SCE} - \varphi_{GE} \\ &= \varphi_{SCE} - \left(b' - \frac{2.303RT}{nF}pH_x\right) \\ &= b'' + \frac{2.303RT}{nF}pH_x\end{aligned} \quad (10\text{-}13)$$

式(10-13)表明，只要 $b''$ 已知且固定不变，测得电动势 $E_x$ 后，便可求得被测溶液的 $pH_x$。实际上 $b''$ 随溶液组成、电极类型和使用时间长短等的不同而发生变动，而变动值又不易准确测定，故实际工作中采用相对测量法，即采用两次测量法测定溶液 pH。

两次测量法，即先测量已知 pH 的标准缓冲液的电动势 $E_s$，然后再测量被测溶液的电动势 $E_x$，则

$$E_s = b'' + \frac{2.303RT}{nF}pH_s$$

$$E_x = b'' + \frac{2.303RT}{nF}pH_x$$

上两式相减，并移项即得

$$E_x - E_s = \frac{2.303RT}{nF}(pH_x - pH_s) \quad (10\text{-}14)$$

$$pH_x = pH_s + \frac{(E_x - E_s)nF}{2.303RT} \quad (10\text{-}15)$$

$T$ 为 298.15K 时

$$pH_x = pH_s + \frac{E_x - E_s}{0.0592} \quad (10\text{-}16)$$

两次测量法测定溶液 pH 时，只要使用同一对玻璃电极和 Ag-AgCl 电极，在温度等都相同的条件下，无须知道 $b''$ 值，因此可以消除 $b''$ 不确定性产生的误差。注意，测量时选用标准缓冲液的 $pH_s$ 值应尽量接近样品溶液的 $pH_x$。表 10-1、表 10-2 中列出了室温下常用标准缓冲液的 pH，以供选用时参考。

**表 10-1　常用缓冲液的配制方法（一）**

| pH | $V_{Na_2HPO_4}$/mL | $V_{NaH_2PO_4}$/mL | pH | $V_{Na_2HPO_4}$/mL | $V_{NaH_2PO_4}$/mL |
|---|---|---|---|---|---|
| 5.8 | 8.0 | 92.0 | 7.0 | 61.0 | 39.0 |
| 5.9 | 10.0 | 90.0 | 7.1 | 67.0 | 33.0 |
| 6.0 | 12.3 | 87.7 | 7.2 | 72.0 | 28.0 |
| 6.1 | 15.0 | 85.5 | 7.3 | 77.0 | 23.0 |
| 6.2 | 18.5 | 81.5 | 7.4 | 81.0 | 19.0 |
| 6.3 | 22.5 | 77.5 | 7.5 | 84.0 | 16.0 |

续表

| pH | $V_{Na_2HPO_4}$/mL | $V_{NaH_2PO_4}$/mL | pH | $V_{Na_2HPO_4}$/mL | $V_{NaH_2PO_4}$/mL |
|---|---|---|---|---|---|
| 6.4 | 26.5 | 73.5 | 7.6 | 87.0 | 13.0 |
| 6.5 | 31.5 | 68.5 | 7.7 | 89.5 | 10.5 |
| 6.6 | 37.5 | 62.5 | 7.8 | 91.5 | 8.5 |
| 6.7 | 43.5 | 56.5 | 7.9 | 93.0 | 7.0 |
| 6.8 | 49.0 | 51.0 | 8.0 | 94.7 | 5.3 |
| 6.9 | 55.0 | 45.0 | | | |

注：磷酸盐缓冲液($Na_2HPO_4$-$NaH_2PO_4$)的浓度都为$0.2 mol \cdot L^{-1}$。

**表10-2　常用缓冲液的配制方法(二)**

| pH | $V_{NaAc}$/mL | $V_{HAc}$/mL | pH | $V_{NaAc}$/mL | $V_{HAc}$/mL |
|---|---|---|---|---|---|
| 3.6 | 0.75 | 9.25 | 4.8 | 5.90 | 4.10 |
| 3.8 | 1.20 | 8.80 | 5.0 | 7.00 | 3.00 |
| 4.0 | 1.80 | 8.20 | 5.2 | 7.90 | 2.10 |
| 4.2 | 2.65 | 7.35 | 5.4 | 8.60 | 1.40 |
| 4.4 | 3.70 | 6.30 | 5.6 | 9.10 | 0.90 |
| 4.6 | 4.90 | 5.10 | 5.8 | 9.40 | 0.60 |

注：乙酸-乙酸钠缓冲液($0.2 mol \cdot L^{-1}$)，18℃。

## 三、酸度计(pH计)

酸度计是一种专为使用玻璃电极测量溶液pH而设计的电子电位计。目前常用的国产pH计有pHS-25型、pHS-2型和pHS-3型等。它们主要的差异是测量精度不同，但均由测量电池和主机两部分组成。玻璃电极、Ag-AgCl电极和被测溶液组成测量电池，将被测溶液的pH转换为电动势，然后主机将其电动势转换成pH，直接显示出来。

酸度计直接以pH标示，每间隔一个pH相当于0.0592(V)，此值随温度的改变而改变，故酸度计上均装有温度补偿器(可变电阻)。测定前，将温度补偿器调至待测溶液的温度，这样可使每间隔一个pH的电动势改变正好抵消该温度时应有的变动值。由于不对称电位对测定有影响，因此，酸度计上均装有定位调节器(调压器)，即用标准缓冲液校准仪器时，调节电位调节器，使仪器上标示的pH读数正好与标准缓冲液的pH一致，以消除不对称电位的影响。为使测定结果可靠，用与被测溶液pH接近的标准缓冲液校准仪器后，应再用与此标准缓冲液相差约3个pH的另一标准缓冲液相核对，两者之差不应超过±0.1pH，否则电极或主机有问题。注意：校准、核对用的标准缓冲液pH均应选大于或小于7，以减免因pH转换旋钮换档带来的误差。

## 四、应用示例

用直接电位法测定水溶液pH广泛应用于注射液、大输液、眼药水等制剂的pH检查和原料药酸碱度的检查。

### 盐酸普鲁卡因注射液 pH 检查

盐酸普鲁卡因注射液系局部麻醉药,常加稀盐酸调节其 pH 至 3.5~5.0,可抑制分解,使本品稳定。若 pH 过低,其麻醉力降低,稳定性差;pH 过高则易分解。其 pH 检查时,常以邻苯二甲酸氢钾标准缓冲液(pH=4.0)定位,用乙二酸三氢钾或磷酸盐(pH=6.8)标准缓冲液核对后再测定。

### 荧光素钠滴眼液 pH 检查

荧光素钠滴眼液系用于眼角膜损伤和角膜溃疡的诊断药。荧光素钠在碱性溶液中具有染色活性,在酸性溶液中即失去荧光,常加入碳酸氢钠作稳定剂,调节 pH 至 8.0~8.5。其 pH 检查时,常以磷酸盐标准缓冲液(pH=7.4)定位,用硼砂标准缓冲液(pH=9.2)核对后再测定。

## 第3节 电位滴定法

### 一、测量原理及仪器装置

电位滴定法(potentiometric titration)根据滴定过程中电位差(或电极电位)的变化来确定滴定终点的容量分析法。

进行电位滴定时,在样品溶液中插入一支 pH 复合电极(指示电极和参比电极组合成一支电极),组成原电池(图10-4)。随着标准溶液的加入,由于发生了化学反应,被测离子(或与之有关的组分)浓(活)度不断降低,因而指示电极的电位相应地发生变化。在化学计量点附近被测离子浓(活)度急剧变化,引起指示电极电位的突变,亦引起电池电动势的突变,所以测量电池电动势的变化就可确定化学计量点,此法习惯上称电位滴定法。电位滴定法与滴定分析法的区别仅在于它是根据电池电动势的突跃来确定化学计量点,而滴定分析是根据指示剂的变色来指示滴定终点。

图 10-4 pHS-25 型酸度计

### 电化学分析

在待测溶液中插入两个电极,组成原电池。利用测原电池的电动势来计算被测组分含量。利用该原理制造的定型仪器有 pH 酸度计(图 10-5)、电位滴定仪(图 10-6)等。前者常用于测定溶液的 pH,后者常用于滴定分析中判断滴定终点和选择指示剂。

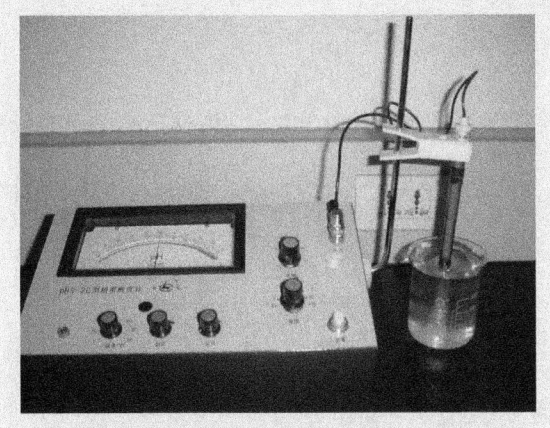

图 10-5 pH 酸度计

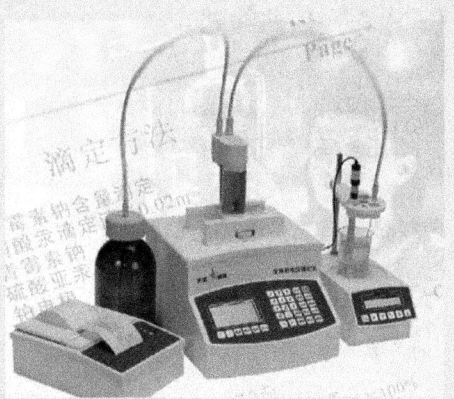

图 10-6 自动电位滴定仪

## 二、电位滴定法的特点

(1)测定准确度高。与化学容量法一样,测定相对误差可低于 0.2%。
(2)可用于无法用指示剂判断终点的浑浊体系或有色溶液的滴定。
(3)可用于非水溶液的滴定。
(4)可用于微量组分测定。
(5)可用于连续滴定和自动滴定。

## 三、电位滴定法的类型和指示电极的选择

(1)酸碱滴定:通常采用 pH 玻璃电极为指示电极、饱和甘汞电极为参比电极。
(2)氧化还原滴定:滴定过程中,氧化态和还原态的浓(活)度比值发生变化,可采用零类电极(惰性金属电极)作为指示电极。
(3)沉淀滴定:根据不同的沉淀反应,选用不同的指示电极。常选用的是 Ag 电极。
(4)配位滴定:在用 EDTA 滴定金属离子时,可采用相应的金属离子选择性电极和第三类电极作为指示电极。

## 四、确定化学计量点的方法

确定化学计量点的方法主要有三种,分别是 $E$-$V$ 曲线法、$\dfrac{\Delta E}{\Delta V}$-$V$ 曲线法和 $(\dfrac{\Delta^2 E}{\Delta V^2})$-$V$ 曲线法。我们主要学习前两种方法。

## （一）E-V 曲线法

以电位值（$E$）为纵坐标，标准溶液体积（$V$）为横坐标，绘制 E-V 曲线，曲线转折点（拐点）所对应的体积即化学计量点的体积。本法比较简单，适用于滴定突跃电动势（电位）变化明显的滴定曲线，否则应采取下列方法确定化学计量点。

## （二）$\frac{\Delta E}{\Delta V}$-V 曲线法

以 $\frac{\Delta E}{\Delta V}$（即相邻两次电动势的差值和相应的标准溶液体积的差值之比）为纵坐标、标准溶液平均体积为横坐标，绘制 $\frac{\Delta E}{\Delta V}$-V 曲线，曲线的最高点（极大值）所对应的体积即化学计量点的体积。曲线最高点也可用外延法决定。

用 $0.1000\text{mol}\cdot\text{L}^{-1}$ AgNO$_3$ 标准溶液滴定 10mL NaCl 溶液，所得电池电动势与溶液体积的关系如表 10-3 所示。

表10-3　滴定液 $V$ 与对应 $E$ 的关系

| AgNO$_3$ 体积 $V$/mL | 电动势 $E$/mV | $\frac{\Delta E}{\Delta V}$/(mV·mL$^{-1}$) | AgNO$_3$ 体积 $V$/mL | 电动势 $E$/mV | $\frac{\Delta E}{\Delta V}$/(mV·mL$^{-1}$) |
| --- | --- | --- | --- | --- | --- |
| 5.00 | 130 | 5.0 | 11.30 | 250 | 530 |
| 8.00 | 145 | 11.5 | 11.40 | 303 | 250 |
| 10.00 | 168 | 32 | 11.50 | 328 | 72 |
| 11.00 | 202 | 80 | 12.00 | 364 | 25 |
| 11.10 | 210 | 140 | 13.00 | 389 | 12 |
| 11.20 | 224 | 260 | 14.00 | 401 | |

解1：由 E-V 曲线确定终点：以 $E$ 为纵坐标、$V$ 为横坐标作图，得到图 10-7。

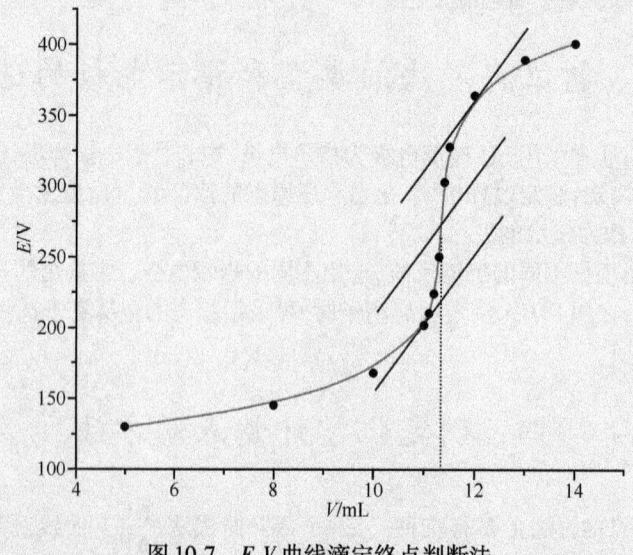

图10-7　E-V 曲线滴定终点判断法

曲线的拐点即为终点。拐点的确定方法为：作两条与曲线相切的45°倾斜角的直线，两条直线的等分线与曲线交点就是滴定的终点。由此法得到的终点为11.35mL。

解2：由$\frac{\Delta E}{\Delta V}$-V曲线确定终点。$\frac{\Delta E}{\Delta V}$表示$E$的变化值与相对应的加入滴定剂体积的增量（$\Delta V$）之比。它的计算方法是：用2个相邻体积所对应的电位值之差除以两相邻的体积之差。

例如，加入$AgNO_3$溶液从11.30mL到11.40mL时的$\frac{\Delta E}{\Delta V}$的计算。

$$\frac{\Delta E}{\Delta V} = (303 - 250) \div (11.40 - 11.30) = 530(\text{mV} \cdot \text{mL}^{-1})$$

其他两个相邻体积之间的$\frac{\Delta E}{\Delta V}$可按同样的方法求得，结果列于表10-3中。然后，用$\frac{\Delta E}{\Delta V}$与对应的体积作图（对应的体积为两个体积的平均值）（图10-8），为了明确表明这一点，可在计算所得的$\frac{\Delta E}{\Delta V}$的下标上注明所对应的体积，例如，上面求得的$\frac{\Delta E}{\Delta V}$可表示为$\left(\frac{\Delta E}{\Delta V}\right)_{11.35} = 530$。曲线上最高点所对应的体积就是滴定终点时的体积。

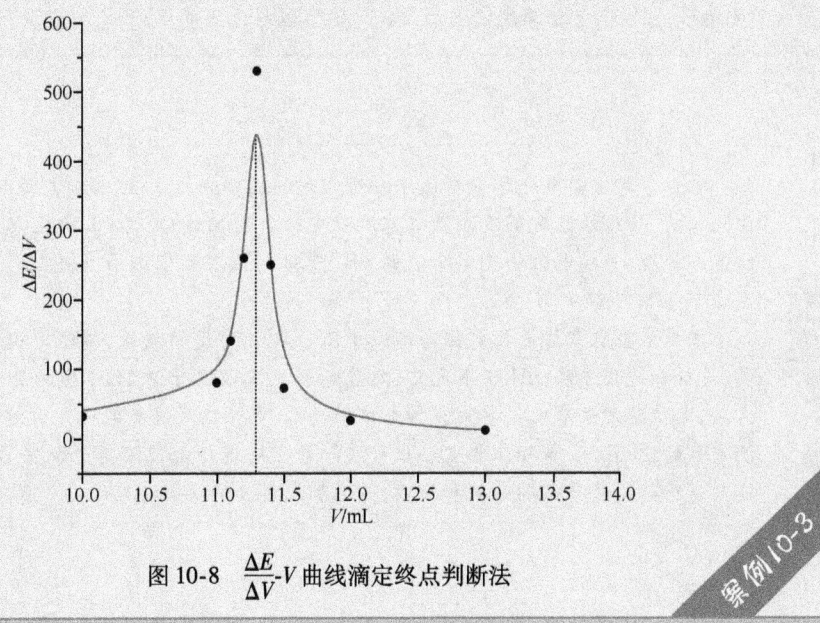

图10-8　$\frac{\Delta E}{\Delta V}$-V曲线滴定终点判断法

除了案例10-3的方法外，还有一个简便的适用方法，即在化学计量点附近逐滴加入标准溶液，并观察电位计，当一滴（或半滴）标准溶液引起电动势读数变化最大时所对应的滴定管读数即化学计量点时的体积。用这种方法不必逐一记录标准溶液体积的电位计读数，也不必处理数据，可大大提高工作效率，但对于滴定突跃不明显的滴定，不宜用此法。

需要指出的是，上述确定化学计量点的方法均以滴定突跃对化学计量点是对称的为条件，故只有反应物之间以等物质的量相作用时才成立；若是不对称的，则化学计量点与突跃中点不一致。但是，这种偏差很小，对于一般药物分析可以忽略。

## 五、应用与示例

电位滴定法不用指示剂来指示终点,而是根据电动势的变化来确定化学计量点。此法与滴定分析法相比,它具有客观准确、不受样品溶液有色或浑浊的影响,易于自动化等优点。

电位滴定法常用于确定滴定分析中指示剂的变色点和终点颜色;常用于替代没有合适指示剂或滴定突跃小的滴定分析。滴定分析中的各类滴定都可采用电位滴定法,不同类型的滴定反应可选用不同的指示电极和参比电极。随着离子选择电极的迅速发展,可供选择的电极越来越多,电位滴定法在药物分析中的应用将越来越广泛。

如在电位滴定法时,采用饱和甘汞电极作参比电极,为了避免饱和甘汞电极中渗出的水溶液干扰非水滴定,可采用饱和氯化钾无水乙醇溶液代替饱和氯化钾水溶液。

---

**镇定药"安定"的含量测定**

用非水酸碱滴定法测定"安定"时,由于所用结晶紫指示剂的颜色变化比较复杂,难以确定终点时的颜色,可用电位滴定法对照。对照时,常以 pH 玻璃电极为指示电极,Ag-AgCl 电极为参比电极。经与电位滴定法对照后,才确定以绿色为终点。此法重现性好,且更准确。

---

电位分析法是电化学分析法中一种常用的成分分析方法,目前广泛用于环境监测、生化分析、临床检验及药物生产工艺流程中的自动在线分析。本章主要介绍电位分析法基本原理、直接电位法测定溶液的 pH、直接电位法测定溶液离子浓(活)度、电位滴定法等基本内容。

本章应重点掌握电极电位与溶液中离子浓(活)度的关系,指示电极和参比电极种类、选择和使用方法,pH 实用定义,酸度计测定溶液离子浓(活)度的原理和定量分析方法,电位滴定法基本仪器装置和电极的选择、电位滴定终点的确定方法以及自动电位滴定仪的使用方法等知识要点。正确选择电极对进行电位滴定分析并确定滴定终点;能对实验数据进行正确分析和处理,并准确表述分析结果。

---

## 目 标 检 测

**一、选择题**(最佳选择题)

1. 在电位法中作为指示电极,其电位应与被测离子的活(浓)度 (　　)
   A. 无关　　　B. 符合能斯特公式的关系　　C. 成正比　　D. 符合扩散电流方程的关系
2. 甘汞参比电极的电位随电极内 KCl 溶液浓(活)度的增加而产生什么变化 (　　)
   A. 增加　　　B. 减小　　　C. 不变　　　D. 两者无直接关系
3. 当金属插入其盐溶液时,金属表面和溶液界面间形成了双电层,所以产生了电位差。这个电位差叫做 (　　)
   A. 液接电位　　B. 电极电位　　C. 电动势　　D. 膜电位
4. 可用作参比电极的有 (　　)

A. 标准氢电极　　B. 气敏电极　　　　C. 氟电极　　　　D. 玻璃电极

5. 用电位滴定法测定卤素时,滴定剂为 $AgNO_3$,指示电极用　　　　　　　　　　　(　　)

A. 银电极　　　　B. 铂电极　　　　　C. 玻璃电极　　　D. 甘汞电极

6. 在电位滴定中,以 $\Delta E/\Delta V\text{-}V$ 作图绘制曲线,滴定终点为　　　　　　　　　　(　　)

A. 曲线突跃的转折点　　　　　　　　B. 曲线的最大斜率点

C. 曲线的最小斜率点　　　　　　　　D. 曲线的斜率为零时的点

## 二、判断题

1. 电位滴定法与化学分析法的区别是终点的指示方法不同。　　　　　　　　　(　　)
2. 饱和甘汞电极是常用的参比电极,其电极电位是恒定不变的。　　　　　　　(　　)
3. 用玻璃电极测定溶液的 pH 时,必须首先进行定位校正。　　　　　　　　　　(　　)
4. pH 玻璃电极膜电位的产生是由于溶液中氢膜和玻璃膜水合层中的氢离子的交换作用。(　　)
5. 标准氢电极是常用的指示电极。　　　　　　　　　　　　　　　　　　　　(　　)
6. 电位分析法分为直接电位法和间接电位法。　　　　　　　　　　　　　　　(　　)

## 三、问答题

1. 什么是电位分析法?电位分析法包括哪两种类型?

2. 当下述电池中的溶液是 pH 等于 4.00 的缓冲溶液时,在 298K 时用毫伏计测得下列电池的电动势为 0.209V:

$$\text{玻璃电极} \mid H^+(c=x\text{mol/L}) \parallel \text{饱和甘汞电极}$$

当缓冲溶液由三种未知溶液代替时,毫伏计读数如下:(a)0.312V　(b)0.088V　(c)−0.017V。试计算每种未知溶液的 pH。

3. 下面是用 $0.1000\text{mol} \cdot L^{-1}$ NaOH 溶液电位滴定 50.00mL 一元弱酸的数据:

| $V$/mL | pH | $V$/mL | pH | $V$/mL | pH |
| --- | --- | --- | --- | --- | --- |
| 10.00 | 5.85 | 15.50 | 7.70 | 16.00 | 10.61 |
| 12.00 | 6.11 | 15.60 | 8.24 | 17.00 | 11.30 |
| 14.00 | 6.60 | 15.70 | 9.43 | 18.00 | 11.60 |
| 15.00 | 7.04 | 15.80 | 10.03 | 20.00 | 11.96 |

(1) 绘制 $E\text{-}V$ 曲线。

(2) 绘制 $\dfrac{\Delta \text{pH}}{\Delta V}\text{-}V$ 曲线。

(3) 计算化学计量点时溶液的 pH。(pH = 8.84)

(4) 计算样品酸溶液的浓度。($c = 0.03130\text{mol} \cdot L^{-1}$)

(5) 计算弱酸的电离平衡常数 $K_a$。($K_a = 5.0 \times 10^{-6}$)

(乔　洁)

# 第11章 表面现象与胶体

1. 理解表面张力形成原因和溶液表面吸附现象
2. 了解常见的表面活性剂的分类和作用
3. 理解分散系的特点和分类方法
4. 掌握胶体的性质和制备方法
5. 理解胶体的结构和胶体溶液的稳定性

在一般体系中,表面层(很薄,但仍有一定的厚度)中所含物质比体相本身小得多,故其影响可以忽略。但随着体系的分散度增大,其表面效应可变得非常显著。因此研究在表面层上发生的行为或研究多相高分散体系的性质时,就必须考虑表面的特性。

通常用单位体积(或质量)物体的表面面积来表示物质的分散程度,如以 $V$ 代表总体积、$A$ 代表面积,则

$$A_0 = A/V$$

式中,$A_0$ 称比表面。物质分割得越细,比表面越大。例如,当把边长为 1m 的正立方体(1L)分割成小立方体时,比表面增加的情况如表 11-1 所示。

表 11-1 边长为 1m 的正立方体分割成小立方体时,比表面增加的情况

| 边长/m | 分割后立方体数 | 总表面积/m² | 比表面/m⁻¹ |
| --- | --- | --- | --- |
| 1 | 1 | 6 | 6 |
| $1 \times 10^{-3}$(1cm) | $10^9$ | $6 \times 10^3$ | $6 \times 10^3$ |
| $1 \times 10^{-6}$(1μm) | $10^{18}$ | $6 \times 10^6$ | $6 \times 10^6$ |
| $1 \times 10^{-9}$(1nm) | $10^{27}$ | $6 \times 10^9$ | $6 \times 10^9$ |

当粒子的大小为 1~100nm 时,称为胶体。胶体具有很大的比表面,突出地体现在表面效应。因此,胶体所涉及的许多问题都属于表面化学的问题。另外,某些多孔性物质如活性炭、多孔硅胶、活性氧化铝等也具有相当大的比表面,其表面效应往往也不能忽略。本章主要讨论有关表面现象及胶体的一些基本概念。

## 第1节 表面现象

### 一、表面与表面张力

界面(interface)是指两相接触的约几个分子厚度的过渡区。常见的界面有气-液界面、液-液界面、气-固界面、液-固界面、固-固界面(图 11-1)。习惯上把液体或固体与空气的界面称为液体或固体的表面(surface)。

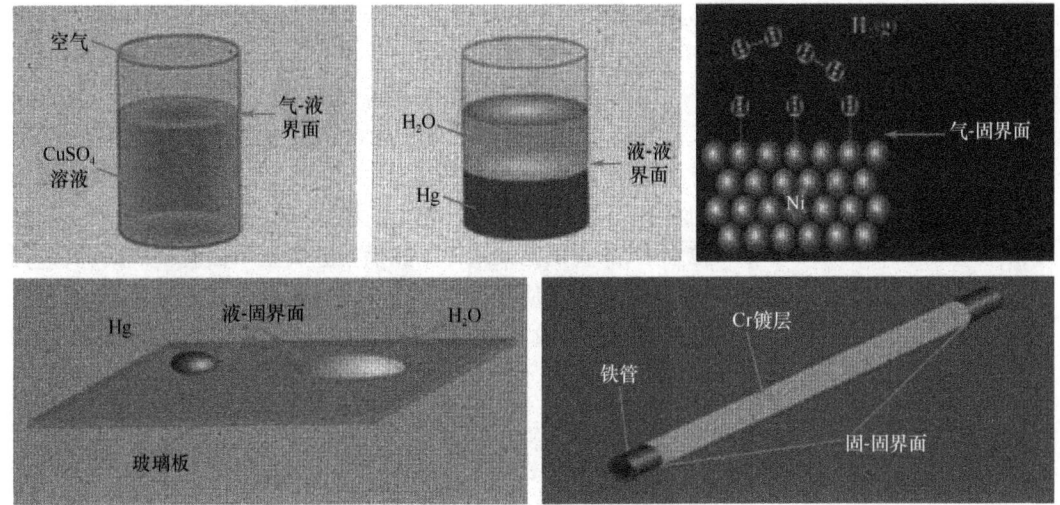

图 11-1 相界面示意图

由于物质表面层的分子与其内部分子所处的状况是不同的,内部分子受到邻近分子的吸引,其作用是对称的,因此各方面的作用力互相抵消。但是表面层的分子则不同,它一面受到本相内物质分子的作用,另一方面又受到性质不同的另一相中物质分子的作用(图 11-2),因此表面层的性质与内部不同。如液体与其蒸气所组成的体系,在气液界面上的分子受到指向液体内部的拉力,所以液体表面有自动缩成最小的趋势。

下面的实验可以演示表面张力的存在。在图 11-3 有一个金属丝环,环上系上一个丝线圈,将金属环连同丝线圈一起浸在肥皂液中,取出后,环中形成一层液膜。这时丝线圈在液膜上可以自由游动,如图 11-3(a)所示。如果把丝线圈内的液膜刺破,丝线圈即被弹开形成圆形,如图 11-3(b)所示,就好像液面对丝线圈沿着环的半径方向有向外的拉力一样,如图中箭头所指。

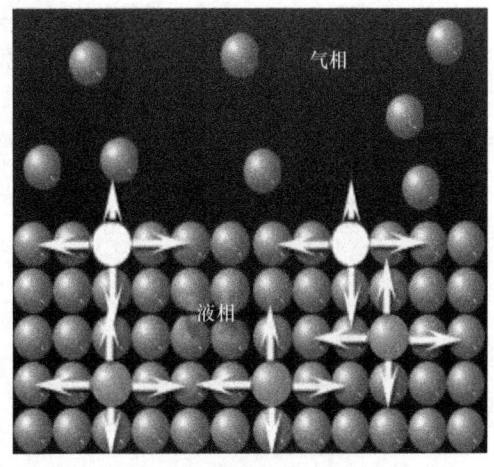

图 11-2 表面层分子受力情况

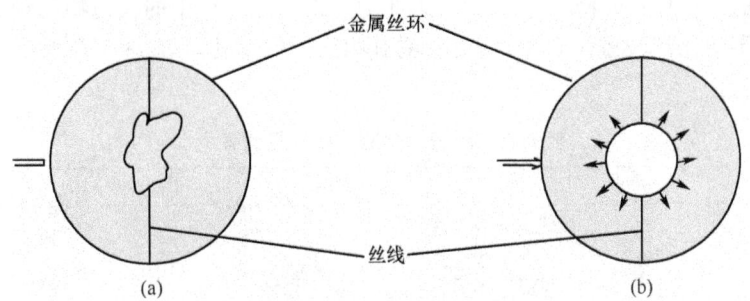

图 11-3 金属丝环同软丝线圈浸入肥皂液中
(a) 丝线圈内肥皂膜未刺破;(b) 丝线圈内肥皂膜刺破后

由此可以推测，当丝线圈内液膜被刺破时，丝线也同样会受到拉力，只是由于丝线两侧均有液膜，其拉力相互抵消而已。

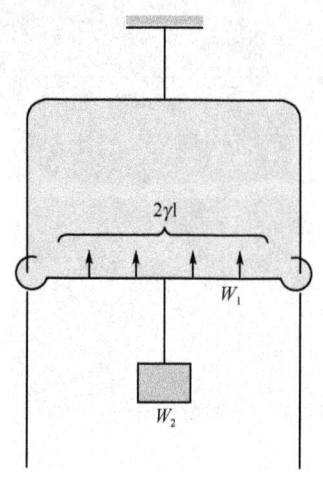

图 11-4 液体的表面张力

另一个实验见图 11-4，把金属丝制成 U 形框架，另一根金属丝可在框架上滑动。把框架放在肥皂液中然后取出，框架上就有一层液膜，此膜很薄，但仍有一定的厚度，因而在框架正反两面具有两个表面。由于表面张力的作用，会把可滑动的金属丝拉上去，一直到框架顶部。如果在金属丝下面悬一砝码，质量为 $W_2$ 与金属丝的质量 $W_1$ 之和与向上的表面张力平衡，金属丝就会保持不动。设表面张力为 $\gamma$，金属丝长度为 $l$，达平衡时所施加的力：

$$f = (W_1 + W_2) \times g = 2 \times l \times \gamma$$

表面张力 $\gamma$ 的单位为 $N \cdot m^{-1}$。所以，表面张力 $\gamma$ 的物理意义是表面上单位长度线段受到的收缩力。

表面张力是物质的特性，并与其所处的温度、压力及共存的另一相的性质等有关，其大小取决于相界面分子间的作用力。纯液体的表面张力是指液体与饱和了其本身蒸气的空气接触时而言。表 11-2 列出了一些纯液体的表面张力数据。

表 11-2 某些液体的表面张力

| 液体 | $T/K$ | $\gamma \times 10^3/(N \cdot m^{-1})$ |
| --- | --- | --- |
| 水 | 293 | 72.88 |
|  | 298 | 72.14 |
|  | 303 | 71.40 |
| 甲苯 | 293 | 28.52 |
| 乙醇 | 293 | 22.39 |
|  | 303 | 21.55 |
| 汞 | 293 | 486.5 |
|  | 298 | 485.5 |
|  | 303 | 484.5 |

如果共存的一相是其他物质时，称为界面张力。因为另一相中的其他物质对液体表面层分子的作用力的不同，所以表面（界面）张力也就有相当大的变化。表 11-3 为水与一些常见液体间的界面张力。

表 11-3 水与几种液体间的界面张力

| 物质 | $T/K$ | 界面张力 $\times 10^3/(N \cdot m^{-1})$ |
| --- | --- | --- |
| 乙酸乙酯 | 293 | 6.80 |
| 汞 | 293 | 415 |
|  | 298 | 416 |
| 四氯化碳 | 293 | 45.1 |
| 液状石蜡 | 293 | 53.1 |

# 二、溶液的表面吸附

## 溶液表面的吸附现象

纯液体是单组分系统,在指定温度下它的表面张力是一定的,一旦在液体中加入溶质而成溶液时,溶液的表面张力就随之改变,其值与溶质的种类和数量有关。这是因为溶液中部分溶质分子进入溶液的表面,使表面层分子组成发生改变,分子间的引力起了变化,表面张力也随之改变。有些溶质的加入,使溶液的表面张力随浓度的增加而降低。而另一些则使表面张力随浓度的增加而升高。如在一定温度时,以 $\gamma$-$c$ 作图,可以得到两类曲线(图 11-5),$\gamma$-$c$ 曲线称溶液表面张力等温线。图 11-6 是脂肪酸溶液的表面张力等温线。

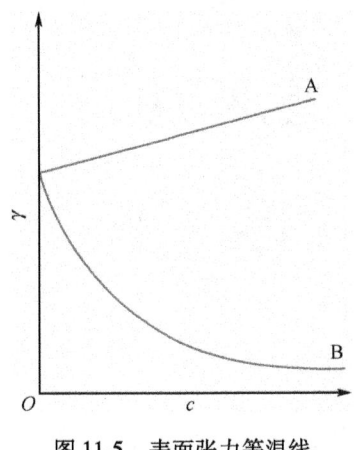

图 11-5　表面张力等温线

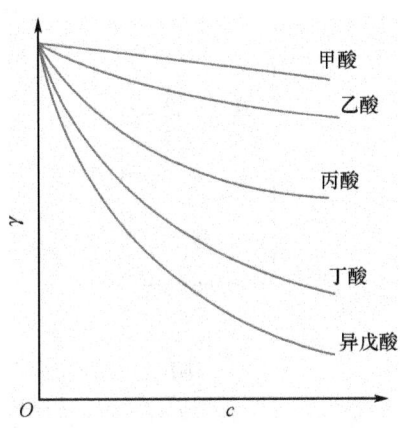

图 11-6　脂肪酸溶液的表面张力等温线

第一类随溶质加入,浓度增加,溶液表面张力缓慢增加。无机盐、不挥发性酸碱等水溶液以及多羟基有机化合物水溶液属于这一类。矿泉水具有较高的表面张力,其原因就在于它溶解了较多的无机盐。

第二类随溶液浓度增加,溶液表面张力迅速下降。大多数极性有机化合物的水溶液属于这一类,如乙醇水溶液。可以把这一类能使水的表面张力降低的化合物称为表面活性剂。某一物质是不是表面活性剂是对指定溶剂而言的,但一般若不特别指明时则系对水而言,且通常只把那些加入很少量时即能大大地降低溶剂表面张力(或界面张力)的两亲物质称为表面活性剂。

一般说来,如果在表面层中溶质分子比溶剂分子所受到的指向溶液内部的引力还要大些,则这种溶质的溶入会使溶液的表面张力增大。由于体系有尽量缩小表面张力的自发趋势,这种溶质趋向于较多地进入溶液内部而较少地留在表面层中,这样就造成了溶质在表面层中比在本体溶液中浓度小的现象。如果在表面层中溶质分子比溶剂所受到的指向溶液内部的引力要小些,则这种溶质的溶入会使溶液的表面张力减小。而且,溶质分子趋向在表面层相对浓集,造成溶质在表面层中与在本体溶液中浓度不同的现象称为"溶液的表面吸附",溶质在表面层浓度小于本体浓度,称"负吸附";溶质在表面层浓度大于本体浓度,称"正吸附"。对表面活性物质来说,它在表面层的浓度大于在溶液本体中的浓度,发生"正吸附"作用;而对非表面活性剂来说,它在表面层中的浓度比在溶液本体中要小,即发生"负吸附"作用。

## 三、表面活性剂及其作用

表面活性剂广泛应用于医药、食品、石油及民用洗涤等各个领域中。由于在工农业生产中主要是应用于水溶液,以改变水的表面活性,所以若不加说明,就是指降低水的表面张力的表面活性剂。

常用的表面活性剂分子是由具有亲水性的极性基团和具有憎水性的非极性基团所组成的有机化合物。它的非极性憎水基团一般是 8~18 碳的直链烃(也可以是环烃),因而表面活性剂都是"两亲分子",它吸附在水表面时采取极性基团向着水(头浸在水中),非极性基团脱离水(尾竖在水面上)的表面定向(图 11-7)。这种定向排列,使面上不饱和的力场得到某种程度上的平衡,从而降低了表面张力(或界面张力)。

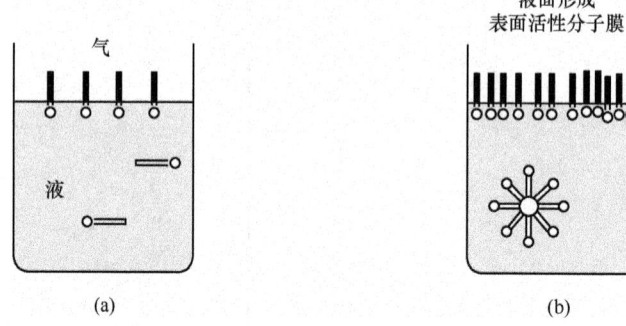

图 11-7 吸附于水溶液表面的表面活性剂分子
(a) 稀溶液;(b) 较浓溶液

### (一) 表面活性剂的分类

表面活性剂有很多种分类方法,一般按化学结构进行分类。即当表面活性剂溶于水时,凡能电离产生离子的,称离子型表面活性剂,凡在水中不电离的就叫做非离子型表面活性剂。离子型的还按生成的是正离子或负离子再进行分类。应用时必须注意,如某表面活性物质是阴离子型,它就不能与阳离子型表面活性剂混合使用,否则就会发生沉淀而不能得到应有的效果。例如,阴离子表面活性剂,如烷基硫酸酯钠:

$$CH_3CH_2\cdots CH_2CH_2\text{—}OSO_3^- \quad Na^+ \xrightarrow{\text{溶于水}} CH_3CH_2\cdots CH_2CH_2\text{—}OSO_3^- \cdot 水 + Na^+ \cdot 水$$

阳离子表面活性剂,如烷基三甲基氯化铵:

$$CH_3CH_2\cdots CH_2CH_2\text{—}\overset{CH_3}{\underset{CH_3}{N^+\text{—}CH_3}} \quad Cl^- \xrightarrow{\text{溶于水}} CH_3CH_2\cdots CH_2CH_2\text{—}\overset{CH_3}{\underset{CH_3}{N^+\text{—}CH_3}} \cdot 水 + Cl^- \cdot 水$$

水溶性的表面活性剂在生活上用得多些,它们的分类见表 11-4。

表 11-4　水溶性表面活性剂的分类

| 类　型 | 表面活性剂 |
|---|---|
| 阴离子表面活性剂 | 1. 羧酸盐　R—COOM（M 为 $K^+$、$Na^+$、$NH_4^+$）<br>2. 硫酸酯盐　R—$OSO_3$M<br>3. 磺酸盐　R—$SO_3$M |
| 阳离子表面活性剂 | 1. 烷基胺盐　R—$NH_2$HCl　（伯胺盐）<br>　　　　　　　　　　$\overset{CH_3}{\underset{\phantom{|}}{\|}}$<br>　　　　　　　R—NHHCl　（仲胺盐）<br>　　　　　　　　　　$\overset{CH_3}{\underset{\phantom{|}}{\|}}$<br>　　　　　　　R—NHCl　（叔胺盐）<br>　　　　　　　　　　$\underset{CH_3}{\|}$<br>2. [$R_1$—$N^+$($CH_3$)$_2$—$R_2$]$Cl^-$　（季铵盐） |
| 非离子表面活性剂 | 1. 氨基酸型　R—$NHCH_2$—$CH_2COOH$<br>2. 聚氧乙烯型　R—O($CH_2CH_2O$)$_n$H |

注：R 和 $R_1$ 为 $C_8 \sim C_{17}$ 的高级烷基；$R_2$ 为 $CH_3$、苄基或羟乙基等。

## （二）表面活性剂的几种重要作用

与表面活性剂降低水的表面张力基本性质直接相关的效用有润湿、渗透、乳化、分散、增溶、发泡、消泡和洗涤作用。

1. 润湿作用　在医药生产或生活中常遇到需要改变液-固之间润湿程度（也就是人为地改变 $\gamma_{液-气}$ 和 $\gamma_{液-固}$）的情况。使用表面活性剂（润湿剂）常常能够得到预期的效果。例如，喷洒农药时，常在农药中加有少量的润湿剂，以改善药液在植物叶面上的润湿程度（称铺展），待水分蒸发后，在叶面上留下一薄层药液。假如润湿性不好，叶面上的药液仍聚成液滴状，很易滚下，或在水分挥发后，叶面上留下断续的药物斑点，影响药物效果。可是在制备防水布时，则希望提高纤维的抗湿性能，即将布经表面活性剂处理后，提高其 $\gamma_{液-固}$ 以增加防水布的憎水性。又如，浮游选矿，用泡沫浮选法来提高矿石的品位。其基本原理是将低品位的粗矿磨碎，倾入水池中加入一些表面活性剂——在这里又称为捕集剂和起泡剂，捕集剂选择吸附在有用矿石粒子的表面上，使它变为憎水性。表面活性物质由极性和非极性基所构成，极性基吸附在亲水性矿物表面上，即极性基团朝向矿物表面，而非极性基朝向水中，于是矿物就具有憎水性的表面了。不断加入捕集剂，固体表面的憎水性随之增强，最后达到饱和，在固体表面形成很强的憎水性薄膜，然后再从水池底部通入气泡，则有用矿石粒子由于其表面的憎水性就附着在气泡上，上升到液面，然后再收集并灭泡和浓缩。不含矿物的泥沙、碎石等则留在水底而被除去（图 11-8）。

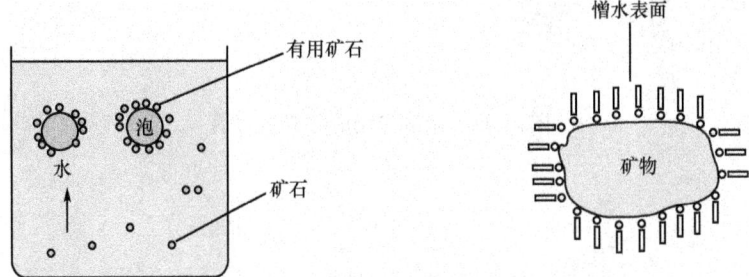

图 11-8　泡沫浮选的基本原理

**2. 起泡作用** 此处只讨论气相分散在液相中的泡沫。"泡"就是由液体薄膜包围着气体，泡沫则是很多气泡的聚集。以上提到过的泡沫浮游选矿、泡沫灭火、去污作用等都需要起泡。而有时候却又需要消泡，如蒸馏中药提取液、抗菌素生产过程、发酵罐中过多泡沫的消除等。根据不同需要，对泡沫的稳定性有不同的要求。起泡剂所起的作用主要如下：

（1）降低表面张力：因为形成泡沫使体系增加了很大的界面，所以降低表面张力有助于降低体系的表面自由能而使体系得以稳定（图11-9）。

（2）要求所产生的泡沫膜牢固，有一定的机械强度，有弹性，良好的起泡剂结构，一般是中等长度的碳链，一端带有一个极性基团。另外，像明胶、蛋白质这一类物质虽然降低表面张力不多，但形成的膜很牢固，所以也是很好的起泡剂。

（3）要有适当的表面黏度：泡沫膜内包含的水受重力作用和曲面压力，会从膜间排走，使泡沫膜变薄然后导致破裂，所以如果液体有适当的黏度，膜内的液体就不易流走。使泡沫增加稳定程度。

**3. 增溶作用** 当表面活性剂的浓度 $c$ 大于临界胶束浓度（即 $c >$ CMC）时，溶液中表面活性剂分子的憎水基相互吸引，分子自发聚集，形成球状、层状胶束，将憎水基埋在胶束内部（图11-10）。

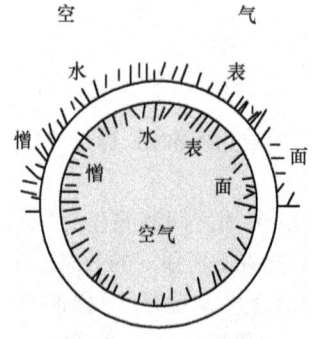

图11-9 表面活性剂的发泡作用

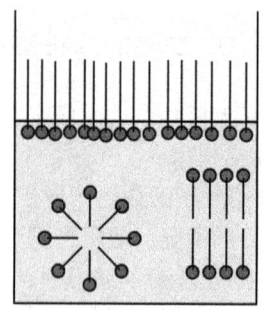

图11-10 形成胶束

表面活性剂在水溶液中形成胶束后，具有能使不溶或微溶于水的有机化合物进入胶束内部（图11-11），因而溶解度显著增大的能力，且溶液呈透明状，这种作用称为增溶作用。

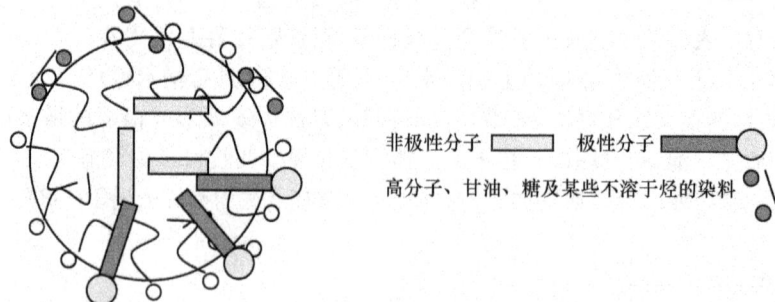

图11-11 增溶作用的方式示意图

## 胶 束

两亲分子溶解在水中达一定浓度时,其非极性部分会互相吸引,从而使得分子自发形成有序的聚集体,使疏水基向里、亲水基向外,减小了憎水基与水分子的接触,使体系能量下降,这种多分子有序聚集体称为胶束。随着亲水基不同和浓度不同,形成的胶束可呈现棒状、层状或球状等多种形状(图 11-12)。表面活性剂在溶液中开始形成胶束的最低浓度称为临界胶束浓度(CMC)。

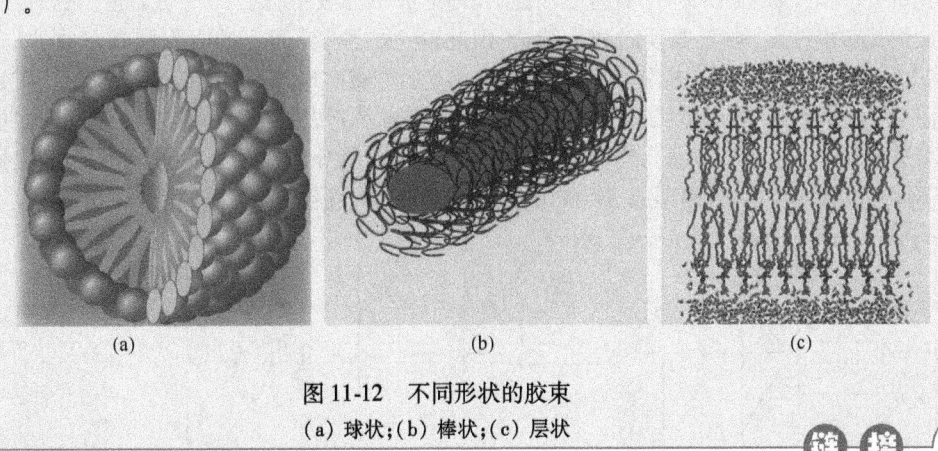

图 11-12 不同形状的胶束
(a) 球状;(b) 棒状;(c) 层状

非极性的碳氢化合物如苯等不能溶解于水,却能溶解于浓的肥皂溶液,例如,苯在水中溶解度很小,但是,在 100mL 10% 的油酸钠溶液中就可以溶解 10mL 苯。增溶作用有下列几个特点:

(1) 增溶作用可使被溶物所形成的体系更稳定。

(2) 增溶作用是一个可逆的平衡过程,增溶时一种物质在肥皂溶液中的饱和溶液可以从两方面得到,从过饱和溶液或从物质的逐渐溶解而达到饱和,实验证明所得结果完全相同。这说明增溶作用是可逆的平衡过程。

(3) 增溶作用与真正的溶解作用也不相同。

真正溶解过程会使溶剂的依数性质有很大的改变,但碳氢化合物增溶后,对溶剂依数性质影响很小,这说明增溶过程中溶质并未拆开成分子或离子,而是"整团"溶解在肥皂溶液中。

增溶作用的应用极为广泛。例如,除去油脂污垢的洗涤作用(去除油污的洗涤作用较复杂,与肥皂或洗涤剂的润湿作用、增溶作用和乳化作用等都有关,而增溶作用是去污作用中很重要的一部分)。许多生理现象也与增溶作用有关(图 11-13、图 11-14),例如,小肠不能直接吸收脂肪,但通过胆汁对脂肪的增溶作用而将其吸收。增溶作用也用于农药以增加农药杀虫灭菌的功能,在医药上更有广泛的应用。

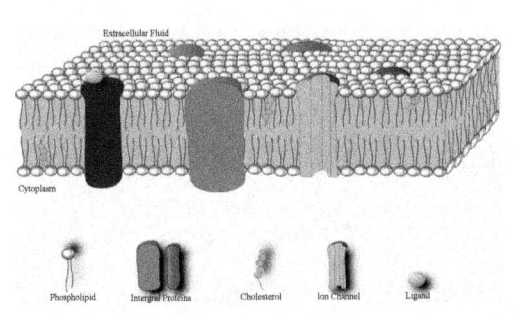

图 11-13 细胞膜

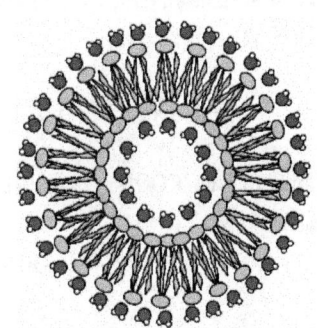

图 11-14 脂质双层

**4. 乳化作用** 是表面活性剂的另一个重要的作用。当直接把水和油共同振摇时,虽可以使其相互分散,但静置后很快又会分成两层。要得到稳定的乳状液,通常必须有第三组分即乳化剂存在。乳化剂的作用在于使由机械分散所得的液滴不相互聚结。乳化剂种类很多,可以是蛋白质、树胶、肥皂或人工合成的表面活性剂等。这种乳化剂不仅仅是表面活性的物质,并需在乳状液粒子的表面上能构成坚固的薄膜。对于粒子较粗大的乳状液,也可用具有亲水性或憎水性的固体粉末(如炭黑、氧化硅粉末等)作为乳化剂。通常当所用的粉末乳化剂为亲水性时,则得到"油"分散在水中的乳状液;反之,如果粉末乳化剂为憎水性时,则形成水分散在"油"中的乳状液。这是因为,如果乳化剂的亲水性大,则它更倾向和水结合,因此,在水"油"界面上的吸附膜是弯曲的,应当凸向"水"相,而凹向"油"相,这样就使"油"成为不连接的分布而形成油/水(O/W)型的乳状液。例如,如图11-16(a)所示,当固体(乳化剂)为亲水性时,则与水所成的接触角应小于90°,固体更多的部分将进入水中,见图11-15(a),当为稳定剂时,则使"油"滴分散在水中,在界面上形成保护膜使粒子不能相互聚结。反之,则形成水/油(W/O)型的乳状液,见图11-15(b)、图11-16(b)。

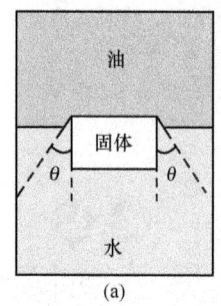 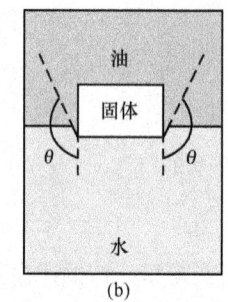 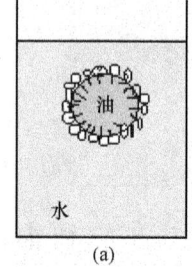 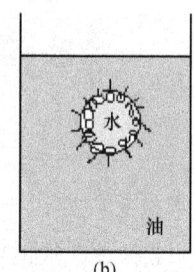

图11-15 在水-油界面上的固体粒子　　　　　　图11-16 乳化作用示意图
(a)亲水固体;(b)亲油固体　　　　　　　　　(a)水包油;(b)油包水

乳化剂之所以能使乳状液稳定,是由于:①在分散相液滴的周围形成坚固的保护膜;②降低界面张力;③形成双电层。

根据具体体系,可以是上述因素的一种或几种同时起作用。

对于少量的"油"分散在水中所成的稀乳状液,少量的电解质就可以作为乳化剂,此时液滴带有电荷,形成双电层,因而稳定。和溶胶相似,如果多加电解质,反而会使稳定性遭到破坏,导致液滴间的聚结。对于浓的乳状液,则必须加入表面活性物质使其在液滴周围形成坚固的薄膜,并降低"油"-水间的界面张力。这两个因素中前一种较为重要。因为一般表面活性物质至多只能使界面张力降低原来的4%～5%,而体系形成乳状液后,界面自由能的增加可达近百万倍,所以降低界面张力的因素对乳状液的形成不起主要作用。而且实际上,我们也发现许多常用的乳化剂,如蛋白质、明胶、皂素等,它们使界面张力降低得不多,但却能形成坚固的保护膜。

## (三)几种常用的表面活性剂

**1. 肥皂($C_{17}H_{35}COONa$)** 肥皂的去污功能就在于它是脂肪酸的钠盐,能溶于水并水解为脂肪酸和氢氧化钠。

$$C_{17}H_{35}COONa + H_2O \longrightarrow C_{17}H_{35}-COOH + NaOH$$
　　　　　　　　　　　　　　　　　　　↑　　　　　　↑
　　　　　　　　　　　　　　　　　　亲油基　　　　亲水基

由于肥皂水的表面张力被脂肪酸降低了,因此就会产生大量泡沫,加上NaOH渗入到被洗的污垢之中可以降低附着力,污垢就会轻巧地被气泡带出而溶于大量的水中。

肥皂虽有去污能力,但遇硬水时就会失效,因硬水中含有的 $Ca^{2+}$、$Mg^{2+}$ 会与肥皂反应生成硬脂酸钙和硬脂酸镁沉淀,漂浮水面形成皂垢,所以一部分肥皂不能去污,反而增加了皂垢,沾污被洗物。改进办法之一是在肥皂中加入抗硬水剂,一般加入磷酸盐,它可以与 $Ca^{2+}$、$Mg^{2+}$ 等离子形成配离子而掩蔽起来。

2. 烷基苯磺酸钠(ABS)及洗衣粉　为了开发比肥皂效果更好的洗涤剂,人们有意识地合成了两亲性质的物质,其中发明最早且用量最广的是烷基苯磺酸钠,分子式为

$$R\text{—}\underset{}{\bigcirc}\text{—}SO_3Na$$

R 为烷基,通常其碳链为十二以上,以十二烷基为例其合成路线如下:

$$C_{12}H_{26} \xrightarrow[-HCl]{+Cl_2} C_{12}H_{25}Cl \xrightarrow[-HCl]{+苯} C_{12}H_{25}\text{—}\bigcirc \xrightarrow[-H_2O]{+H_2SO_4}$$

(十二烷) 　　　　(一氯十二烷) 　　　(十二烷基苯)

$$C_{12}H_{25}\text{—}\bigcirc\text{—}SO_3H \xrightarrow[-H_2O]{+NaOH} C_{12}H_{25}\text{—}\bigcirc\text{—}SO_3Na$$

(十二烷基苯磺酸) 　　　　　　(十二烷基苯磺酸钠)

可见,烷基苯磺酸钠有一个亲水基团——磺酸根,又有一个亲油基团——十二烷基苯。因此它就具有较好的洗涤油污能力,现市售洗衣粉的主要成分就是烷基苯磺酸钠,其含量通常为 10%~30%。除此以外,洗衣粉中还含有一些辅料,如三聚磷酸钠(软化硬水)、羧甲基纤维素(CMC,可防止脱落的污垢再沉积)、硅酸钠(可降低洗衣液对金属的腐蚀)等。还可添加一些助洗剂,如荧光增白剂、酶制剂来提高洗涤质量。若按主亲水基团来划分表面活性剂的话,烷基苯磺酸钠的主亲水基团是磺酸根,应划归阴离子型表面活性剂。

3. 非离子型表面活性剂及洗洁精　这是指聚氧乙烯缩合物一类的化合物。例如,聚氧乙烯烷基醚,其分子式为

$$R\text{—}O\text{—}(CH_2\text{—}CH_2O)_nH$$

在这种分子中,亲油基团是 R,而亲水基团就是大量的醚键结构化合物。醚是具有 R—O—R 结构的化合物,它可以看作是水的二烃基衍生物。它中间的 C—O—C 称为醚键,键角为 110°,与水分子相同,其中氧原子具 $sp^3$ 构型成键。因此醚键的氧具孤电子对的负极性,能与水分子中的 H 产生氢键。这就是醚能部分溶于水的原因。

聚氧乙烯烷基醚是由脂肪醇与环氧乙烷作用生成的

$$R\text{—}OH + n\,CH_2\text{—}CH_2 \longrightarrow R\text{—}O(CH_2CH_2O)_n\text{—}H$$
$$\phantom{R\text{—}OH + n\,}\underset{O}{\diagup}$$

R 表示烷基,烷基链的长短决定其亲油性的大小,而 n 的数目决定其亲水性的大小,因此,不同的 R 基和 n 值就构成不同的表面活性。有的甚至再用硫酸处理构成了具有阴离子型的表面活性剂。以下列举几种商品表面活性剂:

| 商品名 | 化学名 | 结构式 |
|---|---|---|
| 平平加 | 聚氧乙烯十六烷基醇醚 | $C_{16}H_{33}-O-(CH_2CH_2-O)_{25}-H$ |
| TX-6 | 聚氧乙烯壬烷基苯酚醚 | $C_9H_{19}-\langle\bigcirc\rangle-O-(CH_2CH_2-O)_6-H$ |
| TX-10 | 聚氧乙烯壬烷基苯酚醚 | $C_9H_{19}-\langle\bigcirc\rangle-O-(CH_2CH_2-O)_{10}-H$ |
| AES | 聚氧乙烯十二烷基硫酸酯钠 | $C_{12}H_{23}-O-(CH_2CH_2O)_n-SO_3Na$ |

市售的洗洁精通常是由烷基苯磺酸钠（ABS）及聚氧乙烯十二烷基硫酸钠（AES）配成，总活性有效成分为 30% 左右，其中还适量加些增泡剂（如月桂酸乙二醇酰胺，俗称 6501）以增加其发泡性能。纯的 ABS 及 AES 是无毒的，故洗洁精不仅可用来洗涤餐具，还可用来洗涤水果蔬菜等。为使洗洁精的使用方便一点，还在其中加入适量 CMC，以增加其黏度。判断洗洁精的质量主要看其活性有效成分的高低，以及 ABS 和 AES 的比例，而与黏度没有直接关系。

4. 阳离子表面活性剂和消毒剂 这是一类阳离子是亲水基团的季铵盐。在 N 原子上接有四个基团，因此该氮原子带有正电荷。例如，十六烷基三甲氯化铵

$$CH_3(CH_2)_{14}CH_2-\overset{\overset{\displaystyle CH_3}{|}}{\underset{\underset{\displaystyle CH_3}{|}}{N^+}}-CH_3Cl^-$$

这些阳离子表面活性剂虽然并不是很好的洗涤剂，但它们有灭菌作用。它们有时与非离子表面活性剂一起使用，可用作食品工业和乳制品生产中的清洁剂和消毒剂。但必须注意，阳离子表面活性剂不能与阴离子表面活性剂混合一起使用，因为带相反电荷会使它们结合在一起，并从溶液中沉淀出来，使两种表面活性剂都失去作用。

## 四、固体表面的吸附

固体表面和液体表面一样，表面分子与内部分子所处的状况不同，因此，固体表面也存在着表面能。因为固体表面形状固定，因而其表面张力不能用前述方法测定。但是毫无疑问，固体存在着表面张力，并且对大多数固体来说，其表面张力的值比液体更大。因固体的表面形状和浓度固定，因而不可能依靠改变表面的形状来降低其表面能，也不可能依靠分子定向或浓度的改变来降低表面能。但是其表面可覆盖一层吸附质，即在固体表面上吸附一层气体或液体分子，以降低表面能。固体表面既可从气相也可从液相吸附各种物质。因吸附发生在表面，故表面越大，固体吸附剂的吸附容量越大，吸附剂粒子粉碎得越小或越是多孔性，则其比表面越大。多孔性物质具有很大的内表面，甚至可大到 $500m^2 \cdot g^{-1}$ 以上。

多孔固体或粉碎得极小的粒子不是十分稳定的。在一定条件下，如温度较高，它们趋向于集结成较大的粒子。这一过程称烧结，吸附活性就大大下降，因而吸附剂对制备和活化方法是极端敏感的。

### （一）物理吸附与化学吸附

气体在固体表面上的吸附，由于作用力的不同，可分为两种不同的类型：一类是物理吸附，引起物理吸附的力是范德华力，因此又称范德华吸附；另一类是化学吸附，在吸附质和吸附剂之间形成某些化学键，分子较牢固地固定在固体表面上。化学吸附过程所放出的热（称吸附热）通

常 $>40\text{J}\cdot\text{mol}^{-1}$,与化学反应热接近,而物理吸附热为 $10\sim40\text{J}\cdot\text{mol}^{-1}$,相当于气体凝聚成液相时所释放的热。

物理吸附是普遍发生的现象,只要温度足够低(可液化条件),任何气体都可吸附在固体表面上。相反,化学吸附是十分专一的,正如化学反应的可能性与反应物性质有关一样。

物理吸附的速率比较快,并且是可逆的。吸附或解吸都容易达到平衡。化学吸附相对是较慢的过程。与通常的化学反应一样需要活化能,故有时称之为活化吸附。

$O_2$ 在活性炭上的吸附可说明这两类吸附之间的差别。如果在 273K 吸附达平衡,此后在同样温度下进行抽真空处理,大部分的 $O_2$ 可以从上除去,但有一小部分 $O_2$ 不管样品抽真空多少时间或真空度多低都不能除去。如果升高温度,从固体上释放出来的不是纯 $O_2$,而是 $O_2$ 中含有 CO 和 $CO_2$ 的混合物。可以认为,大部分 $O_2$ 是物理吸附,这部分 $O_2$ 可用简单的减压抽空而解吸;另一小部分 $O_2$ 与碳是发生作用,它们通过某种形式的价键与 C 原子结合,是化学吸附。

因化学吸附需要与固体表面原子形成价键,因而只可能在固体表面形成单分子层。而物理吸附可形成单分子层吸附,也可继续吸附形成多分子层吸附。两类吸附的特点列于表11-5。

**表 11-5  化学吸附和物理吸附的比较**

| 项　　目 | 物理吸附 | 化学吸附 |
| --- | --- | --- |
| 吸附力 | 范德华力 | 化学键力 |
| 吸附热 | 较小(接近液化热) | 较大(接近化学反应热) |
| 选择性 | 无 | 有 |
| 吸附稳定性 | 易解吸、不稳定 | 不易解吸、较稳定 |
| 吸附分子层 | 单分子层或多分子层 | 单分子层 |
| 吸附速率 | 快 | 较慢 |
| 活化能 | 不需要活化能 | 需要活化能 |

## (二) 固体从溶液中的吸附

固体从溶液中的吸附也是经常遇到的吸附现象,但这一类吸附的规律较为复杂,主要是由于溶液中除溶质外还有溶剂。因此固体吸附剂与溶质分子间的作用力、吸附剂与溶剂间的作用力以及溶液中溶质与溶剂分子间的作用力,都对固体从溶液中的吸附发生影响。固体从溶液中的吸附对药物的生产和研究具重要意义,例如,从人尿中提取尿激酶,重要的一步就是利用硅藻土进行吸附。药用葡萄糖精制时利用活性炭吸附溶液中的色素进行脱色处理等。许多药物的分离、分析方法都是根据固体从溶液吸附的原理进行的,如色谱法。

## (三) 固体吸附剂

人们很早就知道新烧好的木炭有吸湿、吸臭的性能。湖南长沙马王堆一号汉墓里就是用木炭作为防腐层和吸湿剂的。说明我国早在2000多年前对吸附的应用已达到相当水平。近几十年来吸附的应用范围越来越广,很多情况下利用吸附比采用其他方法更简便省事,且产品质量往往较好。人们利用吸附回收少量的稀有金属,对中药提取液进行分离,提取活性成分,处理污水,净化空气以及进行色谱分析等。各种类型的吸附剂广泛被应用,吸附也已成为药物生产工艺的单元操作之一。

1. **活性炭**　作为吸附剂的活性炭是利用果壳,如椰子壳、核桃壳、杏仁核、橄榄核等较为硬质的材料,经 $120\sim130\text{℃}$ 干燥,然后在170℃以上炭化,使其中的有机物分解,直到 $400\sim500\text{℃}$ 炭化完毕。由于炭化后,它的孔道是被杂物堵塞的,为此还需经历活化步骤以清除孔道中的杂物。活化是在高温炉中(750~950℃)通以水蒸气进行清扫。经过这样加工处理后的炭,具有多孔的结构,而且95%以上是极细微的小孔,孔径小于2nm。活性炭的比表面积可达 800~1000 $m^2 \cdot g^{-1}$。它吸附量大,吸附速度快,又有较好的机械强度(图11-17)。

活性炭可用于吸附有害物质,如防毒面具中就装入活性炭,当混有有毒物质的空气经过活性炭时被炭吸附,使空气得以净化。也可以用以脱色,粗制的葡萄糖是有色的,放入活性炭共煮后,糖液中的有色成分可被活性炭吸收而使糖液澄清无色,再经过滤后制得的葡萄糖就纯白无色了。目前家用的净水器大多也是以活性炭作为净化剂的,通过活性炭的吸附除去水中有害的有机物及重金属离子,经净化后水中,Hg、As、Pb、Cd等含量均可低于国家规定标准。水的色度、异味也

图11-17 活性炭

有较大改善,活性炭的吸附速度虽然很快,但吸附过程也要求有一定的接触时间,因此净水器的流量必须根据吸附柱的容量而确定,一般家用净水器的速度为 0.5~1L·$min^{-1}$。

2. 硅胶   二氧化硅($SiO_2$)虽然是一个酸性氧化物,但它不溶于水。故硅酸($H_4SiO_4$)不是用 $SiO_2$ 与 $H_2O$ 直接作用而制得,通常是用可溶性硅酸盐与酸作用而生成。如

$$SiO_4^{4-} + 4H^+ \longrightarrow H_4SiO_4$$

硅酸是多种多样的,其组成随形成的条件而变,常以 $xSiO_2 \cdot yH_2O$ 来表示,在水溶液中生成时,开始主要是 $H_4SiO_4$,当放置或改变条件(再加酸或其他电解质)时,就逐渐缩合,形成多硅酸的胶体溶液,又称硅酸凝胶,这就是硅胶吸附剂。其制备工艺大致是这样的:将适量 $Na_2SiO_3$(偏硅酸钠)与酸混合,调节用料量使生成的凝胶中含8%~10%的 $SiO_2$,将凝胶静止24小时进行老化,然后用热水洗去反应生成的盐。将洗净的凝胶在160~170℃下烘干,并徐徐升温到300℃,就得到了多孔性的硅胶。与活性炭相似,如此制得的硅胶具有多孔结构,因此也有较大的表面积可以起到良好的吸附作用。特别是对水有极好的吸附作用。吸湿率达到30%以上,所以常用作干燥剂。实验室常用的变色硅胶,它是将硅酸凝胶放入 $CoCl_2$(氯化钴)溶液浸泡,干燥活化后制得蓝色颗粒状硅胶(图11-18)。因无水 $CoCl_2$ 为蓝色,而氯化钴的水合物 $CoCl_2 \cdot 6H_2O$ 却是红色的,当硅胶吸水之后,其中的无水氯化钴就会逐步变成 $CoCl_2 \cdot 6H_2O$,从而使蓝色硅胶渐变为红色。根据变色硅胶中蓝变红的过程可以判断硅胶的吸水程度。硅胶全部变为红色后,即表明硅胶吸水已

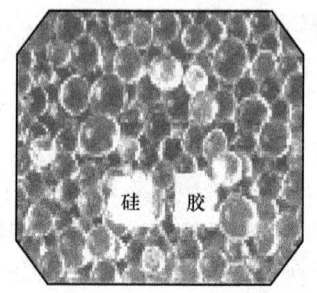

图11-18 变色硅胶

达饱和。吸水饱和的硅胶可在120℃下进行脱水再生,待硅胶全部变为蓝色,又可反复使用。

3. 沸石分子筛   自然界有一种矿石,化学成分为结晶的硅铝酸盐,当将它们加热时,会产生熔融并发生类似起泡沸腾的现象。人们称这类矿石为沸石或泡沸石。沸石的晶体中,有的会具有许多大小相同的"空腔","空腔"之间又有许多直径相同的孔道连着。有的则全部由直径相同的孔道所构成,这些孔道的直径大小与各种分子的大小是一个数量级的,因此,不同孔径的沸石就能筛分大小不一的分子,故又得名为"分子筛"。当然具有分子筛作用的不仅是沸石,还有炭分子筛,某些高聚物及无机物的薄膜等。也不是所有的沸石都有分子筛的功能,但习惯上常把沸石称作分子筛。

早在1954年,沸石的人工合成就工业化了。人工合成的沸石首先作为吸附剂,广泛用于干燥、净化或分离上。20世纪60年代开始,沸石又在催化剂和催化剂载体中崭露头角。目前人工

合成的沸石已超过百种,常用的有 A 型、Y 型、X 型、M 型和 ZSM 型等。

A 型沸石分子筛(图 11-19)的孔道由八元环组成,因此孔径较小,如 NaA 型为 0.3nm,KA 型为 0.4nm,CaA 型为 0.5nm 左右,$H_2O$ 分子的直径小于这些孔径,因此,$H_2O$ 分子可自由进出孔道和空穴并被吸附,这就是 A 型沸石作为吸附干燥剂的原理。经分子筛干燥后的气体或液体其含水量可在 10ppm① 以下。特别是在高温,分子筛仍具有较好的吸附能力,因此,分子筛可用于深度干燥。

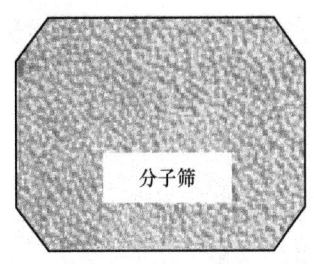

图 11-19  分子筛

X 型、Y 型、M 型的沸石主要是由十二元环组成孔道,孔径在 0.8~1.0nm,大部分化合物的分子可以进入。因此,其分子筛作用就不明显。到 20 世纪 70 年代 ZSM 型沸石问世,沸石分子筛才真正进入到筛分分子的角色,因 ZSM 沸石是由十元环构成的孔道,其孔径在 0.55nm 左右。因此,对分子的尺寸大小就比较敏感。如二甲苯的异构体有对、间、邻三种。从形状上我们可以看到,对二甲苯是直形的,分子直径比间位和邻位二甲苯要小一些,就是这个差别,使间、邻二甲苯不能通过 ZSM 型沸石的孔道。因此,将含对、间、邻二甲苯混合液通过 ZSM 型沸石时,利用它对二甲苯的吸附作用,就可以将其从混合物中分离出来。这就是择形吸附分离。利用这种形状选择性,用沸石作为催化剂或载体则可以收到择性催化的效果。例如,以 ZMS 型沸石作为催化剂基质来进行甲苯-甲醇反应:

$$CH_3OH + \underset{}{C_6H_5CH_3} \longrightarrow CH_3-C_6H_4-CH_3 + H_2O$$

在反应中应该生成含有对、间、邻位的二甲苯混合物,可是,孔道只允许对位二甲苯通过,因此产物中就只含有对二甲苯了。

沸石作为一种新型的吸附或催化材料,正在受到人们的重视,各种新型的沸石也正在不断地被合成出来,相信这种材料将会有广阔的应用前景。

# 第2节  分 散 系

物质粉碎的过程可称为分散,物质被粉碎的程度可称为分散度。物质的分散度愈大,则被分散成的粒子直径愈小,当物质被分解成单个分子或离子时,其分散度最大。

把一种或几种物质以微粒的形式分散在另一种物质里,所得的体系叫做分散系。其中分散成微粒的物质叫做分散相或分散质,容纳分散相的物质叫做分散介质。例如,将少量的盐或泥土放进水中,它们就成为微粒分散在水中而形成一种分散系。其中盐或泥土是分散质或分散相,而水是分散介质。分散质的微粒大小不同,可引起分散系性质上的差异。可根据分散质粒子的大小,将分散系分成下列三大类。

## 一、粗 分 散 系

分散粒子较大,致使分散系呈现浑浊,粒子与分散介质间有明显的界面存在,有的分散相粒

---

① 1ppm = $10^{-6}$,下同。

子肉眼可辨。放置一段时间，分散质粒子即可从体系中分离出来，泥土分散在水中所形成的分散系就属于这一类。其分散相为固体微粒的粗分散系叫做悬浊液，分散相为液体微粒的粗分散系叫做乳浊液。

## 二、分子分散系

如分散质是分子或离子，则分散系表现为均匀的单相体系，它无论放置多久，在密闭容器中分散质都不会从分散系中分离出来，这种均匀的、稳定的分散系，就叫做真溶液或简称溶液。

## 三、胶体分散系

如分散质粒子大小介于上述两种体系之间，则这种分散系叫做胶体，或胶态体系。表 11-6 列出三种分散系的情况。

**表 11-6 分散系的分类**

| 项目 | 分散系 | | |
|---|---|---|---|
| | 粗分散系 | 胶体分散系 | 分子分散系 |
| 粒子大小 | >100nm | 100~1nm | <1nm |
| 某些性质 | 透不过滤纸，多相 | 能透过滤纸，多相或单相 | 能透过滤纸，单相 |
| 实例 | 悬浮体，如红细胞 (7500nm) | 胶体，如金溶液 (1~100nm) | 真溶液，常见的溶液 (0.1~1nm) |

溶液可以是固态的(如合金)、液态的(如汽水)或气态的(如空气)。通常所谓溶液，是指液态溶液。组成溶液的分散相亦称溶质，组成溶液的分散介质亦称溶剂。故溶液都是由溶质和溶剂两部分组分的。其实，溶质和溶剂的划分没有绝对的界限，仅具相对的意义。例如，溶质和溶剂均为液体时，一般把量多的叫溶剂，量少的叫溶质。但也不完全如此，如75%的消毒乙醇，虽然乙醇的量多于水，人们仍视乙醇为溶质，把水看作溶剂，这是习惯问题。若溶液由固体与液体，或由液体与气体组成时，则把固体或气体视为溶质，液体视为溶剂。水是最常用的溶剂，如没有特殊指明，通常说溶液即指水溶液，而且是指真溶液而言。

# 第3节 胶 体

## 一、胶体的特点

物质分散时，究竟形成什么样的分散体系，不是单纯依赖于其粉碎的程度，而主要取决于分散相和分散介质之间的相互作用以及所处的条件。一般说，如分散相与分散介质之间具有较强的作用力时，往往可形成分子和离子分散系；如果它们之间的作用力较小，则形成溶胶或粗分散系。例如，NaCl 分散在水中，形成真溶液，但如果将 NaCl 分散在苯中时，则形成溶胶。

胶体体系按性质分两大类：一类是难溶物质分散在介质中形成的胶体溶液，分散相粒子是由许多原子或分子组成的聚集体，这类分散系溶胶(或憎液溶胶)，如金溶胶、$As_2S_3$ 溶胶等。它们是超微多相体系，具极大的相界面和表面能，是热力学不稳定体系，极易聚沉。而且一旦沉淀后，不能再自动分散到介质中去，所以是不可逆体系。另一类是大分子溶液，分散相粒子是由一个或几个大分子组成,生物胶体多属于这一类,如蛋白质、橡胶及尼龙等溶液,其分子大小已达胶体范围,因而也具有胶体的一些特性。它们在介质中能自动地分散,如在这类体系中加入沉淀剂使之沉淀,当除去沉淀剂,重加溶剂后,仍能在介质中自动分散,它们是可逆体系,是热力学稳定体系。由于被分散物和分散介质之间的亲和能力极强,所以这类体系实际上是真溶液(或亲液胶体)。它们与一般溶液所不同的是溶质分子较大,故称大分子溶液。本节主要讨论溶胶。

总起来说,溶胶具有多相性、高度分散性和聚集不稳定性三个基本特性。溶胶的许多性质,如动力性质、光学性质、电学性质等都与这三个特性密切相关。

## 二、溶胶的制备

只要设法使分散相的粒子达到 1~100nm 的范围,并使其相对稳定地分散于介质中,就制成了溶胶。常用的方法有分散法和凝聚法,前者是使大粒子变小,后者是使更小的粒子凝聚成溶胶粒子。

### (一) 分散法

分散法把大块物质分散成胶体颗粒,常用的方法有:

1. 研磨法  是一种机械方法,常用球磨机、胶体磨(图 11-20)等。球磨机分散能力较差,一般用来制备分散程度不太高的胶体,而胶体磨 ($1000 \text{r} \cdot \text{min}^{-1}$) 可将颗粒磨细到 1nm 左右,研磨时为防止细颗粒聚结,需添加一些丹宁或明胶等作为稳定剂。

2. 超声波法  频率大于 $10^5 \text{Hz}$ 的超声波有很大的粉碎力,可将某些松软物质分散成溶胶或将某些液体分散成乳状液。

3. 胶溶法  在某些沉淀中加入胶溶剂,使沉淀变成胶体溶液。例如,将新生的 $Fe(OH)_3$ 沉淀用水洗涤后,再加入少量 $FeCl_3$ 溶液,经过搅拌,沉淀就转化成红棕色溶胶,$FeCl_3$ 称为胶溶剂。

4. 电弧法  此法多用于制备贵金属溶胶。以贵金属为电极,插在分散介质中,通电产生电弧,高温使金属表面原子蒸发,并立即冷却于分散介质中,凝聚成胶体粒子(实际上是先分散后凝聚)。

图 11-20  胶体磨

### (二) 凝聚法

1. 物理凝聚法  该方法是利用一种物质在不同溶剂中溶解度相差悬殊的特性来制备溶胶。例如,将松香的乙醇溶液滴入水中,由于松香在水中的溶解度低,溶质以胶状析出,形成乳状的松香溶胶。

2. 化学凝聚法  许多能生成不溶物的反应,在适当的浓度条件下都可生成溶胶。例如,氧化还原反应

$$2HAuCl_4(稀溶液) + 3HCHO(少量) + 11KOH \longrightarrow 2Au(溶胶) + 3HCOOK + 8KCl + 8H_2O$$

水解反应  $FeCl_3(稀) + 3H_2O \xrightarrow{煮沸} Fe(OH)_3(溶胶) + 3HCl$

复分解反应  $2H_3AsO_3(稀) + 3H_2S \longrightarrow As_2S_3(溶胶) + 6H_2O$

## 三、溶胶的性质

### （一）溶胶的动力性质——布朗运动

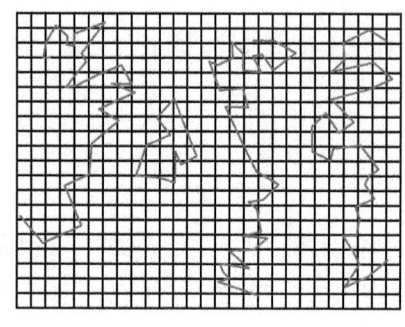

图 11-21  布朗运动

在超显微镜下，可见到胶体微粒处于不停顿的无规则运动状态，这种运动称为溶胶粒子的布朗运动（图 11-21）。由于胶体粒子总是处在布朗运动之中，使胶粒能自发地从浓度高处向浓度低处扩散。在一个较大的体积范围内观察，溶胶的粒子分布是均匀的。在小体积内，粒子的数目有时较多，有时较少，这种现象称为涨落。布朗运动的本质来源于分子固有的热运动。当不断作热运动的液体分子（即介质分子）对微粒从不同的方向冲击时，由于受力不平衡而产生不规则的运动，以及胶粒很小，它不因重力场的作用而迅速沉降，因此可保持溶胶的稳定性。

### （二）溶胶的光学性质

1869 年丁铎尔发现，当一束光线通过溶胶，从与光束相垂直的方向上可以观察到一个光柱，这就是丁铎尔效应（图 11-22）。当光线射入分散体系时，可能发生两种情况：

（1）当分散相粒子的直径远大于入射光的波长时，主要发生反射或折射现象。

（2）若分散相粒子的直径小于入射光的波长，则发生散射，这时光波绕过粒子而向各个方向散射，散射光又称乳光。这时粒子好似一个发光体，无数个发光体就产生了丁铎尔效应。事实上，我们所看到的发光点，既不是溶胶粒子本身，也不是粒子反射的光，而是粒子所散射的可见光。

图 11-22  丁铎尔效应

### （三）溶胶的电学性质

**1. 电泳**  在溶胶中插入两个电极，通入直流电，可以观察到胶粒发生定向运动——向阴极或阳极移动。这种胶体粒子在外电场作用下发生定向移动的现象叫做电泳。

实验时先在 U 形管中放入 $Fe(OH)_3$ 溶胶，然后在溶胶液面上小心地倒入无色的稀 NaCl 溶液（其作用是避免电极直接与溶胶接触），使溶胶和溶液间有明显的界面。在 U 形管两端各插入铂电极，通电以后可以看到 $Fe(OH)_3$ 溶胶红棕色界面向阴极上升，而阳极液面下降，表明 $Fe(OH)_3$ 溶胶带正电荷（图 11-23）。类似的实验证明 S 溶胶、金溶胶、$As_2S_3$ 溶胶带负电荷。

电泳现象表明胶体粒子是带电荷的。又因整个胶体溶液是电中性的，所以若胶粒带某种电荷，则分散介质必定带相反电荷。由于各种胶体粒子大小不同和所带电荷各异，因而电泳的速度和方向也不同。研究电泳现象不仅可以了解胶体粒子的结构和电现象，还可以利用其电泳速度的不同,将不同带电胶粒分离出来。例如,可以把不同蛋白质分子或核酸分子分离出来。因此,电泳是医药、生物领域中一种重要的分离操作技术(图 11-24)。

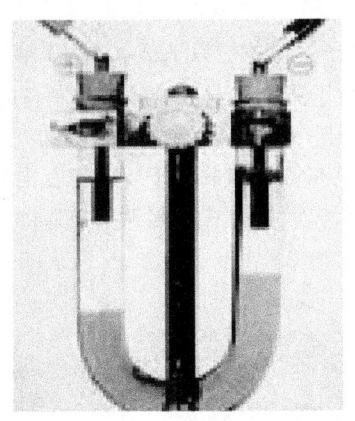

图 11-23　电泳现象

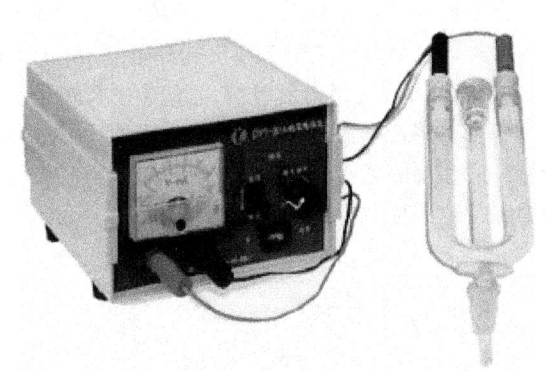

图 11-24　电泳仪

2. 电渗　电泳实验是介质不动,胶粒在电场作用下发生定向运动。而电渗现象与此相反,是使固体胶粒不动,而使液体介质在电场中发生定向移动。如图 11-25、图 11-26 所示,把溶胶浸渍在多孔性物质(如海绵)上,使溶胶粒子被吸附而固定在位置 C 处,在多孔性两侧施加电压,通电后就可观察到介质的移动,这种现象称电渗。电渗技术常用于水的净化。

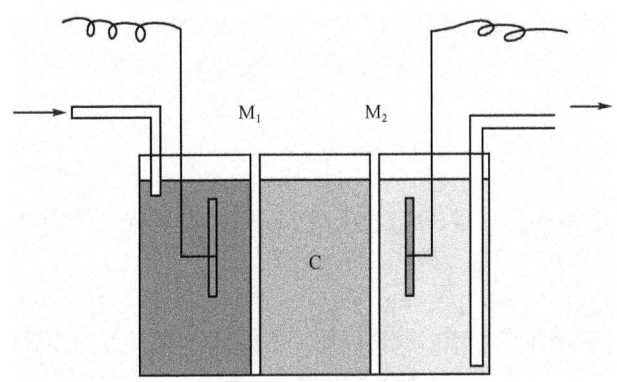

图 11-25　电渗示意图

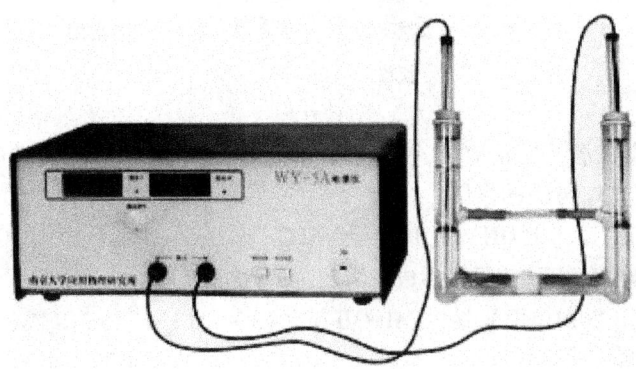

图 11-26　电渗析仪

## 四、溶胶粒子的结构——胶团

根据溶胶粒子带电以及双电层的理论,可以推知溶胶粒子的结构。以 $AgNO_3$ 和 KI 溶液混合制备 AgI 溶胶为例。如图 11-27(a)中心是 $m$ 个 AgI 固体粒子所聚集成的胶核。若制备时 KI 过量,则胶核吸附 $I^-$,而带负电荷,溶液中的反离子 $K^+$ 一部分进入紧密层(图中由中间的大圆表示),另一部分形成扩散层(图中由最外面的大圆表示)。胶核和被吸附的离子以及能在电场中被带着一起移动的紧密层,三者合在一起称为胶粒,而胶粒和扩散层合在一起就构成胶团。整个胶团保持电中性。整个胶团可表示为

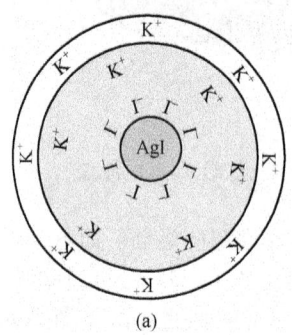 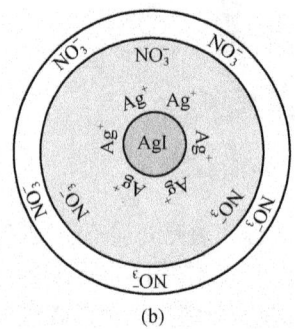

(a)　　　　　　　　　　　　(b)

图 11-27　AgI 溶胶粒子的胶团示意图

$$\underbrace{[\underbrace{(AgI)_m}_{\text{胶核}} \cdot \underbrace{nI^-}_{\text{吸附离子}} \cdot \underbrace{(n-x)K^+}_{\text{紧密层}}]^{x-} \cdot \underbrace{xK^+}_{\text{扩散层}}}_{\text{胶团}}$$

胶粒

如果在制备过程中 $AgNO_3$ 过量,则胶核吸附 $Ag^+$ 而带正电荷,反离子 $NO_3^-$ 一部分进入紧密层,另一部分扩散层[图 11-27(b)],其胶团可表示为

$$[(AgI)_m \cdot nAg^+ \cdot (n-x)NO_3^-]^{x+} \cdot xNO_3^-$$

又如,硅溶胶是由硅酸聚合而成。胶核表面上的偏硅酸 $H_2SiO_3$ 按下式电离

$$H_2SiO_3 \Longrightarrow 2H^+ + SiO_3^{2-}$$

$SiO_3^{2-}$ 被 $SiO_2$ 吸附,$H^+$ 是荷相反电荷的离子。硅酸溶液的胶团结构可用下式表示

$$\underbrace{[\underbrace{(SiO_2)_m}_{\text{胶核}} \cdot \underbrace{nSiO_3^{2-}}_{\text{吸附离子}} \cdot \underbrace{(2n-x)H^+}_{\text{紧密层}}]^{2x-} \cdot \underbrace{2xH^+}_{\text{扩散层}}}_{\text{胶团}}$$

胶粒

凡胶粒带正电荷的胶体叫正溶胶,胶粒带负电荷的胶体叫负溶胶,两性胶体是由两性物质组成的。例如,$Al(OH)_3$ 与酸的作用

$$Al(OH)_3 + HCl \Longrightarrow Al(OH)_2^+ + Cl^- + H_2O$$

$Al(OH)_2^+$ 被 $Al(OH)_3$ 胶核吸附形成正溶胶,可写成

$$\{[Al(OH)_3]_m \cdot nAl(OH)_2^+ \cdot (n-x)Cl^-\}^{x+} \cdot xCl^-$$

当 $Al(OH)_3$ 与碱作用时

$$Al(OH)_3 + KOH \Longrightarrow AlO_2^- + K^+ + 2H_2O$$

$AlO_2^-$ 被 $Al(OH)_3$ 胶核吸附形成负溶胶

$$\{[Al(OH)_3]_m \cdot nAlO_2^- \cdot (n-x)K^+\}^{x-} \cdot xK^+$$

显然 $Al(OH)_3$ 的电荷状态与溶液的 pH 有关。

# 五、溶胶的稳定性和聚沉作用

## (一) 溶胶的稳定性

胶体是多相分散体系,颗粒小,分散度大,表面积大,有巨大的表面能,故在热力学上是不稳定的,有自动聚集的趋势,人们将这种性质称为聚结不稳定性。从动力学角度看,胶粒的分散度高,产生强烈的布朗运动,又能阻止其由于重力作用而引起的下沉。布朗运动虽可使胶粒不断地相互碰撞,碰撞易于引起聚结,但由于胶粒都带有相同的电荷,静电斥力的存在又阻碍其彼此靠近,从而也阻止了它们间的聚结。此外,根据双电层理论,吸附层中离子的极化作用,使胶粒被水所包围形成水膜,也阻止胶粒聚结起到斥力的作用。因此在动力学上胶体系是稳定的,溶胶的这种性质称为动力学稳定性。

胶体本质上是热力学不稳定体系,但又具有动力学稳定性,这是一对矛盾,在一定条件下可以共存。所以制备的溶胶,可以在相当长的时间内保持稳定,看不出明显的变化,例如,法拉第制备的金溶胶放置了几十年才聚沉下来。

有关胶体稳定性的研究是一个复杂的问题,既要考虑粒子间的斥力,也要考虑粒子间远距离的范德华力,已有许多理论讨论这一问题。

## (二) 溶胶的聚沉

溶胶的稳定性是有条件的,一旦稳定条件被破坏,溶胶中的粒子就会合并长大,最后从介质中沉下来,这一现象称为聚沉(图11-28)。引起溶胶聚沉的因素很多,如加入电解质、加热、溶胶的浓度、pH 以及溶胶间的相互作用等。其中研究得最多的是电解质的作用。

1. 电解质对溶胶聚沉作用的影响

(1) 反离子价态的影响。起聚沉作用的主要是与溶胶带相反电荷的离子,而且相反电荷离子的价态愈高,聚沉能力愈大。例如,在 $As_2S_3$ 负溶胶中加入 KCl 或 $CaCl_2$ 溶液,均可使溶胶聚沉,其中 $Ca^{2+}$ 的聚沉能力比 $K^+$ 大得多。

(2) 价态相同的离子聚沉能力也有所不同。例如,碱金属硝酸盐对负溶胶的聚沉能力的次序是

$$Cs^+ > Rb^+ > K^+ > Na^+ > Li^+$$

一价阴离子的钾盐对正溶胶 $Fe_2O_3$ 的聚沉能力次序是

$$Cl^- > Br^- > NO_3^- > I^-$$

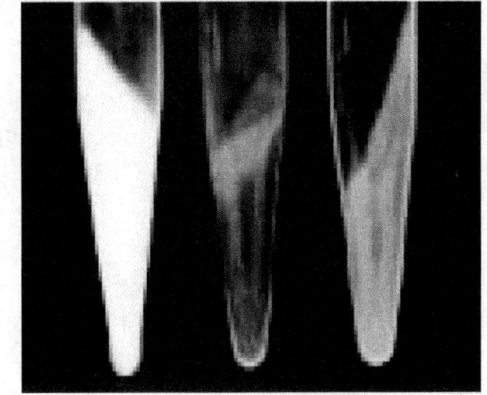

图 11-28 溶胶聚沉

聚沉能力的差别与离子的大小有关,它和水合离子半径由小到大的次序相同($Cs^+ > Rb^+ > K^+ > Na^+ > Li^+$,$Cl^- > Br^- > NO_3^- > I^-$),水合离子半径愈小,聚沉能力愈强。

(3) 有机化合物的离子有很强的聚沉能力,这与有机离子与胶粒之间有较强的吸附能力有关。

2. 溶胶的相互聚沉  带相反电荷的溶胶相混合,会发生聚沉。当两种溶胶所带的总电荷量

相同时,才能完全聚沉,否则可能聚沉不完全,甚至不聚沉。自来水及污水净化就是溶胶相互聚沉的一个例子,天然水中含有的悬浮粒子一般带负电荷,加入 $Al_2(SO_4)_3$ 后,生成带正电的 $Al(OH)_3$ 溶胶,两者发生聚沉,再加上 $Al(OH)_3$ 的吸附作用连同杂质一起下沉,达到净化水的目的。

## 第4节 大分子溶液

大分子化合物一般指相对分子质量大于 $10^4$ 以上的物质,如蛋白质、淀粉、聚氯乙烯等。大分子化合物溶解于水或其他溶剂所成的溶液称为大分子溶液(也称高分子溶液)。在这种溶液中,大分子化合物是以分子状态分散在溶剂中其分子的大小已属于溶胶的范围,但它是真溶液而不是溶胶。

大分子溶液和低分子溶液一样,是热力学平衡体系,有相同的热力学性质,如冰点下降、沸点升高及渗透压等依数性质,只不过它的相对分子质量大些而已。当然大分子溶液与溶胶也有某些相似之处,如扩散慢、不能透过半透膜等。

在溶胶中加入大分子,可能发生两种完全相反的作用:一种是显著地提高溶胶的稳定性。例如,在红色的金溶胶中加入某种电解质可引起金溶胶聚沉,但若在金溶胶中加入少量动物胶,然后再加入同样数量(或数量更多)的电解质,金溶胶就不发生聚沉,这种现象称为大分子化合物对溶胶的保护作用。另一种相反的作用,是明显地破坏溶胶的稳定性,或者虽然溶胶没有直接立即聚沉,但却使电解质的聚沉值显著变小,这种作用称谓敏化作用,或者是直接导致溶胶聚集而逐步下沉,这种现象称为絮凝作用。

无论是保护作用或是絮凝作用,都有广泛的用途。例如,污水处理和净化,药物生产过程的分离与沉淀,常利用大分子对溶胶的絮凝作用。又如,生产中使用的一些贵金属催化剂,如 Pt 溶胶、Cd 溶胶等,加入大分子溶液后再烘干,大分子被保留在溶胶粒子中,使溶胶不致聚沉,起到保护作用。经保护后便于储藏或运输。使用时只需再加入溶剂,就可恢复为溶胶。

### 凝 胶

高分子溶液和某些溶胶,在适当条件下,形成空间网状结构,结构空隙中充满了液体(干凝胶中充满的是气体),形成一种弹性的半固体状物质,失去流动性,称凝胶(gel),如血凝胶、琼脂等(含水量都可达99%以上)。凝胶可分为弹性和脆性两种。弹性凝胶失去分散介质后,体积显著缩小,而当重新吸收分散介质时,体积又重新膨胀,如明胶(图11-29)等。脆性凝胶失去或重新吸收分散介质时,形状和体积都不改变,如硅胶等。凝胶广泛用作干燥剂、层析过滤填料、组织培养基、果冻饮料添加剂等。例如,葡聚糖凝胶广泛用于中草药有效成分(如生物碱、苷、黄酮)的分离、检测与制备。药典中采用凝胶过滤法测定抗生素头孢曲松钠中聚合物的质量分数。葡甘露胶(又叫魔芋胶)广泛用作果冻、水晶软糖、粒粒橙等食品的添加剂。

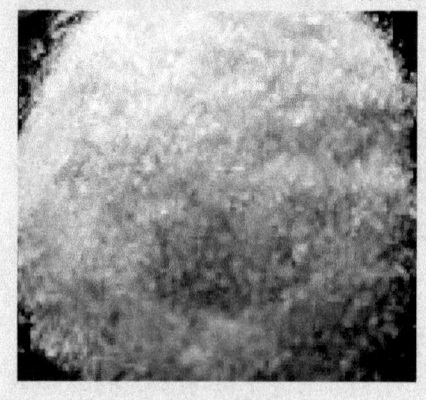

图11-29 明胶

小结

1. 两相接触的分界面称界面，习惯上把液体(或固体)与空气的界面称表面。表面张力是指表面上单位长度线段受到的收缩力。

2. 那些加入很少量时即能显著降低溶剂表面张力的物质叫表面活性剂。

3. 表面活性剂分子是"两亲分子"，具有既亲水，又亲油，但又不是整体亲水或亲油的特性，由此具有表面吸附、形成表面膜和胶束等性质，药剂中常用来作润湿剂、发泡剂、增溶剂和乳化剂等。

4. 表面活性剂根据化学结构分成：阴离子表面活性剂，如硬脂酸、ABS、AES等；阳离子表面活性剂，如季铵化物等；非离子表面活性剂，如"平平加"、AEO等。

5. 胶体是介于真溶液与悬浮液之间的一种分散系，一般只要使分散相的粒子直径达到1~100nm的范围，并使其相对稳定地分散于介质中，就制成了溶胶。制备方法有分散法和凝聚法。

6. 溶胶的许多性质，如布朗运动、丁铎尔效应、电泳、电渗等性质都与胶粒的大小和带电性有关。

7. 布朗运动和胶粒带电性使溶胶可长时间稳定存在。但如加入电解质、加热或改变pH等，溶胶粒子就会自动聚沉。

8. 胶粒是由胶核、被吸附离子及与胶粒一起移动的紧密层三者构成，带电荷。胶粒和扩散层一起构成电中性的胶团

9. 大分子溶液(指相对分子质量大于$10^4$以上的物质)属溶胶范围，是真溶液。如蛋白质、淀粉、聚氯乙烯等。当加入大分子溶液的量足够多时，会保护溶胶不聚沉。

## 目标检测

一、名词解释

表面张力　溶液表面吸附　表面活性剂　增溶作用　乳化作用　固体表面吸附　溶胶　电泳　电渗　溶胶聚沉　大分子溶液

二、选择题

(一) 最佳选择题

1. 表面活性物质的就是指该物质加入于液体后　　　　　　　　　　　　　　　　　(　)
　A. 能降低液体表面张力　　　　　　　B. 能增大液体表面张力
　C. 不影响液体表面张力　　　　　　　D. 能显著降低液体表面张力

2. 当表面活性物质加入溶剂中后，溶剂表面产生　　　　　　　　　　　　　　　　(　)
　A. 正吸附　　　　　　　　　　　　　B. 负吸附
　C. 饱和吸附　　　　　　　　　　　　D. 吸附量无影响

3. 若在固体表面上发生某气体的单分子层吸附，则随着气体压力不断增大，吸附量是 (　)
　A. 成比例的增加　　　　　　　　　　B. 成倍的增加
　C. 恒定不变　　　　　　　　　　　　D. 逐渐趋向饱和

4. 大多数体系来讲，温度升高，表面张力是　　　　　　　　　　　　　　　　　　(　)
　A. 升高　　　　　　　　　　　　　　B. 降低
　C. 不变　　　　　　　　　　　　　　D. 无一定变化规律

5. 下列体系中为非胶体的是　　　　　　　　　　　　　　　　　　　　　　　　　(　)
　A. 牛奶　　　　　　　　　　　　　　B. 烟雾

C. 人造红宝石　　　　　　　　　　D. 纯的空气
6. 溶胶的基本特性之一是　　　　　　　　　　　　　　　　　　　　　　　　（　　）
A. 热力学和动力学皆属稳定的体系
B. 热力学和动力学皆为不稳定的体系
C. 热力学稳定而动力学不稳定的体系
D. 热力学不稳定而动力学稳定的体系
7. 溶胶有三个最基本的特性,下列哪点不在其中?　　　　　　　　　　　　　（　　）
A. 分散性　　　　　　　　　　　　B. 聚结不稳定性
C. 多相性　　　　　　　　　　　　D. 动力稳定性
8. 丁铎尔现象是光射到粒子上发生哪种现象的结果?　　　　　　　　　　　　（　　）
A. 散射　　　　　　　　　　　　　B. 反射
C. 透射　　　　　　　　　　　　　D. 折射
9. 在外电场作用下,胶粒在分散介质中移动的现象称　　　　　　　　　　　　（　　）
A. 电渗　　　　　　　　　　　　　B. 电泳
C. 流动电势　　　　　　　　　　　D. 沉降
10. 对于 AgI 的水溶胶,当以 KI 为稳定剂时其结构可以写成 $[(AgI)_m \cdot nI^- \cdot (n-x)K^+]^{x-} \cdot xK^+$,则称"胶粒"的是指　　　　　　　　　　　　　　　　　　　　　　（　　）
A. $(AgI)_m$　　　　　　　　　　B. $(AgI)_m \cdot nI^-$
C. $[(AgI)_m \cdot nI^- \cdot (n-x)K^+]^{x-}$　　D. $[(AgI)_m \cdot nI^- \cdot (n-x)K^+]^{x-} \cdot xK^+$
11. 在 $As_2S_3$ 溶胶中加入等体积、等物质的量浓度的下列不同电解质溶液,则使溶胶聚沉得最快的是
　　　　　　　　　　　　　　　　　　　　　　　　　　　　　　　　　　　（　　）
A. LiCl　　　　　　　　　　　　　B. NaCl
C. $CaCl_2$　　　　　　　　　　　D. $AlCl_3$
12. 在 $Al_2O_3$ 溶胶中加入等体积、等物质的量浓度的下列不同电解质溶液,则使溶胶聚沉得最快的是
　　　　　　　　　　　　　　　　　　　　　　　　　　　　　　　　　　　（　　）
A. KCl　　　　　　　　　　　　　B. $KNO_3$
C. $K_3[Fe(CN)_6]$　　　　　　　　D. $K_2C_2O_4$
13. 在一定量的 AgI 溶胶中加入下列不同电解质溶液,则使溶胶在一定时间内完全聚沉所需电解质的量最少者为　　　　　　　　　　　　　　　　　　　　　　　　（　　）
A. $La(NO_3)_3$　　　　　　　　　B. $Mg(NO_3)_2$
C. $NaNO_3$　　　　　　　　　　　D. $KNO_3$
14. 大分子溶液与溶胶在性质上的最根本区别是　　　　　　　　　　　　　　（　　）
A. 前者黏度大,后者黏度小
B. 前者是热力学稳定体系,后者是热力学不稳定体系
C. 前者是均相的,而后者是不均匀的多相体系
D. 前者对电解质稳定性大,后者加入微量电解质即能引起聚沉
15. 作为直接获得个别胶粒的大小和形状,必须借助　　　　　　　　　　　　（　　）
A. 普通显微镜　　　　　　　　　　B. 丁铎尔效应
C. 电子显微镜　　　　　　　　　　D. 超显微镜
16. 溶胶的聚沉,常以分散度降低开始而最终转入沉淀。在引起聚沉的诸因素中,最重要的是（　　）
A. 温度的变化　　　　　　　　　　B. 溶胶浓度的变化
C. 非电解质的影响　　　　　　　　D. 电解质的影响
17. 胶粒带有电荷的原因是由于　　　　　　　　　　　　　　　　　　　　　（　　）
A. 胶团解离产生正、负离子　　　　B. 在电场中极化作用引起
C. 胶核选择性吸附与其组成相似的离子　　D. 由水分子极化引起

(二) 多项选择题

18. "两亲分子"作为表面活性剂是因为 （　　）
   A. 在界面上产生正吸附　　　　　　B. 能使溶液的表面张力增大
   C. 在界面上定向排列,形成表面膜　　D. 能形成"胶束"

19. 对于物理吸附的描述中,正确的是 （　　）
   A. 吸附力来源于范德华力,其吸附一般不具选择性
   B. 吸附层可以是单分子层或多分子层
   C. 吸附热较小
   D. 吸附速度较小

20. 固体对溶液中的吸附要比对气体的吸附复杂得多,人们总结了一些规律,下列哪几条与实验事实符合? （　　）
   A. 能使固体表面张力降低最多的溶质被吸附得最多
   B. 极性的吸附剂易于吸附极性溶质
   C. 吸附只涉及吸附剂与溶质的性质而与溶剂性质无关
   D. 一般是温度升高,吸附量减少

21. 下列各性质中属于溶胶的动力性质的是 （　　）
   A. 布朗运动　　　　　　　　　　　B. 扩散
   C. 电泳　　　　　　　　　　　　　D. 沉降

22. 下列属于溶胶的电学性质的是 （　　）
   A. 电离　　　　　　　　　　　　　B. 电泳
   C. 电渗　　　　　　　　　　　　　D. 沉降

三、填空题

1. 常用的表面活性剂是由_____组成的有机化合物。表面活性剂有以下重要作用_____、_____、_____、_____。
2. 气体在固体表面的吸附分为_____和_____。
3. 胶体分散系指直径在_____~_____范围的体系。
4. 区别溶胶和真溶液最简单的方法是用_____,溶胶结构是由_____和_____组成。
5. 溶胶能稳定存在的主要原因是_____。电解质使溶胶聚沉,起主要作用的是_____。
6. 硫化砷溶胶的结构为 $[(As_2S_3)_m \cdot n\,HS^{-1} \cdot (n-x)H^+]^{x-} \cdot xH^+$,校核是_____,紧密层是_____,扩散层是_____。
7. "相"的定义是_____。
   $AgNO_3$ 溶液中通入适量 $H_2S$ 气体后,此体系是_____相。

四、问答题

1. 试述表面张力的物理意义。
2. 大分子溶液与胶体溶液有什么异同点?
3. 水滴、汞滴为什么总是球形的?
4. 液体在毛细管内会上升,主要原因是什么?
5. 将95g铁粉与5g铝粉磨得很细并充分混合后,用小勺任意取出混合物,其中均含有5%的铝,这说明这个混合物是单相的吗?
6. 写出由 KI 与过量 $AgNO_3$ 制备 AgI 溶胶的胶团结构,并指出胶核、胶粒、紧密层、扩散层。
7. 将 $0.1\,mol\cdot L^{-1}$ KI 溶液和等体积的 $0.07\,mol\cdot L^{-1}$ $AgNO_3$ 溶液混合后,所得溶胶用下列物质处理时,试比较它们聚沉能力的大小:(1) $NaCl$;(2) $BaCl_2$;(3) $FeCl_3$。

(汤启昭)

# 第 12 章　混合物的分离与提纯

1. 理解蒸馏和分馏的原理和方法
2. 理解完全互溶双液系三种不同的沸点-组成图（$T\text{-}x$ 图）的含义及讨论蒸馏、分馏过程的方法
3. 理解水蒸气蒸馏的原理和方法
4. 理解萃取的原理和萃取条件的选择
5. 理解平面色谱、液相柱色谱分离的基本原理和方法
6. 了解气相色谱分离的基本知识

## 第 1 节　蒸馏与分馏

蒸馏（distillation）利用化合物挥发性的差异来进行分离的一种重要分离方法。它是基于气液平衡的原理将组分进行分离的。

当液态物质受热时蒸气压增大，待蒸气压大到与大气压或所给外压力相等时液体沸腾，即达到沸点。所谓蒸馏就是将液态物质加热到沸腾变为蒸气，又将蒸气冷却为液体这两个过程的联合操作。实验室进行蒸馏时采用的装置见图 12-1。

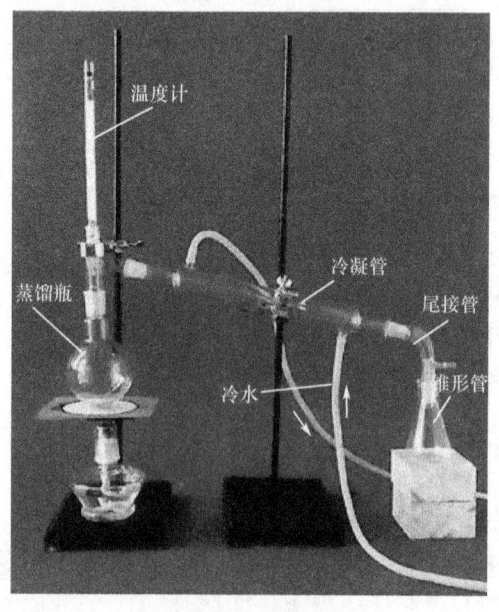

图 12-1　蒸馏装置图

分馏(Fractionation)是利用分馏柱使几种沸点相近的混合物得到分离和纯化的方法。利用分馏柱(图12-2)进行分馏,实际上就是在分馏柱内使混合物进行多次气化和冷凝。如果将两种挥发性液体混合物进行蒸馏,在沸腾温度下,其气相与液相达成平衡,出来的蒸气中含有较多量易挥发物质的组分,将此蒸气冷凝成液体,其组成与气相组成等同(即含有较多的易挥发组分),而残留物中却含有较多量的高沸点组分(难挥发组分),这就是进行了一次简单的蒸馏。如果将蒸气凝成的液体重新蒸馏,即又进行一次气液平衡,再度产生的蒸气中,所含的易挥发物质组分又有增多,同样,将此蒸气再经冷凝而得到的液体中,易挥发物质的组成当然更多,这样我们可以利用一连串有顺序的重复蒸馏,最后能得到接近纯组分的两种液体。

应用这样反复多次的简单蒸馏,虽然可以得到接近纯组分的两种液体,但是这样做既浪费时间,且在重复多次蒸馏操作中的损失又很大,所以,通常是采用分馏柱进行多次气化和冷凝,这就是分馏。

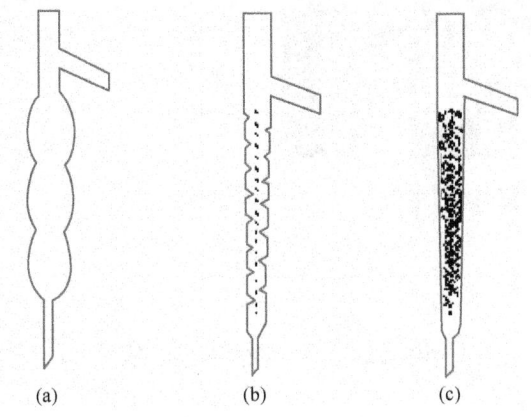

图12-2　不同形式的分馏柱示意图
(a) 球形分馏柱;(b) 维氏分馏柱;(c) 赫姆帕分馏柱

在分馏柱内,当上升的蒸气与下降的冷凝液互相接触时,两者之间发生热量交换,上升的蒸气部分冷凝放出热量使下降的冷凝液部分气化,其结果是上升蒸气中易挥发组分增加,而下降的冷凝液中高沸点组分(难挥发组分)增加,如果继续多次,就等于进行了多次的气液平衡,即达到了多次蒸馏的效果。这样靠近分馏柱顶部易挥发物质的组分比率高,而在烧瓶里高沸点组分(难挥发组分)的比率高。这样只要分馏柱足够高,就可将这种组分完全彻底分开。

蒸馏和分馏的基本原理是一样的,都是利用有机物质的沸点不同,在蒸馏过程中让低沸点的组分先蒸出,高沸点的组分后蒸出,从而达到分离提纯的目的。不同的是,分馏是借助于分馏柱将多次气化、冷凝过程在一次操作中得以完成的蒸馏(分馏实际上是多次蒸馏);应用范围也不同,蒸馏时混合液体中各组分的沸点要相差30℃以上,才可以进行分馏,如要彻底分离沸点一般要相差110℃以上。分馏可使沸点相近的互溶液体混合物(甚至沸点仅相差1~2℃)得到分离和纯化。

在有机分析中常用蒸馏分离法。例如,有机化合物中C、H、O、N、S等元素的定量分析,就采用了这种分离方法。在无机分析中,蒸馏分离法的应用虽不多,但由于方法的选择性比较高,容易掌握,故在某些情况下仍具有很大的意义。主要用于非金属元素,如B、Si、S、F、Ge、C、N、As及少数金属元素Ge、Sb、Sn、Cr、Os、Rn、Tl等的分离。例如,测定肥料或大豆中氮的含量时,首先将各种含氮化合物中的氮经适当处理后,全部转化为铵,然后加碱蒸馏出氨,再用吸收液吸收后进行测定。饮用水、工业废水中测定酚类等也可用蒸馏分离法富集后测定。

### 废乙醇的蒸馏回收

实验操作如下：

第1步：取废乙醇适量经长颈漏斗加入蒸馏烧瓶中，漏斗下端需伸到支管下面，加数粒素烧瓷碎片于烧瓶中（以防爆沸），插好温度计（图12-3）。

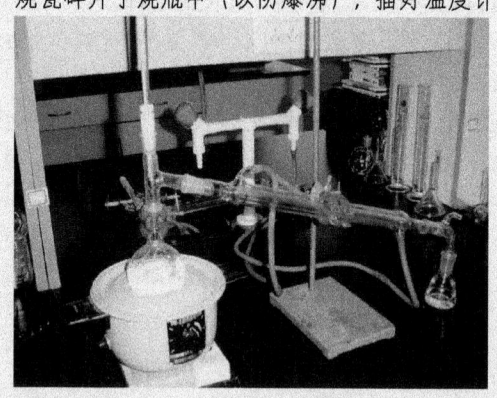

第2步：加热前应仔细检查一遍装置是否正确，冷却水是否开启。然后加热，当沸腾时应密切注意蒸馏瓶中发生的现象（如发现忘加止爆剂，应停止加热，待液体稍冷后补加。在近沸时补加止爆剂会造成爆沸事故！），调节加热温度，控制馏出液速度为每秒 1~2 滴。

第3步：当沸腾温度趋于 78℃ 稳定后，换一个干燥、洁净的接受瓶，收集 78~79℃ 馏出液，即得 95% 的乙醇。

第4步：当沸腾温度升高至 79℃ 时，先停止加热，待残液冷却后再停冷凝水。

图 12-3　实验室的蒸馏装置

## 一、完全互溶双液体体系的蒸气压

在常温下，任意两种液体混合组成的体系称为双液体系。若两液体能按任意比例相互溶解，则称完全互溶双液体系；若只能部分互溶，则称部分互溶双液体系。液体的沸点是指液体的蒸气压与外界大气压相等时的温度。在一定的外压下，纯液体有确定的沸点，而双液体系的沸点不仅与外压有关，还与双液体系的组成有关。

如果溶液的两种组分都是挥发性物质，则蒸气中也含有这两种组分。但在一般情况下，它们在蒸气中的相对含量和在溶液中的相对含量是不同的。对于两种挥发性物质 A 和 B 组成的理想互溶液体（即对两种物质没有分子间作用力的溶液）来说，可以用简单的公式把溶液的组成与蒸气的组成联系起来。

若以 $x$ 和 $x'$ 分别表示溶液中和蒸气中各组分的摩尔分数，$p^*$ 为纯液体的蒸气压。在理想互溶溶液中，各组分的蒸气分压与其在溶液中的组成的关系符合拉乌尔定律，即

$$p_A = p_A^* \cdot x_A \quad \text{和} \quad p_B = p_B^* \cdot x_B$$

溶液的蒸气总压是各组分的蒸气分压之和，即

$$p = p_A + p_B = p_A^* x_A + p_B^* x_B$$

或者

$$p = p_A^*(1 - x_B) + p_B^* x_B$$
$$p = p_A^* + x_B(p_B^* - p_A^*)$$

假设蒸气是理想气体混合物，则各组分的分压与其在蒸气中的组分 $x'$ 的关系符合道尔顿分压定律，即

$$x_A' = p_A/p \quad \text{或} \quad p_A = p x_A'$$
$$x_B' = p_B/p \quad \text{或} \quad p_B = p x_B'$$

如果某一溶液符合理想溶液的性质,蒸气符合理想气体混合物的性质,则可应用上述两个定律来计算气相和液相在平衡时的组成。

> **案例12-1**
> 
> 计算在20℃时,$CH_3OH$ 和 $C_2H_5OH$ 以相同质量混合构成理想溶液的气、液平衡组成。已知20℃时 $CH_3OH$ 和 $C_2H_5OH$ 的饱和蒸气压分别为11.82kPa和5.93kPa。
> 
> 解:$CH_3OH$ 和 $C_2H_5OH$ 的相对分子质量分别为32和46,所以
> 
> $$x_{CH_3OH} = (50/32)/(50/32 + 50/46) = 0.59$$
> $$x_{C_2H_5OH} = 1 - 0.59 = 0.41$$
> $$x'_{CH_3OH} = p_{CH_3OH}/p$$
> $$= p^*_{CH_3OH} \cdot x_{CH_3OH}/(p^*_{CH_3OH} \cdot x_{CH_3OH}) + (p^*_{C_2H_5OH} \cdot x_{C_2H_5OH})$$
> $$= 11.82 \times 0.59/(11.82 \times 0.59) + (5.93 \times 0.41) = 0.73$$
> $$x'_{C_2H_5OH} = 1 - 0.73 = 0.27$$

> **案例12-2**
> 
> 苯和甲苯构成理想互溶液体,根据表12-1数据,计算在不同沸点时的气、液平衡组成。
> 
> **表12-1 苯和甲苯在不同温度时的饱和蒸气压**
> 
> | 温度/℃ | $p^*_{苯}$/kPa | $p^*_{甲苯}$/kPa |
> | --- | --- | --- |
> | 80.6 | 101.3 | — |
> | 85 | 116.9 | 46 |
> | 90 | 135.4 | 54 |
> | 95 | 155.7 | 63 |
> | 100 | 179.1 | 74.2 |
> | 105 | 204.2 | 86 |
> | 110 | 233 | 99 |
> | 110.7 | — | 101.3 |
> 
> 解:在沸点时,溶液的蒸气总压等于1atm(外压)。因此,纯苯的沸点为80.6℃,纯甲苯为110.7℃。若计算在85℃时沸腾的溶液的气液平衡组成。
> 
> 由计算在这个温度下,溶液的总压等于外压(即101.3kPa)时的气、液平衡组成得出:
> 
> $$p = p^*_{甲苯} + x_{苯}(p^*_{苯} - p^*_{甲苯})$$
> 
> 液相中苯的摩尔分数 $x_{苯} = (p - p^*_{甲苯})/(p^*_{苯} - p^*_{甲苯})$
> $$= (101.3 - 46)/(116.9 - 46) = 0.780$$
> 
> 气相中苯的摩尔分数 $x'_{苯} = p_{苯}/p$
> $$= (116.9 \times 0.78)/110.3 = 0.900$$

同理,可计算出各个不同沸点时的气液平衡组成的数值(表12-2)。

表 12-2　苯-甲苯体系的沸点和组成的关系

| 沸点/℃ | $x_{苯}$ | $x'_{苯}$ |
|---|---|---|
| 80.6 | 1 | 1 |
| 85 | 0.780 | 0.900 |
| 90 | 0.581 | 0.777 |
| 95 | 0.411 | 0.632 |
| 100 | 0.258 | 0.456 |
| 105 | 0.130 | 0.263 |
| 110 | 0.017 | 0.039 |
| 110.7 | 0.000 | 0.000 |

从案例 12-2 我们不但了解到怎样计算理想溶液在不同沸点时的气、液平衡组成,而且从计算结果可以得出下面这个结论:在纯态时蒸气压较大的某一组分(如苯),在气相中的组成大于在液相中组成。对真实溶液也有相似的情况,不过常表述为:有较大蒸气压的液体,它在溶液的气相里相对含量大于它在液相里的相对含量。溶液的组成不同,沸点也不相同。这是因为溶液的组成不同,它的蒸气总压也就不同,只有当蒸气压等于外压时,溶液才能沸腾。所以,在一定外压下,某一组成的双液体系如有较高的总蒸气压,则其沸点就较低。如苯-甲苯的溶液中,如果含有挥发性较大的苯的量愈多,则溶液的沸点就愈低,因为具有这样组成的溶液蒸气压较高。

此外,我们还可以利用表 12-2 的数据画出苯-甲苯体系的沸点-组成图。常称为 $T$-$x$ 图(图12-4)。图中以液体的组成为横坐标。实线表示沸点与液相组成的关系,称为等压液相线;虚线表示沸点与气相组成的关系,称为等压气相线。

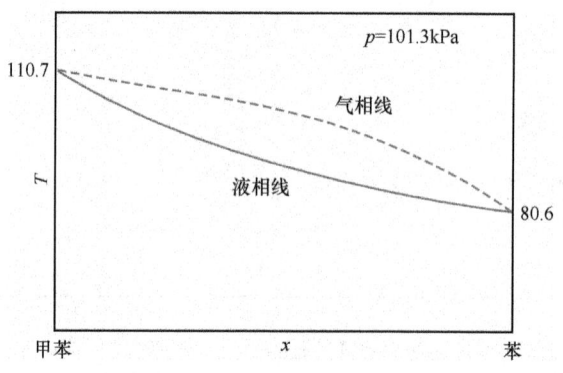

图 12-4　苯-甲苯体系的沸点-组成图

## 二、二元溶液的分馏

我们已经知道,当两种液体组成溶液,互成平衡的液相和气相的组成不同。如果我们将溶液加热至沸腾,液体便不断地变为蒸气,同时将蒸气冷凝,蒸气的冷凝液称为馏出液,剩余的溶液称为残液。如果继续将残液蒸馏,并不断地将馏出液分离出去,则残液的组成和沸点沿液相线上升,最后得到的残液为挥发性较小的组分。

如果我们将溶液蒸馏产生的蒸气与残液分离,并将馏出液再进行蒸馏;这样反复使馏出液蒸馏分离和冷凝后再蒸馏的过程,称为分馏。因为每一次所得的馏出液,挥发性较大的组分的含量就增多一些,经过反复多次地重复这种过程,我们就能得到纯的挥发性较大的组分。

现在我们来讨论关于正常类型溶液的分馏原理(图 12-5)。

若将组成为 $x_1$ 的溶液加热,当温度到达 $T_1$ 时就开始沸腾,与此溶液构成平衡的蒸气组成为 $x'_2$,蒸气相比液相含有较多的 B 组分。将蒸气冷凝后,再对此冷凝液进行蒸馏,到达温度 $T_2$ 时开始沸腾,与此构成平衡的蒸气组成为 $x'_3$,B 组分的含量又增加了。如此反复进行,在气相中 B 组分的相对含量便逐渐增多。最后,蒸气组成到达纯 B。

我们再看剩下溶液的蒸馏过程。在蒸馏进行时,残液中 B 组分的相对含量逐渐地减少,A 组分的含量相对地就逐渐增多,沸点也跟着上升。由于不断地将蒸气从体系分离出去,液相的组成和沸点便沿着液相线向上移动。到了最后剩余的残液便达纯 A。

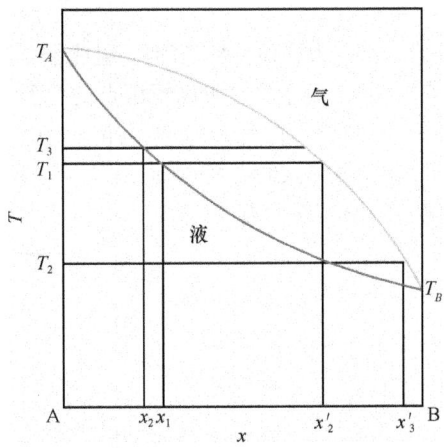

图 12-5　正常二元溶液的沸点-组成图

所以,应用分馏的方法,可以将正常类型的二元溶液分离为两个组分。从馏出液得到沸点较低的纯组分 B,而从残液则得到沸点较高的纯组分 A。

## 三、恒沸混合物及其分馏

对于非理想溶液,由于分子间的作用强,其真实溶液的蒸气压偏离拉乌尔定律产生正、负偏差,而且这种溶液的蒸气总压在某一组成时,具有最大值(正偏差)或最小值(负偏差),则相应地在它们的沸点-组成图上出现了最低恒沸点(对应于蒸气压为最大值时的组成)或最高恒沸点(对应于蒸气压为最小值时的组成)。具体情况分别说明如下。

### (一) 具有最低恒沸点类型的溶液

图 12-6 为这种类型的沸点-组成图。

从图 12-6 可以明显看出:在沸点-组成图上最低处液相线与气相线相交,也就是说,在最低恒沸点处,液相与气相的组成相同。当液体和平衡蒸气组成相同时,便不能用分馏的方法将混合物各组分分开。因为在馏出的过程并不能改变液相和气相的组成,馏出液和残液的组成完全一样。在一定外压下,沸点也为恒定,所以,在这种组成下的液体混合物,称为恒沸混合物,恒沸混合物的沸点便称为恒沸点。

对于具有最低恒沸点的二元溶液来说,我们应当考虑溶液的组成是在恒沸点的左边(图 12-6 中的 AC 部分)或右边(图 12-6 中的 BC 部分)来进行讨论。如果在恒沸点的左边,则分馏的结果是馏出物为恒沸混合物,其组成如图中的 C,残液为纯 A;若在恒沸点的右边,则馏出物为恒沸混合物 C,残液为纯 B。所以对这种类型的溶液用分馏的方法不能将它们分为两个纯组分,只能得到一个纯组分(A 和 B)和一个恒沸混合物 C。

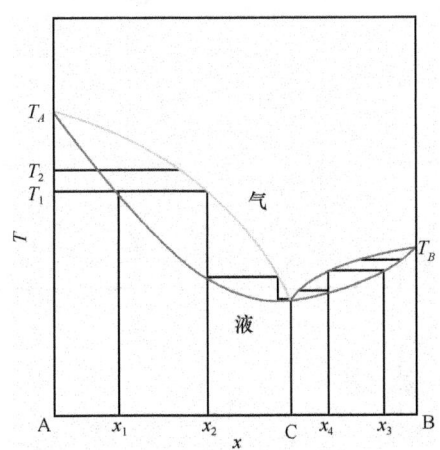

图 12-6　具有最低恒沸点的溶液的沸点-组成图

## (二)具有最高恒沸点类型的溶液

图 12-7 为这种类型的沸点-组成图。从图上同样可以看出：最高恒沸点处，液相线与气相线相交。同理，对于具有最高恒沸点的二元溶液来说，用分馏的方法也只能得到一个恒沸混合物和一个纯组分。在图 12-7 中，若溶液的组成在恒沸点的左面，则馏出液为纯 A，残液为恒沸混合物 C；若在恒沸点的右面，则馏出液为纯 B，残液为恒沸混合物 C。在表 12-3 中，列举了一些具有恒沸点的溶液作为参考。

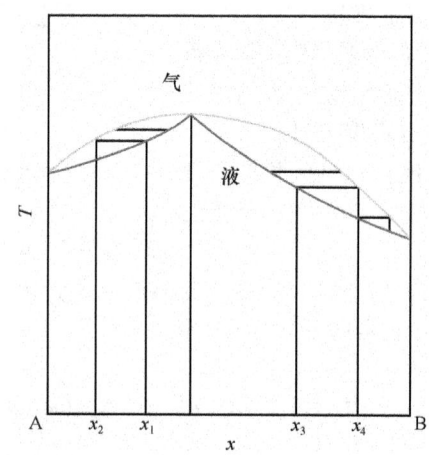

图 12-7　具有最高恒沸点的溶液的沸点-组成图

表 12-3　一些具有恒沸点的溶液

| 组分 | | A+B 恒沸混合物/℃ | | | 恒沸混合物中 A 的质量分数% |
|---|---|---|---|---|---|
| A | B | b.p.(A) | b.p.(B) | 最低恒沸点 | |
| 水 | 乙醇 | 100.0 | 78.3 | 78.13 | 4.43 |
| 水 | 异丙醇 | 100.0 | 82.44 | 80.37 | 12.10 |
| 甲醇 | 苯 | 64.7 | 80.2 | 58.34 | 39.55 |
| 乙醇 | 苯 | 78.3 | 80.2 | 68.24 | 32.37 |
| 乙醇 | 三氯甲烷 | 78.3 | 61.16 | 59.4 | 7.0 |
| 甲苯 | 四氯甲烷 | 110.7 | 113.85 | 109.15 | 48 |
| | | b.p.(A) | b.p.(B) | 最高恒沸点 | |
| 水 | 硝酸 | 100.0 | 86.0 | 120.0 | 32 |
| 水 | 氯化氢 | 100.0 | −85 | 108.5 | 79.76 |

## 四、水蒸气蒸馏

如果两种液体互不相溶，则此两液体的混合物中，每组分的蒸气压与它在纯态时的饱和蒸气压相等，与另一组分的存在与否及其量的多少无关。因此，混合物的蒸气总压强，等于各纯组分的蒸气压强之和（道尔顿分压定律），在一定温度下是一个常数，与各组分的数量无关，即

$$p = p_A^* + p_B^*$$

式中，$p$ 为总的蒸气压；$p_A^*$ 为 A 的蒸气压；$p_B^*$ 为 B 的蒸气压。当混合物中各组分的蒸气压总和

等于外界大气压时,混合物开始沸腾,这时的温度即为它们的沸点。所以混合物的沸点总低于纯 A 或纯 B 的沸点。例如,在 1atm 下,苯的沸点为 80.4℃,水的沸点为 100℃,苯和水互不相溶,若将它们混合在一起,则混合液体的沸点降低为 69.13℃。因为在 69.13℃ 时,纯苯的蒸气压为 71.3kPa,纯水的蒸气压为 29.98kPa,都低于外压,故未能沸腾。若混合在一起则总蒸气压等于此两个液体蒸气压之和,恰等于外压;于是,加热到 69.13℃ 时便可沸腾了。而且,因为这种体系的总蒸气压与各组分的量的多少无关,即使它们所含的某种液体的量很少,混合物的沸点仍保持恒定不变。

有些有机物的沸点很高,不易直接蒸馏,有些有机物在达到沸点之前已经分解,不能进行常压蒸馏。我们可以利用互不相溶混合物的性质,将有机物与水混合,进行蒸馏。这时混合物的沸点较水和有机物的沸点都低,被蒸馏的有机物可以达到提纯的目的,这种方法称为水蒸气蒸馏(steam distillation)。方法是将水蒸气通入不溶于水的有机物中而使有机物与水经过共沸而蒸出的操作过程(图 12-8)。

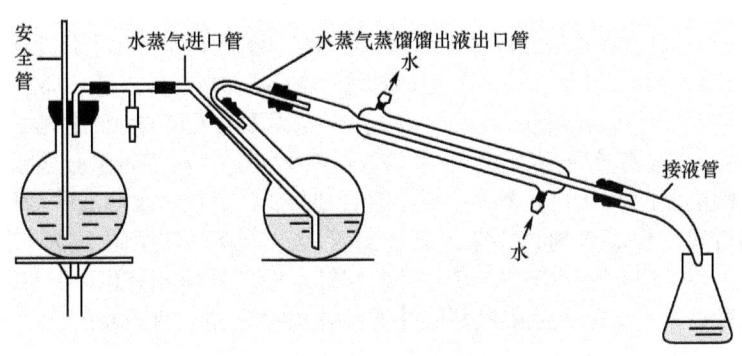

图 12-8 水蒸气蒸馏装置

常压下应用水蒸气蒸馏,能在低于 100℃ 的情况下将高沸点组分与水一起蒸出来,蒸馏时混合物的沸点保持不变,直到其中一组分几乎全部蒸出(因为总的蒸气压与混合物中二者相对量无关)。

在一般情况下,当蒸馏两种互不相溶的液体 A 和 B 时,它们在冷凝液中的相对含量与蒸馏温度时它们的饱和蒸气压和它们的相对分子质量有关。假设混合蒸气为理想气体,根据道尔顿分压定律可导出

$$p_A/p_B = n_A/n_B = (W_A/M_A)/(W_B/M_B)$$

即

$$W_B/W_A = (p_B/p_A) \times (M_B/M_A)$$

式中,$W$ 为纯物质液层的质量;$M$ 为摩尔质量;$p$ 为蒸馏温度时的饱和蒸气压。若应用水蒸气蒸馏时,上式可改写为

$$W_{H_2O}/W_A = (p_{H_2O}/p_A) \times (18/M_A)$$

式中等号左边表示蒸馏单位质量物质所需水蒸气的量,称为水蒸气消耗系数。由于这种体系的蒸馏温度是不变的,$p_{H_2O}$ 和 $p_A$,$M_{H_2O}$ 和 $M_A$ 为定值,等式右边为常数,所以对一定物质来说,水蒸气消耗系数也是常数。即此式表明:若被蒸馏的液体的饱和蒸气压愈低,相对分子质量愈小,则水蒸气消耗系数就愈大。

硝基苯($C_6H_6NO_2$)和水为互不相溶的液体,在外压为1atm时,这两种液体的混合物的沸点为99℃。已知在99℃时纯水的蒸气压为97.7kPa,计算蒸馏1kg硝基苯需要消耗多少公斤水蒸气。

解:$p_{C_6H_6NO_2} = 101.3 - 97.7 = 3.6 \text{kPa}$

$$M_{C_6H_6NO_2} = 123$$

$$m_{H_2O}/m_B = (97.7/3.6) \times (18/123) = 4$$

即蒸馏1kg硝基苯需消耗4kg水蒸气。

## 第2节 萃 取

萃取(extraction)是利用物质在两种不互溶(或微溶)溶剂中溶解度或分配比的不同来达到分离、提取或纯化目的的一种操作。萃取分离法包括液-液、固-液和气-液萃取分离等。本章介绍液-液萃取法或称溶剂萃取(solvent extraction)。液-液萃取法是将与水不相溶的有机溶剂同时置于分液漏斗中一起振荡,然而静置分层(图12-9、图12-10)。利用各组分在水相和有机溶剂(称有机相)中溶解度不同,达到分离的目的。例如$Cl^-$和$I^-$的混合水溶液中,通入$Cl_2$,使$I^-$氧化为单质$I_2$,然后加入$CCl_4$溶剂并振摇,再静止放置,会出现两个液层,上层为水相,下层为$CCl_4$的有机相,由于$I_2$在$CCl_4$中溶解度大,使$I_2$从水相转入$CCl_4$有机相,$CCl_4$层呈现紫红色。$I_2$从水相转入$CCl_4$有机相的过程即为液-液萃取过程,其中由水相进入有机相的物质称为萃取物,如$I_2$,萃取后的水相称萃余相,含有被萃取物的有机相称为萃取液。

图12-9 握住分液漏斗活塞和盖振摇

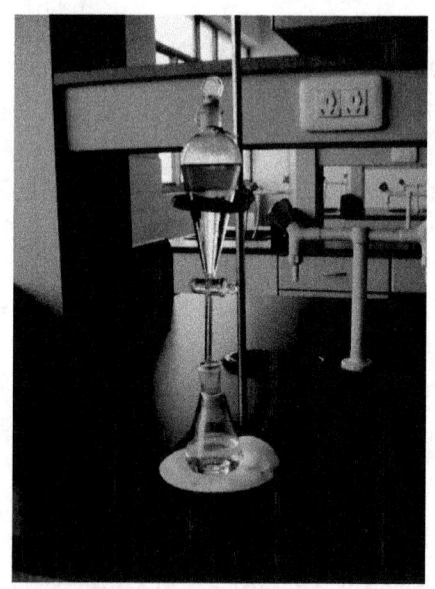

图12-10 静止后液体分层

液-液萃取是一种分离、提纯与富集(或浓集)技术,可广泛用于植物药用成分、无机及有机混合物的提取与富集。若选择合适的萃取剂和萃取条件,可以分离出纯度很高的组分,或使痕量组分得到富集后,可直接用分光光度分析、电位分析、原子吸收光谱法等测定微量元素。但由于工作量较大,且萃取溶剂一般有毒、易燃,以致使用受到限制。

# 一、萃取原理

## (一) 分配定律

分配定律是萃取方法的理论依据,物质对不同的溶剂有着不同的溶解度。同时,在两种互不相溶的溶剂中,加入某种可溶性的物质时,它能分别溶解于两种溶剂中,实验证明,在一定温度下,该化合物与此两种溶剂不发生分解、电解、缔合和溶剂化等作用时,此化合物在两液层中存在之比是一个定值,这就是分配定律。不论所加物质的量是多少,都是如此。用公式表示成

$$(c_S)_1/(c_S)_2 = K_D$$

式中,$K_D$ 称为分配系数(distribution coefficient);下标"S"表示溶质;$(c_S)_1$ 和 $(c_S)_2$ 分别表示一种化合物在两种互不相溶的溶剂中的物质的量浓度。

在含有 0.020 g 碘的水溶液 2.00 L 中,加入 50.0 mL 的二硫化碳。在某温度时,碘在这两种溶剂中的分配系数 $K_D = (c_{I_2})_{H_2O}/(c_{I_2})_{CS_2} = 0.00167$,求水层中含碘多少克。

解:设水层中含 $I_2$ 的克数为 $x$

$$(x/2.00)/[(0.020-x)/0.050] = 0.00167$$

得

$$x = 0.00125(g)$$

即水层中含 $I_2$ 0.00125 g,所以,利用分配定律可以计算出经过萃取操作后被提取出物质的量。

案例12-4

1 L 水中含有某物质 100 g,现以 1 L 乙醚进行萃取:

(1) 萃取一次。
(2) 分成两次萃取。
(3) 分 10 次萃取。

已知 $K_D = (c_{I_2})_{H_2O}/(c_{I_2})_{乙醚} = 0.5$,求萃取出来的物质的量各为若干。

解:(1) 设一次萃取出物质为 $g_1$ g

$$(100-g_1/1000)/(g_1/1000) = 0.5$$
$$g_1 = 66.7(g)$$

(2) 设萃取两次后在水中残留的物质为 $g_2$ g

$$g_2 = 100[(0.5 \times 1000)/(0.5 \times 1000 + 50)]^2$$
$$g_2 = 25(g)$$

萃出的物质为 $100 - 25 = 75(g)$。

(3) 分 10 次萃取,最后残留的物质为 $g_{10}$ g

$$g_{10} = 100[(0.5 \times 1000)/(0.5 \times 1000 + 50)]^{10}$$
$$= 16.14(g)$$

萃取出的物质为 $100 - 16.14 = 83.86$ g。

由此可见,在萃取操作中,用相同量的萃取溶剂,分几次萃取比萃取一次效果好得多。

案例12-5

假设含有某种物质 $g_0$ g 的溶液 $V_a$ mL, 用 $V_b$ mL 的某种溶剂进行萃取, 其中未被提出而残留于原液中的物质为 $g_1$ g, 则在一定温度下

$$(g_1/V_a)/(g_0 - g_1/V_b) = K_D$$

所以

$$g_1 = g_0 [K_D V_a/(K_D V_a + V_b)]$$

如再用 $V_b$ mL 的溶剂对残留原液中 $g_1$ g 物质作第二次萃取, 假定再残留下 $g_2$ g, 则

$$g_2 = g_1 \times [K_D V_a/(K_D V_a + V_b)]$$

或

$$g_2 = g_0 \times [K_D V_a/(K_D V_a + V_b)]^2$$

如果每次用 $V_b$ mL 的溶剂萃取 $n$ 次, 则最后原液中剩下的物质为 $g_n$ g, 那么

$$g_n = g_0 \times [K_D V_a/(K_D V_a + V_b)]^n$$

如果溶质 S 在一相或两相中会离解、聚合或与其他组分发生化学反应, 情况比较复杂, 此时 $(c_S)_1$、$(c_S)_2$ 只表示溶质 S 在两相间的分配及在每一相中的总量而不论其存在形式如何。因此, 常把溶质 S 在两相中以各种形式存在的总浓度之比称为分配比(distribution ratio), 以 $D$ 表示。

$$D = (c_S)_1/(c_S)_2$$

当两相的体积相等时, 若 $D > 1$, 说明溶质进入有机相中的量比留在水相中量多。

分配比 $D$ 和分配系数 $K_D$ 不同, $K_D$ 是常数, 而 $D$ 随实验条件而变, 只有当溶质以单一形式存在于两相中时, 才有 $D = K_D$。实际工作中常利用改变试样某一组分存在的形式(如生成配合物)的方法, 使其分配比增大, 从而易与其他组分分离。

有机化合物在有机溶剂中一般比在水中溶解度大。用有机溶剂提取溶解于水的化合物是萃取的典型实例。在萃取时, 若在水溶液中加入一定量的电解质(如氯化钠), 利用"盐析效应"以降低有机物和萃取溶剂在水溶液中的溶解度, 可提高萃取效果。

## (二) 萃取效率 $E$ 和分离因数 $\beta$

对于分配比较大的物质, 用该种有机溶剂萃取时, 溶质的极大部分将进入有机溶剂相中, 这时萃取效率就高。根据分配比可以计算萃取效率。

当溶质 A 的水溶液用有机溶剂萃取时, 如已知水溶液的体积为 $V_水$, 有机溶剂的体积为 $V_有$, 则萃取效率(extraction efficiency) $E$ (以百分率表示)应为

$$E = (溶质 A 在有机相中的总含量/溶质 A 在两相中的总含量) \times 100\%$$

$$= c_有 \cdot V_有/(c_有 V_有 + c_水 V_水) \times 100\%$$

如果分子分母同用 $c_水$ 除, 然后再以 $V_有$ 除, 则得

$$E = (D/V_水)/(D + V_水/V_有) \times 100\%$$

式中, $V_水/V_有$ 又称相比。可见, $D$ 愈大, 萃取效率愈高。如果 $D$ 固定, 减小 $V_水/V_有$, 即增加有机溶剂的用量, 也可以提高萃取的效率, 但后者的效果是不太显著的。而增加有机溶剂的用量, 将使萃取以后溶质在有机相中的浓度降低, 这往往不利于进一步的分离和测定。因此在实际工作中, 对于分配比 $D$ 较小的溶质, 常常采取分几次加入溶剂, 多次连续萃取的办法, 以提高萃取效率。

为了达到分离目的, 不但萃取效率要高, 而且还要考虑共存组分间的分离效果要好, 一般用分离因数(separation factor) $\beta$ 来表示分离效果。$\beta$ 是两种不同组分 A、B 分配比的比值, 即

$$\beta = D_A/D_B$$

如果 $D_A$ 和 $D_B$ 相差很大, 分离因数很大或很小, 两种物质可以定量分离; 反之 $\beta$ 接近 1 时, 两种物质就难以完全分离。

# *二、萃取条件的选择

无机物质中只有少数极性小的共价分子,如 $HgI_2$、$HgCl_2$、$GeCl_4$、$AsCl_3$、$SbI_3$ 等可以直接用有机溶剂萃取。大多数无机物质在水溶液中离解成离子,并与水分子结合成水合离子,从而使各种无机物质较易溶解于极性溶剂水中。萃取过程中要用非极性或弱极性的有机溶剂,从水中萃取出已水合的离子来,显然是有困难的。为了使无机离子的萃取过程能顺利地进行,必须在水中加入某种试剂,使被萃取物质与试剂结合成不带电荷、难溶于水易溶于有机溶剂的分子。这种试剂称萃取剂。根据被萃取组分与萃取剂所形成的可被萃取分子性质的不同,可把萃取体系分为下述几种,并可根据具体情况进行萃取条件的选择。

## (一) 螯合萃取体系

利用 $M^{n+}$ 与螯合剂形成中性的难溶于水的螯合物,而被有机溶剂萃取的一种分离方法。螯合物萃取体系中所用的萃取剂一般是有机弱酸或弱碱,它也是螯合剂。该体系广泛用于金属阳离子的萃取,反应灵敏度高,适用于少量或微量组分的萃取分离。

例如,8-羟基喹啉可与 $Pb^{2+}$、$Tl^{3+}$、$Al^{3+}$、$Fe^{3+}$、$Co^{2+}$、$Zn^{2+}$ 等生成如下螯合物(以 $Me^{n+}$ 代表金属离子,$n$ 代表配体数):

## (二) 离子缔合物萃取体系

阳离子和阴离子通过静电引力相缔合而形成的电中性疏水性化合物称为离子缔合物,它能被有机溶剂萃取。

例如,用乙醚从 $6mol \cdot L^{-1}$ HCl 溶液中萃取 $Fe^{3+}$ 时,$Fe^{3+}$ 与 $Cl^-$ 配位成配阴离子 $[FeCl_4]^-$。而溶剂乙醚可与溶液中的 $H^+$ 结合成阳离子,阳离子与 $[FeCl_4]^-$ 配阴离子缔合成中性分子盐。

$$(H_5C_2)_2O \xrightarrow{+H^+} (H_5C_2)_2OH^+ \xrightarrow{+FeCl_4^-} (H_5C_2)_2OH^+ \cdot FeCl_4^-$$

形成的中性分子盐有疏水性,可被有机溶剂乙醚所萃取。在这类萃取体系中,溶剂分子参加到被萃取的分子中去,因此它既是溶剂又是萃取剂。离子缔合物萃取体系萃取容量比较大,有利于萃取分离。

离子缔合物萃取应满足两个条件:①形成的是大体积的离子对络合物;②有机溶剂能使离子对溶剂化。

## (三) 三元配合物萃取体系

三元配合物的形成具有选择性好、灵敏度高的特点,因而这类萃取体系近年来发展较快。

广泛应用于稀有元素、分散元素的分离和富集。例如，$Ag^+$与邻二氮杂菲配位生成配阳离子，并与溴邻苯三酚红的阴离子缔合成三元配合物：

邻二氮菲银　　　　　溴邻苯三酚红　　　　　邻二氮菲银

在 pH 为 7 的缓冲溶液中可用硝基苯萃取之，然后在溶剂相中用光度法直接测定 $Ag^+$。

### （四）有机物的萃取分离

根据"相似相溶"的原则：极性相近的物质易于相互溶解。极性有机物和有机盐类，易溶于水而不溶于非极性溶剂。非极性化合物不溶于水，溶于非极性溶剂（如 $CCl_4$、苯、环己烷等）。因此根据相似相溶的原则，选用适当的溶剂和条件，常可从混合物中萃取某些组分而不萃取另一些组分，从而达到分离目的。例如，从丙醇和溴丙烷的混合物中，可用水来萃取极性的丙醇。弱极性的乙醚可从极性的三羟基丁烷中萃取出弱极性的酯。非极性的苯或二甲苯溶剂可从马来酸酐和马来酸的混合物中萃取出马来酸酐。

## 第 3 节　层析分离

层析分离法（chromatography）又称色谱分离法，是一种物理化学分离方法，是由茨维特在 1906 年分离植物色素时提出来的，其后得到了飞速发展，至今报道的各种色谱方法已有近 30 种。层析法是现代分离与分析的重要方法之一。

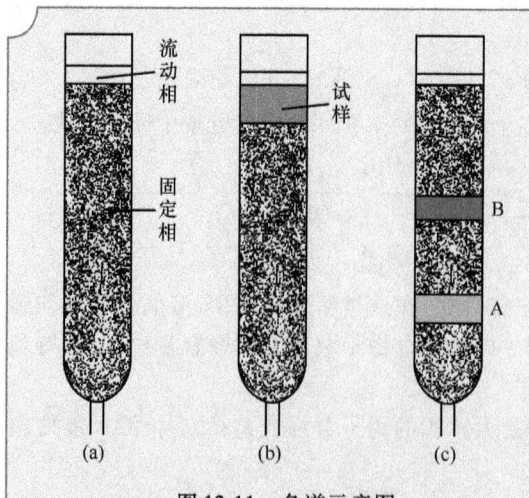

图 12-11　色谱示意图
(a) 填充柱；(b) 加入样品柱；(c) 层析分离后柱

**色谱的发现**

1903 年，俄国植物学家茨维特（Цвет）用类似于图 12-11 所示的玻璃管，紧密填充粉状碳酸钙，将植物浸取液加入其中，吸附后再用石油醚淋洗，成功地分离了叶绿素和其他色素。因当时观察到色素被分离成为不同颜色的色层，故称之谓"色谱"。

层析分离是利用混合物各组分的物理化学性质的差异,使各组分不同程度地分布在两相中,其中一相是固定相,另一相是流动相。流动相带着试样流经固定相,由于各组分受固定相作用所产生的阻力和受流动相作用所产生的推动力不同,各组分以不同的速度移动而最终得到分离。固定相可以是固体的吸附剂,也可以是固体支持剂(载体、担体)上载有液体(即固定液)组成的固定相。流动相可以是气体,也可以是液体。用气体作为流动相的称为气相色谱分析(或气相层析),用液体作为流动相的称为液相色谱分析(或液相层析)。色谱分析又可以分为纸色谱、薄层色谱、柱色谱和气相色谱、高效液相色谱等。

层析分离以其分离效率高、操作简便、不需要很复杂的设备、样品用量可大可小等特点,适合于实验室的分离、分析和工业产品的制备与提纯。现代许多新型智能分析仪器就是将色谱分离的效能与光谱鉴别的可靠性结合起来,再加入智能软件组成的,其基础原理与常规仪器是相同的。

# 一、平面色谱

## (一) 纸层析

纸层析(paper chromatography)又称纸上色谱分离法,简称 PC,是以特种滤纸(称色谱滤纸)作载体的分离法。该法设备简单,易于操作,适于微量组分的分离,可以用来分离性质极相类似的无机离子,也广泛应用于药物、染料、抗生素、生物制品等方面的分析。纸色谱属于液-液分配色谱。

纸色谱使用的滤纸被看作是一种惰性载体,以滤纸纤维素中吸附的水作固定相。样品溶液点在纸上,作为展开剂的有机溶剂自下而上移动,样品混合物中各组分在水-有机溶剂两相间发生溶解分配,并随有机溶剂的移动而展开,达到分离的目的。

选择纸色谱条件主要是选择合适的展开剂。合适的展开剂一般有一定的极性,但难溶于水。在有机溶剂和水两相间,不同的有机物会有不同的分配性质。水溶性大或能形成氢键的化合物,在水相中分配得多,在有机相中分配少;极性弱的化合物在有机相中分配多。展开剂借助毛细管的作用沿滤纸上行时,带着样品中的各组分以不同的速度向上移动。水溶性大或能形成氢键的化合物移动得较慢,极性弱的化合物移动得较快。随着展开剂的不断上移,混合物中各组分在两相之间反复进行分配,从而把各组分分开。

纸层析分离的简单装置如图 12-12 所示。取待分离的试样数微升,用毛细管点滴在滤纸的原点位置上,让其自动成一圆点,圆点直径一般应小于 5mm,然后将滤纸条悬挂于密闭的玻璃层析筒内,并使纸条下端浸入流动相中,不可浸没原点。由于毛细管作用,流动相自下而上地不断上升。流动相上升时与滤纸上的试样相遇。这时,被分离的组分就在两相间一次又一次地分配,分配比大的组分上升得快,分配比小的组分上升得慢,从而将它们逐个展开分离。层析进行一定时间后,取出滤纸条,在溶剂前缘处做上记号,晾干滤纸条。如果试样中各组分是有色物质,在滤纸条上就可以看到各组分的色斑;如为无色物质,则可用各种物理的或化学的方法使之显现出来,而后决定其位置。

各组分在层析图谱中的位置常用比移值($R_f$)表示(图 12-13)。

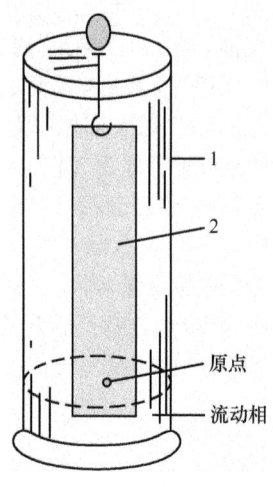

图 12-12　纸层析示意图
1. 层析筒；2. 色谱滤纸

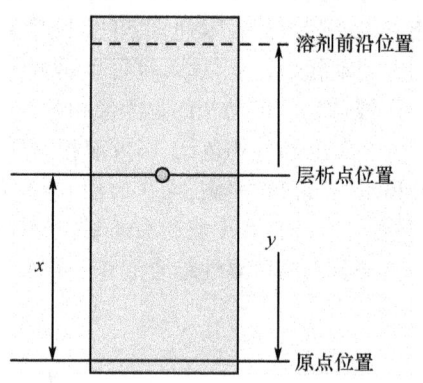

图 12-13　比移值 $R_f$ 的测定

$R_f$ = 原点到层析点中心的距离($x$)/原点到溶剂前沿的距离($y$)

$R_f$ 值一般为 0~1。若 $R_f \approx 0$，该组分基本留在原点未移动，即没有被展开；若 $R_f \approx 1$，该组分随溶剂一起上升，即待测组分在固定相中的浓度近于零。

纸色谱在糖类、氨基酸和蛋白质、天然色素等有一定亲水性的化合物的分离中有广泛的应用。

在一定的层析实验条件下，$R_f$ 值是物质的特征值，可以利用 $R_f$ 值鉴定各种物质。由于影响 $R_f$ 值的因素很多，最好用已知的标准样品作对照。根据各物质的 $R_f$ 值，可以判断彼此能否用层析法分离，一般说，$R_f$ 值只要相差 0.02 以上，就能彼此分离，相差越大，分离效果越好。

试样经展开后，剪下各斑点，经过适当处理，也可进行定量测定。

## 菠菜中色素的提取和纸层析分离

叶绿素和类胡萝卜素是菠菜中主要存在的色素，包含叶绿素 a（蓝绿色）、叶绿素 b（黄绿色）、胡萝卜素（橙黄色）、叶黄素（黄色）。类胡萝卜素是人体所需维生素 A 的前体，通过饮食摄入富含类胡萝卜素的食物可以减少人类遭受癌症、心血管疾病、白内障等疾病的危险。叶绿素和胡萝卜素易溶于石油醚，叶黄素易溶于乙醇。

实验操作如下：

第 1 步：萃取。

(1) 称 30g 菠菜叶，捣成浆，加 15mL 95% 乙醇和 15mL 石油醚，研磨、过滤。

(2) 将滤液置分液漏斗中，每次加水 10mL 洗涤除去乙醇，振摇，静止，分层。

(3) 将上层绿色石油醚提取液倒入小试剂瓶中，加 4g 无水 $Na_2SO_4$，干燥，上层清液即为菠菜提取液。

第 2 步：纸层析分离。

(1) 剪一条长 12cm、宽 3cm 的干燥滤纸条，一端用透明胶粘贴在表面皿凹面处 [图 12-14 (a)]，在距纸条一端 1.5cm 处，用细毛细管吸取菠菜提取液点样，样点扩散直径小于 2.5mm 为好 [图 12-14 (b)]。

(2) 往瓶中加醚（含12%丙酮），液层约1cm厚。调滤纸条高度，使滤纸端接触醚，塞好瓶塞，在液面上方［图12-14（a）］。

(3) 待溶剂上升离滤纸上沿1cm处，取出晾干，在展开剂前沿画一条线，标出位置［图12-14（c）］并测量距离，计算组分的比值$R_f$。

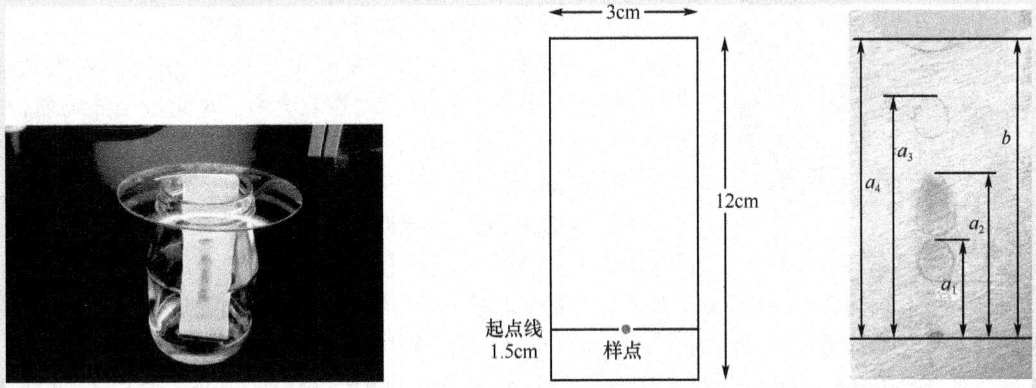

图12-14 纸层析
（a）简易装置；（b）点样图；（c）色斑图

纸层析是一种微量分离方法，要想得到良好的分离效果，必须严格控制层析条件。由于分子扩散严重，流速变化大，传质较慢等原因，纸层析分离效率不如薄层层析高。

## （二）薄层层析

薄层层析又称薄层色谱分离法（thin layer chromatography，TLC），具有设备简单、速度快、效果好、灵敏度高和显色方便等特点，近年来发展极为迅速。

1. 分离原理　最常用的薄层色谱也属于液-固吸附色谱。将吸附剂涂布在玻璃板上，形成薄薄的平面涂层。干燥后在涂层的一端点样，放在一个盛有少量展开剂的有盖容器中。展开剂接触到吸附剂涂层（图12-15），由于流动相借助毛细作用不断向上移行，使得组分与流动相对固定相的吸附平衡被破坏，即吸附的组分不断地被流动相解吸下来。解吸下来的组分立即溶解于流动相中并随之向上移动。当遇到新鲜的固定相表面时，又与流动相展开吸附竞争并再次建立瞬间平衡。这种过程反复交替地进行。

图12-15 层析缸和层析板

通常组分中不同物质的结构和性能总存在某方面的差异，因而分配系数就不同，在上述吸附-解吸过程中行进速度不同，最终被分离开来（图12-16）。

薄层色谱由于操作简单、试样和展开剂用量少、展开速度快，所以经常被用于探索色谱分离条件和监测化工生产过程中反应的进程。

## 2. 薄层色谱的条件

（1）固定相的选择：硅胶和氧化铝是薄层色谱常用的固定相，两者都属于极性吸附剂。硅胶的吸附性来源于表面的 Si—OH 基，主要用于分离酸性、中性有机物；氧化铝的吸附性来自铝原子上未成键的电子对，多用于分离碱性或中性有机物。

市售的薄层色谱所用硅胶有 60G、60GF$_{254}$、60H、60HF$_{254}$、60HF$_{254+366}$ 等品种。其中"G"表示含有 13% 硫酸钙（作为黏合剂）；"H"表示不含硫酸钙；F$_{254}$ 表示含有 2% 无机荧光物质，在 254nm 的紫外光照射下发出绿色荧光；F$_{366}$ 表示含 2% 有机荧光物质，在 366nm 紫外光照射下发出绿色荧光。

薄层用氧化铝也有多种型号，选用时可查阅有关的试剂手册。

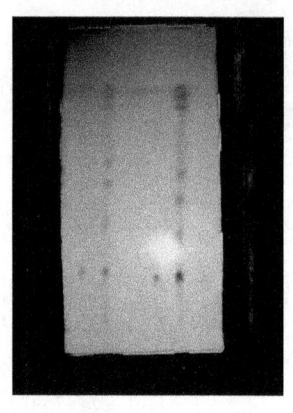

图 12-16　黄芩成分的薄层色谱图

（2）展开剂的选择：选择展开剂时首先要考虑对被分离组分有一定溶解度和解吸能力。由于硅胶和氧化铝都是极性吸附剂，若所选展开剂使混合物中所有的组分点都移到了溶剂前沿，此展开剂的极性过强；若所选展开剂几乎不能使混合物中的组分点移动，留在了原点上，此展开剂的极性过弱。当一种溶剂不能很好地展开各组分时，常选用混合溶剂作为展开剂。先用一种极性较小的溶剂为基础溶剂展开混合物，若展开不好，用极性较大的溶剂与前一溶剂混合，调整极性，再次试验，直到选出合适的展开剂组合。合适的混合展开剂常需多次仔细选择才能确定。

常用展开剂的洗脱力（由小到大）顺序为石油醚、环己烷、四氯化碳、二氯甲烷、氯仿、乙醚、四氢呋喃、乙酸乙酯（无水）、丙酮、正丁醇、乙醇、甲醇、水、冰醋酸、吡啶、有机酸等。以上只是大致顺序，且对硅胶、氧化铝适用。但使用前必须做实验，以实验取得的第一资料为准。

（3）相对移动值 $R_f$：从点样原点开始到展开后的溶剂前沿，是溶剂的移动距离，记为 $l_0$，混合物中各组分的移动距离分别记为 $l_1,l_2,l_3,\cdots$。

$R_f=l_i/l_0$，在相同条件下测得某一组分的 $R_f$ 值是一定的，故根据 $R_f$ 值可以用作定性鉴定。

（4）显色：分离的化合物若有颜色，很容易识别出来各个样点。但多数情况下化合物没有颜色，必须使样点显色才能识别。通用的显色方法有碘蒸气显色和紫外线显色。

碘蒸气显色：将展开的薄层板挥发干展开剂后，放在盛有碘晶体的封闭容器中，升华产生的碘蒸气能与有机物分子形成有色的缔合物，完成显色。

紫外线显色：用掺有荧光剂的固定相材料（如硅胶 F、氧化铝 F 等）制板，展开后在用紫外线照射展开的干燥薄层板，板上的有机物会吸收紫外线，在板上出现相应的色点，可以被观察到。

有时对于特殊有机物可使用专用的显色剂显色，此时常用盛有显色剂溶液的喷雾器喷板显色。

## 3. 薄层色谱的操作

（1）制板：以硅胶板为例，选择合适的玻璃板（经常使用显微镜上的载玻片），依次用水和乙醇，洗净，晾干。取适量薄层色谱用的硅胶，加适量蒸馏水调成糊。调制时慢慢搅拌，勿使产生气泡。将糊倒在玻璃板上，摇动摊平，晾干。使用前放入烘箱内，在 105～115℃ 烘干 40～50 分钟。冷却后使用。由于硅胶或氧化铝虽含有无机黏合剂硫酸钙，但实际使用时硬度不够，特别是需要用钢笔作记号时很不方便。为此，建议在制板时以 0.5%～1% 的羧甲基纤维素钠（CMC）溶液代替水作溶剂与固定相调好，制成的板有较高的强度。

（2）点样：将试样用最少量展开剂溶解后，用毛细玻管或微量注射器点于薄层板距下端约 2cm 处。样点直径要控制小于 2mm，两个样点间、样点边缘都要保持一定距离，以避免相互干扰和产生边缘效应。

有时样品浓度太稀可多点几次,但要等第一次样点溶剂挥发以后再点第二次。制备型色谱由于板面积大,吸附剂层较厚,也可点成线状。

点好样品后,要等溶剂挥发干净,就可以进行展开过程。

(3) 展开:为使展开缸内保持展开剂蒸气处于饱和状态,一般可用一块方形滤纸贴于缸壁上(下端浸于展开剂中),盖好密封一段时间后,将吹干的点过样的薄层板,迅速斜放在盛有展开剂的有盖层析缸中(图 12-15)。展开剂要接触到吸附剂下沿,但切勿接触到样点。盖上盖子,展开。待展开剂上行到一定高度(由试验确定适当的展开高度),取出薄层板,再画出展开剂的前沿线。

(4) 显色:薄层板展开后,将展开剂挥发至干后,选择合适的显色方法显色。量出展开剂和各组分的移动距离,计算各组分的 $R_f$ 值。

薄层层析经过一段时间的展开后,不同物质彼此分开,最后形成相互分开的斑点(图 12-16)。样品分离情况也可用比移 $R_f$ 值衡量。在相同条件下进行层析时,某一组分的 $R_f$ 值也是一定的,故可根据 $R_f$ 值进行定性鉴定。

## 二、液相柱色谱

柱层析(column chromatography)又称柱中色谱分离法,是把吸附剂(固定相)(如氧化铝、硅胶等)装入柱内(图 12-17),然后在柱的顶部倾入要分离的样品溶液,如果样品内含有 A、B 两种组分,则两者均被吸附在柱的上端。样品全部加完后,选适当的洗脱剂(流动相,也称展开剂)进行洗脱,A、B 两组分随洗脱剂向下流动而移动。吸附剂对不同物质具有不同的吸附能力,当用洗脱剂洗脱时,柱内连续不断地发生溶解、吸附、再溶解、再吸附的现象。又由于洗脱剂与吸附剂两者对 A、B 两组分的溶解能力与吸附能力不相同,因此 A、B 两组分移动的速度和距离就不同。吸附弱的和溶解度大的组分(如 A)移动的距离大些,就容易洗脱下来,经过一定时间之后,A、B 两组分如有颜色则能清楚地看到色环(图 12-17)。若继续冲洗,则 A 组分先从柱内流出,用适当容器接受,便可进行分析鉴定和定量测定。

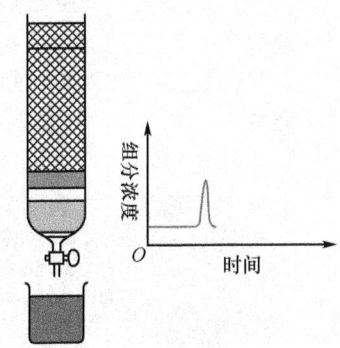

图 12-17 柱层析示意图

在层析分离中,溶质在固定相和流动相中差速迁移,它既能进入固定相,又能进入流动相,这个过程称分配过程。分配过程进行的程度可用分配系数 $K_D$ 来衡量:

$$K_D = 溶质在固定相中的浓度/溶质在流动相中的浓度$$

在低浓度和一定温度下 $K_D$ 值是个常数。当吸附剂一定时,$K_D$ 值的大小取决于溶质的性质。$K_D$ 值大,表明该物质在柱内被吸附得牢固,移动的速度慢,最后才能被洗脱下来。$K_D$ 值小,表明该物质在柱内被吸附得不牢固,移动的速度快而先被洗脱下来。$K_D=0$,就意味着该物质不进入固定相。可见,混合物中各组分之间分配系数 $K_D$ 值相差越大,越容易分离完全。因此,应根据被分离的物质的结构和性质,选择合适的吸附剂和洗脱剂作固定相和流动相,使分配系数 $K_D$ 值适当,以实现定量分离。

在柱层析分离中,吸附剂应具有较大的吸附面积和足够大的吸附能力;应不与洗脱剂和样品起化学反应;不溶于洗脱剂;其颗粒均匀,并具有一定的强度。常选用吸附剂有:①强吸附剂,如 $Al_2O_3$、碳、漂白粉;②中等吸附剂,如 $CaCO_3$、$Ca_3(PO_4)_2$、$MgO$、$Ca(OH)_2$;③弱吸附剂,如蔗糖、淀粉、纤维素、滑石等。

洗脱剂的选择与吸附剂吸附能力的强弱及被分离物质的极性有关,应由实验确定。一般使用吸附能力小的弱吸附剂来分离极性较弱的物质时,应选用极性较大的洗脱剂。使用吸附能力大的强吸附剂来分离极性较弱的物质时,应选用极性较小的洗脱剂,常用洗脱剂极性大小的次序为石油醚＜环己烷＜四氯化碳＜甲苯＜苯＜二氯甲烷＜氯仿＜乙醚＜乙酸乙酯＜正丙醇＜乙醇＜甲醇＜$H_2O$。

### 从辣椒中提取、分离胡萝卜素和红色素

实验操作如下:

1. 萃取法提取色素

（1）称取 5g 红辣椒干粉置锥形瓶中,加 5mL 95% 乙醇和 15mL 石油醚,加塞,摇动 10 分钟后,滤去残渣。

（2）将滤液置分液漏斗中,加 3% NaCl 水 10mL,振摇、静止,分去下层水液。

（3）将上层（红色）石油醚萃取液（图 12-18）放于小试剂瓶中,加 1.5g 无水 $Na_2SO_4$ 干燥,上层清液为辣椒提取液。

2. 柱层析分离

（1）取一根长 15cm 的干燥柱层析管,称 15g 经 120℃烘干活化的层析用 $Al_2O_3$,用 20mL 石油醚拌匀后,慢慢拨入层析管,层析柱要求无断层、无气泡、表面平整。

（2）控制活塞将石油醚液面与 $Al_2O_3$ 表面平齐,用滴管向管内滴入 40 滴辣椒提取液,控制活塞以每秒 1 滴的速度放出液体,使层析柱上层吸附一圈橙红色提取液。

（3）用滴管慢慢滴入淋洗液（石油醚含 3% 丙酮）2mL,同时控制活塞以每秒 1 滴的速度放出液体。不断往管中补充淋洗液约 30mL,即可得柱色谱（图 12-19）。管中黄色带为 β-胡萝卜素,红色带为辣椒红素。

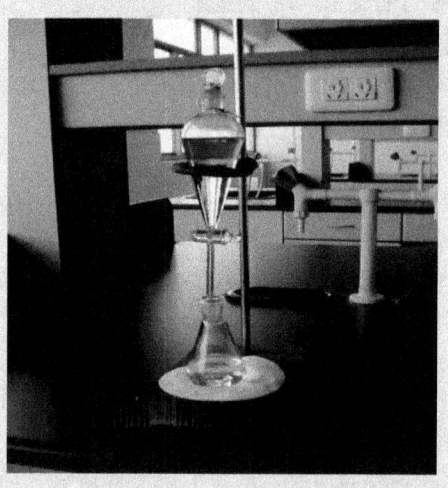

图 12-18 石油醚萃取液

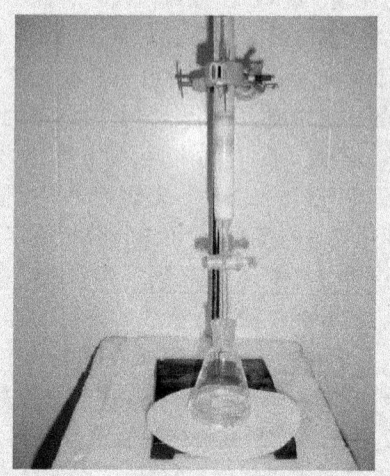

图 12-19 柱层析分离辣椒提取液

## 三、气相色谱

气相色谱(gas chromatography,GC)(又称气相层析)是 20 世纪五六十年代发展起来的一种新的层析法技术。它们的分析周期短、分离效率高、选择性好、灵敏度高,从分离、分析到数据处

理都可以用计算机控制。其基本原理与薄层层析法大致相同。

气相色谱的流动相是气体,固定相可以是固体或挥发性低的液体,固定相通常会被填充到一根金属柱中,或者涂在金属柱内壁上,金属柱是放在一个温度控制箱内,用微量注射器将混合物溶液(或气体)注入金属柱(图12-20),混合物中各组分在气体流动相带动下流过固定相,由于不同组分在流动相和固定相之间的分布不同,各组分间的流动速率也都不相同,与固定相有较高亲和力的组分有较长的停留时间,会较迟流出来,从而达到分离的目的。被分离的样品各组分以不同的时间流出色谱柱,在柱的出口处用检测器检测获得信号,检测器的信号同各组分的浓度成正比。记录信号强度与保留时间的变化图叫气相色谱图(图12-21),图中不同峰的位置表示不同物质,峰高或峰面积表示该物质的相对含量。GC 主要用来分离气体、具有挥发性的液体或固体样品,可以进行定性和定量测定。

图 12-20　从气相层析仪的进样口注入样品

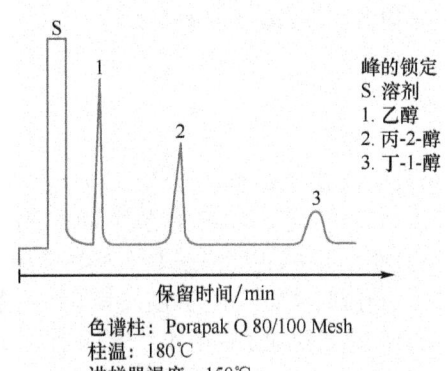

图 12-21　几种醇类混合物的 GC 分离色谱图

气相色谱由以下几个重要部分组成(图12-22):

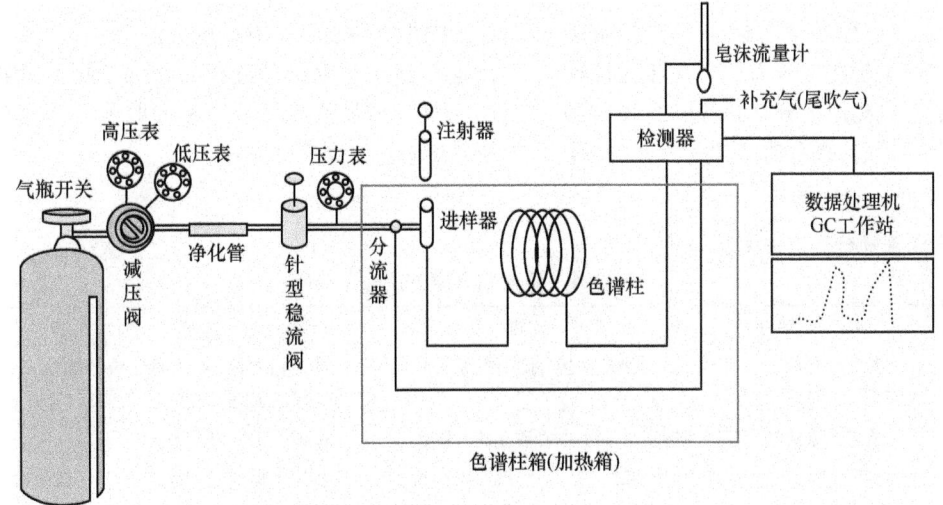

图 12-22　气相色谱分离流程示意图

(1) 载气($N_2$、$He$、$H_2$ 等)：由钢瓶提供气体作为流动相,流速是每分钟 $25 \sim 50 cm^3$。

(2) 色谱柱：通常是一根长 $2 \sim 3m$、内径 $2 \sim 4mm$ 的不锈钢管,固定相就填充在管内或者涂在内壁上。还有一种是空心玻璃(或金属)毛细管柱(长 $10 \sim 50m$,内径 $0.1 \sim 0.5mm$),近几年还发展了填充毛细管柱。色谱柱是放在一个精密温度控制箱内,色谱柱的温度会影响样品中各组分液体的挥发性,从而影响各组分在柱内的停留时间。

(3) 检测器：常用的有两种,即热导检测器(TCD)和氢火焰离子化检测器(FID)。热导检测器是利用含样载气通过装有热丝电桥的热导池时,热丝的电阻改变,电桥输出微电流,经放大,记录下色谱峰。微电流大小与被测组分浓度成正比,是浓度型微分检测器。这种检测器结构简单、灵敏度适宜,常用作 $H_2$、$O_2$、$N_2$、$CO$、$CO_2$ 等无机气体的微量($10^{-6}$)测定。氢火焰检测器是利用含有机物 $C_nH_n$ 的载气通过氢火焰时裂解产生正离子和电子,在外加直流电场中产生微电流($10^{-14} \sim 10^{-6}A$),经放大,记录下色谱峰。微电流大小与被测组分质量成正比,是质量型微分检测器,常用作有机组分的微量测定。

## 四、层析法的应用

薄层层析的最大优点是简便、易行、快速、且分离效果不错。在定性分析、定量分析、监测反应进程、制备纯样品、为层析作条件实验等方面均可使用。

在定性分析中,主要依据 $R_f$ 值来确定组分能否分离和分离效果的好坏。需要注意的是,在吸附剂、展开剂、薄层厚度、温度及其他操作条件尽量保持一致时的定性才有意义。最好用被测样品和标准品于同样条件下作对照,还要至少改变展开剂极性后再复核一次结果才是可靠的。

在化工生产中,也能利用薄层层析法来很方便地监测有机反应的进程。例如,从反应开始时,每隔一定时间,将反应液点在薄层上并展开(以原料纯品作对照)。经显色后,如果检测不到原料色斑,说明反应已完全。如果除了产物之外,还有其他斑点,可能是副产物或中间体,由产生的斑点面积大小还能进行半定量测定。

由于柱层析操作简单易行,在实验室中常用来分离、提取一定量纯物质。其操作条件,如吸附剂和洗脱剂的选择,组分的流出顺序及流出组分的纯度等,都可以先用薄层层析来探索和检验。薄层层析快速、方便,摸索出的分离条件往往稍作改变,即可用于柱层析,因而常将两者结合使用,在定性、分离、制备一定数量的纯样品方面成为简便易行且有效的方法。

气相层析法在分离复杂混合物时效果较好,但仅适用于分析分离挥发性和低挥发性物质。气相层析也能用于分离制备样品,但需增加将流出气体通过冷冻将分离物回收的装置,仪器价格较贵。目前,在石油、环保、色素、香料、药物等分离中已得到广泛应用。

混合物分离方法见表12-4。

**表12-4　混合物分离方法一览表**

| | 方　法 | 原　理 | 举　例 |
|---|---|---|---|
| 利用相平衡进行分离 | 沉淀分离法 | 加沉淀剂、变换溶剂("水溶醇沉") | 葡萄糖酸锌、葡萄糖酸铁等的制备；药用 NaCl 的精制 |
| | 结晶与重结晶 | 利用溶解度与温度的关系,浓缩、过滤 | $KNO_3$ 与 $NaCl$ 的分离 |
| | 升华法 | 固体加热不经液体直接转化为蒸汽 | 从樟木提取樟脑；从茶叶提取咖啡因 |
| | 蒸馏与分馏 | 利用各组分沸点不同,加热使低沸点液体先沸腾蒸发出来,蒸汽通过冷凝而分离 | 水的蒸馏；溶剂纯化 |

续表

| 方　法 | | 原　理 | 举　例 |
|---|---|---|---|
| 利用相平衡进行分离 | 水蒸气蒸馏 | 利用水与有机混合液的总蒸气压强变大,沸点较纯水和纯有机物沸点低来进行蒸馏 | 提松节油、薄荷油 |
| | 液-液萃取法 | 利用各组分在两种互不相溶的溶剂中溶解度不同来分离 | 蔬菜中色素的分离、提取;茶叶中提茶多酚 |
| | 超临界$CO_2$流体萃取 | 气、液两相平衡的点叫临界点。当$T$、$p$高于并接近临界点时的流体($CO_2$、$NH_3$、乙烯、乙烷、丙烷等)叫超临界流体,具有良好的溶剂性和穿透性,当撤销临界条件时,溶剂转为气态而分离。实现绿色化 | 提取银杏黄酮、紫杉等中药材;从黑胡椒中萃取胡椒碱($CO_2$-SFE设备已研制成功) |
| | 膜分离 | 反渗透膜分离:当溶液和纯溶剂用半透膜隔开,在溶液上加压超过渗透压时,使溶剂向纯溶剂方向流动 | 中药提取液的浓缩;海水淡化;水的纯化 |
| | | 超滤:在一定压力下,利用超滤膜的膜孔大小来分离小分子和高分子溶质 | 人参口服液生产中,用超滤膜处理大分子杂质 |
| 色谱分离 | 纸色谱 | 根据混合物各组分在固定相和流动相之间的不均匀分配进行分离 | 菠菜中色素的分离 |
| | 薄层色谱 | 根据混合物各组分在固定相和流动相之间的不均匀分配进行分离 | 黄芩提取液的分离鉴定 |
| | 柱色谱 | 根据混合物各组分在固定相和流动相之间的不均匀分配进行分离 | 从辣椒中提$\beta$-胡萝卜素 |
| | 气相色谱 | 根据流动相为气体,混合物各组分在固定相和流动相之间的不均匀分配进行分离 | 多糖提取液的鉴定 |
| | 高效液相色谱 | 根据流动相为液体,混合物各组分在固定相和流动相之间的不均匀分配进行分离 | 辣椒中色素的鉴定 |

## 小结

　　蒸馏就是在蒸馏装置中将液态物质加热到沸腾变为蒸气,又将蒸气冷却为液体这两个过程的联合操作。一次简单蒸馏使沸点较大差别(>30℃)的组分达到粗分离。

　　分馏实际上是借助于分馏柱进行多次气液平衡,即多次蒸馏,它可使沸点相近的互溶体系得到分离和纯化。工业上的精馏塔就相当于分馏柱。

　　在讨论蒸馏、分馏时,沸点-组成图($T$-$x$图)是有用的工具。在正常二元溶液的$T$-$x$图中可见,分馏时,残液的沸点沿液相线向上升高,最后得纯A组分,同时,蒸气凝聚液的沸点沿气相线降低,最后得纯B组分。在具最低(高)恒沸点的$T$-$x$图中有恒沸混合物出现,不能在分馏中同时得到纯A和纯B。例如,含水乙醇的分馏结果不能得到无水醇,得到的是95.57%的纯度(最低恒沸混合物组成)。又如,HCl稀溶液分馏结果只能得到20.24%的盐酸溶液。所以进行分馏前,必须知道混合液的$T$-$x$图。

## 小结

水蒸气蒸馏是将水蒸气通入与水不溶的有机物中而使有机物和水经过共沸而蒸出的操作过程。常压下应用水蒸气蒸馏,能在低于100℃的情况下将高沸点组分蒸出来。水蒸气蒸馏时,水蒸气消耗系数为

$$\frac{m_{H_2O}}{m_B} = \frac{18 p_{H_2O}}{M_B p_B}$$

萃取是利用物质在两种不互溶(或微溶)溶剂中溶解度或分配比的不同使化合物从一种溶剂内转移到另外一种溶剂中。经过反复多次萃取,将化合物提取出来的操作。实验证明,在一定温度下,此化合物在两液层中的浓度之比是一个定值 $K_D = (c_S)_1/(c_S)_2$, $K_D$ 称为"分配系数"。不论所加物质的量是多少,都是如此。

根据萃取分配定律表明在萃取操作中,一定量的萃取溶剂,分几次萃取比用同样量萃取剂萃取一次效果好得多。如用 $V_b$ 毫升的溶剂萃取 $n$ 次,则最后原液中剩下的物质为 $g_n = g_0 \times [K_D V_a/(K_D V_a + V_b)]^n$。萃取效果用萃取效率 $E$ 和分离因数 $\beta$ 表达。

萃取时,若在水溶液中加入一定量的电解质(如氯化钠),利用"盐析效应"以降低有机物和萃取溶剂在水溶液中的溶解度,常可提高萃取效果。

层析分离的方法各异,但它们的基本原理是一致的:都是利用混合物各组分的物理化学性质的差异,使各组分不同程度地分布在两相中,其中一相是固定相,另一相是流动相。流动相带着试样流经固定相,由于各组分受固定相作用所产生的阻力和受流动相作用所产生的推动力不同,各组分以不同的速度移动而最终得到分离。所不同的是采用的流动相、固定相以及检测手段各有区别。纸色谱、柱色谱设备简单,分离效率低,定性分析中,主要依据 $R_f$ 值来进行结果判断。气相色谱、高效液相色谱设备复杂,分离效率高。在分离复杂混合物时效果较好,在石油、环保、色素、香料、药物等分离中已得到广泛应用。

## 目标检测

**一、名词解释**

蒸馏　水蒸气蒸馏　分馏　萃取　萃余相　分配系数 $K_D$　萃取效率 $E$　分离因数 $\beta$　比移值 $R_f$　固定相　流动相　薄层色谱　柱色谱

**二、选择题(最佳选择题)**

1. 萃取中当出现下列哪种情况时,说明萃取剂的选择是不适宜的?　　　　(　)
   A. $k_D > 1$　　　　　　　　　　B. $\beta < 1$
   C. $\beta > 1$　　　　　　　　　　D. $\beta = 1$

2. 两相溶剂萃取法的原理是利用混合物中各成分在两相溶剂中的　　　　(　)
   A. 比重不同　　　　　　　　　　B. 分配系数不同
   C. 分离系数不同　　　　　　　　D. 萃取常数不同

3. 选择固定液时,一般根据原则是　　　　　　　　　　　　　　　　(　)
   A. 沸点高低　　　　　　　　　　B. 熔点高低

C. 相似相溶 D. 化学稳定性

4. 与最低恒沸物组成相近的二元完全互溶体系分馏可得 (　　)
   A. 最低恒沸组成物 B. 纯 A 和纯 B
   C. 最低恒沸组成物和纯 A(或纯 B) D. 不确定

5. 二元完全互溶体系中,最高恒沸物的蒸气压特征是 (　　)
   A. $p_B^0 < p < p_A^0$ B. $p > p_A^0 > p_B^0$
   C. $p < p_B^0 < p_A^0$ D. 与饱和蒸气压无关

6. 纸色谱属于分配色谱,固定相为 (　　)
   A. 纤维素 B. 滤纸所吸附的水
   C. 展开剂中极性较大的溶液 D. 水

7. 关于均相恒沸物的哪一个描述不正确? (　　)
   A. $T$-$x$ 图上有最高或低点 B. $T$-$x$ 图上有最低点
   C. $T$-$x$ 图上有最高或最低点 D. 组分可以得到完全分离

8. 色谱法分离混合物的可能性取决于试样混合物在固定相中什么的差别? (　　)
   A. 沸点差 B. 温度差
   C. 吸光度 D. 分配系数

9. 水蒸气蒸馏的基本原理是根据互不相溶的双液系(A + B),其任一组分(A 或 B)的蒸气压不受另一组分的影响,对于任何组成的互不相溶的双液系,其总蒸气压总是 $p = p_A^* + p_A^*$,因此互不相溶的双液系的沸点 (　　)
   A. 低于任一组分的沸点 B. 高于任一组分的沸点
   C. 介于 A 和 B 的两物质的沸点之间 D. 不确定

10. 在单级萃取器中,用纯溶剂萃取混合液中的溶质,测得平衡的萃取与萃余相中组分的质量分数分别为 $y_A = 0.37$、$x_A = 0.14$,组分可视作完全不相溶,则组分的分配系数 (　　)
    A. 2.643 B. 0.378
    C. 0.51 D. 0.23

11. 俄国植物学家茨维特在研究植物色素的成分时所采用的色谱方法属于 (　　)
    A. 液-液色谱 B. 气-固色谱
    C. 气-液色谱 D. 液-固色谱

12. 从天然产物中依次提取不同极性(弱→强)的成分,应采用的溶剂极性的顺序是 (　　)
    A. 水→乙醇→乙酸乙酯→乙醚→石油醚 B. 石油醚→乙醚→乙酸乙酯→乙醇→水
    C. 乙醇→石油醚→乙醚→乙酸乙酯→水 D. 乙醇→乙酸乙酯→乙醚→石油醚→水

三、简答题

1. 冷凝管通水方向是由下而上,反过来行吗?为什么?
2. 分配系数等于 1 能否进行萃取分离操作?萃取液和萃余液各指什么?
3. 在蒸馏装置中,温度计水银球的位置不符合要求会带来什么结果?
4. 什么情况下需要采用水蒸气蒸馏?
5. 何谓分馏?它的基本原理是什么?
6. 萃取的目的是什么?原理是什么?
7. 概述薄层色谱的操作。
8. 气相色谱仪有哪几部分组成?简述原理。

四、计算题

1. 溶液含 $Fe^{3+}$ 10mg,采用某种萃取剂将它萃入某种有机溶剂中。若分配比 $D = 99$,用等体积有机溶剂分别萃取 1 次和 2 次在水溶液中各剩余 $Fe^{3+}$ 多少毫克?萃取百分率各为多少?
2. 用某有机溶剂从 100mL 含溶质 A 的水溶液中萃取 A。若每次用 20mL 有机溶剂,共萃取两次,萃取百分率可达 90.0%,计算机该取体系的分配比。

3. 用硅胶 G 的薄层层析法分离混合物中的偶氮苯时，以环己烷-乙酸乙酯(9:1)为展开剂，经 2h 展开后，测的偶氮苯斑点中心离原点的距离为 9.5cm，离溶剂前沿距离为 24.5cm。偶氮苯在此体系中的比移值 $R_f$ 为多少？

4. 用纸色谱法分离混合物中的物质 A 和 B，已知两者的比移值分别为 0.45 和 0.67。欲使分离后两斑点中心相距 3.0cm，问滤纸条至少应长多少厘米？

（孙容梅）

# 第13章 离子的化学鉴定与检出

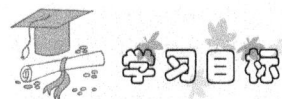

1. 了解定性分析反应的特征和反应条件
2. 理解检出限量与最低浓度的关系
3. 掌握提高鉴定反应选择性的途径
4. 了解分别分析、系统分析、空白试验和对照试验的概念
5. 掌握常见阳离子、阴离子的一般性质
6. 掌握阳离子的一般化学检出方法
7. 掌握阴离子的一般化学检出方法
8. 理解药典中常见离子的鉴定方法

> ***Do you know?***
>
> **为什么要学习无机定性分析?**
>
> 离子的分离与鉴定又称无机定性分析,它较系统地展现了离子和化合物的基本性质,是药学类专业的学生学习元素化学、掌握水溶液中化学反应知识和技能的极佳途径。
>
> 通过设计最佳的分离方案和选择合适的鉴定反应,对试验结果进行逻辑判断,确定试样化学组成的全过程,更有利于培养学生熟悉化学反应知识和分析问题、解决问题的能力。同时也加深对药典中常见离子鉴定方法的理解。

## 第1节 概　　述

鉴定(indentification)又称鉴别,是通过对已知物质通过检测进行确证的过程。分析确定样品是否为标示物或目的物。

检出(detection)是检查样品中有没有某种成分存在。例如,鉴定购进的硫酸钡是不是确为硫酸钡。同时,为了检查它里面是不是含有可溶性的、有毒的氯化钡,则需检出是否有 $Cl^-$。在药品检验中,为了测试药品的纯度,需要检查药品中是否存在某些杂质,称为"检查","检查"项目是药品质量标准的重要组成部分。这类工作都属于定性分析(qualitative analysis)的范畴。

定性分析要想获得正确结果,首先要选择或设计正确的实验方法,其次还要有对实验现象的仔细观察和正确判断。特别对于多物种共存的情况,要注意现象的掩盖和判断上的逻辑错误。例如,当样品溶液含 $Fe^{3+}$ 和 $Zn^{2+}$ 时,加入 NaOH 试液,如看到有红棕色沉淀,立即作出只有 $Fe^{3+}$ 而没有 $Zn^{2+}$ 的结论显然是错误的。因为当加入适量 NaOH 时,生成的 $Zn(OH)_2$ 白色沉淀会被 $Fe(OH)_3$ 沉淀的红棕色所掩盖;当 NaOH 过量时,$Zn(OH)_2$ 沉淀会溶解,这时更不可能见到白色沉淀。再如,在上述样液中一次加入浓 NaOH 试验,如没有见任何沉淀生成,这时只能得出没有 $Fe^{3+}$ 的判断,而不能作出没有 $Zn^{2+}$ 的结论,因 $Zn(OH)_2$ 具两性,而 $Fe(OH)_3$ 不具两性。

利用化学反应将待测物质转变为具有某些特殊性质的新化合物,根据这些特性和反应的效果,判断试样是否含某种组分。根据化学性质来鉴定和检出时,常用的是把样品溶于水(或其他溶剂),在溶液里进行检出或鉴定,这类方法叫湿法分析。

在水溶液中进行的分析反应。其特点在于化学反应是离子反应。因此检出的是离子而不是元素或化合物,从湿法分析结果可以对试样的组分作出判断。

干法分析是将固体样品与试剂混合,加热至高温或加以研磨进行反应,观察反应中的特殊现象进行鉴定。化学分析根据试样用量和操作方法多采用半微量法,即固体试样取量为几十毫克,液体试样为 $1\sim2$ mL。反应在离心管、点滴板上进行。沉淀与溶液的分离大多使用离心机。

---

***Do you know?***

**什么是定性分析?**

定性分析的任务:

鉴定或检出物质中所含有的组分。对于无机定性分析,组分常为元素或离子。

采用的分析方法:化学分析法和仪器分析法,前者又分为湿法分析和干法分析。

(1) 湿法分析:先将试样制成溶液,再加入适当的试剂,依据溶液中发生的化学反应来确定物质组成的分析方法。

(2) 干法分析:是取固体试样或固体试样与固体试剂进行反应的分析方法。如焰色试验、熔珠试验等。

定性分析中的反应,包括分离反应和鉴定反应。都必须具备完全、快速和有选择性的特点,对鉴定反应而言,还必须具有明显的外部特征。

---

# 一、定性分析反应的特征和反应条件

定性分析中的反应,包括分离反应和鉴定反应。所有的反应必须具备完全,快速和有选择性的特点,对鉴定反应而言,还必须具有明显的外部特征。

## (一) 定性分析反应的特征

能被感官所察觉,具有特殊现象的反应可用作定性分析反应。例如,反应中有颜色的改变、沉淀的生成或溶解、特殊气体的排出、特殊气味的产生。其中最常用的是有颜色改变的反应和既有颜色变化又有沉淀生成的反应。

## (二) 定性分析反应进行的条件

鉴定反应和其他化学反应一样,只有在一定条件下才能进行,否则反应不能发生,或者得不到预期的效果。最重要的反应条件是溶液的酸度、反应离子的浓度、溶液的温度、催化剂、溶剂、干扰物质的影响等。

1. **溶液的酸度**  许多鉴定反应只能在一定的酸度下进行。例如,生成黄色 $PbCrO_4$ 沉淀的反应,只能在中性或微酸性溶液中进行。在酸度高的的情况下,由于 $CrO_4^{2-}$ 大部分转化为 $HCrO_4^-$ 降低了溶液中 $CrO_4^{2-}$ 的浓度,以致得不到 $PbCrO_4$ 沉淀。反之,如果溶液的碱性过强,则可能析出 $Pb(OH)_2$ 甚至转化为 $PbO_2^{2-}$ 沉淀,所以也得不到 $PbCrO_4$ 沉淀。

2. **反应离子浓度**  增大反应离子的浓度有利于鉴定反应的进行。在定性鉴定中,通常要求溶液中反应离子的浓度足够大,以保证发生显著的反应。例如,对于沉淀反应,不仅要求溶液中反应离子浓度的乘积超过该温度下沉淀的溶度积,析出沉淀,而且要求析出足够量的沉淀,以便于观察。对于生成溶解度比较大的沉淀,这一点尤其重要。例如,$Pb^{2+} + 2Cl^- =\!=\!= PbCl_2 \downarrow$。

由于 $PbCl_2$ 在水中的溶解度较大(20℃时 100g 水中可溶解 0.99g),所以,有当溶液中的 $Pb^{2+}$ 浓度足够大,才能观察到有沉淀析出。

3. 溶液的温度　溶液的温度有时对鉴定反应有较大影响。例如,有少数几种沉淀的溶解度随温度的升高而迅速增大,上面所述的 $PbCl_2$ 沉淀就是如此。100℃时 100g 水中可溶解 $PbCl_2$ 3.34g,比室温下的溶解度大 2 倍多,因此用 HCl 沉淀 $Pb^{2+}$ 时,不能在热溶液中进行。

另外,在室温下,有些鉴定反应特别是某些氧化还原反应速率很慢,通常须将溶液加热以加快反应速率。例如,$S_2O_8^{2-}$ 氧化 $Mn^{2+}$ 反应就需加热。

$$2Mn^{2+} + 5S_2O_8^{2-} + 8H_2O \xrightarrow{Ag^+催化,加热} 2MnO_4^- + 10SO_4^{2-} + 16H^+$$

4. 催化剂　某些氧化还原反应需要在催化剂的存在下才能进行。例如,上述 $S_2O_8^{2-}$ 氧化 $Mn^{2+}$ 的反应,除了需要加热外,还需要加入 $Ag^+$ 作催化剂。否则,$S_2O_8^{2-}$ 只能把 $Mn^{2+}$ 氧化到 +4 价锰,形成 $MnO(OH)_2$。

5. 溶剂　大部分无机微溶化合物在有机溶剂中的溶解度比在水中的小,所以向水溶液中加入适当的有机溶剂,可降低其溶解度。例如,向水溶液中加入乙醇,$CaSO_4$ 的溶解度就显著降低。

6. 干扰物质　许多鉴定反应中,干扰物质也会产生相同的实验现象。例如,用 $H_2SO_4$ 鉴定 $Pb^{2+}$ 时生成 $PbSO_4$ 白色沉淀,若溶液中共存 $Ba^{2+}$、$Sr^{2+}$、$Hg^{2+}$ 也有此现象。

$$Pb^{2+} + SO_4^{2-} =\!=\!= PbSO_4 \downarrow$$

## 二、鉴定反应的灵敏度和选择性

### (一) 鉴定反应的灵敏度

鉴定反应的灵敏度(sensibility)一般同时用"检出限量"(identification limit)和"最低浓度"(concentration limit)来表示。"检出限量"是指在一定条件下,利用某反应检出某离子的最小质量,用微克($\mu g$)表示。"最低浓度"是指在一定条件下,被检出离子能得到肯定结果的最低浓度,用 $1:G$ 或 $\mu g \cdot mL^{-1}$ 表示。

例如,用 $CrO_4^{2-}$ 鉴定 $Pb^{2+}$ 时,将含有 $Pb^{2+}$ 的试液稀释到 $Pb^{2+}$ 与水的质量比为 1:200 000,至少要取此试液 0.03mL 才能观察到黄色的 $PbCrO_4$ 沉淀析出,试液少于 0.03mL,或者稀于 1:200 000,就观察不到 $PbCrO_4$ 沉淀析出,那么这个鉴定反应的灵敏度(selectivity)可表示如下(由于溶液很稀,1mL 溶液按 1g 计):

(1) 检出限量:$1:200\ 000 = m:0.03$

$$m = 1.5 \times 10^{-7} g = 0.15 \mu g$$

(2) 最低浓度:$0.15 \mu g / 0.03 mL = 5 \mu g \cdot mL^{-1}$

检出限量愈低,最低浓度愈小,则此鉴定反应的灵敏度愈高。

对于同一离子,不同鉴定反应具有不同的灵敏度。表 13-1 列出某些鉴定 $Pb^{2+}$ 的反应的灵敏度。

表 13-1　某些鉴定反应的灵敏度

| 试　剂 | 反应产物及其颜色 | 检出限量/$\mu g$ | 最低浓度/($\mu g \cdot mL^{-1}$) |
|---|---|---|---|
| HCl | $PbCl_2$,白 | 25 | 500 |
| $K_2CrO_4$ | $PbCrO_4$,黄 | 0.15 | 5 |
| 双硫腙 | 双硫腙铅,砖红 | 0.04 | 0.8 |

每一鉴定反应所能检出的离子都有一定量的限度。利用某一反应检出某一离子,若得到否定的结果,只能说明此离子的存在量小于该反应所示的灵敏度,不能说明此离子不存在。所以,每一个鉴定反应都包含有量的含义。

在一般文献上通常是用"检出限量"(绝对量)和"最低浓度"(相对量)两种方式来表明一个鉴定反应的灵敏度,而不用指明试液的体积。如果不知道试液的体积,只用一种方式来表示,是不全面的。因为,尽管存在量足够,但溶液太稀时,就达不到"最低浓度",反应不会发生,或者观察不到反应产物。另外,试液浓度虽达到"最低浓度",如果试液取样太少,其中被检离子含量达不到"检出限量",反应的外观特征也难以觉察。

## (二) 鉴定反应的选择性

在大多数情况下,一种试剂往往能和许多离子起作用。例如,$K_2CrO_4$ 不仅能和 $Pb^{2+}$ 作用,而且能和 $Ba^{2+}$、$Sr^{2+}$ 起作用,都生成黄色沉淀。所以当 $Ba^{2+}$、$Sr^{2+}$ 存在时,就不能断定黄色沉淀是不是 $PbCrO_4$。

反应的高度选择性极为重要。一种试剂只与为数不多的离子起作用,则这种反应称为选择性反应;与加入的试剂起反应的离子愈少,则这一反应选择性愈高。如果加入的试剂只对一种离子起作用,则这一反应的选择性最高,称为该离子的专属反应。例如,在阳离子中,只有 $NH_4^+$ 与 NaOH 作用,生成具有特殊性质的 $NH_3$(有气味、能使湿润的红色石蕊纸变蓝等),通常认为这是无机物试样中检出 $NH_4^+$ 的专属反应。

$$NH_4^+ + OH^- =\!=\!= NH_3\uparrow + H_2O$$

---

**鉴定反应的灵敏度和选择性**

鉴定反应:根据试样和试剂发生化学反应所显示的明显外观特征,判断有何种离子存在的化学反应称为鉴定反应。

灵敏反应:如果某一定性分析反应能够检出含量极少的物质,或在极稀的溶液中也能检出该物质,这一反应称为灵敏反应,所用试剂称为灵敏试剂。

(1) 鉴定方法的灵敏度:表示鉴定反应灵敏的程度,常以最低浓度和检出限量来示。检出限量愈低,最低浓度愈小,则此鉴定反应的灵敏度愈高。

(2) 鉴定反应的选择性:在许多离子存在的条件下,某种试剂能与其中某几种离子起反应,这样的反应称为选择性反应,试剂称为选择性试剂。

---

在实际工作中,真正的专属反应是不多的。例如,上述用 NaOH 检查 $NH_4^+$ 的反应,严格说来也不能称为专属反应,因为后来发现,$CN^-$ 在热的 NaOH 介质中也会放出 $NH_3$,反应式如下:

$$CN^- + 2H_2O =\!=\!= HCOO^- + NH_3\uparrow$$

提高鉴定反应选择性的途径主要有以下几种方法:

1. **控制溶液的酸度** 例如,以 $CrO_4^{2-}$ 检验 $Ba^{2+}$,生成黄色的 $BaCrO_4$ 沉淀,有 $Sr^{2+}$ 干扰。如果反应在 HAc-NaAc 缓冲溶液中进行,提高溶液的酸度,使 $CrO_4^{2-}$ 的浓度降低,则 $SrCrO_4$ 沉淀不能析出,而 $BaCrO_4$ 的溶解度比 $SrCrO_4$ 的溶解度小,这时仍能析出沉淀,从而提高了反应的选择性。

2. **加入掩蔽剂** 例如,用 $SCN^-$ 检验 $Co^{2+}$,生成天蓝色的 $[Co(SCN)_4]^{2-}$,有 Fe 存在时,由于 $Fe^{3+}$ 与 $SCN^-$ 生成血红色的 $[Fe(SCN)_6]^{3-}$,干扰 $Co^{2+}$ 检验,如果加入大量 $F^-$ 作为掩蔽剂,使 $Fe^{3+}$ 形成稳定无色的 $[FeF_6]^{3-}$,从而消除 $Fe^{3+}$ 的干扰。

3. 分离干扰离子　例如，$C_2O_4^{2-}$ 用检验 $Ca^{2+}$，生成白色的 $CaC_2O_4$ 沉淀，$Ba^{2+}$ 产生同样的反应。这时可加入 $CrO_4^{2-}$，使 $Ba^{2+}$ 生成 $BaCrO_4$ 沉淀先分出，从而消除其干扰。

其他如利用氧化还原反应来降低干扰离子的浓度，利用有机溶剂来萃取所需要的有色配位化合物等，都是提高鉴定反应选择性的有效方法。

必须指出，在选用鉴定反应时，应该同时考虑反应的灵敏度和选择性，若只考虑选择性，而灵敏度达不到要求，则被检离子浓度较低时，结果往往不正确；反之，片面地追求灵敏度而忽视选择性，则当有干扰离子存在时，也会得到不可靠的结果。因此，应该在灵敏度能满足要求的条件下，尽量采用选择性高的反应。

## 三、分别分析与系统分析

利用特效试剂或具特效性的检出方法，在其他离子共存的情况下，不经分离直接从样品中检出待检离子的方法叫分别分析（individual analysis）。其特点是可以分别取样分别检出各成分，各检出之间无一定顺序。

系统分析（systematic analysis）则是按照一定的分析程序，将离子逐步分离；首先将离子分成若干组，即以某一种试剂将几个性质相似的离子同时分离出来，再逐一检出。能与几种离子产生共同反应的试剂称为"组试剂"。

在实际应用时，"组试剂"在分别分析中可作为初步试验以试验某组离子是否存在，如为负结果，则可不必再费时去逐一鉴定它们。利用几个"组试剂"的消去试验，将系统分析和分别试验结合起来，按具体情况拟定出最佳方案，可使定性分析迅速完成。

## 四、空白试验和对照试验

(1) 空白试验（blank test）：为了检查试剂或去离子水是否含有被鉴定离子，进行鉴定反应的同时，另取一份去离子水代替试液，采用与检测被鉴定离子同样的方法进行试验称为空白试验。

空白试验的作用：检查试剂、纯水或器皿是否含有被鉴离子。

空白试验的目的：防止过度检出。

(2) 对照试验（control test）：为了检查试剂是否失效及反应条件是否合适，常用已知溶液代替试液，采用与检测被鉴定离子同样的鉴定反应进行试验，称为对照试验。

对照试验的作用：检查试剂是否变质或反应条件是否控制得当。

对照试验的目的：防止漏检。

# 第2节　常见阳离子的一般性质

## 一、氯化物的性质

> **Do you know?**
>
> 阳离子有哪些主要性质？
>
> (1) 氯化物的性质。
> (2) 硫酸盐的性质。
> (3) 氢氧化物的性质。
> (4) 碳酸盐的性质。
> (5) 硫化物性质。

阳离子中，$Ag^+$、$Hg_2^{2+}$、$Pb^{2+}$ 三种离子的氯化物溶解度较小，其他阳离子的氯化物溶解度大。利用 HCl 为组试剂可试验 $Ag^+$、$Hg_2^{2+}$、$Pb^{2+}$ 是否存在，或将它们与其他离子分离。因为 $PbCl_2$ 的溶解度仍较大，只有当 $Pb^{2+}$ 在溶液中的浓度较大时才产生沉淀，故用 HCl 沉淀 $Pb^{2+}$ 的方法是不完全的，加 HCl 不生成白色沉淀不能否定 $Pb^{2+}$ 的存在。

$$\left. \begin{array}{l} Ag^+ \\ Hg_2^{2+} \\ Pb^{2+} \end{array} \right\} \xrightarrow{稀\ HCl} \begin{array}{l} AgCl \downarrow 白 \\ Hg_2Cl_2 \downarrow 白 \\ PbCl_2 \downarrow 白 \end{array}$$

## 二、硫酸盐的性质

阳离子中 $Ca^{2+}$、$Sr^{2+}$、$Ba^{2+}$、$Ag^+$、$Hg_2^{2+}$、$Pb^{2+}$ 的硫酸盐溶解度较小，其他离子的硫酸盐溶解度大。利用 $H_2SO_4$ 为组试剂可试验 $Ca^{2+}$、$Sr^{2+}$、$Ba^{2+}$、$Ag^+$、$Hg_2^{2+}$、$Pb^{2+}$ 是否存在或利用此性质进行离子间的分离。其中 $CaSO_4$、$Ag_2SO_4$、$Hg_2SO_4$ 溶解度仍较大，加 $H_2SO_4$ 不生成白色沉淀不能否定 $Ca^{2+}$、$Ag^+$、$Hg_2^{2+}$。

$$\begin{array}{l} Ag^+ \\ Hg_2^{2+} \\ Pb^{2+} \\ Ca^{2+} \\ Sr^{2+} \\ Ba^{2+} \end{array} \xrightarrow{H_2SO_4} \begin{array}{l} Ag_2SO_4 \downarrow 白 \\ Hg_2SO_4 \downarrow 白 \\ PbSO_4 \downarrow 白 \\ CaSO_4 \downarrow 白 \\ SrSO_4 \downarrow 白 \\ BaSO_4 \downarrow 白 \end{array}$$

## 三、氢氧化物的性质

（1）碱性溶液中不生成氢氧化物沉淀的阳离子有 $K^+$、$Na^+$、$NH_4^+$、$Ca^{2+}$、$Sr^{2+}$、$Ba^{2+}$、As(Ⅲ) 和 As(Ⅴ)。

（2）碱性溶液中生成氢氧化物沉淀，并能溶于过量 NaOH 溶液中的离子有 $Al^{3+}$、$Zn^{2+}$、$Cr^{3+}$、$Pb^{2+}$、$Sn^{4+}$、$Sb^{3+}$、$Sb^{5+}$ 两性离子。

$$\begin{array}{l} AlO_2^- \\ ZnO_2^{2-} \\ CrO_2^- \\ PbO_2^{2-} \\ SnO_2^{2-} \\ SnO_3^{2-} \\ SbO_2^- \\ SbO_3^- \end{array} \xleftarrow{\underset{过量}{NaOH}} \begin{array}{l} Al^{3+} \\ Zn^{2+} \\ Cr^{3+} \\ Pb^{2+} \\ Sn^{2+} \\ Sn^{4+} \\ Sb^{3+} \\ Sb^{5+} \end{array} \xrightarrow{\underset{等量}{NaOH}} \begin{array}{l} Al(OH)_3 \downarrow 白 \\ Zn(OH)_2 \downarrow 白 \\ Cr(OH)_3 \downarrow 白 \\ Pb(OH)_2 \downarrow 白 \\ Sn(OH)_2 \downarrow 白 \\ Sn(OH)_4 \downarrow 白 \\ Sb(OH)_3 \downarrow 白 \\ Sb(OH)_5 \downarrow 白 \end{array}$$

（3）碱性溶液中生成氢氧化物沉淀，但不溶于过量 NaOH 溶液中的离子有 $Ag^+$、$Hg_2^{2+}$、$Hg^{2+}$、$Bi^{3+}$、$Cu^{2+}$、$Cd^{2+}$、$Fe^{2+}$、$Fe^{3+}$、$Mn^{2+}$、$Ni^{2+}$、$Co^{2+}$、$Mg^{2+}$。

| | | | | |
|---|---|---|---|---|
| $Ag^+$ | | $Ag_2O \downarrow$ 褐 | | |
| $Hg_2^{2+}$ | | $Hg_2O \downarrow$ 黑 | | |
| $Hg^{2+}$ | | $HgO \downarrow$ 黄 | | |
| $Bi^{3+}$ | | $Bi(OH)_3 \downarrow$ 白 | | |
| $Cu^{2+}$ | | $Cu(OH)_2 \downarrow$ 浅蓝 | | |
| $Cd^{2+}$ | $\xrightarrow[\text{等量}]{NaOH}$ | $Cd(OH)_2 \downarrow$ 白 | $\xrightarrow[\text{过量}]{NaOH}$ | 都不溶解,仅 $Cu(OH)_2$ 部分溶解为 $Cu(OH)_4^{2-}$、 |
| $Fe^{2+}$ | | $Fe(OH)_2 \downarrow$ 绿 | | $Fe(OH)_3$ 胶体溶解为 $Fe(OH)_4^-$ |
| $Fe^{3+}$ | | $Fe(OH)_3 \downarrow$ 红棕 | | |
| $Mn^{2+}$ | | $Mn(OH)_2 \downarrow$ 白 | | |
| $Ni^{2+}$ | | $Ni(OH)_2 \downarrow$ 浅绿 | | |
| $Co^{2+}$ | | $Co(OH)NO_3 \downarrow$ 蓝 | | |
| $Mg^{2+}$ | | $Mg(OH)_2 \downarrow$ 白 | | |

(4) 氨合配离子的形成。加氨水于阳离子硝酸盐混合溶液生成氢氧化物或碱式盐沉淀,并能溶于过量氨水的离子有 $Ag^+$、$Zn^{2+}$、$Co^{2+}$、$Ni^{2+}$、$Cu^{2+}$、$Cd^{2+}$。

| | | | | |
|---|---|---|---|---|
| $Ag^+$ | | $Ag(OH) \downarrow$ 白 | | $[Ag(NH_3)_2]^+$ 无色 |
| $Zn^{2+}$ | | $Zn(OH)_2 \downarrow$ 白 | | $[Zn(NH_3)_4]^{2+}$ 无色 |
| $Co^{2+}$ | $\xrightarrow[\text{等量}]{NH_3 \cdot H_2O}$ | $Co(OH)NO_3 \downarrow$ 蓝 | $\xrightarrow[\text{过量}]{NH_3 \cdot H_2O}$ | $[Co(NH_3)_6]^{2+}$ 土黄 |
| $Ni^{2+}$ | | $Ni(OH)NO_3 \downarrow$ 浅绿 | | $[Ni(NH_3)_4]^{2+}$ 蓝 |
| $Cu^{2+}$ | | $Cu(OH)NO_3 \downarrow$ 浅蓝 | | $[Cu(NH_3)_4]^{2+}$ 深蓝 |
| $Cd^{2+}$ | | $Cd(OH)_2 \downarrow$ 白 | | $[Cd(NH_3)_4]^{2+}$ 无色 |

## 四、碳酸盐的性质

(1) 不生成碳酸盐沉淀的离子有 $K^+$、$Na^+$、$NH_4^+$、$AsO_3^{3-}$、$AsO_4^{3-}$ 等离子。

(2) 与 $(NH_4)_2CO_3$ 生成碳酸盐沉淀的离子有 $Ca^{2+}$、$Sr^{2+}$、$Ba^{2+}$、$Mg^{2+}$、$Mn^{2+}$、$Ag^+$、$Hg_2^{2+}$,其中 $Hg_2CO_3$ 不稳定,易变成 $HgO$ 和 $Hg$。

| | | |
|---|---|---|
| $Ca^{2+}$ | | $CaCO_3 \downarrow$ 白 |
| $Sr^{2+}$ | | $SrCO_3 \downarrow$ 白 |
| $Ba^{2+}$ | | $BaCO_3 \downarrow$ 白 |
| $Mg^{2+}$ | $\xrightarrow{(NH_4)_2CO_3}$ | $MgCO_3 \downarrow$ 白 |
| $Mn^{2+}$ | | $MnCO_3 \downarrow$ 白 |
| $Ag^+$ | | $Ag_2CO_3 \downarrow$ 白 |
| $Hg_2^{2+}$ | | $Hg_2CO_3 \downarrow$ 白 $\longrightarrow HgO + Hg$(黑) |

与 $(NH_4)_2CO_3$ 生成碱盐沉淀的有 $Pb^{2+}$、$Fe^{2+}$、$Fe^{3+}$、$Zn^{2+}$、$Ni^{2+}$、$Cu^{2+}$、$Cd^{2+}$、$Bi^{3+}$、$Hg^{2+}$。$Mg^{2+}$ 亦能生成碱盐沉淀。$Al^{3+}$、$Cr^{3+}$、$Sb^{3+}$、$Sb^{5+}$、$Sn^{2+}$、$Sn^{4+}$ 与 $(NH_4)_2CO_3$ 生成氢氧化物沉淀。

$$\begin{array}{l}Al^{3+}\\ Cr^{3+}\\ Sb^{3+}\\ Sb^{5+}\\ Sn^{2+}\\ Sn^{4+}\end{array} \xrightarrow{(NH_4)_2CO_3} \begin{array}{l}Al(OH)_3 \downarrow 白\\ Cr(OH)_3 \downarrow 灰绿\\ HSbO_2 \downarrow 白\\ HSbO_3 \downarrow 白\\ Sn(OH)_2 \downarrow 白\\ Sn(OH)_4 \downarrow 白\end{array}$$

## 五、硫化物性质

（1）硫化物溶于水的离子有 $K^+$、$Na^+$、$NH_4^+$、$Mg^{2+}$、$Ca^{2+}$、$Sr^{2+}$、$Ba^{2+}$ 等。

（2）硫化物不溶于水，溶于稀酸（$0.3\ mol \cdot L^{-1}\ HCl$）的有 $Fe^{2+}$、$Fe^{3+}$、$Mn^{2+}$、$Zn^{2+}$、$Co^{2+}$、$Ni^{2+}$、$Al^{3+}$、$Cr^{3+}$。$Al^{3+}$、$Cr^{3+}$ 生成氢氧化物沉淀。

$$\begin{array}{l}Fe^{3+}\\ Fe^{2+}\\ Mn^{2+}\\ Zn^{2+}\\ Co^{2+}\\ Ni^{2+}\\ Al^{3+}\\ Cr^{3+}\end{array} \xrightarrow{(NH_4)_2S} \begin{array}{l}Fe_2S_3 \cdot FeS \downarrow 黑\\ FeS \downarrow 黑\\ MnS \downarrow 淡粉红\\ ZnS \downarrow 白\\ CoS \downarrow 黑\\ NiS \downarrow 黑\\ Al(OH)_3 \downarrow 白\\ Cr(OH)_3 \downarrow 灰绿\end{array} \xrightarrow{0.3\ mol \cdot L^{-1}\ HCl} 沉淀溶解$$

（3）硫化物不溶于水，也不溶于稀酸（$0.3\ mol \cdot L^{-1}\ HCl$）的有 $Ag^+$、$Hg_2^{2+}$、$Pb^{2+}$、$Hg^{2+}$、$Cu^{2+}$、$Cd^{2+}$、$Sn^{2+}$、$Sn^{4+}$、$Bi^{3+}$、$Sb^{5+}$、$As^{3+}$、$AsO_4^{3-}$。

$$\begin{array}{l}Ag^+\\ Hg^{2+}\\ Pb^{2+}\\ Hg_2^{2+}\\ Cu^{2+}\\ Cd^{2+}\\ Sn^{2+}\\ Sn^{4+}\\ Bi^{3+}\\ Sb^{3+}\\ Sb^{5+}\\ As^{3+}\\ AsO_4^{3-}\end{array} \xrightarrow[H_2S]{0.3\ mol \cdot L^{-1}\ HCl} \begin{array}{l}Ag_2S \downarrow 黑\\ HgS + Hg \downarrow 黑\\ PbS \downarrow 黑\\ Hg_2S \downarrow 黑\\ CuS \downarrow 黑\\ CdS \downarrow 黄\\ SnS \downarrow 黄\\ SnS_2 \downarrow 褐\\ Bi_2S_3 \downarrow 黑\\ Sb_2S_3 \downarrow 橙\\ Sb_2S_5 \downarrow 橙\\ As_2S_3 \downarrow 黄\\ As_2S_5 \downarrow 黄\end{array}$$

（4）硫化物不溶于水和稀酸，但溶于 $Na_2S$ 的离子有 $Hg^{2+}$、$As^{2+}$、$As^{3+}$、$Sb^{3+}$、$Sb^{5+}$、$Sn^{4+}$。

$$\begin{array}{l}Hg^{2+}\\ As^{3+}\\ As^{5+}\\ Sb^{3+}\\ Sb^{5+}\\ Sn^{4+}\end{array} \xrightarrow[H_2S]{0.3\ mol \cdot L^{-1}\ HCl} \begin{array}{l}HgS\\ As_2S_3\\ As_2S_5\\ Sb_2S_3\\ SbS_5\\ SnS_2\end{array} \xrightarrow{Na_2S} \begin{array}{l}HgS_2^{2-}\\ AsS_3^{3-}\\ AsS_4^{3-}\\ SbS_3^{3-}\\ SbS_4^{3-}\\ SnS_3^{2-}\end{array}$$

表 13-2 综合了上述阳离子的一般通性。

表13-2  阳离子的一般通性

| 通性 | 硫化物不溶于水 | | | | 硫化物溶于水 | |
|---|---|---|---|---|---|---|
| | 硫化物不溶于稀酸 | | 硫化物溶于稀酸 | 碳酸盐不溶于水 | 碳酸盐溶于水 |
| | 氯化物不溶于水 | 氯化物溶于水 | | | | |
| | | 硫化物不溶于 $Na_2S$ | 硫化物溶于 $Na_2S$ | | | |
| 离子 | $Ag^+$, $Hg_2^{2+}$, $Pb^{2+}$ | $Cu^{2+}$, $Cd^{2+}$, $Bi^{3+}$, $Pb^{2+}$ | $As^{3+}$, $As^{5+}$, $Sb^{3+}$, $Sb^{5+}$, $Sn^{2+}$, $Sn^{4+}$, $Hg^{2+}$ | $Al^{3+}$, $Zn^{2+}$, $Cr^{3+}$, $Mn^{2+}$, $Fe^{3+}$, $Fe^{2+}$, $Co^{3+}$, $Ni^{2+}$ | $Ca^{2+}$, $Sr^{2+}$, $Ba^{2+}$ | $K^+$, $Na^+$, $NH_4^+$, $Mg^{2+}$ |
| 组试剂 | HCl | HCl(0.3mol·L$^{-1}$), $H_2S$ | | $(NH_4)_2S$ | $(NH_4)_2CO_3$ | 无 |

## 第3节 常见阴离子的一般特性

阴离子多数是由两种以上元素构成的酸根或配离子,所以尽管组成阴离子的元素为数不多,但阴离子的数目却很多。有时组成元素相同,但以多种形式存在。例如由 S 和 O 可以构成 $SO_3^{2-}$、$SO_4^{2-}$、$S_2O_3^{2-}$ 等常见的阴离子,由 N 和 O 可以构成 $NO_2^-$、$NO_3^-$ 等。在这种情况下,显然只报告所鉴定的元素是不够的,必须报告有哪种阴离子存在,其组成和价态如何。

阴离子的分析多采用分别分析为主,系统分析为辅的检出方法。阴离子的分析特性主要表现在下列几个方面。

> *Do you know*?
> 
> 阴离子有哪些主要性质?
> 
> (1) 易挥发性。
> (2) 氧化还原性。
> (3) 形成配合物的性质。

### 一、易挥发性

许多阴离子与酸作用,生成挥发性的气体,自溶液中排出,根据气体的性质检出。

$$CO_3^{2-} + 2H^+ \longrightarrow CO_2\uparrow + H_2O$$
$$SO_3^{2-} + 2H^+ \longrightarrow SO_2\uparrow + H_2O$$

这一性质也说明含阴离子的试液在酸性条件下是不稳定的,所以要检出一种样品中含什么阴离子时,把样品溶成微碱性溶液,以免丢失。

### 二、氧化还原性

阴离子的氧化还原性一般表现得比阳离子突出。多数阳离子彼此可以共存于同一溶液中,而阴离子有些却不能共存,它们之间彼此可能发生氧化还原反应,甚至在检出某种离子大量存在后,可以否定能与它发生氧化还原作用的另外一些离子的存在。例如,$NO_2^-$ 具氧化性,能在酸性溶液中氧化 $I^-$ 成 $I_2$,自身被还原成 NO,可见在酸性溶液中 $NO_2^-$ 与 $I^-$ 不能共存。

$$2NO_2^- + 2I^- + 4H^+ \longrightarrow I_2 + 2NO\uparrow + 2H_2O$$

$NO_2^-$ 也具有还原性。在酸性溶液中能使 $KMnO_4$ 褪色，自身被氧化成 $NO_3^-$，可见在酸性溶液中 $NO_2^-$ 与 $MnO_4^-$ 也不能共存。

具有还原性的阴离子有 $SO_3^{2-}$、$AsO_3^{3-}$、$C_2O_4^{2-}$、$S_2O_3^{2-}$、$S^{2-}$、$I^-$、$CN^-$、$Br^-$、$Cl^-$、$SCN^-$ 等，具有氧化性的阴离子有 $AsO_4^{3-}$、$ClO_3^-$、$IO_3^-$ 等。当不能共存的离子有一方已被检出后，则另一方就没有必要再去鉴定了。这可使分析手续大为简化。

### 三、形成配合物的性质

有些阴离子，如 $PO_4^{3-}$、$S_2O_3^{2-}$、$C_2O_4^{2-}$、$CN^-$、$F^-$、$Cl^-$、$Br^-$、$I^-$、$NO_2^-$ 等，能作为配体同金属阳离子形成配合物。阴离子的这一性质，一方面可用于掩盖阳离子，同时也给阳离子分析带来干扰。反过来也是一样，易与阴离子生成配合物的阳离子也会使相应的阴离子检出受到干扰。因此在检出阴离子时，要事先把除碱金属以外的阳离子分离除去。

## 第4节 阳离子的一般化学检出

### 阳离子系统分析法

阳离子经典的分析是采用系统分析法，选用适当的组试剂，将阳离子分成若干个组，使各组离子按顺序分批沉淀下来，然后在各组中进一步分离和鉴定每一种离子。

利用不同的组试剂，可以提出许多种分组方案。比较有意义的是硫化氢系统分组方案。

硫化氢系统：主要以硫化物溶解度不同为基础的系统分析法。以盐酸、硫化氢、硫化铵和碳酸铵为组试剂，将25种常见阳离子分为5个组（图13-1）。

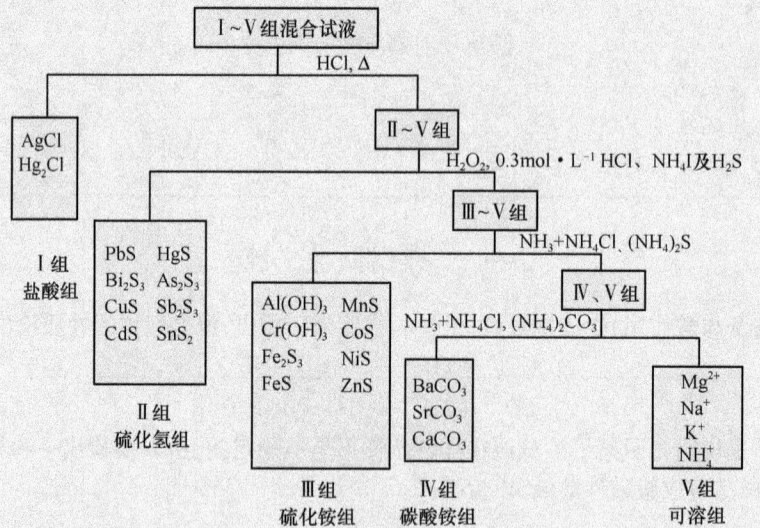

图13-1 硫化氢系统分组步骤示意图

随着仪器分析的发展，硫化氢系统分析的应用范围逐渐缩小，但其学习和参考价值依然存在。例如，"组试剂"可用作试验某组离子是否存在，如为负结果，则可不必再费时去逐一鉴定它们；再如利用几个"组试剂"的消去试验，将系统分析和分别试验结合起来，按具体情况拟定出最佳分离方案，可使定性分析迅速完成。

# 一、试样准备

1. 溶于水的试样  取试样 20~30mg 溶于 1mL 水中,试样如部分溶于水中可离心分离,上层清液可单独鉴定,沉淀按下述方法处理,然后综合判断结果。

2. 不溶于水但溶于酸的试样  用于溶解试样的酸有盐酸、硝酸和王水。硫酸有较多的沉淀反应,不适于作溶剂。选用盐酸作溶剂时,要注意 As、Sb、Sn、Hg 等氯化物容易挥发而损失。用硝酸溶解试样时,有可能使 Sb、Sn 等组分沉淀。因此,如有挥发组分的试样,应选择硝酸作溶剂,对不含挥发组分的试样,应选盐酸作溶剂,在这两种酸都不溶的情况下才使用王水作溶剂。

此外,能用稀酸溶解的就不要用浓酸溶解,以防影响检出。例如,用浓盐酸时,高浓度的 $Cl^-$ 可与金属离子生成配离子,使正常反应受到影响,浓硝酸能氧化还原性离子等。所以一般溶液中游离酸的浓度不超过 $2mol \cdot L^{-1}$。

3. 不溶于水也不溶于酸的试样  试样不溶于酸的,主要有卤化银和类卤化银、难溶硫酸盐以及某些氧化物,统称为不溶物。

(1) 卤化银、类卤化银:主要是 $AgCl$、$AgBr$、$AgI$、$AgCN$、$AgSCN$ 等。可用 Zn 粉与稀 $H_2SO_4$ 处理,或用 $Na_2CO_3$ 处理。分解产物为 Ag,然后以 $HNO_3$ 溶解生成的 Ag,再检出 $Ag^+$。例如

$$4AgCl + 2Na_2CO_3 == 4Ag \downarrow + 4NaCl + 2CO_2 \uparrow + O_2 \uparrow$$

$$2AgX + Zn == 2X^- + 2Ag \downarrow + Zn^{2+} \ (X = Cl、Br、I)$$

$$AgSCN + Zn + 3H^+ == H_2S + HCN \uparrow + Ag \downarrow + Zn^{2+}$$

$$Ag + 2HNO_3 == AgNO_3 + NO_2 \uparrow + H_2O$$

(2) 难溶硫酸盐:包括 $BaSO_4$、$SrSO_4$、$CaSO_4$、$PbSO_4$ 等,其中 $PbSO_4$ 溶于 $NH_4Ac$ 或 NaOH、$CaSO_4$、$BaSO_4$、$SrSO_4$,可加浓 $Na_2CO_3$ 多次处理,使之转化为碳酸盐沉淀,例如,鉴定 $BaSO_4$ 时,先使与 $Na_2CO_3$ 作用。

$$BaSO_4 + Na_2CO_3 == BaCO_3 \downarrow + Na_2SO_4$$

在溶液中检出 $SO_4^{2-}$。再用稀 $HNO_3$ 溶解碳酸盐沉淀:

$$BaCO_3 + 2HNO_3 == Ba^{2+} + H_2O + CO_2 \uparrow + 2NO_3^-$$

在溶液中检出 $Ba^{2+}$。

# 二、阳离子反证试验(消去试验)

阳离子消去试验是以阳离子的氯化物、碳酸盐、氢氧化物和硫化物等溶解度性质的不同为依据的,利用组试剂,采用一系列反应条件简单、试验结果可靠、手续方便、操作迅速的试验方法,综合判断其试验结果,消去不可能存在的离子,使在短时间内完成全部试验。

经过各种消去试验,如都没有明显反应,即可消去那些反应灵敏度较高(即表 13-3 中用"+"符号表示)的阳离子。对那些反应灵敏度不太高(即表 13-3 中用"±"符号表示)的阳离子,只能说明这些离子可能存在的浓度较低,不能将它们消去。这样可以避免漏掉可能存在的离子。

进行消去试验时,如有反应发生,还应注意反应现象,以便推断时参考。例如,根据产物颜色,可以初步推断某些离子是否可能存在。要注意深色的产物有可能掩盖浅色产物。

某些试样通过消去试验,其组成可基本确定。大多数情况仍需对可能存在的离子一一进行鉴定。

表 13-3 阳离子消去试验表

| 试验离子 | HCl试验 | $(NH_4)_2SO_4$试验 | NaOH 等量 | NaOH 过量 | $NH_3·H_2O$ 等量 | $NH_3·H_2O$ 过量 | 硫化物试验 0.3mol·L$^{-1}$ HCl 加 $H_2S$ | $(NH_4)_2S$ |
|---|---|---|---|---|---|---|---|---|
| $K^+$ | - | - | - | - | - | - | - | - |
| $Na^+$ | - | - | - | - | - | - | - | - |
| $NH_4^+$ | - | - | - | - | - | - | - | - |
| $Mg^{2+}$ | - | - | +白↓ | +白↓ | +白↓ | +白↓ | - | - |
| $Sr^{2+}$ | - | +白↓ | ±白↓ | +白↓ | - | - | - | - |
| $Ba^{2+}$ | - | +白↓ | ±白↓ | - | - | - | - | - |
| $Ca^{2+}$ | - | ±白↓ | ±白↓ | +白↓ | - | - | - | - |
| $Al^{3+}$ | - | - | +白↓ | 无色 | +白↓ | +↓ | - | +白↓ |
| $Cr^{3+}$ | - | - | +绿↓ | 绿色 | +绿↓ | +↓ | - | +绿↓ |
| $Fe^{2+}$ | - | - | +绿↓ | +绿↓ | +↓ | +↓ | - | +黑↓ |
| $Fe^{3+}$ | - | - | +红棕↓ | +↓ | +↓ | +↓ | - | +黑↓ |
| $Zn^{2+}$ | - | - | +白↓ | 无色 | +白↓ | 无色 | - | +白↓ |
| $Co^{2+}$ | - | - | +蓝↓ | +↓ | +蓝↓ | 棕色液 | - | +黑↓ |
| $Ni^{2+}$ | - | - | +绿↓ | +↓ | +绿↓ | 浅蓝色 | - | +黑↓ |
| $Mn^{2+}$ | - | - | +棕↓ | +↓ | +浅棕 | +↓ | - | +肉色↓ |
| $Ag^+$ | +白↓ | - | +棕黑↓ | +↓ | 棕黑 | 无色液 | +↓ | +黑↓ |
| $Hg_2^{2+}$ | +白↓ | - | +棕黑↓ | +↓ | 灰黑 | | +↓ | +黑↓ |
| $Hg^{2+}$ | - | - | +黄↓ | +↓ | +↓ | +↓ | +↓ | +黑↓ |
| $Pb^{2+}$ | ±白↓ | +白↓ | +白↓ | 无色 | +白↓ | +↓ | +↓ | +黑↓ |
| $Cu^{2+}$ | - | - | +蓝↓ | +↓ | +蓝↓ | 蓝色液 | +↓ | +黑↓ |
| $Bi^{3+}$ | - | - | +白↓ | +↓ | +白↓ | +↓ | +↓ | +黑↓ |
| $Cd^{2+}$ | - | - | +白↓ | +↓ | +白↓ | 无色液 | +黄↓ | +黄↓ |
| 砷 | - | - | - | - | - | - | +黄↓ | - |
| 锑锡 | - | - | +白↓ | 无色 | +白↓ | +↓ | +黄↓ | - |

消去试验的内容有：

1. 观察试液的颜色　如试液有色，则某些有色阳离子可能存在，无色离子仍可能存在。如试液无色，则有色离子不存在或存在的量少。

2. 溶液 pH 试验　以玻棒蘸取试液，用通用 pH 试纸测试，pH 有助于了解试液的性质和某些阳离子存在的可能性。试液呈酸性且无沉淀时，除了能生成不溶性化合物的阳离子如盐中的 $Ag^+$、$Hg_2^{2+}$、硫酸中的 $Pb^{2+}$、$Ba^{2+}$、$Sr^{2+}$ 以外，其他大部分阳离子都有可能存在。

试液呈碱性且无沉淀时，则易形成氢氧化物沉淀的阳离子不可能存在（不包括两性离子或氨合配离子）。某些能形成溶解度较大的氢氧化物沉淀离子，可能少量存在。

3. HCl 试验　取试液加盐酸并搅拌，如无白色沉淀，则 $Ag^+$ 和 $Hg_2^{2+}$ 不存在。但 $Pb^{2+}$ 浓度高时，也因生成 $PbCl_2$ 而形成白色沉淀，当加热时能溶。

4. $(NH_4)_2SO_4$ 试验　取试液加 $(NH_4)_2SO_4$ 饱和溶液并搅拌，如果不生成白色沉淀，则 $Pb^{2+}$、$Ba^{2+}$、$Sr^{2+}$ 不存在，当 $Ca^{2+}$ 量大时也生成白色沉淀。

5. NaOH 试验

（1）NaOH 试验：取试液加 NaOH 至碱性，如无沉淀生成，则下述离子不存在。如有沉淀生成，观察沉淀颜色，根据沉淀颜色判断有一种或一种以上的下述离子存在。其中大多数以氢氧化物形式存在。

白色:$Mg^{2+}$、$Al^{3+}$、$Zn^{2+}$、$Cd^{2+}$、$Bi^{3+}$、$Sn^{2+}$、$Sn^{4+}$、$Sb^{3+}$、$Sb^{5+}$和$Pb^{2+}$、$Ba^{2+}$、$Sr^{2+}$、$Ca^{2+}$在浓度大时也生成沉淀。

浅蓝色:$Cu^{2+}$、$Co^{2+}$

浅绿色:$Fe^{2+}$、$Ni^{2+}$、$Cr^{3+}$

黄色:$Hg^{2+}$、($HgO$)

棕黑色:$Ag^+$、$Hg_2^{2+}$

红棕色:$Fe^{3+}$

浅棕—棕色:$Mn^{2+}$、($MnO_2$)

(2) 过量NaOH试验:于上述沉淀中,加入过量NaOH,如果沉淀消失,可能有$Al^{3+}$、$Pb^{2+}$、$Zn^{2+}$、$Cr^{3+}$、$Sb^{3+}$、$Sb^{5+}$、$Sn^{2+}$、$Sn^{4+}$等两性阳离子存在。

6. 氨水试验

(1) 氨水试验:取试液加稀氨水至呈碱性,如无沉淀生成,则下列阳离子不存在,如有沉淀生成,观察沉淀颜色,根据颜色估计有哪些离子可能存在。如得白色沉淀,可认为$Mg^{2+}$、$Al^{3+}$等均存在,而$Cu^{2+}$、$Co^{2+}$、$Ni^{2+}$等不可能存在。

白色:$Mg^{2+}$、$Al^{3+}$、$Zn^{2+}$、$Cd^{2+}$、$Pb^{2+}$、$Bi^{3+}$、$Ag^+$、$Hg^{2+}$、$Sn^{2+}$、$Sn^{4+}$、$Sb^{3+}$、$Sb^{5+}$

浅绿色:$Fe^{2+}$、$Ni^{2+}$、$Cr^{3+}$

蓝色:$Cu^{2+}$、$Co^{2+}$

灰黑色:$Hg_2^{2+}$

浅棕色:$Mn^{2+}$

红棕色:$Fe^{3+}$

(2) 过量氨水试验:于上述沉淀中,加入过量氨水,若沉淀消失,则有$Cu^{2+}$、$Co^{2+}$、$Ni^{2+}$、$Cd^{2+}$、$Zn^{2+}$、$Ag^+$存在的可能,根据溶液的颜色进一步判断有一种或几种离子可能存在。

无色:$Ag^+$、$Zn^{2+}$、$Cd^{2+}$

暗红:$Co^{2+}$

蓝:$Ni^{2+}$

深蓝色:$Cu^{2+}$

7. 硫化物试验

(1) 酸性溶液中的$H_2S$试验:取试样液用HCl调至$H^+$浓度约为$0.3mol \cdot L^{-1}$通入$H_2S$,于沸水浴中加热,观察反应现象。如无沉淀生成,则$Cu^{2+}$、$Ag^+$、$As^{3+}$、$Sb^{3+}$、$Sb^{5+}$、$Sn^{2+}$、$Sn^{4+}$、$Hg_2^{2+}$、$Hg^{2+}$、$Pb^{2+}$、$Bi^{3+}$、$Cd^{2+}$不存在;如有沉淀,则上述离子有可能存在。继续通入$H_2S$使沉淀完全。观察沉淀的颜色,根据沉淀颜色可判断有一种或一种以上的下述阳离子存在。

黑色:$Hg_2^{2+}$、$Hg^{2+}$、$Pb^{2+}$、$Bi^{3+}$、$Cu^{2+}$、$Ag^+$

黄色:$As^{3+}$、$Sn^{4+}$、$Cd^{2+}$

橙黄色:$Sb^{3+}$、$Sb^{5+}$

将上述硫化物沉淀与溶液分离,溶液进行$(NH_4)_2S$试验。

(2) $(NH_4)_2S$试验:为观察在碱性溶液与$S^{2-}$的反应,取分离后所得溶液,加入$(NH_4)_2S$至呈碱性,如无沉淀生成,则$Fe^{3+}$、$Fe^{2+}$、$Co^{2+}$、$Ni^{2+}$、$Zn^{2+}$、$Al^{3+}$、$Cr^{3+}$、$Mn^{2+}$不存在;如有沉淀生成,则上述离子有可能存在。观察沉淀颜色,根据颜色可判断有一种或一种以上的下述离子不存在。

黑色:$Fe^{3+}$、$Fe^{2+}$、$Co^{2+}$、$Ni^{2+}$

白色:$Zn^{2+}$、$Al^{3+}$[生成$Al(OH)_3$白色沉淀]

灰绿色：$Cr^{3+}$［生成 $Cr(OH)_3$ 沉淀］

肉色：$Mn^{2+}$

根据阳离子消去试验结果，对照消去试验表（表13-3）消去不可能存在的阳离子。

## 三、阳离子的检出

经消去试验，消去不可能存在的阳离子，对可能存在的阳离子逐一检出（表3-14）。如有干扰离子存在，可先进行分离或加入掩蔽剂。

> **案例13-1**
>
> 试液经阳离子消去试验，认为可能存在 $Fe^{3+}$、$Al^{3+}$、$Cu^{2+}$、$Ag^+$，如何逐一鉴定？
>
> 解：根据这些离子的氯化物、硫酸盐、氢氧化物以及形成配合物性质的不同，可将它们分离鉴定。分析方案见图13-2。
>
>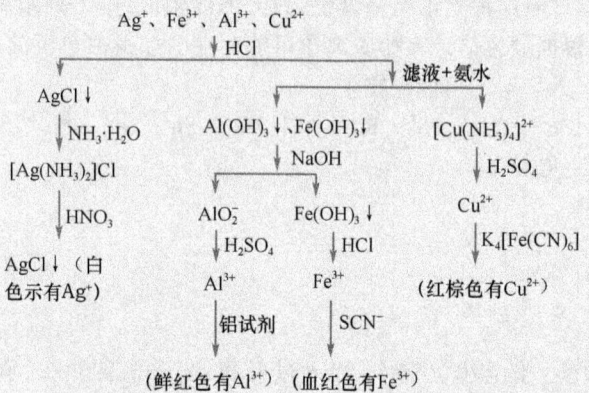
>
> 图13-2　$Ag^+$、$Fe^{3+}$、$Al^{3+}$、$Cu^{2+}$ 混合物的分析方案
>
> 操作步骤如下：
>
> （1）$Ag^+$ 分离与检出：取样液加浓盐酸，则 $Ag^+$ 成 AgCl 沉淀，其他离子留在溶液内，分离 AgCl 沉淀，在 AgCl 沉淀上加浓 $NH_3 \cdot H_2O$，则 AgCl 成为 $[Ag(NH_3)]^+Cl^-$ 而溶解，再加 $HNO_3$ 酸化，AgCl 白色沉淀又重新生成，证明 $Ag^+$ 存在。
>
> （2）$Fe^{3+}$、$Al^{3+}$ 与 $Cu^{2+}$ 的分离：取上述分离过 AgCl 沉淀的溶液，加浓 $NH_3 \cdot H_2O$ 中和至溶液 pH 为 6~7，使 $Al(OH)_3$、$Fe(OH)_3$ 沉淀，离心分离，沉淀按（3）项处理，溶液按（4）项处理。
>
> （3）$Al^{3+}$ 的分离及检出：往（2）项所得 $Al(OH)_3$、$Fe(OH)_3$ 沉淀上加 $6mol \cdot L^{-1}$ NaOH 溶液，充分搅拌，离心分离，离心液含 $AlO_2^-$，加 $2mol \cdot L^{-1} H_2SO_4$ 酸化后，可用铝试剂检出 $Al^{3+}$。离心所得沉淀为 $Fe(OH)_3$，加 $2mol \cdot L^{-1}$ HCl 使其溶解，可用 KSCN 试剂检出 $Fe^{3+}$。
>
> （4）$Cu^{2+}$ 的检出：在（2）项所得离心液中含 $[Cu(NH_3)_4]^{2+}$，加入 $1mol \cdot L^{-1} H_2SO_4$ 使 $[Cu(NH_3)_4]^{2+}$ 解蔽成 $Cu^{2+}$，再加入 $K_4[Fe(CN)_6]$ 试验，如生成红棕色沉淀，证明 $Cu^{2+}$ 存在。

样液经阳离子消去试验,可能存在 $NH_4^+$、$Ca^{2+}$、$Cu^{2+}$、$Cr^{3+}$。如何逐一检出这些离子?

解:可根据它们的硫化物和氢氧化物的性质不同将它们分离,然后检出。分析方案见图 13-3。

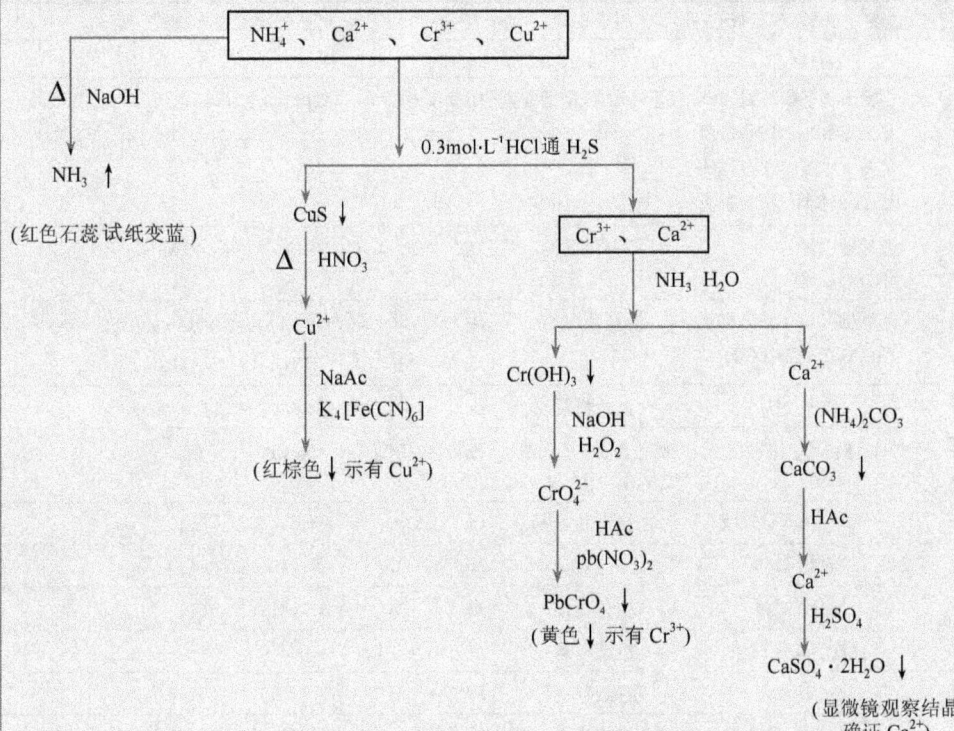

图 13-3　$NH_4^+$、$Ca^{2+}$、$Cr^{3+}$、$Cu^{2+}$ 混合物的分离方案

操作步骤如下:

(1) $NH_4^+$ 的检出:取样液 2 滴于表面皿中,然后加 $2mol \cdot L^{-1}$ NaOH,迅速将另一稍小的表面皿盖上,构成气室在小的表面皿的内侧黏附一条润湿的红色石蕊试纸,将此气室放在水浴上加热,如试纸变蓝,证明 $NH_4^+$ 存在。

(2) $Cu^{2+}$ 与 $Ca^{2+}$ 的分离及 $Cu^{2+}$ 的检出:取样液用 $NH_3 \cdot H_2O$ 中和至中性,加 HCl 使溶液的酸度为 $0.3mol \cdot L^{-1}$,通入 $H_2S$ 气(或饱和硫代乙酰胺水溶液)并加热以沉淀 CuS,离心分离 [分离溶液按(3)项下操作处理]。于分离的沉淀上加 $HNO_3$ 并加热使溶,离心分离以除去 S 沉淀。在含 $Cu^{2+}$ 的溶液中,加 NaAc 及 $K_4[Fe(CN)_6]$,生成红棕色沉淀,证明 $Cu^{2+}$ 存在。

(3) $Cr^{3+}$ 与 $Ca^{2+}$ 的分离及 $Cr^{3+}$ 的检出:将(2)项下所得分离溶液加 $NH_3 \cdot H_2O$ 并加热,使 $Cr(OH)_3$ 沉淀,离心分离 [分离溶液按(4)项下操作处理],分离沉淀经洗涤后加 NaOH 溶液及 $H_2O_2$ 溶液,使 $Cr(OH)_3$ 溶解并转化成 $CrO_4^{2-}$,继加 HAc 酸化加 $Pb(NO_3)_2$ 试液生成黄色 $PbCrO_4$ 沉淀,证明 $Cr^{3+}$ 存在。

(4) $Ca^{2+}$ 的检出:取(3)项下分离溶液,加 $(NH_4)_2CO_3$ 使 $CaCO_3$ 沉淀,离心分离,沉淀用 HAc 溶解,取溶解液 1 滴于载玻片上,小火烘干,冷却后加 $2mol \cdot L^{-1}$ HCl 1 滴,$2mol \cdot L^{-1}$ $H_2SO_4$ 1 滴,在显微镜下观察所生成的 $CaSO_4 \cdot 2H_2O$ 结晶。

案例 13-2

常见表 13-4。

**表 13-4 常见阳离子的鉴定**

| 离子 | 鉴定试剂(或试纸) | 反应现象 | 离子鉴定反应方程式 |
|---|---|---|---|
| $H^+$ | pH 试纸 | pH 试纸显红色 | — |
| $NH_4^+$ | 在密闭气室底部滴加样品溶液和 NaOH 试液,顶部贴一片湿的红石蕊试纸,放在水蒸气浴上加热 | 气室中红石蕊纸变蓝 | $NH_4^+ + OH^- =\!=\!= NH_3\uparrow + H_2O$ |
| $K^+$ | 亚硝酸钴钠 $Na_3[Co(NO_2)_6]$ | 亮黄色沉淀 | $2K^+ + Na^+ + [Co(NO_2)_6]^{3-} =\!=\!= K_2Na[Co(NO_2)_6]\downarrow$ |
| $Na^+$ | 乙酸铀酰锌(乙酸酸性) $Zn(UO_2)_3(CH_3COO)_8$ | 淡黄色沉淀 | $Na^+ + Zn^{2+} + 3UO_2^{2+} + 8Ac^- + HAc + 9H_2O =\!=\!= NaAc\cdot Zn(Ac)_2\cdot 3UO_2(Ac)_2\cdot 9H_2O\downarrow + H^+$ |
| $Ba^{2+}$ | 稀 $H_2SO_4$ | 白色沉淀 | $Ba^{2+} + SO_4^{2-} =\!=\!= BaSO_4\downarrow$ (白) |
| | $K_2CrO_4$ 试液 | 黄色沉淀(HAc 和 NaOH 中不溶) | $Ba^{2+} + CrO_4^{2-} =\!=\!= BaCrO_4\downarrow$ (黄) |
| $Ca^{2+}$ | $(NH_4)_2C_2O_4$ 试液 | 白色针状结晶 | $Ca^{2+} + C_2O_4^{2-} =\!=\!= CaC_2O_4\downarrow$ (白) |
| $Mg^{2+}$ | NaOH 试液 | 白色沉淀 | $Mg^{2+} + OH^- =\!=\! Mg(OH)_2\downarrow$ (白) |
| $Al^{3+}$ | NaOH 试液 | 白色沉淀 | $Al^{3+} + OH^- =\!=\! Al(OH)_3\downarrow$ (白) |
| | 过量 NaOH 试液 | 沉淀溶解 | $Al(OH)_3 + OH^- =\!=\! AlO_2^-$ |
| $Fe^{2+}$ | NaOH 试液 | 灰绿色沉淀 | $Fe^{2+} + OH^- =\!=\! Fe(OH)_2\downarrow$ (灰绿色) |
| | 遇空气($O_2$) | 渐变成红褐色沉淀 | $4Fe(OH)_2 + O_2 + 2H_2O =\!=\! 4Fe(OH)_3\downarrow$ (红褐色) |
| $Fe^{3+}$ | NaOH 试液 | 红棕色沉淀 | $Fe^{3+} + OH^- =\!=\! Fe(OH)_3\downarrow$ (红棕色) |
| | KSCN 试液 | 血红色溶液 | $Fe^{3+} + 3SCN^- =\!=\! [Fe(SCN)_3]$ (血红) |
| | 苯酚溶液 | 变紫色溶液 | $Fe^{3+} + 6C_6H_5OH =\!=\! [Fe(C_6H_5OH)_6]^{3-}$ (紫) $+ 6H^+$ |
| $Cu^{2+}$ | 水溶液 | 蓝色 | $Cu^{2+} + 4H_2O =\!=\! [Cu(H_2O)_4]^{2+}$ |
| | NaOH 试液 | 蓝色沉淀 | $Cu^{2+} + OH^- =\!=\! Cu(OH)_2\downarrow$ (蓝) |
| | 氨水 | 先生成蓝沉淀,后溶解,溶液深蓝 | $Cu^{2+} + 4NH_3 =\!=\! [Cu(NH_3)_4]^{2+}$ |
| | $H_2S$ 试液(微酸性) | 黑色沉淀(仅溶于硝酸) | $Cu^{2+} + H_2S =\!=\! CuS\downarrow$ (黑) $+ 2H^+$ |
| $Ag^+$ | HCl 试液 | 白色沉淀(溶于 $NH_3$ 液) | $Ag^+ + Cl^- =\!=\! AgCl\downarrow$ (白) |
| | $K_2CrO_4$ 试液 | 砖红色沉淀(溶于 $NH_3$ 及 $HNO_3$) | $Ag^+ + CrO_4^{2-} =\!=\! Ag_2CrO_4\downarrow$ (砖红) |
| $Zn^{2+}$ | NaOH 试液 | 白色沉淀 | $Zn^{2+} + OH^- =\!=\! Zn(OH)_2\downarrow$ (白) |
| | 过量 NaOH 试液 | 沉淀溶解 | $Zn(OH)_2 + OH^- =\!=\! ZnO_2^-$ |
| | 过量 $NH_3$ 试液 | 无沉淀 | $Zn^{2+} + 4NH_3 =\!=\! [Zn(NH_3)_4]^{2+}$ |
| | $(NH_4)_2S$ 试液 | 白色沉淀 | $Zn^{2+} + H_2S =\!=\! ZnS\downarrow$ (白) $+ 2H^+$ |

## 第5节 阴离子的一般化学检出

阴离子鉴定一般采用分别分析法,选用适当的试剂,将阴离子逐步分开,按顺序进行鉴定。

### 一、试样的制备

阴离子试液不适宜制成酸性溶液,其原因如下:

(1) 多数阴离子是弱酸的酸根,制成酸性溶液会降低阴离子的浓度,甚至许多阴离子形成挥发性酸而丢失,不利于检出。

(2) 多数含氧酸根离子有氧化还原性,而且它们的氧化态的氧化能力随酸性增加而增加,因此如制成酸性溶液,将促使不能共存的阴离子被氧化,改变了试样本来状态,不利检出。

(3) 多数阳离子由于本身的颜色,氧化还原性或与阴离子生成沉淀等情况干扰阴离子的检出,故必须预先分离除去。常用 $Na_2CO_3$ 处理试样,使除 $K^+$、$Na^+$、$NH_4^+$、$As^{3+}$、$As^{5+}$ 外的所有阳离子都转入沉淀(碳酸盐、碱式碳酸盐、氢氧化物、氧化物)。而阴离子则生成可溶性的钠盐转入溶液。例如

$$Ba(NO_3)_2 + Na_2CO_3 =\!=\!= BaCO_3\downarrow + 2NaNO_3$$
$$BaSO_4 + Na_2CO_3 =\!=\!= BaCO_3\downarrow + Na_2SO_4$$
$$2CuSO_4 + 2Na_2CO_3 + 2H_2O =\!=\!= Cu_2(OH)_2CO_3\downarrow + H_2CO_3 + 2Na_2SO_4$$
$$SnCl_2 + Na_2CO_3 + 2H_2O =\!=\!= Sn(OH)_2\downarrow + 2NaCl + H_2CO_3$$

经 $Na_2CO_3$ 处理后,使阴离子试液保持在碱性环境。

阴离子试液的制备方法如下:

(1) 对溶于水的试样,取 100mg 的试样,置坩埚中,加水 3~4mL 使之溶解,呈酸性小心加入 NaOH 或 $NH_3·H_2O$ 中和,然后加 $1.5mol·L^{-1}$ $Na_2CO_3$ 溶液少许,若无沉淀生成,即可进行阴离子检出;若有沉淀生成,则再加 $Na_2CO_3$ 溶液 1~2mL,微微加热煮沸 5min,随时补充蒸发的水分,然后离子分离。取出分离液用稀 HAc 调至中性,再蒸发溶液至 2~3mL,如显浑浊,离心分离,用离心液进行阴离子的检出。

(2) 对不溶于水的试样,取 100mg 的试样,置坩埚中,加 $1.5mol·L^{-1}$ $Na_2CO_3$ 溶液 3~4mL,煮沸 10min,随时补充失去的水分,冷却后离心分离。若试样已转化完全,则沉淀应全部溶解于 HAc 中,若有不溶物,应再用 $Na_2CO_3$ 溶处理一次,将两次所得的溶液合并,用稀 HAc 小心调节至中性,再将溶液蒸发至 2~3mL,除去沉淀,取溶液进行阴离子鉴定。沉淀按下述(3)处理后,供检出其他阴离子用。

(3) 对不溶残渣的处理,如硫化物、磷酸盐、卤化银等溶解度小的难溶盐,应用 $Na_2CO_3$ 处理后不能完全转化或不能转化。残渣需另行处理。

$$\text{不溶残渣}\begin{cases}\text{一份}\xrightarrow{\dfrac{H_2SO_4}{Zn}}\begin{cases}\text{检出 }S^{2-}\\ \text{检出 }X^-(Cl^-、Br^-、I^-)\end{cases}\\ \text{一份}\xrightarrow{HNO_3}\text{检出 }PO_4^{3-}\\ \text{一份}\longrightarrow\text{检出 }F^-\end{cases}$$

### 二、阴离子反证试验(消去试验)

阴离子消去试验包括 $AgNO_3$ 试验、氧化性试验、还原性试验。

1. $AgNO_3$ 试验  取 pH 7~8 的阴离子试液,加 $AgNO_3$ 试液,如无沉淀,则下述离子不存在,如生成沉淀,注意观察沉淀颜色,可能存在一种或一种以上的下述阴离子,银盐沉淀颜色如下

白色:$CO_3^{2-}$、$C_2O_4^{2-}$、$SO_3^{2-}$、$BO_2^-$、$F^-$、$CN^-$、$SCN^-$、$Cl^-$ ($Ag_2CO_3$ 加热变黄色)

微黄色:$Br^-$、$SiO_3^{2-}$(酸性时生成 $H_2SiO_3$ 浑浊)

黄色:$I^-$、$AsO_3^{3-}$、$PO_4^{3-}$

红褐色:$AsO_4^{3-}$

黑色:$S^{2-}$

白→黄→褐→黑:$S_2O_3^-$

将沉淀离心分离,在沉淀上加 $HNO_3$ 微热,搅拌,如果沉淀完全溶解,则下列离子不存在 $S^{2-}$、$CN^-$、$S_2O_3^{2-}$、$SCN^-$、$I^-$、$Br^-$、$Cl^-$。但 $SO_4^{2-}$、$F^-$ 和 $NO_2^-$ 在浓度大时也可产生银盐沉淀,但加水稀释并稍加热,沉淀可以溶解。

2. $BaCl_2$ 试验  将试液调至 pH = 7~8,加入 $BaCl_2$ 试液,如无沉淀生成,则 $C_2O_4^{2-}$、$SO_4^{2-}$、$PO_4^{3-}$、$SiO_3^{2-}$、$CO_3^{2-}$、$SO_3^{2-}$、$BO_2^-$、$AsO_3^{3-}$、$AsO_4^{3-}$ 不存在。如有沉淀生成,离心沉降,在分离后的沉淀中加入 HCl,沉淀如溶解则说明 $SO_4^{2-}$ 不存在。

$BO_2^-$、$AsO_3^{3-}$、$S_2O_3^{2-}$、$F^-$ 浓度足够大时,才有沉淀生成。

3. 氧化性阴离子试验  取阴离子试液加 $H_2SO_4$ 使呈酸性,加入 KI 淀粉混合液,如不显蓝色,亦无氧化性阴离子存在,如呈现蓝色,示有一种或一种以上的 $NO_2^-$、$AsO_4^{3-}$、$ClO_3^-$ 等氧化性阴离子存在。同时作空白试验。

$$NO_2^- + 2I^- + 4H^+ =\!=\!= 2NO\uparrow + I_2 + 2H_2O$$

$$AsO_4^{3-} + 2I^- + 4H^+ =\!=\!= AsO_2^- + I_2 + 2H_2O$$

$$ClO_3^- + 6I^- + 6H^+ =\!=\!= Cl^- + 3I_2 + 3H_2O$$

4. 还原性阴离子试验

(1) $I_2$ 试验:取阴离子试液,加入 $H_2SO_4$ 使呈酸性,加入 $I_2$ 淀粉混合溶液,如蓝色不消失,表示还原性阴离子不存在。如蓝色消失,可能存在一种或一种以上的 $S^{2-}$、$SO_3^{2-}$、$S_2O_3^{2-}$ 等强还原性阴离子。$CN^-$、$AsO_3^{3-}$ 在微碱性溶液中发生反应。

$$S^{2-} + I_2 =\!=\!= S\downarrow + 2I^-$$

$$SO_3^{2-} + I_2 + H_2O =\!=\!= SO_4^{2-} + 2HI$$

$$2S_2O_3^{2-} + I_2 =\!=\!= 2I^- + S_4O_6^{2-}$$

$$AsO_3^{3-} + I_2 + H_2O =\!=\!= AsO_4^{3-} + 2I^- + 2H^+$$

$$HCN + I_2 + NaHCO_3 =\!=\!= NaI + CNI + CO_2 + H_2O$$

(2) $KMnO_4$ 试验:取阴离子试液,加入 $H_2SO_4$ 使呈酸性,加入 0.01 mol·$L^{-1}$ $KMnO_4$ 溶液,如紫红色不消失,表示还原性阴离子不存在。如紫红色消失,可能存在一种或一种以上的 $AsO_3^{3-}$、$SO_3^{2-}$、$S_2O_3^{2-}$、$Br^-$、$I^-$、$CN^-$、$SCN^-$、$NO_2^-$、$S^{2-}$ 等还原性阴离子。再将溶液加热至 70℃后,紫色褪去示可能有 $C_2O_4^{2-}$。$Cl^-$ 在浓度很大时亦可使 $KMnO_4$ 紫色褪去。

$$5C_2O_4^{2-} + 2MnO_4^- + 16H^+ =\!=\!= 10CO_2 + 2Mn^{2+} + 8H_2O$$

$$5AsO_3^{3-} + 2MnO_4^- + 6H^+ =\!=\!= 5AsO_4^{3-} + 2Mn^{2+} + 3H_2O$$

$$5SO_3^{2-} + 2MnO_4^- + 16H^+ =\!=\!= 5S\downarrow + 2Mn^{2+} + 8H_2O$$

$$5S_2O_3^{2-} + 8MnO_4^- + 14H^+ =\!=\!= 10SO_4^{2-} + 8Mn^{2+} + 7H_2O$$

$$5SCN + 6MnO_4^- + 13H^+ =\!=\!= 5SO_4^{2-} + 5HCN\uparrow + 6Mn^{2+} + 4H_2O$$

$$10I^- + 2MnO_4^- + 16H^+ =\!=\!= 5I_2 + 2Mn^{2+} + 8H_2O$$

$$5NO_2^- + 2MnO_4^- + 6H^+ = 5NO_3^- + 2Mn^{2+} + 3H_2O$$

HCN 气体有剧毒，故 SCN⁻ 与 MnO₄⁻ 反应应在通风橱内进行。

根据消去试验结果，对照消去试验表（表 13-5）推测可能存在的阴离子，再进行阴离子的检出。

**表 13-5　阴离子消去试验表**

| 试验离子 | AgNO₃ / HNO₃ | AgNO₃ / 中性 | BaCl₂ | KI⁻淀粉 | I₂+淀粉 | KMnO₄+H₂SO₄ |
|---|---|---|---|---|---|---|
| $BO_2^-$ | − | +白↓ | ± | − | − | − |
| $CO_3^{2-}$ | − | +白↓ | +白↓ | − | − | − |
| $C_2O_4^{2-}$ | − | +白↓ | +白↓ | − | − | +紫色褪去 |
| $SiO_4^{2-}$ | − | +黄↓ | +白↓ | − | − | − |
| $PO_4^{3-}$ | − | +黄↓ | +白↓ | − | − | − |
| $AsO_3^{3-}$ | − | +黄↓ | ±↓白 | − | − | +紫色褪去 |
| $AsO_4^{3-}$ | − | +橙↓ | +白↓ | +蓝色溶液 | − | − |
| $SO_3^{2-}$ | − | +白↓ | +白↓ | − | +蓝色褪去 | +紫色褪去 |
| $SO_4^{2-}$ | − | ±白↓ | +↓ | − | − | − |
| $F^-$ | − | − | ±白↓ | − | − | − |
| $S_2O_3^{2-}$ | +黑↓ | +白→黑 | ± | − | +蓝色褪去 | +紫色褪去 |
| $Cl^-$ | +白↓ | +白↓ | − | − | − | − |
| $Br^-$ | +浅黄↓ | +浅黄↓ | − | − | − | +紫色褪去 |
| $I^-$ | +黄↓ | +黄↓ | − | − | − | +紫色褪去 |
| $CN^-$ | +白↓ | +白↓ | − | − | +蓝色褪去 | +紫色褪去 |
| $SCN^-$ | +白↓ | +白↓ | − | − | − | +紫色褪去 |
| $NO_2^-$ | − | − | − | +蓝色溶液 | − | +紫色褪去 |
| $NO_3^-$ | − | − | − | − | − | − |
| $ClO_3^-$ | − | − | − | +蓝色溶液 | − | − |
| $S^{2-}$ | +黑↓ | +黑↓ | − | − | +蓝色褪去 | +紫色褪去 |

## 三、阴离子的检出

阴离子检出反应相互干扰较少，一般可以直接进行检出，少数情况下需先进行分离（表 13-6）。

**案例 13-3**

样液经阴离子消去试验，可能存在 $S^{2-}$、$SO_3^{2-}$、$S_2O_3^{2-}$，如何逐一检出？

解：$S^{2-}$、$SO_3^{2-}$、$S_2O_3^{2-}$ 共同存在时，彼此妨碍检出。例如，样液中若 $S^{2-}$ 和 $SO_3^{2-}$，则在酸化产生 $H_2S$ 和 $SO_2$，并继续发生下面的反应

$$2H_2S + SO_2 = 3S\downarrow + 2H_2O$$

反应的结果可看到 S 沉淀和过量存在的离子所产生的气体。如果气体是 $SO_2$（$SO_3^{2-}$过量），则酸化溶液时的现象与溶液中只存在 $S_2O_3^{2-}$ 时的现象相同。因此，$S_2O_3^{2-}$ 会被错检。又如，有 $S^{2-}$ 存在时，将干扰用亚硝酰铁氰化钠法鉴定 $SO_3^{2-}$ 的反应等。所以，在这种情况下，必须预先进行分离。

根据 $CdCO_3$ 只转化 $S^{2-}$ 而不转化 $SO_3^{2-}$ 及 $S_2O_3^{2-}$ 的性质可将它们分离检出。分析方案见图 13-4。

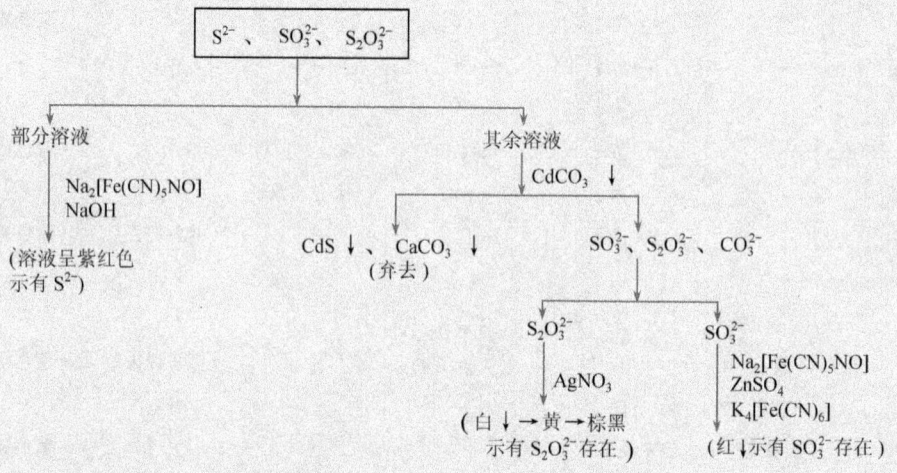

图 13-4　$S^{2-}$、$SO_3^{2-}$、$S_2O_3^{2-}$ 混合液分析方案

操作步骤如下：

（1）$S^{2-}$ 的检出及分离：在碱性样液中加亚硝酰铁氰化钠试剂，溶液若显紫红色，即示有 $S^{2-}$ 存在。如有 $S^{2-}$ 存在，则于样液中加少量固体 $CdCO_3$，充分搅拌，离心分离，弃去沉淀（CdS）。如此反复处理，直至加入 $CdCO_3$ 后不再产生黄色沉淀为止（即 CdS 不再生成）；可取 1 滴溶液用亚硝酰铁氰化钠试验，不显紫红色即是 $S^{2-}$ 已被沉淀完全，离心分离。

（2）$S_2O_3^{2-}$ 的检出：取 1 份离心液，加入过量的 $AgNO_3$ 试剂，振摇，如产生白色沉淀并迅速变为黄、棕、黑色，即示有 $S_2O_3^{2-}$ 存在。

（3）$SO_3^{2-}$ 的检出：另取 1 份离心液，加 $Na_2[Fe(CN)_5NO]$、$ZnSO_4$ 及 $K_4[Fe(CN)_6]$ 试剂，产生红色沉淀，即示有 $SO_3^{2-}$ 存在。

样液经阴离子消去试验,可能存在 $Cl^-$、$Br^-$、$I^-$,如何逐一检出?

解:当 $Cl^-$、$Br^-$、$I^-$ 混合存在时,不难应用各离子的特殊反应来检出。例如,$Cl^-$ 可采用氯化铬酰试剂检查;$Br^-$ 可采用氯水鉴定;$I^-$ 可采用亚硝酸盐检出。但如有干扰离子(如 $S^{2-}$、$SO_3^{2-}$、$S_2O_3^{2-}$ 等)同时存在,则应预先进行分离。

分析方案见图 13-5。

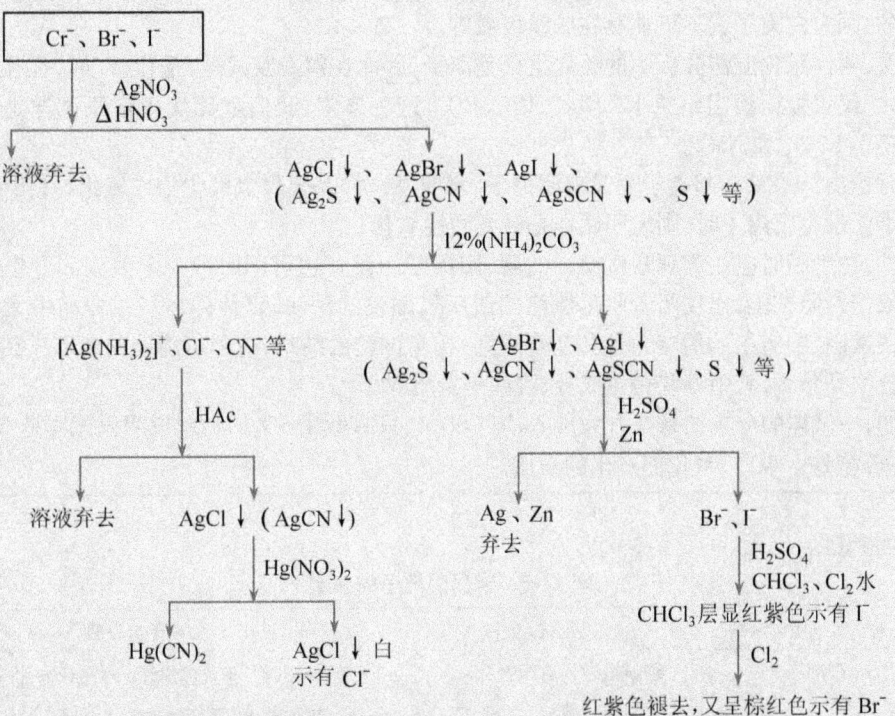

图 13-5　$Cl^-$、$Br^-$、$I^-$ 混合液的分析方案

操作步骤如下:

(1) $Cl^-$、$Br^-$、$I^-$ 的沉淀:于试样中加 $AgNO_3$ 和 $HNO_3$ 溶液,在沸水浴中加热并不断搅拌,如生成的沉淀不溶,示有 $Cl^-$、$Br^-$、$I^-$ 可能存在($S^{2-}$、$S_2O_3^{2-}$、$CN^-$、$SCN^-$ 等也可能存在)。

(2) AgCl 的溶解及 $Cl^-$ 的检出:将沉淀用氨水洗涤,然后加12%$(NH_4)_2CO_3$ 溶液,剧烈搅拌。这时一部分 AgCl(AgCN)溶解,生成 $[Ag(NH_3)_2]Cl\{[Ag(NH_3)_2]CN\}$,而 AgS、AgSCN、AgBr 和 AgI 则留在沉淀中,离心分离。取离心液用 HAc 酸化,则生成白色 AgCl(AgCN)沉淀。于沉淀中加 $Hg(NO_3)_2$ 试液,若沉淀不溶,示有 $Cl^-$ 存在。

(3) AgBr 和 AgI 的溶解:于(2)项所得的沉淀中,加稀 $H_2SO_4$ 及少量锌粉。搅拌,离心分离;弃去沉淀。$Cl^-$、$Br^-$、$I^-$ 都转入溶液($S^{2-}$、$CN^-$、$SCN^-$ 都分离逸去)。

(4) $Br^-$ 和 $I^-$ 的检出:取(3)项所得溶液,以 $H_2SO_4$ 酸化,在 $CHCl_3$ 存在下用氯水顺序鉴定 $Br^-$ 和 $I^-$。

案例13-4

## 四、分析结果的判断

在完成了试样试验的全过程后,要对试验结果作出总的结论。

首先把初步试验、消去试验和一般检出所得结果综合起来考虑,在这些结果之间不应出现相互矛盾或不合理的情况。例如,试样如溶于水,就不能同时有 $Ba^{2+}$ 和 $SO_4^{2-}$。试样加酸时如有气体产生,就必须存在至少一种挥发性和遇酸易分解产生不溶性气体的阴离子。又如,样品液是无色的,则有色离子就不可能存在或量极微等。

其次,要注意到湿法分析中的独立组分是离子,因此在判断原试样"是什么"时,往往有局限性。例如,仅仅根据检出结果 $K^+$、$Na^+$、$Cl^-$、$NO_3^-$ 这一事实,我们就无法肯定原试样是 KCl 和 $NaNO_3$ 还是 $KNO_3$ 和 NaCl。

有时检出结果只有阳离子而没有阴离子,表明原试样是金属氢氧化物或氧化物;相反,当只有阴离子而没有阳离子时,则表明试样是酸或酸性氧化物。

另外,在判断时应注意观察所检出的阴、阳离子的量。这可同时取一定浓度和一定体积的已知溶液作对照试验,比较两者所生沉淀的或所显颜色的深浅,以估计离子在样品中大约存在的量。根据阴、阳离子的约略含量和初步观察、初步试验的结果,应尽可能地判断原样品中所存在的化合物是什么,其中哪些是主成分、哪些是杂质。

例如,一试样的分析结果是含大量 $Na^+$ 和 $SO_3^{2-}$,只有微量 $SO_4^{2-}$,那就说明原试样是 $Na_2SO_3$,而 $SO_4^{2-}$ 可能是由 $SO_3^{2-}$ 氧化而产生的杂质。

**表 13-6 常见阴离子的鉴定**

| 离子名称 | 鉴定试剂 | 鉴定方法 | 干扰离子与处理 |
| --- | --- | --- | --- |
| $CO_3^{2-}$ | 酸溶液 | 将试液酸化后产生 $CO_2$ | $S^{2-}$ 和 $SO_3^{2-}$ 干扰鉴定。可在酸化前加 $H_2O_2$ 溶液,使 $S^{2-}$ 和 $SO_3^{2-}$ 转化为 $SO_4^{2-}$ |
| $NO_3^-$ | $FeSO_4$ 溶液和浓 $H_2SO_4$ | $NO_3^-$ 与 $FeSO_4$ 溶液在浓 $H_2SO_4$ 介质中反应,生成棕色环 | $Br^-$、$I^-$ 及 $NO_2^-$ 干扰鉴定。加稀 $H_2SO_4$ 和 $Ag_2SO_4$ 溶液,使 $Br^-$ 和 $I^-$ 生成沉淀后分离,加尿素并微热,可除去 $NO_2^-$ |
| $NO_2^-$ | $FeSO_4$ 溶液和 HAc | $NO_2^-$ 与 $FeSO_4$ 溶液在 HAc 介质中反应,生成棕色环 | $Br^-$ 和 $I^-$ 干扰鉴定,加 $Ag_2SO_4$ 溶液,使 $Br^-$ 和 $I^-$ 生成沉淀后分离出去 |
| $PO_4^{3-}$ | $(NH_4)_2MoO_4$ 溶液和酸 | $PO_4^{3-}$ 与 $(NH_4)_2MoO_4$ 溶液在酸性介质中反应,生成黄色磷钼酸铵沉淀 | $S^{2-}$、$SO_3^{2-}$、$S_2O_3^{2-}$ 等还原性离子干扰反应,加入 $HNO_3$ 并在水浴上加热,可除去干扰离子 |
| $S^{2-}$ | $Na[Fe(CN)_5NO]$ 溶液 | $S^{2-}$ 与 $Na[Fe(CN)_5NO]$ 在碱性介质中反应生成紫红色的 $[Fe(CN)_5NOS]^{4-}$ | |

续表

| 离子名称 | 鉴定试剂 | 鉴定方法 | 干扰离子与处理 |
| --- | --- | --- | --- |
| $SO_3^{2-}$ | $Na[Fe(CN)_5NO]$、$K_4[Fe(CN)_6]$ 和 $ZnSO_4$ | $SO_3^{2-}$ 与 $Na[Fe(CN)_5NO]$、$ZnSO_4$ 和 $K_4[Fe(CN)_6]$ 溶液在中性介质中反应生成红色沉淀 | 在酸性介质中,红色沉淀消失。用氨水中和后检验。$S^{2-}$ 干扰 $SO_3^{2-}$ 的鉴定,加入 $PbCO_3(s)$ 使 $S^{2-}$ 生成 PbS 沉淀 |
| $S_2O_3^{2-}$ | $AgNO_3$ 溶液 | $S_2O_3^{2-}$ 与 $Ag^+$ 反应生成白色沉淀,并迅速分解,颜色由白色变为黄色、棕色,最后变为黑色 | $S^{2-}$ 干扰 $S_2O_3^{2-}$ 的鉴定,必须先除掉 |
| $SO_4^{2-}$ | $BaCl_2$ 溶液 | $SO_4^{2-}$ 与 $Ba^{2+}$ 反应生成 $BaSO_4$ 白色沉淀 | $CO_3^{2-}$、$SO_3^{2-}$ 干扰鉴定,可先酸化,以除去这些离子 |
| $Cl^-$ | $AgNO_3$ 溶液 | $Cl^-$ 与 $AgNO_3$ 溶液反应生成白色沉淀 | $SCN^-$ 的存在干扰 $Cl^-$ 的鉴定,在氨水中 AgSCN 难溶,AgCl 易溶,滤去 AgSCN,酸化后鉴定 |
| $I^-$ | 氯水和 $CCl_4$ 或 $CHCl_3$ | $I^-$ 在酸性介质中能被氯水氧化为 $I_2$,$I_2$ 在 $CCl_4$ 或 $CHCl_3$ 中显紫红色,氯水过量颜色消失 | |
| $Br^-$ | 氯水和 $CCl_4$ 或 $CHCl_3$ | $Br^-$ 与适量的氯水反应游离出 $Br_2$,溶液显红色。加 $CCl_4$ 或 $CHCl_3$ 有机相显红棕色,水相无色;氯水过量,则生成淡黄色 BrCl | $I^-$ 存在干扰 $Br^-$ 鉴定,$I^-$ 先与氯水反应生成 $I_2$,在有机相显紫红色 |

## 第6节 药典中常见离子的鉴定

1. 氯化物

(1) 取供试品溶液,加硝酸使成酸性后,加硝酸试液,即生成白色凝乳状沉淀;分离、沉淀加氨试液即溶解,再加乙酸试液,沉淀复生成。

(2) 取供试品少量,置试管中加等量的二氧化锰混匀,加硫酸湿润,缓缓加热,即产生氯气,能使湿润的碘化钾淀粉试纸显蓝色。

2. 溴化物

(1) 取供试品溶液,加硝酸银试液,即生成淡黄色凝乳状沉淀;分离、沉淀能在氨试液中微溶,但在硝酸中几乎不溶。

(2) 取供试品溶液,加氯试液,溴即游离,加氯仿振摇,氯仿层显金黄色或红棕色。

3. 碘化钾

(1) 取供试品溶液,加硝酸银试液,即生成淡黄色凝乳状沉淀;分离、沉淀在硝酸或氨试液中均不溶解。

(2) 取供试品溶液,加少量的氯试液,碘即游离;如加氯仿振摇。氯仿层显紫色;如加淀粉指示液,溶液显蓝色。

4. 硫酸盐

(1) 取供试品溶液,加氯化钡试液,即生成白色沉淀;分离、沉淀在盐酸或硝酸中均不溶解。

(2) 取供试品溶液,加乙酸铅试液,即生成白色沉淀,分离沉淀在乙酸铵试液或氢氧化钠试液中溶解。

(3) 加盐酸,不生成白色沉淀(与硫代硫酸盐区别)。

5. 硝酸盐

(1) 取供试品溶液,置试管中,加等量浓硫酸,注意混合、冷却。沿管壁加硫酸亚铁试液,使成两液层,接界面显棕色。

(2) 取供试品溶液,加硫酸与铜丝(或铜屑),加热,即发生红棕色的蒸气。

(3) 取供试品溶液,滴加高锰酸钾试液,紫色不应褪去(与亚硝酸盐区别)。

6. 磷酸盐

(1) 取供试品的中性溶液,加硝酸银试液,即生成浅黄色沉淀;分离、沉淀在氨试液或稀硝酸中均溶解。

(2) 取供试品溶液,加氯化铵镁试液,即生成白色结晶性沉淀。

(3) 取供试品溶液,加钼酸铵试液与硝酸后,加热即生成黄色沉淀;分离、沉淀能在氨试液中溶解。

7. 锑盐

(1) 取供试品溶液,加盐酸成酸性后,置水浴上加热,趁热加 $Na_2S_2O_3$ 液数滴,逐渐生成橙红色沉淀。

(2) 取供试品溶液,加盐酸成酸性后,通硫化氢气,即生成橙黄色沉淀;分离、沉淀能在硫化铵试液或硫化钠试液中溶解。

8. 铋盐

(1) 取供试品溶液,加碘化钾试液,即生成红棕色溶液或暗棕色沉淀;分离、沉淀能在过量碘化钾试液中溶解成黄棕色的溶液,再加水稀释,又生成橙色沉淀。

(2) 取供试品溶液,用稀硫酸酸化,加10%硫脲溶液,即显深黄色。

9. 碳酸盐与碳酸氢盐

(1) 取供试品溶液,加稀酸即泡沸,发生二氧化碳气,导入氢氧化钙试液中,即生成白色沉淀。

(2) 取供试品溶液,加硫酸镁试液,如为碳酸盐溶液,即生成白色沉淀;如为碳酸氢盐溶液,须煮沸,始生成白色沉淀。

(3) 取供试品溶液,加酚酞指示液,如为碳酸盐溶液,即显深红色;如为碳酸氢盐溶液,不变色或仅显微红色。

10. 硼酸盐

(1) 取供试品溶液,加盐酸成酸性后,能使姜黄素试纸变成棕红色;放置干燥,颜色即变深,用氨试液湿润,即变为绿黑色。

(2) 取供试品,加硫酸,混合后,加甲醇,点火燃烧,即发生边缘带绿色的火焰。

11. 铝盐

(1) 取供试品溶液,加氢氧化钠试溶液,即生成白色胶状沉淀;分离、沉淀能在过量的氢氧化钠试液中溶解。

(2) 取供试溶液,加氨试液至生成白色胶状沉淀,滴加茜素磺酸钠指示液数滴,沉淀即显樱红色。

12. 镁盐

(1) 取供试品溶液,加氨试液,即生成白色沉淀;滴加氯化铵试液,沉淀溶解;再加磷酸氢二钠试液1滴,振摇,即生成白色沉淀,沉淀在氨试液中不溶。

(2) 取供试品溶液,加氢氧化钠试液,即生成白色沉淀;分离、沉淀分成两份,一份中加过量的氢氧化钠试液,沉淀不溶,另一份中加碘试液,沉淀转成红棕色。

13. 钙盐

(1) 取铂丝,用盐酸湿润后,蘸取供试品,在无色火焰中燃烧,火焰即显砖红色。

(2) 取供试品溶液(10滴),加甲基红指示液2滴,用氨试液中和,再滴加盐酸至恰呈酸性,加乙二酸铵溶液,即生成白色沉淀;分离、沉淀不溶于乙酸,但可溶于盐酸。

14. 钡盐

(1) 取铂丝用盐酸湿润后,蘸取供试品,在无色火焰中燃烧,火焰即显黄绿色;通过绿色玻璃透视火焰即显蓝色。

(2) 取供试品溶液,加稀硫酸,即生成白色沉淀;分离、沉淀在盐酸或硝酸均不溶解。

15. 钠盐

(1) 取铂丝,用盐酸湿润后,蘸取供试品,在无色火焰中燃烧,火焰即显鲜黄色。

(2) 取供试品的中性溶液,加乙酸氧铀锌试液,即生成黄色沉淀。

16. 钾盐

(1) 取铂丝,用盐酸湿润后,蘸取供试品,在无色火焰中燃烧,火焰即显紫色;但有少量的钠盐混存时,须隔蓝色玻璃透视,方能辨认。

(2) 取供试品,加热炽灼除去可能杂有的铵盐,放冷后,加水溶解,再加0.1%四苯硼钠溶液与乙酸,即生成白色沉淀。

17. 铵盐

(1) 取供试品,加过量的氢氧化钠试液后,加热,即分解,发生氨臭;遇湿润的红色石蕊试纸,能使变蓝色,并能使硝酸亚汞试液湿润的滤纸显黑色。

(2) 取供试品溶液,加碱性碘化汞钾试液1滴,即生成红棕色沉淀。

18. 铁盐

(1) 亚铁盐:①取供试品溶液,加铁氰化钾试液,即生成深蓝色沉淀;分离、沉淀在稀盐酸中不溶,但加氢氧化钠试液,即分解成棕色沉淀。②取供试品溶液,加1%邻二氮菲乙醇溶液数滴,即显深红色。

(2) 铁盐:①取供试品溶液,加亚铁氰化钾试液即生成深蓝色沉淀;分离、沉淀在稀盐酸中不溶,但加氢氧化钠试液,即分解成棕色沉淀。②取供试品溶液,加硫氰酸铵试液,即显血红色。

19. 铜盐

(1) 取供试品溶液,滴加氨试液,即生成淡蓝色沉淀;再加过量的氨试液,沉淀溶解,生成深蓝色溶液。

(2) 取供试品溶液,加亚铁氰化钾试液,即显红棕色或生成红棕色沉淀。

20. 银盐

(1) 取供试品溶液,加稀盐酸,即生成白色凝乳状沉淀,分离、沉淀能在氨试液中溶解,继加硝酸,沉淀复生成。

(2) 取供试品中的中性溶液,加铬酸钾试液,即生成砖红色沉淀;分离、沉淀能在硝酸中溶解。

21. 锌盐

(1) 取供试品溶液,加亚铁氰化钾试液,即生成白色沉淀;分离、沉淀在稀盐酸中不溶解。

(2) 取供试品溶液,以稀盐酸酸化,加0.1%硫酸铜溶液1滴及硫氢酸汞铵试液数滴,即生成紫色沉淀。

22. 汞盐

(1) 亚汞盐:①取供试品,加氨试液或氢氧化钠试液,即变黑色;②加碘化钾试液振摇,即生成黄绿色沉淀,瞬即变为灰绿色,并逐渐转变为灰黑色。

(2)汞盐:①取供试品溶液,加氢氧化钠试液,即生成黄色沉淀。②取供试品的中性溶液,加碘化钾试液,即生成猩红色沉淀,能在过量的碘化钾溶液中溶解;再以氢氧化钠试液碱化,加铵盐即生成红棕色的沉淀。③取不含过量的硝酸的供试液,涂于光亮的铜箔表面,擦拭后即生成一层光亮似银的沉积物。

23. 亚硫酸盐或亚硫酸氢盐

(1)取供试品,加盐酸,即发生二氧化硫的气体,有刺激性特臭,并能使硝酸亚汞试液湿润的滤纸显黑色。

(2)取供试品溶液,滴加碘试液,碘的颜色即消褪。

24. 乙酸盐

(1)取供试品,加硫酸后,加热,即分解发生乙酸的特臭。

(2)取供试品的中性溶液,加三氯化铁试液1滴,溶液呈深红色,加稀矿酸,红色即褪去。

---

**小结**

1. 本章介绍了定性反应的基本概念和术语;反应的灵敏度和选择性、检出限量和最低浓度、空白试验和对照试验、分别分析和系统分析等。

2. 归纳总结了常见阳离子的氧化物、硫酸盐、氢氧化物、碳酸盐、硫化物的通性。

3. 讨论了对一般未知物化学检出方法。

(1)试样准备,通过水溶、酸溶等方法将试样变成离子溶液。

(2)进行反证试验(消去试验)。

阳离子消去试验是以阳离子的氯化物、碳酸盐、氢氧化物和硫化物等溶解度性质的不同为依据的,利用组试剂,消去不存在的阳离子。阴离子消去试验包括 $AgNO_3$ 试验、氧化性试验、还原性试验,消去不存在的阴离子。

(3)对可能存在的阳离子逐一检出。如有干扰离子存在,可先进行分离或加入掩蔽剂。阴离子检出反应相互干扰较少,一般可以直接进行检出,少数情况需先进行分离。

(4)最后综合判断试验结果,作出结论。

4. 介绍了药典中24种常见离子的化学鉴定方法。

---

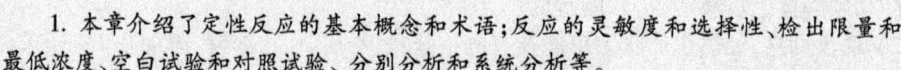

一、名词解释

鉴定反应  最低浓度  检出限量  空白试验  对照试验

二、选择题(最佳选择题)

1. 某白色固体易溶于水,加入 $BaCl_2$ 溶液有白色沉淀产生,用 HCl 酸化时沉淀全部溶解,再加入过量 NaOH 的至强碱性并加热,则产生刺激性气体,该气体可使湿石蕊试纸变蓝,该试样是  (　　)

A. $(NH_4)_2SO_4$  　　　　　　　　B. $NH_4Cl$

C. $(NH_4)_2CO_3$  　　　　　　　　D. $NH_4NO_3$

2. 向第三组阳离子未知试液中滴加过量氨水生成白色沉淀,继续通入 $H_2S$,仍为白色沉淀,试液中肯定有  (　　)

A. $Zn^{2+}$  　　　　　　　　　　B. $Al^{3+}$

C. $Zn^{2+}$ 和 $Al^{3+}$  　　　　　　D. $Mn^{2+}$

E. $Mn^{2+}$ 和 $Zn^{2+}$

3. 在一中性阳离子未知试液中加入 $K_2CrO_4$，得到黄色沉淀。在沉淀上加 NaOH 未溶，但加入 HAc 及 NaAc 则溶，此试液中肯定有　　　　　　　　　　　　　　　　　　　　　　　　　(　　)

　　A. $Pb^{2+}$　　　　　　　　　　　　　B. $Pb^{2+}$ 和 $Ba^{2+}$

　　C. $Ba^{2+}$　　　　　　　　　　　　　D. $Sr^{2+}$

　　E. $Ba^{2+}$ 和 $Sr^{2+}$　　　　　　　　F. $Pb^{2+}$ 和 $Sr^{2+}$

4. 在由两块表面皿组成的气室中鉴定 $NH_4^+$ 时，应注意不使试液沸腾，这是为了避免 (　　)

　　A. 气室中的 $NH_3$ 气逸出室外　　　　B. 试液被蒸干

　　C. 碱性试液溅到上面的红色石蕊试纸上　　D. 水浴的水蒸气进入气室

5. 用镁试剂 I 鉴定 $Mg^{2+}$ 的介质条件是　　　　　　　　　　　　　　　　　　(　　)

　　A. 酸性　　　　　　　　　　　　　　B. 中性

　　C. 氨性　　　　　　　　　　　　　　D. 碱性

　　E. HAc 酸性　　　　　　　　　　　　F. 有机溶剂

### 三、填空题

1. 下列阳离子的焰色反应是：

$Ba^{2+}$ _____，$Sr^{2+}$ _____，$Ca^{2+}$ _____，$K^+$ _____，$Na^+$ _____

2. 用一种试剂即可分开下列各对物质。这些试剂分别是：

　　a. $Zn(OH)_2$ 与 $Al(OH)_3$：_____

　　b. $Al(OH)_3$ 与 $Fe(OH)_3$：_____

　　c. $Zn(OH)_2$ 与 $Co(OH)_2$：_____

　　d. $Cr(OH)_3$ 与 $Ni(OH)_2$：_____

　　e. $Co(OH)_2$ 与 $Fe(OH)_3$：_____

　　f. $Fe(OH)_3$ 与 $MnO(OH)_2$：_____

3. 挥发性试验使用的试剂是_____或_____。

　　产生 $CO_2$ 的阴离子是_____。

　　产生 $SO_2$ 的阴离子是_____。

　　产生 $NO_2$ 的阴离子是_____。

4. $Cl^-$、$Br^-$、$I^-$ 鉴定是向酸性试液中加入 $AgNO_3$，使之沉淀为银盐。

　　a. 能溶于_____、加酸又析出白色沉淀的是_____。

　　b. 其余两种沉淀以_____处理后转化为离子。

　　c. 向转化后的离子试液加入苯和_____，苯层显_____色或_____色，示有_____，苯层显_____色，示有_____。

5. 鉴定 $Ac^-$ 时，向试液加入_____和_____，并_____使其反应，可生成_____，产生特殊的_____。

### 四、简答题

1. 定性分析反应的特征和反应条件是什么？
2. 如何提高鉴定反应的选择性？
3. 阳离子的一般性质有哪些？
4. 阴离子的一般性质有哪些？

（汪　兵）

# 第14章 化学反应速率

1. 了解化学反应速率对药物的生产、储存、有效期计算、药物稳定性和药物代谢研究的实用意义
2. 掌握反应速率的表示方法
3. 理解反应速率与浓度的关系式和质量作用定律的适用范围
4. 了解从实验数据获得速率常数 $k$ 的步骤
5. 掌握药物有效期 $t_{有效}$、半衰期 $t_{1/2}$ 的定义和计算方法
6. 理解阿伦尼乌斯经验式($k$ 与 $T$ 的定量关系式)中各参数的相互关系和实用意义
7. 理解催化剂影响反应速率的原因

*Do you know*?

**为什么要学习反应速率?**

化学反应涉及两个最基本的问题。第一个问题是,此反应在指定条件下能否发生、最大产量可能是多少、当外界条件改变时对产量的影响如何,亦即反应的方向和限度。第二个问题是此反应欲达到最后的结果需多长时间,亦即反应的速率。第一个问题属于化学热力学的范畴,第二个问题属于化学动力学的范畴。

例如,氢和氧在室温、常压下化合成水的反应,根据反应平衡常数 $K=3.79\times10^{41}$,应该说反应发生的趋势很大,但是实际上几乎察觉不到有水生成。这是由于此反应的速率太慢了;而盐酸和氢氧化钠的中和反应,反应平衡常数 $K=32$,反应趋势比上述反应要小,但反应速率却非常快,瞬时即可完成。因此说化学热力学只解决了反应的可能性问题,不能解决反应的速率问题。化学反应速率的问题需由化学动力学来解决。

在药物的研究和生产中,经化学热力学判断为可能进行的反应,如何实现所预言的平衡状态?怎样更有效地控制其反应速率,使反应按人们所希望的速率进行。例如,怎样使药物合成反应变得快一些,使药物的变质反应变得慢一些。药剂的有效期如何计算等。这就需要研究各种条件如浓度、温度、压力、催化剂等对反应速率的影响,这就是本章学习的基本任务。

## 第1节 反应速率与反应机制的概念

### 一、反应速率的表示法

一个物质体系发生了变化,必然表现为某个物理量在变化,这个物理量随时间的变化率称为速率。物体做宏观机械运动时,它的空间位置随时间的变化率即为位移的速率。同样,体系中发生化学反应时,其化学组成的量在改变,这个量若以物质的量($n_i$)来表示,则各种物质的量随时间的变化率即为化学反应速率(reaction rate)。如果在整个反应过程中,体系的总体积不发生变化,则由于整个反应过程中物质的量与物质的量浓度(或分压)成正比,这时就可以用物质的量浓度(或分压)随时间的变化率来表示反应速率了。

大多数反应体系中,反应物质的浓度随时间的变化往往不成线性关系(图14-1),初始时刻和后来各时刻的反应速率各不相同,这可以从曲线上在该时刻的切线斜率不同看出来。因此反应速率通常采用微商的形式描述,又称瞬间速率(instantaneous rate)。反应速率要求具有正值,所以用反应物浓度($c_{反应物}$)的变化率来表示时,前面就要加上一个负号。反应体系中参加反应的各种物质,浓度都在变化,但因反应中各反应物的化学计量系数 $v_i$ 不同,会导致同一反应用不同物质浓度变化来表示速率时,在数值上是不相同的。例如,氨的合成反应

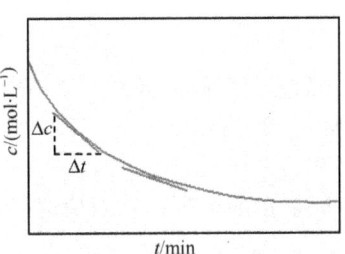

图14-1 反应物浓度 $c$-反应时间 $t$ 的变化曲线

$$N_2 + 3H_2 \rightleftharpoons 2NH_3$$

有以下各种物质的浓度变化率:$dc_{N_2}/dt$、$dc_{H_2}/dt$、$dc_{NH_3}/dt$。如按反应式进行一个单位反应时,会有1mol的$N_2$和3mol的$H_2$消失,同时会产生2mol的$NH_3$,在总体积不变的情况下,各种物质浓度变化也应有上述比例关系,即

$$-dc_{N_2} : -dc_{H_2} : dc_{NH_3} = 1:3:2$$

即

$$-\frac{dc_{N_2}}{dt} : -\frac{dc_{H_2}}{dt} : \frac{dc_{NH_3}}{dt} = 1:3:2$$

为了克服这种弊端,有必要引进反应进度($\xi$)的概念。

反应进度 $\xi$ 的定义为

$$\xi = \frac{n_i(t) - n_i(0)}{v_i} \tag{14-1}$$

式中,符号 $i$ 表示参与反应的任一种物质;$\xi$ 的单位为 mol;$v_i$ 为方程式中的计量系数(对于产物,$v_i$ 取正值,对于反应物,$v_i$ 取负值)。

例如,对于氨的合成反应,若起始时 $N_2$、$H_2$ 和 $NH_3$ 的量分别为 3mol、9mol、0mol(都是任意的),反应时间为 $t$ 时,$N_2$、$H_2$ 和 $NH_3$ 的量分别为 2mol、6mol 和 2mol(与起始条件与计量系数有关),即

|  | $N_2 + 3H_2 \rightleftharpoons 2NH_3$ |  |  |
| --- | --- | --- | --- |
| 起始 $c_0$/(mol·L$^{-1}$) | 3 | 9 | 0 |
| 变化的 $c$/(mol·L$^{-1}$) | -1 | -3 | +2 |
| $t$ 时的 $c_t$/(mol·L$^{-1}$) | 2 | 6 | 2 |

则此时的反应进度为

$$\xi = \frac{2-3}{-1} = \frac{6-9}{-3} = \frac{2-0}{2} = 1\,mol$$

显然对于同一化学反应,$\xi$ 的量值与选取参与反应的哪一种物质来求算无关,但与反应计量方程式的写法则有关。

目前,国际上已普遍采用以反应进度随时间的变化率来定义反应速率:

$$r = \frac{d\xi}{dt} \tag{14-2}$$

对于体积一定的密闭系统，反应速率 $r$ 也可表示为

$$r = \frac{1}{V}\frac{d\xi}{dt} = \frac{1}{V\nu_i}\frac{dn_i}{dt} \qquad (14\text{-}3)$$

因为 $n_i/V$ 为 $c_i$，故

$$r = \frac{dc_i}{\nu_i dt} \qquad (14\text{-}4)$$

这里反应速率的量纲为浓度·时间$^{-1}$，通常以 $mol \cdot L^{-1} \cdot s^{-1}$ 表示。

例如，对于下述反应

$$2NO + Br_2 \Longrightarrow 2NOBr$$

在恒温、恒容条件下，其反应速率可表示为

$$r = -\frac{1}{2}\frac{d[NO]}{dt} = -\frac{d[Br_2]}{dt} = \frac{1}{2}\frac{d[NOBr]}{dt}$$

很显然，在参加反应的三种物质中，选用任何一种，反应速率的值都是相同的。实际工作中，常选其中浓度比较容易测量的物质来表示反应速率，本书将主要采用式(14-4)的形式讨论恒容系统反应速率的规律。

## 二、反应速率的测定

用实验测定反应速率，在化学动力学研究中是极为重要的第一步，要求在反应的不同时刻测出反应物(或生成物)的浓度，根据一系列的浓度和时间数据绘出 $c$-$t$ 曲线(图 14-1)，通过作切线即可求得曲线在时间 $t$ 时的斜率 $dc_i/dt$，或者由 $c$-$t$ 曲线找出 $c_i(t) = f(t)$ 的函数关系，然后对时间取导数获得。

浓度测定的方法一般分为化学方法和物理方法。前者是于不同的时间取出少量的反应样品，迅速冷却或大量稀释使样品中的反应立即停止，然后用化学分析的方法，测定反应进行至取样时刻的物质浓度。此法的优点是能直接得到各个时刻的浓度绝对值，但实验操作比较麻烦，时间和浓度不易做到同步，引入误差较大。物理方法是对某一个与物质浓度有关的物理量进行测定。最好选择与浓度变化呈线性关系的物理量，如压强、旋光度、折射率、光吸收度、电动势等。这类方法取样很少，甚至可以不必取样，可以不中断反应而进行迅速测定，易于采取自动记录装置，故有较大优越性。但也需注意，使用仪器多了，受干扰的因素也多了，可能使实验结果的误差扩大，必须设法校正。

## 三、反应机制的概念

经过多方面的实验测定和分析验证，发现现有的化学反应绝大部分并不是按照其计量方程式所表示的那样，由反应物直接作用生成产物的，而是要经过生成中间产物的许多步骤来完成的。例如

$$H_2 + Cl_2 \Longrightarrow 2HCl$$

该反应并不是由一个氢分子和一个氯分子直接作用生成两个氯化氢分子，而是经历一系列中间步骤方可实现的。因此，计量方程式仅表示反应的宏观总效果，称为"总反应"。已经证明，上述总反应的具体步骤包括下列四个反应

(1) $Cl_2 \Longrightarrow 2Cl\cdot$

(2) $Cl\cdot + H_2 \Longrightarrow HCl + H\cdot$

(3) H· + Cl$_2$ === HCl + Cl·

(4) 2Cl· + M === Cl$_2$ + M

M 指反应器壁或其他第三体分子,是惰性物质,只起传递能量的作用。这四个反应才是由反应物分子直接作用生成产物的,它们的总效果在宏观上与总反应一致。

由反应物分子(或离子、原子、自由基等)直接作用(即一步完成)而生成新产物的反应,称为"基元反应"(elementary reaction),仅由一种基元反应组成的总反应称为"简单反应",由两种或两种以上基元反应所组成的总反应称为"复合反应"(complex reaction),以上氯化氢气相合成反应就是一个复合反应。绝大多数宏观总反应都是复合反应。组成宏观总反应的基元反应的总合,称为"反应机制"(reaction mechanism)或称"反应历程"。如上例中四步基元反应组成氯化氢合成总反应的途径就是该反应的反应机制。

在基元反应中,同时直接参加反应的粒子(分子、原子、离子、自由基)数目,称为"反应分子数"。根据反应分子数的不同又可将基元反应分为"单分子反应"、"双分子反应"和"三分子反应"等。例如,在氯化氢气相合成反应的机制中,实验表明:基元反应(1)可视为单分子反应,(2)和(3)都是双分子反应(4)是三分子反应。绝大多数基元反应都是双分子反应。四分子以上的反应至今还未发现。

必须指出,反应分子数是针对基元反应而言的,是人们为了说明反应机制而提出的概念,它是通过实验确定的,绝不能按化学方程式中的计量系数来确定反应的分子数。另外,"反应分子数"是表示反应微观过程的特征,而"简单反应"和"复合反应"是针对宏观总反应而言的。这些概念也不可混为一谈。

## 第2节 浓度对反应速率的影响

### 一、反应速率方程与反应级数

一定温度下,化学反应的速率大多与参与反应物质的浓度密切相关。在恒温下测得的 $c$-$t$ 曲线,曲线上每点的斜率 $dc_i/dt$ 是浓度随反应时间改变的变化率,所以反应速率 $r$ 是浓度 $c_i$ 的函数或者各物质浓度 $c_i$ 是时间 $t$ 的函数。

$$r = \frac{dc_i}{v_i dt} = f(c_i)$$

$$c_i = f(t)$$

两者都称为速率方程,前者是微分形式,后者是积分形式。

反应的速率方程通常只能通过实验方可确定,由于各种化学反应的反应机制不同,故其速率方程的形式也可完全不同。例如,H$_2$ 与三种不同卤素的气相反应,其化学计量方程式是类似的

(1) H$_2$ + I$_2$ === 2HI

(2) H$_2$ + Br$_2$ === 2HBr

(3) H$_2$ + Cl$_2$ === 2HCl

但他们由实验确定的速率方程形式却完全不同,依次为

(1) $r = k[\text{H}_2][\text{I}]$

(2) $r = \dfrac{k[\text{H}_2][\text{Br}_2]^{1/2}}{1 + k'[\text{HBr}]/[\text{Br}_2]}$

(3) $r = k'[\text{H}_2][\text{Cl}_2]^{1/2}$

因此可以推测这三个反应的反应机制是完全不同的。

例如,有一些反应

$$aA + bB \rightleftharpoons gG + hH$$

由实验导出的反应速率方程有如下形式:

$$r = k[A]^{\alpha}[B]^{\beta} \tag{14-5}$$

对这类反应,为了衡量浓度对速率的影响,引入了"反应级数"(reaction order)的概念。式中浓度项的指数 $\alpha$、$\beta$ 分别定义为各组分 A、B 的级数,而指数之和 $n$ 定义为总反应的级数。即 $n = \alpha + \beta$。

例如,反应

$$H_2 + I_2 \rightleftharpoons 2HI$$

$$r = k[H_2][I_2]$$

故称此总反应为二级反应,而对 $H_2$ 和 $I_2$ 来说均为一级。

例如,反应

$$H_2 + 1/2Cl_2 \rightleftharpoons HCl$$

$$r = k[H_2][Cl_2]^{1/2}$$

故称此总反应为 1.5 级反应,而反应对 $H_2$ 为一级,对 $Cl_2$ 为 0.5 级。可见反应级数也都是由实验确定的,可以是整数或分数,也可以是正数、零或负数。仍需提醒,$\alpha$、$\beta$ 值与反应的计量系数 $a$、$b$ 不一定相同,不要混为一谈。

对反应速率方程不符合式(14-5)形式的反应,反应级数的概念是不适用的。

例如,反应

$$H_2 + Br_2 \rightleftharpoons 2HBr$$

$$r = \frac{k[H_2][Br_2]^{1/2}}{1 + k'[HBr]/[Br_2]}$$

就没有反应级数。

## 二、质量作用定律

进一步从实验发现,在恒温下,基元反应的速率方程的微分形式均符合式(14-5)形式,而且浓度项的指数 $\alpha$、$\beta$、$\cdots$ 均与反应方程式中相应反应物的计量系数相同。例如,有基元反应

$$aA + bB \longrightarrow gG + hH$$

实验确立的速率方程为

$$r = k[A]^a[B]^b \tag{14-6}$$

化学动力学中将这种关系称为"质量作用定律"(mass action law)。凡是简单反应只包含一种基元反应,其总反应方程式与基元反应一致,体现了反应物分子直接作用的关系,故质量作用定律对简单反应可直接应用。但复合反应方程式不能体现反应物分子直接作用关系,故质量作用定律不能直接应用于复合反应,然而对组成复合反应的任何一步基元反应,质量作用定律仍然适用。这里有一种很巧合的情况,某些反应由实验确立的速率方程完全符合质量作用定律,但从其他方面论证却不是简单反应。例如,反应

$$H_2 + I_2 \longrightarrow 2HI$$

实验得出

$$r = k[H_2][I_2]$$

速率方程与质量作用定律吻合,历史上曾有很长时期一直误以为该反应就是简单的二级反应,但后来的研究表明该反应是复合反应,其反应机制为

$$\text{第一步} \quad I_2 \rightleftharpoons 2I\cdot S$$
$$\text{第二步} \quad H_2 + 2I\cdot \rightleftharpoons 2HI$$

第一步是快速反应，很快达平衡，根据化学平衡原理：

$$\frac{[I\cdot]^2}{[I_2]} = K$$

有

$$[I\cdot]^2 = K[I_2]$$

第二步基元反应

$$r = k'[H_2][I\cdot]^2$$

代入得

$$r = k'[H_2]K[I_2]$$

合并常数项得

$$r = k[H_2][I_2]$$

由此可得出经验，简单反应其速率方程可以直接应用质量作用定律，但速率方程符合质量作用定律的反应不一定就是简单反应。如速率方程不符合质量作用定律的反应可以肯定是复合反应。

### 三、速率常数

式(14-6)中的比例常数 $k$ 称反应的"速率常数"(rate constant)。对于指定反应，$k$ 值与浓度无关而与反应的温度及所用催化剂有关。$k$ 的物理意义是单位浓度时的瞬时速率，故在比较不同反应的反应速率时，经常用速率常数 $k$ 描述，因而是重要的动力学参数。

如将式(14-6)改写为

$$\frac{r(\text{mol}\cdot L^{-1}\cdot s^{-1})}{[A]^a[B]^b(\text{mol}\cdot L^{-1})^n} = k[(\text{mol}\cdot L^{-1})^{1-n}\cdot s^{-1}]$$

可见 $k$ 是有单位的量，其单位与反应级数 $n$ 有关。例如，一级反应 $k$ 的单位为 $s^{-1}$，而二级反应 $k$ 的单位通常为 $\text{mol}^{-1}\cdot L\cdot s^{-1}$。因此，有时从 $k$ 的单位可以看出反应的级数。

## 第3节 简单级数反应的速率方程

所谓简单级数反应是指恒温时反应速率只与反应物浓度有关，而且反应级数是零或正整数的反应。下面将讨论这类反应速率方程的微分形式（描述瞬间速率）、积分形式（描述反应全过程的速率）及其特征。

### 一、一级反应

若有反应

$$A \longrightarrow \text{产物}$$

实验确定为一级反应，即瞬间速率与反应物瞬间浓度的一次方成正比：

$$r = -\frac{dc}{dt} = k\cdot c \tag{14-7}$$

式中，$c$ 为 $t$ 时刻的反应物 A 的浓度。将式(14-7)改写成

$$-\frac{dc}{c} = k\cdot dt$$

积分

$$\int \frac{dc}{c} = -k_1 \int dt$$

$$\ln c = -k_1 t + B \tag{14-8}$$

$B$ 为积分常数，其值可由 $t=0$ 时反应物 A 的起始浓度 $c_0$ 来确定：$B = \ln c_0$。故一级反应速率方程的积分形式可表示为

$$\ln \frac{c}{c_0} = -k_1 t \tag{14-9}$$

或

$$\frac{c}{c_0} = e^{-k_1 t} \qquad c = c_0 e^{-k_1 t} \tag{14-10}$$

从式(14-10)可见，一级反应的反应物浓度随时间指数衰减(图 14-1)。从式(14-8)可知，对一级反应，若在不同的反应时间测得反应物浓度 $c$，则以 $\ln c$ 对 $t$ 作图得到一条直线，其斜率为 $-k_1$，截距为 $\ln c_0$ (图 14-2)。

反应物浓度消耗一半所需的时间称为半衰期，记作 $t_{1/2}$。由式(14-9)可知，一级反应的 $t_{1/2}$ 表示式为

$$\ln \frac{0.5 c_0}{c_0} = -k_1 t_{1/2}$$

$$t_{1/2} = \frac{1}{k_1} \ln 2 = \frac{0.6932}{k_1} \tag{14-11}$$

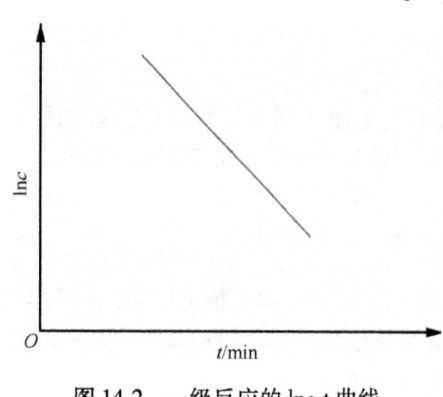

图 14-2　一级反应的 $\ln c$-$t$ 曲线

可以看出，一级反应的半衰期与反应物起始浓度 $c_0$ 无关。

大多数药物在储存过程中变质失效符合一级反应的规律，若药物的浓度降至原浓度的 $y\%$ 即失效，由式(14-9)可知药物的有效期 $t_{有效}$ 为

$$\ln \frac{y c_0}{c_0} = -k t_{有效}$$

$$t_{有效} = \frac{-\ln \left( \frac{y c_0}{c_0} \right)}{k} = \frac{\ln \left( \frac{1}{y} \right)}{k} \tag{14-12}$$

### 乙酰水杨酸水针剂 $t_{1/2}$ 和 $t_{有效}$ 的计算

从动力学实验已知其降解反应为一级反应，25℃时 $k = 5 \times 10^{-7} \text{s}^{-1}$。从药理试验得知阿司匹林水剂降至 90% 时失效。

根据一级反应的半衰期 $t_{1/2}$ 计算式 (14-11)：

$$t_{1/2} = \frac{0.693}{k_1} = \frac{0.693}{5 \times 10^{-7}} = 1.39 \times 10^6 \text{ (s)} = 16 \text{ (d)}$$

一级反应的药物浓度降至初浓度 90% 所需时间：

$$t_{有效} = \frac{0.105}{k_1} = \frac{0.105}{5 \times 10^{-7}} = 2.1 \times 10^5 \text{ (s)} = 2.4 \text{ (d)}$$

## 计算某注射剂第二次注射时间间隔

(1) 某人静脉注射后每隔 4 小时抽取一次血样,测血浆浓度

| 时间/h | 4 | 8 | 12 | 16 |
|---|---|---|---|---|
| 血浆浓度 $c/(10^{-2}g \cdot L^{-1})$ | 0.48 | 0.31 | 0.24 | 0.15 |
| $\ln c$ | 0.73 | -1.17 | -1.43 | -1.89 |

(2) 以 $\ln c$ 对 $t$ 作图得一直线(图 14-3),

$\ln c$ 对 $t$ 作图得一直线,可确定该药物在体内的变化为一级反应。由图求得该直线的斜率为

$$-9.36 \times 10^{-2} h^{-1}$$

由一级反应的线性方程

$$\ln c = -kt + \ln c_0$$

所以

$k = -$ 斜率 $= 9.36 \times 10^{-2} h^{-1}$。

$\ln c_0 = $ 截距 $= -0.37$

所以初浓度 $c_0 = 0.69 \times 10^{-2} g \cdot L^{-1}$。

(3) 当血浆浓度低于 $0.37 \times 10^{-2} g \cdot L^{-1}$ 时失效

根据式(14-8)有

$$t_{失} = \frac{1}{9.36 \times 10^{-2}} \ln \frac{0.69 \times 10^{-2}}{0.37 \times 10^{-2}} = 6.7 \text{ (h)}$$

所以须在第一次注射后 6.7 小时进行第二次注射。

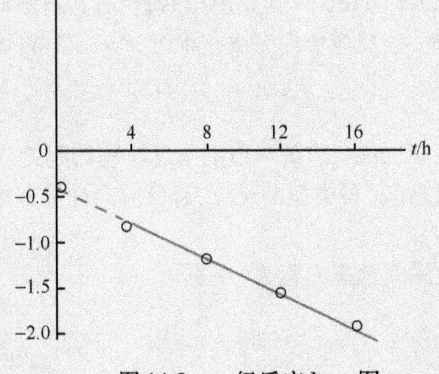

图 14-3 一级反应 $\ln c$-$t$ 图

# *二、二级反应

反应速率与反应物浓度的二次方(或两种反应物浓度的乘积)成正比的反应称二级反应,有两种类型

(1) $a\text{A} \longrightarrow$ 产物

(2) $a\text{A} + b\text{B} \longrightarrow$ 产物

对第(1)种反应,若计量方程式为

$$a\text{A} \longrightarrow \text{产物}$$

则实验确定的反应速率为

$$r = -\frac{dc_A}{a \cdot dt} = kc_A^2 \tag{14-13}$$

或写作

$$-\frac{dc}{c^2} = ak \cdot dt = k_2 dt$$

积分

$$-\int \frac{dc}{c^2} = \int k_2 dt$$

得

$$\frac{1}{c} = k_2 t + B \tag{14-14}$$

当 $t=0$ 时，$c=c_0$，因此

$$B = \frac{1}{c_0}$$

代入式(14-14)得

$$\frac{1}{c} - \frac{1}{c_0} = k_2 t \tag{14-15}$$

由式(14-15)可看出，二级反应有以下特性：

(1) $k_2$ 的量纲为 $\mathrm{mol^{-1} \cdot L \cdot s^{-1}}$。因此其数值不仅与所用的时间单位有关，还与所用的浓度单位有关。

(2) 以 $1/c$ 对 $t$ 作图应得一直线，其斜率即 $k_2$。

(3) 当反应恰好完成一半时，$c=c_0/2$，将此代入式(14-15)可得

$$t_{1/2} = \frac{1}{k_2 c_0} \tag{14-16}$$

说明二级反应的半衰期与反应物的起始浓度成反比。

对第(2)种类型的反应，若反应的计量方程为

$$a\mathrm{A} + b\mathrm{B} \longrightarrow 产物$$

其反应瞬间速率方程为

$$r = -\frac{\mathrm{d}c_\mathrm{A}}{a\mathrm{d}t} = k_2 c_\mathrm{A} \cdot c_\mathrm{B} \tag{14-17}$$

若 A 和 B 的起始浓度相等，且 $a=b=1$，则式(14-17)可化作式(14-13)形式，其反应速率方程与第一种类型相同。

若 $a=b=1$，但 A 与 B 的起始浓度不相等，即 $c_{0,\mathrm{A}} \neq c_{0,\mathrm{B}}$，如设 $x$ 为 $t$ 时刻反应物已消耗掉的浓度，则有

|   | A | + | B | $\longrightarrow$ | D |
|---|---|---|---|---|---|
| $t=0$ | $c_{0,\mathrm{A}}$ | | $c_{0,\mathrm{B}}$ | | 0 |
| $t=t$ | $c_{0,\mathrm{A}}-x$ | | $c_{0,\mathrm{B}}-x$ | | $x$ |

其瞬间反应速率为

$$r = \frac{-\mathrm{d}c_\mathrm{A}}{\mathrm{d}t} = \frac{\mathrm{d}x}{\mathrm{d}t} = k_2(c_{0,\mathrm{A}}-x)(c_{0,\mathrm{B}}-x)$$

积分后可得

$$\frac{1}{c_{0,\mathrm{A}}-c_{0,\mathrm{B}}} \ln \frac{c_{0,\mathrm{B}}(c_{0,\mathrm{A}}-x)}{c_{0,\mathrm{A}}(c_{0,\mathrm{B}}-x)} = k_2 t \tag{14-18}$$

从式(14-18)可看出，以 $\ln \dfrac{c_{0,\mathrm{B}}(c_{0,\mathrm{A}}-x)}{c_{0,\mathrm{A}}(c_{0,\mathrm{B}}-x)}$ 对 $t$ 作图应得一直线，由此直线的斜率可求出 $k_2$。由于 A 和 B 的半衰期不同因此很难说总反应的半衰期是多少。

二级反应也是一种常见的反应，特别在溶液中的有机反应很多是二级反应(图14-4)。

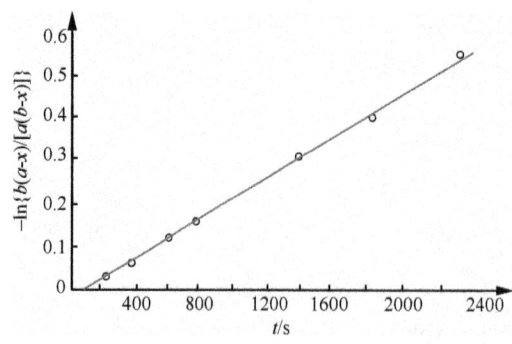

图 14-4　二级反应 $\mathrm{CH_3COOC_2H_5}$ 的水解

## *三、三级反应和零级反应

三级反应比较少见。零级反应是速率与反应物浓度无关的反应。一些光化学反应及复相

催化反应可表现为零级反应,本书不详细讨论了。

下面仅将一些简单级数反应的速率方程及半衰期表示式列于表14-1以供查用。

**表14-1 简单级数反应的特征**

| 级数 | 反应速率方程 微分式 | 反应速率方程 积分式 | $t_{1/2}$ | 线性关系 | $k$ 的量纲 |
|---|---|---|---|---|---|
| 0 | $-\dfrac{dc_A}{dt}=k$ | $c_{0,A}-c_A=kt$ | $\dfrac{c_{0,A}}{2k}$ | $c_A$-$t$ | 浓度·时间$^{-1}$ |
| 1 | $-\dfrac{dc_A}{dt}=k_1 c_A$ | $\ln\dfrac{c_{0,A}}{c_A}=k_1 t$ | $\ln\dfrac{2}{k_1}$ | $\ln c_A$-$t$ | 时间$^{-1}$ |
| 2 | $-\dfrac{dc_A}{dt}=k_2 c_A^2$ | $\dfrac{1}{c_A}-\dfrac{1}{c_{0,A}}=k_2 t$ | $\dfrac{1}{(k_2 \cdot c_{0,A})}$ | $1/c_A$-$t$ | 浓度$^{-1}$·时间$^{-1}$ |
|   | $-\dfrac{dc_A}{dt}=k_2 \cdot c_A \cdot c_B$ | $\dfrac{1}{c_{0,A}-c_{0,B}}\ln\dfrac{c_{0,B}\cdot c_A}{c_{0,A}\cdot c_B}=k_2\cdot t$ | 无 | $\ln\dfrac{c_{0,B}c_A}{c_{0,A}c_B}$-$t$ | 浓度$^{-1}$·时间$^{-1}$ |

**案例14-1**

乙酸甲酯与氢氧化钠在25℃时发生皂化反应,酯和碱的起始浓度都为 $0.010\,\text{mol}\cdot\text{L}^{-1}$,反应经420s后,测知已消耗酯的浓度为 $4.50\times10^{-3}\,\text{mol}\cdot\text{L}^{-1}$。若已知该反应是二级反应,试求速率常数 $k$ 和经过900s后酯的浓度。

解:根据式(14-15)

$$\frac{1}{c}-\frac{1}{c_0}=k_2 t$$

$$k_2 = \frac{1}{t}\times\frac{c_0-c}{cc_0}$$

$$=\frac{1}{420\text{s}}\times\frac{4.50\times10^{-3}\,\text{mol}\cdot\text{L}^{-1}}{0.010\times(0.010-4.50\times10^{-3})(\text{mol}\cdot\text{L}^{-1})^2}$$

$$=0.194(\text{mol}\cdot\text{L}^{-1})^{-1}\cdot\text{s}^{-1}$$

恒温下,$k_2$ 为常数,再代回到式(14-15)

$$\frac{1}{c}=k_2 t+\frac{1}{c_0}$$

$$=0.194(\text{mol}\cdot\text{L}^{-1})^{-1}\cdot\text{s}^{-1}\times900\cdot\text{s}+\frac{1}{0.010\,\text{mol}\cdot\text{L}^{-1}}$$

$$c=3.63\times10^{-3}\,\text{mol}\cdot\text{L}^{-1}$$

**案例14-2**

$\alpha$-氨苄青霉素在pH为5.8时最稳定,35℃时它的溶解度为 $1.1\,\text{g}\cdot(100\text{mL})^{-1}$,而悬浮液的浓度为 $2.5\,\text{g}\cdot(100\text{mL})^{-1}$,悬浮液的零级降解速率常数为 $2.2\times10^{-7}\,\text{g}\cdot\text{s}\cdot(100\text{mL})^{-1}$,求该悬浮液的有效期 $t_{0.9}$。

解:由零级反应速率方程积分式

$$c_{0,A}-c_A=kt$$

则

$$t=\frac{c_{0,A}-c_A}{k}=(2.5-0.9\times2.5)/(2.2\times10^{-7})$$

$$=1.1\times10^6(\text{s})=13(\text{d})$$

## 第4节 温度对反应速率的影响

### 一、阿伦尼乌斯经验公式

前面讨论浓度对反应速率的影响时都是以温度恒定为前提的,同样,在讨论温度对速率的影响时也需恒定浓度为前提,所以通常都是讨论速率常数 $k$ 随温度变化的情况。

温度对反应速率的影响比浓度的影响更为显著,关于速率常数 $k$ 与反应温度 $T$ 之间的定量关系,阿伦尼乌斯在总结了大量实验数据后,提出了一经验公式,此公式可表示为

$$\ln k = -\frac{E_a}{RT} + B \tag{14-19}$$

或改写为

$$k = A e^{-\frac{E_a}{RT}} \tag{14-20}$$

式中,$E_a$、$B$、$A$ 皆为常数,对不同的反应具有不同的数值。

阿伦尼乌斯为了解释自己的经验公式,提出了"活化分子"(activated molecule)和"活化能"(activation energy)的概念。他认为发生化学反应时,分子间相互作用,首要的条件是它们必须互相接触,但不是反应物分子之间的任何一次直接作用都能发生反应,只有少数能量相当高的分子之间的直接作用方能发生反应。在直接作用中能发生反应的、这些能量相当高的分子称为"活化分子"。活化分子的最低能量比普通分子平均能量的超出值称为反应的活化能。

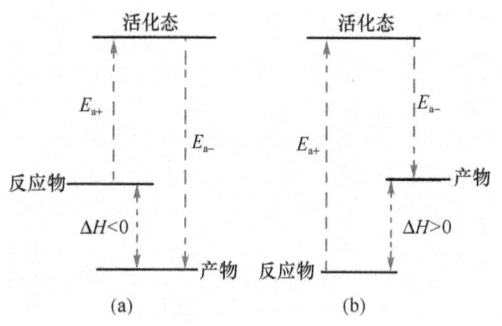

图 14-5 活化能示意图
(a)放热反应;(b)吸热反应

图 14-5 为活化能概念的示意图。以纵坐标表示所研究体系分子的能量、横坐标表示反应过程。如图所示,反应物 A 变成生成物 C 时,中间要经过一个活化态 B(即活化分子相互作用时的状态)。活化态 B 的能量显然大于反应物 A 和生成物 C 的能量。反应物 A 必须吸收能量 $E_{a+}$,达到活化态 B,然后化学反应才能发生。同理对于逆反应来说,生成物 C 必须吸收能量 $E_{a-}$,达到活化态 B,而后进行反应生成 A。$E_{a+}$ 是正反应的活化能,$E_{a-}$ 是逆反应的活化能。

若以 $U$(活化态) 代表活化态能量,则有

$$\begin{aligned} E_{a+} + U_{(反应物)} &= E_{a-} + U_{(生成物)} = U_{(活化态)} \\ E_{a+} - E_{a-} &= U_{(生成物)} - U_{(反应物)} = \Delta U \approx \Delta H \end{aligned} \tag{14-21}$$

### 二、阿伦尼乌斯公式的应用

**1. 解释实验现象**　在同温、同浓度下,为什么各种化学反应的反应速率不同?根据式(14-20)

$$k = A e^{-\frac{E_a}{RT}}$$

$A$ 称指前因子(或称频率因子)是一个很大的值,为 $10^9 \sim 10^{13}$;$e^{-\frac{E_a}{RT}}$ 称指数因子是指能量为 $E_a$ 以上的分子在总分子数中所占的分数,这是一个很小的数值。若一反应在 25℃ 下进行,活化

能为 80kJ·mol$^{-1}$,则

$$e^{\frac{-E_a}{RT}} = e^{\frac{-80\,000}{8.314 \times 298}} = 9.48 \times 10^{-15}$$

就是说,在 $1 \times 10^{14}$($= 1/9.48 \times 10^{-15}$)个分子中才有一个活化分子,或者说在反应分子之间要直接作用 $1 \times 10^{14}$ 次,才有一次是有效的。因此,即使一个分子每秒钟直接作用高达 $10^{11}$ 次之多,也需 $1 \times 10^{14}/10^{11} = 1000$ s 才能发生反应。所以化学反应的速率主要取决于反应活化能。活化能 $E_a$ 越大,则 $k$ 值越小;活化能 $E_a$ 越小,则 $k$ 值越大。一般化学反应的活化能在 60~250kJ·mol$^{-1}$。如 $E_a <$ 40kJ·mol$^{-1}$,则其反应速率就快得很难实验测量了。

为什么温度对反应速率的影响非常显著?由式(14-20)还可看出,对于给定的某一化学反应来说,在一定温度范围内,$E_a$ 可视为常数,故当温度 $T$ 升高时,$e^{\frac{-E_a}{RT}}$ 的值增大,即活化分子在总分子数中所占的比例增大,故导致 $k$ 值增大,反之亦然。由于 $k$ 和 $T$ 呈指数关系,所以 $k$ 随 $T$ 的变化甚为显著。

2. 由已知的某温度下的速率常数求算另一温度下的速率常数 若温度 $T_1$ 时的反应速率常数为 $k_1$,$T_2$ 为 $k_2$,分别代入式(14-19),得

$$\ln k_2 = \frac{-E_a}{RT_2} + B$$

$$\ln k_1 = \frac{-E_a}{RT_1} + B$$

合并两式得

$$\ln \frac{k_2}{k_1} = \frac{-E_a}{R}\left(\frac{1}{T_2} - \frac{1}{T_1}\right) \tag{14-22}$$

**案例 14-3**

CO(CH$_2$COOH)$_2$ 在水溶液中分解反应的 $E_a = 97.61$kJ·mol$^{-1}$。已测得 283K 的速率常数 $k_{283K} = 1.08 \times 10^{-4}$s$^{-1}$ 试求 303K 的速率常数。

**解:** 由式(14-22)知

$$\ln k_{303K} = \ln k_{283K} + \frac{E_a(T_2 - T_1)}{RT_1 T_2}$$

$$= \ln 1.08 \times 10^{-4} + \frac{97.61 \times 10^3 \times (303 - 283)}{8.314 \times 283 \times 303}$$

$$= -6.395$$

$$k_{303K} = 1.67 \times 10^{-3} \text{s}^{-1}$$

3. 求算反应的活化能 活化能的数值是根据实验数据利用阿伦尼乌斯公式求得的。通常有两种方法:

(1) 作图法:由式(14-19)

$$\ln k = -\frac{E_a}{RT} + B$$

可知,只要测得几组不同温度下的速率常数,以 $\ln k$ 对 $1/T$ 作图,即可得一直线,其斜率为 $-E_a/R$;因此

$$E_a = -(\text{斜率}) \times R$$

(2) 数值计算法:根据式(14-22)

$$\ln \frac{k_2}{k_1} = \frac{E_a(T_2 - T_1)}{RT_1 T_2}$$

将两个任意温度下的 $k$ 值代入上式,即可算出反应活化能。

## 含氯消毒剂的有效期的测定

二氯异氰尿酸钠（SDIC）是一种广谱、高低毒的含氯消毒杀菌剂，可杀灭活肝炎病毒、大肠杆菌、金黄色葡萄球菌、白色念珠菌、芽孢等致病微生物，使用安全，广泛用于食品及饮用水方面的消毒杀菌。但不能长期保存。本书采用恒温法测定该杀菌剂的 $k_{25℃}$、$E_a$ 和 $t_散$，以便进一步探索其稳定性。

**1. 测定法** 将装有1% SDIC（加有稳定剂）的锥形瓶置于恒温水浴中每隔一定时间取出1.00mL液立即冷却至0℃用碘量法测定余氯的含量，取三次测定数据平均值（相对标准偏差≤3%）见表14-2 表14-3。

**表14-2 50℃时 $t$-$c$ 数据**

| $t$/h | 0 | 3 | 8 | 13 | 22 | 27 |
|---|---|---|---|---|---|---|
| $c$/% | 0.535 | 0.489 | 0.439 | 0.396 | 0.342 | 0.305 |
| ln$c$ | −0.625 | −0.715 | −0.82 | −0.926 | −1.073 | −1.187 |

**表14-3 60℃时 $t$-$c$ 数据**

| $t$/h | 0 | 3 | 7 | 12.5 | 22 | 31 |
|---|---|---|---|---|---|---|
| $c$/% | 0.525 | 0.437 | 0.375 | 0.298 | 0.193 | 0.136 |
| ln$c$ | −0.644 | −0.828 | −0.981 | −1.211 | −1.645 | −1.995 |

**2. 数据处理** 据表14-2 表14-3中数据 ln$c$ 对 $t$ 作图基本为直线（图14-6），说明反应为一级应用线性回归法求出斜率即为该温度的速率常数见表14-4。

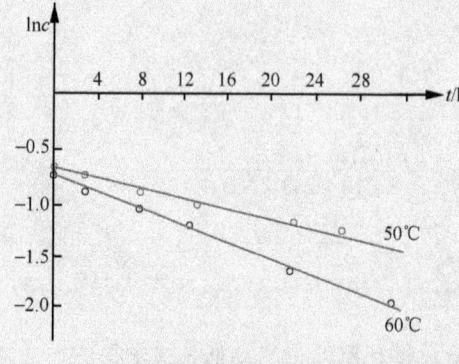

图14-6 二氯异氰尿酸钠的 ln$c$-$t$ 图

**表14-4 各温度时的速率常数**

| 温度/℃ | $k \times 10^3$/h$^{-1}$ |
|---|---|
| 50 | 20.1 |
| 60 | 42.6 |

根据（14-22）

$$\ln(k_2/k_1) = E_a(T_2 - T_1)/(RT_1T_2)$$

$$\ln(42.6 \times 10^{-3}/20.1 \times 10^{-3}) = E_a(333-323)/(8.314 \times 323 \times 333)$$

$$E_a = 67.2 \text{ (kJ·mol}^{-1}\text{)}$$

在温度范围内 $E_a$ 近似常数，再用（14-22）计算 $k_{25℃}$ 值

$$\ln(42.6 \times 10^{-3}/k_{25℃})$$
$$= 67.2 \times (333-298)/8.314 \times 298 \times 333$$
$$k_{25℃} = 2.46 \times 10^{-3} \text{ (h}^{-1}\text{)}$$

一级反应浓度降至90%所用时间为

$$T_散 = 0.105/k_1 = 0.105/2.46 \times 10^{-3} = 42.6 \text{ (h)}$$

但是，并不是所有的反应都能符合阿伦尼乌斯经验公式。目前已知的反应速率与温度的关系有五类（图 14-7）。第 I 类最常见，它符合阿伦尼乌斯公式；Ⅱ～Ⅳ类的反应不多，不符合阿伦尼乌斯公式。例如，爆炸反应属第 Ⅱ 类；有的复相催化属第 Ⅲ 类。第 Ⅴ 类反应的活化能为负值，亦可适用阿伦尼乌斯公式。

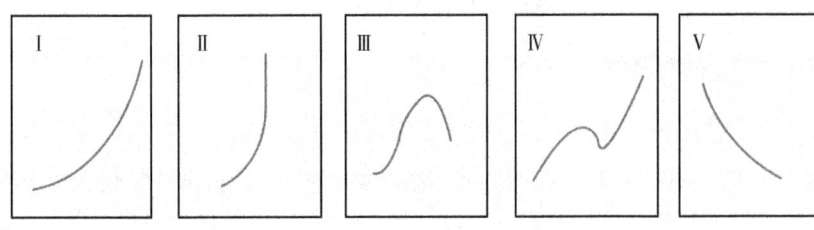

图 14-7　反应速率与温度关系的各种类型

## 第 5 节　催化剂对反应速率的影响

### 一、催化剂与催化作用

在化学反应中，因加入某种物质而使反应速率明显改变，但加入的这种物质在反应前后本身的质量和化学性质均没有改变，这种作用称为催化作用，这种所加入的物质，称为"催化剂"（catalyst）。化学上，对加快反应速率的催化剂叫正催化剂。对减慢反应速率的催化剂称负催化剂。有些物质不能直接起催化作用，但能提高催化剂的效率叫助催化剂；相反，有些物质使催化剂的催化作用降低甚至停止称为催化毒物。有些反应一经发生能自动加快的叫自动催化作用。单相体系中的催化作用叫均相催化，发生在多相体系中的催化过程叫多相催化。

催化作用一般有以下特征：

（1）少量的催化剂即能使反应速率发生明显变化，这是因为它本身在过程中并不被消耗。例如，固体 $KClO_3$ 分解时，加入少量 $MnO_2$ 粉末，分解速率显著加快。

（2）催化剂只能改变反应速率，却不能违背热力学原理使不能发生的反应进行。又因催化剂的作用是同时以相同的倍数加速（或降低）正、逆反应速率，故只能缩短（或延长）到达平衡的时间，而不能改变平衡常数。

（3）催化剂具高度选择性，对一个反应是有效的催化剂，但对其他反应并不一定有效；此外，同样的反应物在不同催化剂的作用下，可以进行着不同的反应，得到不同的产物。例如，$H_2O_2$ 对硫代硫酸盐的氧化反应

$$H_2O_2 + 2S_2O_3^{2-} + 2H^+ \xrightarrow{\text{催化剂 } I_2} 2H_2O + S_4O_6^{2-}$$
$$\text{四硫黄酸根离子}$$

$$4H_2O_2 + S_2O_3^{2-} \xrightarrow{H_2MoO_4} 2SO_4^{2-} + 2H^+ + 3H_2O$$

酶是生物体中生命过程的天然活体催化剂。据统计人体内有 3 万种酶，它们的高度专一性，才构成了人体正常的代谢过程。$N_2$ 与 $H_2$ 合成氨的反应，必须在高温、高压和 Fe-Mo 催化剂存在下才能进行，而在固氮酶的存在下，生物固氮却在温和条件下得以实现。

## 二、催化作用的理论

关于催化作用的理论,在现代已经有了很大的发展,但还不够成熟。这里只简单介绍一下中间化合物学说和活化中心的概念与催化作用的关系。

### (一)中间化合物学说

对均相催化反应,应用中间化合物学说能够很好地说明它的催化机制。这个学说的基本内容是:假定催化剂参加反应,它与反应物生成不稳定的中间化合物,这中间化合物容易形成也容易分解;中间化合物的形成使反应容易进行,而在分解时催化剂就恢复原状。现示意如下。

设反应 $\quad A+B == C \quad\quad E_a$ 大,反应速率小

加入催化剂 K:

参与反应 $\quad A+K == AK \quad\quad E_1$ 小,反应速率大

再生 $\quad AK+B == C+K \quad E_2$ 小,反应速率大

图 14-8 示出了非催化反应与催化反应过程能量变化情况。

例如,$H_2O_2$ 分解反应

$$2H_2O_2 \longrightarrow 2H_2O+O_2$$

$I^-$ 作为催化剂的反应机制为

(1) $H_2O_2+I^- \longrightarrow H_2O+IO^-$

(2) $IO^-+H_2O_2 \longrightarrow H_2O+O_2+I^-$

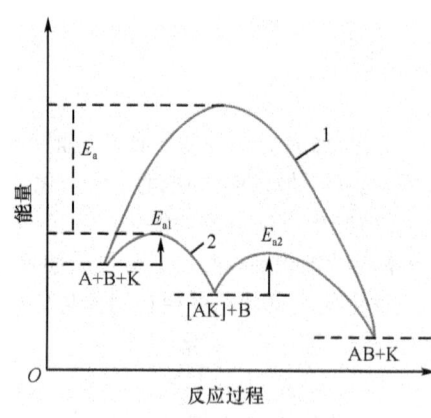

图 14-8 催化作用的能量图
1. 无催化剂;2. 有催化剂

催化剂在反应(1)中参与反应,在反应(2)中得以再生。$H_2O_2$ 分解为 $H_2O$ 和 $O_2$ 的反应,无催化剂时其活化能为 $75 kJ \cdot mol^{-1}$,而当用 $I^-$ 作为催化剂时,活化能为 $59 kJ \cdot mol^{-1}$,活化能明显变小。设在室温下,指前因子相近,当活化能从 $75 kJ \cdot mol^{-1}$ 降为 $59 kJ \cdot mol^{-1}$ 时,反应速率常数增加 $10^7$ 倍。

### (二)活化中心概念

在多相催化反应中,反应在催化剂表面上进行。最常见的是催化剂为固体,而反应物为气体或液体。这样的催化作用,与催化剂的表面状态有极大关系。根据许多实验得知,固体催化剂表面是不均匀的,只有一小部分叫做活性中心的区域,对反应物进行化学吸附之后,才能起催化作用。活性中心所占的面积不多,例如,合成氨用的 Fe 催化剂,乙烯加氢反应所用的 Ni 催化剂等,活性中心只约占催化剂表面积的千分之一。固体表面的结构是很复杂的,因而活性中心的结构也很复杂,不同的活性中心结构对不同的反应物质有极为差异的催化剂效果,所以显示出催化剂有特殊的选择性。

活性中心的概念在催化理论的发展中起了很大作用,但是关于活性中心的本性以及对催化作用的机制,却存在着各种不同的解释,因而发展为各种不同的理论。

虽然催化作用在工业上已取得很大成就,但是催化理论的发展,还没有达到预见催化作用的水平。因此,对某一反应所需要的催化剂,主要是用大量试验的方法来寻找最适宜的催化剂。

以上对影响反应速率的主要因素——温度、浓度、催化剂进行了讨论。对非均相体系中的化学反应速率,除上述因素影响之外,还要受到相界面积大小与界面流动快慢等因素的影响。研磨、分散、搅拌、通气等也是提高化学反应速率的措施。

## 2005年诺贝尔化学奖

2005年诺贝尔化学奖的三位得主是美国的格拉布、施罗克和法国的伊夫·肖万,获奖原因就是他们找到了非常有效的烯烃复分解反应催化剂,并弄清了该类催化剂的作用机制。

1970年,伊夫·肖万提出烯烃复分解反应中的催化剂应当是金属卡宾,并详细解释了催化的过程。金属卡宾是指一类有机分子,其中有一个碳原子与一个金属原子以双键连接,它们也可以看作一对拉着双手的舞伴。在与烯烃分子相遇后,两对舞伴会暂时组合起来,手拉手跳起四人舞蹈。随后它们"交换舞伴",组合成两个新分子,其中一个是新的烯烃分子,另一个是金属原子和它的新舞伴。后者会继续寻找下一个烯烃分子,再次"交换舞伴"。

1990年,施罗克报道了金属钼的卡宾化合物可以作为非常有效的烯烃复分解催化剂。这是第一种实用的此类催化剂,该成果显示烯烃复分解可以取代许多传统的有机合成方法,并用于合成新型有机分子。

1992年,格拉布等发现了金属钌的卡宾化合物也能作为催化剂。此后,格拉布又对钌催化剂作了改进,这种"格拉布催化剂"成为第一种被普遍使用的烯烃复分解催化剂,并成为检验新型催化剂性能的标准。

诺贝尔奖评委会评价说几位科学家的获奖成果是"朝着'绿色化学'方向前进的一大步"。这主要是因为应用该成果一方面提高了化工生产中的产量和效率,同时减少了副产品;另一方面其副产品主要是乙烯,而乙烯可以再利用。

## 小结

1. 反应的瞬间速率用 $r = dc/dt \cdot v_i$ 表示($v_i$ 是计量系数)。

2. 实验发现有些反应的瞬间速率与反应物浓度有以下形式的关系

$$\frac{dc}{dt} \cdot v_i = kc^\alpha c^\beta$$

$k$ 叫做速率常数,即单位浓度时的反应速率($k$ 有量纲);$\alpha + \beta$ 值叫反应总级数(有0、1、2、3级,也有分数级)。

进一步发现,基元反应的瞬间速率与浓度关系为

$$\frac{dc}{dt} \cdot v_i = kc^a c^b$$

叫质量作用定律。式中 $a$、$b$ 为反应物 A、B 的计量系数。大多数复合反应不符合质量作用定律,但复合反应中各步基元反应仍服从质量作用定律。

3. 目前,化学反应速率主要是通过实验测出系列的时间、温度数据利用作图法来分析、判断的。对简单级数反应(如零级、一级、二级)的速率方程,药物有效期 $t_{有效}$ 及半衰期 $t_{1/2}$ 的计算公式可查表14-1。

4. 阿伦尼乌斯总结了速率常数 $k$ 与反应温度 $T$ 之间的定量关系:

$$\ln k = \frac{-E_a}{RT} + \ln A \qquad 或 \qquad k = Ae^{\frac{-E_a}{RT}}$$

**小结**

式中,$E_a$ 为活化能(即活化分子能量比普通分子能量的超出值),$k$ 为速率常数;$A$ 为常数。

同一反应,$E_a$ 相同,温度 $T$ 升高,$k$ 变大。

不同反应,$E_a$ 不同,同一温度时,$E_a$ 大者,$k$ 小。

*5. 通过测定不同温度下的 $k$ 值,可计算反应的近似活化能。

$$\ln(k_2/k_1) = -E_a(T_2-T_1)/(RT_1T_2)$$

6. 某些物质在反应前后本身的质量和化学性质均没有改变,但它的存在能明显改变反应速率,这种物质叫催化剂。催化剂能改变反应机制,改变活化能,从而改变反应速率。因催化剂是同时以相同倍数改变正、逆反应速率,故只能缩短(或延长)反应到达平衡的时间,而不改变平衡常数 $K^{\ominus}$。

## 目 标 检 测

一、名词解释

速率常数　反应级数　质量作用定律　基元反应　活化能　催化剂

二、选择题

(一)最佳选择题

1. 质量作用定律适用于　　　　　　　　　　　　　　　　　　　　　　　　　　(　)
   A. 对峙反应　　　　　　　　　　　B. 平行反应
   C. 连串反应　　　　　　　　　　　D. 基元反应

2. 已知在 101.3kPa 和 298K 下由 $Cl_2$ 和 $H_2$ 生成 1mol $HCl(g)$ 所放出的热量为 $88.3kJ \cdot mol^{-1}$,反应的活化能为 $113kJ \cdot mol^{-1}$,则逆反应的活化能为　　　　　　　　　　　　　　　　　　(　)
   A. $-113kJ \cdot mol^{-1}$　　　　　　　B. $201.3kJ \cdot mol^{-1}$
   C. $289.6kJ \cdot mol^{-1}$　　　　　　　D. $24.7kJ \cdot mol^{-1}$

3. 对于任意给定的化学反应 $A + B \longrightarrow 2D$,则在反应速率研究中　　　　　　　(　)
   A. 表明它是二级反应　　　　　　　B. 表明它是双分子反应
   C. 表示了反应物与产物分子间的计量关系　　D. 表明它为基元反应

4. 若某反应的反应热 $\Delta H = 100kJ \cdot mol^{-1}$,则该反应的活化能　　　　　　　　(　)
   A. $E_a \leqslant 100kJ \cdot mol^{-1}$　　　　　B. $E_a \geqslant 100kJ \cdot mol^{-1}$
   C. 无法判断　　　　　　　　　　　D. $E_a < 100kJ \cdot mol^{-1}$

5. 若某反应的活化能为 $80kJ \cdot mol^{-1}$,则反应温度由 20℃ 增加到 30℃ 时,其反应速率常数约为原来的

   (　)
   A. 2 倍　　　　B. 3 倍　　　　C. 4 倍　　　　D. 5 倍

(二)多项选择题

6. 判断下列说法,不正确的是　　　　　　　　　　　　　　　　　　　　　　(　)
   A. 凡是符合速率方程的反应都是基元反应
   B. 单分子反应是一级的反应,双分子反应是二级反应
   C. 温度升高,反应速率加快的主要原因是分子碰撞次数增多引起的
   D. 催化剂对正逆反应的速率影响是一样的

7. 下列说法中,不正确的是 ( )
A. 两个不同的反应相比,活化能大的,其反应速率一定慢
B. 有了化学的反应式,我们就能根据质量作用定律写出它的速率方程
C. 任何反应的反应速率都是随时间而变化的
D. 逆反应的活化能在数值上等于正反应的活化能,符号相反

8. 下列说法中,不正确的是 ( )
A. 质量作用定律是一个普遍的规律,适用于一切化学反应
B. 反应速率常数与温度有关,而与物质的浓度无关
C. 同一反应,加入的催化剂不同,但活化能的降低是相同的
D. 反应级数与反应分子数总是一致的

9. 下列对催化剂的描述,正确的是 ( )
A. 催化剂只能缩短反应达到平衡的时间而不能改变平衡状态
B. 催化剂在反应前后其化学性质和物理性质不变
C. 催化剂不改变平衡常数
D. 催化剂加入不能实现热力学上不可能进行的反应

10. 查表说明,在描述一级反应的特征时,正确的是 ( )
A. $\ln c$ 对时间 $t$ 作图将为一直线
B. 半衰期与反应物起始浓度成正比
C. 同一反应,反应物消耗的百分数相同时所需的时间一样
D. 速率常数的单位为时间$^{-1}$

## 三、简答题

1. 如用反应中不同物质的浓度变化来描述反应速率,数值可能不同,很不方便,此问题是如何解决的?
2. 简述质量作用定律的表达方式和应用范围。
3. 影响化学反应速率的因素有哪些?扼要说明是如何影响的。
4. 你能说出几个一级反应的特征吗?

## 四、计算题

1. 某药物水溶液(pH=6.0),已知其降解反应为一级反应,$k=3\times10^{-8}\,\text{s}^{-1}(25℃)$,计算该药液的 $t_{1/2}$。(267.4d)
2. 在某一容器中,A 与 B 反应(A + B ⟶ C),实验测得如下数据:

| A 的起始浓度/(mol·L$^{-1}$) | B 的起始浓度/(mol·L$^{-1}$) | 起始速率/(mol·L$^{-1}$·s$^{-1}$) |
| --- | --- | --- |
| 1.0 | 1.0 | $1.2\times10^{-2}$ |
| 2.0 | 1.0 | $2.3\times10^{-2}$ |
| 4.0 | 1.0 | $4.9\times10^{-2}$ |
| 8.0 | 1.0 | $9.6\times10^{-2}$ |
| 1.0 | 1.0 | $1.2\times10^{-2}$ |
| 1.0 | 2.0 | $4.8\times10^{-2}$ |
| 1.0 | 4.0 | $1.9\times10^{-1}$ |
| 1.0 | 8.0 | $7.6\times10^{-1}$ |

(1) 写出速率方程。
(2) 确定该反应的反应级数。(3 级)
(3) 计算反应速率常数。($1.2\times10^{-2}$)

3. 已知在 101.3kPa 和 298K 下由 $Cl_2$ 和 $H_2$ 生成 1mol HCl(g) 所放出的热量为 $88.3kJ \cdot mol^{-1}$，反应的活化能为 $113kJ \cdot mol^{-1}$。试求逆反应的活化能。($201.3kJ \cdot mol^{-1}$)

4. 已知反应 $H_2 + I_2 \Longrightarrow 2HI$ 的速率方程为 $v = kc_{H_2} \cdot c_{I_2}$，若 $H_2$ 和 $I_2$ 的浓度都为 $2.00 mol \cdot L^{-1}$，反应速率为 $0.10 mol \cdot L^{-1} \cdot s^{-1}$。

(1) 求 $[H_2] = 0.10 mol \cdot L^{-1}$，$[I_2] = 0.50 mol \cdot L^{-1}$ 时的反应速率。(0.025)

(2) 若反应进行一段时间后，体系内 $[H_2] = 0.60 mol \cdot L^{-1}$，$[I_2] = 0.10 mol \cdot L^{-1}$，$[HI] = 0.20 mol \cdot L^{-1}$，求开始时的反应速率。($3.5 \times 10^{-3} mol \cdot L^{-1} \cdot s$)

（汤启昭）

# 第15章 反应热与反应方向

1. 了解体系和环境、过程和途径、状态和状态函数、功与热等基本术语的含义
2. 理解状态函数 $U$、$H$、$G$、$S$ 的基本概念
3. 掌握热化学方程式的正确写法
4. 掌握利用盖斯定律计算反应热的方法
5. 理解热力学函数表的使用条件和方法
6. 掌握化学变化过程中 $\Delta H^0$、$\Delta U^0$、$\Delta G^0$、$\Delta S^0$ 的计算方法,并会判断等温等压下反应的方向和限度

## 第1节 热力学中的基本术语

*Do you know?*

**什么叫化学热力学?**

化学热力学是热力学的一个分支,它的理论基础是热力学第一定律(即能量守恒和转化定律)、热力学第二定律(相当于热传导过程的不可逆性)和热力学第三定律(即绝对温度的零点是不可能达到的)。从这些定律出发,用数学方法加以演绎推论,得出带有普遍性的数学方程,并利用这些方程来计算反应热和判断化学反应(含物理变化)的方向和限度,这就是化学热力学的基本内容和方法。

吉布斯巧妙地用几个热力学函数来描述系统的状态,使对化学变化和物理变化的描述更为方便和实用。

热力学研究方法是一种特殊的宏观方法,只需要知道系统的起始状态和终止状态就可得到可靠的结果,不涉及研究对象的内部微观结构和变化过程的细节,可以摆脱那些比较复杂的内在结构因素,应用时比较简易方便,这是优点。但是它对客观规律更本质的内在原因无法回答,对化学反应的速率也无法预言,这是热力学方法的局限性。

### 吉 布 斯

吉布斯(Gibbs)是美国物理学家和化学家(图15-1),他在 1873~1878 年发表的三篇论文中,以严密的数学形式和严谨的逻辑推理,导出了数百个公式,把热力学第一定律和热力学第二定律应用于化学,为化学热力学的发展作出了卓越的贡献,并为物理化学奠定理论基础。但他的论文没有被当时的科学界重视。

图 15-1 吉布斯

另外他还创立了近代物理理论及其研究方法,在天文学、光的电磁理论、傅里叶级数等方面也有一些研究和著述。

吉布斯从不估自己工作的重要性,也不炫耀自己的工作。他的心灵宁静而恬淡,从不烦躁和恼怒,是笃志于事业而不乞求周围人承认的罕见伟人。他毫无疑问可以获得诺贝尔奖,但他在世时从未被提名。直到1950年才被选入纽约大学美国名人馆,并立半身像以纪念。

用热力学方法讨论反应热与反应方向,需先了解以下几个术语的含义。

# 一、系统和环境

用热力学方法研究问题,对研究的对象要先确定其范围的界限。这时候,可以把某一部分的物体,人为地与其余部分划分开,作为我们研究的重点,被划分出来的作为我们研究对象的这一部分物体,就称为系统(state);而系统以外的其他部分,则称为环境(environment)。通常环境是指与系统有相互影响的有限部分的物质。例如,一瓶气体,当我们只研究其中气体的性质时,可以把气体划分出来作为系统,而瓶子以及瓶子以外的周围物质就是环境。系统和环境之间,不一定要有明显的物理界面。例如,瓶中装有氮和氢的混合气体,当我们选择其中的氢气为系统时,则氮气和瓶子以及瓶子外的周围物质就成为环境。这时,系统和环境的分界面就不那么明显。系统选择得是否恰当,往往是解决问题难易的关键。

系统和环境之间往往进行着物质和能量的交换,按照物质和能量交换的不同情况,要采取不同的热力学方法来处理,因此可将系统分为以下三类:

(1) 敞开系统(open system):这种系统和环境之间,既有物质交换,又有能量交换。
(2) 封闭系统(closed system):这种系统和环境之间,没有物质交换,只有能量交换。
(3) 孤立系统(isolated system):这种系统和环境之间,既没有物质交换,也没有能量交换。

例如,一杯水放在绝热箱里,如果把水选为系统,则此系统为敞开系统,因为它既有水分子逸入空气中,又与环境交换热量。如果进一步把空气中的水蒸气也包括到系统中,则此系统就成为封闭系统,因为这时它和环境只有热量的交换。假如再进一步把绝热箱内的物质统统加到上述封闭系统中,组成一个更大的新系统,那么,这个新系统就成为孤立系统,因为这个新系统和环境之间再没有物质和能量的交换了。

从上述例子我们还可以了解,如果一个系统不是孤立系统,那么,只要我们把这个系统的环境部分,即与这个系统有物质和能量交换的那一部分环境,统统划到这个系统中,组成一个新系统,这个新系统就成为孤立系统了。热力学中常常要用到这种处理方法,我们在今后的学习中就会遇到。

严格讲来,自然界中是不存在绝对的孤立系统的,因为在地球上,任何物体都脱离不了地心引力的影响;绝热箱也不可能把热传递绝对地排除掉。但是,当这些影响减弱到很小以至可忽略的程度时,我们就可以将系统设想为孤立系统。因此,孤立系统是一种科学的抽象,实际上只能近似地体现,而没有真正的孤立系统。在研究低压气体时或浓度极稀的溶液时,我们暂时忽略分子间很微小的引力作用,而应用理想气体或理想溶液的概念,也是属于这类情况。

#### 系统与环境的划分

系统与环境划分是人为的,是根据研究问题的具体情况来划分的,有时有明确的界限,有时不一定有明确界限。但不同划分,对热力学讨论结果是不一样的。

1. 根据定义划分

系统：被划作研究对象的某一部分物体。

环境：系统周围与系统密切相关的部分。

例如,用热力学讨论 $NaHCO_3$ 注射剂（图 15-2）。

(1) 当研究高压灭菌后注射液有无质量变化时

系统：注射液（即指水、$NaHCO_3$、$CO_2$ 气）。

($HCO_3^- + H_2O \rightleftharpoons H_2CO_3 \rightleftharpoons CO_2\uparrow + H_2O$)

环境：安瓿瓶及周围空气。

(2) 当研究玻璃瓶与药液有无腐蚀作用时

系统：水、$NaHCO_3$、$CO_2$、安瓿瓶。

环境：周围空气。

2. 根据能量和物质交换情况来分关系划分

包括敞开系统、封闭系统、孤立系统。例如,用热力学讨论一杯水（图 15-3）；

(1) 如以烧杯中的水为系统,是敞开系统。

(2) 如以水和水汽为系统,是封闭系统,杯和周围空气为环境。

(3) 如以水,水汽和空气为系统,是孤立系统。（孤立系统是一理想假设！）

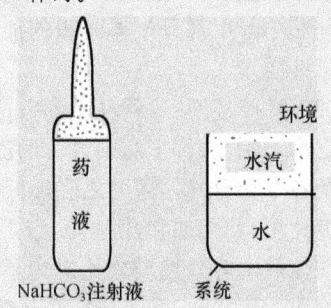

图 15-2　$NaHCO_3$ 针剂　　图 15-3　盛水的烧杯

## 二、状态和状态函数

描述一个系统,必须确定它的一系列的性质,如质量、温度、压力、体积、密度、组成、黏度等。这些物理性质和化学性质的总和就称为系统的状态;由于系统的状态都是利用宏观物理量来描述的,所以又称为系统的宏观状态。当这些性质都有确定值时,就说系统处在一定的状态。当我们发现系统的某个性质发生了改变,就说系统的状态发生了变化。因此,用数学语言来讲,这些性质又叫系统的状态变数。

初看起来,似乎要在所有的性质都确定之后,才能确定系统的状态。但是,由于系统的这些性质之间彼此是相互联系、相互制约的,因此,通常只需确定其中几个性质的数值,其余的性质就随之而定,系统的状态也就确定了。由此可见,描述系统的状态,只要用几个状态变数就行了。例如,一瓶氢气,要描述它的状态,通常用物质的量、温度、压力、体积这四个状态变数中的三个来描述,通过气体状态方程式可以确定第四个状态变数,通过其他方式的联系还可以确定系统的能量、密度等其他性质。这种系统性质之间的关系,就如数学上的变数与函数的关系,因此常常把一些易测的系统性质,如物质的量、温度、压力、体积等,作为状态变数,而把系统中以一定的关系随这些状态变数而变的其他性质,称为状态函数(state function)。例如,系统在一定状态下的能量 $U$,就可以看成是物质的量 $n$、温度 $T$、压力 $p$ 等状态变数的状态函数,写成数学式,就是

$$U = 数(n, T, p)$$

状态函数　　状态变数

当然，把系统性质划分成状态变数和状态函数是相对的；哪些系统性质作为状态变数或状态函数，可根据研究问题的需要和方便而定。

系统的性质，根据它与系统中物质数量的关系，又可分为两类：

（1）容量性质：这种性质的数值与系统中物质量成正比，具有加和性。如一个瓶中气体的体积是瓶中各个部分气体体积的加和，故体积是系统的容量性质。其他尚有质量、热容量等亦是容量性质。

（2）强度性质：这种性质的数值与系统中物质的量无关，它仅仅由系统中物质本身的特性所决定的。例如，一个瓶中气体的压力与瓶中各个部分气体的压力是相同的，而不能说气体的压力是各个部分气体压力之和。所以压力是系统的强度性质。其他尚有温度、黏度、密度等亦是强度性质，都无加和性。

往往两个容量性质之比成为系统的强度性质，例如，密度是质量与体积之比，摩尔体积是体积与物质的量之比，摩尔热容是热容与物质的量之比，而这些都是强度性质。

---

*Do you know?*

**什么叫状态函数？**

状态函数是一种物质内部的性质。所谓状态是指系统的温度、压力、体积、质量等性质的综合表现。当这些性质的数值一确定，系统的状态就被确定。而这些性质之间又具有一定的函数关系，故又称状态函数。像 $p$、$V$、$T$、$n$ 就是状态函数，它们有 $pV=nRT$ 函数关系式相联系。因这些数值可以测量，比较直观，容易理解。本章提出新的状态函数，如热力学能 $U$、焓 $H$、自由能 $G$、熵 $S$ 也都是物质内部的性质，但不能直接测量，故比较抽象，我们可以采用类比的方法来理解。像 $U$ 和 $H$ 这两个状态函数，通过 $U_2-U_1=Q-W$ 及 $H_2-H_1=Q_p$ 的关系把 $U$ 及 $H$ 与可测量的功 $W$ 和热 $Q$ 联系在一起，这样既证明了它们的存在，又不会感觉抽象了。

---

## 三、过程和途径

当系统的状态发生变化时，我们把状态发生变化的经过称为"过程"（process），完成这个过程的具体步骤则称为"途径"（path）。

例如，在101.3kPa下，25℃的水变成100℃的水蒸气，可以经由不同的途径（图15-4）。

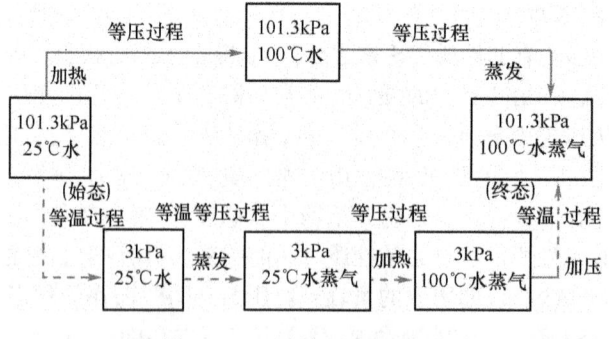

图15-4　过程与途径示意图

第一种途径：先加热升温（压力不变，温度改变），再蒸发（温度、压力不变，物态改变），一共两个阶段。

第二种途径：先减压（温度不变），再蒸发，然后升温，加压，一共四个阶段。

上面由一定的始态到达一定的终态的变化过程,虽然经过两种不同的途径,但是状态函数的改变量却是相同的。这是因为:状态一定时,状态函数就有相应的一个确定数值;始态和终态一定,状态函数的变量,即由终态的状态函数值减去始态的状态函数值,就只有唯一的数值,不再随具体途径的不同而改变。例如,在上述两种不同途径的变化过程中,系统热力学能的变化 $\Delta U$ 都是由式(15-1)决定的唯一数值:

$$\Delta U = U_2 - U_1 \tag{15-1}$$

式中,$U_2$ 为 101.3kPa 下 100℃水蒸气的热力学能;$U_1$ 为 101.3kPa 下 25℃水的热力学能。

任何一个物理量,一经判断它是状态函数,它就必然具备这种性质,即它的变量($\Delta$ 值)只由始、终态决定,与途径无关。热力学方法处理,实际上就是在一定的条件下利用一些特定的状态函数变量($\Delta$ 值)来解决能量交换以及变化的方向和限度问题。实际的变化过程往往是很复杂的,计算状态函数变量比较困难,但是根据上述状态函数性质,我们可以设计出其他比较简单的途径来计算状态函数变量,其结果与实际过程的一样。热力学方法所以简便,就是基于这个原理。

> ***Do you know***?
>
> **为什么要提出状态函数?**
>
> 状态函数具备一种特征,它的变化值只取决于始态和终态,而与变化途径无关。热力学的奥妙,就是在一定条件下,利用一些特定的状态函数变化值(如 $\Delta U$、$\Delta H$ 等)来解决能量交换及变化方向的问题。例如,在等压条件下,利用焓 $H$ 这个状态函数,把反应热的计算归结为 $\Delta H$ 的计算,这样,如遇到一个不可能测量反应热的化学反应,就可设计若干已知 $\Delta H$ 的反应,只要始态,终态与原反应一致,通过 $\Delta H$ 的计算,就可求得实际反应的反应热 $Q_p$。用热力学方法处理问题所以简便,就是基于这个原理。
>
> **注意**:$H$ 是状态函数,但 $\Delta H$ 仅是一个数值,不是状态函数。

# 第2节 热力学第一定律

18世纪末,工业生产开始蓬勃发展,由手工业向机械工业过渡,人们对于推动机器做功的能量来源问题很为注意。有些人曾经设想在不消耗任何能量的情况下使机器做功,或者是消耗较少的能量使机器做较多的功。实践结果都失败了,这种设想不可能实现,说明能量不能无中生有,凭空制造出来。同时在生产实践的推动下,人们注意研究了不同形式的能量相互转化的数量关系。从1830年到1842年,先后有不少人如盖斯、迈尔等相继提出过能量守恒的概念,其中焦耳做过许多精确的实验,证明了一定量的机械能或电能只能转化成为一定量的热能,即能量的转化具有一定的当量关系,这就是著名的"热功当量":

$$1\text{cal} = 4.184\text{J} \tag{15-2}$$

从而给热力学第一定律打下了坚实的实验基础。这样,人们在长期生产和实验的基础上总结出了热力学第一定律(first law of thermodynamics),即能量守恒和转化定律:

"能量有各种不同的形式,能够从一种形式转化为另一种形式,从一个物体传递给另一个物体,而在转化和传递中能量的数量保持不变。"

热力学第一定律是根据无数事实总结出来的,而不是根据其他原理推导出来的,它之所以正确,还因为迄今为止并没有发现任何自然界的变化违反这个定律。第一定律是自然界的一个普遍规律,是19世纪重大发现之一。

上面提到的那种不消耗能量而做功的假想机器,是一种永动机。根据能量守恒定律,做功必须消耗能量，因此这种永动机是不可能造成的。

要进一步理解热力学第一定律，必须先认识体系的热力学能，以及能量交换的两种形式——"功"和"热"。

# 一、热力学能

一个系统处在某一状态，如果描述状态的物理和化学性质，如温度、压力、体积、组成等，都有固定不变的数值，那么，这种状态宏观上就称为热力学平衡状态或静止状态。平衡状态并不意味着物质的运动消失了，实际上，物质内部的分子、原子、电子等仍处在不停的激烈运动之中。因此，宏观静止状态的物质仍具有一定的能量，这种能量称为热力学能 $U$(internal energy)。系统的热力学能 $U$，包括体系的各种物质的分子移动动能、分子间位能、分子转动能、分子振动能、电子运动能、核能等。严格地讲，在讨论系统热力学能时，还要涉及整个系统移动的动能，以及系统处在电磁场或引力场中的位能。但在研究化学变化的问题上，这一部分能量的变化，相对来说比较小，显得很不重要，故往往把它们忽略掉。

热力学能 $U$ 既然是系统内部能量的总和，它就是系统本身的性质，所以只取决于状态。在一定状态下，应有一定的热力学能数值，因此热力学能 $U$ 是状态函数。现在我们根据第一定律进一步讨论这个问题。

设体系从状态 A 变到状态 B 有 1 和 2 两种途径(图 15-5)。如果系统热力学能不是状态函数的话，则沿第一个途径变化时系统的热力学能变化值 $\Delta U_1$，就可以和沿第 2 个途径变化时热力学能变化值 $\Delta U_2$ 不相等。假定 $\Delta U_1 > \Delta U_2$。今自 A 出发沿着第 1 个途径到达 B，然后又沿着第 2 个途径的逆过程回到 A，如此循环一周，系统恢复原来的状态。由 A 沿途径 1 到 B，热力学能变化为 $\Delta U_1$，而由 B 沿途径 2 回到 A，因是可逆过程，热力学能变化与 $\Delta U_2$ 符号相反，即为 $(-\Delta U_2)$，故总的热力学能变化为

$$\Delta U = \Delta U_1 + (-\Delta U_2) > 0 \quad (因为 \Delta U_1 > \Delta U_2)$$

这样一来，把这种系统当作工作物体，循环往复不断进行，就会凭空不断地制造出能量来，这是违反热力学第一定律的。因此，热力学能 $U$ 一定是状态函数。

我们再举一个具体例子来讨论这个问题。把一根毛细管插入某种液体中，管内液面会自动上升。现在将毛细管顶端弯曲向下，并且使弯曲处低于液面原来上升的高度。在毛细管口下放一叶片轮(图 15-6)。那么，液体会不会自动流下，使叶片轮转动而做功呢？设想这种情况发生，则液体由毛细管中上升，经过叶片轮又流回槽内，这样完成一个循环，状态恢复原状。从热力学能变化来分析，则液体总热力学能变化等于零，而中途却做了功，这是根本不可能的，不应该再

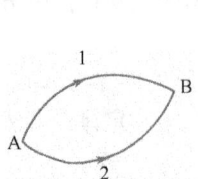

图 15-5 从状态 A 到状态 B 的两种途径

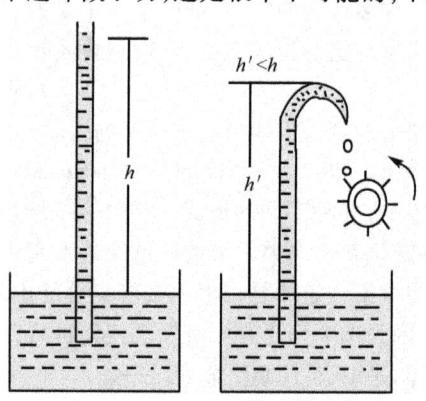

图 15-6 利用毛细管弯口处流出液体推动叶片轮的设想

有任何多余的能量供给叶片轮来转动。实验证明,弯管口处的液滴也不会从管口流下来。这个装置其实就是前面提到的那种不能实现的永动机。

由此可见,热力学能是一个状态函数,这在实质上已经包含了热力学第一定律的内容,也可作为热力学第一定律的另一种叙述方式。

## 二、功

一个系统处在一定状态下,它具有一定的热力学能。在状态变化的过程中,往往可以观察到系统与环境发生能量的交换,这种交换的结果,使系统和环境的热力学能都发生了改变。例如,两个不同温度(也就是具有不同内能)的导热体相互接触时,高温的导热体温度下降(热力学能减少),而低温导热体温度上升(热力学能增加),这表明两种导热体之间有能量的交换,否则它们各自的内能不会凭空增减。又如,压缩机中的活塞压缩气缸内的气体,活塞消耗了一些动能,而使气体温度上升(热力学能增加),这也表明活塞与气缸内气体之间有能量的交换。能量交换的形式,总的说来可归为两大类:一类是以热(heat)的形式交换能量,如上述第一个例子;另一类是以功(work)的形式交换能量,如上述第二个例子。以下先讨论功。

功的定义来自物理学,即力乘位移。一个物体受到力 $F$ 的作用,沿着 $F$ 的方向移动了 $dl$ 距离,该力对物体就做了 $Fdl$ 的功。功的种类繁多。用力使液膜面积扩大,我们就做了表面功。将一根橡皮带拉长,我们就做了伸长功。使气体发生膨胀或压缩,就做了体积功。一个电池在电动势的作用下输送了电荷,就做了电功。化学反应也往往伴随着做功。在一般条件下进行的化学反应,只有体积功产生,其他的非体积功如表面功、伸长功、电功等,都可忽略。本章我们只讨论体积功。

在体积功的计算中存在着如何决定功的符号问题。若体积的微小增量 $dV$ 是指体系的体积而言,所标出的功是指体系所做的功。当体系膨胀时,$dV>0$,体系对环境所做的功是正功;当体系被压缩时,$dV<0$,体系对环境所做的功为负功,实际是环境对体系作了正功。若 $dV$ 是指环境的体积变化,则功的正负号恰好相反。我们采用前一种规定,即规定 $V_1$ 与 $V_2$ 是体系的体积,$dV$ 是体系的体积变化,$W$ 是体系所做的功。因此,在用公式进行计算时必须记住:当体系膨胀对环境做功时,$W$ 为正值;当体系被压缩即环境对体系做功时,$W$ 为负值。

功不是状态函数,功是一种能量交换的形式,不具有状态函数的性质。

---

**体 积 功**

设有一带活塞圆筒(图 15-7),内盛气体,圆筒的截面积为 $A$,筒上受一外力 $f_{外}$(包括活塞重量在内)作用,当活塞移动了 $dl$ 的距离时,外界环境对筒内气体所做的功为

$$\delta W = f_{外} dl \tag{15-3}$$

我们知道,压强的定义是每单位面积上所受的力,即

$$\frac{f_{外}}{A} = p_{外}$$

$$\delta W = \frac{f_{外}}{A} \cdot A dl$$

因活塞位移的距离 $dl$ 乘上截面积 $A$,等于气体体积的增量 $dV$,故

$$\delta W = p_{外} dV \tag{15-4}$$

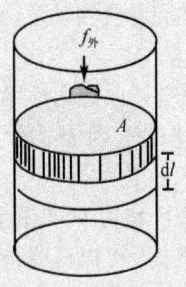

图 15-7 体积功示意图

式(15-4)即体积功的公式。d 和 δ 为微分、偏微分的符号,表示无限量改变。整个变化过程体积始态体积 $V_1$ 变到终态体积 $V_2$,则总功 $W$ 为

$$W = \int_{V_1}^{V_2} p_{外} dV \tag{15-5}$$

## 三、热

系统在状态发生变化的过程中,不仅能以做功的形式与环境进行能量交换,而且还能以热的形式与环境进行能量交换。例如,两个不同温度的热导体互相接触,由于两者之间有能量的交换,因而两者的热力学能都发生了变化。这种能量交换的形式有别于功,看不到有任何宏观上的位移,能量的交换只是由于温度的差别而引起的。由于温度不同而在系统与环境之间传递的能量,就叫做热。只有在系统与环境之间能以热的形式交换能量时,才有热存在。一个孤立系统与环境没有能量交换,即使系统内部发生了变化,如发生了化学变化,因而引起了其自身的温度变化,这个系统与环境之间也无所谓热的存在,由此可见,热的概念是指在变化过程中的一种交换能量。"热"的概念与通常习惯应用的"冷"、"热"的概念以及系统内含有多少"热能"的概念,都不是一回事。"冷"、"热"是指物体温度的高低,"热能"是指系统热力学能中与温度有关的那一部分,因此不要把它们与"热"混淆起来。

热和功一样,不仅与始、终态有关,而且也与途径有关,不同的途径,系统与环境交换的热可以不一样。因此热也不是状态函数。

热和功一样也要规定它的符号。习惯上把系统从环境吸收的热作为正值,而把释放的热作为负值。这个规定恰好与功的规定相反,切切记住。

## 四、热力学第一定律的数学表达式

前面我们给出了热力学第一定律的文字表述。现在,我们掌握了热力学能、功和热的有关知识,就容易理解第一定律的数学表达了。设有一个系统从具有热力学能 $U_1$ 的某一状态,经历一个过程,变为具有热力学能 $U_2$ 的另一状态。系统的热力学能变了,必然与环境有能量的交换。这种能量的交换的形式不外乎功与热。按照第一定律,系统热力学能增量 $\Delta U = U_2 - U_1$,必须等于系统和环境交换的总能量,即功与热之和。系统从环境吸收的热 $Q$ 是使系统的热力学能增加,而系统对环境做的功 $W$ 则是使系统的热力学能减少,故它们各自以正号和负号与系统热力学能增量相联系。因此,得到热力学第一定律的数学形式如下:

$$\Delta U = Q - W \tag{15-6}$$

这是普适的热力学第一定律表达式。对于系统的一个微小变化过程,热力学能的增量用微分 $dU$ 来表示,则热力学第一定律又可表示为

$$dU = \delta Q - \delta W \tag{15-7}$$

热量 $Q$ 和功 $W$ 的微小量,用符号"$\delta$"而不用符号"d"来表示,是为了把它们与状态函数的性质区分开来。可以证明,只有具备状态函数性质的物理量才有数学上的全微分性质。

热力学第一定律的数学式只能用来计算变化过程中系统热力学能的变量,而要计算系统在某一状态(如终态)热力学能的绝对数值,必须先知道另一状态(如始态)热力学能的绝对数值,也就是说,必须先知道某一个状态热力学能的绝对值,才有办法求出其他任何状态热力学能的

绝对值。但是，由于物质内部的结构和运动形式是不可穷尽的，对物质内部各种相互作用的能量的认识也是无止境的，而且，任何物体都是处在宇宙的无限多个星球的引力场和电磁场中，这种相互作用的能量也是算不尽的。因此，虽然在一定条件下，体系的热力学能是客观的。确定的，但是，要精确计算它却很困难。然后，在实际应用上，我们只需要知道热力学能的变量 $\Delta U$ 就够了，可以不去追究热力学能的绝对数值。

---

**用水电解制氢作燃料可行吗？**

有人设想将水电解出氢气，将收集的氢气代替汽油燃烧，释放出来的热量可供使用，氢气燃烧生成水，不污染环境。一举两得，你看行吗？

用热力学第一定律判断，这个设想是行不通的。一定的水电解生成氢气，再燃烧生成水的过程是一个循环过程（图15-8）。由于水回复到原来状态，它的热力学能变化 $\Delta U$ 应为零。热力学第一定律通式，可以应用于封闭体系的任何过程，当然也可以应用于循环过程，因

$$\Delta U = 0$$

故

$$q - W = 0$$

即

$$q = W$$

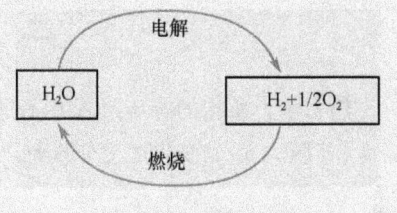

图 15-8 循环过程

这就说明了电解水时所消耗的电功与氢燃烧时放的热量恰好抵消，不可能有任何多余的能量提供给外界。因此，由热力学第一定律的分析就可以断定，这种做法从节能的角度来说是不可行的。况且，燃烧热往往不能全部被利用，这样做就只能是得不偿失了。

---

## 第3节 焓

化学反应常常在一些不同的条件下进行。在封闭的蓄热炉中石油的裂解、在密闭钢瓶中进行的燃烧实验，这一些化学反应都是在体积保持不变的情况下进行的。一般的酸碱中和反应，通常是在对大气敞开的烧杯中进行的液相反应，它们则是在压力恒定的条件下进行的。前者为等容过程，后者为等压过程。实验证明，同一反应，分别在等容和等压条件下进行时，它们与外界交换的热量常常是不一样的。例如，1mol 的 $SO_2$ 在 25℃ 时被氧化生成 1mol 的 $SO_3$，当反应在等容条件下进行时，可以放出 96.93kJ 的热，而在等压条件下进行时，则放热 98.17kJ。以下就从热力学第一定律推导出这两种条件下状态函数变化与热的关系式，为以后计算化学反应热做好准备。

### 一、等容过程中的热

设系统在变化过程中，始态和终态的体积各为 $V_1$ 和 $V_2$。等容条件是 $V_1 = V_2$。在热力学第一定律的公式 $dU = \delta Q - \delta W$ 中，功 $W$ 可分成体积功和非体积功两项，$W = W_体 + W_非$。通常所讨论的化学反应，在变化过程中不产生非体积功即 $W_非 = 0$，故

$$\delta W = \delta W_体 + \delta W_非 = \delta W_体 = p_外 \, dV$$

因为体积不变，$dV = 0, \delta W = 0$，故

$$dU = \delta Q_V \tag{15-8}$$

对于有限的一段变化过程，则

$$\Delta U = Q_V \tag{15-9}$$

应用式(15-8)或式(15-9)两式,必须在等容变化过程且不做非体积功的条件下才行,因为由热力学第一定律导出它们时附加了这些条件。为了强调这些条件,在热 $Q$ 的符号上加上脚标"$V$"。上面的等式表明,在不做非体积功的等容过程中,热量 $Q_V$ 与热力学能变量 $\Delta U$ 一样,只取决于系统的始态和终态,而与途径无关。但这并不说明热具有状态函数的性质,因为状态函数的性质必须体现在任何变化过程中,而不仅仅是体现在某些特定的过程中。上面的等式只是说明,在一定条件下,两种物理量的数值相等,而不是概念或性质上的等同。以后将看到,还有一些热力学公式具有这种类似情况。

## 二、等压过程中的热

热力学上所指的等压过程并不是单指外压恒定就行了。设系统的始态压力为 $p_1$,终态压力为 $p_2$,外压力 $p_{外}$。变化过程如果符合下列两个等式,就称为等压过程(isobanic process)。

$$p_1 = p_2 = p_{外}(恒定) \tag{15-10}$$

事实上,一般的化学反应都符合这种条件。

同样,如果不做非体积功,$W_{非} = 0$,则

$$W = W_{体} + W_{非} = W_{体} = \int_{V_1}^{V_2} p_{外} \, dV = p_{外}(V_2 - V_1)$$

这时,热力学第一定律的公式可写成

$$\Delta U = Q_p - p_{外}(V_2 - V_1)$$

其中热 $Q$ 加上脚标"$p$",以示等压条件。利用等压条件的等式(15-10),可以将上式改写成

$$U_2 - U_1 = Q_p - (p_2 V_2 - p_1 V_1)$$

现分别将系统的始态和终态的性质整理在一起则得

$$(U_2 + p_2 V_2) - (U_1 + p_1 V_1) = Q_p$$

$U$、$p$、$V$ 都是系统的状态函数,它们的组合当然还是系统的状态函数。我们把 $U + pV$ 组合成的物理量定义为新的状态函数,叫做"焓"(enthalpy),以 $H$ 来表示。即

$$H = U + pV \tag{15-11}$$

这样,前面的等式就可以更简单地写成

$$H_2 - H_1 = Q_p$$
$$\Delta H = Q_p \tag{15-12}$$

在上述等式中左边是状态函数"焓"的变量,右边是非状态函数"热",等式也只是表示在特定条件下两者的数值相等,这特定条件就是等压和不做非体积功。

焓具有能量的单位,在上述条件下,它的变量与热的数值相同,因此,它往往被片面地看成是系统中能够以热的形式交换出来的那一部分能量,故早先以"焓"称之。实际上并非如此,在另外的某些条件下,如有非体积功存在时,焓的变量与热并不相等,这一点我们将在后面看到。

上面两个等式[式(15-11)和式(15-12)]把热的计算归结为计算状态函数的变量 $\Delta U$ 和 $\Delta H$。这样,如果实际过程较复杂,不妨另外设想一个较简单的过程,有时候也可以是虚设的过程,只要保持设想过程和实际过程具有一样的始态和终态。从设想过程计算出来的 $\Delta U$ 或 $\Delta H$ 就等于实际过程的数值,这样就得到了实际过程的热的数值,从这里也可以体会到状态函数的特殊作用。

> 已经测得1g水在100℃和1atm下完全变成水蒸气时要吸收2.253kJ的热。如果温度发生改变,如过热水在110℃时蒸发,吸收的热是多少?
>
> 解:由于后一过程的实验不易进行,我们设计另一过程,分为三个步骤进行,如图15-9所示。由于上述的过程都是在等压且不做非体积功的条件下进行的,故有
>
> $$\Delta H_{\text{I}} = Q_{p\text{I}}, \Delta H_{\text{II}} = Q_{p\text{II}}, \Delta H_{\text{III}} = Q_{p\text{III}} \quad (15\text{-}13)$$

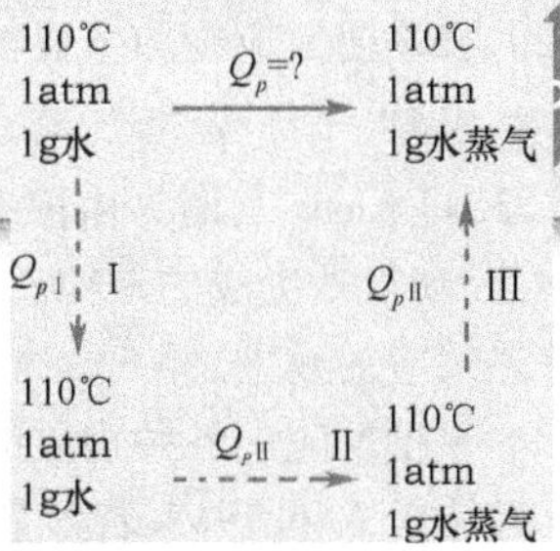

又因焓是状态函数,其变化与途径无关,故有

$$\Delta H = \Delta H_{\text{I}} + \Delta H_{\text{II}} + \Delta H_{\text{III}}$$

将式(15-13)的关系代入上式,得

$$Q_p = Q_{p\text{I}} + Q_{p\text{II}} + Q_{p\text{III}}$$

I、III步只是单纯的状态变化,没有物态的变化,其$Q_p$ = 比热容×$\Delta T$,所以过热水在110℃时蒸发,吸收的热

$$Q_p = (-4.18 \times 10) + 2253 + (1.85 \times 10) = 2229.7 (\text{J})$$

图15-9 过程设计示意图

## 第4节 化学反应的热效应

化学反应所释放的能量是现今能量的主要来源。一般的化学反应是以热和体积功的形式与外界环境进行能量交换的,而体积功相对于热来讲常常是微不足道的,因此研究化学反应中的能量释放,主要集中在热量的问题上。化学反应的热量问题,在药物生产和研究上有着重要的意义。例如,许多药物合成反应中,要放出大量热,如果不设法将这些热移走,就会使反应器内温度过高,这不仅要破坏催化剂,还会引起爆炸事故。在另一些制备反应中要吸收热量,如不及时供应所需要的热量,则反应不能顺利进行。因此,在进行制药设备设计时,为了保证生产的正常进行,就必须事先获得准确的反应热数值,作为制造热交换设备和规定工艺操作条件的依据。将第一定律具体应用到化学反应上,重点在于讨论和计算化学反应的热量,研究这方面问题的学科,称热化学(thermochemistry)。

同一个反应,在不同条件下释放的热量是不同的。例如,合成氨的反应,如果保持反应一直在25℃时进行,则它可以释放出92.29kJ的热,这时为保证恒温条件,环境要及时把这些热取走。如果反应是在绝热容器中进行,就根本没有任何热量释放给环境,因为原来应放出的热都被用在系统内部能量的转化上,结果使系统的温度升高。因此,如不指明反应条件而谈热多少,那就失去意义。同时将不同的化学反应所释放的热量大小来进行比较,就必须规定反应在同样的条件下进行。为此,统一规定了把反应保持在某恒定温度下进行所释放出的热值,作为比较数据,这种热就称为热效应或称为反应热。反应热与热所规定的符号一致,正值表示吸收热量,负值表示放出热量。根据过程是等容过程,还是等压过程,又可把反应热分为等容反应热$Q_V$(或$\Delta U$)和等压反应热$Q_p$(或$\Delta H$)。以下重点讨论等压反应热。

反应热与许多条件因素有关,一般利用热化学反应方程式就可以把它们的关系正确表达出来。要准确无误地写出此方程式来,必须注意以下几点:

(1) 写热化学方程式时,除写出普通的化学方程式以外,还需在方程式后面加写反应热的量值。如果反应是在标准压力(101.3kPa)和温度 $T$ 下进行,反应热可表示为 $\Delta_r H_m^\ominus(T)$ 或 $\Delta_r H_m^\ominus(T)$ 称为标准反应热(standard heat of reaction)。当温度为25℃(即298K)时,亦可不注明,但其他温度均必须说明。由于压力对反应热的影响很小,通常情况下,压力可以不注明。

(2) 要注明反应物和生成物的物态和浓度。例如,298K、标准压力下,由 $H_2$ 和 $O_2$ 生成 $H_2O$ 时,若生成物 $H_2O$ 是指气态,反应热是 $-241.827kJ \cdot mol^{-1}$,若 $H_2O$ 是指液态,反应热是 $-285.838kJ \cdot mol^{-1}$,因为由液态 $H_2O$ 转变成气态 $H_2O$ 时还要进一步吸收蒸发热。同理,若生成物为乙醇时,则生成的是纯乙醇还是乙醇水溶液,两者的热效应也是不同的,因为它们之间还有溶解热效应的差别。

(3) 要把反应中各种物质的计量系数写清楚。如合成氨的反应,若 $NH_3$ 前面的计量系数为1,则反应热是 $-46.19kJ$,若计量系数为2,反应热加倍,即为 $-92.38kJ$。

(4) 热化学反应方程式,它只是说明反应完成的数量若是按着计量方程所表明的那样,反应热应该是多少。例如,在合成氨的反应中,如果消耗了 1mol $N_2$ 或生成了 2mol $NH_3$,都会放出 92.38kJ 的热。在实际反应过程中,有些反应物并不能完全消耗掉,计算时就要按比例进行折算。

按照以上几项要点,以合成氨反应为例,正确的热化学反应方程式的写法如下:

$$N_2(g) + 3H_2(g) \xrightarrow{298K, 101.325kPa} 2NH_3(g) \qquad \Delta_r H_m^\ominus(298K) = -92.38kJ$$

# 一、等压反应热与等容反应热的关系

虽然常用的反应热数据是等压反应热,但在反应热热测定时,所测得的数据往往是等容反应热。要从等容反应热推算出等压反应热来,就必须知道两者之间的关系。

根据焓的定义

$$H = U + pV$$

在恒压下

$$\Delta H = \Delta U + p\Delta V$$

若假设反应中的气体为理想气体,有

$$p\Delta V = \Delta nRT$$

则

$$\Delta H = \Delta U + \Delta nRT \tag{15-14}$$

或

$$Q_p = Q_V + \Delta nRT \tag{15-15}$$

式中

$$\Delta n = \left(\sum n\right)_{产物气体} - \left(\sum n\right)_{反应物气体}$$

$$R = 8.314 J \cdot mol^{-1} \cdot K^{-1}$$

当反应体系是在凝聚相中进行反应时,即反应物和产物都是液体和固体,则 $\Delta V \approx 0$,式(15-14)和式(15-15)变为

$$\Delta H \approx \Delta U$$
$$Q_p \approx Q_V$$

当反应体系是复相反应时,即有气体和液体(或固体)混合在一起,则应用式(15-15)时,$\Delta n$ 只代表反应中气体物质的量的变量,因液体(或固体)的 $\Delta V$ 很小,被略去。例如

$$CO(g) + 1/2 O_2(g) = CO_2(g) \qquad \Delta n = -1/2$$
$$C(s) + 1/2 O_2(g) = CO(g) \qquad \Delta n = +1/2$$

### 苯的燃烧热

$$C_6H_6(l) + 7\frac{1}{2}O_2(g) \longrightarrow 6CO_2(g) + 3H_2O(l)$$

将1mol液体苯置弹式量热计中进行上述反应,测得298K恒容反应热$Q_V = -3260.8$kJ,求$Q_p$。

**解**:由反应方程式可知,反应前后气体物质的量的变量为$\Delta n = 6 - 7.5 = -1.5$。
根据公式

$$Q_p = Q_V + \Delta nRT$$
$$= -3260.8 + (-1.5) \times 8.314 \times 10^{-3} \times 298 = -3264.5(kJ)$$

所以苯的恒压燃烧热为$-3264.5$kJ·mol$^{-1}$。

### 反应热的测量

测量热效应的仪器叫"弹量热计"(图15-10)。测量时,把固体样品放入燃烧舟,根据规格和长度将燃烧丝插入样品中,旋紧钢弹顶盖,并向钢弹中充入$1.0 \times 10^6 \sim 1.5 \times 10^6$Pa的氧气。将钢弹浸入充满水的绝热容器中,装有精密温度计及搅拌器。通电使燃烧丝红热并引燃样品在钢弹中燃烧(图15-11)。燃烧反应放热,所产生的热会传入水中,水升温。准确记录水温的变化,因为量热器及其他有关附件的热容均已知,因此根据温度变化很容易计算出反应放出的热,再扣除细铁丝燃烧所放出的热。用上述设备测出的是等容热效$Q_V$。进一步用$Q_V$和$Q_p$的关系,即式(15-15)求得反应的等压热效$\Delta H$。

图15-10 弹式绝热量热计

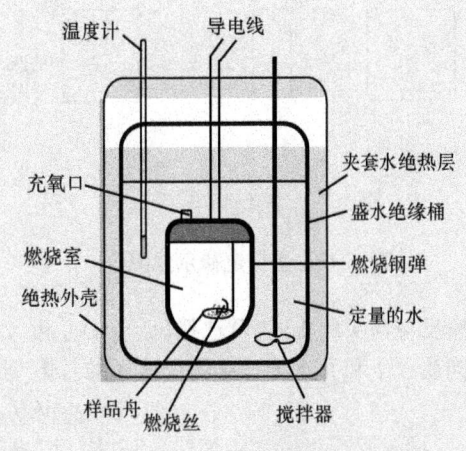

图15-11 内部结构示意

## 二、盖斯定律

有些化学反应的热效应可用量热计直接测定。例如,在反应 $C(s) + O_2(g) = CO_2(g)$ 中,只要有充分过量的氧气,就可以保证把碳完全燃烧成 $CO_2$,而不生成其他产物。反应的单一性使量热计的实验可以获得准确结果。但是,有些反应常常伴有许多副反应产生,因此不容易用量热计准确地测出热效应数值。例如,在反应 $C(s) + \frac{1}{2}O_2(g) = CO(g)$ 中,就避免不了生成 $CO_2$ 的副反应发生。为了求得一些不易测定的反应热,许多人研究了各种化学反应的反应热之间的关系。

盖斯在1840年根据当时已提供的许多反应热数据,总结出盖斯定律:"不管化学反应是一步完成,或是分几步完成,这个过程的热效应总是相同的。"这条定律,用热力学的观点来分析,不外乎就是状态函数的体现。然而当时热力学第一定律尚未完全建立起来,它却是奠定热力学第一定律的重要实验基础之一。

以等压过程的反应为例。根据 $\Delta H = Q_p$,盖斯定律可表示如图15-12所示,焓变 $\Delta H$ 为

$$\Delta H = H_2 - H_1 = Q_{p1} = Q_{p2} + Q'_{p2} = Q_{p3} + Q'_{p3} + Q''_{p3}$$

现举例说明盖斯定律的应用。下面Ⅰ和Ⅱ反应在298K时其反应热 $\Delta H$ 容易测定,Ⅲ反应的反应热不易测定,它可以从Ⅰ和Ⅱ反应的反应热数据得到。

(Ⅰ) $C(s) + O_2(g) = CO_2(g)$       $\Delta H_Ⅰ = -393 kJ$
(Ⅱ) $CO(g) + 1/2 O_2(g) = CO_2(g)$   $\Delta H_Ⅱ = -282.7 kJ$
(Ⅲ) $CO(s) + 1/2 O_2(g) = CO_2(g)$   $\Delta H_Ⅲ = ?$

把这三个反应的关系用图15-13表示。

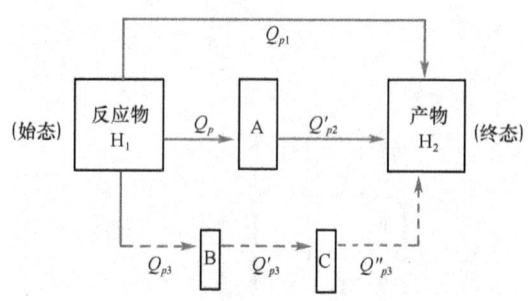

图15-12 盖斯定律示意图

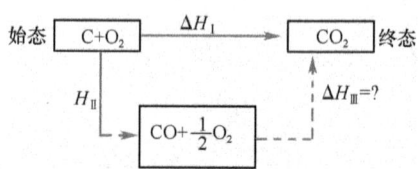

图15-13 不同途径反应焓变示意图

按照反应箭头的方向,可选择($C + O_2$)和($CO_2$)为共同的始态和终态。从始态到终态就有两个不同途径Ⅰ和Ⅱ+Ⅲ。这两个途径的总焓变量应相等,即

$$\Delta H_Ⅰ = \Delta H_Ⅱ + \Delta H_Ⅲ$$

所以
$$\Delta H_Ⅲ = \Delta H_Ⅰ - \Delta H_Ⅱ$$
$$= -393.5 - (-282.7) = -110.8 kJ$$

在计算过程中,必须注意把同物质项互相消去,要求不仅物质种类必须相同,其状态(即物态、温度、压力)也要相同,否则不能相消。

## 三、生成热

化学反应的焓变 $\Delta H$ 等于产物焓的总和与反应物焓的总和之差

$$\Delta H = \left(\sum_j H_j\right)_\text{产} - \left(\sum_i H_i\right)_\text{反} \tag{15-16}$$

由于焓的定义中含有热力学能的因子,故焓的绝对值也无法求得,计算时必须设法避开求焓的绝对值。前面已介绍了求反应中焓变的方法,不外乎是直接由实验测定 $Q_p$,或者利用盖斯定律从已知的化学反应热效应进行间接计算。但是,化学反应有千万种,是否有必要把这千万种的反应热数据都列出来以供查用呢?实际没有这个必要。人们从这千万种化学反应中,抽出某一类型的反应作为基本反应,知道了这类基本反应的热效应数据,利用盖斯定律即可算出其余反应的反应热,这类基本反应就是生成反应。

由元素的稳定单质生成化合物的反应叫做生成反应;生成反应中生成 1mol 化合物时的热效应叫做该化合物的生成热,在标准状态(101.3kPa)和指定温度下,$1\text{mol} \cdot \text{L}^{-1}$ 由最稳定的单质生成 $1\text{mol} \cdot \text{L}^{-1}$ 某物质的等压反应热称为该物质的标准生成热(standard heat of formation)。以符号 $\Delta_f H_m^\ominus$ 表示。例如,在 298K 及标准压力下

$$C(\text{石墨}) + O_2(g) =\!=\!= CO_2(g) \quad \Delta_r H_m^\ominus = -393.5 \text{kJ} \cdot \text{mol}^{-1}$$

则 $CO_2(g)$ 在 298K 时的标准生成热为

$$\Delta_f H_m^\ominus(CO_2, g, 289K) = -393.5 \text{kJ} \cdot \text{mol}^{-1}$$

上述反应中若用金刚石的碳代替石墨的碳,则反应的热效应不是标准生成热,因为在 298K 及标准压力下碳的稳定单质是石墨而不是金刚石。再如

$$H_2(g) + \frac{1}{2}O_2(g) =\!=\!= H_2O(l) \quad \Delta_r H_m^\ominus = -285.8 \text{kJ} \cdot \text{mol}^{-1}$$

则 $H_2O(l)$ 在 298K 时的标准生成热 $\Delta_f H_m^\ominus(H_2O, l, 289K) = -285.8 \text{kJ} \cdot \text{mol}^{-1}$。由此可见,元素的稳定单质的生成热都为零,因为它们自己生成自己,就无所谓热效应。应用标准生成热 $\Delta_f H_m^\ominus$ 的数据时,要注意到所指定的温度,一般热力学数据表中列出的是 298K(25℃)的数据(附表7)。

如何利用生成热数据计算反应的反应热呢?例如,在 298K 和标准压力下发生下列反应:

$$4NH_3(g) + 5O_2(g) =\!=\!= 4NO(g) + 6H_2O(g)$$

由热力学数据表中查得各物质的 $\Delta_f H_m^\ominus$ 数据如下

$$\Delta_f H_m^\ominus(NH_3, l, 289K) = -46.19 \text{kJ} \cdot \text{mol}^{-1}$$

$$\Delta_f H_m^\ominus(O_2, g, 289K) = 0$$

$$\Delta_f H_m^\ominus(NO, g, 289K) = 90.37 \text{kJ} \cdot \text{mol}^{-1}$$

$$\Delta_f H_m^\ominus(H_2O, l, 289K) = -241.827 \text{kJ} \cdot \text{mol}^{-1}$$

现将生成反应与上述反应的关系示意如图 15-14 所示。

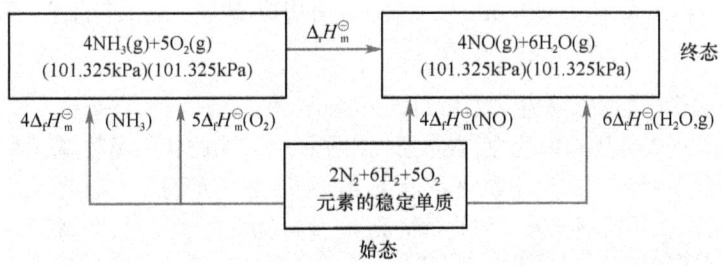

图 15-14 反应焓变与元素生成化合物焓变的关系图

按箭头的方向,选择元素的稳定单质与反应产物 $4NO + 6H_2O$ 为共同的始态与终态,可以看出从始态到终态有两个不同的途径,而这两个不同途径的焓增量应该相同,即

$$[4\Delta_f H_m^\ominus(NH_3) + 5\Delta_f H_m^\ominus(O_2)] + \Delta_r H_m^\ominus = 4\Delta_f H_m^\ominus(NO) + 6\Delta_f H_m^\ominus(H_2O, g)$$

$$\Delta_r H_m^\ominus = [4\Delta_f H_m^\ominus(NO) + 6\Delta_f H_m^\ominus(H_2O, g)] - [(4\Delta_f H_m^\ominus(NH_3) + 5\Delta_f H_m^\ominus(O_2)]$$

$$= [4 \times 90.37 + 6 \times (-241.827)] - [4 \times (-46.19) + 5 \times 0]$$

$$= -904.722 (kJ \cdot mol^{-1})$$

根据上述例子,可以把由生成热计算反应热的方法推广成为普遍式如下:

设有反应

$$aA + bB \xrightarrow{\Delta_r H_m^\ominus} cC + dD$$

则

$$\Delta_r H_m^\ominus = [c\Delta_f H_m^\ominus(C) + d\Delta_f H_m^\ominus(D)] - [a\Delta_f H_m^\ominus(A) + b\Delta_f H_m^\ominus(B)]$$

或写成

$$\Delta_r H_m^\ominus = \left(\sum_j v_j \Delta_f H_{m,j}^\ominus\right)_{产物} - \left(\sum_i v_i \Delta_f H_{m,i}^\ominus\right)_{反应物} \tag{15-17}$$

式中,$v_i$ 和 $v_j$ 各代表反应方程式中反应物和产物前面的计量数。

必须注意到:由生成热数据只能计算同样温度、压力条件下的反应热,这是因为在推导出式(15-17)时,应用的都是一系列等温等压过程。

反应温度的改变引起反应热改变,压力则保持 1atm(101.3kPa)。当温度不变而压力改变时,反应热也要改变,不过压力对反应热的影响不如温度那样显著和重要而已。故当压力变化不太大时,对反应热的影响往往可以忽略,因此经常将 $\Delta_r H_m$ 与 $\Delta_r H_m^\ominus$ 等同看待。

# 第5节 化学反应的方向和限度

本节主要介绍状态函数 $G$(吉布斯自由能)和 $S$(熵)的概念,并利用它们来判断在一定条件下变化过程的方向和限度。

## 一、吉布斯自由能

为了判断化学反应的方向和程度,吉布斯提出这样的概念:如一过程(无论在理论上或实际上)能被利用来做有用功,则该过程是自发的。如由环境提供有用功才使过程发生,则是非自发过程。

例如,甲烷气燃烧

$$CH_4 + 2O_2 \Longrightarrow CO_2(g) + 2H_2O(l)$$

如果该反应在气缸内完成,产生的气体可推动活塞做有用功,故该反应正向自发。又如,水的电解

$$H_2O(l) \xrightleftharpoons{电解} H_2(g) + 1/2\ O_2(g)$$

该反应必须外界提供电能才能发生,故该反应正向非自发。

为了衡量物质可做有用功的能力,吉布斯提出了一个有用的状态函数 $G$,人们将此新的状态函数称为"吉布斯自由能"。并导出在等温、等压条件下,热力学可逆反应(即反应时时处处都接近平衡状态下进行,在环境不损失功和热的情况下,反应能按原途径返回原状)的吉布斯自由能减少值等于体系可能做的最大非体积功,即

$$-\Delta G = W_{非} \tag{15-18}$$

我们已经知道状态函数的特性,它在一定的状态下有一定的数值,它的绝对值是否知道无关紧要。当体系发生变化时,可以通过环境得到的热和功来衡量体系状态函数的变化值(即 $\Delta$ 值)。状态函数一般不一定必须具有物理意义,只有在特定条件下才显出一定的物理意义。从上述推理来看,吉布斯自由能 $G$ 可理解为体系在等温、等压下对外做有用功本领的一种量度。

因此,利用系统的吉布斯自由能变化 $\Delta G$ 可以用来衡量等温、等压过程中系统可能做的最大非体积功。例如,当 Zn 与 $CuSO_4$ 反应是在恒温恒压的可逆电池中进行时,化学能就可以转化为电能,系统可输出最大非体积功(电功)就等于系统 $\Delta G$ 的减小值。

自发过程是听其自然的过程,因此自发过程只能是系统自己释放其做功的本领,即向 $G$ 减少的方向进行($\Delta G < 0$)。若环境对系统做功,必能增加系统做功的本领($\Delta G > 0$),这样的过程需要外界的推动,显然不是自发过程。因此,在等温、等压的变化过程中,利用系统的吉布斯自由能变化 $\Delta G$ 值,就可判断此变化过程是否可能自发进行,即

$$(\Delta G)_{T,p} \begin{cases} <0 & \text{表示自发} \\ =0 & \text{表示平衡} \\ >0 & \text{表示不自发} \end{cases} \tag{15-19}$$

由上所述,在等温、等压的条件下只需根据系统 $\Delta G$ 的正、负号就可判断反应的方向,这就方便得多(图 15-15),因而 $G$ 这一状态函数显得特别重要。

图 15-15 用 $\Delta G$ 判断反应是否自发进行的示意图

## 二、物质的标准生成吉布斯自由能

与状态函数 $U$、$H$ 类同,$G$ 的绝对值也无法求得,因此不能通过反应物和产物的 $G$ 绝对值的差来计算 $\Delta G$。可以仿照求反应热的办法,用各物质的标准摩尔生成吉布斯自由能 $\Delta_f G_m^{\ominus}$ 代替绝对值 $G^{\ominus}$ 来计算。

定义:在标态下(即 $p = p^0 = 101.3 \text{kPa}$),由最稳定单质生成 1mol 该化合物的反应自由能变化称"标准生成吉布斯自由能",用符号 $\Delta_f G_m^{\ominus}$ 表示,单位 $kJ \cdot mol^{-1}$。并规定在标态下,最稳定单质的 $\Delta_f G_m^{\ominus} = 0$。

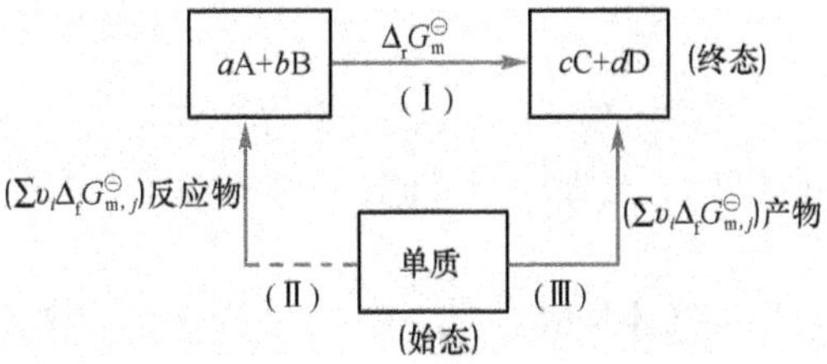

设标态下有反应:
$$a\text{A} + b\text{B} =\!=\!= c\text{C} + d\text{D}$$
求反应的 $\Delta_r G_m^{\ominus}$。

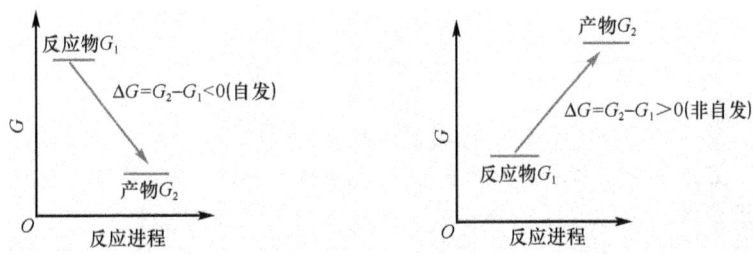

图 15-16 反应自由能变化与单质生成化合物的自由能变化示意图

试设计理想途径Ⅱ和Ⅲ(图 15-16)。
因为
$$(\Sigma v_i \Delta_f G_{m,i}^{\ominus})_{\text{反应物}} + \Delta_r G_m^{\ominus} = (\Sigma v_j \Delta_f G_{m,j}^{\ominus})_{\text{产物}}$$
所以
$$\Delta_r G_m^{\ominus} = (\Sigma v_j \Delta_f G_{m,j}^{\ominus})_{\text{产物}} - (\Sigma v_i \Delta_f G_{m,i}^{\ominus})_{\text{反应物}} \tag{15-20}$$
式中,$v$ 为计量系数。

判断下列反应能否正向自发进行(298K)。

$$2CH_4(g) + O_2(g) \rightleftharpoons 2CH_3OH(l)$$

解：查附表7，得

|  | $CH_4(g)$ | $CH_3OH(l)$ | $O_2(g)$ |
|---|---|---|---|
| $\Delta_f G^\ominus /(kJ \cdot mol^{-1})$ | -50.5 | -166.6 | 0 |

计算反应的 $\Delta_r G_m^\ominus$

$$\Delta_r G_m^\ominus = 2\Delta_f G^\ominus \, CH_3OH(l) - [2\Delta_f G^\ominus(CH_4,(g)) + \Delta_f G_{(O_2,g)}^\ominus]$$
$$= 2(-166.6) - 2(-50.5) = -232.2(kJ \cdot mol^{-1})$$

$\Delta_r G_m^\ominus < 0$，所以该反应在标态下，正向自发进行。

案例5-3

---

***Do you know?***

**状态函数有哪些性质？**

(1) $H$、$U$、$G$、$S$ 的数值与物质的量有关，称容量性质，故它们的差值 $\Delta H$、$\Delta U$、$\Delta G$、$\Delta S$ 也与物质的量成正比。

(2) $H$、$U$、$G$、$S$ 皆随温度而变，但化学反应的 $\Delta H^\ominus$ 和 $\Delta S^\ominus$ 在一定温度范围内，变化不明显，故在计算时可用298K的数据代入，影响不大。而 $\Delta G^\ominus$ 随温度的变化明显，不可忽略。

(3) $H$、$G$ 的绝对值无法知道。为了计算，规定在标准状态下(101.3kPa)最稳定单质的 $\Delta_f H_m^\ominus$、$\Delta_f G_m^\ominus$ 为零，由最稳定的单质生成1mol某物质的等压反应热(或自由能)为该物质的标准摩尔生成热 $\Delta_f H_m^\ominus$ (或标准摩尔生成吉布斯自由能 $\Delta_f G_m^\ominus$)。用各物质的 $\Delta_f H_m^\ominus$ 或 $\Delta_f G_m^\ominus$ 代替绝对值 $H^\ominus$ 或 $G^\ominus$ 来进行计算，结果一样，非常方便。

## 三、化学等温方程

在任意条件下(非标态)，化学反应进行的方向应该用 $\Delta_r G_m$ 来判断。当 $\Delta_r G_m = 0$ 时，反应处于平衡状态。当 $\Delta_r G_m < 0$ 时，反应有向正方向进行的倾向；当 $\Delta_r G_m > 0$ 时，反应有向逆方向进行的倾向。

设有气体反应

$$aA + bB \rightleftharpoons dD + eE$$

若各气体都是理想气体，根据热力学推导，在等温条件下，有以下关系式存在，

$$\Delta_r G_m = \Delta_r G_m^\ominus + RT\ln[(p_D'/p^\ominus)^d (p_E'/p^\ominus)^e]/[(p_A'/p^\ominus)^a (p_B'/p^\ominus)^b] \quad (15-21)$$

令

$$[(p_D'/p^\ominus)^d (p_E'/p^\ominus)^e]/[(p_A'/p^\ominus)^a (p_B'/p^\ominus)^b] = J_p (称压力商)$$

则

$$\Delta_r G_m = \Delta_r G_m^\ominus + RT\ln J_p \quad (15-22)$$

式(15-21)或式(15-22)称"化学等温方程式"。式中 $p_A'$、$p_B'$、$p_D'$、$p_E'$ 为任意条件下各气体的分压，$p^\ominus$ 为标态压力，$\Delta_r G_m$ 为反应的吉布斯自由能变化，$\Delta_r G_m^\ominus$ 为标准摩尔生成吉布斯自由能变化，$J_p$ 为体系的"压力商"。

当体系达平衡时，$\Delta_r G_m = 0$，此时，"压力商"中各气体分压即为平衡分压了。则

$$0 = \Delta_r G_m^\ominus + RT\ln[(p_D/p^\ominus)^d(p_E/p^\ominus)^e]/[(p_A/p^\ominus)^a(p_B/p^\ominus)^b]$$

$$\Delta_r G_m^\ominus = -RT\ln K^\ominus \tag{15-23}$$

这里应强调指出的是式中 $p_i$ 和 $p_i'$ 的含意是不同的，$p_i$ 指平衡时的分压，$p_i'$ 是指任意状态时的分压。因此 $K^\ominus$ 是标准平衡常数，$J_p$ 不是平衡常数，故称"压力商"。另外，式(15-23)等号两边表示的是两种不同的状态。左边 $\Delta_r G_m^\ominus$ 表示在一定温度下各物质都处于标准状态时反应的自由能增量，而右边的 $K^\ominus$ 表示在该温度下体系处于平衡状态时的"压力商"或"浓度商"。等式两边表示的是同一反应的两种不同状态（体系的标准状态与平衡状态一般是不同的），虽然数值相等，但物理意义不同，切不要混淆！

"化学等温方程"将 $\Delta_r G_m^\ominus$、$\Delta_r G_m$、$K^\ominus$ 等参数联系在一个方程中，有重要意义。用化学等温方程可判别一反应在任意条件下是否有自发进行的倾向及进行到什么限度为止。从方程可以看出：

当 $J_p < K^\ominus$ 时，$\Delta_r G_m^\ominus < 0$，正向自发进行。

当 $J_p = K^\ominus$ 时，$\Delta_r G_m^\ominus = 0$，达到平衡状态。

当 $J_p > K^\ominus$ 时，$\Delta_r G_m^\ominus > 0$，逆向自发进行。

### 装 $NH_4Cl$ 容器内的压力有多少？

在抽空的容器内，装入祛痰药 $NH_4Cl$，在 298K 时放置一段时间，按式建立平衡：$NH_4Cl(s) \rightleftharpoons NH_3(g) + HCl(g)$，试求容器内的压力。

[解题思路] 先查表的 $\Delta_r G_m^\ominus$，再试(15-23)求出 $K^\ominus$，最后求路气体物 $p^\ominus$ 和 $p_{总}$。

**解** 查附表7，得 $\Delta_r G_m^\ominus$

$$\Delta_r G_m^\ominus = (-16.45 - 95.3) - (-202.87) = 91 \text{ (kJ·mol}^{-1})$$

根据等温程

$$\Delta_r G_m^\ominus = -RT\ln K^\ominus$$

$$\ln K^\ominus = -\Delta_r G_m^\ominus/RT$$

$$= -91/298 \times 8.314 \times 10^{-3} = -36.73$$

$$K^\ominus = 1.1 \times 10^{-16}$$

因为

$$K^\ominus = (p_{NH_3}/p^\ominus)(p_{HCl}/p^\ominus)$$

$$p_{NH_3} \times p_{HCl} = K^\ominus(p^0)^2 = 1.1 \times 10^{-16} \times (101325)^2 = 1.1 \times 10^{-6} \text{ (Pa}^2)$$

因为 $p_{NH_3} = p_{HCl}$ 故

$$p_{NH_3} = p_{HCl} = (1.1 \times 10^{-6})^{1/2} = 1.1 \times 10^{-3} \text{ (Pa)}$$

容器内总压力

$$p = p_{NH_3} + p_{HCl} = 2.2 \times 10^{-3} \text{ (Pa)}$$

> 设一反应器中含有 $H_2$、$CO_2$、$H_2O$、$CO$ 四种气体,25℃ 时测得 $p_{H_2} = 4 \times 10^5 Pa$、$p_{CO_2} = 5 \times 10^4 Pa$、$p_{H_2O} = 2 \times 10^2 Pa$、$p_{CO} = 5 \times 10^2 Pa$。判断此时反应 $H_2(g) + CO_2(g) \rightleftharpoons H_2O(g) + CO(g)$ 能否发生。
>
> 解:                        $H_2(g) + CO_2(g) \rightleftharpoons H_2O(g) + CO(g)$
>
> 查表得 $\Delta_f G_m^\ominus/(kJ \cdot mol^{-1})$   0    $-394.4$   $-228.6$   $-137.2$
>
> $\Delta_r G_m^\ominus = -228.6 - 137.2 + 394.4 = 28.6(kJ \cdot mol^{-1})$
>
> 因为 $\Delta_r G_m = \Delta_r G_m^\ominus + RT\ln J_p$
> $= 28.6 + 8.314 \times 10^{-3} \times 298 \ln\{(2 \times 10^2/10^5)(5 \times 10^2/10^5)/$
> $(4 \times 10^5/10^5) \times (5 \times 10^4/10^5)\}$
> $= 28.6 + 8.314 \times 10^{-3} \times 298 \ln(5 \times 10^{-6})$
> $= -1.7(kJ \cdot mol^{-1})$
>
> $\Delta_r G_m < 0$,故反应有正向自发进行的倾向。

案例15-4

## 四、熵($S$)

$CaCO_3$ 在室温下不可能分解,但在1273K 的高温下能自发分解。可见,反应的自发性与温度有关。即 $\Delta_r G_m$ 值与温度 $T$ 有明显关系。例如

$$CaCO_3(s) = CaO(s) + CO_2(g) \quad \Delta H^\ominus = 178 kJ \cdot mol^{-1}$$

有下列数据:

| $T/K$ | 298 | 473 | 673 | 873 | 1073 | 1273 |
|---|---|---|---|---|---|---|
| $\Delta_r G_m^\ominus/(kJ \cdot mol^{-1})$ | +130 | +103 | +71 | +39 | +7 | -25 |

如将数据作图,得一直线(图15-17)。

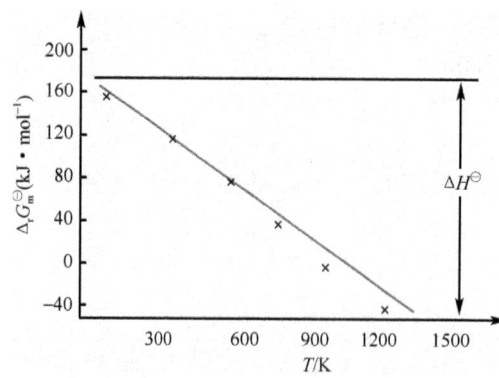

图15-17 $CaCO_3$ 分解反应 $\Delta_r G_m^\ominus$ 随 $T$ 的变化

从直线上求出斜率 $= -0.160 kJ \cdot K^{-1}$;截距 $= 178 kJ$

写出直线的方程式为

$$\Delta_r G_m^\ominus = -0.160T + 178$$

式中截距部分恰好与 $\Delta H^\ominus$ 的数值相同,斜率部分可理解为反应前后体系中某种状态性质的改变值,称熵变值 $\Delta S$。故方程可改写为

$$\Delta_r G_m^\ominus = \Delta H^\ominus - T\Delta S^\ominus \quad (15-24)$$

式(15-24)称"吉布斯-赫姆霍兹方程"。它描述了化学反应的 $\Delta_r G_m$ 随 $T$ 的变化关系式,有广泛应用。例如

(1)当已知 $\Delta H^\ominus$ 和 $\Delta S^\ominus$ 的数据,可计算反应在某温度 $T$ 时的 $\Delta_r G_m^\ominus$。因一般情况下,$\Delta H^\ominus$ 和 $\Delta S^\ominus$ 数值随温度的变化较小,作常数处理。

(2)根据 $\Delta H$ 和 $\Delta S$ 的符号来判断温度对反应自发性的影响(表15-1)。例如,当 $\Delta H < 0$,$\Delta S > 0$ 时,根据 $\Delta G = \Delta H - T\Delta S$,必定都是 $\Delta G < 0$,故反应在任何温度下都是自发的。

表 15-1　恒压下温度对反应自发性的影响

| 类型 | $\Delta H$ | $\Delta S$ | $\Delta_r G_m = \Delta H - T\Delta S$ | 判断 | 举例 |
|---|---|---|---|---|---|
| 1 | − | + | $\Delta_r G_m < 0$ | 在任何温度都是自发变化 | $H_2(g) + F_2(g) = 2HF(g)$ |
| 2 | + | − | $\Delta_r G_m > 0$ | 在任何温度都是非自发变化 | $CO(g) = C(s) + 1/2O_2(g)$ |
| 3 | − | − | 低温时 $\Delta_r G_m < 0$<br>高温时 $\Delta_r G_m > 0$ | 低温时是自发变化<br>高温时是非自发变化 | $HCl(g) + NH_3(g) = NH_4Cl(g)$ |
| 4 | + | + | 低温时 $\Delta_r G_m > 0$<br>高温时 $\Delta_r G_m < 0$ | 低温时是非自发变化<br>高温时是自发变化 | $CaCO_3(s) = CaO(s) + CO_2(g)$ |

吉布斯-亥姆霍兹方程中的 $S$ 是反映体系内部质点混乱度的物理量。物质内部的微粒处在不停的运动之中,体系内部微粒的混乱程度是体系的一个性质,反映体系混乱度大小的物理量当然也是状态函数,称为熵 $S$(entropy)。

熵和内能、焓、自由能一样都具有容量性质;体系状态一定,$S$ 值就一定;不同物质,$S$ 值不同;同一物质,状态不同,$S$ 值也不同(一般气态 > 液态 > 固态);温度升高,$S$ 值变大。

常温、常压下,单质的熵不为0,每种物质的熵值可以测出,这点是 $S$ 不同于 $U$、$H$、$G$ 的地方。附表 7 中列出了一些物质在298K及标准压力 $p^\ominus$ 时,1mol纯物质的熵值,称为标准熵 $S_m^\ominus$(J·K$^{-1}$·mol$^{-1}$)。这样计算化学反应的熵变 $\Delta S^\ominus$ 就可依据下式进行了。

对一般反应 $$aA + bB = dD + eE$$

则 $$\Delta S^\ominus = (dS_D^\ominus + eS_E^\ominus) - (aS_A^\ominus + bS_B^\ominus)$$

或写成

$$\Delta S^\ominus = \sum v_j S^\ominus_{(产物)} - \sum v_i S^\ominus_{(反应物)} \tag{15-25}$$

求下列反应的标准熵变 $\Delta S^\ominus$
$$2HCl(g) = H_2(g) + Cl_2(g)$$
解:查表得 $S^\ominus$/(J·K$^{-1}$·mol$^{-1}$)　186.6　　130　　223

则
$$\Delta S^\ominus = 130 + 223 - 2(186.6) = -20.2(J·K^{-1}·mol^{-1})$$

案例15-5

计算下列反应在标准压力时的 $\Delta G$(298K),并判断反应在此条件下能否自发进行。
$$H_2O(l) + CO(g) = CO_2(g) + H_2(g)$$
解:查表可得298K时下列数据,因此
$$\Delta_r H_m^\ominus = [\Delta_f H_m^\ominus(CO_2,g) + \Delta_f H_m^\ominus(H_2,g)] - [\Delta_f H_m^\ominus(H_2O,l) + \Delta_f H_m^\ominus(CO,g)]$$
$$= [(-393.5 + 0) - (-241.8 - 110.5)]$$
$$= -41.2(kJ·mol^{-1})$$

| 物质 | $H_2(g)$ | $CO_2(g)$ | $H_2O(l)$ | $CO(g)$ |
|---|---|---|---|---|
| $\Delta_f H_m^\ominus$/(kJ·mol$^{-1}$) | 0 | −393.5 | −241.8 | −110.5 |
| $S_m^\ominus$/(J·K$^{-1}$·mol$^{-1}$) | 130.5 | 213.8 | 188.7 | 197.9 |

$$\Delta S^\ominus = -42.3 J·K^{-1}·mol^{-1}$$

故
$$\Delta G = \Delta_r G_m^\ominus = \Delta_r H_m^\ominus - T\Delta_r S_m^\ominus$$
$$= [-41\,200 - 298(-42.3)] = -2.86 \times 10^4(J·mol^{-1})$$

$\Delta G < 0$,所以反应在此条件下有自发进行的倾向[此例用式(15-20)计算亦可]。

案例15-6

求 $NH_4Cl$ 最低分解温度。

解: $NH_4Cl(s) \Longrightarrow HCl(g) + NH_3(g)$

查表 $\Delta_f H^{\ominus}/(kJ \cdot mol^{-1})$    -314.4    -92.31    -46.11

$S^{\ominus}/(J \cdot k^{-1} \cdot mol^{-1})$ 0.0946    0.1869    0.1925

$$\Delta H^{\ominus} = (-92.31 - 46.11) + 314.4 = 176(kJ \cdot mol^{-1})$$
$$\Delta S^{\ominus} = (0.187 + 0.192) - 0.095 = 0.285(kJ \cdot mol^{-1})$$

则 298K 时

$$\Delta G^{\ominus} = \Delta H^{\ominus} - T\Delta S^{\ominus} = \Delta H^{\ominus} - 298 \times \Delta S^{\ominus}$$
$$= 176 - 298 \times 0.285 = 91.1(kJ \cdot mol^{-1})$$

$\Delta G^{\ominus} > 0$,上述反应在常温下,正向非自发。

当 $\Delta G^{\ominus} = 0$ 时

$$0 = \Delta H^{\ominus} - T\Delta S^{\ominus}$$
$$T = \Delta H^{\ominus}/\Delta S^{\ominus} = 176/0.285 = 622(K)$$

当 $T > 622K$ 时,逆反应自发,即 $NH_4Cl$ 分解的最低温度为 349℃。

*案例 15-7*

---

评估乙苯制苯乙烯的两种方案。

第一种方案: 氧化脱氢    $C_6H_5C_2H_5 + 1/2 O_2(g) \Longrightarrow C_6H_5C_2H_3(g) + H_2O(g)$

第二种方案: 直接脱氢    $C_6H_5C_2H_5(g) \Longrightarrow C_6H_5C_2H_3(g) + H_2(g)$

解: 查 298K

|  | $C_6H_5C_2H_5(g)$ | $C_6H_5C_2H_3(g)$ |
|---|---|---|
| $\Delta_f G_m^{\ominus}/(kJ \cdot mol^{-1})$ | 130.6 | 213.8 |

氧化脱氢反应:

$$\Delta G^{\ominus} = 213.8 - 285.8 - 130.6 = -202.6(kJ \cdot mol^{-1})$$

第一种方案 $\Delta G^{\ominus} < 0$,可以继续探索反应条件。

直接脱氢反应:

$$\Delta G^{\ominus} = 213.8 - 130.6 = 83.2(kJ \cdot mol^{-1})$$

第二种方案 $\Delta G^{\ominus} > 0$,不可能实现。

*案例 15-8*

---

**1. 如何计算状态函数的变化值?**

在搞清状态函数概念后,有关状态函数变化值的计算可根据以下关系进行。计算时必须注意反应条件及各符号的单位要一致。

(1) 在封闭系统中,系统热力学能变化值与系统-环境所交换的热、功代数和相等,即

$$\Delta U = Q - W$$

(2) 在恒温、恒容条件下,反应的热效应就是热力学能的变化,即 $Q_V = \Delta U$。

(3) 在恒温、恒压条件下,反应的热效应就是反应的焓变,即 $Q_p = \Delta H$。

(4) 对于理想气体反应,在恒温、恒压下,$\Delta_r G_m = \Delta_r G_m^{\ominus} + RT \ln J_p$(称化学等温方程);规定在标态下,$\Delta_r G_m^{\ominus} = (\sum v_j \Delta_f G_{m,j}^{\ominus})_{产物} - (\sum v_i \Delta_f G_{m,i}^{\ominus})_{反应物}$

*小结*

> (5) 在恒温、恒压下,反应达平衡时,$\Delta_r G_m^\ominus = -RT\ln K^\ominus$(也称化学等温方程)。
>
> (6) $\Delta H^\ominus$、$\Delta S^\ominus$ 值受温度影响较小,$\Delta_r G_m^\ominus$ 受温度影响明显,其关系为
> $$\Delta G^\ominus = \Delta H^\ominus - T\Delta S^\ominus$$
> 规定标态下,$\Delta_r H_m^\ominus = (\sum v_j \Delta_f H_{m,j}^\ominus)_{产物} - (\sum v_i \Delta_f H_{m,i}^\ominus)_{反应物}$
>
> (7) 熵 $S$ 是量度体系混乱度(可能实现的微观状态数)大小的状态函数。各种物质 $S^\ominus$ 的绝对值可测得。故反应的熵变为
> $$\Delta S^\ominus = \sum S_{产物}^\ominus - \sum S_{反应物}^\ominus$$
>
> 2. 如何判断反应方向?
>
> 298K,标态下:
>
> $\Delta G^\ominus < 0$,正相反应自发。
>
> $\Delta G^\ominus = 0$ 反应达平衡。
>
> $\Delta G^\ominus > 0$,正相反应非自发。
>
> 非标态下:
>
> $\Delta G < 0$,正相反应自发。
>
> $\Delta G = 0$,反应达平衡。
>
> $\Delta G > 0$,正相反应非自发。

# 目标检测

## 一、名词解释

状态函数　功　热　热力学能　等温等压过程　系统　环境

## 二、选择题(最佳选择题)

1. 系统在失去 15kJ 热给环境后,系统的热力学能增加了 5kJ,则系统对环境所做的功是　　(　)

A. 20kJ　　　　　　　　　　　B. 10kJ

C. -10kJ　　　　　　　　　　D. -20kJ

2. 反应 $Na_2O(s) + I_2(g) \Longrightarrow 2NaI(s) + 1/2O_2(g)$ 的 $\Delta_r H_m^\ominus$ 为　　(　)

A. $2\Delta_f H^\ominus(NaI,s) - \Delta_f H^\ominus(Na_2O,s)$

B. $\Delta_f H^\ominus(NaI,s) - \Delta_f H^\ominus(Na_2O,s) - \Delta_f H^\ominus(I_2,g)$

C. $2\Delta_f H^\ominus(NaI,s) - \Delta_f H^\ominus(Na_2O,s) - \Delta_f H^\ominus(I_2,g)$

D. $\Delta_f H^\ominus(NaI,s) - \Delta_f H^\ominus(Na_2O,s)$

3. 已知 $H_2O(g)$ 及 $CO(g)$ 在 298K 时的标准生成焓 $\Delta H_f^\ominus$ 分别为 $-242kJ \cdot mol^{-1}$ 及 $-111kJ \cdot mol^{-1}$,则反应 $H_2O(g) + C(s) \longrightarrow H_2(g) + CO(g)$ 的反应热为　　(　)

A. $-353kJ \cdot mol^{-1}$　　　　　B. $-131kJ \cdot mol^{-1}$

C. $131kJ \cdot mol^{-1}$　　　　　　D. $353kJ \cdot mol^{-1}$

4. $H_2SO_4$ 和 $H_2O$ 在烧杯中混合,有热量放出,初始状态和终了状态都与环境平衡,则过程的状态函数变化为　　(　)

A. $\Delta U < 0, \Delta H < 0, \Delta S > 0, \Delta G < 0$　　B. $\Delta U > 0, \Delta H < 0, \Delta S > 0, \Delta G < 0$

C. $\Delta U > 0, \Delta H > 0, \Delta S > 0, \Delta G < 0$　　D. $\Delta U > 0, \Delta H > 0, \Delta S < 0, \Delta G < 0$

5. 在任何温度下都能自发进行的反应是 ( )

A. $H_2(g) \Longrightarrow 2H(g)$    $\Delta H = 436 \text{kJ} \cdot \text{mol}^{-1}$    $\Delta S = 98.7 \text{J} \cdot \text{mol}^{-1} \cdot \text{K}^{-1}$

B. $1/2 O_2 + 1/2 N_2 \Longrightarrow NO(g)$    $\Delta H = 90.3 \text{kJ} \cdot \text{mol}^{-1}$    $\Delta S = 3.0 \text{J} \cdot \text{mol}^{-1} \cdot \text{K}^{-1}$

C. $2NO_2(g) \Longrightarrow N_2O_4(g)$    $\Delta H = -58.0 \text{kJ} \cdot \text{mol}^{-1}$    $\Delta S = -177 \text{J} \cdot \text{mol}^{-1} \cdot \text{K}^{-1}$

D. $H_2O_2(l) \Longrightarrow H_2O(l) + 1/2 O_2$    $\Delta H = -98.3 \text{kJ} \cdot \text{mol}^{-1}$    $\Delta S = 80.0 \text{J} \cdot \text{mol}^{-1} \cdot \text{K}^{-1}$

### 三、填空题

1. 物理量 $H$、$Q$、$\Delta H$、$\Delta G$ 中，属于状态函数的是_____。

2. 已知 $2Mg(s) + O_2(g) \Longrightarrow 2MgO(s)$ 的 $\Delta_r H_m^\ominus = -1203.4 \text{kJ} \cdot \text{mol}^{-1}$ 则生成 $1g$ MgO 的 $\Delta_r H_m^\ominus = $ _____ kJ。已知：MgO 的摩尔质量为 $40.30 g \cdot \text{mol}^{-1}$。

3. 热力学第一定律的表达式 $\Delta U = $ _____；该定律适用于_____体系。

4. 在 $Q_p$、$W$、$\Delta H$、$\Delta U$、$U$ 中，只有_____和_____是状态函数。

5. 化学反应在敞口容器中进行所产生的热效应称_____热效应；化学反应在密闭容器中进行所产生的热效应称_____热效应。

### 四、简答题

1. 本章中提出了哪几个新的状态函数？它们各有哪些特性？
2. 计算反应的 $\Delta H$ 值、$\Delta G$ 值主要解决化学反应中的什么问题？
3. $H$、$U$、$G$ 的绝对值无法确知，在计算 $\Delta H$、$\Delta U$、$\Delta G$ 时经常采用什么替代方法？
4. $U$、$H$、$S$、$G$ 这四个状态函数间存在什么关系？应用这些关系计算时,有无条件？
5. $\Delta G$、$\Delta G^\ominus$、$K^\ominus$、$K_c$、$J_p$、$Q_p$、$Q_V$ 等符号各代表什么含意？

### 五、计算题

1. 已知：

$2Fe(s) + 3/2 O_2(g) \longrightarrow Fe_2O_3(s)$    $\Delta_r H_1^\ominus = -822.2 \text{kJ} \cdot \text{mol}^{-1}$

$2FeO(s) + 1/2 O_2(g) \longrightarrow Fe_2O_3(s)$    $\Delta_r H_2^\ominus = -284.1 \text{kJ} \cdot \text{mol}^{-1}$

$H_2(g) + 1/2 O_2(g) \longrightarrow H_2O(l)$    $\Delta_r H_3^\ominus = -286.0 \text{kJ} \cdot \text{mol}^{-1}$

$Fe(s) + 2H^+(aq) \longrightarrow Fe^{2+}(aq) + H_2(g)$    $\Delta_r H_4^\ominus = -86.2 \text{kJ} \cdot \text{mol}^{-1}$

计算 $FeO(s) + 2H^+(aq) \longrightarrow H_2O(l) + Fe^{2+}(aq)$ 的 $\Delta_r H_m^\ominus$。

2. 已知下列热化学方程式：

$C(石墨) + O_2(g) \Longrightarrow CO_2(g)$    $\Delta_r H_1^\ominus = -393.5 \text{kJ} \cdot \text{mol}^{-1}$

$H_2 + O_2(g) \Longrightarrow H_2O(l)$    $\Delta_r H_2^\ominus = -285.8 \text{kJ} \cdot \text{mol}^{-1}$

$C_2H_6(g) + O_2(g) \Longrightarrow 2CO_2(g) + 3H_2O(l)$    $\Delta_r H_3^\ominus = -1559.9 \text{kJ} \cdot \text{mol}^{-1}$

不用查表,计算由石墨和氢气化合生成 $1 mol$ $C_2H_6(g)$ 的反应的 $\Delta_r H_m^\ominus$。

3. 查表求下列反应的焓变：

$CaO(s) + SO_3(g) + 2H_2O(l) \Longrightarrow CaSO_4 \cdot 2H_2O(s)$

$2Al(s) + Fe_2O_3(s) \Longrightarrow Al_2O_3(s) + 2Fe(s)$

$CuO(s) + H_2(g) \Longrightarrow Cu(s) + H_2O(g)$

$CaCO_3(s) \Longrightarrow CaO(s) + CO_2(g)$

4. 估计方解石 $CaCO_3(s)$ 分解的最低温度是多少？

$$CaCO_3(s) \Longrightarrow CaO(s) + CO_2(g)$$

5. 利用 $\Delta G$ 与 $T$ 的关系式,用计算说明为什么常温下 HCl 气体遇 $NH_3(g)$ 即产生白烟 $(NH_4Cl)$,而高温时 $NH_4Cl$ 就分解成 HCl 与 $NH_3$ 两种气体。

（汤启昭）

# 主要参考文献

陈培榕,邓勃.1999.现代仪器分析实验与技术.北京:清华大学出版社
彭图治,王国顾.1999.分析化学手册(第四分册).北京:化学工业出版社
傅献彩.1999.大学化学(上).北京:高等教育出版社
顾明华.2002.无机物定量分析.北京:化学工业出版社
黄一石.2002.仪器分析.北京:化学工业出版社
刘约权.2001.现代仪器分析.北京:高等教育出版社
王夔.1995.无机化学.第2版.北京:人民卫生出版社
忻新泉,陈丽敏.1994.室温和低温固-固相反应合成化学.大学化学,9(12):1
Masterton W L.1980.化学原理.华彤文译.北京:北京大学出版社

# 附　表

**附表1　一些物质的摩尔质量**

| 化学式 | $M_B/(g \cdot mol^{-1})$ | 化学式 | $M_B/(g \cdot mol^{-1})$ | 化学式 | $M_B/(g \cdot mol^{-1})$ |
|---|---|---|---|---|---|
| AgBr | 187.77 | $BiONO_3$ | 286.98 | $CoSO_4$ | 155.00 |
| $AgBrO_3$ | 235.77 | $Bi_2O_3$ | 465.96 | $CoSO_4 \cdot 7H_2O$ | 281.10 |
| AgCN | 133.89 | $Bi_2S_3$ | 514.16 | $Co_2O_3$ | 165.86 |
| AgCl | 143.32 | $BrO_3^-$ | 127.90 | $CrCl_3$ | 158.35 |
| AgI | 234.77 | $Br_2$ | 159.81 | $CrCl_3 \cdot 6H_2O$ | 266.44 |
| $AgNO_3$ | 169.87 | $CH_3COOH$(乙酸酸) | 60.05 | $CrO_4^{2-}$ | 115.99 |
| AgSCN | 165.95 | $(CH_3CO)_2O$(乙酸酐) | 102.09 | $Cr_2O_3$ | 151.99 |
| $Ag_2CrO_4$ | 331.73 | $CN^-$ | 26.01 | $Cr_2(SO_4)_3$ | 392.18 |
| $Ag_2SO_4$ | 311.80 | CO | 28.01 | CuCl | 99.00 |
| $Ag_3AsO_4$ | 462.52 | $CO(NH_2)_2$(尿素) | 60.05 | $CuCl_2$ | 134.45 |
| $Ag_3PO_4$ | 418.58 | $CO_2$ | 44.01 | $CuCl_2 \cdot 2H_2O$ | 170.48 |
| $AlCl_3$ | 133.34 | $CO_3^{2-}$ | 60.01 | CuI | 190.45 |
| $AlCl_3 \cdot 6H_2O$ | 241.43 | $CS(NH_2)_2$(硫脲) | 76.12 | $Cu(NO_3)_2$ | 187.55 |
| $Al_2O_3$ | 101.96 | $CaCl_2$ | 110.98 | $Cu(NO_3)_2 \cdot 3H_2O$ | 241.60 |
| $Al(OH)_3$ | 78.00 | $CaCl_2 \cdot 2H_2O$ | 147.01 | CuO | 79.55 |
| $Al_2(SO_4)_3$ | 342.15 | $CaCl_2 \cdot 6H_2O$ | 219.08 | CuS | 95.61 |
| $Al_2(SO_4)_3 \cdot 18H_2O$ | 666.43 | $CaCO_3$ | 100.09 | CuSCN | 121.63 |
| As | 74.92 | $CaC_2O_4$ | 128.10 | $CuSO_4$ | 159.61 |
| $AsO_4^{3-}$ | 138.92 | CaO | 56.08 | $CuSO_4 \cdot 5H_2O$ | 249.69 |
| $As_2O_3$ | 197.84 | $Ca(OH)_2$ | 74.09 | $Cu_2O$ | 143.09 |
| $As_2S_5$ | 229.84 | $CaSO_4$ | 136.14 | $Cu_2(OH)_2CO_3$ | 221.12 |
| $As_2S_3$ | 264.04 | $Ca_3(PO_4)_2$ | 310.18 | $Cu_2S$ | 159.16 |
| B | 10.81 | $CdCl_2$ | 183.32 | $F_2$ | 38.00 |
| Ba | 137.33 | CdS | 144.48 | $FeCO_3$ | 115.86 |
| $BaBr_2$ | 297.14 | $CeO_2$ | 172.11 | $FeCl_2$ | 126.75 |
| $BaCO_3$ | 197.34 | $Ce(SO_4)_2$ | 332.24 | $FeCl_2 \cdot 4H_2O$ | 198.81 |
| $BaCl_2$ | 208.23 | $Ce(SO_4)_2 \cdot 4H_2O$ | 404.30 | $FeCl_3$ | 162.21 |
| $BaCl_2 \cdot 2H_2O$ | 244.26 | $Ce(SO_4)_2 \cdot 2(NH_4)_2SO_4 \cdot 2H_2O$ | 632.55 | $FeCl_3 \cdot 6H_2O$ | 270.30 |
| BaO | 153.33 | | | $FeNH_4(SO_4)_2 \cdot 12H_2O$ | 482.20 |
| $Ba(OH)_2$ | 171.34 | $Cl_2$ | 70.91 | $Fe(NO_3)_3$ | 241.86 |
| $Ba(OH)_2 \cdot 8H_2O$ | 315.46 | Co | 58.93 | $Fe(NO)_3 \cdot 9H_2O$ | 404.00 |
| $BaSO_4$ | 233.39 | $CoCl_2$ | 129.84 | FeO | 71.85 |
| BeO | 25.01 | $CoCl_2 \cdot 6H_2O$ | 237.93 | $Fe(OH)_3$ | 106.87 |
| $BiCl_3$ | 315.34 | $Co(NO_3)_2$ | 182.94 | FeS | 87.91 |
| $Bi(NO_3)_3 \cdot 5H_2O$ | 485.07 | $Co(NO_3)_2 \cdot 6H_2O$ | 291.03 | $FeS_2$ | 119.98 |
| BiOCl | 260.43 | CoS | 91.00 | $FeSO_4$ | 151.91 |

续表

| 化学式 | $M_B/(\text{g}\cdot\text{mol}^{-1})$ | 化学式 | $M_B/(\text{g}\cdot\text{mol}^{-1})$ | 化学式 | $M_B/(\text{g}\cdot\text{mol}^{-1})$ |
|---|---|---|---|---|---|
| $FeSO_4\cdot 7H_2O$ | 278.02 | $Hg_2(NO_3)_2$ | 525.19 | $MgCl_2$ | 95.21 |
| $FeSO_4\cdot(NH_4)_2SO_4\cdot 6H_2O$ | 392.14 | $Hg_2(NO_3)_2\cdot 2H_2O$ | 561.22 | $MgCl_2\cdot 6H_2O$ | 203.30 |
|  |  | $Hg_2SO_4$ | 497.24 | $MgNH_4PO_4$ | 137.31 |
| $Fe_2O_3$ | 159.69 | $I_2$ | 253.81 | $Mg(NO_3)_2\cdot 6H_2O$ | 256.41 |
| $Fe_2(SO_4)_3$ | 399.88 | $KAl(SO_4)_2\cdot 12H_2O$ | 474.38 | $MgO$ | 40.30 |
| $Fe_2(SO_4)_3\cdot 9H_2O$ | 562.02 | $KBr$ | 119.00 | $Mg(OH)_2$ | 58.32 |
| $Fe_3O_4$ | 231.54 | $KBrO_3$ | 167.00 | $MgSO_4$ | 120.37 |
| $HBr$ | 80.91 | $KCN$ | 65.12 | $MgSO_4\cdot 7H_2O$ | 246.48 |
| $HCN$ | 27.02 | $KCl$ | 74.55 | $Mg_2P_2O_7$ | 222.55 |
| $HCOOH$(甲酸) | 46.02 | $KClO_3$ | 122.55 | $MnCO_3$ | 114.95 |
| $HCl$ | 36.46 | $KClO_4$ | 138.55 | $MnCl_2\cdot 4H_2O$ | 197.90 |
| $HClO_4$ | 100.46 | $KFe(SO_4)_2\cdot 12H_2O$ | 503.25 | $Mn(NO_3)_2\cdot 6H_2O$ | 287.04 |
| $HF$ | 20.01 | $KHC_2O_4\cdot H_2O$ | 146.14 | $MnO$ | 70.94 |
| $HI$ | 127.91 | $KHC_4H_4O_6$(酒石酸氢钾) | 188.18 | $MnO_2$ | 86.94 |
| $HIO_3$ | 175.91 | $KHSO_4$ | 136.17 | $MnS$ | 87.00 |
| $HNO_2$ | 47.01 | $KI$ | 166.00 | $MnSO_4$ | 151.00 |
| $HNO_3$ | 63.01 | $KIO_3$ | 214.00 | $MnSO_4\cdot 4H_2O$ | 223.06 |
| $H_2$ | 2.016 | $KIO_3\cdot HIO_3$ | 389.91 | $Mn_2O_3$ | 157.87 |
| $H_2CO_3$ | 62.02 | $KMnO_4$ | 158.03 | $Mn_3O_4$ | 228.81 |
| $H_2C_2O_4$ | 90.04 | $KNO_2$ | 85.10 | $N_2$ | 28.01 |
| $H_2C_2O_4\cdot 2H_2O$ | 126.07 | $KNO_3$ | 101.10 | $NH_3$ | 17.03 |
| $H_2O$ | 18.01 | $KNaC_4H_4O_6\cdot 4H_2O$(酒石酸钾钠) | 282.22 | $NH_4^+$ | 18.04 |
| $H_2O_2$ | 34.01 |  |  | $NH_4C_2H_3O_2$(乙酸铵) | 77.08 |
| $H_2S$ | 34.08 | $KOH$ | 56.10 | $NH_4Cl$ | 53.49 |
| $H_2SO_3$ | 82.08 | $K_2CO_3$ | 138.21 | $NH_4HCO_3$ | 79.06 |
| $H_2SO_4$ | 98.08 | $K_2CrO_4$ | 194.19 | $NH_4H_2PO_4$ | 115.03 |
| $H_3AsO_3$ | 125.94 | $K_2Cr_2O_7$ | 294.18 | $NH_4NO_3$ | 80.04 |
| $H_3AsO_4$ | 141.94 | $K_2O$ | 94.20 | $(NH_4)_2CO_3$ | 96.09 |
| $H_3BO_3$ | 61.83 | $K_2PtCl_6$ | 485.99 | $(NH_4)_2C_2O_4$ | 124.10 |
| $H_3PO_3$ | 82.00 | $K_2SO_4$ | 174.26 | $(NH_4)_2C_2O_4\cdot H_2O$ | 142.11 |
| $H_3PO_4$ | 98.00 | $K_2SO_4\cdot Al_2(SO_4)_3\cdot 24H_2O$ | 948.78 | $(NH_4)_2HPO_4$ | 132.06 |
| $Hg(CN)_2$ | 252.63 |  |  | $(NH_4)_2MoO_4$ | 196.01 |
| $HgCl_2$ | 271.50 | $K_2S_2O_7$ | 254.32 | $(NH_4)_2S$ | 68.14 |
| $HgI_2$ | 454.40 | $K_3Fe(CN)_6$ | 329.25 | $(NH_4)_2SO_4$ | 132.14 |
| $Hg(NO_3)_2$ | 324.60 | $K_4Fe(CN)_6$ | 368.35 | $(NH_4)_3PO_4\cdot 12MoO_3$ | 1876.32 |
| $HgO$ | 216.59 | $Li$ | 6.941 | $NO_3^-$ | 62.00 |
| $HgS$ | 232.66 | $LiCl$ | 42.39 | $NaBiO_3$ | 279.97 |
| $HgSO_4$ | 296.65 | $LiOH$ | 23.95 | $NaBr$ | 102.89 |
| $Hg_2Br_2$ | 560.99 | $Li_2CO_3$ | 73.89 | $NaBrO_3$ | 150.89 |
| $Hg_2Cl_2$ | 472.09 | $Li_2O$ | 29.88 | $NaCHO_2$(甲酸钠) | 68.01 |
| $Hg_2I_2$ | 654.99 | $MgCO_3$ | 84.31 | $NaCN$ | 49.01 |

续表

| 化学式 | $M_B/(g \cdot mol^{-1})$ | 化学式 | $M_B/(g \cdot mol^{-1})$ | 化学式 | $M_B/(g \cdot mol^{-1})$ |
|---|---|---|---|---|---|
| $NaC_2H_3O_2$(乙酸钠) | 82.03 | $NiSO_4 \cdot 7H_2O$ | 280.51 | $SrCl_2 \cdot 6H_2O$ | 266.62 |
| $NaC_2H_3O_2 \cdot 3H_2O$ | 136.08 | $OH^-$ | 17.01 | $Sr(NO_3)_2$ | 211.63 |
| $NaCl$ | 58.44 | $O_2$ | 32.00 | $Sr(NO_3)_2 \cdot 4H_2O$ | 283.69 |
| $NaClO$ | 74.44 | $PO_4^{3-}$ | 94.97 | $SrO$ | 103.62 |
| $NaHCO_3$ | 84.01 | $P_2O_5$ | 141.94 | $SrSO_4$ | 183.68 |
| $NaH_2PO_4$ | 119.98 | $Pb$ | 207.20 | $ThCl_4$ | 373.85 |
| $NaH_2PO_4 \cdot H_2O$ | 137.99 | $PbCO_3$ | 267.21 | $Th(NO_3)_4$ | 480.06 |
| $NaI$ | 149.89 | $PbC_2O_4$ | 295.22 | $Th(NO_3)_4 \cdot 4H_2O$ | 552.11 |
| $NaNO_2$ | 69.00 | $Pb(C_2H_3O_2)_2$ | 325.29 | $Th(SO_4)_2$ | 424.16 |
| $NaNO_3$ | 84.99 | $Pb(C_2H_3O_2)_2 \cdot 3H_2O$ | 379.34 | $Th(SO_4)_2 \cdot 9H_2O$ | 586.30 |
| $NaOH$ | 40.00 | $PbCl_2$ | 278.11 | $TiCl_3$ | 154.24 |
| $Na_2B_4O_7$ | 201.22 | $PbCrO_4$ | 323.19 | $TiCl_4$ | 189.69 |
| $Na_2B_4O_7 \cdot 10H_2O$ | 381.37 | $PbI_2$ | 461.01 | $TiO_2$ | 79.88 |
| $Na_2CO_3$ | 105.99 | $Pb(NO_3)_2$ | 331.21 | $TiOSO_4$ | 159.94 |
| $NaCO_3 \cdot 10H_2O$ | 286.14 | $PbO$ | 223.20 | $UCl_4$ | 379.84 |
| $Na_2C_2O_4$ | 134.00 | $PbO_2$ | 239.20 | $UF_4$ | 314.02 |
| $Na_2HAsO_3$ | 169.91 | $PbS$ | 239.27 | $UO_2(C_2H_3O_2)_2$ | 388.12 |
| $Na_2HPO_4$ | 141.96 | $PbSO_4$ | 303.26 | $UO_2(C_2H_3O_2)_2 \cdot 2H_2O$ | 424.15 |
| $Na_2HPO_4 \cdot 12H_2O$ | 358.14 | $Pb_2O_3$ | 462.40 | $VO_2$ | 82.94 |
| $Na_2H_2Y$(EDTA 钠) | 336.21 | $Pb_3O_4$ | 685.60 | $V_2O_5$ | 181.88 |
| $Na_2H_2Y \cdot 2H_2O$ | 372.24 | $SO_2$ | 64.06 | $WO_3$ | 231.85 |
| $Na_2O$ | 61.98 | $SO_3$ | 80.06 | $ZnCO_3$ | 125.40 |
| $Na_2O_2$ | 77.98 | $SO_4^{2-}$ | 96.06 | $ZnC_2O_4$ | 153.41 |
| $Na_2S$ | 78.05 | $SbCl_3$ | 228.12 | $Zn(C_2H_3O_2)_2$ | 183.48 |
| $Na_2S \cdot 9H_2O$ | 240.18 | $SbCl_5$ | 299.02 | $Zn(C_2H_3O_2)_2 \cdot 2H_2O$ | 219.51 |
| $Na_2SO_3$ | 126.04 | $Sb_2O_3$ | 291.52 | $ZnCl_2$ | 136.30 |
| $Na_2SO_4$ | 142.04 | $Sb_2O_5$ | 323.52 | $Zn(NO_3)_2$ | 189.40 |
| $Na_2S_2O_3$ | 158.11 | $SiCl_4$ | 169.90 | $Zn(NO_3)_2 \cdot 6H_2O$ | 297.49 |
| $Na_2S_2O_3 \cdot 5H_2O$ | 248.19 | $SiF_4$ | 104.08 | $ZnO$ | 81.39 |
| $Na_3AsO_3$ | 191.89 | $SiO_2$ | 60.08 | $ZnS$ | 97.46 |
| $Na_3AsO_4$ | 207.89 | $SnCl_2$ | 189.62 | $ZnSO_4$ | 161.45 |
| $Na_3PO_4$ | 163.94 | $SnCl_2 \cdot 2H_2O$ | 225.65 | $ZnSO_4 \cdot 7H_2O$ | 287.56 |
| $Na_3PO_4 \cdot 12H_2O$ | 380.12 | $SnO_2$ | 150.71 | $Zn_2P_2O_7$ | 304.72 |
| $NiCl_2 \cdot 6H_2O$ | 237.34 | $SnS$ | 150.78 | $Zr(NO_3)_4$ | 339.24 |
| $Ni(NO_3)_2 \cdot 6H_2O$ | 290.44 | $SnS_2$ | 182.84 | $Zr(NO_3)_4 \cdot 5H_2O$ | 429.32 |
| $NiO$ | 74.34 | $SrCO_3$ | 147.63 | $ZrOCl_2 \cdot 8H_2O$ | 322.25 |
| $NiS$ | 90.41 | $SrC_2O_4$ | 175.64 | $ZrO_2$ | 123.22 |

## 附表2 一些质子酸的解离常数($I=0,25$)

| 化学式 | 名称 | 质子酸结构式 | $K_a$ | $pK_a$ |
|---|---|---|---|---|
| $H_3AsO_3$ | 亚砷酸 | $As(OH)_3$ | $5.1\times10^{-10}$ | 9.29 |
| $H_3AsO_4$ | 砷酸 | HO—As(=O)—OH, OH | $6.2\times10^{-3}$ | 2.21 |
| | | | $1.2\times10^{-7}$ | 6.93 |
| | | | $3.1\times10^{-12}$ | 11.51 |
| $H_3BO_3$ | 硼酸 | $B(OH)_3$ | $5.8\times10^{-10}$ | 9.24 |
| HBrO | 次溴酸 | HOBr | $2.3\times10^{-9}$ | 8.63 |
| HCN | 氢氰酸 | HC≡N | $6.2\times10^{-10}$ | 9.21 |
| HCNO | 氰酸 | HOC≡N | $3.3\times10^{-4}$ | 3.48 |
| $H_2CO_3$ | 碳酸 | HO—C(=O)—OH | $4.45\times10^{-7}$ | 6.352 |
| | | | $5.6\times10^{-11}$ | |
| HClO | 次氯酸 | HOCl | $4.69\times10^{-11}$ | 10.329 |
| $H_2CrO_4$ | 铬酸 | OH—Cr(=O)(=O)—OH | $3.0\times10^{-8}$ | 75.3 |
| | | | $3.3\times10^{-7}(K_{a_2})$ | 6.48 |
| HF | 氢氟酸 | HF | $6.8\times10^{-4}$ | 3.17 |
| HIO | 次碘酸 | HOI | $23\times10^{-11}$ | 10.64 |
| $HIO_3$ | 碘酸 | HO—I=O | 0.49 | 0.31 |
| $HNO_2$ | 亚硝酸 | HON=O | $7.1\times10^{-4}$ | 3.15 |
| $H_2O$ | 水 | HOH | $1.01\times10^{-14}$ | 13.997 |
| $H_2O_2$ | 过氧化氢 | HO—OH | $2.2\times10^{-12}$ | 11.65 |
| $H_3PO_2$ | 次磷酸 | $H_2$POH (=O) | $5.9\times10^{-2}$ | 1.23 |
| $H_3PO_3$ | 亚磷酸 | HP(=O)(OH)—OH | $3.7\times10^{-2}$ | 1.43 |
| | | | $2.9\times10^{-7}$ | 6.54 |
| $H_3PO_4$ | 磷酸 | HO—P(=O)(OH)—OH | $7.11\times10^{-3}$ | 2.18 |
| | | | $6.23\times10^{-8}$ | 7.199 |
| | | | $4.5\times10^{-13}$ | 12.35 |
| $H_4P_2O_7$ | 焦磷酸 | $(HO)_2POP(OH)_2$ | 0.20 | 0.70 |
| | | | $6.5\times10^{-3}$ | 2.19 |
| | | | $1.6\times10^{-7}$ | 6.80 |
| | | | $2.6\times10^{-7}$ | 9.59 |
| $H_2S$ | 氢硫酸 | $H_2S$ | $9.5\times10^{-8}$ | 7.02 |

续表

| 化学式 | 名称 | 质子酸结构式 | $K_a$ | $pK_a$ |
|---|---|---|---|---|
| HSCN | 硫氰酸 | HSC≡N | $1.3 \times 10^{-14}$ | 13.9 |
| $H_2SO_3$ | 亚硫酸 | HOSOH (O) | 0.13 | 0.9 |
| | | | $1.23 \times 10^{-2}$ | 1.91 |
| | | | $5.6 \times 10^{-8}$ | 7.18 |
| $H_2SO_4$ | 硫酸 | HO-S(O)(O)-OH | $1.02 \times 10^{-2}$ ($K_{a_2}$) | 1.99 |
| $H_2S_2O_3$ | 硫代硫酸 | HO-S(O)(S)-OH | 0.25 | 0.60 |
| | | | $1.9 \times 10^{-2}$ | 1.72 |
| $NH_3$ | 氨 | $NH_4^+$ | $5.70 \times 10^{-10}$ | 9.24 |
| $NH_2OH$ | 羟胺 | $HONH_3^+$ | $1.1 \times 10^{-6}$ | 5.96 |
| $NH_2NH_2$ | 肼 | $H_3\overset{+}{N}NH_2$ | $8.5 \times 10^{-9}$ | 8.07 |
| $CH_2O_2$ | 甲酸 | $HCO_2H$ | $1.80 \times 10^{-4}$ | 3.745 |
| $C_2H_2O_4$ | 乙二酸 | $HO_2CCO_2H$ | $5.60 \times 10^{-2}$ | 1.252 |
| | | | $5.42 \times 10^{-5}$ | 4.266 |
| $C_2H_4O_2$ | 乙酸 | $CH_3CO_2H$ | $1.75 \times 10^{-5}$ | 4.757 |
| $CH_5N$ | 甲胺 | $CH_3\overset{+}{N}H_3$ | $2.3 \times 10^{-11}$ | 10.64 |
| $C_2H_7N$ | 二甲胺 | $(CH_3)_2NH_2^+$ | $1.68 \times 10^{-11}$ | 10.744 |
| $C_2H_7N$ | 乙胺 | $CH_3CH_2NH_3^+$ | $2.31 \times 10^{-11}$ | 10.636 |
| $C_2H_8N$ | 乙二胺 | $H_3\overset{+}{N}CH_2CH_2\overset{+}{N}H_3$ | $1.42 \times 10^{-7}$ | 6.848 |
| | | | $1.18 \times 10^{-10}$ | 9.928 |
| $C_2H_7ON$ | 2-氨基乙醇（乙醇胺） | $HOCH_2CH_2NH_3^+$ | $3.18 \times 10^{-10}$ | 9.498 |
| $C_3H_9N$ | 三甲胺 | $(CH_3)_3NH^+$ | $1.58 \times 10^{-10}$ | 9.800 |
| $C_3H_9N$ | 丙胺 | $CH_3CH_2CH_2CH_3$ | $2.72 \times 10^{-11}$ | 10.566 |
| $C_4H_{11}N$ | 二乙胺 | $(CH_3CH_2)_2NH_2^+$ | $1.17 \times 10^{-11}$ | 10.933 |
| $C_6H_7N$ | 氨基苯（苯胺） | $C_6H_5-NH_3^+$ | $2.51 \times 10^{-5}$ | 4.601 |
| $C_6H_{15}O_3N$ | 三乙醇胺（TEA） | $(HOCH_2CH_2)_3NH^+$ | $1.73 \times 10^{-8}$ | 7.762 |
| $C_9H_7ON$ | 8-羟基喹啉 | | $1.2 \times 10^{-5}$ (NH) | 4.91 |
| | | | $1.5 \times 10^{-10}$ (OH) | 9.81 |
| $C_{12}H_8N_2$ | 1,10-二氮菲 | | $1.4 \times 10^{-5}$ | 4.86 |

续表

| 化学式 | 名称 | 质子酸结构式 | $K_a$ | $pK_a$ |
|---|---|---|---|---|
| $C_6H_9O_6N$ | 次氨基三乙酸 (NTA) | $H\overset{+}{N}(CH_2CO_2H)_3$ | $1.2 \times 10^{-2}(CO_2H)$ | 1.9 |
| | | | $2.24 \times 10^{-2}(CO_2H)$ | 1.650 |
| | | | $1.15 \times 10^{-3}(CO_2H)$ | 2.940 |
| | | | $4.63 \times 10^{-11}(NH)$ | 10.334 |
| $C_{10}H_{16}O_8N_2$ | 乙二胺四乙酸 (EDTA) | $CH_2\overset{+}{N}H(CH_2CO_2H)_2$ $\vert$ $CH_2\overset{+}{N}H(CH_2CO_2H)_2$ | $1.26 \times 10^{-1}(CO_2H)$ | 0.9 |
| | | | $2.6 \times 10^{-2}(CO_2H)$ | 1.6 |
| | | | $1.0 \times 10^{-2}(CO_2H)$ | 2.0 |
| | | | $2.1 \times 10^{-3}(CO_2H)$ | 2.68 |
| | | | $6.9 \times 10^{-7}(NH)$ | 6.16 |
| | | | $5.5 \times 10^{-11}(NH)$ | 10.26 |

注：碳酸的浓度假定为$[H_2CO_3]+[CO_2]$之和。

## 附表3 一些难溶化合物的溶度积(25℃)

| 化合物 | $K_{sp}$ | $pK_{sp}$ | 化合物 | $K_{sp}$ | $pK_{sp}$ | 化合物 | $K_{sp}$ | $pK_{sp}$ |
|---|---|---|---|---|---|---|---|---|
| AgAc | $1.94 \times 10^{-3}$ | 2.71 | $Ba(IO_3)_2$ | $4.01 \times 10^{-9}$ | 8.40 | $Cd_3(AsO_4)_2$ | $2.17 \times 10^{-33}$ | 32.66 |
| AgBr | $5.35 \times 10^{-13}$ | 12.27 | $Ba(IO_3)_2 \cdot H_2O$ | $1.67 \times 10^{-9}$ | 8.78 | $Cd_3(PO_4)_2$ | $2.53 \times 10^{-33}$ | 32.60 |
| $AgBrO_3$ | $5.34 \times 10^{-5}$ | 4.27 | $Ba(OH)_2 \cdot H_2O$ | $2.55 \times 10^{-4}$ | 3.59 | $Co(IO_3)_2 \cdot 2H_2O$ | $1.21 \times 10^{-2}$ | 1.92 |
| AgCN | $5.97 \times 10^{-17}$ | 16.22 | $BaSO_4$ | $1.07 \times 10^{-10}$ | 9.97 | | | |
| AgCl | $1.77 \times 10^{-10}$ | 9.75 | $BiAsO_4$ | $4.43 \times 10^{-10}$ | 9.35 | $Co(OH)_2$ | | |
| AgI | $8.51 \times 10^{-17}$ | 16.07 | $Bi_2S_3$ | $1.82 \times 10^{-99}$ | 98.74 | （粉红） | $1.09 \times 10^{-15}$ | 14.96 |
| $AgIO_3$ | $3.17 \times 10^{-8}$ | 7.50 | $CaCO_3$ | $4.96 \times 10^{-9}$ | 8.30 | $Co(OH)_2$ | | |
| AgSCN | $1.03 \times 10^{-12}$ | 11.99 | $CaC_2O_4 \cdot H_2O$ | $2.34 \times 10^{-9}$ | 8.63 | （蓝） | $5.92 \times 10^{-15}$ | 14.23 |
| $Ag_2CO_3$ | $8.45 \times 10^{-12}$ | 11.07 | $CaF_2$ | $1.46 \times 10^{-10}$ | 9.84 | $Co_3(AsO_4)_2$ | $6.79 \times 10^{-29}$ | 28.17 |
| $Ag_2C_2O_4$ | $5.40 \times 10^{-12}$ | 11.27 | $Ca(IO_3)_2$ | $6.47 \times 10^{-6}$ | 5.19 | $Co_3(PO_4)_2$ | $2.05 \times 10^{-35}$ | 34.69 |
| $Ag_2CrO_4$ | $1.12 \times 10^{-12}$ | 11.95 | $Ca(IO_3)_2 \cdot 6H_2O$ | $7.54 \times 10^{-7}$ | 6.12 | CuBr | $6.27 \times 10^{-9}$ | 8.20 |
| $\alpha$-$Ag_2S$ | $6.69 \times 10^{-50}$ | 49.17 | | | | $CuC_2O_4$ | $4.43 \times 10^{-10}$ | 9.35 |
| $\beta$-$Ag_2S$ | $1.09 \times 10^{-49}$ | 48.96 | $Ca(OH)_2$ | $4.68 \times 10^{-6}$ | 5.33 | CuCl | $1.72 \times 10^{-7}$ | 6.76 |
| $Ag_2SO_3$ | $1.49 \times 10^{-14}$ | 13.83 | $CaSO_4$ | $7.10 \times 10^{-5}$ | 4.15 | CuI | $1.27 \times 10^{-12}$ | 11.90 |
| $Ag_2SO_4$ | $1.20 \times 10^{-5}$ | 4.92 | $Ca_3(PO_4)_2$ | $2.07 \times 10^{-33}$ | 32.68 | $Cu(IO_3)_2 \cdot H_2O$ | $6.94 \times 10^{-8}$ | 7.16 |
| $Ag_3AsO_4$ | $1.03 \times 10^{-22}$ | 21.99 | $CdCO_3$ | $6.18 \times 10^{-12}$ | 11.21 | | | |
| $Ag_3PO_4$ | $8.88 \times 10^{-17}$ | 16.05 | $CdC_2O_4 \cdot 3H_2O$ | $1.42 \times 10^{-8}$ | 7.85 | CuS | $1.27 \times 10^{-36}$ | 35.90 |
| $Al(OH)_3$ | $1.1 \times 10^{-33}$ | 32.97 | $CdF_2$ | $6.44 \times 10^{-3}$ | 2.19 | CuSCN | $1.77 \times 10^{-13}$ | 12.75 |
| $AlPO_4$ | $9.83 \times 10^{-21}$ | 20.01 | $Cd(IO_3)_2$ | $2.49 \times 10^{-8}$ | 7.60 | $Cu_2S$ | $2.26 \times 10^{-48}$ | 47.64 |
| $BaCO_3$ | $2.58 \times 10^{-9}$ | 8.59 | $Cd(OH)_2$ | $5.27 \times 10^{-15}$ | 14.28 | $Cu_3(AsO_4)_2$ | $7.93 \times 10^{-36}$ | 35.10 |
| $BaCrO_4$ | $1.17 \times 10^{-10}$ | 9.93 | CdS | $1.40 \times 10^{-29}$ | 28.85 | $Cu_3(PO_4)_2$ | $1.39 \times 10^{-37}$ | 36.86 |
| $BaF_2$ | $1.84 \times 10^{-7}$ | 6.74 | | | | $FeCO_3$ | $3.07 \times 10^{-11}$ | 10.51 |

续表

| 化合物 | $K_{sp}$ | $pK_{sp}$ | 化合物 | $K_{sp}$ | $pK_{sp}$ | 化合物 | $K_{sp}$ | $pK_{sp}$ |
|---|---|---|---|---|---|---|---|---|
| $FeF_2$ | $2.36 \times 10^{-6}$ | 5.63 | $Mg(OH)_2$ | $5.61 \times 10^{-12}$ | 11.25 | $Sn(OH)_2$ | $5.45 \times 10^{-27}$ | 26.26 |
| $Fe(OH)_2$ | $4.87 \times 10^{-17}$ | 16.31 | $Mg_3(PO_4)_2$ | $9.86 \times 10^{-25}$ | 24.01 | $SnS$ | $3.25 \times 10^{-28}$ | 27.49 |
| $Fe(OH)_3$ | $2.64 \times 10^{-39}$ | 38.58 | $MnCO_3$ | $2.24 \times 10^{-11}$ | 10.65 | $SrCO_3$ | $5.60 \times 10^{-10}$ | 9.25 |
| $FePO_4 \cdot 2H_2O$ | $9.92 \times 10^{-29}$ | 28.00 | $MnC_2O_3 \cdot$ | | | $SrF_2$ | $4.33 \times 10^{-9}$ | 8.36 |
| $FeS$ | $1.59 \times 10^{-19}$ | 18.80 | $2H_2O$ | $1.70 \times 10^{-7}$ | 6.77 | $Sr(IO_3)_2$ | $1.14 \times 10^{-7}$ | 6.94 |
| $HgI_2$ | $2.82 \times 10^{-29}$ | 28.55 | $Mn(IO_3)_2$ | $4.37 \times 10^{-7}$ | 6.36 | $Sr(IO_3)_2 \cdot$ | | |
| $Hg(OH)_2$ | $3.13 \times 10^{-26}$ | 25.50 | $Mn(OH)_2$ | $2.06 \times 10^{-13}$ | 12.69 | $H_2O$ | $3.58 \times 10^{-7}$ | 6.45 |
| $HgS(黑)$ | $6.44 \times 10^{-53}$ | 52.19 | $MnS$ | $4.65 \times 10^{-14}$ | 13.33 | $Sr(IO_3)_2 \cdot$ | | |
| $HgS(红)$ | $2.00 \times 10^{-53}$ | 52.70 | $NiCO_3$ | $1.42 \times 10^{-7}$ | 6.85 | $6H_2O$ | $4.65 \times 10^{-7}$ | 6.33 |
| $Hg_2Br_2$ | $6.41 \times 10^{-23}$ | 22.19 | $Ni(IO_3)_2$ | $4.71 \times 10^{-5}$ | 4.33 | $SrSO_4$ | $3.44 \times 10^{-7}$ | 6.46 |
| $Hg_2CO_3$ | $3.67 \times 10^{-17}$ | 16.44 | $Ni(OH)_2$ | $5.47 \times 10^{-16}$ | 15.26 | $Sr_3(AsO_4)_2$ | $4.29 \times 10^{-19}$ | 18.37 |
| $Hg_2C_2O_4$ | $1.75 \times 10^{-13}$ | 12.76 | $NiS$ | $1.07 \times 10^{-21}$ | 20.97 | $ZnCO_3$ | $1.19 \times 10^{-10}$ | 9.92 |
| $Hg_2Cl_2$ | $1.45 \times 10^{-18}$ | 17.84 | $Ni_3(PO_4)_2$ | $4.73 \times 10^{-32}$ | 31.33 | $ZnCO_3 \cdot H_2O$ | $5.41 \times 10^{-11}$ | 10.27 |
| $Hg_2F_2$ | $3.10 \times 10^{-6}$ | 5.51 | $PbBr_2$ | $6.60 \times 10^{-6}$ | 5.18 | $ZnC_2O_4 \cdot$ | | |
| $Hg_2I_2$ | $5.33 \times 10^{-29}$ | 28.27 | $PbCO_3$ | $1.46 \times 10^{-13}$ | 12.84 | $H_2O$ | $1.37 \times 10^{-9}$ | 8.86 |
| $Hg_2SO_4$ | $7.99 \times 10^{-7}$ | 6.10 | $PbC_2O_4$ | $8.51 \times 10^{-10}$ | 9.07 | $ZnF_2$ | $3.04 \times 10^{-2}$ | 1.52 |
| $Hg_2(SCN)_2$ | $3.12 \times 10^{-20}$ | 19.51 | $PbCl_2$ | $1.17 \times 10^{-5}$ | 4.93 | $Zn(IO_3)_2$ | $4.29 \times 10^{-6}$ | 5.37 |
| $KClO_4$ | $1.05 \times 10^{-2}$ | 1.98 | $PbF_2$ | $7.12 \times 10^{-7}$ | 6.15 | $\gamma\text{-}Zn(OH)_2$ | | |
| $K_2[PtCl_6]$ | $7.48 \times 10^{-6}$ | 5.13 | $PbI_2$ | $8.49 \times 10^{-9}$ | 8.07 | | $6.86 \times 10^{-17}$ | 16.16 |
| $Li_2CO_3$ | $8.15 \times 10^{-4}$ | 3.09 | $Pb(IO_3)_2$ | $3.68 \times 10^{-13}$ | 12.43 | $\beta\text{-}Zn(OH)_2$ | | |
| $MgCO_3$ | $6.82 \times 10^{-6}$ | 5.17 | $Pb(OH)_2$ | $1.42 \times 10^{-20}$ | 19.85 | | $7.71 \times 10^{-17}$ | 16.11 |
| $MgCO_3 \cdot 3H_2O$ | $2.38 \times 10^{-6}$ | 5.62 | $PbS$ | $9.04 \times 10^{-29}$ | 28.04 | $\delta\text{-}Zn(OH)_2ZnS$ | $4.12 \times 10^{-17}$ | 16.38 |
| $MgCO_3 \cdot$ | | | $PbSO_4$ | $1.82 \times 10^{-8}$ | 7.74 | | $2.93 \times 10^{-25}$ | 24.53 |
| $5H_2O$ | $3.79 \times 10^{-6}$ | 5.62 | $Pb(SCN)_2$ | $2.11 \times 10^{-5}$ | 4.68 | $Zn_3(AsO_4)_2$ | | |
| $MgC_2O_4 \cdot$ | | | $PdS$ | $2.03 \times 10^{-58}$ | 57.69 | | $3.12 \times 10^{-28}$ | 27.51 |
| $2H_2O$ | $4.83 \times 10^{-6}$ | 5.32 | $Pd(SCN)_2$ | $4.38 \times 10^{-23}$ | 22.36 | | | |
| $MgF_2$ | $7.42 \times 10^{-11}$ | 10.13 | $PtS$ | $9.91 \times 10^{-74}$ | 73.00 | | | |

资料来源：Weast R C. (1988~1989). CRC Handbook of Chemistry and Physics. 69th Ed. Boca Raton, Fiorida：CRC Press, Inc. 207~208

附表4　一些氨羧配位剂与金属离子配合物的稳定常数 $\lg K_{ML}$

| 金属离子 | EDTA | CyDTA | EGTA | DTPA | HEDTA |
|---|---|---|---|---|---|
| $Ag^+$ | 7.32 | 9.03 | 6.88 | 8.61 | 6.71 |
| $Al^{3+}$ | 16.30 | 19.50 | 13.90 | 18.60 | 14.30 |
| $Ba^{2+}$ | 7.86 | 8.69 | 8.41 | 8.87 | 6.30 |
| $Be^{2+}$ | 8.68 | 11.51 | | | |
| $Bi^{3+}$ | 27.80 | 32.30 | | 35.60 | 22.30 |
| $Ca^{2+}$ | 10.69 | 13.15 | 10.97 | 10.84 | 8.30 |
| $Cd^{2+}$ | 16.46 | 19.93 | 16.70 | 19.20 | 13.02 |
| $Ce^{3+}$ | 15.98 | | | 40.50 | |
| $Co^{2+}$ | 16.31 | 19.62 | 12.30 | 19.27 | 14.42 |
| $Co^{3+}$ | 41.10 | | | 40.50 | 43.20 |
| $Cr^{3+}$ | 12.80 | | | 15.36 | |
| $Cu^{2+}$ | 18.83 | 22.00 | 17.71 | 21.00 | 17.42 |
| $Fe^{2+}$ | 14.19 | 19.00 | 11.87 | 16.50 | 11.63 |
| $Fe^{3+}$ | 25.42 | 29.15 | 20.38 | 28.00 | 19.80 |
| $Ga^{2+}$ | 21.70 | 22.29 | 19.02 | 22.46 | 19.40 |
| $Hg^{2+}$ | 22.02 | 25.00 | 23.86 | 26.70 | 19.97 |
| $In^{3+}$ | 25.00 | 28.80 | | 29.60 | 20.20 |
| $La^{3+}$ | 15.25 | 16.96 | 15.84 | 19.23 | 13.61 |
| $Li^+$ | 2.43 | | | 3.10 | |
| $Mg^{2+}$ | 8.70 | 11.02 | 5.21 | 9.30 | 7.00 |
| $Mn^{2+}$ | 14.05 | 17.48 | 12.28 | 15.60 | 10.75 |
| $Na^+$ | 1.43 | | 1.38 | | |
| $Ni^{2+}$ | 18.66 | 20.30 | 13.55 | 20.32 | 16.66 |
| $Pb^{2+}$ | 18.04 | 21.20 | 14.84 | 20.56 | 15.99 |
| $Pb^{2+}$ | 18.50 | | | 24.60 | |
| $Sc^{3+}$ | 21.84 | 26.10 | 18.20 | 26.28 | 17.30 |
| $Sn^{2+}$ | 22.10 | 18.70 | 18.70 | 20.70 | |
| $Sr^{2+}$ | 8.73 | 10.50 | 8.50 | 9.77 | 6.90 |
| $Th^{4+}$ | 23.20 | 25.60 | | 26.64 | 18.50 |
| $Ti^{3+}$ | 21.30 | | | | |
| $TiO^{2+}$ | 17.50 | 18.23 | | 23.36 | |
| $Tl^+$ | 6.11 | 3.85 | 4.00 | 5.97 | |
| $Tl^{3+}$ | 35.30 | 38.30 | | 46.00 | |
| $VO_2^{2+}$ | 19.70 | | 9.41 | | |
| $VO^{2+}$ | 18.80 | 20.10 | | | |
| $VO_2^+$ | 15.55 | | | | |
| $Y^{3+}$ | 18.09 | 19.85 | 17.16 | 21.95 | |
| $Zn^{2+}$ | 16.50 | 19.37 | 12.70 | 18.40 | 14.78 |
| $Zr^{4+}$ | 27.90 | 29.90 | | 35.80 | 14.70 |

**附表 5　一些金属离子配合物的稳定常数 $\lg\beta_i$（25℃）**

| 金属离子 | 离子强度 | $\lg\beta_1$ | $\lg\beta_2$ | $\lg\beta_3$ | $\lg\beta_4$ | $\lg\beta_5$ | $\lg\beta_6$ |
|---|---|---|---|---|---|---|---|
| $L = Br^-$ | | | | | | | |
| $Ag^+$ | 0.1 | 4.15 | 7.1 | 7.95 | 8.9 | | |
| | | | $\lg[Ag_2Br]/([Ag]^2[Br]) = 9.7$（$I$ 不定） | | | | |
| $Bi^{3+}$ | 2 | 2.3 | 4.45 | 6.3 | 7.7 | 9.3 | 9.4 |
| $Cd^{2+}$ | 0.75 | 1.56 | 2.10 | 2.16 | 2.53 | | |
| $Hg^{2+}$ | 0.5 | 9.05 | 17.3 | 19.7 | 21.0 | | |
| $Pb^{2+}$ | 1 | 1.1 | 1.4 | 2.2 | | | |
| $Tl^{3+}$ | 1.2 | 8.9 | 16.4 | 22.1 | 26.1 | 29.2 | 31.6 |
| $L = Cl^-$ | | | | | | | |
| $Ag^+$ | 0.2 | 2.9 | 4.7 | 5.0 | 5.9 | | |
| | | | $\lg[Ag_2Cl]/([Ag]^2[Cl]) = 6.7$（$I$ 不定） | | | | |
| $Hg^{2+}$ | 0.5 | 6.7 | 13.2 | 14.1 | 15.1 | | |
| $L = CN^-$ | | | | | | | |
| $Ag^+$ | 0~0.3 | | 21.1 | 21.8 | 20.7 | | |
| $Au^{3+}$ | 不定 | | 38.3 | | | | |
| $Cd^{2+}$ | 3 | 5.5 | 10.6 | 15.3 | 18.9 | | |
| $Cu^+$ | | | 24.0 | 28.6 | 30.3 | | |
| $Cu^{2+}$ * | 不详 | | | | | | |
| $Fe^{2+}$ * | 0 | 25 | | | | 35.4 | |
| $Fe^{3+}$ * | 0 | | | | | 43.6 | |
| $Hg^{2+}$ | 0.1 | 18.0 | 34.7 | 38.5 | 41.5 | | |
| $Ni^{2+}$ | 0.1 | | | | 31.3 | | |
| $Pb^{2+}$ | 1 | | | | 10 | | |
| $Zn^{2+}$ | 0.1 | | | | 16.7 | | |
| $L = F^-$ | | | | | | | |
| $Al^{3+}$ | 0.53 | 6.1 | 11.15 | 15.0 | 17.7 | 19.4 | 19.7 |
| $Be^{2+}$ | 0.5 | 5.1 | 8.8 | 11.8 | | | |
| $Cr^{3+}$ | 0.5 | 4.4 | 7.7 | 10.2 | | | |
| $Fe^{3+}$ | 0.5 | 5.2 | 9.2 | 11.9 | | | |
| $In^{3+}$ | 1 | 3.7 | 6.3 | 8.6 | 9.7 | | |
| $Sc^{3+}$ | 0.5 | 6.2 | 11.5 | 15.5 | | | |
| $Sn^{4+}$ | 不定 | | | | | | 25 |
| $Th^{4+}$ | 0.5 | 7.7 | 13.5 | 18.0 | | | |
| $TiO_2^{2+}$ | 3 | 5.4 | 9.8 | 13.7 | 17.4 | | |
| $UO_2^{2+}$ | 1 | 4.5 | 7.9 | 10.5 | 11.8 | | |
| $Zr^{4+}$ | 2 | 8.8 | 16.1 | 21.9 | | | |

续表

| 金属离子 | 离子强度 | $\lg\beta_1$ | $\lg\beta_2$ | $\lg\beta_3$ | $\lg\beta_4$ | $\lg\beta_5$ | $\lg\beta_6$ |
|---|---|---|---|---|---|---|---|
| $L = I^-$ | | | | | | | |
| $Ag^+$ | 1.6 | 13.85 | 13.7 | $\lg[Ag_2I]/([Ag]^2[I]) = 14.15(I不定)$ | | | |
| $Bi^{3+}$ | 2 | | | 15.0 | 16.8 | 18.8 | |
| $Cd^{2+}$ | 不定 | 2.4 | 3.4 | 5.0 | 6.15 | | |
| $Hg^{2+}$ | 0.5 | 12.9 | 23.8 | 27.6 | 29.8 | | |
| $Pb^{2+}$ | 1 | 1.3 | 2.8 | 3.4 | 3.9 | | |
| $L = NH_3$ | | | | | | | |
| $Ag^+$ | 0.1 | 3.40 | 7.40 | | | | |
| $Cd^{2+}$ | 0.1 | 2.60 | 4.65 | 6.04 | 6.92 | 6.6 | 4.9 |
| $Co^{2+}$ | 0.1 | 2.05 | 3.62 | 4.61 | 5.31 | 5.43 | 4.75 |
| $Co^{3+}$ | 0.1 | 7.3 | 14.0 | 20.1 | 25.7 | 30.8 | 35.2 |
| $Cu^{2+}$ | 0.1 | 4.13 | 7.61 | 10.48 | 12.59 | | |
| $Hg^{2+}$ | 2 | 8.80 | 17.50 | 18.5 | 19.4 | | |
| $Ni^{2+}$ | 0.1 | 2.75 | 4.95 | 6.64 | 7.79 | 8.50 | 8.49 |
| $Zn^{2+}$ | 0.1 | 2.27 | 4.61 | 7.01 | 9.06 | | |
| $L = HPO_4^{2-}$ | | | | | | | |
| $Mn^{2+}$ | 0.2 | 2.6 | | | | | |
| $Fe^{3+}$ | 0.66 | 9.35 | | | | | |
| $L = SCN^-$ | | | | | | | |
| $Ag^+$ | 2.2 | 7.6 | 9.1 | 10.1 | | | |
| $Au^+$ | 不定 | | 25 | | | | |
| $Au^{3+}$ | 不定 | | 42 | | | | |
| $Bi^{3+}$ | 0.4 | 0.8 | 1.9 | 2.7 | 3.4 | | |
| | 5 | | 11.0 | | | | 3.2 |
| $Cu^{2+}$ | 0.5 | 1.7 | 2.5 | 2.7 | 3.0 | | |
| $Fe^{3+}$ | 不定 | 2.3 | 4.2 | 5.6 | 6.4 | 6.4 | |
| $Hg^{2+}$ | 1 | | 16.1 | 19.0 | 20.9 | | |
| $L = S_2O_3^{2-}$ | | | | | | | |
| $Ag^+$ | 0 | 8.82 | 13.5 | | | | |
| $Cd^+$ | 0 | 3.94 | | | | | |
| $Cu^+$ | 2 | 10.3 | 12.2 | 13.8 | | | |
| $Hg^{2+}$ | 0 | 29.86 | 32.26 | | | | |
| $Pb^{2+}$ | 不定 | 5.1 | | 6.4 | | | |
| $L = OH^-$ | | | | | $\lg K\{M_m(OH)_n\}$ | | | |
| $Al^{3+}$ | 2 | | | 33.3 | 163($m=6, n=15$) | | |
| $Bi^{3+}$ | 3 | | 12.4 | | 168.3($m=6, n=1$)2 | | |

续表

| 金属子离子 | 离子强度 | $\lg\beta_1$ | $\lg\beta_2$ | $\lg\beta_3$ | $\lg\beta_4$ | $\lg\beta_5$ | $\lg\beta_6$ |
|---|---|---|---|---|---|---|---|
| $Cd^{2+}$ | 3 | 4.3 | 7.7 | 10.3 | 12.0 | | |
| $Co^{2+}$ | 0.1 | 5.1 | | 10.2 | | | |
| $Cr^{3+}$ | 0.1 | 10.2 | 18.3 | | 26.0($m=2; n=2$) | | |
| | | | | | 69.9($m=6; n=12$) | | |
| $Cu^{2+}$ | 0 | 6.0 | | | 17.1($m=2; n=2$) | | |
| $Fe^{2+}$ | 1 | 4.5 | | | | | |
| $Fe^{3+}$ | 3 | 11.0 | 21.7 | | 25.1($m=2; n=2$) | | |
| $Ga^{3+}$ | 0.5 | 11.1 | | | | | |
| $Hg^{2+}$ | 0.5 | 10.3 | 21.7 | | | | |
| $In^{3+}$ | 3 | 7.0 | | | 17.9($m=2; n=2$) | | |
| $La^{3+}$ | 3 | 3.9 | | | 4.1($m=5; n=1$) | | |
| $Mg^{2+}$ | 0 | 2.6 | | | 54.6($m=5; n=9$) | | |
| $Mn^{2+}$ | 0.1 | 3.4 | | | | | |
| $Pb^{2+}$ | 0.3 | 6.2 | 10.3 | 13.3 | 7.6($m=2; n=1$) | | |
| | | | | | 36.1($m=4; n=4$) | | |
| $Sn^{2+}$ | 3 | 10.1 | | | 69.3($m=6; n=8$) | | |
| | | | | | 23.5($m=2; n=2$) | | |
| $Sn^{4+}$ | | | | | | | |
| $Th^{4+}$ | 1 | 9.7 | | | 11.1($m=2; n=1$) | | |
| $Ti^{3+}$ | 0.5 | 11.8 | | | 22.9($m=2; n=2$) | | |
| $TiO^{2+}$ | 1 | 13.7 | | | | | |
| $Tl^{3+}$ | 3 | 12.9 | 25.4 | | | | |
| $VO^{2+}$ | 3 | 8.0 | | | 21.1($m=2; n=2$) | | |
| $VO^{2+}$ | 1 | | | | | | |
| $Zn^{2+}$ | 0 | 4.4 | | 14.4 | 15.5189.2($m=10; n=14$) | | |
| $Zr^{4+}$ | 4 | 13.8 | 27.2 | 40.2 | 53 | | |
| $L=C_2H_2O_4$ 乙二酸 | | | | | | | |
| $Al^{3+}$ | 0.5 | | 11.0 | 14.6 | | | |
| $Cd^{2+}$ | 0.5 | 2.9 | 4.7 | | | | |
| $Ce^{3+}$ | 0.5 | 5.1 | 8.6 | 9.6 | | | |
| $Co^{2+}$ | 0.5 | 3.5 | 5.8 | $\lg K_{CoH_2L_2}=10.6, \lg K_{CoHL}=5.5$ | | | |
| $Cu^{2+}$ | 0.5 | 4.5 | 8.9 | $\lg K_{CuHL}=6.25$ | | | |
| $Fe^{3+}$ | 0.5 | 8.0 | 14.3 | 18.5 | | | |
| $Mg^{2+}$ | 0.5 | 2.4 | | | | | |
| $Mn^{2+}$ | 0.5 | 2.7 | 4.1 | | | | |
| $Mn^{3+}$ | 2 | 10.0 | 16.6 | 19.4 | | | |
| $Ni^{2+}$ | 1 | 4.1 | 7.2 | 8.5 | | | |

续表

| 金属子离子 | 离子强度 | $\lg\beta_1$ | $\lg\beta_2$ | $\lg\beta_3$ | $\lg\beta_4$ | $\lg\beta_5$ | $\lg\beta_6$ |
|---|---|---|---|---|---|---|---|
| $Th^{4+}$ | 0.1 | | | | 24.5 | | |
| $TiO^{2+}$ | 2 | 6.6 | 9.9 | | | | |
| $Zn^{2+}$ | 0.5 | 3.7 | 6.0 | \multicolumn{4}{l|}{$\lg K_{ZnH_2L_2}=10.8, \lg K_{ZnHL}=5.6$} |
| $L=C_2H_4O_2$ 乙二酸 | | | | | | | |
| $Pb^{2+}$ | 0.5 | 1.9 | 3.3 | | | | |
| $L=C_2H_8N_2$ 乙二胺 | | | | | | | |
| $Ag^+$ | 0.1 | 4.7 | 7.7 | | | | |
| $Cd^{2+}$ | 0.1 | 5.47 | 10.02 | 12.09 | | | |
| $Co^{2+}$ | 0.1 | 5.89 | 10.72 | 13.82 | | | |
| $Co^{3+}$ | 0.1 | | | 46.84 | | | |
| $Cu^{2+}$ | 0.1 | 10.55 | 19.60 | | | | |
| $Fe^{2+}$ | 0.1 | 4.28 | 7.53 | 9.52 | | | |
| $Hg^{2+}$ | 0.1 | | 23.42 | | | | |
| $Mn^{2+}$ | 0.1 | 2.73 | 4.79 | 5.67 | | | |
| $Ni^{2+}$ | 0.1 | 7.66 | 14.06 | 18.59 | | | |
| $Zn^{2+}$ | 0.1 | 5.71 | 10.37 | 12.08 | | | |
| $L=C_4H_6O_6D$ 酒石酸 | | | | | | | |
| $Al^{3+}$ | 0.1 | 4.33 | 11.92 | | | | |
| $Cu^{2+}$ | 0.1 | 2.52 | 6.66 | | | | |
| $Fe^{3+}$ | 0.1 | 6.66 | 12.30 | | | | |
| $In^{3+}$ | 0.1 | 4.94 | 9.77 | | | | |
| $La^{3+}$ | 0.1 | 4.39 | 7.40 | | | | |
| $Pb^{2+}$ | 0.1 | 3.59 | 8.77 | | | | |
| $L=C_5H_8O_7$ 柠檬酸 | | | | | | | |
| $Al^{3+}$ | 0.5 | 20.0 | | \multicolumn{4}{l|}{$\lg K_{Al(HL)}=7.0, \lg K_{Al(OH)L}=30.6$} |
| $Ca^{2+}$ | 0.5 | \multicolumn{2}{l|}{$\lg K(CaH_2L)=10.9,$} | \multicolumn{4}{l|}{$\lg K_{CaH_2(HL)}=8.4, \lg K_{Ca(HL)}=3.5$} |
| $Cd^{2+}$ | 0.5 | 11.3 | | \multicolumn{4}{l|}{$\lg K_{CdH(HL)}=7.9, \lg K_{Cd(HL)}=4.0$} |
| $Co^{2+}$ | 0.5 | 12.5 | | \multicolumn{4}{l|}{$\lg K_{CoH(HL)}=8.9, \lg K_{Co(HL)}=4.4$} |
| $Cu^{2+}$ | 0.5 | 18 | | \multicolumn{4}{l|}{$\lg K_{CuH_2(HL)}=12.0, \lg K_{Cu(HL)}=6.1$} |
| $Fe^{2+}$ | 0.5 | 15.5 | | \multicolumn{4}{l|}{$\lg K_{FeH(HL)}=7.3, \lg K_{Fe(HL)}=3.1$} |
| $Fe^{3+}$ | 0.5 | 25.0 | | | | | |
| $Mg^{2+}$ | 0.5 | | | | | | |
| $Mn^{2+}$ | 0.5 | | | | | | |
| $Ni^{2+}$ | 0.5 | 14.3 | | | | | |
| $Pb^{2+}$ | 0.5 | 12.3 | | | | | |
| $Zn^{2+}$ | 0.5 | 11.4 | | | | | |

资料来源：Ringbom A. 1963. Complexation in Analytical Chemistry. New York：Interscience Publishers

附表6　一些半反应的标准电极电势 $\varphi^{\ominus}$ 和条件电极电势 $\varphi^{\ominus'}$（25℃）

| 半反应 | $\varphi^{\ominus}$/V | 半反应 | $\varphi^{\ominus}$/V |
| --- | --- | --- | --- |
| $Ca^{2+} + 2e^- \rightleftharpoons Ca$ | -3.80 | $SiF_6^{2-} + 4e^- \rightleftharpoons Si + 6F^-$ | -1.24 |
| $3N_2 + 2H^+ + 2e^- \rightleftharpoons 2NH_3$ | -3.09 | $H_3BO_3^- + 5H_2O + 8e^- \rightleftharpoons BH_4^- + 8OH^-$ | -1.24 |
| $Li^+ + e^- \rightleftharpoons Li$ | -3.0401 | $ZnO_2^- + 2H_2O + 2e^- \rightleftharpoons Zn + 4OH^-$ | -1.215 |
| $Ca(OH)_2 + 2e^- \rightleftharpoons Ca + 2OH^-$ | -3.02 | $CrO_2 + 2H_2O + 3e^- \rightleftharpoons Cr + 4OH^-$ | -1.2 |
| $Ba(OH)_2 + 2e^- \rightleftharpoons Ba + 2OH^-$ | -2.99 | $Zn(OH)_4^{2-} + 2e^- \rightleftharpoons Zn + 4OH^-$ | -1.199 |
| $K^+ + e^- \rightleftharpoons K$ | -2.931 | $Mn^{2+} + 2e^- \rightleftharpoons Mn$ | -1.185 |
| $Ba^{2+} + 2e^- \rightleftharpoons Ba$ | -2.912 | $2SO_3^{2-} + 2H_2O + 2e^- \rightleftharpoons S_2O_4^{2-} + 2OH^-$ | -1.12 |
| $La + (OH)_3 + 3e^- \rightleftharpoons La + 3OH^-$ | -2.90 | $PO_4^{3-} + 2H_2O + 6e^- \rightleftharpoons HPO_3^- + 3OH^-$ | -1.05 |
| $Sr^{2+} + 2e^- \rightleftharpoons Sr$ | -2.89 | $SnO_2 + 2H_2O + 4e^- \rightleftharpoons Sn + 4OH^-$ | -0.945 |
| $Sr(OH)_2 + 2e^- \rightleftharpoons Sr + 2OH^-$ | -2.88 | $Sn(OH)_6^{2-} + 2e^- \rightleftharpoons HSnO_2^- + 3OH^- + H_2O$ | -0.93 |
| $Ca^{2+} + 2e^- \rightleftharpoons Ca$ | -2.868 | $SO_4^{2-} + H_2O + 2e^- \rightleftharpoons SO_3^{2-} + 2OH^-$ | -0.93 |
| $Na^+ + e^- \rightleftharpoons Na$ | -2.71 | $Cr^{2+} + 2e^- \rightleftharpoons Cr$ | -0.913 |
| $Mg^+ + e^- \rightleftharpoons Mg$ | -2.70 | $Ti^{3+} + e^- \rightleftharpoons Ti^{2+}$ | -0.9 |
| $Mg(OH)_2 + 2e^- \rightleftharpoons Mg + 2OH^-$ | -2.690 | $P + 3H_2O + 3e^- \rightleftharpoons PH_3(g) + 3OH^-$ | -0.87 |
| $Be_2O_3^{2-} + 3H_2O + 4e^- \rightleftharpoons 2Be + 6OH^-$ | -2.63 | $H_3BO_3 + 3H^+ + 3e^- \rightleftharpoons B + 3H_2O$ | -0.8698 |
| $La^3 + 3e^- \rightleftharpoons La$ | -2.379 | $2NO_3^- + 2H_2O + 2e^- \rightleftharpoons N_2O_4 + 4OH^-$ | -0.85 |
| $Mg^{2+} + 2e^- \rightleftharpoons Mg$ | -2.372 | $2H_2O + 2e^- \rightleftharpoons H_2 + 2OH^-$ | -0.8277 |
| $Al(OH)_4^- + 4e^- \rightleftharpoons Al + 4OH^-$ | -2.328 | $Cd(OH)_2 + 2e^- \rightleftharpoons Cd(Hg) + 2OH^-$ | -0.809 |
| $Al(OH)_3 + 3e^- \rightleftharpoons Al + 3OH^-$ | -2.31 | $SiO + 2H^+ + 2e^- \rightleftharpoons Si + H_2O$ | -0.8 |
| $H_2 + 2e^- \rightleftharpoons 2H^-$ | -2.23 | $Bi + 3H^+ + 3e^- \rightleftharpoons BiH_3$ | -0.8 |
| $Pm^{2+} + 2e^- \rightleftharpoons Pm$ | -2.2 | $ZnSO_4 \cdot 7H_2O + 2e^- \rightleftharpoons Zn(Hg) + SO_4^{2-}$（饱和 $ZnSO_4$） | -0.7993 |
| $AlF_6^{3-} + 3e^- \rightleftharpoons Al + 6F^-$ | -2.069 | | |
| $Be^{2+} + 2e^- \rightleftharpoons Be$ | -1.847 | $Zn^{2+} + 2e^- \rightleftharpoons Zn(Hg)$ | -0.7628 |
| $H_2PO_2^- + e^- \rightleftharpoons P + 2OH^-$ | -1.82 | $Zn^{2+} + 2e^- \rightleftharpoons Zn$ | -0.7618 |
| $H_2BO_3^- + H_2O + 3e^- \rightleftharpoons B + 4OH^-$ | -1.79 | $Ta_2O_5 + 10H^+ + 10e^- \rightleftharpoons 2Ta + 5H_2O$ | -0.750 |
| $HPO_3^{2-} + 2H_2O + 3e^- \rightleftharpoons P + 5OH^-$ | -1.71 | $Cr^{3+} + 3e^- \rightleftharpoons Cr$ | -0.744 |
| $SiO_3^{2-} + H_2O + 4e^- \rightleftharpoons Si + 6OH^-$ | -1.697 | $Co(OH)_2 + 2e^- \rightleftharpoons Co + 2OH^-$ | -0.73 |
| $Al^{3+} + 3e^- \rightleftharpoons Al$ | -1.662 | $Ni(OH)_2 + 2e^- \rightleftharpoons Ni + 2OH^-$ | -0.72 |
| $HPO_3^{2-} + 2H_2O + 2e^- \rightleftharpoons H_2PO_2^- + 3OH^-$ | -1.65 | $AsO_4^{3-} + 2H_2O + 2e^- \rightleftharpoons AsO_2^- + 4OH^-$ | -0.71 |
| $Ti^{2+} + 2e^- \rightleftharpoons Ti$ | -1.630 | $Ag_2S + 2e^- \rightleftharpoons 2Ag + S^{2-}$ | -0.691 |
| $Ba^{2+} + 2e^- \rightleftharpoons Ba(Hg)$ | -1.570 | $NbO_2 + 4H^+ + 4e^- \rightleftharpoons Nb + 2H_2O$ | -0.690 |
| $Mn(OH)_2 + 2e^- \rightleftharpoons Mn + 2OH^-$ | -1.56 | $AsO_2^- + 2H_2O + 3e^- \rightleftharpoons As + 4OH^-$ | -0.68 |
| $Cr(OH)_3 + 3e^- \rightleftharpoons Cr + 3OH^-$ | -1.48 | $SbO_2^- + 2H_2O + 3e^- \rightleftharpoons Sb + 4OH^-$ | -0.66 |
| $Ti^{3+} + 3e^- \rightleftharpoons Ti$ | -1.37 | $As + 3H^+ + 3e^- \rightleftharpoons AsH_3$ | -0.608 |
| $ZnO + H_2O + 2e^- \rightleftharpoons Zn + 2OH^-$ | -1.260 | $Ta^{3+} + 3e^- \rightleftharpoons Ta$ | -0.6 |
| $Zn(OH)_2 + 2e^- \rightleftharpoons Zn + 2OH^-$ | -1.249 | $SbO_3^- + H_2O + 2e^- \rightleftharpoons SbO_2^- + 2OH^-$ | -0.59 |

续表

| 半反应 | $\varphi^{\ominus}/V$ | 半反应 | $\varphi^{\ominus}/V$ |
|---|---|---|---|
| $PbO + H_2O + 2e^- \rightleftharpoons Pb + 2OH^-$ | -0.580 | $CO_2 + 2H^+ + 2e^- \rightleftharpoons HCOOH$ | -0.199 |
| $2SO_3^{2-} + 3H_2O + 4e^- \rightleftharpoons S_2O_3^{2-} + 6OH^-$ | -0.571 | $SnO_2 + 3H^+ + 2e^- \rightleftharpoons SnOH^+ + H_2O$ | -0.194 |
| $Fe(OH)_3 + e^- \rightleftharpoons Fe(OH)_2 + OH^-$ | -0.56 | $H_2GeO_3 + 4H^+ + 4e^- \rightleftharpoons Ge + 3H_2O$ | -0.182 |
| $TlCl + e^- \rightleftharpoons Tl + Cl^-$ | -0.5568 | $2NO_2^- + 2H_2O + 4e^- \rightleftharpoons N_2O_2^{2-} + 4OH^-$ | -0.18 |
| $HPbO_2^- + H_2O + 2e^- \rightleftharpoons Pb + 3OH^-$ | -0.537 | $AgI + e^- \rightleftharpoons Ag + I^-$ | -0.15224 |
| $Sb + 3H^+ + 3e^- \rightleftharpoons SbH_3$ | -0.510 | $MoO_2 + 4H^+ + 4e^- \rightleftharpoons Mo + 4H_2O$ | -0.152 |
| $H_3PO_2 + H^+ + e^- \rightleftharpoons P + 2H_2O$ | -0.508 | $O_2 + 2H_2O + 2e^- \rightleftharpoons H_2O_2 + 2OH^-$ | -0.146 |
| $TiO_2 + 4H^+ + 2e^- \rightleftharpoons Ti^{2+} + 2H_2O$ | -0.502 | $Sn^{2+} + 2e^- \rightleftharpoons Sn$ | -0.1375 |
| $H_3PO_3 + 2H^+ + 2e^- \rightleftharpoons H_3PO_2 + H_2O$ | -0.499 | $CrO_4^{2-} + 4H_2O + 3e^- \rightleftharpoons Cr(OH)_3 + 5OH^-$ | -0.13 |
| $ZnOH^+ + H^+ + 2e^- \rightleftharpoons Zn + H_2O$ | -0.497 | $Pb^{2+} + 2e^- \rightleftharpoons Pb$ | -0.1262 |
| $B(OH)_3 + 7H^+ + 8e^- \rightleftharpoons BH_4^- + 3H_2O$ | -0.481 | $Pb^{2+} + 2e^- \rightleftharpoons Pb(Hg)$ | -0.1205 |
| $S + H_2O + 2e^- \rightleftharpoons HS^- + OH^-$ | -0.478 | $WO_2 + 4H^+ + 4e^- \rightleftharpoons W + 2H_2O$ | -0.119 |
| $S + 2e^- \rightleftharpoons S^{2-}$ | -0.47627 | $GeO_2 + 2H^+ + 2e^- \rightleftharpoons GeO + H_2O$ | -0.118 |
| $NO_2^- + H_2O + e^- \rightleftharpoons NO + 2OH^-$ | -0.46 | $SnO_2 + 4H^+ + 4e^- \rightleftharpoons Sn + 2H_2O$ | -0.117 |
| $H_3PO_3 + 3H^+ + 3e^- \rightleftharpoons P + 3H_2O$ | -0.454 | $P(红) + 3H^+ + 2e^- \rightleftharpoons PH_3(g)$ | -0.111 |
| $Fe^{2+} + 2e^- \rightleftharpoons Fe$ | -0.447 | $SnO_2 + 4H^+ + 2e^- \rightleftharpoons Sn^{2+} + 2H_2O$ | -0.094 |
| $2S + 2e^- \rightleftharpoons S_2^{2-}$ | 0.42836 | $Se + 2H^+ + 2e^- \rightleftharpoons H_2Se$ | -0.082 |
| $Cr^{3+} + e^- \rightleftharpoons Cr^{2+}$ | -0.407 | $2Cu(OH)_2 + 2e^- \rightleftharpoons Cu_2O + 2OH^- + H_2O$ | -0.080 |
| $Cd^{2+} + 2e^- \rightleftharpoons Cd$ | -0.4030 | $O_2 + H_2O + 2e^- \rightleftharpoons HO_2^- + OH^-$ | -0.076 |
| $PbI_2 + 2e^- \rightleftharpoons Pb + 2I^-$ | 0.365 | $P(白) + 3H^+ + 2e^- \rightleftharpoons PH_3(g)$ | -0.063 |
| $Cu_2O + H_2O + 2e^- \rightleftharpoons 2Cu + 2OH^-$ | -0.360 | $2H_2SO_3 + H^+ + 2e^- \rightleftharpoons HS_2O_4^- + 2H_2O$ | 0.056 |
| $PbSO_4 + 2e^- \rightleftharpoons Pb + SO_4^{2-}$ | -0.3588 | $Hg_2I_2 + 2e^- \rightleftharpoons 2Hg + 2I^-$ | -0.0405 |
| $Cd^{2+} + 2e^- \rightleftharpoons Cd(Hg)$ | -0.3521 | $Fe^{3+} + 3e^- \rightleftharpoons Fe$ | -0.037 |
| $PbSO_4 + 2e^- \rightleftharpoons Pb(Hg) + SO_4^{2-}$ | -0.3505 | $Ag_2S + 2H^+ + 2e^- \rightleftharpoons 2Ag + H_2S$ | -0.0366 |
| $TlOH + e^- \rightleftharpoons Tl + OH^-$ | -0.34 | $W_2O_5 + 2H^+ + 2e^- \rightleftharpoons 2WO_2 + H_2O$ | -0.031 |
| $In^{3+} + 3e^- \rightleftharpoons In$ | -0.3382 | $2WO_3 + 2H^+ + 2e^- \rightleftharpoons W_2O_5 + H_2O$ | -0.029 |
| $Tl^+ + e^- \rightleftharpoons Tl$ | -0.336 | $AgCN + e^- \rightleftharpoons Ag + CN^-$ | -0.017 |
| $Tl^+ + e^- \rightleftharpoons Tl(Hg)$ | -0.3338 | $2H^+ + 2e^- \rightleftharpoons H_2$ | 0.00000 |
| $PbBr_2 + 2e^- \rightleftharpoons Pb + 2Br^-$ | -0.284 | $CuI_2^- + e^- \rightleftharpoons Cu + 2I^-$ | 0.00 |
| $Co^{2+} + 2e^- \rightleftharpoons Co$ | -0.28 | $Ge^{4+} + 2e^- \rightleftharpoons Ge^{2+}$ | 0.00 |
| $H_3PO_4 + 2H^+ + 2e^- \rightleftharpoons H_3PO_3 + H_2O$ | -0.276 | $NO_3^- + H_2O + 2e^- \rightleftharpoons NO_2^- + 2OH^-$ | -0.01 |
| $PbCl_2 + 2e^- \rightleftharpoons Pb + 2Cl^-$ | -0.2675 | $WO_3 + 2H^+ + 2e^- \rightleftharpoons WO_2 + H_2O$ | 0.036 |
| $Ni^{2+} + 2e^- \rightleftharpoons Ni$ | -0.257 | $SeO_4^{2-} + H_2O + 2e^- \rightleftharpoons SeO_3^{2-} + 2OH^-$ | 0.05 |
| $CdSO_4 + 2e^- \rightleftharpoons Cd + SO_4^{2-}$ | -0.246 | $UO_2^{2+} + e^- \rightleftharpoons UO_2^+$ | 0.062 |
| $Cu(OH)_2 + 2e^- \rightleftharpoons Cu + 2OH^-$ | -0.222 | $Pd(OH)_2 + 2e^- \rightleftharpoons Pd + 2OH^-$ | 0.07 |
| $2SO_2^{2-} + 4H^+ + 2e^- \rightleftharpoons S_2O_6^{2-} + H_2O$ | -0.22 | $AgBr + e^- \rightleftharpoons Ag + Br^-$ | 0.07133 |

续表

| 半反应 | $\varphi^\ominus$/V | 半反应 | $\varphi^\ominus$/V |
|---|---|---|---|
| $MoO_3 + 6H^+ + 6e^- \rightleftharpoons Mo + 3H_2O$ | 0.075 | $Hg_2Cl_2 + 2e^- \rightleftharpoons 2Hg + 2Cl^-$ | 0.268 08 |
| $S_4O_6^{2-} + 2e^- \rightleftharpoons 2S_2O_3^{2-}$ | 0.08 | 甘汞电极,$1\ mol \cdot kg^{-1} KCl$ | 0.2800 |
| $AgSCN + e^- \rightleftharpoons Ag + SCN^-$ | 0.8951 | 甘汞电极,$1\ mol \cdot L^{-1} KCl(NCE)$ | 0.2801 |
| $N_2 + 2H_2O + 6H^+ + 6e^- \rightleftharpoons 2NH_4OH$ | 0.092 | $Bi^{3+} + 3e^- \rightleftharpoons Bi$ | 0.308 |
| $HgO + H_2O + 2e^- \rightleftharpoons Hg + 2OH^-$ | 0.0977 | $BiO^+ + 2H^+ + 3e^- \rightleftharpoons Bi + H_2O$ | 0.320 |
| $2NO + 2e^- \rightleftharpoons N_2O_2^{2-}$ | 0.10 | $UO_2^{2+} + 4H^+ + 2e^- \rightleftharpoons U^{4+} + 2H_2O$ | 0.327 |
| $W^{3+} + 3e^- \rightleftharpoons W$ | 0.1 | $ClO_3^- + H_2O + 2e^- \rightleftharpoons ClO_2^- + 2OH^-$ | 0.33 |
| $[Co(NH_3)_6]^{3+} + e^- \rightleftharpoons [Co(NH_3)_6]^{2+}$ | 0.108 | $2HCNO + 2H^+ + 2e^- \rightleftharpoons (CN)_2 + 2H_2O$ | 0.330 |
| $Hg_2O + H_2O + 2e^- \rightleftharpoons 2Hg + 2OH^-$ | 0.123 | 甘汞电极,$0.1\ mol \cdot L^{-1} KCl$ | 0.3337 |
| $Ge^{2+} + 4e^- \rightleftharpoons Ge$ | 0.124 | $Cu^{2+} + 2e^- \rightleftharpoons Cu$ | 0.3419 |
| $Hg_2Br_2 + 2e^- \rightleftharpoons 2Hg + 2Br^-$ | 0.139 23 | $Ag_2O + H_2O + 2e^- \rightleftharpoons 2Ag + 2OH^-$ | 0.342 |
| $Pt(OH)_2 + 2e^- \rightleftharpoons Pt + 2OH^-$ | 0.14 | $Cu^{2+} + 2e^- \rightleftharpoons Cu(Hg)$ | 0.345 |
| $S + 2H^+ + 2e^- \rightleftharpoons H_2S(aq)$ | 0.142 | $AgIO_3 + e^- \rightleftharpoons Ag + IO_3^-$ | 0.354 |
| $Sn(OH)_3^- + 3H^+ + 2e^- \rightleftharpoons Sn^{2+} + 3H_2O$ | 0.142 | $[Fe(CN)_6]^{3-} + e^- \rightleftharpoons [Fe(CN)_6]^{4-}$ | 0.358 |
| $Ag[Fe(CN)_6] + 4e^- \rightleftharpoons 4Ag + [Fe(CN)_6]^{4-}$ | 0.1478 | $ClO_4^- + H_2O + 2e^- \rightleftharpoons ClO_3^- + 2OH^-$ | 0.36 |
| $IO_3^- + 2H_2O + 4e^- \rightleftharpoons IO^- + 4OH^-$ | 0.15 | $(CN)_2 + 2H^+ + 2e^- \rightleftharpoons 2HCN$ | 0.373 |
| $Mn(OH)_3 + e^- \rightleftharpoons Mn(OH)_2 + OH^-$ | 0.15 | $O_2 + 2H_2O + 4e^- \rightleftharpoons 4OH^-$ | 0.401 |
| $2NO_2^- + 3H_2O + 4e^- \rightleftharpoons N_2O + 6OH^-$ | 0.15 | $AgOCN + e^- \rightleftharpoons Ag + OCN^-$ | 0.41 |
| $Sn^{4+} + 2e^- \rightleftharpoons Sn^{2+}$ | 0.151 | $Ag_2CrO_4 + 2e^- \rightleftharpoons 2Ag + CrO_4^{2-}$ | 0.4470 |
| $Sb_2O_3 + 6H^+ + 6e^- \rightleftharpoons 2Sb + 3H_2O$ | 0.152 | $H_2SO_3 + 4H^+ + 4e^- \rightleftharpoons S + 3H_2O$ | 0.449 |
| $Cu^{2+} + e^- \rightleftharpoons Cu^+$ | 0.153 | $Ag_2MoO_4 + 2e^- \rightleftharpoons 2Ag + MoO_4^{2-}$ | 0.4573 |
| $BiOCl + 2H^+ + 3e^- \rightleftharpoons Bi + Cl^- + H_2O$ | 0.1583 | $Ag_2C_2O_4 + 2e^- \rightleftharpoons 2Ag + C_2O_4^{2-}$ | 0.4647 |
| $BiCl_4^- + 3e^- \rightleftharpoons Bi + 4Cl^-$ | 0.16 | $Ag_2WO_4 + 2e^- \rightleftharpoons 2Ag + WO_4^{2-}$ | 0.4660 |
| $Fe_2O_3 + 4H^+ + 2e^- \rightleftharpoons 2FeOH^+ + H_2O$ | 0.16 | $Ag_2CO_3 + 2e^- \rightleftharpoons 2Ag + CO_3^{2-}$ | 0.47 |
| $Co(OH)_3 + e^- \rightleftharpoons Co(OH)_2 + OH^-$ | 0.17 | $IO^- + H_2O + 2e^- \rightleftharpoons I^- + 2OH^-$ | 0.485 |
| $SO_4^{2-} + H^+ + 2e^- \rightleftharpoons H_2SO_3 + H_2O$ | 0.172 | $NiO_2 + 2H_2O + 2e^- \rightleftharpoons Ni(OH)_2 + 2OH^-$ | 0.490 |
| $Bi^{3+} + 2e^- \rightleftharpoons Bi^+$ | 0.2 | $Bi^+ + e^- \rightleftharpoons Bi$ | 0.5 |
| $SbO^+ + 2H^+ + 3e^- \rightleftharpoons Sb + 2H_2O$ | 0.212 | $Hg_2(Ac)_2 + 2e^- \rightleftharpoons 2Hg + 2Ac^-$ | 0.511 63 |
| $AgCl + e^- \rightleftharpoons Ag + Cl^-$ | 0.222 33 | $Cu^+ + e^- \rightleftharpoons Cu$ | 0.521 |
| $As_2O_3 + 6H^+ + 6e^- \rightleftharpoons 2As + 3H_2O$ | 0.234 | $I_2 + 2e^- \rightleftharpoons 2I^-$ | 0.5355 |
| 甘汞电极,饱和 NaCl(SSCE) | 0.2360 | $I_3^- + 2e^- \rightleftharpoons 3I^-$ | 0.536 |
| $Ge^{2+} + 2e^- \rightleftharpoons Ge$ | 0.24 | $AgBrO_3 + e^- \rightleftharpoons Ag + BrO_3^-$ | 0.546 |
| 甘汞电极,饱和 KCl | 0.2412 | $MnO_4^- + e^- \rightleftharpoons MnO_4^{2-}$ | 0.558 |
| $PbO_2 + H_2O + 2e^- \rightleftharpoons PbO + 2OH^-$ | 0.247 | $H_3AsO_4 + 2H^+ + 2e^- \rightleftharpoons HAsO_2 + 2H_2O$ | 0.560 |
| $HAsO_2 + 3H^+ + 3e^- \rightleftharpoons As + 2H_2O$ | 0.248 | $S_2O_6^{2-} + 4H^+ + 2e^- \rightleftharpoons 2H_2SO_3$ | 0.564 |
| $IO_3^- + 3H_2O + 6e^- \rightleftharpoons I^- + OH^-$ | 0.26 | $AgNO_2 + e^- \rightleftharpoons Ag + NO_2^-$ | 0.564 |

| 半反应 | $\varphi^{\ominus}/V$ | 半反应 | $\varphi^{\ominus}/V$ |
|---|---|---|---|
| $Sb_2O_5 + 6H^+ + 4e^- \rightleftharpoons 2SbO^+ + 3H_2O$ | 0.581 | $Hg^{2+} + 2e^- \rightleftharpoons Hg$ | 0.851 |
| $MnO_4^- + 2H_2O + 3e^- \rightleftharpoons MnO_2 + 4OH^-$ | 0.595 | $AuBr_4^- + 3e^- \rightleftharpoons Au + 4Br^-$ | 0.854 |
| $MnO_4^{2-} + 2H_2O + 2e^- \rightleftharpoons MnO_2 + 4OH^-$ | 0.60 | $SiO_2(石英) + 4H^+ + 4Br^- \rightleftharpoons Si + 2H_2O$ | 0.857 |
| $2AgO + H_2O + 2e^- \rightleftharpoons Ag_2O + 2OH^-$ | 0.607 | $2HNO_2 + 4H^+ + 4e^- \rightleftharpoons H_2N_2O_2 + H_2O$ | 0.86 |
| $BrO_3^- + 3H_2O + 6e^- \rightleftharpoons Br^- + 6OH^-$ | 0.61 | $N_2O_4 + 2e^- \rightleftharpoons 2NO_2^-$ | 0.867 |
| $Hg_2SO_4 + 2e^- \rightleftharpoons 2Hg + SO_4^{2-}$ | 0.6125 | $HO_2^- + H_2O + 2e^- \rightleftharpoons 3OH^-$ | 0.878 |
| $ClO_3^- + 3H_2O + 6e^- \rightleftharpoons Cl^- + 6OH^-$ | 0.62 | $2Hg^+ + 2e^- \rightleftharpoons Hg_2^{2+}$ | 0.920 |
| $AgAc + e^- \rightleftharpoons Ag + Ac^-$ | 0.643 | $NO_3^- + 3H^+ + 2e^- \rightleftharpoons HNO_2 + H_2O$ | 0.934 |
| $Sb_2O_5(锑华) + 4H^+ + 4e^- \rightleftharpoons Sb_2O_3 + 2H_2O$ | 0.649 | $Pd^{2+} + 2e^- \rightleftharpoons Pd$ | 0.951 |
| $Ag_2SO_4 + 2e^- \rightleftharpoons 2Ag + SO_4^{2-}$ | 0.654 | $ClO_2(aq) + e^- \rightleftharpoons ClO_2^-$ | 0.954 |
| $ClO_2^- + H_2O + 2e^- \rightleftharpoons ClO^- + 2OH^-$ | 0.66 | $NO_3^- + 4H^+ + 3e^- \rightleftharpoons NO + 2H_2O$ | 0.957 |
| $Sb_2O_5(方锑矿) + 4H^+ + 4e^- \rightleftharpoons Sb_2O_5 + 2H_2O$ | 0.671 | $AuBr_2^- + e^- \rightleftharpoons Au + 2Br^-$ | 0.959 |
| $[PtCl_6]^{2-} + 2e^- \rightleftharpoons [PtCl_4]^{2-} + 2Cl^-$ | 0.68 | $HNO_2 + H^+ + e^- \rightleftharpoons NO + H_2O$ | 0.983 |
| $O_2 + 2H^+ + 2e^- \rightleftharpoons H_2O_2$ | 0.695 | $HIO + H^+ + 2e^- \rightleftharpoons I^- + H_2O$ | 0.987 |
| $p$-苯醌 $+ 2H^+ + 2e^- \rightleftharpoons$ 氢醌 | 0.6992 | $AuCl_4^- + 3e^- \rightleftharpoons Au + 4Cl^-$ | 1.002 |
| $H_3IO_6 + 2e^- \rightleftharpoons IO_3^- + 3OH^-$ | 0.7 | $OsO_4 + 4H^+ + 4e^- \rightleftharpoons OsO_2 + 2H_2O$ | 1.02 |
| $Ag_2O_3 + H_2O + 2e^- \rightleftharpoons 2AgO + 2OH^-$ | 0.739 | $H_6TeO_6 + 2H^+ + 2e^- \rightleftharpoons TeO_2 + 4H_2O$ | 1.02 |
| $Tl^{3+} + 3e^- \rightleftharpoons Tl$ | 0.741 | $Hg(OH)_2 + 2H^+ + 2e^- \rightleftharpoons Hg + 2H_2O$ | 1.034 |
| $[PtCl_4]^{2-} \rightleftharpoons Pt + 4Cl^-$ | 0.755 | $N_2O_4 + 4H^+ + 4e^- \rightleftharpoons 2NO + 2H_2O$ | 1.035 |
| $ClO_2^- + 2H_2O + 4e^- \rightleftharpoons Cl^- + 4OH^-$ | 0.76 | $[Fe(phen)_3]^{3+} + e^- \rightleftharpoons [Fe(phen)_3]^{2+}$ | |
| $2NO + H_2O + 2e^- \rightleftharpoons N_2O + H_2OH^-$ | 0.76 | $1\ mol \cdot L^{-1} H_2SO_4$ | 1.06 |
| $BrO^- + H_2O + 2e^- \rightleftharpoons Br^- + 2OH^-$ | 0.761 | $N_2O_4 + 2H^+ + 2e^- \rightleftharpoons 2HNO_2$ | 1.065 |
| $(CNS)_2 + 2e^- \rightleftharpoons 2CNS^-$ | 0.77 | $Br_2(l) + 2e^- \rightleftharpoons 2Br^-$ | 1.066 |
| $Fe^{3+} + e^- \rightleftharpoons Fe^{2+}$ | 0.771 | $IO_3^- + 6H^+ + 6e^- \rightleftharpoons I^- + 3H_2O$ | 1.085 |
| $10\ mol \cdot L^{-1}\ NaOH$ | −0.63 | $Br_2(aq) + 2e^- \rightleftharpoons 2Br^-$ | 1.0873 |
| $0.3\ mol \cdot L^{-1}\ H_3PO_4$ | 0.44 | $Cu^{2+} + 2CN^- + e^- \rightleftharpoons [Cu(CN)_2]^-$ | 1.103 |
| $10\ mol \cdot L^{-1}\ HCl$ | 0.53 | $[Fe(phen)_3]^{3+} + e^- \rightleftharpoons [Fe(phen)_3]^{2+}$ | 1.147 |
| $0.5\ mol \cdot L^{-1}\ H_2SO_4$ | 0.67 | $ClO_3^- + 2H^+ + e^- \rightleftharpoons ClO_2 + H_2O$ | 1.152 |
| $1\ mol \cdot L^{-1}\ HCl$ | 0.70 | $ClO_4^- + 2H^+ + 2e^- \rightleftharpoons ClO_3^- + H_2O$ | 1.189 |
| $0.2\ mol \cdot L^{-1}\ HNO_3$ | 0.74 | $2IO_3^- + 12H^+ + 10e^- \rightleftharpoons I_2 + 6H_2O$ | 1.195 |
| $1\ mol \cdot L^{-1}\ HClO_4$ | 0.75 | $ClO_3^- + 3H^+ + 2e^- \rightleftharpoons HClO_2 + H_2O$ | 1.214 |
| $AgF + e^- \rightleftharpoons Ag + F^-$ | 0.779 | $MnO_2 + 4H^+ + 2e^- \rightleftharpoons Mn^{2+} + 2H_2O$ | 1.224 |
| $Hg_2^{2+} + 2e^- \rightleftharpoons 2Hg$ | 0.7973 | $O_2 + 4H^+ + 4e^- \rightleftharpoons 2H_2O$ | 1.229 |
| $Ag^+ + e^- \rightleftharpoons Ag$ | 0.7996 | $Cr_2O_7^{2-} + 14H^+ + 6e^- \rightleftharpoons 2Cr^{3+} + 7H_2O$ | 1.232 |
| $2NO_3^- + 4H^+ + 2e^- \rightleftharpoons N_2O_4 + 2H_2O$ | 0.803 | $0.1\ mol \cdot L^{-1}\ H_2SO_4$ | 0.92* |
| $ClO^- + H_2O + 2e^- \rightleftharpoons Cl^- + 2OH^-$ | 0.841 | $1\ mol \cdot L^{-1}\ HClO_4$ | 1.03* |

续表

| 半反应 | $\varphi^{\ominus}/V$ | 半反应 | $\varphi^{\ominus}/V$ |
| --- | --- | --- | --- |
| $4\ mol\cdot L^{-1}\ H_2SO_4$ | 1.15* | $HClO_2+2H^++2e^-\rightleftharpoons HClO+H_2O$ | 1.645 |
| $O_3+H_2O+2e^-\rightleftharpoons O_2+2OH^-$ | 1.24 | $NiO_2+4H^++2e^-\rightleftharpoons Ni^{2+}+2H_2O$ | 1.678 |
| $N_2H_5^++3H^++2e^-\rightleftharpoons 2NH_4^+$ | 1.275 | $PbO_2+SO_4^{2-}+4H^++2e^-\rightleftharpoons PbSO_4+2H_2O$ | 1.6913 |
| $ClO_2+H^++e^-\rightleftharpoons HClO_2$ | 1.277 | $Au^++e^-\rightleftharpoons Au$ | 1.692 |
| $[PdCl_6]^{2-}+2e^-\rightleftharpoons[PdCl_4]^{2-}+2Cl^-$ | 1.288 | $CeOH^{3+}+H^++e^-\rightleftharpoons Ce^{3+}+H_2O$ | 1.715 |
| $2HNO_2+4H^++4e^-\rightleftharpoons N_2O+3H_2O$ | 1.29 | $Ce^{4+}+e^-\rightleftharpoons Ce^{3+}$ | 1.72 |
| $Cr_2O_5+10H^++e^-\rightleftharpoons CrO_2+5H_2O$ | 1.3 | $0.5\ mol\cdot L^{-1}\ H_2SO_4$ | 1.45* |
| $AuOH^{2+}+H^++2e^-\rightleftharpoons Au^++H_2O$ | 1.32 | $1\ mol\cdot L^{-1}\ HNO_3$ | 1.60* |
| $HBrO+H^++2e^-\rightleftharpoons Br^-+H_2O$ | 1.331 | $1\ mol\cdot L^{-1}\ HClO_4$ | 1.70* |
| $HCrO_4^-+7H^++3e^-\rightleftharpoons Cr^{3+}+4H_2O$ | 1.350 | $N_2O+2H^++2e^-\rightleftharpoons N_2+H_2O$ | 1.766 |
| $Cl_2(g)+2e^-\rightleftharpoons 2Cl^-$ | 1.358 27 | $H_2O_2+2H^++2e^-\rightleftharpoons 2H_2O$ | 1.776 |
| $ClO_4^-+8H^++8e^-\rightleftharpoons Cl^-+4H_2O$ | 1.389 | $Ag^{3+}+e^-\rightleftharpoons Ag^{2+}$ | 1.8 |
| $ClO_4^-+8H^++7e^-\rightleftharpoons 1/2Cl_2+4H_2O$ | 1.39 | $Au^{2+}+e^-\rightleftharpoons Au^+$ | 1.8 |
| $Au^{3+}+2e^-\rightleftharpoons Au^-$ | 1.401 | $Ag_2O_2+4H^++e^-\rightleftharpoons 2Ag+2H_2O$ | 1.802 |
| $BrO_3^-+6H^++6e^-\rightleftharpoons Br^-+3H_2O$ | 1.423 | $Co^{3+}+e^-\rightleftharpoons Co^{2+}$ | |
| $2HIO+2H^++2e^-\rightleftharpoons I_2+2H_2O$ | 1.439 | $2\ mol\cdot L^{-1}\ H_2SO_4$ | 1.83 |
| $Au(OH)_3+3H^++3e^-\rightleftharpoons Au^-+3H_2O$ | 1.45 | $Ag^{3+}+2e^-\rightleftharpoons Ag^-$ | 1.9 |
| $ClO_3^-+6H^++6e^-\rightleftharpoons Cl^-+3H_2O$ | 1.451 | $Co^{3+}+e^-\rightleftharpoons Co^{2+}$ | 1.92 |
| $PbO_2+4H^++2e^-\rightleftharpoons Pb^{2+}+2H_2O$ | 1.455 | $Ag^{2+}+e^-\rightleftharpoons Ag^+$ | 1.980 |
| $ClO_3^-+6H^++5e^-\rightleftharpoons 1/2Cl_2+3H_2O$ | 1.47 | $Cu_2O_3+6H^++e^-\rightleftharpoons Cu^{2+}+3H_2O$ | 2.0 |
| $CrO_2+4H^++e^-\rightleftharpoons Cr^{3+}+2H_2O$ | 1.48 | $S_2O_8^{2-}+2e^-\rightleftharpoons 2SO_4^{2-}$ | 2.010 |
| $BrO_3^-+6H^++5e^-\rightleftharpoons 1/2Br_2+3H_2O$ | 1.482 | $OH+e^-\rightleftharpoons OH^-$ | 2.02 |
| $HClO+H^++2e^-\rightleftharpoons Cl^-+H_2O$ | 1.482 | $HFeO_4^-+8H^++3e^-\rightleftharpoons$ | |
| $Mn_2O_3+6H^++e^-\rightleftharpoons Mn^{3+}+3H_2O$ | 1.485 | $Fe^{3+}+4H_2O$ | 2.07 |
| $Au^{3+}+3e^-\rightleftharpoons Au$ | 1.498 | $O_3+2H^++2e^-\rightleftharpoons O_2+H_2O$ | 2.076 |
| $MnO_4^-+8H^++5e^-\rightleftharpoons Mn^{2+}+4H_2O$ | 1.507 | $HFeO_4^-+3e^-\rightleftharpoons FeOOH+2H_2O$ | 2.08 |
| $Mn^{3+}+e^-\rightleftharpoons Mn^{2+}$ | 1.5415 | $2HFeO_4^-+2H^++3e^-\rightleftharpoons Fe_2O_3+H_2O$ | 2.09 |
| $HClO_2+3H^++4e^-\rightleftharpoons Cl^-+2H_2O$ | 1.570 | $S_2O_8^{2-}+2H^++2e^-\rightleftharpoons 2HSO_4^-$ | 2.123 |
| $HBrO+H^-+e^-\rightleftharpoons 1/2Br_2(aq)+H_2O$ | 1.574 | $F_2O+2H^++4e^-\rightleftharpoons H_2O+2F^-$ | 2.153 |
| $2NO+2H^++2e^-\rightleftharpoons N_2O+H_2O$ | 1.591 | $FeO_4^{2-}+8H^++3e^-\rightleftharpoons Fe^{3+}+4H_2O$ | 2.20 |
| $HBrO+H^++e^-\rightleftharpoons 1/2Br_2(1)+H_2O$ | 1.596 | $Cu^{3+}+e^-\rightleftharpoons Cu^{2+}$ | 2.4 |
| $H_5IO_6+H^++2e^-\rightleftharpoons IO_3^-+3H_2O$ | 1.601 | $F_2+2e^-\rightleftharpoons 2F^-$ | 2.866 |
| $HClO+H^++e^-\rightleftharpoons 1/2Cl_2+H_2O$ | 1.611 | $F_2+2H^++2e^-\rightleftharpoons 2HF$ | 3.053 |
| $HClO_2+3H^++3e^-\rightleftharpoons 1/2Cl_2+2H_2O$ | 1.628 | | |

注:本表资料引自 Lide D R. (1997~1998). CRC Handbook of Chemical and Physics. 78th ed. Boca Raton, New York: CRC Press, 8-25-30。按电势从负向重新排列。加"*"的电势值引自迪安 J A. 1991. 兰氏化学手册. 尚久芳等译. 北京:科学出版社, 6-4~6-18。符号 phen 代表 1,10-二氮菲(phenanthroline), 符号 bipy 代表联吡啶(bipyridine), 符号 en 代表乙二胺(ethylendiamine)。

### 附表7 在 298.15K 和 100kPa 时一些单质和化合物的势力学函数

| 单质或化合物 | $\dfrac{\Delta_f H_m^\ominus}{kJ \cdot mol^{-1}}$ | $\dfrac{\Delta_f G_m^\ominus}{kJ \cdot mol^{-1}}$ | $\dfrac{S_m^\ominus}{J \cdot K^{-1} \cdot mol^{-1}}$ | $\dfrac{C_{p,m}^\ominus}{J \cdot K^{-1} \cdot mol^{-1}}$ |
|---|---|---|---|---|
| O(g) | 249.170 | 231.731 | 161.055 | 21.912 |
| $O_2$(g) | 0 | 0 | 205.138 | 29.355 |
| $O_3$(g) | 142.7 | 163.2 | 238.93 | 39.20 |
| $H_2$(g) | 0 | 0 | 130.684 | 28.824 |
| H(g) | 217.965 | 203.247 | 114.713 | 20.784 |
| $H_2O$(l) | −285.830 | −237.129 | 69.91 | 75.291 |
| $H_2O$(g) | −241.818 | −228.572 | 188.825 | 33.577 |
| $H_2O_2$(l) | −187.78 | −120.35 | 109.6 | 89.1 |
| 0族 | | | | |
| He(g) | 0 | 0 | 126.150 | 20.786 |
| Ne(g) | 0 | 0 | 146.328 | 20.786 |
| Ar(g) | 0 | 0 | 154.843 | 20.786 |
| Kr(g) | 0 | 0 | 164.082 | 20.786 |
| Xe(g) | 0 | 0 | 169.683 | 20.786 |
| Rn(g) | 0 | 0 | 176.21 | 20.786 |
| Ⅶ族 | | | | |
| $F_2$(g) | 0 | 0 | 202.78 | 31.30 |
| HF(g) | −271.1 | −273.2 | 173.779 | 29.133 |
| $Cl_2$(g) | 0 | 0 | 223.066 | 33.907 |
| HCl(g) | −92.307 | −95.299 | 186.908 | 29.12 |
| $Br_2$(l) | 0 | 0 | 152.231 | 75.689 |
| $Br_2$(g) | 30.907 | 3.110 | 245.463 | 36.02 |
| $I_2$(cr) | 0 | 0 | 116.135 | 54.438 |
| $I_2$(g) | 62.483 | 19.327 | 260.69 | 36.90 |
| HI(g) | 26.48 | 1.70 | 206.594 | 29.158 |
| Ⅵ族 | | | | |
| S(cr 正交晶的) | 0 | 0 | 31.80 | 22.64 |
| S(cr 单斜晶的) | 0.33 | — | — | — |
| SO(g) | 6.259 | −19.853 | 221.95 | 30.17 |
| $SO_2$(g) | −296.830 | −300.194 | 248.22 | 39.87 |
| $SO_3$(g) | −395.72 | −371.06 | 256.76 | 50.67 |
| $H_2S$(g) | −20.63 | −33.56 | 205.79 | 34.23 |
| Ⅴ族 | | | | |
| $N_2$(g) | 0 | 0 | 191.61 | 29.125 |
| NO(g) | 90.25 | 86.55 | 210.761 | 29.844 |
| $NO_2$(g) | 33.18 | 51.31 | 240.06 | 37.20 |
| $N_2O$(g) | 82.05 | 104.20 | 219.85 | 38.45 |
| $N_2O_4$(g) | 9.16 | 97.89 | 304.29 | 77.28 |

续表

| 单质或化合物 | $\Delta_f H_m^\ominus$ / kJ·mol$^{-1}$ | $\Delta_f G_m^\ominus$ / kJ·mol$^{-1}$ | $S_m^\ominus$ / J·K$^{-1}$·mol$^{-1}$ | $C_{p,m}^\ominus$ / J·K$^{-1}$·mol$^{-1}$ |
|---|---|---|---|---|
| $N_2O_5$(cr) | −43.1 | 113.9 | 178.2 | 143.1 |
| $NH_3$(g) | −46.11 | −16.45 | 192.45 | 35.06 |
| $HNO_3$(l) | −174.10 | −80.71 | 155.60 | 109.87 |
| $NH_4Cl$(cr) | −314.43 | −202.87 | 94.6 | 84.1 |
| P(cr 白色) | 0 | 0 | 41.09 | 23.840 |
| P(cr,红色,三斜晶的) | −17.6 | −12.1 | 22.80 | 21.21 |
| $P_4$(g) | 58.91 | 24.44 | 279.98 | 67.15 |
| $P_4O_{10}$(cr,六方晶的) | −2 984.0 | −2 697.7 | 228.86 | 211.71 |
| $PH_3$(g) | 5.4 | 13.4 | 210.23 | 37.11 |
| Ⅳ族 | | | | |
| C(cr,石墨) | 0 | 0 | (5.740)2.44 | 8.527 |
| C(cr,金刚石) | 1.895 | 2.900 | (2.377)5.694 | 6.113 |
| C(g) | 716.682 | 671.257 | 158.096 | 20.838 |
| CO(g) | −110.525 | −137.168 | 197.674 | 29.142 |
| $CO_2$(g) | −393.509 | −394.359 | 213.74 | 37.11 |
| $CH_4$(g) | −74.81 | −50.72 | 186.264 | 35.309 |
| HCOOH(l) | −424.72 | −361.35 | 128.95 | 99.04 |
| $CH_3OH$(l) | −238.66 | −166.27 | 126.8 | 81.6 |
| $CH_3OH$(g) | −200.66 | −161.96 | 239.81 | 43.89 |
| $CCl_4$(l) | −135.44 | −65.21 | 216.40 | 131.75 |
| $CCl_4$(g) | −102.9 | −60.59 | 309.85 | 83.30 |
| $HC_3Cl$(g) | −80.83 | −57.37 | 234.58 | 40.75 |
| $CHCl_3$(l) | −134.47 | −73.66 | 201.7 | 113.8 |
| $CHCl_3$(g) | −103.14 | 70.34 | 295.71 | 65.69 |
| $CH_3Br$(g) | −35.1 | −25.9 | 246.38 | 42.43 |
| $CS_2$(l) | 89.70 | 65.27 | 151.34 | 75.7 |
| HCN(g) | 135.1 | 124.7 | 201.78 | 35.86 |
| $CH_3CHO$(g) | −166.19 | −128.86 | 250.3 | 57.3 |
| $CO(NH_2)_2$(cr) | −333.51 | −197.33 | 104.60 | 93.14 |
| $C_6H_6$(g)* | 82.9 | 129.7 | 269.2 | 82.4 |
| $C_6H_6$(l)* | 49.1 | 124.5 | 173.4 | 136.0 |
| Si(cr) | 0 | 0 | 18.83 | 20.00 |
| $SiO_2$(cr,α-石英) | −910.94 | −856.64 | 41.84 | 44.43 |
| Pb(cr) | 0 | 0 | 64.81 | 26.44 |
| Ⅲ族 | | | | |
| B(cr) | 0 | 0 | 5.86 | 11.09 |
| $B_2O_3$(cr) | −1 272.77 | −1 193.65 | 53.97 | 62.93 |
| $B_2H_6$(g) | 35.6 | 86.7 | 232.11 | 56.90 |

续表

| 单质或化合物 | $\dfrac{\Delta_f H_m^\ominus}{kJ \cdot mol^{-1}}$ | $\dfrac{\Delta_f G_m^\ominus}{kJ \cdot mol^{-1}}$ | $\dfrac{S_m^\ominus}{J \cdot K^{-1} \cdot mol^{-1}}$ | $\dfrac{C_{p,m}^\ominus}{J \cdot K^{-1} \cdot mol^{-1}}$ |
| --- | --- | --- | --- | --- |
| $B_5H_9(g)$ | 73.2 | 175.0 | 275.92 | 96.78 |
| Al(cr) | 0 | 0 | 28.33 | 24.35 |
| $Al_2O_3$(cr,α-刚玉) | -1675.7 | -1582.3 | 50.92 | 79.04 |
| ⅡB族 | | | | |
| Zn(cr) | 0 | 0 | 41.63 | 25.40 |
| ZnS(cr,纤锌矿) | -192.63 | — | — | — |
| ZnS(cr 闪锌矿) | -205.98 | -201.29 | 57.7 | 46.0 |
| Hg(l) | 0 | 0 | 76.02 | 27.983 |
| HgO(cr,红色,斜方晶的) | -90.83 | -58.539 | 70.29 | 44.06 |
| HgO(cr,黄色) | -90.46 | -58.409 | 71.1 | — |
| $HgCl_2$(cr) | -224.3 | -178.6 | 146.0 | — |
| $HgCl_2$(cr) | -265.22 | -210.745 | 192.5 | — |
| ⅠB族 | | | | |
| Cu(cr) | 0 | 0 | 33.150 | 24.435 |
| CuO(cr) | -157.3 | -129.7 | 42.63 | 42.30 |
| $CuSO_4$(cr) | -771.36 | -661.8 | 109 | 100.0 |
| $CuSO_4 \cdot 5H_2O$(cr) | -2279.65 | -1879.745 | 300.4 | 280 |
| Ag(cr) | 0 | 0 | 42.55 | 25.351 |
| $Ag_2O$(cr) | -31.05 | -11.20 | 121.3 | 65.86 |
| AgCl(cr) | -127.068 | -109.789 | 96.2 | 50.79 |
| $AgNO_3$(cr) | -124.39 | -33.41 | 140.92 | 93.05 |
| Ⅷ族 | | | | |
| Fe(cr) | 0 | 0 | 27.28 | 25.10 |
| $Fe_2O_3$(cr,赤铁矿) | -824.4 | -742.2 | 87.40 | 103.85 |
| $Fe_3O_4$(cr,磁铁矿) | -1118.4 | -1015.4 | 146.4 | 143.43 |
| ⅦB族 | | | | |
| Mn(cr) | 0 | 0 | 32.01 | 26.32 |
| $MnO_2$(cr) | -520.03 | -465.14 | 53.05 | 54.14 |
| Ⅱ族 | | | | |
| Be(cr) | 0 | 0 | 9.50 | 16.44 |
| Mg(cr) | 0 | 0 | 32.68 | 24.89 |
| MgO(cr,方镁石) | -601.70 | -569.43 | 26.94 | 37.15 |
| $Mg(OH)_2$(cr) | -924.54 | -833.51 | 63.18 | 77.03 |
| $MgCl_2$(cr) | -641.32 | -591.79 | 89.62 | 71.38 |
| Ca(cr) | 0 | 0 | 41.42 | 25.31 |
| CaO(cr) | -635.09 | -604.03 | 39.75 | 42.80 |
| $CaF_2$(cr) | -1219.6 | -1167.3 | 68.87 | 67.03 |
| $CaSO_4$(cr,无水石膏) | -1434.11 | -1321.79 | 106.7 | 99.66 |
| $CaSO_4 \cdot \dfrac{1}{2}H_2O$(cr,α) | -1576.74 | -1436.74 | 130.5 | 119.41 |

续表

| 单质或化合物 | $\dfrac{\Delta_f H_m^\ominus}{kJ \cdot mol^{-1}}$ | $\dfrac{\Delta_f G_m^\ominus}{kJ \cdot mol^{-1}}$ | $\dfrac{S_m^\ominus}{J \cdot K^{-1} \cdot mol^{-1}}$ | $\dfrac{C_{p,m}^\ominus}{J \cdot K^{-1} \cdot mol^{-1}}$ |
|---|---|---|---|---|
| $CaSO_4 \cdot 2H_2O$(cr,透石膏) | −2 022.63 | −1 797.28 | 194.1 | 186.02 |
| $Ca_3(PO_4)_2$(cr,$\beta$,低温形) | −4 120.8 | −3 884.7 | 236.0 | 227.82 |
| $CaCO_3$(cr,方解石) | −1 206.92 | −1 128.79 | 92.9 | 81.88 |
| $Ca \cdot SiO_2$(cr,钙硅石) | −1 634.94 | −1 549.66 | 81.92 | 85.27 |
| I 族 | | | | |
| Li(cr) | 0 | 0 | 29.12 | 24.77 |
| Li(g) | 159.37 | 126.66 | 138.77 | 20.786 |
| $Li_2$(g) | 215.9 | 174.4 | 196.996 | 36.104 |
| $Li_2O$(cr) | −597.9 | −561.18 | 37.57 | 54.10 |
| LiH(g) | 139.24 | 116.47 | 170.900 | 29.727 |
| LiCl(cr) | −408.61 | −384.37 | 59.33 | 47.99 |
| Na(cr) | 0 | 0 | 51.21 | 28.24 |
| Na(g) | 107.32 | 76.761 | 153.712 | 20.786 |
| $Na_2$(g) | 142.05 | 103.94 | 230.23 | 37.57 |
| $NaO_2$(cr) | −260.2 | −218.4 | 115.9 | 72.13 |
| $Na_2O$(cr) | −414.22 | −375.46 | 75.06 | 69.12 |
| $Na_2O_2$(cr) | −510.87 | −447.7 | 95.0 | 89.24 |
| NaOH(cr) | −425.609 | −379.494 | 64.455 | 59.54 |
| NaCl(cr) | −411.153 | −384.138 | 72.13 | 50.50 |
| NaBr(cr) | −361.062 | −348.983 | 86.82 | 51.38 |
| $Na_2SO_4$(Cr,斜方晶的) | −1 387.08 | −1 270.16 | 149.58 | 128.20 |
| $Na_2SO_4 \cdot 10H_2O$(cr) | −4 327.26 | −3 646.85 | 592.0 | — |
| $NaNO_3$(cr) | −467.85 | −367.00 | 116.52 | 92.88 |
| $Na_2CO_3$(cr) | −1130.68 | −1044.44 | 34.98 | 112.30 |
| K(cr) | 0 | 0 | 64.18 | 29.58 |
| K(g) | 89.24 | 60.59 | 160.336 | 20.786 |
| $K_2$(g) | 123.7 | 87.5 | 249.73 | 37.89 |
| $K_2O$(cr) | −361.5 | — | — | — |
| KOH(cr) | −424.764 | −379.08 | 78.9 | 64.9 |
| KCl(cr) | −436.747 | −409.14 | 82.59 | 51.30 |
| $KMnO_4$(cr) | −837.2 | −737.6 | 171.71 | 117.57 |

注：本表资料引自 Wagman D D, Evans W H, Paker V B et al. 1998. NBS 化学热力学性质表，SI 的单位表示的无机物质和 $C_1$ 与 $C_2$ 有机物质选择值．刘天和，赵梦月译．北京：中国标准出版社．"*"的数据引自 Lide D R. 1997～1998: Handbook of Chemistry and Physics. 78th ed. Juc Boca Raton, New York: CRC Press。

## 附表 8  常用的换算因数

### 能量

|  | J | cal | erg | $cm^3 \cdot atm$ | eV |
|---|---|---|---|---|---|
| 1 J | 1 | 0.2390 | $10^7$ | 9.869 | $6.242 \times 10^{18}$ |
| 1 cal | 4.184 | 1 | $4.184 \times 10^7$ | 41.29 | $2.612 \times 10^{19}$ |
| 1 erg | $10^{-7}$ | $2.390 \times 10^{-3}$ | 1 | $9.869 \times 10^{-7}$ | $6.242 \times 10^{11}$ |
| $1 cm^3 \cdot atm$ | 0.1013 | $2.422 \times 10^{-2}$ | $1.013 \times 10^5$ | 1 | $6.325 \times 10^{17}$ |
| 1 eV | $1.602 \times 10^{-19}$ | $3.829 \times 10^{-20}$ | $1.602 \times 10^{-12}$ | $1.581 \times 10^{-18}$ | 1 |

### 相当的能量

|  | $J \cdot mol^{-1}$ | $cal \cdot mol^{-1}$ | $erg \cdot 分子^{-1}$ |
|---|---|---|---|
| $1 cm^{-1}$ 的波数 | 11.96 | 2.859 | $1.986 \times 10^{-16}$ |
| 每分子 1eV 的能量 | $9.649 \times 10^4$ | $2.306 \times 10^4$ | $1.602 \times 10^{-12}$ |

### 压力

|  | Pa | atm | mmHg | bar(巴) | $dyn \cdot cm^{-2}$ (达因·厘米$^{-2}$) | $lbf \cdot in^{-2}$ (磅力·英寸$^{-2}$) |
|---|---|---|---|---|---|---|
| 1 Pa | 1 | $9.869 \times 10^{-5}$ | $7.501 \times 10^{-3}$ | $10^{-5}$ | 10 | $1.450 \times 10^{-4}$ |
| 1 atm | $1.013 \times 10^{-5}$ | 1 | 760.0 | 1.013 | $1.013 \times 10^6$ | 14.70 |
| 1 mmHg(Torr) | 133.3 | $1.316 \times 10^{-3}$ | 1 | $1.333 \times 10^{-3}$ | 1333 | $1.934 \times 10^{-2}$ |
| 1 bar | $10^5$ | 0.9869 | 750.1 | 1 | $10^6$ | 14.50 |
| $1 dyn \cdot cm^{-2}$ | $10^{-1}$ | $9.869 \times 10^{-7}$ | $7.501 \times 10^{-4}$ | $10^{-6}$ | 1 | $1.450 \times 10^{-5}$ |
| $1 ldf \cdot in^{-2}$ | 6895 | $6.805 \times 10^{-2}$ | 51.71 | $6.895 \times 10^{-2}$ | $6.895 \times 10^4$ | 1 |

0℃(冰点)　　273.15K

升(L)　　$1 dm^3$ (1964年后的定义)

升(L)　　1.000 028 $dm^3$ (1964年前的定义)

英寸(in)　　$2.54 \times 10^{-2}$ m

磅(lb)　　0.4536 kg

埃(Å)　　$1 \times 10^{-10}$ m = 0.1 nm

摩尔气体常量 R 值的单位换算(供参阅以前的文献书籍时参考)

$R = 8.314 J \cdot mol^{-1} \cdot K^{-1}$

$= 8.314 \times 10^7 erg \cdot mol^{-1} \cdot K^{-1}$

$= 8.314 kPa \cdot dm^3 \cdot K^{-1} \cdot mol^{-1}$

$= 1.9872 cal \cdot mol^{-1} \cdot K^{-1}$

$= 0.08206 dm^3 \cdot atm \cdot mol^{-1} \cdot K^{-1}$

$= 62.364 dm^3 \cdot mmHg \cdot mol^{-1} \cdot K^{-1}$

# 英汉名词对照表

## A

abnormal value 可疑值
absorbance, $A$ 吸光度
absorption cell 吸收池
absorption curve 吸收曲线
absorption peak 吸收峰
absorption spectrum 吸收光谱
absorptivity 吸光系数
accidental error 偶然误差
accuracy 准确度
acid 酸
activated molecule 活化分子
activation energy 活化能
amount-of-substance concentration 物质的量浓度
amphoteric substance 两性物质
angular momentum quantum number 角量子数
angular part of wave function 波函数 $\psi$ 角度部分
anti-bonding molecular orbital 反键分子轨道
atomic absorption spectrometry, AAS 原子吸收分光光度法
atomic kernel 原子芯
atomic radius 原子半径
atomic emission spectrometry, AES 原子发射光谱法

## B

back titration 剩余滴定法
base 碱
blank test 空白试验
block 区
boiling point elevation 沸点升高
boiling point 沸点
bond angle 键角
bond energy 键能
bond length 键长
bond level 键级
bond parameter 键参数
bonding molecular orbital 成键分子轨道
buffer action 缓冲作用
buffer capacity 缓冲容量
buffer pair 缓冲对
buffer solution 缓冲溶液
buffer system 缓冲体系
buffering range 缓冲范围

## C

catalyzer 催化剂
chemical bond 化学键
chemical equilibrium 化学平衡
chromatography 层析分离法
clean chemistry 清洁化学
closed system 封闭体系
colligative property 依数性
column chromatography 柱层析
common ion effect 同离子效应
complex compound 络合物
complex reaction 复合反应
concentration 浓度
concentration limit 最低浓度
confidence interval 置信区间
confidence 置信度
conjugacy 共轭性
conjugate acid-base pair 共轭酸碱对
conjugate acid 共轭酸
conjugate base 共轭碱
conjugated relation 共轭关系
control test 对照试验
coordinate covalent bond 配位共价键
coordination bond 配位键
covalent bond 共价键
covalent radius 共价半径

## D

degenerate orbital 简并轨道
degree of ionization 电离度
derivatization 衍生物
detection 检出
detector 检测器
dielectric constant 介电常数
dipole moment 偶极矩
direct potentiometry 直接电位法
direct titration 直接滴定法
dispersion force 色散力
dissociation constant of acid 酸的离解常数
dissociation constant of base 碱的离解常数
dissociation equilibrium constant 离解平衡常数
distillation and fractionation 蒸馏与分馏

distingushing effect 区分效应
distribution coefficient 分配系数
distribution ratio 分配比
double bond 双键
drill through effect 钻穿效应

### E

effective nuclear charge 有效核电荷
electrolyte 电解质
electron affinity 电子亲和能
electron theory of acids and bases 酸碱电子理论
electro-negativity 电负性
elementary reaction 基元反应
end point error 终点误差
end point of titration 滴定终点
energy level overlap 能级交错现象
enthalpy 焓
entropy 熵
environment 环境
equilibrium constant 平衡常数
equivalent orbital 等价轨道
error 误差
excited state 激发态
extraction efficiency 萃取效率
extraction 萃取

### F

Fajans 法扬司
first law of thermodynamics 热力学第一定律
freezing point 凝固点

### G

gas chromatography 气相色谱
glass electrode 玻璃电极
gree chemistry 绿色化学
ground state 基态
Grubbs test $G$ 检验法

### H

half reaction of acid-base 酸碱半反应
heat 热
Hund's rule 洪特规则
hybrid orbital theory 杂化轨道理论
hybrid orbital 杂化轨道
hybridation 杂化
hydrogen bond 氢键
hydrogen ion concentration exponent 氢离子浓度指数

### I

identification limit 检出限量
Ignition test 焰色试验
indentification 鉴定
indicator electrode 指示电极
indicator 指示剂
indirect titration 间接滴定法
individual analysis 分别分析
induced dipole 诱导偶极
induction force 诱导力
inductively coupled plasma, ICP 电感耦合等离子炬
inner transition elements 内过渡元素
instantaneous dipole 瞬间偶极
instantaneous rates 瞬时速率
internal energy 热力学能
intrinsic acidity constant 固有酸度常数
intrinsic basicity constant 固有碱度常数
ion atmosphere 离子氛
ion product of water 离子积
ion selective electrode 离子选择电极
ionic bond 离子键
ionic polarization 离子极化
ionization energy 电离能
isobaric process 等压过程
isolated system 孤立系统

### J

jump range of titration curve 滴定突跃范围

### L

Lambert-Beer law 朗伯-比尔定律
lanthanide contraction 镧系收缩
Le Chatelier's principle 勒夏特列原理
leveling effect 拉平效应
light source 光源
lone electron pair 孤对电子
lowest energy principle 能量最低原理

### M

magnetic quantum number 磁量子数
main-group 主族
mass action law 质量作用定律
mass fraction 质量分数
metallic bond 金属键
metallic radius 金属半径
mixture 混合物
Mohr 摩尔
molality 质量摩尔浓度
molar absorptivity 摩尔吸光系数
molarity 物质的量浓度
mole fraction 摩尔分数
molecular orbital theory 分子轨道理论
molecular orbit 分子轨道
monochromator 单色器

### N

non-bonding orbital 非键轨道

nonelectrolyte 非电解质
non-polar bond 非极性键
non-polar molecule 非极性分子
non-polar solvent 非极性溶剂

## O

octet rule 八隅规则
open system 敞开系统
orientation force 取向力
osmosis 渗透
osmotic pressure 渗透压

## P

paper chromatography 纸层析
path 途径
Pauli's exclusion principle 泡利不相容原理
periodic table of the elements 元素周期表
periodicity 周期性
period 周期
permanent dipole 永久偶极
polar bond 极性键
polar molecule 极性分子
polar solvent 极性溶剂
polarization 极化
potentiometric titration 电位滴定法
potentiometry 电位法
precipitation equilibrium 沉淀平衡
precipitation titration 沉淀滴定
precision 精密度
primary standard substance 基准物质
principal quantum number 主量子数
process 过程
protolysis reaction 质子传递反应
proton self-transfer constant 质子自递平衡常数
proton self-transfer reaction 质子自递反应
proton theory of acid and base 酸碱质子理论

## Q

qualitative analysis 定性分析
quantum number 量子数

## R

reaction mechanism 反应机制
reaction order 反应级数
reaction rate constant 反应速率常数
reaction rate 反应速率
redial part of wave function 波函数 $\psi$ 径向部分
reference electrode 参比电极
reference solution 参比溶液
replacement titration 置换滴定
reversible reaction 可逆反应

## S

salt effect 盐效应
salt 盐
saturated calomea electrode 饱和甘汞电极
screening constant 屏蔽常数
screening effect 屏蔽效应
selectivity 灵敏度
self-dissociation constant 自身解离常数
semipermeable membrane 半透膜
sensibility 灵敏度
separation factor 分离因数
significant figure 有效数字
single bond 共价单键
solid solution 固态溶液
solubility product 溶度积
solubility 溶解度
solute 溶质
solution 溶液
solvent 溶剂
specific absorptivity 分吸光系数
spectrophotometry 分光光度法
spin magnetic quantum number 自旋量子数
standard heat of formation 标准生成热
standard heat of reaction 标准反应热
state 状态
state function 状态函数
state variable 状态变数
steam distillation 水蒸气蒸馏
step-by-step precipitation 分步沉淀
stoichiometric point 化学计量点
stoichiometric 化学计量
stoichiometric point 化学计量点
strong electrolyte 强电解质
sub-group 副族
sudden change 滴定突跃
surface 表面
systematic analysis 系统分析
systematic error 系统误差
system 系统

## T

thermochemistry 热化学
thin layer chromatography 薄层色谱分离法
titrate 滴定
titrating solution 滴定液
titration curve 滴定曲线
titration error 滴定误差
titre 滴定度

titrimetric analysis 滴定分析法
transducer sensor 化学传感器
transitional elements 过渡元素
transmittance, $T$ 透光率

### U

ultraviolet-visible spectrophotometer 紫外-可见分光光度计
uncertainty principle 测不准原理

### V

valence bond theory 现代价键理论
valence electron configuration 价电子构型
van der Waals radius 范德华半径

van der Waals' force 范德华力
vapor pressure 蒸气压
vapor pressure lowing 蒸气压下降
Volhard 福尔哈德
volume dilatation coefficient 体膨胀系数
volume fraction 体积分数

### W

wave-particle duality 波粒二象性
weak electrolyte 弱电解质
work 功

# 化学原理与化学分析教学基本要求

## 一、前　　言

化学是在原子、分子水平上研究物质的组成、结构、性质及其应用的一门基础自然科学,其特征是研究分子和创造分子。它是药学各专业的重要基础课。为适应我国高职高专教育发展的趋势,进一步体现职业教育培养理念;强调理论知识"必须、够用",强化技能培养,我们在保持原大纲特色和优势的基础上进行全面修订。

本课程突破原无机化学、分析化学、物理化学等课程的界限,根据培养目标对这三门课程内容进行整合重组;将化学原理与化学分析方法结合起来讨论,并注意与仪器分析、药物分析、药剂等课程的衔接。本课程是药物制剂技术、药物分析技术、中药制药技术、化学制药技术等专业的化学基础课程。总学时为151,其中理论课100学时、实验课约51学时。

## 二、课程教学目标

(1) 使学生进一步了解化学在药物质量控制、药物制备、环境保护及反应规律探究等方面的重要作用,发展学习化学和专业的兴趣。

(2) 使学生掌握化学的基本知识、技能和方法,初步具备化学分析、物质制备、环境保护等与实际应用相结合的能力。

(3) 使学生理解药典上有关化学分析方法的原理,并能完成一般的化学分析测定。

(4) 使学生学会运用观察、实验、查阅资料等手段获取信息,并运用比较、分类、归纳等方法对信息进行加工,提高自主学习化学的能力。

## 三、教学内容和要求

(带 * 为市场营销及相关专业参考内容)

| 教学内容 | 教学要求 | | | 教学内容 | 教学要求 | | |
|---|---|---|---|---|---|---|---|
| | 了解 | 理解 | 掌握 | | 了解 | 理解 | 掌握 |
| **绪论** | | | | 第2节　溶液的浓度 | | | |
| 第1节　化学的今天与明天 | √ | | | 　　溶液浓度的表示方法 | | | √ |
| 第2节　化学在医药科学中的作用 | √ | | | 第3节　浓度的有关计算和应用 | | | √ |
| 第3节　基础化学的学习内容 | √ | | | 第4节　电解质在水溶液中的存在状态 | | | |
| **第1章　溶液** | | | | 　一、电解质与非电解质 | | √ | |
| 第1节　溶液的基本概念 | | | | 　二、电离度 | | √ | |
| 　一、溶液的形成 | | √ | | *　三、强电解质溶液 | | √ | |
| 　二、溶解度 | | | √ | 第5节　稀溶液的依数性 | | | |
| 　三、溶解度与温度的关系 | | | √ | 　一、溶液的蒸气压下降 | | √ | |
| 　四、重结晶与分步结晶 | | | √ | 　二、溶液的沸点升高 | | | √ |

| 教学内容 | 了解 | 理解 | 掌握 | 教学内容 | 了解 | 理解 | 掌握 |
|---|---|---|---|---|---|---|---|
| 三、溶液的凝固点降低 | | | √ | 二、指示剂的变色范围 | √ | | |
| 四、溶液的渗透压 | | | √ | 三、混合指示剂 | √ | | |
| 第2章 化学平衡 | | | | 四、影响指示剂变色范围的因素 | √ | | |
| 第1节 化学反应的限度 | | | √ | 第5节 酸碱滴定曲线和指示剂的选择 | | | |
| 第2节 化学反应的平衡常数 | | | | 一、强碱与强酸的滴定 | | | √ |
| 一、实验平衡常数 | | | √ | 二、强碱(酸)滴定一元弱酸(弱碱) | | | √ |
| 二、标准平衡常数 $K^0$ | | | √ | 三、多元酸(碱)和混合酸(碱)的滴定 | | √ | |
| 三、平衡常数表达式的书写规则 | | √ | | 四、酸碱滴定法应用示例 | | √ | |
| 四、多重平衡 | | | √ | *第6节 非水溶液的酸碱滴定 | | | |
| 五、平衡常数的意义和应用 | | | √ | 一、非水酸碱滴定的基本原理 | | √ | |
| 第3节 化学平衡的影响因素 | | | | 二、溶剂的分类及选择 | | √ | |
| 一、浓度对化学平衡的影响 | | | √ | 三、碱的滴定 | | √ | |
| 二、压力对化学平衡的影响 | | | √ | 四、酸的滴定 | | √ | |
| 三、温度对化学平衡的影响 | | | √ | 第5章 原子结构与原子光谱知识 | | | |
| 第3章 滴定分析概论 | | | | 第1节 原子核外电子运动状态 | | | |
| 第1节 滴定分析简介 | | | | 一、微观粒子的波粒二象性 | √ | | |
| 一、滴定分析的基本概念 | | √ | | 二、原子"轨道"和四个量子数 | | √ | |
| 二、滴定分析法的基本要求 | | √ | | 三、概率密度和电子云 | | √ | |
| 三、滴定方式 | | √ | | 第2节 原子核外电子排布规律 | | | |
| 第2节 滴定液的配制与标定 | | √ | | 一、多电子原子的原子轨道能级 | | √ | |
| 第3节 滴定分析的计算 | | | | 二、核外电子的排布规律 | | √ | |
| 一、滴定分析计算的依据及常用的公式 | | | √ | 第3节 原子的电子层结构与周期律 | | | |
| 二、滴定分析计算基本公式的应用 | | | √ | 一、电子层结构与元素周期表 | | | √ |
| 第4节 误差的基本知识 | | | | 二、元素周期律 | | | √ |
| 一、误差及其表示方法 | | | √ | 第4节 焰色试验和原子光谱法简介 | | | |
| 二、有效数字 | | | √ | 一、原子光谱 | | √ | |
| 三、定量分析结果的处理 | | | √ | 二、焰色试验 | | √ | |
| 第4章 酸碱质子平衡与酸碱滴定 | | | | *三、原子发射光谱法简介 | √ | | |
| 第1节 酸碱质子理论 | | | | *四、原子吸收分光光度法简介 | √ | | |
| 一、酸碱质子理论的定义 | | √ | | 第6章 分子结构与分光光度法 | | | |
| 二、酸碱反应的实质 | | √ | | 第1节 共价键理论 | | | |
| 三、质子理论酸碱的强弱 | | √ | | 一、价键理论 | | √ | |
| 第2节 水溶液中的质子转移平衡 | | | | 二、杂化轨道理论 | | √ | |
| 一、水的质子自递平衡与溶液的 pH | | | √ | 三、分子轨道理论 | | √ | |
| 二、水溶液中弱酸弱碱的质子转移平衡 | | | √ | 四、键参数 | | √ | |
| 第3节 缓冲溶液 | | | | 第2节 分子间作用力和氢键 | | | |
| 一、缓冲溶液的组成 | | | √ | 一、分子极性与极化 | | √ | |
| 二、缓冲溶液的缓冲原理 | | | √ | 二、分子间作用力 | | √ | |
| 三、缓冲溶液 pH 计算 | | | √ | 三、氢键 | | √ | |
| 四、缓冲容量 | | √ | | 第3节 离子极化 | | | |
| 五、缓冲溶液的配制与应用 | | | √ | 一、离子极化 | | √ | |
| 第4节 酸碱指示剂 | | | | 二、离子极化对化学键型的影响 | | √ | |
| 一、酸碱指示剂变色原理 | | √ | | 三、离子极化对化合物性质的影响 | | √ | |
| | | | | 第4节 分光光度法 | | | |

续表

| 教学内容 | 了解 | 理解 | 掌握 | 教学内容 | 了解 | 理解 | 掌握 |
|---|---|---|---|---|---|---|---|
| 一、基本原理 | | | √ | 第4节 电极电势的应用 | | | |
| 二、吸光定律 | | √ | | 一、比较氧化剂、还原剂的相对强弱 | | | √ |
| 三、紫外-可见分光光度法 | | √ | | 二、判断氧化还原反应进行的方向 | | | √ |
| 四、显色反应 | | √ | | *三、元素标准电极电势图 | √ | | |
| 五、分光光度法测量条件选择 | | √ | | 第5节 氧化还原滴定法 | | | |
| **第7章 沉淀平衡与沉淀滴定** | | | | 一、氧化还原滴定的可行性 | | √ | |
| 第1节 沉淀溶解平衡 | | | | 二、氧化还原滴定曲线 | | √ | |
| 一、沉淀溶解平衡常数——溶度积 | | | √ | 三、氧化还原指示剂 | | √ | |
| 二、沉淀的生成 | | | √ | 四、常见氧化还原滴定法 | | | √ |
| 三、沉淀的溶解 | | | √ | **第10章 电位分析法** | | | |
| 四、沉淀的转化 | | √ | | 第1节 电位分析法的基本原理 | | | |
| 五、分步沉淀 | | √ | | 一、基本原理 | | √ | |
| 第2节 沉淀滴定法 | | | | 二、指示电极 | | √ | |
| 一、沉淀滴定曲线 | | | √ | 三、参比电极 | | √ | |
| 二、银量法中确定终点的方法 | | | √ | 第2节 直接电位法 | | | |
| **第8章 配位平衡与配位滴定** | | | | 一、玻璃电极 | | √ | |
| 第1节 配位化合物的基本概念 | | | | 二、测量原理和方法 | √ | | |
| 一、配位化合物的定义 | | | √ | 三、酸度计(pH计) | √ | | |
| 二、配位化合物的组成 | | | √ | 四、应用示例 | | √ | |
| 三、配位化合物的类型 | | √ | | 第3节 电位滴定法 | | | |
| 四、配位化合物的化学式写法和命名 | | | √ | 一、测量原理及仪器装置 | | √ | |
| 第2节 水溶液中的配位平衡 | | | | 二、电位滴定法的特点 | | √ | |
| 一、配合物的稳定常数 | | | √ | 三、电位滴定法的类型和指示电极的选择 | | √ | |
| 二、影响配位平衡移动的因素 | | | √ | 四、确定化学计量点的方法 | | √ | |
| 第3节 配位化合物的应用 | | | | 五、应用与示例 | | √ | |
| 第4节 配位滴定法 | | | | **第11章 表面现象与胶体** | | | |
| 一、EDTA 的性质及其配位原理 | | | √ | 第1节 表面现象 | | | |
| 二、影响 EDTA 配位平衡的主要因素 | | | √ | 一、表面与表面张力 | | √ | |
| 三、表观稳定常数(条件稳定常数) | | | √ | 二、溶液的表面吸附 | | √ | |
| 四、EDTA 滴定的原理 | | | √ | 三、表面活性剂及其作用 | | √ | |
| 五、金属指示剂 | | | √ | 四、固体表面的吸附 | | √ | |
| **第9章 氧化还原平衡与氧化还原滴定** | | | | 第2节 分散系 | | | |
| 第1节 基本概念 | | | | 一、粗分散系 | √ | | |
| 一、氧化还原反应及氧化数 | | | √ | 二、分子分散系 | √ | | |
| 二、离子-电子配平法 | | | √ | 三、胶体分散系 | √ | | |
| 第2节 电极电势 | | | | 第3节 胶体 | | | |
| 一、原电池 | | | √ | 一、胶体的特点 | | | √ |
| 二、电极电势 | | | √ | 二、溶胶的制备 | | | √ |
| 三、标准电极电势的测定 | | √ | | 三、溶胶的性质 | | | √ |
| 第3节 电极电势的影响因素 | | | | 四、溶胶粒子的结构——胶团 | | √ | |
| 一、能斯特方程 | | | √ | 五、溶胶的稳定性和聚沉作用 | | √ | |
| 二、浓度对电极电势的影响 | | | √ | 第4节 大分子溶液 | √ | | |
| 三、酸度对电极电势的影响 | | | √ | **第12章 混合物的分离与提纯** | | | |
| 四、加入沉淀剂对电极电势的影响 | | | √ | | | | |

续表

| 教学内容 | 教学要求 | | | 教学内容 | 教学要求 | | |
|---|---|---|---|---|---|---|---|
| | 了解 | 理解 | 掌握 | | 了解 | 理解 | 掌握 |
| 第1节 蒸馏与分馏 | | | | 第1节 反应速率与反应机制的概念 | | | |
| 一、完全互溶双液体体系的蒸气压 | | √ | | 一、反应速率的表示法 | | √ | |
| 二、二元溶液的分馏 | | √ | | 二、反应速率的测定 | | √ | |
| 三、恒沸混合物及其分馏 | | √ | | 三、反应机制的概念 | √ | | |
| 四、水蒸气蒸馏 | | √ | | 第2节 浓度对反应速率的影响 | | | |
| 第2节 萃取 | | | | 一、反应速率方程与反应级数 | | | √ |
| 一、萃取原理 | | √ | | 二、质量作用定律 | | | √ |
| *二、萃取条件的选择 | | √ | | 三、速率常数 | | | √ |
| 第3节 层析分离 | | | | 第3节 简单级数反应的速率方程 | | | |
| 一、平面色谱 | | √ | | 一、一级反应 | | | √ |
| 二、液相柱色谱 | | √ | | *二、二级反应 | | √ | |
| 三、气相色谱 | √ | | | *三、三级反应和零级反应 | √ | | |
| 四、层析法的应用 | | √ | | 第4节 温度对反应速率的影响 | | | |
| 第13章 离子的化学鉴定与检出 | | | | 一、阿伦尼乌斯经验公式 | | √ | |
| 第1节 概述 | | | | 二、阿伦尼乌斯公式的应用 | | | √ |
| 一、定性分析反应的特征和反应条件 | | √ | | 第5节 催化剂对反应速率的影响 | | | |
| 二、鉴定反应的灵敏度和选择性 | | √ | | 一、催化剂与催化作用 | | √ | |
| 三、分别分析与系统分析 | | √ | | 二、催化作用的理论 | √ | | |
| 四、空白试验和对照试验 | √ | | | 第15章 反应热与反应方向 | | | |
| 第2节 常见阳离子的一般性质 | | | | 第1节 热力学中的基本术语 | | | |
| 一、氯化物的性质 | | √ | | 一、系统和环境 | | √ | |
| 二、硫酸盐的性质 | | √ | | 二、状态和状态函数 | | √ | |
| 三、氢氧化物的性质 | | √ | | 三、过程和途径 | | √ | |
| 四、碳酸盐的性质 | | √ | | 第2节 热力学第一定律 | | | |
| 五、硫化物的性质 | | √ | | 一、热力学能 | | √ | |
| 第3节 常见阴离子的一般特性 | | | | 二、功 | | √ | |
| 一、易挥发性 | | √ | | 三、热 | | √ | |
| 二、氧化还原性 | | √ | | 四、热力学第一定律的数学表达式 | | | √ |
| 三、形成配合物的性质 | | √ | | 第3节 焓 | | | |
| 第4节 阳离子的一般化学检出 | | | | 一、等容过程中的热 | | | √ |
| 一、试样准备 | | √ | | 二、等压过程中的热 | | | √ |
| 二、阳离子反证试验(消去试验) | | √ | | 第4节 化学反应的热效应 | | | |
| 三、阳离子的检出 | | √ | | 一、等压反应热与等容反应热的关系 | √ | | |
| 第5节 阴离子的一般化学检出 | | | | 二、盖斯定律 | | | √ |
| 一、试样的准备 | | √ | | 三、生成热 | | | √ |
| 二、阴离子反证试验(消去试验) | | √ | | 第5节 化学反应的方向和限度 | | | |
| 三、阴离子的检出 | | √ | | 一、吉布斯自由能 | | | √ |
| 四、分析结果的判断 | | | √ | 二、物质的标准生成吉布斯自由能 | | | √ |
| 第6节 药典中常见离子的鉴定 | | | √ | 三、化学等温方程 | | | √ |
| 第14章 化学反应速率 | | | | 四、熵($S$) | | | √ |

## 四、化学原理与化学分析理论课学时分配(建议)

| 章节 | 教学内容 | 理论课学时数 |
| --- | --- | --- |
| | 绪论 | 1 |
| 第1章 | 溶液 | 5 |
| 第2章 | 化学平衡 | 5 |
| 第3章 | 滴定分析概论 | 6 |
| 第4章 | 酸碱质子平衡与酸碱滴定 | 11 |
| 第5章 | 原子结构与原子光谱知识 | 10 |
| 第6章 | 分子结构与分光光度法 | 10 |
| 第7章 | 沉淀平衡与沉淀滴定 | 6 |
| 第8章 | 配位平衡与配位滴定 | 8 |
| 第9章 | 氧化还原平衡与氧化还原滴定 | 8 |
| 第10章 | 电位分析法 | 3 |
| 第11章 | 表面现象与胶体 | 7 |
| 第12章 | 混合物的分离与提纯 | 7 |
| 第13章 | 离子的化学鉴定与检出 | 3 |
| 第14章 | 化学反应速率 | 6 |
| 第15章 | 反应热与反应方向 | 4 |
| 总计 | | 100 |

## 五、实验教学内容、学时分配(仅供参考)

| 章节 | 实验内容 | 学时数 | 要求 |
| --- | --- | --- | --- |
| 一、制备、分离与提纯 | 1. 药用 NaCl 的制备<br>2. 葡萄糖酸锌的制备<br>3. 植物中有效成分的提取、分离<br>4. 溶剂的回收 | (6)<br>(6)<br>(3)<br>(3) | 能理解制备实验设计思想,选择合适仪器,掌握加热、浓缩、结晶、减压过滤、萃取、层析、蒸馏等操作技能,并理解操作原理 |
| 二、物质的含量监测 | 5. 盐酸溶液浓度的测定(酸碱滴定)<br>6. ZnO 纯度的测定(返滴定法)<br>7. 葡萄糖酸锌的 Zn 含量测定(EDTA 滴定)<br>8. 药用 NaCl 纯度测定(沉淀滴定)<br>9. 食用盐中碘含量的测定(碘量法)<br>10. 环境污水的 COD 测定($KMnO_4$ 返滴定) | (3)<br>(3)<br>(3)<br>(3)<br>(3)<br>(3) | 能理解四大平衡原理和四类滴定方法的设计原理,能按药典或 GB 中规定的四类滴定方法步骤进行含量测定;操作规范,结果符合要求 |
| 三、物质的鉴定和杂质检出 | 11. 药典中常见离子的鉴定<br>12. 混合离子的分离与鉴定<br>13. 未知物的定性分析(消去法) | (3)<br>(3)<br>(3) | 能根据药典中规定,对常见离子进行化学鉴定,对一般杂质进行限度检出 |
| 四、物质性质与反应规律的探究 | 14. 葡萄糖酸亚铁中 Fe 含量测定(可见分光光度法)<br>15. 酸碱滴定曲线绘制(pH 计) | (3)<br>(3) | 能理解实验设计原理;学会数据记录、处理和结果表达方式<br>初步掌握可见分光光度计、pH 计等常用仪器的使用方法和原理 |
| 总计 | | 51(参考) | |

# 目标检测选择题参考答案

**第1章**

1. C  2. A  3. D  4. D  5. A  6. ABCF  7. DE  8. CE  9. DE  10. BE

**第2章**

1. C  2. B  3. B  4. A  5. A  6. A  7. D  8. B  9. A  10. A  11. C  12. D  13. B  14. C  15. C  16. A  17. ADE  18. AD  19. DE  20. BCD

**第3章**

1. A  2. B  3. D  4. D  5. C  6. C  7. D  8. A  9. D  10. B  11. C  12. E  13. A  14. C  15. D  16. B  17. ACD  18. ACDE  19. ADE  20. BCD

**第4章**

1. D  2. B  3. C  4. C  5. B  6. A  7. B  8. D  9. B  10. D  11. BC  12. ABC  13. ABCD  14. ABD  15. CD

**第5章**

1. D  2. B  3. B  4. D  5. C  6. A  7. C  8. C  9. D  10. B  11. C  12. B  13. A  14. C  15. C  16. B  17. C  18. A  19. ABCD  20. AC  21. ABC  22. AB  23. CD  24. ABC  25. BCD

**第6章**

1. C  2. B  3. A  4. D  5. D  6. B  7. A  8. C  9. B  10. B  11. B  12. C  13. ABCD  14. BC  15. BCD  16. AD  17. BCD  18. CD  19. BCD  20. ACD

**第7章**

1. A  2. B  3. A  4. A

**第8章**

1. B  2. B  3. C  4. A  5. A  6. B  7. D  8. C  9. C  10. B  11. E  12. B  13. A  14. C  15. D  16. B  17. A  18. C  19. E  20. D  21. ABCD  22. ABD  23. CD  24. BDE  25. ABC

**第9章**

1. A  2. C  3. B  4. C  5. A  6. A  7. C  8. C  9. D  10. C  11. C  12. C  13. C  14. CD  15. AE  16. ABCDE  17. ABE  18. BCDE  19. BCDF  20. BCDE  21. CDF

**第10章**

1. B  2. B  3. B  4. A  5. A  6. D

## 第 11 章

1. D  2. A  3. D  4. B  5. D  6. D  7. B  8. A  9. B  10. C  11. D  12. C  13. A  14. B  15. D  16. D  17. C  18. ABC  19. ACD  20. BCD  21. ABD  22. BC

## 第 12 章

1. D  2. B  3. C  4. C  5. B  6. B  7. C  8. D  9. A  10. A  11. D  12. B

## 第 13 章

1. C  2. B  3. D  4. C  5. D

## 第 14 章

1. D  2. B  3. C  4. B  5. B  6. ABC  7. BCD  8. ACD  9. ACD  10. ACD

## 第 15 章

1. D  2. C  3. C  4. A  5. D